刑事审判指导案例

归类集成

本书编写组 编

法律出版社
LAW PRESS · CHINA
—— 北京 ——

图书在版编目(CIP)数据

刑事审判指导案例归类集成/《刑事审判指导案例归类集成》编写组编. -- 北京:法律出版社,2025
ISBN 978-7-5197-6998-7

Ⅰ.①刑… Ⅱ.①刑… Ⅲ.①刑事诉讼-审判-案例-中国 Ⅳ.①D925.218.5

中国版本图书馆CIP数据核字(2022)第151475号

刑事审判指导案例归类集成
XINGSHI SHENPAN ZHIDAO ANLI GUILEI JICHENG

《刑事审判指导案例归类集成》编写组 编

策划编辑 林 蕊
责任编辑 周 洁 林 蕊
装帧设计 李 瞻

出版发行 法律出版社
编辑统筹 司法实务出版分社
责任校对 王 丰
责任印制 吕亚莉
经　　销 新华书店

开本 880毫米×1230毫米 1/32
印张 32.125 **字数** 653千
版本 2025年4月第1版
印次 2025年4月第1次印刷
印刷 保定市中画美凯印刷有限公司

地址:北京市丰台区莲花池西里7号(100073)
网址:www.lawpress.com.cn
投稿邮箱:info@lawpress.com.cn
举报盗版邮箱:jbwq@lawpress.com.cn
销售电话:010-83938349
客服电话:010-83938350
咨询电话:010-63939796

书号:ISBN 978-7-5197-6998-7
定价:148.00元
凡购买本社图书,如有印装错误,我社负责退换。电话:010-83938349

编写说明

各位读者朋友，您手中的这本《刑事审判指导案例归类集成》是一本汇集了最高人民法院指导性案例刑事部分、《最高人民法院公报》案例刑事部分和《刑事审判参考》（截至第 141 辑）所有案例（以下简称刑事指导案例）要旨的实务工具书。书名中的“刑事审判指导案例”表示这些案例对刑事实务工作的指导价值，“归类”表示本书按照《刑法》《刑事诉讼法》的规定对案例分类重排，“集成”则表示对案例以“要旨”提炼的方式集其大成。为了方便您使用，我们从三个方面介绍本书。

一、为什么编写这本书

为了推动法律的统一适用，实现类案同判，最高人民法院不断加强案例指导工作，最高人民法院《关于案例指导工作的规定》规定：“最高人民法院发布的指导案例，各级人民法院审判类似案例时应当参照。”最高人民法院《关于推进案例指导工作高质量发展的若干意见》进一步规定：“在办理案件过程中，案件承办法官在进行类案检索时，应首先检索现行有效的指导性案例。检索到的类案为指导性案例的，应当参照作出裁判。在裁判文书中引述相关指导性案例的，应当在裁判理由部分引述指导性案例的编号和裁判要点。”

本书即全面汇总了最高人民法院指导性案例、公报案例和《刑事审判参考》案例。《刑事审判参考》由最高人民法院刑事审判第一至五庭主办，所选“指导案例”均经过最高人民法院严格的审核程序，自 1999 年创立以来，共出版141辑，在刑事法官、检察官、律师等实务群体和学者中形成了广泛的影响力，特别是在刑事审判过程中具有很高的参照价值。

各类图书、文章中对刑事指导案例做了大量的分类、汇总、梳理、讨论。然而，刑事指导案例数量庞大（超过1700件），跨度长，载体较为分散，现有整理难免错讹和不完整，给大家使用案例带来不便。于是，编者便萌生了将这些案例完整汇总、精心审校、归类精编并汇编成书的想法，旨在提供一本全、精、细的作品：全面整理指导案例，精准提炼案例要旨，细化案例适用分类。

二、本书所做的工作

本书编者所做的工作有三：

一是汇总、校对、收录案例。

我们以最高人民法院官网、最高人民法院案例库，以及已经出版的各辑《刑事审判参考》《最高人民法院公报》为案例来源，对所有案例的编号、案例名称等校对核准，确保收录案例信息准确。除确有错误和部分标点作出修改外，本书所收录案例均与上述来源保持一致。

二是归类精编。

（1）精心编排体例结构。本书分为三编：刑法总则、刑法分则、刑事诉讼法。编下分条目：刑法总则、刑事诉讼法两编以法条为条目，刑法分则以罪名为条目。为方便读者使用，每个条目下分三部分：①《刑法》《刑事诉讼法》法条原文；为了突出本书以案例为核心的原则，对于刑事指导案例不涉及的法条，本书不列条目。②相关规定，即与案例相关的其他法律法规、司法解释等规定。③刑事指导案例，包含编号、案例名和要旨，既提供案例核心观点，简明扼要地解答刑事实务问题，又提供准确检索依据，方便读者查找案例原文进一步学习。

(2)简明展示案例来源。为行文简练,本书用特定符号表示不同案例来源,方便读者后续检索:以指表示指导性案例、公表示《最高人民法院公报》案例、参表示《刑事审判参考》案例。

(3)分类尽量准确且避免重复。在分类时,对于同时涉及实体法和程序法、总则和分则、此罪与彼罪、数罪的案例,我们严格以要旨内容为标准,并精心研读《刑事审判参考》的案例分析,结合案件裁判文书原文,以其所讨论的核心问题对应的条目为标准归类,避免案例重复。

三是要旨精解及注释。

本书的立意是给读者提供忠实于刑事指导案例的工具手册,而非成编者一家之言。因此,编者秉承"述而不作"的精神,对刑事指导案例要旨的提炼、汇总务求简洁、凝练,尽力还原裁判者原本对案例的认识,保证内容的准确性、权威性。然而,刑事指导案例中也存在前后观点变化、与新的法律规定不一致等问题,为了帮助读者更好地理解案例与现有规定的关系,避免错误,本书以"编者注"的形式对类似问题进行说明,保证内容的有效性、统一性。

三、本书中方便阅读的精巧设计

为最大限度方便读者阅读、使用本书,我们做了如下设计:

1. 目录详尽:方便案例检索、一窥全貌

本书目录分为四级标题:编、章、条目、案例名,共计 152 页,完整呈现刑事指导案例全貌,其本身即是读者快速了解某类问题或某罪主要裁判观点的重要案例信息库。目录中"条目"旁标注法条序号,方便快速定位。

2. 页边标识:方便法条检索、快速定位

根据法律工作者习惯使用法条进行检索的习惯,本书页边部分特别设计了红色提示色块,标注法条序号,读者需要查阅某罪名或主要条款的相关案例时,可以利用这种标识。

3. 页眉清晰:方便条目检索、理清脉络

本书四级标题中,“条目”对应核心法条条旨或罪名,本级标题上承编、章,下启案例,为全书脉络所系。本书页眉列示至“条目”级标题,详略得当,指示清晰。读者既可通过页眉定位条目,亦可结合页边标识查阅相关内容。

4. 赠送电子资料:方便电子检索、多端应用

编者希望能做一本“小而全”的工具书,既囊括刑事指导案例,又避免太厚重而给读者使用带来不便。然而,约 1700 则案例的数量还是让人望而生畏。为了给读者提供更大的便利,也为了更加契合读者的实际使用需求,本书附赠根据序号顺序编排的完整刑事指导案例,包含编号、案例名称等,读者可以扫描下方二维码下载、保存,随时搜索。

本书从策划到付梓,耗时四载有余,其间我们对于刑事指导案例的理解、编排设计思路均不断调整,有过曲折、反复;唯一不变的是编写本书的初衷,让刑事指导案例“活起来”,让更多的刑事实务工作者、学者能以更全面、更准确、更便捷的方式获得、了解、掌握、使用刑事指导案例。令人庆幸的是,最终的成书已是我们心中的“最优解”。

本书策划、编写、审订工作由天津市第一中级人民法院刑二庭副庭长张文波法官领衔、指导并实际参与编写,特此鸣谢。

本书初版难免有疏漏、不当之处,敬请读者批评指正。

案例完整目录

本书编写组

2025 年 3 月 5 日

目　　录

·第一部分　刑法总则·

·第三部分 刑事诉讼法·

质性条件

870 参 第889号 高康球被强制医疗案——强制医疗决定程序、机制的改进与完善

870 参 第974号 马艳雷强制医疗案——如何把握精神病人强制医疗的具体条件

第一部分

刑法总则

第一章
刑法的任务、基本原则和适用范围

属地管辖权

《刑法》规定

第六条 凡在中华人民共和国领域内犯罪的，除法律有特别规定的以外，都适用本法。

凡在中华人民共和国船舶或者航空器内犯罪的，也适用本法。

犯罪的行为或者结果有一项发生在中华人民共和国领域内的，就认为是在中华人民共和国领域内犯罪。

相关规定

最高人民法院、最高人民检察院、中国海警局《关于海上刑事案件管辖等有关问题的通知》第1条

最高人民法院《关于适用〈中华人民共和国刑事诉讼法〉的解释》第2、7～12条

最高人民法院《关于人民法院办理接收在台湾地区服刑的大陆居民回大陆服刑案件的规定》第1、9、10、11条

案例要旨

参 第227号　马尔丹·米歇尔涉嫌强奸引渡案——引渡案件如何进行司法审查

引渡，是指一国应外国的请求，把在其境内被外国指控为犯罪或判刑的外国人，移交给请求国审理或处罚的一种国际司法协助行为。《引渡法》第7条规定："外国向中华人民共和国提出的引渡请求必须同时符合下列条件，才能准予引渡：(一)引渡请求所指的行为，依照中华人民共和国法律和请求国法律均构成犯罪；(二)为了提起刑事诉讼而请求引渡的，根据中华人民共和国法律和请求国法律，对于引渡请求所指的犯罪均可判处一年以上有期徒刑或者其他更重的刑罚……"强奸罪依中国和引渡请求国的法律均构成犯罪，均须处1年以上或其他更重刑罚，所以，强奸犯符合引渡条件，可准予引渡。强奸犯合法进入中国，并在中国结婚生子合法生活不符合《引渡法》第8条拒绝引渡的条件，所以法国强奸犯合法进入中国，虽在中国结婚生子合法生活，依旧可以准予引渡。

参 第640号　邵春天制造毒品案——跨国犯罪案件如何确定管辖权和进行证据审查

(1)刑事管辖权是国家主权的重要组成部分。我国《刑法》以属地原则为基础，兼采属人原则、保护原则和普遍管辖原则。①"犯罪的行为或者结果有一项发生在中华人民共和国领域内的，就认为是在中华人民共和国领域内犯罪"。"犯罪的行为"可以是犯罪行为一部分，也可以是全部，而且犯罪行为并不以实行行为为限，包括犯罪的预备、教唆、帮助等行为。"犯罪的结果"也不以犯罪的全部结果为限，有部分结果即可，而且犯罪结果也不限于犯罪行为实际造成的危害结果。②属人原则，是指凡是具有一国国籍的公民在国外犯罪的，均适用该国刑法。③普遍管辖原则，是指对于国际犯罪，无论是否发生在本国领域内，犯罪人是否为本国公民，也无论是否侵害本国或本国公民的利益，每个主权国家均可行使管辖权。“国际犯罪”，是指国际条约规定的危害国际社会共同利益的犯罪，主要包括战争罪、侵略罪、灭绝种族罪、海盗罪、劫持航空器罪以及毒品犯罪等。对于毒品犯罪，犯罪发生地国、罪犯国籍国、犯罪目的所在地国等国家均有权行使管辖权。(2)在司法实践中，对跨国犯罪案件的证据，要重点审查证据的来源是否正当、合法，尤其是相关国家提供的证据材料。通过司法协助渠道由被请求国提供的证据材料，可以作为定案的证据使用。

参 第1475号 白相俊引渡案——如何适用引渡拘留强制措施

采取引渡拘留强制措施的情形有两种：一是外国正式提出引渡请求后，被请求引渡人尚未被引渡拘留的，公安机关查找到被请求引渡人后，应当根据情况对被请求引渡人予以引渡拘留；二是外国正式提出引渡请求前，因紧急情况申请对将被请求引渡的人采取羁押措施的。根据《出境入境管理法》的拘留审查和根据《引渡法》的引渡拘留，二者性质不同，外国公民被我国公安机关根据《出境入境管理法》采取拘留审查措施后，该国家向我国提出引渡请求的，公安机关应当将拘留审查转化为引渡拘留。

属人管辖权

《刑法》规定

第七条 中华人民共和国公民在中华人民共和国领域外犯本法规定之罪的，适用本法，但是按本法规定的最高刑为三年以下有期徒刑的，可以不予追究。

中华人民共和国国家工作人员和军人在中华人民共和国领域外犯本法规定之罪的,适用本法。

案例要旨

参 第61号 陈先贵聚众扰乱社会秩序案——我国公民在我国领域外犯罪如何适用我国法律追究刑事责任

我国公民在国外犯罪,法定最高刑为3年以上有期徒刑的,无论实际判处被告人的刑罚高于还是低于3年有期徒刑,均应追究刑事责任。我国公民在国外犯罪,法定最高刑为3年以下有期徒刑,但犯罪情节严重的,应当追究刑事责任。我国公民在国外犯罪,应由被告人离境前的居住地或者户籍所在地的人民法院管辖。

普遍管辖权

《刑法》规定

第九条 对于中华人民共和国缔结或者参加的国际条约所规定的罪行,中华人民共和国在所承担条约义务的范围内行使刑事管辖权的,适用本法。

案例要旨

参 第245号 阿丹·奈姆等抢劫案——刑事普遍管辖权的适用

根据普遍管辖原则,世界上每个主权国家都有权对国际犯罪实行刑事管辖。无论这种犯罪是否在本国领域内发生,无论是否由本国公民实施，也无论是否侵害本国国家或公民的利益，只要罪犯在这个国家的领域内被发现，该国就可以行使刑事管辖权。但是，普遍管辖原则的适用也有例外：首先，普遍管辖原则在适用主体上有限制，即不适用于享有外交特权和刑事管辖豁免权的外交代表。其次，普遍管辖原则在适用对象上，仅限于世界各国普遍认同的国际犯罪，而不是适用于任何犯罪。最后，普遍管辖原则在适用范围上只能在有关国际条约的缔约国之间适用，且只能在本国主权所及的范围内适用。

刑法溯及力

《刑法》规定

第十二条　中华人民共和国成立以后本法施行以前的行为，如果当时的法律不认为是犯罪的，适用当时的法律；如果当时的法律认为是犯罪的，依照本法总则第四章第八节的规定应当追诉的，按照当时的法律追究刑事责任，但是如果本法不认为是犯罪或者处刑较轻的，适用本法。

本法施行以前，依照当时的法律已经作出的生效判决，继续有效。

相关规定

最高人民法院《关于适用刑法时间效力规定若干问题的解释》

最高人民法院研究室《关于假释时间效力法律适用问题的答复》

最高人民法院《关于适用刑法第十二条几个问题的解释》

最高人民检察院《关于检察工作中具体适用修订刑法第十二条若干问题的通知》

最高人民检察院《关于对跨越修订刑法施行日期的继续犯罪、连续犯罪以及其他同种数罪应如何具体适用刑法问题的批复》

最高人民法院、最高人民检察院《关于适用刑事司法解释时间效力问题的规定》

最高人民法院《关于九七刑法实施后发生的非法买卖枪支案件，审理时新的司法解释尚未作出，是否可以参照1995年9月20日最高人民法院〈关于办理非法制造、买卖、运输非军用枪支、弹药刑事案件适用法律问题的解释〉的规定审理案件请示的复函》

案例要旨

参 第2号　刘振杰骗购国家外汇额度案——倒卖骗购的外汇额度行为如何定罪

该案审理期间1997年《刑法》已经实施，1979年《刑法》规定的投机倒把罪已被分解，非法经营罪是分解后的一个罪名，而非法经营罪的处刑轻于原投机倒把罪。根据1997年《刑法》第12条规定的从旧兼从轻原则，应认定为非法经营罪。骗购外汇罪是1998年12月29日全国人民代表大会常务委员会《关于惩治骗购外汇、逃汇和非法买卖外汇犯罪的决定》设立的罪名，最高刑期规定为无期徒刑，同样适用1997年《刑法》第12条从旧兼从轻原则，本案不能适用前述1998年全国人民代表大会常务委员会决定定罪量刑，只能适用1997年《刑法》第225条。

参 第21号　罗辉、王凌云等犯侵占案——公司职员利用职务之便，内外勾结骗取公司代管的客户保证金的行为，应如何适用法律

行为发生时法律、提起公诉时法律和审判时法律规定各不相同的，应当将行为时法、审理时法和宣判时法根据从旧兼从轻原则进行比较，选择处刑较轻法律进行适用，并且定罪和量刑可以交叉适用不同法律。

参 第46号 林世元等受贿、玩忽职守案——玩忽职守罪适用法律时效应如何理解

被告人在《刑法》修订前玩忽职守,危害结果发生在《刑法》修订实施以后的,应适用结果发生时的法律。渎职犯罪是不作为犯罪、过失犯罪,在结果发生之前,渎职行为一直处于持续状态,只有结果出现,犯罪才告成立。也就是说,对于不作为犯罪、过失犯罪等结果出现犯罪方成立的犯罪,应以结果发生时作为时效起算点和法律适用时间点。

参 第103号 陈玉泉、邹臻荣贷款诈骗案——对于1997年刑法施行前单位实施的贷款诈骗行为应如何处理

1997年《刑法》规定了贷款诈骗罪,主体限定于自然人。根据罪刑法定的原则,对于单位实施的贷款诈骗行为不能作为贷款诈骗罪处理。2001年1月21日《全国法院审理金融犯罪案件工作座谈会纪要》规定:"对于单位十分明显地以非法占有为目的,利用签订、履行借款合同诈骗银行或其他金融机构贷款,符合刑法第二百二十四条规定的合同诈骗罪构成要件的,应当以合同诈骗罪定罪处罚。"本案被告人经营的公司诈骗行为符合1979年《刑法》规定的诈骗罪的特征,也符合1997年《刑法》第224条规定的合同诈骗罪的特征。1997年《刑法》第224条与1979年《刑法》第151条相比,虽然增加了附加刑,但主刑更轻。所以,根据从旧兼从轻的原则,对本案应适用1997年《刑法》第224条,以合同诈骗罪追究有关公司的刑事责任。

参 第169号 俞辉合同诈骗案——刑法修订后审理的实施于刑法修订前的单位贷款诈骗案件如何处理

对于罪刑法定原则应全面理解,单位实施贷款诈骗行为,不构成贷款诈骗罪,但只要其行为符合《刑法》规定的其他犯罪的构成要件,具有社会危害性、刑事违法性和应受刑罚处罚性,就应按相应的犯罪定罪处

罚。根据修订前《刑法》的规定,实施单位贷款诈骗行为的单位不能构成犯罪,而单位作为犯罪主体,在“双罚制”的情况下,存在犯罪单位和直接负责的主管人员或者其他直接责任人员两个责任主体,其刑事责任可以分离。因此在不追究单位刑事责任的情况下,仍然可以实事求是地追究直接负责的主管人员或者其他直接责任人员的刑事责任。

参 第174号 沈某挪用资金案——追诉时效也应适用从旧兼从轻原则

1997年《刑法》生效前犯罪的,根据1997年《刑法》已过追诉期限但按照行为时《刑法》未过追诉期限的,应当认定追诉期限已过,不再予以追究。

参 第175号 朱晓志交通肇事案——超过1979年刑法规定的追诉时效但根据1997年刑法又应当追诉的应如何处理

(1)《刑法》第12条规定的所谓“按照当时的法律追究刑事责任”,既包括适用当时法律的定罪量刑规定,也应包括适用当时法律关于追诉时效的规定。(2)在有关追诉时效的规定方面,1979年《刑法》与1997年《刑法》虽基本相同,但在追诉时效延长的规定上有两点显著区别:①1979年《刑法》规定,不受追诉期限限制的起始时间为司法机关“采取强制措施以后”,而1997年《刑法》则将此修改为司法机关“立案侦查或者在人民法院受理案件以后”;②1997年《刑法》增加了“被害人在追诉期限内提出控告,人民法院、人民检察院、公安机关应当立案而不予立案的,不受追诉期限的限制”的规定。(3)超过追诉时效的情形,无论出现在刑事诉讼的哪一个阶段,都应当由正在负责追究的司法机关终止诉讼程序,不再往下一个诉讼阶段移送。由于人民法院在刑事诉讼的最后一环,因此,终止诉讼程序的方式只能是终止审理,而不是宣告无罪。

参 第328号　朱香海、左正红等非法买卖枪支、贪污案——对于1997年刑法施行以后、司法解释公布施行以前实施的非法买卖枪支犯罪，是参照执行原有的司法解释还是适用新公布施行的司法解释

(1)对某一问题，1997年《刑法》施行前和施行后均有相关司法解释，如果行为发生在1997年《刑法》施行之后、相关司法解释颁布生效之前，不应当适用1997年《刑法》施行之前的司法解释，而应当适用1997年《刑法》施行后的司法解释。(2)单位负责人个人决定，以单位名义实施，没有证据证实犯罪所得归实施犯罪的个人占有的，应当认定为单位犯罪。(3)被判处刑罚的犯罪行为和被劳动教养的行为系同一行为的，劳动教养日期应折抵刑期。

参 第417号　谭慧渊、蒋菊香侵犯著作权案——对于司法解释是否需要适用从旧兼从轻原则

司法解释本身没有独立的时间效力，其效力适用于其所解释法律的施行期间，司法解释公布施行后，对所有正在审理或者尚未审理的案件，都必须按照该解释去理解、适用法律；对于新司法解释实施前发生的行为，行为时已有相关司法解释的，应当适用从旧兼从轻原则。

参 第1150号　耿三有受贿案——二审期间因刑法修改及司法解释出台导致定罪量刑标准发生变化的，应如何适用法律

(1)刑法修正案仍然应当贯彻《刑法》所规定的从旧兼从轻原则，区分以下不同情况进行处理。司法实践中，对于某一司法解释的适用应先看该解释出台前，对同一问题是否有其他解释；如果没有其他解释，该解释是唯一司法解释，则适用该解释。如果在同一问题上，先后出台两个解释且内容出现矛盾，应选择有利于犯罪嫌疑人、被告人的司法解释作为定罪量刑之依据。(2)兼有从重情节和从轻情节，量刑时不能采取简单的抵消处理，而应根据不同情节的作用(包括正面和负面)大小和影

响程度分别考量,然后再进行综合评价。

参 第1380号 张崇光、张崇荣虚假诉讼案——虚假诉讼犯罪案件中如何正确适用从旧兼从轻原则

行为人在犯罪时,《刑法修正案(九)》尚未颁布,按从旧兼从轻原则确定罪名:因虚假诉讼罪的主刑中增加了管制和单处罚金,相对于妨害作证罪和帮助伪造证据罪法定刑较轻,故应以虚假诉讼罪定罪。

参 第1604号 吴某、刘某海开设赌场案——旧司法指导性文件能否继续解释《刑法修正案(十一)》修正的开设赌场罪及特殊情况下累犯的认定

旧司法指导性文件不能当然解释经过刑法修正案修订后的罪名,司法解释应依附于相应《刑法》。刑法修正案对个罪作出重大修改,导致修正前的刑罚设置不再适用,相应依附于原刑罚设置的司法解释确立的标准不能当然解释修正后的个罪;即使司法解释未废止,也并不代表其具有解释修正后的个罪的当然效力。在新的司法解释未明确升格法定刑的数额标准前,严格把握犯罪数额的同时,可以综合考虑案件犯罪事实、性质、情节和社会危害程度及被告人的主观恶性等情况,保留余地作"存疑有利于被告人"的处理。前罪刑期在判决前羁押折抵完毕,应以判决生效之日认定累犯中前罪的刑罚执行完毕。

第二章

犯　罪

犯罪概念

《刑法》规定

第十三条　一切危害国家主权、领土完整和安全，分裂国家、颠覆人民民主专政的政权和推翻社会主义制度，破坏社会秩序和经济秩序，侵犯国有财产或者劳动群众集体所有的财产，侵犯公民私人所有的财产，侵犯公民的人身权利、民主权利和其他权利，以及其他危害社会的行为，依照法律应当受刑罚处罚的，都是犯罪，但是情节显著轻微危害不大的，不认为是犯罪。

相关规定

最高人民法院《关于贯彻宽严相济刑事政策的若干意见》第14条

案例要旨

参 第87号　文某被控盗窃案——处理家庭成员和近亲属之间的偷窃案件应当注意的刑事政策

对于发生在家庭成员和近亲属之间的犯罪行为，除了严重侵害人身权利因而具有很大社会危害性的以外，也应当尽可能减少主动的国家刑事干预,以免激化矛盾,影响家庭和亲属关系的缓和。盗窃自己家庭和近亲属财物的行为社会危害范围和程度有限,属于《刑法》第13条规定的"情节显著轻微危害不大",一般情况下可不按犯罪处理;对确有追究刑事责任必要的,处罚时也应与在社会上作案的人有所区别。

参 第360号 徐钦朋非法买卖爆炸物案——确因生产、生活所需非法买卖爆炸物的,应当如何适用刑罚

最高人民法院《对执行〈关于审理非法制造、买卖、运输枪支、弹药、爆炸物等刑事案件具体应用法律若干问题的解释〉有关问题的通知》(已失效。——编者注)第2条规定,在该解释施行前,行为人确因生产、生活所需而非法制造、买卖、运输枪支、弹药、爆炸物,没有造成严重社会危害,经教育确有悔改表现的,可依照《刑法》第13条的规定,不作为犯罪处理。

参 第361号 吴传贵等非法制造、买卖爆炸物案——非法制造、买卖大量炸药,炸药在买方存储中发生爆炸的,应当如何量刑

行为人确因生产、生活所需而非法制造、买卖爆炸物,没有造成严重社会危害,经教育确有悔改表现的,可依照《刑法》第13条的规定,不作为犯罪处理。炸药的爆炸在炸药卖出后的存储过程中发生,非法制造、买卖炸药的行为与爆炸的发生不是典型的直接的因果关系,应从轻处罚。

不可抗力和意外事件

《刑法》规定

第十六条 行为在客观上虽然造成了损害结果,但是不是出于故意或者过失,而是由于不能抗拒或者不能预见的原因所引起的,不是犯罪。

案例要旨

参 第346号　朱家平过失致人死亡案——如何区分疏忽大意的过失与意外事件

（1）意外事件与疏忽大意的过失区分的关键是判断行为人是否应当预见、能够预见。（2）预见能力需要进行具体的判断：①应当把行为人的智能水平、行为本身的危险性和行为时的客观环境结合起来。②判断的方法：坚持从客观到主观，把对一般人的注意义务与具体行为人的智能水平结合起来。③判断的标准：应当在考察一般人的预见能力基础上充分考虑行为人的具体智能情况。

刑事责任年龄

《刑法》规定

第十七条　已满十六周岁的人犯罪，应当负刑事责任。

已满十四周岁不满十六周岁的人，犯故意杀人、故意伤害致人重伤或者死亡、强奸、抢劫、贩卖毒品、放火、爆炸、投放危险物质罪的，应当负刑事责任。

已满十二周岁不满十四周岁的人，犯故意杀人、故意伤害罪，致人死亡或者以特别残忍手段致人重伤造成严重残疾，情节恶劣，经最高人民检察院核准追诉的，应当负刑事责任。

对依照前三款规定追究刑事责任的不满十八周岁的人，应当从轻或者减轻处罚。

因不满十六周岁不予刑事处罚的，责令其父母或者其他监护人加以管教；在必要的时候，依法进行专门矫治教育。

相关规定

《刑法修正案(十一)》第1条

《刑事诉讼法》第264条第3款、第277条、第282条第1款

《监狱法》第76条

《预防未成年人犯罪法》第41、45条

全国人民代表大会常务委员会法制工作委员会《关于已满十四周岁不满十六周岁的人承担刑事责任范围问题的答复意见》

公安部法制司《关于如何确定无户籍登记的犯罪嫌疑人年龄的答复》

最高人民检察院法律政策研究室《关于相对刑事责任年龄的人承担刑事责任范围有关问题的答复》第1条

最高人民法院《对甘肃省高级人民法院[2003]甘行终字第98号请示的答复》

最高人民法院《关于审理未成年人刑事案件具体应用法律若干问题的解释》第1~12、20条

最高人民法院《关于贯彻宽严相济刑事政策的若干意见》第20条

最高人民检察院《未成年人刑事检察工作指引(试行)》第6、15、152、176、181条

最高人民法院、最高人民检察院《关于常见犯罪的量刑指导意见(试行)》"三、常见量刑情节的适用"(一)

案例要旨

公 2018年第1期　韩某某盗窃案

刑事案件被告人年龄认定尤其是临界年龄认定发生争议,穷尽证据调查和证明手段仍无法查明,或者查实的证据有瑕疵、相互矛盾或者证明力较低的,一般采用以下规则处理:一是户籍优先原则。《出生医学证

明》是户口登记机关登记出生的重要依据，公安机关作出确认当事人身份关系包括年龄的具体行政行为具有法律效力。在调取的户籍资料与其他书证如学籍资料记载的入学日期、与其他证人证言等存在相互矛盾时，以认定户籍登记资料为原则，对户籍登记资料不予采信为例外。二是书证优先原则。有关部门存档的书证，尤其是在案发前形成的书证客观性较强，其证明的内容与证人证言存在相互矛盾时，以书证认定优于证人证言为原则，对书证不予采信为例外。三是参考鉴定原则。司法骨龄鉴定意见对判断被鉴定人年龄有科学参考价值。如果骨龄鉴定意见不能准确确定被告人实施犯罪行为时的实际年龄，存在一定的跨龄鉴定幅度，该鉴定意见不能单独作为认定年龄的证据加以适用，应当结合其他证据且必须是有效证据慎重判断才能作出综合认定。不能排除证据之间的矛盾，无充分证据证明被告人实施被指控犯罪时已满18周岁且确实无法查明的，应按有利于被告人的原则，推定其不满18周岁。

参 第184号 扎西达娃等抢劫案——对罪行极其严重的未成年犯罪人能否判处无期徒刑

对罪行极其严重的未成年被告人除另有从重情节外，一般可不判处无期徒刑。对于那些罪行极其严重，同时又具有一个或多个法定从重处罚情节的未成年犯罪人，可以根据案件的具体情况，酌情决定是否适用无期徒刑的刑罚。对未成年犯罪人适用刑罚，既要注意将未成年人犯罪与成年人犯罪区别开来，又要注意统筹考虑，避免简单化。

参 第480号 李春伟、史熠东抢劫案——未成年人犯罪，法定刑为3年以上有期徒刑的，也可以适用免予刑事处罚

未成年人犯罪依法免予刑事处罚的适用，应以以下三个步骤确定：(1)以所犯罪行本身为基础判断对被告人可能适用的刑罚；(2)衡量悔

罪表现的作用(通常是指到案后如实交代罪行、向被害人真实表达歉意、积极退赃并赔偿损失等);(3)对于具有最高人民法院《关于审理未成年人刑事案件具体应用法律若干问题的解释》第17条所列从宽处罚情节之一的被告人,免予刑事处罚。

参 第659号　伍金洪、黄南燕绑架案——户籍证明与其他证据材料互相矛盾时,如何认定被告人的年龄

(1)证明被告人的刑事责任年龄的证据,首先应当使用被告人所在地公安机关出具的证明文件(由犯罪嫌疑人原籍派出所出具的户籍信息材料,同时经犯罪嫌疑人所在地公安机关核实并加盖公章认可)。如果该材料与被告人供述的年龄出现矛盾且涉及被告人的刑事责任年龄,应当收集其他证据以确定被告人的真实年龄,具体包括:①书证:出生证明、分娩记录等原始书证;②证人证言;③骨龄鉴定(必须十分慎重,通常仅仅作为参考证据)。其他证据可以相互印证证明真实年龄的,可以排除户籍证明等法定证据而以其他证据来认定年龄。(2)户籍证明与其他证据材料的矛盾无法得到排除时,应当以有利于被告人的原则确定被告人的年龄。

参 第684号　郭永明等绑架案——户籍登记与其他证据之间存在矛盾,如何准确认定被告人的年龄

没有充分证据证明被告人实施被指控的犯罪时,已经达到法定刑事责任年龄且确实无法查明的,应当推定其没有达到相应法定刑事责任年龄。

参 第851号　乔某诈骗案——公安机关的户籍材料存在重大瑕疵的,如何认定被告人犯罪时的年龄

(1)应当综合运用证据审查、逻辑判断、常识检验、科学鉴定等多种手段,去伪存真,依法对被告人的犯罪年龄进行认定,遵循穷尽原则、公文性书证优先原则、原始书证优先原则、言词证据与其他类型证据结合判断的原则以及存疑有利于被告人的原则。(2)公安机关无正当理由变更原始户籍登记中的出生日期,且变更后的信息与在案证据存在冲突的,应从证据合法性和有利于被告人的角度,严格进行审查判断。

参 第1000号 李某甲等寻衅滋事案——未成年人多次强取其他未成年人少量财物的案件如何处理

对未成年人实施的以轻微暴力强索他人少量财物的行为,如果没有造成被害人轻微伤以上后果或者严重扰乱公共场所秩序、社会秩序等其他后果,一般不以犯罪论处。社会危害大,确有必要追究刑事责任的,也要控制抢劫罪的适用;符合寻衅滋事罪的构成特征的,尽量选择适用寻衅滋事罪。

精神病人与醉酒的人的刑事责任能力

《刑法》规定

第十八条 精神病人在不能辨认或者不能控制自己行为的时候造成危害结果,经法定程序鉴定确认的,不负刑事责任,但是应当责令他的家属或者监护人严加看管和医疗;在必要的时候,由政府强制医疗。

间歇性的精神病人在精神正常的时候犯罪,应当负刑事责任。

尚未完全丧失辨认或者控制自己行为能力的精神病人犯罪的,应当负刑事责任,但是可以从轻或者减轻处罚。

醉酒的人犯罪,应当负刑事责任。

相关规定

《刑事诉讼法》第302、303条

《行政处罚法》第31条

案例要旨

公 2007年第7期 参 第431号　彭崧故意杀人案——被告人吸食毒品后影响其控制、辨别能力而实施犯罪行为的，是否要承担刑事责任

行为人因吸毒后产生神志异常而实施危害社会的行为，构成犯罪的，依法应当承担刑事责任。

参 第49号　李典故意杀人案——限制责任能力的精神病人杀人如何处罚

限制责任能力的精神病人，由于其主观上有一定的罪过，因此应当承担刑事责任。但由于其认识能力和控制能力因疾病而削弱，其主观恶性有所减轻，其承担的刑事责任也应减轻。如果被告人犯罪情节特别恶劣，后果特别严重，民愤很大，可以从轻处罚；如果被告人罪行不是特别严重，情节不是特别恶劣，可以减轻处罚。

参 第152号　阿古敦故意杀人案——对限制刑事责任能力的精神病人应如何处罚

限制刑事责任能力人在实施危害社会的行为时，具有一定的认识的辨认、控制能力，因此应该承担刑事责任；但其辨认能力或控制能力又因精神疾病而受到明显削弱，所以可以从轻或减轻处罚。虽然法律规定是"可以"而不是"应当"，但应理解为一般情况下都应该从轻或者减轻处罚。

参 第554号　房国忠故意杀人案——醉酒状态下实施犯罪，量刑时可否酌情考虑导致行为人醉酒的原因

（1）对于在醉酒状态下实施的犯罪，审判实践中应当适当考虑醉酒犯罪的原因及状态，如对于因不可抗力或者不能预见的原因醉酒，以及陷入“共济失调期”“昏睡期”的醉酒状态下犯罪的情况，也应与未醉酒的正常人相区别。（2）对于酒后犯罪的主观恶性，为实施犯罪而故意制造醉酒假象、借酒壮胆或者明知自己会酒后乱性而饮酒等故意醉酒行为的主观恶性最为严重，过失醉酒者次之，因不能预见或不可抗拒的原因醉酒者最轻，因此在醉酒人犯罪的案件中应当适当对醉酒原因予以考察。（3）在醉酒犯罪中，主要需要考虑行为人与被害人是否相识、是否有积怨（考察是否有犯罪预谋），被害人是否对醉酒行为负有责任（降低行为人对醉酒原因的过错程度），以及是否属于激情犯罪。

参 第610号　侯卫春故意杀人案——在故意杀人犯罪中醉酒状态能否作为酌定从轻处罚情节

虽然《刑法》明确规定醉酒的人犯罪应当负刑事责任，醉酒亦不属于法定从宽处罚情节，但醉酒犯罪与正常状态下犯罪毕竟有所区别，对于在醉酒状态下实施的故意杀人犯罪，在适用死刑时应特别慎重，除情节特别恶劣、后果特别严重、主观恶性及人身危险性极大的犯罪分子外，一般可不判处死刑立即执行。

参 第917号　叶丹以危险方法危害公共安全案——因吸毒长期处于精神障碍状态，在病情缓解期再次吸毒并驾驶机动车，致使发生交通事故的，如何认定行为人的刑事责任能力以及主观罪过

因吸毒长期处于精神障碍状态，在病情缓解期再次吸毒陷于精神障碍过程中驾驶机动车的，宜认定行为人具有限定责任能力。对于自陷于精神障碍的行为人，应当根据其自陷时对危害结果的认识和意志状态认定其对结果所持的主观罪过。

参 第925号 杜成军故意杀人案——在严重暴力犯罪案件中，对具有轻度精神障碍，认识和控制能力所受影响不大的被告人，是否可以不从轻处罚

责任能力减弱的精神病人犯罪，只是“可以”从轻或者减轻处罚，而不是“应当”从轻或者减轻处罚，如果其所实施的犯罪受到辨认和控制能力减弱的影响，可以根据受到影响程度的大小决定是否从轻或者减轻处罚。精神障碍对行为人行为能力的影响也有大小之分，对于有较大影响的，对行为人应当减轻处罚或者在法定刑幅度内从轻判处刑罚；对于影响较小的，对行为人可以不从轻判处刑罚。《刑法》并没有规定对限制行为能力人一律从轻处罚，对罪行极其严重且辨认和控制自己行为能力轻微减弱的犯罪人不予以从轻处罚，并不违背立法本意。

参 第948号 被告人李鹏盗窃案——如何审查智力障碍者的刑事责任能力

审查智力障碍者的刑事责任能力，需要具体分析、全面考虑行为人的犯罪动机是否有现实基础、行为人犯罪后的表现、是否具有自我保护意识和行为、对犯罪后果的认识和对自己行为合法性的认识、社会适应能力、犯罪性质、前科表现等方面，确保准确认定行为人的刑事责任能力。

参 第1286号 连恩青故意杀人案——如何结合临床诊断证明和司法精神病鉴定意见准确认定被告人作案时的刑事责任能力

对于有精神障碍的行为人，在医院临床诊断或司法鉴定过程中，可能会因诊断或鉴定角度不同、侧重点不同而得出不同的结论。而且，临床诊断和司法鉴定的思路、方法不同：临床诊断往往是“有病推定”，检查患者或者查看病历时会搜索有病依据；而司法鉴定则是“无病推定”，

需全面收集并审查判断患者的所有情况，审查案情的全部材料，临床诊断则没有这一过程。故临床诊断结果和司法鉴定意见可能不一致。当二者关于被告人精神状态的判断不一致时，要严格、审慎审查，结合相关证据准确认定被告人作案时的刑事责任能力。

特殊人员的刑事责任能力

《刑法》规定

第十九条 又聋又哑的人或者盲人犯罪，可以从轻、减轻或者免除处罚。

案例要旨

参 第469号 苏同强、王男敲诈勒索案——如何理解与认定刑法第十九条规定的“盲人”犯罪

(1)《刑法》第19条中的“盲人”的认定标准应参考通行的医学标准。(2)关于“盲人”犯罪是否适用《刑法》第19条从宽处罚，须依据视力残疾与犯罪的关系而定。①被告人实施犯罪行为与其“盲人”身份有直接联系的，应当依法从宽处罚；②对于被告人实施的与“盲人”身份无关或者无直接关系的犯罪，被告人的视力状况对其实施犯罪没有明显、具体影响，即使其视力没有残疾，也可能甚至更有条件实施犯罪行为，在共同犯罪或者有组织犯罪中，这类被告人甚至可能成为犯罪的起意者、策划者和组织者，此情况下被告人的“盲人”身份不能作为对其从宽处罚的理由。

正当防卫

《刑法》规定

第二十条 为了使国家、公共利益、本人或者他人的人身、财产和其他权利免受正在进行的不法侵害,而采取的制止不法侵害的行为,对不法侵害人造成损害的,属于正当防卫,不负刑事责任。

正当防卫明显超过必要限度造成重大损害的,应当负刑事责任,但是应当减轻或者免除处罚。

对正在进行行凶、杀人、抢劫、强奸、绑架以及其他严重危及人身安全的暴力犯罪,采取防卫行为,造成不法侵害人伤亡的,不属于防卫过当,不负刑事责任。

相关规定

最高人民法院、最高人民检察院、公安部《关于依法适用正当防卫制度的指导意见》

最高人民法院、最高人民检察院、公安部、司法部《关于依法办理家庭暴力犯罪案件的意见》第19条

最高人民法院、最高人民检察院、公安部《关于依法惩治妨害公共交通工具安全驾驶违法犯罪行为的指导意见》"一、准确认定行为性质,依法从严惩处妨害安全驾驶犯罪"(四)

案例要旨

指 93号 于欢故意伤害案

(1)对正在进行的非法限制他人人身自由的行为,应当认定为《刑

法》第20条第1款规定的"不法侵害",可以进行正当防卫。(2)对非法限制他人人身自由并伴有侮辱、轻微殴打的行为,不应当认定为《刑法》第20条第3款规定的"严重危及人身安全的暴力犯罪"。(3)判断防卫是否过当,应当综合考虑不法侵害的性质、手段、强度、危害程度,以及防卫行为的性质、时机、手段、强度、所处环境和损害后果等情节。对非法限制他人人身自由并伴有侮辱、轻微殴打,且并不十分紧迫的不法侵害,进行防卫致人死亡重伤的,应当认定为《刑法》第20条第2款规定的"明显超过必要限度造成重大损害"。(4)防卫过当案件,如系被害人实施严重贬损他人人格尊严或者亵渎人伦的不法侵害引发的,量刑时对此应予充分考虑,以确保司法裁判既经得起法律检验,也符合社会公平正义观念。

指 144号 参 第1436号 张那木拉故意伤害案——如何准确区分特殊防卫与防卫过当,以及认定行为人属于正当防卫的,法院判决应当如何表述

在特殊防卫的认定过程中,判断行为人的防卫行为是否明显超过必要限度时,应以普通人的认识水平并结合现场实际情况判断,同时考虑侵害方所持凶器、人数、已经实施的行为以及实施行为的场所等情形,并以侵害行为可能造成的危害程度是否与正在进行的行凶、抢劫、强奸、绑架四种犯罪相当,而不是以实际危害结果是否与上述四种犯罪的既遂结果相当,或从事后的角度分析侵害程度来确定防卫行为是否超过必要限度。判断不法侵害是否结束,要结合不法侵害人是否已经脱离现场、丧失侵害能力、放弃侵害意图等因素综合考量。对构成正当防卫的被告人,判决书主文的表述应为"无罪",而非"不负刑事责任"。

指 225号 江某某正当防卫案

(1)对于因学生霸凌引发的防卫行为与相互斗殴的界分,应当坚持主客观相统一原则，通过综合考量案发起因、是否为主要过错方、是否纠集他人参与打斗等情节，结合同年龄段未成年人在类似情境下的可能反应，准确判断行为人的主观意图和行为性质。不能仅因行为人面对霸凌时不甘示弱、使用工具反击等情节，就影响对其防卫意图的认定。（2）对于防卫是否“明显超过必要限度”，应当立足防卫时的具体情境，从同年龄段未成年人一般认知的角度，综合学生霸凌中不法侵害的性质、手段、强度、危害后果和防卫的时机、手段、强度、损害后果等情节，考虑双方力量对比，作出合理判断。

公 2004 年第 11 期　吴金艳故意伤害案

根据《刑法》第 20 条第 3 款和《民法通则》（已失效。——编者注）第 128 条的规定，公民对深夜非法闯入住地，暴力伤害其本人和他人者采取防卫行为，造成不法侵害人死亡的，不承担刑事责任和民事赔偿责任。

参 第 40 号　叶永朝故意杀人案——刑法第二十条第三款规定的正当防卫权应如何理解与适用

特殊防卫的前提必须是有严重危及公民人身安全的暴力犯罪。首先，不法侵害行为针对的是人身安全，即危害公民生命权、健康权、自由权和性权利，而不是人身之外的财产权利、民主权利等其他合法权益。针对人的生命、健康采取防火、爆炸、决水等其他暴力方法实施侵害，也是暴力性侵害行为。其次，这种不法行为应达到一定的严重程度，必须是严重危及人身安全；对一些轻微的暴力侵害不能适用特殊防卫。

参 第 133 号　苏良才故意伤害案——互殴中的故意伤害行为是否具有防卫性质

打架斗殴中，双方都有侵害对方的故意，双方行为都是不法侵害行为，不具有防卫过当所应具有的防卫性和目的的正当性，不符合正当防卫中防卫过当的本质特征。

参 第138号 张建国故意伤害案——互殴停止后又为制止他方突然袭击而防卫的行为是否属于正当防卫

(1)互殴双方的行为均属于不法侵害,而非正当防卫。(2)互殴停止后又加害对方的,被殴打方已从互殴时的侵害者转变为被侵害者,依法享有正当防卫的权利:①被侵害人出于防卫的目的而依法实施的制止不法侵害的行为,依法具有正当防卫的性质;②由双方互殴转变为一方自动放弃斗殴或主动退出斗殴现场,应该具有彻底性,并表现出明显的阶段性,而不包括互殴双方打斗中的此消彼长、强弱转换等情形变化。

参 第224号 胡咏平故意伤害案——当人身安全受到威胁后便准备防卫工具是否影响防卫性质的认定

人身安全受到威胁后可以准备防卫工具。准备工具是为了防卫还是斗殴,在难以界定的情况下,应当作出有利于防卫人的推定。并不是正在进行的不法侵害达到相当严重时,才可以实施防卫。用拳掌殴打他人的行为,属于不法侵害。只有在判断正当防卫是否明显超过必要限度时,分析不法侵害的程度才有意义,不法侵害的程度只是判断防卫是否适度的一个指标,而非进行正当防卫的前提条件。一般的拳掌殴打,并不属于严重危及人身安全的暴力犯罪,防卫人导致不法侵害人重伤的,应当认定为防卫过当。

参 第261号 李小龙等被控故意伤害案——特殊防卫的条件以及对"行凶"的正确理解

(1)对非以暴力为手段实施的其他严重犯罪行为,不能特殊防卫。对以非暴力手段实施的抢劫、绑架等法律条文明确列举的犯罪行为,一般也不应当特殊防卫。非针对人身安全的暴力犯罪,如对抢夺等针对物所实施的暴力犯罪行为,不能特殊防卫。只有他人的生命安全、重大的健康安全、妇女性的不可侵犯的权利，才可以视为相等的重大法益。(2)行凶不应该是一般的拳脚相加之类的暴力侵害，持械殴打也不一定都是可以实施特殊防卫的行凶。只有那种足以严重危及他人的重大人身安全的凶器、凶械伤人的行为，才可以认定为行凶。

参 第297号　赵泉华被控故意伤害案——正当防卫仅致不法侵害人轻伤的不负刑事责任

防卫人所采取的防卫措施应当与不法侵害行为基本相当。行为人的防卫措施虽然明显超过必要限度但防卫结果客观上并未造成重大损害，或者防卫结果客观上虽造成严重损害但防卫措施并不明显超过必要限度，均不能认定为防卫过当。

参 第353号　范尚秀故意伤害案——对精神病人实施侵害行为的反击能否成立正当防卫

对精神病人的不法侵害可以防卫。关于一般防卫的对象，只要违法行为损害了国家、公共利益以及公民的人身、财产和其他权利，都可以防卫。无刑事责任能力人的精神病人的侵害，也是危害社会的行为，属于不法侵害。一般而言，在遭到无刑事责任能力人的侵害时，如果明知对方是无刑事责任能力人并有条件采取逃跑等方式避免侵害，不得防卫。不知道侵害人是无刑事责任能力人，或者不能用逃跑等方式避免侵害的，才可以防卫。夺取木棒防卫的行为是适当的；使用木棒两次击打被害人的要害部位导致其死亡，是明显超过必要限度的，构成防卫过当。

参 第433号　李明故意伤害案——为预防不法侵害而携带防范性工具能否阻却正当防卫的成立

不能因为携带管制刀具是违法的，就否定正当防卫。被告人为预防不法侵害的发生携带防范性刀具，不能阻却其在遭遇不法侵害时运用该刀具的防卫行为成立正当防卫。如果防范性工具造成其他无辜人员的伤亡或者财产损失，就不成立正当防卫。对于不法侵害的性质，不要求行为人认识，因为在紧迫的情况下，行为人没有时间也没有义务加以判断不法侵害是犯罪行为还是一般违法行为。在互殴场合下，可能是一方先动手，另一方后动手，但是这不能改变互殴的法律性质，只要双方都有互相侵害对方的犯罪意图而故意互相侵害，就不能成立正当防卫。如果一方本无侵害对方的故意，完全是由于对方的不法侵害而被迫还手，则不能认定为互殴。一方退出互殴现场，另一方穷追不舍，并加大了侵害力度，退出一方可以正当防卫。在不法侵害人停止侵害且受重伤时，继续追赶踢打不法侵害人致其死亡的，成立防卫过当。

参 第569号 韩霖故意伤害案——如何认定防卫过当

单纯的多人赤手空拳、没有持械，仅实施拖拉、撕扯、脚踢、围堵、追赶的行为，不能认定为严重危及人身安全的暴力犯罪。并非凡是超过必要限度的防卫行为都是过当，只有明显超过其必要性并造成重大损害的，才是防卫过当。

参 第1126号 李英俊故意伤害案——在自家院内搜寻藏匿的不法侵害人时发生打斗，致人死亡的，构成正当防卫

被害人患有精神病，凌晨持刺刀翻墙进入被告人家院内，被发现后虽临时躲避，但仍有现实威胁，不法侵害状态并未结束，故被告人持械寻找被害人的行为具有正当性、合理性，不应认定其具有加害故意。此后，被告人在自家院内与被害人发生打斗，并将其打倒的行为并不属于防卫过当。

参 第1456号 石龙回故意伤害案——在互相打斗过程中，一方为了使前来劝阻的妻子免受不法侵害，造成另一方死亡的如何认定

并非因琐事发生争执、冲突，引发打斗的，就是相互斗殴；也不能因

为因琐事发生争执、冲突，引发打斗，就不再存在防卫的空间。司法实践中，应根据案件发生的整体经过，立足行为人反击时的具体情境，结合一般人在类似情境下的可能反应，综合考虑案件的起因条件、时间条件、对象条件、意图条件和限度条件。被告人在防卫意图的支配下，在不法侵害正在进行的过程中，针对不法侵害人实施反击行为，其行为具备防卫的性质，但被害人的上述不法侵害尚未达到使被告人享有无限防卫权的程度，且被告人的行为也造成了被害人死亡的重大损害结果，对于被告人的行为应评价为防卫过当。

参 第1566号　黄某诺、黄某强故意杀人案——正当防卫、防卫过当的司法认定

不法侵害人虽有逞凶态度和行为，但没有行凶预谋，未使用致命性凶器，其目的仅系发泄不满情绪，未造成防卫人严重伤情的，不宜认定其具有“行凶”性质。在共同实施防卫过程中，其中一名防卫人超出共同防卫的防卫意图和防卫手段范围，明显超过必要限度，造成重大损害的，对该名防卫人应认定为防卫过当；没有证据证明其他防卫人有共同犯罪故意的，对其他防卫人仍应认定为正当防卫，不认定为共同犯罪。

参 第1567号　蒋某某被诉故意伤害案——校园欺凌引发案件中正当防卫的认定

办理校园欺凌引发的案件，应当综合考量案发起因、行为人对冲突升级是否有过错、是否使用或者准备使用凶器、是否采用明显不相当的暴力、是否纠集他人参与打斗等客观情节，准确判断行为人的主观意图和行为性质，结合矛盾是否解决、参与人是否离开、场地是否转移等多方面因素，综合判断“行为人是否仍处在不法侵害的危险中”，充分考虑未成年学生心智不成熟、行为易冲动的特点，权衡双方权利保护，综合认定防卫是否明显超过必要限度。

参 第1600号 唐某华、杨某祥故意伤害案——正当防卫时间条件、限度条件的把握

对行为是否具有防卫性质的认定，应当坚持一般人的立场做事中判断。判断防卫行为是否超过必要限度，应当站在防卫人当时的情境，从社会一般认知的角度，综合不法侵害的性质、手段、强度、危害程度和防卫的时机、手段、强度、损害后果等，全面整体考量，依法作出合乎情理的判断。应防止陷入唯结果论的误区，避免只要造成不法侵害人重伤、死亡的就一律认定为明显超过必要限度。

紧急避险

《刑法》规定

第二十一条 为了使国家、公共利益、本人或者他人的人身、财产和其他权利免受正在发生的危险，不得已采取的紧急避险行为，造成损害的，不负刑事责任。

紧急避险超过必要限度造成不应有的损害的，应当负刑事责任，但是应当减轻或者免除处罚。

第一款中关于避免本人危险的规定，不适用于职务上、业务上负有特定责任的人。

相关规定

最高人民法院、最高人民检察院、公安部《关于依法惩治妨害公共交通工具安全驾驶违法犯罪行为的指导意见》“一、准确认定行为性质，依法从严惩处妨害安全驾驶犯罪”（五）

案例要旨

参 第295号　王仁兴破坏交通设施案——不履行因紧急避险行为引起的作为义务可以构成不作为犯罪

（1）先行行为是合法行为并不能免除行为人因先行行为所引起的作为义务。只要行为人有能力履行而不履行该先行行为所引起的作为义务，就可以构成不作为犯罪。（2）因合法行为使某种权益处于危险状态的，行为人负有采取积极救助措施消除该危险状态的作为义务。若不履行这一义务，行为人构成不作为犯罪。（3）行为人因实施紧急避险行为造成交通设施被损坏，在紧急避险结束后，行为人有义务采取积极的救济措施消除危险；如果行为人有条件能够履行而不履行，应构成不作为的破坏交通设施罪。

犯罪预备

《刑法》规定

第二十二条　为了犯罪，准备工具、制造条件的，是犯罪预备。

对于预备犯，可以比照既遂犯从轻、减轻处罚或者免除处罚。

案例要旨

参 第139号　黄斌等抢劫（预备）案——犯罪预备应如何认定及处理

仅仅为实施犯罪准备工具，制造条件的，构成犯罪预备。对于预备犯，应当结合社会危害程度决定从轻、减轻或者免除处罚；情节显著轻微危害不大的，可不作为犯罪处理。

参 第467号 张正权等抢劫案——如何正确认定犯罪预备

(1)为了实施抢劫而购置工具,并携带工具至作案点潜伏,伺机作案的,应当认定为抢劫罪的预备行为。(2)同一行为既构成强奸罪的犯罪预备又构成抢劫罪的犯罪预备的,根据禁止重复评价原则,应择一重罪处断。

犯罪未遂

《刑法》规定

第二十三条 已经着手实行犯罪,由于犯罪分子意志以外的原因而未得逞的,是犯罪未遂。

对于未遂犯,可以比照既遂犯从轻或者减轻处罚。

相关规定

最高人民法院、最高人民检察院《关于常见犯罪的量刑指导意见(试行)》"三、常见量刑情节的适用"(四)

案例要旨

指62号 参 第1020号 王新明合同诈骗案——在数额犯中,行为既遂部分与未遂部分并存且分别构成犯罪的,如何准确量刑

(1)既未遂并存且分别构成犯罪的,应当贯彻择一重罪处断的原则,不能以犯罪总数额或者一概以既遂数额确定法定刑幅度。对于未遂部分,先进行是否减轻处罚的评价,确定未遂部分对应的法定刑幅度,再与既遂部分比较确定全案适用的法定刑幅度,将未做评价的既遂数额或

者未遂数额在量刑时予以考虑。(2)在既未遂并存且未遂部分对应的法定刑幅度重于既遂部分对应的法定刑幅度的情况下，要分别根据行为人的既遂数额和未遂数额判定其各自所对应的法定刑幅度；对未遂部分还需同时考虑可以从轻或者减轻处罚。之后根据比较结果，如果既遂部分所对应的量刑幅度较重，或者既未遂所对应的量刑幅度相同，以既遂部分所对应的量刑幅度为基础酌情从重处罚；反之，如果未遂部分对应的量刑幅度较重，则以该量刑幅度为基础，酌情从重处罚。

参 第37号　胡斌、张筠筠等故意杀人、运输毒品(未遂)案——误认尸块为毒品而予以运输的行为应如何定罪处罚

(1)对象不能犯中的相对不能犯，应当治罪处罚，但属于犯罪未遂。对其中行为的社会危害性小于欲犯之罪的，一般应当从轻或者减轻处罚；对其中行为的社会危害性大于欲犯之罪的，不应当从轻、减轻处罚。(2)误认尸块为毒品予以运输，应以运输毒品罪(未遂)定性。

参 第132号　曹成金故意杀人案——间接故意犯罪是否存在未遂形态

(1)间接故意犯罪不存在未遂形态。行为人出于间接故意而实施危害行为，没有造成法定后果的，不构成相应犯罪的未遂。(2)非法持有枪支、弹药实施间接故意杀人行为未造成危害结果的，不构成故意杀人罪(未遂)或者故意伤害罪(未遂)，应以非法持有枪支、弹药罪论处。

参 第441号　谷贵成抢劫案——如何把握转化抢劫犯罪既遂未遂的区分标准

不能认为只要行为转化构成抢劫罪，就一律为抢劫既遂。转化抢劫与一般抢劫一样，同样存在既遂、未遂状态的区分。认定转化抢劫是否既遂，应当与一般抢劫是否既遂的标准相同，即是否取得财物或造成他人轻伤以上伤害后果。(关于转化型抢劫罪存在未遂形态，在实践中始

终争议较大。《刑事审判参考》第109辑中《审理抢劫案件几个疑难问题探讨——基于对〈关于审理抢劫刑事案件适用法律若干问题的指导意见〉的再次解读》一文提出，转化型抢劫罪是一种独立的犯罪形态，作为法律拟制的转化犯，其犯罪构成要件不同于一般抢劫罪，并不存在因犯罪分子意志以外的原因而未得逞的情形，只要发生转化即应为既遂，并不存在未遂形态。——编者注）

参 第456号 杨永胜销售假冒注册商标的商品案——销售假冒注册商标的商品未遂的是否作为犯罪处理

行为人为了销售假冒注册商标的商品而实施的购买行为，应当视为已经着手实行犯罪，而不是为了犯罪准备工具、制造条件的行为；销售假冒注册商标商品罪属于数额犯，但如果行为人尚未来得及销售、货值金额又达到一定标准（一般按照法定既遂数额的3倍），可以按照销售假冒注册商标的商品罪（未遂）定罪处罚；上述商品没有标价也无法查清实际销售价格的，应当依据司法解释以被侵权产品的市场中间价计算。

参 第486号 朱海斌等制造、贩卖毒品案——制造毒品失败的行为能否认定为犯罪未遂

行为人基于制造毒品的故意制造毒品，因意志以外的原因未能制造出毒品的行为，构成制造毒品未遂。由于制毒原料大量掺假或者工艺原因，客观上不能制造出毒品的，属于不能犯未遂，可以结合具体犯罪情节比照既遂犯从轻或者减轻处罚。对于制毒手法不纯熟，客观上可以造出毒品的，属于能犯未遂，可以结合犯罪数量比照既遂从轻或减轻处罚。在这一情形下，具体的毒品数量应当根据制毒方法，按照就低不就高的原则进行推算；制造出的毒品已经丢弃，无法进行检验，制毒原材料也无法提取，仅有被害人口供，无其他证据的，无法定罪处罚。如果各被告人均供述已经制造出毒品，且根据其他证据也能够推定出制造了毒品，应

当认定犯罪既遂,数量就低不就高;如果各被告人均供述已经制造出毒品,但对毒品品质有异议,且无法确定制毒原料,可以认定为犯罪未遂,数量依照就低不就高原则确定。

参 第649号 詹群忠等诈骗案——利用手机群发诈骗短信,后因逃避侦查丢弃银行卡而未取出卡内他人所汇款项,能否认定为诈骗罪的未遂形态

短信类诈骗犯罪中的既遂不仅要求被害人基于错误认识交付财物,而且该财物应为行为人所占有。行为人为逃避侦查丢弃银行卡后,已无法通过银行卡来实现对被害人财物的控制,故应认定犯罪未遂。诈骗犯罪是结果犯,“骗”是方法,“取”是结果。当钱款已被冻结,行为人无法实际占有和支配时,如仍认定为犯罪既遂,动辄判处10年以上的刑罚,与刑法罪刑相适应的原则相悖;应考虑行为人因失去控制工具而无法占有被害人钱款,为逃避侦查而丢弃控制工具,进而认定犯罪未遂,在量刑评价时更符合罪刑相适应原则。

参 第687号 杨飞飞、徐某抢劫案——转化型抢劫犯罪是否存在未遂

(1)转化型抢劫罪中的“盗窃、诈骗、抢夺”不以构成犯罪为必要。(2)转化型抢劫罪存在未遂、中止形态(但没有预备形态,因为必然已经着手),其既遂形态应参照普通抢劫罪,即只有既未劫取到财物又未造成他人轻伤以上后果,才属于未遂;但是,此处的劫取财物,不能等同于盗窃、诈骗、抢夺中非法占有财物,先行为的既遂不必然导致后行为的既遂,最后还是要在最终行为结果的范畴内认定是否劫取到财物。

参 第1415号 王明等销售假药案——未及销售的假药应否计入销售金额及其犯罪形态的认定

为销售而购入、存储假药的行为,属于销售实行行为,从加大打击销售假药犯罪力度的角度来看,现场查获的假药应当计入销售金额。判断

生产、销售、提供假药罪既遂与否应以假药进入交易环节为准。如果因行为人意志以外的原因而未进行实质性的交易行为，则构成犯罪未遂。对于生产、销售、提供假药罪部分既遂、部分未遂的，在量刑时应按照先对未遂部分减轻处罚，再与既遂部分进行比较后作出判决。

犯罪中止

《刑法》规定

第二十四条 在犯罪过程中，自动放弃犯罪或者自动有效地防止犯罪结果发生的，是犯罪中止。

对于中止犯，没有造成损害的，应当免除处罚；造成损害的，应当减轻处罚。

案例要旨

参 第128号 张烨等强奸、强制猥亵妇女案——如何认定共同犯罪的中止

(1)犯罪中止必须是主客观的统一，主观上行为人必须自动彻底地放弃了犯罪意图，客观上行为人必须放弃了犯罪行为或有效地防止了结果的发生。(2)共同犯罪的各个行为之间相互联结，相互补充、利用，形成有机整体，与犯罪结果之间存在整体上的因果关系，因此，各犯罪人不仅要对本人行为负责，还要对其他共同犯罪人的行为负责。故一般情况下，共同犯罪的中止要求在放弃本人的犯罪行为时，还必须有效地制止其他共同犯罪人的犯罪行为，防止犯罪结果的发生。易言之，在共同犯罪的场合，犯罪一经着手，单个的共同犯罪人，仅是消极地自动放弃个人的实行行为，但没有积极阻止其他共同犯罪人的犯罪行为，并有效地防止共同犯罪结果的发生，对共同犯罪结果并不断绝因果关系，就不能构成中止犯，也不能免除其对共同犯罪结果的责任。

参 第199号 黄土保等故意伤害案——如何认定教唆犯的犯罪中止

在被教唆人实施犯罪预备以前，教唆人劝说被教唆人放弃犯罪意图的；在被教唆人实施犯罪预备时，教唆人制止被教唆人实施犯罪预备的；在被教唆人实行犯罪后而犯罪结果尚未发生时，教唆人制止被教唆人继续实行犯罪并有效防止犯罪结果发生的，成立犯罪中止。教唆人明知被教唆人又教唆第三人犯所教唆之罪的，在确保被教唆人能及时有效地通知、说服、制止第三人停止犯罪预备或制止第三人实行犯罪并有效防止犯罪结果发生的情况下，才能成立犯罪中止。教唆人虽意图放弃犯罪，并积极实施了一定的补救措施，但未能有效防止犯罪结果发生的，不成立犯罪中止，在量刑时可酌情从轻处罚。

参 第242号 王元帅、邵文喜抢劫、故意杀人案——犯罪中止与犯罪未遂的区别

犯罪中止与犯罪未遂的区别在于：发生时间不同、未完成原因不同、行为结果不同、刑事责任不同。需要注意的是，行为人在主观方面具有共同的犯罪故意，实施了共同的客观行为，但在共同犯罪中的犯罪形态仍然有区别。对法律规定可以从轻或减轻处罚而决定不予从轻或减轻处罚的，一定要审慎把握，应当贯彻罪责刑相适应原则。

参 第601号 朱高伟强奸、故意杀人案——中止犯罪中的“损害”认定

中止犯造成的“损害”，是刑法所评价的达到一定严重社会危害程度的后果，而不是一般意义上的损伤，否则就存在刑法对中止犯的评价比既遂犯还要严苛的可能，违背刑法设置中止犯的初衷。对于那些情节

显著轻微、危害不大的行为，不能认定为犯罪，自然也就谈不上成立中止犯的可能。这是确立中止犯惩罚标准“损害”的基本点。

参 第611号 李官容抢劫、故意杀人案——对既具有自动性又具有被迫性的放弃重复侵害行为，能否认定犯罪中止

一般而言，自动放弃重复侵害行为可以认定为犯罪中止。但如果不是完全自动地放弃重复侵害行为，而是既有自动性，也有被迫性，应当客观分析判断究竟是以自动性为主还是以被迫性为主，如果有足够依据判定行为人停止犯罪是以被迫性为主，则可以认定犯罪停止形态为未遂。

参 第750号 韩江维等抢劫、强奸案——指认被害人住址并多次参与蹲守，但此后未参与实施抢劫的，是否属于犯罪中止

帮助犯在提供帮助后，主动停止帮助，及时阻止实行犯实施犯罪或者有效防止犯罪结果发生的，可以构成犯罪中止。如果帮助犯在实行犯着手前主动退出犯罪，且已消除其帮助行为与犯罪结果之间的因果关系，则属于预备阶段的中止。如果帮助犯仅是自行退出，而没有消除已提供的帮助与犯罪结果之间的因果关系，则属于犯罪既遂。如果帮助犯为消除已提供的帮助付出了诚挚的努力，但仍未能阻止实行犯实施犯罪或者有效防止犯罪结果发生，虽构成犯罪既遂，但在量刑时对帮助犯为积极阻止犯罪付出的努力应作适当考虑，可以从轻处罚。

参 第947号 刘星抢劫案——在犯罪预备阶段单独停止犯罪，未积极阻止同案犯继续实施犯罪，也未有效防止共同犯罪结果发生的，能否成立犯罪中止

二人以上共谋实行犯罪行为，而由谋议者中一人或者部分人直接实行犯罪，参与共谋的他人即便未参与实行行为，但参与共谋的行为为实行者提供了有利条件，进而对共同犯罪行为施加影响，应当以共同犯罪承担刑事责任。共同犯罪人单纯自行放弃继续犯罪，未能阻止他人实行行为或有效防止危害结果发生的，不成立犯罪中止，但相较未放弃的共同犯罪人而言，其所负刑事责任应有所区别。

共同犯罪的概念

《刑法》规定

第二十五条 共同犯罪是指二人以上共同故意犯罪。

二人以上共同过失犯罪，不以共同犯罪论处；应当负刑事责任的，按照他们所犯的罪分别处罚。

案例要旨

参 第52号 高金有盗窃案——外部人员与银行工作人员勾结窃取银行现金的行为如何定性

在无特殊身份的人与有特殊身份的人共同犯罪的场合，如果依照无特殊身份人的行为和依照有特殊身份人的行为都构成犯罪，按照处罚较重的规定对行为人进行定罪处罚。非国家工作人员与国家工作人员相勾结，利用国家工作人员提供的便利条件，窃取国家工作人员与其他工作人员共同保管的财物的，对非国家工作人员应以盗窃罪论处。

参 第140号 陈家鸣等盗窃、销赃案——如何认定事前通谋的盗窃共犯

事先通谋，是指共同犯罪人在犯罪的准备阶段形成了共同犯罪的故意。对于事先通谋、事后销赃的共犯来说，并不要求其对犯罪的时间、地点、方法、目标等具体情节都参与共谋或了解，只要其知道实行犯要实行什么性质的犯罪行为，并事后进行销赃，即与实行犯形成共同犯罪的故意。

参 第168号 刘岗、王小军、庄志德金融凭证诈骗案——犯罪故意内容不一致的能否构成共同犯罪

(1)在共同犯罪故意的认定中,并不要求各个共同犯罪人的犯罪故意内容完全一致,也不要求各个共同犯罪人分别独自具备某具体犯罪的主观要件的全部内容,而只要求各个共同犯罪人的犯意相互连接,共同形成某一具体犯罪的主观要件整体。(2)对于帮助故意的认定,只要求证明帮助犯明知他人将要实行犯罪,并积极提供帮助、创造便利条件即可,至于有无特定的犯罪目的、犯罪结果是不是其所积极追求的,均不影响帮助故意的认定。

参 第244号 张某某抢劫、李某某盗窃案——盗窃共同犯罪中部分共犯因为抗拒抓捕当场实施暴力转化为抢劫罪,其他共犯是否也随之转化

由盗窃罪转化为抢劫罪的特征是先窃取财物后使用暴力,要认定各个盗窃共犯的行为是否转化成为抢劫罪,关键要看行为人在窃取财物之后是否当场使用暴力或者以暴力相威胁。其中,对部分没有当场使用暴力或者以暴力相威胁的行为人,则要看其是否同意其他共犯当场使用暴力或者以暴力相威胁。如果是,其行为就由盗窃转化为抢劫;反之,其行为就不发生转化,仅负盗窃罪的刑事责任。

参 第254号 冉国成、冉儒超、冉鸿雁故意杀人、包庇案——如何理解和认定事前通谋的共同犯罪

(1)事前通谋的共同犯罪,是指各共犯在着手实行犯罪以前,相互之间就准备实施的犯罪予以沟通、谋划和准备,如邀约同伙,决定犯罪的时间、地点、对象、方式,对参与犯罪的人员进行分工,谋划犯罪后逃避处罚的对策等;(2)行为人出于包庇的故意,实施包庇行为和帮助毁灭证据行为,分别触犯了帮助毁灭证据罪和包庇罪两个罪名,属于牵连犯,按从一重罪处罚原则只以包庇罪定罪处罚，而不实行数罪并罚；(3)在实施犯罪前，向他人流露犯罪意图，他人未置可否的，不属于意思联络，不应认定为事前通谋；(4)发现他人携带凶器，后又发现该人正在使用该凶器实施犯罪行为的，不能认为存在意思联络，不应认定为事前通谋；(5)在共同窝藏、包庇犯罪案件中，按照各行为人在共同犯罪中所起的作用的大小，可分别认定为主犯或者从犯。

参 第347号　乌斯曼江、吐尔逊故意伤害案——没有共同犯罪故意不构成共同犯罪

(1)共同犯罪要求行为人之间在主观上具有共同犯罪的故意，客观上实施了共同犯罪的行为。如果行为人虽均有故意伤害的行为，但事前没有预谋和分工，而是在独立的犯意下实施的，相互之间也没有配合，伤害行为也是分离的，则不能认定为共同犯罪。(2)以目击证人身份被不知情的司法工作人员带回询问，且未主动供述罪行的，不能认定为自动投案。

参 第374号　吕卫军、曾鹏龙运输毒品案——如何准确区分共犯与同时犯

(1)同时犯，是指数个行为人没有共同实行犯罪的意思联络，同时或在近乎同时的时间，对同一目标实施同一犯罪，或在同一场所实施同一性质的犯罪。同时犯的数个行为人主观上只有自身的故意，相互间没有意思联络，客观上没有相互配合，因此，即使同时犯的行为人相互知道对方也在实施同一性质的犯罪行为，由于没有共同的犯意和行为，所以只成立单独的犯罪。(2)共同犯罪行为，是指各共同犯罪行为人的行为都指向同一犯罪事实，彼此联系，互相配合，各行为与犯罪结果之间均存在因果关系。犯罪目标的同一性及在实施犯罪过程中相互配合是共同犯罪的重要特征。

参 第388号 于爱银、戴永阳故意杀人案——受杀人犯指使将小孩带离现场能否构成共犯

(1)共同的犯罪故意和共同的犯罪行为,是构成共同犯罪的两个必要条件。从犯与其他主犯的区别应综合考虑其在共同犯罪中所处的地位、参与程度、犯罪情节以及对造成危害结果产生作用的大小等各方面因素来确定。(2)行为人之间凡是在事前或事中达成共同犯罪的合意的,无论是事前、事中还是事后的帮助湮灭罪迹的行为,在犯罪性质上都不再属于刑法意义上的"帮助毁灭证据"行为,而属于与其先前共同犯罪存在依附从属和阶段性关系的吸收犯。对于被告人最后隐匿犯罪证据的行为,不能再以帮助毁灭证据罪或包庇罪处罚。

参 第408号 陈卫国、余建华故意杀人案——对明显超出共同犯罪故意内容的过限行为应如何确定罪责

行为人既没有故意杀人的共同故意,也没有共同实施故意杀人的行为,不属于故意杀人犯罪的共犯,仅在自己的主观故意和行为结果范围内承担责任。由于行为人的共同犯罪故意并不包括杀害被害人这一他人实施的过限行为的内容,且对杀害被害人既无事先的故意,也无事中的明知,其所实施的行为与他人杀害被害人的行为没有刑法意义上的必然因果关系,因而不应对他人所实施的杀人行为承担刑事责任。但是,行为人实施的行为客观上与被害人死亡仍有一定关联,对行为人量刑时应酌情考虑造成被害人死亡的后果。

参 第409号 王兴佰、韩涛、王永央故意伤害案——共同故意伤害犯罪中如何判定实行过限行为

(1)被教唆人实施的行为超出教唆范围的,教唆者对超出部分不负刑事责任。教唆内容较为概括的,只要被教唆人的行为未明显超过必要限度,教唆者均应负相应的刑事责任。(2)共同实施犯罪时,其他行为人对个别行为人超出共同故意实施的行为不知情的,不对此承担刑事责

任；知情的，除存在有效制止行为外，应当共同承担刑事责任。

参 第413号　练永伟等贩卖毒品案——如何区分犯罪集团和普通共同犯罪

犯罪集团的成立必须具备以下条件：(1)参加人数必须是3人以上。(2)具有较为明确的犯罪目的性，即犯罪集团是其成员以反复多次实施一种或几种犯罪为目的而组织起来的。(3)具有相当的稳固性，即犯罪集团的成员是为了在较长时期内多次进行犯罪活动而组织起来的，而不是临时或者偶尔集合在一起的。(4)具有较强的组织性，即犯罪集团具有较严密的组织，有较严格的组织纪律，明确的组织宗旨；在组织结构上，成员较为固定，并且内部之间有较明确、固定的组织分工和等级划分，可分为首要分子、骨干分子、一般成员分子等。

参 第483号　马俊、陈小灵等盗窃、隐瞒犯罪所得案——在盗窃实行犯不知情的情况下，与销赃人事先约定、事后出资收购赃物的行为是否构成盗窃共犯

(1)认定事前通谋，应注意把握以下几个方面：①事前通谋的时点只限于犯罪既遂前；②必须在既遂前与实行犯形成意思联络，仅仅知晓实行犯欲实行犯罪的，不构成事前通谋；③不要求通谋人对实行犯罪的时间、地点、对象等具体情节都参与共谋或全面了解，只要事前承诺在犯罪后为实行犯窝藏、包庇、销赃即可。(2)共同犯罪中帮助犯必须是在犯罪既遂前才有可能成立，既遂后不存在共犯概念中帮助的问题。

参 第633号　焦祥根、焦祥林故意杀人案——以欺骗手段诱使他人产生犯意，并创造犯罪条件的，构成共同犯罪

(1)间接正犯的本质是将他人作为工具来实现自己的犯罪意图，而被利用者通常缺乏刑事责任能力或犯罪故意，所以利用者和被利用者之间不构成共同犯罪，但如果被利用者具有刑事责任能力或者具有犯罪故

意，那么即使被利用者系受欺骗而实施犯罪行为，二者仍有成立共犯关系的余地；(2)基于我国的刑法理论，片面共犯中的一方没有认识到有他人与自己共同犯罪，故片面共犯不属于共同犯罪。

参 第658号 刘正波、刘海平强奸案——欠缺犯意联络和协同行为的同时犯罪，不能认定为共同犯罪

对共同犯罪故意的认定，需关注：一是共同犯罪故意的认识因素和意志因素。二是共同犯罪人之间的犯意联络。共同犯罪行为人必须对共同犯罪具有故意，但如果各行为人之间欠缺相互协同实施特定犯罪行为的意思沟通，则不构成共同犯罪。同时犯作为单独犯只对自己所实施的犯罪行为承担责任。

参 第1439号 徐文斌诈骗案——间接正犯是否存在实行行为过限

基于我国《刑法》规定"共同犯罪是指二人以上共同故意犯罪"，因此间接正犯不属于共同犯罪，只需追究个人的刑事责任。由于间接正犯中毕竟存在支配利用他人的犯罪人与被支配利用的实行行为人，实行行为人超出授意范围实行过限的，根据主客观相一致的原则，间接正犯对超出其授意范围的行为部分不承担刑事责任。

参 第1513号 张某军故意杀人、张某明等人故意伤害案——共犯实行过限情况下各共同犯罪人的责任认定

在各共同犯罪人共谋的内容明确时，如其中部分实行行为人实施了超过谋议范围的事项，一般可认定为共犯实行过限。各共同犯罪人共谋的内容不明确，呈现明显概括性的，实行犯的行为只要不是明显超出共谋范围，都应视为整个共同犯罪行为的一部分，不宜认定为实行过限。在各共同犯罪人事前或者事中缺乏明显的共谋，而是通过实际行动、神态表情等进行犯意联络时，如行为人以明显超越多数共犯人行为性质、手段、程度的方式实施犯罪行为，一般可认定为超过共谋范围。对于共犯实行过限情况下各共同犯罪人归责问题的判断，应审查造成损害结果的原因是否明确、非过限行为是否为过限行为的实施创造了条件、非过限行为人对过限行为是否具有预见可能性。

主 犯

《刑法》规定

第二十六条 组织、领导犯罪集团进行犯罪活动的或者在共同犯罪中起主要作用的，是主犯。

三人以上为共同实施犯罪而组成的较为固定的犯罪组织，是犯罪集团。

对组织、领导犯罪集团的首要分子，按照集团所犯的全部罪行处罚。

对于第三款规定以外的主犯，应当按照其所参与的或者组织、指挥的全部犯罪处罚。

案例要旨

指 187 号 参 第 1360 号 吴强等敲诈勒索、抢劫、故意伤害案

恶势力犯罪集团是符合犯罪集团法定条件的恶势力犯罪组织。恶势力犯罪集团应当具备“为非作恶、欺压百姓”特征，其行为“造成较为恶劣的社会影响”，因而实施违法犯罪活动必然具有一定的公然性，且手段应具有较严重的强迫性、压制性。普通犯罪集团实施犯罪活动如仅为牟取不法经济利益，缺乏造成较为恶劣社会影响的意图，在行为方式的公然性、犯罪手段的强迫压制程度等方面与恶势力犯罪集团存在区别，

可按犯罪集团处理,但不应认定为恶势力犯罪集团。

参 第116号 张君等抢劫、杀人犯罪集团案——犯罪集团应如何认定,犯罪集团案件是否应全案审判

犯罪集团一般具有以下5个特征:(1)人数较多(3人以上),重要成员固定或基本固定。(2)经常纠集在一起进行一种或数种严重的刑事犯罪活动。(3)有明显的首要分子。(4)有预谋地实施犯罪活动。(5)无论作案次数多少,对社会造成的危害或其具有的危险性都很严重。一般情况下,对共同犯罪案件、集团犯罪案件,应坚持一案审理。

参 第949号 范裕榔等诈骗案——公司化运作的犯罪集团中各行为人刑事责任的区分

公司化运作的犯罪集团实施的诈骗行为具有整体性,其成员受共同诈骗故意支配,分工协作,共享犯罪利益,均应对集团全部诈骗数额承担刑事责任。对主从犯的认定,应当综合考虑各被告人在诈骗集团中的职务、入职时间、在诈骗集团中的地位及获利情况等进行综合判断。越接近诈骗链条末端的角色对诈骗技巧要求越高,对被害人施加的影响越大,其单次诈骗成功率也越高。能够扮演高端的角色也一定程度上说明行为人的诈骗技巧、内部影响力都是比较突出的。

参 第1421号 何上候等人诈骗案——利用传销性质组织实施网络交友诈骗的犯罪数额如何认定

对于利用传销性质组织实施网络交友诈骗的犯罪集团案件,各被告人的行为均属于集团犯罪的一部分,各被告人均直接实施对被害人的诈骗行为,可以将集团犯罪数额作为认定各成员犯罪数额的基础。但对于中途退出的普通集团成员和集团骨干成员,应首先区分地位、作用以决定是否将犯罪数额计算至其退出时点。同时,在认定参与人员均构成犯罪的时候,应排除参与时间较短,主观故意尚不明确的参与人员。对于未直接实施诈骗,或直接实施诈骗数额较小、行为较少的参与人员,应当认定为从犯,对其从轻、减轻或者免除处罚。

教唆犯

《刑法》规定

第二十九条 教唆他人犯罪的,应当按照他在共同犯罪中所起的作用处罚。教唆不满十八周岁的人犯罪的,应当从重处罚。

如果被教唆的人没有犯被教唆的罪,对于教唆犯,可以从轻或者减轻处罚。

案例要旨

参 第91号 包胜芹等故意伤害、抢劫案——教唆他人抢劫自己与妻子的共同财产是否构成抢劫罪

教唆他人侵入自己的住宅抢劫家庭共有财产的,其行为既不属于一般情况下夫妻一方擅自占有、处分夫妻共同财产的民事侵权行为,也明显不同于夫妻关系正常稳定情况下的无明显暴力或仅有有限暴力但不想伤人的"亲亲相抢",又不同于家庭成员之间因财产争议而相互抢夺,而是非法占有他人财物的刑事犯罪行为。教唆者构成抢劫罪的教唆犯,并应认定为入户抢劫。被抢财物的夫妻共同财产属性,并不影响其抢劫罪(教唆)罪名的成立,而仅可能影响具体抢劫数额的认定。

参 第651号 李祥英传授犯罪方法案——强迫他人学习犯罪方法后,胁迫其实施犯罪,应如何定性

(1)教唆犯有双重特性,在定罪上具有独立性,只要其主观上有教

唆人犯罪的故意，客观上实施了教唆行为就构成犯罪；但在量刑上却具有从属性，如果被教唆人实施了教唆的犯罪，教唆者成立教唆既遂，则按照《刑法》分则规定的犯罪量刑；如被教唆人没有实施教唆的犯罪，教唆者成立教唆未遂，对教唆人可以从轻或者减轻处罚。但是，并非所有教唆他人犯罪的人都属于共同犯罪中的教唆犯，当《刑法》分则条文将某些特定的教唆行为规定为独立犯罪时，对教唆者不能适用《刑法》总则关于教唆犯的规定，不能以所教唆的罪来定罪，而应依据《刑法》分则条文的具体规定定罪处罚。(2)行为人胁迫他人实施抢夺行为，同时传授犯罪方法，传授犯罪方法的意图是将被害人培育成实施犯罪的工具，即通过培育犯罪工具的方法，实现抢夺的目的，是典型的手段行为与目的行为的牵连，成立牵连犯，按择一重罪处断的原则处罚。

参 第1197号　章远贩卖毒品、容留他人吸毒案——为索要债务而唆使他人贩卖毒品的行为如何定性

怂恿、控制他人贩卖毒品，收取毒资以抵销债务，具有唆使他人贩卖毒品的客观行为和主观故意。明知债务人贩卖毒品，却唆使其通过贩卖毒品获利来偿还债务并对其贩卖毒品的过程实施监控，获取收益，其主观上虽然没有一般毒品犯罪牟取非法利益的目的，但仍然具有通过实施毒品犯罪获取非法利益来实现其债权的目的，与牟取非法利益的贩卖毒品行为没有本质上的区别。

单位负刑事责任的范围

《刑法》规定

第三十条　公司、企业、事业单位、机关、团体实施的危害社会的行为，法律规定为单位犯罪的，应当负刑事责任。

相关规定

全国人民代表大会常务委员会《关于〈中华人民共和国刑法〉第三十条的解释》

最高人民法院《关于审理单位犯罪案件具体应用法律有关问题的解释》

最高人民法院《关于审理单位犯罪案件对其直接负责的主管人员和其他直接责任人员是否区分主犯、从犯问题的批复》

最高人民法院研究室《关于企业犯罪后被合并应当如何追究刑事责任问题的答复》

最高人民检察院《关于涉嫌犯罪单位被撤销、注销、吊销营业执照或者宣告破产的应如何进行追诉问题的批复》

最高人民法院研究室《关于外国公司、企业、事业单位在我国领域内犯罪如何适用法律问题的答复》

公安部《关于村民委员会可否构成单位犯罪主体问题的批复》

最高人民法院《关于适用〈中华人民共和国刑事诉讼法〉的解释》第340、344、345条

最高人民检察院《关于办理涉互联网金融犯罪案件有关问题座谈会纪要》"三、依法认定单位犯罪及其责任人员""四、综合运用定罪量刑情节"

案例要旨

参 第3号 朱奕骥投机倒把案——承包经理虚开增值税专用发票是否构成单位犯罪

(1)发生在1995年10月30日全国人民代表大会常务委员会《关于惩治虚开、伪造和非法出售增值税专用发票犯罪的决定》之前的单位虚

开增值税发票行为，按照从旧兼从轻原则，应当以投机倒把罪处理。(2)承包公司经营后，公司的性质并未改变。承包经理以公司名义向他人提供增资专用发票续卡牟利，并将非法所得大部分用于公司的经营的行为属于单位犯罪。被告人作为公司的承包人、经理、法定代表人，属于单位直接负责的主管人员，应依法对其追究刑事责任。

参 第89号 张贞练虚开增值税专用发票案——单位犯罪与自然人犯罪的区别如何界定

单位犯罪必须同时具备两个要件：一是犯罪是以单位名义实施的；二是违法所得归单位所有，此特征是区别单位犯罪与自然人犯罪的关键所在。以单位名义实施犯罪，但违法所得归犯罪者个人所有的，不构成单位犯罪。

参 第102号 周云华虚报注册资本案——检察机关以自然人犯罪起诉的单位犯罪案件应如何正确处理

(1)"不告不理"是基本的诉讼原则。对检察机关以自然人起诉的单位犯罪案件，如处于一审阶段，法院应与检察机关协商，建议检察机关补充起诉。检察机关不予补充起诉的，法院只能依法追究被起诉的自然人的责任，而不能直接追究单位的责任。二审法院遇到上述情况，也就只能追究被起诉的自然人的刑事责任。对犯罪的单位，可建议检察机关另行起诉。(2)当单位未被起诉时，对于被起诉的自然人，应根据庭审查明的事实，依法确定其是否属于单位犯罪中的直接负责的主管人员或其他直接责任人员。只要被起诉的自然人具备其中一种身份，就应依法按单位犯罪中的直接负责的主管人员或其他直接责任人员追究刑事责任，并应引用《刑法》分则关于单位犯罪追究直接负责的主管人员和其他直接责任人员刑事责任的有关条款。

参 第305号　马汝方等贷款诈骗、违法发放贷款、挪用资金案——单位与自然人共同实施贷款诈骗行为的罪名适用

关于单位行为与个人行为的区分，应从单位是否真实、依法成立，是否属于单位整体意志支配下的行为，是否为单位谋取利益，是否以单位名义等方面来加以具体判断。《刑法》未将单位规定为贷款诈骗罪的主体，对单位实施的贷款诈骗行为，不能以贷款诈骗罪定罪处罚，也不能以贷款诈骗罪追究直接负责的主管人员和其他直接责任人员的刑事责任。对于单位以非法占有为目的，利用签订、履行借款合同诈骗银行或其他金融机构贷款，符合《刑法》第224条规定的合同诈骗罪的构成要件的，应以合同诈骗罪定罪处罚。

参 第336号　王红梅、王宏斌、陈一平走私普通货物、虚开增值税专用发票案——以单位名义实施走私犯罪，现有证据只能证实少量违法所得用于单位的经营活动，绝大部分违法所得的去向无法查清的，是单位犯罪还是个人犯罪

(1)以单位名义实施走私犯罪，没有证据证明违法所得被实施犯罪的个人占有或私分的，应当根据有利于被告人的原则，以单位走私犯罪论处；(2)走私犯罪行为完成后，以该走私货物让他人虚开增值税专用发票以抵扣税款的，应以走私罪和虚开增值税专用发票罪实行数罪并罚。

参 第676号　邱进特等销售假冒注册商标的商品案——“售假公司”能否成为单位犯罪的主体

在司法实践中，有些单位有正规的主营业务，但是在部分业务往来中没有按正常途径操作，或者是偶尔实施了不法行为，对于此类公司行为可以按单位犯罪来认定。但以实施犯罪为主要目的而设立单位或者单位设立后以实施犯罪为主要活动的，即使是偶尔经营部分正当业务，一般也不认定为单位犯罪。故专门的“售假公司”不能成为单位犯罪的主体。

参 第725号 上海新客派信息技术有限公司、王志强虚开增值税专用发票案——依法成立的一人公司能否成为单位犯罪主体

一人公司在依法成立的情况下，可以成为单位犯罪的主体。其主体适格的具体条件为：(1)一人公司必须严格依法成立。(2)一人公司必须具有独立的人格。(3)一人公司必须具有《公司法》所要求的法人治理结构。(4)一人公司成立的目的必须是依法从事经营活动，且客观上确实从事了一定的合法经营活动。(2023年修订的《公司法》已取消一人有限责任公司的特别规定。——编者注)

参 第726号 周敏合同诈骗案——如何理解和把握一人公司单位犯罪主体的认定

股东的个数及身份与单位犯罪的成立没有关系，一人公司完全有可能构成单位犯罪。一人公司的特殊性仅仅在于其只有一名股东，该股东持有公司的全部出资。由于只有一位出资人，出资人与公司之间容易产生关联交易而导致人格混同，一人公司的人格因为其股东的单一性而具有不稳定性。因此，判断具体犯罪行为中的一人公司是否具有独立人格，应当根据以下几项标准：第一，其是否具有独立的财产利益；第二，其是否具有独立的意志；第三，其是否具有《公司法》所要求的法人治理结构；第四，其是否依照章程规定的宗旨运转；第五，其是否依照法定的条件和程序成立。

参 第937号 徐国桢等私分国有资产罪案——在仅能由单位构成犯罪的情形下，能否认定非适格主体与单位构成共犯

特定的主体要素作为违法要素并不是成立共犯不可欠缺的构成要件要素。非特定的主体不能单独成为特定主体的正犯，但若是和特定的主体一起,就可共同引起符合构成要件的事实。根据共同犯罪成立理论中的行为共同说(事实共同说),共同犯罪应当是指数人共同实施了构成要件的行为,而不是共同实施特定的犯罪。质言之,不要求行为人共同实施特定的犯罪,只要行为具有共同性就可以成立共同犯罪。至于共犯人的责任问题,则需要个别认定。在仅由适格主体实施的犯罪案件中,如果《刑法》规定对适格主体适用从重的刑罚,对不适格主体的共犯人只能适用通常之刑罚。此外,从量刑角度分析,对于共犯中非适格主体的量刑,一般按照普通主体适用刑罚或者以从犯身份适用刑罚。

单位犯罪的处罚原则

《刑法》规定

第三十一条 单位犯罪的,对单位判处罚金,并对其直接负责的主管人员和其他直接责任人员判处刑罚。本法分则和其他法律另有规定的,依照规定。

案例要旨

参 第72号 河南省三星实业公司集资诈骗案——犯罪后单位被注销如何追究相关人员的刑事责任

单位犯罪案件中,因单位被注销或宣告破产,检察机关只起诉指控有关责任人员的,人民法院认为被告人的行为已构成犯罪,且系单位犯罪的责任人员的,应以单位犯罪的有关规定,追究其相应的刑事责任。行为人辞职离开公司的行为,只是在客观上停止了其继续参与公司以后的集资诈骗犯罪行为,而不属于自动有效地防止犯罪结果发生,与刑法规定的犯罪中止有根本区别。因此，被告人的辞职行为不属于犯罪中止。

参 第251号 北京匡达制药厂偷税案——如何认定单位犯罪直接负责的主管人员

（1）对单位犯罪中的“直接负责的主管人员”应从以下两个方面加以把握：一是直接负责的主管人员是在单位中实际行使管理职权的负责人员；二是对单位具体犯罪行为负有主管责任。单位的管理人员并非在任何情况下都要对单位犯罪承担刑事责任，只有当其在单位犯罪中起组织、指挥、决策作用，所实施的行为与单位犯罪行为融为一体，成为单位犯罪行为组成部分之时，上述人员才能成为单位犯罪的处罚主体，对单位犯罪承担刑事责任。（2）关于单位的法定代表人，在单位实施犯罪的情况下，应否承担刑事责任，仍需视其是否具体介入了单位犯罪行为，在单位犯罪过程中是否起到了组织、指挥、决策作用而定。在主持单位领导层集体研究、决定或者依职权个人决定实施单位犯罪的情况下，行为人当属“直接负责的主管人员”；反之，在由单位其他领导决定、指挥、组织实施单位犯罪，不在其本人职权分工范围之内，本人并不知情的情况下，则不应按单位犯罪直接负责的主管人员追究其刑事责任。

参 第1562号 A食品股份有限公司走私普通货物、物品案——法定代表人被认定为单位犯罪中直接负责的主管人员，不得担任被告单位的诉讼代表人

在单位犯罪案件审理中，被告单位的法定代表人、实际控制人或者主要负责人被指控为单位犯罪直接责任人员的，即使分案审理，亦不得担任被告单位的诉讼代表人。

第三章

刑　　罚

有期徒刑刑期的计算与折抵

《刑法》规定

第四十七条　有期徒刑的刑期，从判决执行之日起计算；判决执行以前先行羁押的，羁押一日折抵刑期一日。

相关规定

最高人民法院研究室《关于对刑罚已执行完毕，由于发现新的证据，又因同一事实被以新的罪名重新起诉的案件，应适用何种程序进行审理等问题的答复》

案例要旨

参 第238号　王园被撤销缓刑案——撤销缓刑案件的管辖、审理和羁押时间折抵

（1）被宣告缓刑的犯罪分子在缓刑考验期内因再犯新罪或者发现漏罪依法被撤销缓刑的，首先应按照《刑法》第77条第1款的规定，对新罪作出判决，再依照《刑法》第69条确定应当实际执行的刑期。然后再将因前罪被先行羁押的时间和因新罪被先行羁押的时间一并从最后宣告的刑罚中予以折抵扣除。(2)被宣告缓刑的犯罪分子在缓刑考验期内因违反法律、行政法规或者国务院、公安部门有关缓刑监督管理的规定,情节严重被依法撤销缓刑的,一般只应将因前罪被先行羁押的时间从撤销缓刑执行原判刑期中予以折抵扣除。

参 第914号 徐光明危险驾驶案——已将无证驾驶机动车和使用伪造的机动车号牌等违法行为作为危险驾驶罪的量刑情节予以考虑,基于前述违法行为所处行政拘留的期间,能否折抵刑期

行为人在道路上醉酒驾驶机动车的行为与其他违反道路交通安全法的行政违法行为均基于同一驾驶行为的,在客观上属于"同一行为",是醉酒驾驶犯罪事实的一部分,在法律评价上,其他违反《道路交通安全法》的行为加大了醉驾行为的危险性,不宜单独评价为行政违法行为,而应当作为危险驾驶罪的从重处罚情节一并进行刑事责任上的评价;相关机关已对被告人予以行政拘留或者罚款的,依法应当折抵相应刑期或者罚金。

参 第1280号 陈春莲贩卖毒品案——先前被羁押行为与最终定罪行为并非同一行为时,羁押日期可否折抵刑期

被告人先行羁押时间能否最终折抵刑期,不能一概而论。只有先前被羁押行为与最终定罪行为系同一行为,或者虽然不是同一行为,但二者之间存在密切关联时才可以予以折抵。针对并案处理或者先后处理的数个犯罪行为,"同一行为"标准无法适用,此时可以采用"关联性"标准来进行刑期折抵。

参 第1465号 许超凡贪污、挪用公款案——如何把握重大国际追逃追赃案件中的量刑情节

审理重大追逃追赃案件应全面考虑法律、外交、政策等各方面因素,充分发挥司法的震慑和感召功能,确保三个效果有机统一。被告人在境外先行羁押的时间能否依照《刑法》第 47 条规定折抵刑期不能一概而论。基于司法主权原则，境外羁押时间可以而非必然折抵刑期，被告人在境外被羁押的原因行为与正在审理的犯罪行为具有同一性，且被告人主动回国投案是刑期折抵的必要条件；但如果有条约规定刑期折抵或者外交承诺折抵刑期，应当遵守条约和承诺。

死刑、死缓的适用对象及核准程序

《刑法》规定

第四十八条 死刑只适用于罪行极其严重的犯罪分子。对于应当判处死刑的犯罪分子，如果不是必须立即执行的，可以判处死刑同时宣告缓期二年执行。

死刑除依法由最高人民法院判决的以外，都应当报请最高人民法院核准。死刑缓期执行的，可以由高级人民法院判决或者核准。

相关规定

《刑事诉讼法》第 263 条

最高人民法院《关于适用〈中华人民共和国刑事诉讼法〉的解释》第 507 条

最高人民法院《关于进一步加强刑事审判工作的决定》第 44、45 条

最高人民法院《关于贯彻宽严相济刑事政策的若干意见》第 29 条

《人民检察院刑事抗诉工作指引》第 10 条

案例要旨

参 第289号 刘群、李国才抢劫、诈骗案——对有重大立功表现的犯罪分子一般不应适用死刑立即执行

(1)犯有数罪的犯罪分子归案后,既有主动供述同种犯罪的坦白情节,又有主动供述不同种犯罪的自首情节,还有检举揭发他人线索经查证属重大立功表现的,可以予以从轻处罚;(2)适用死刑缓期执行不以具有法定从轻、减轻情节为条件,但具有法定从轻、减轻情节的,一般不应适用死刑立即执行。

参 第362号 贾淑芳故意杀人案——在被害方有明显过错的杀人案件中对被告人一般不应判处死刑立即执行

判断故意杀人犯罪被告人是否判处死刑,不仅要看其是否造成了被害人死亡的后果,还要综合考虑案件的全部情况。对于被害人一方有明显过错或对矛盾激化负有直接责任,或者被告人有法定从轻处罚情节的,一般不应当判处死刑立即执行。

参 第393号 闫新华故意杀人、盗窃案——对既具有法定从轻又具有法定从重处罚情节的被告人应当慎用死刑立即执行

对于既具有法定从轻处罚情节,又具有法定从重处罚情节的罪行极其严重的被告人,应当综合衡量影响量刑的各种因素,审慎适用死刑立即执行。根据《刑法》的规定,对于自首的被告人,可以从轻或者减轻处罚;对于犯罪情节较轻的,可以免除处罚。对法律规定中的“可以从轻”,应理解为从轻是原则,不从轻是例外。特别是对应判处死刑立即执行的,如果具有法定可以从轻或减轻处罚情节,一般不应判处死刑立即执行。当然,关于具体案件最终是否从轻或减轻处罚,要根据犯罪的客观危害和犯罪人的主观恶性及自首、立功等情节的司法价值,以及法定、

酌定从轻情节与从重情节等影响量刑的因素进行综合比较、平衡，依法裁量。

参 第405号　宋光军运输毒品案——因同案犯在逃致被告人在共同犯罪中地位、作用不明的应慎用死刑

在运输毒品行为中，各被告人的地位、作用如何，是案件量刑的关键问题。由于同案犯在逃，各被告人在共同运输毒品中的地位和作用难以查清。不能因为毒品在谁包里就推定谁的地位更重要、作用更大。判断共犯所处的地位和作用，必须全面分析。在同案犯已被判处死缓且裁判已经生效的情况下，一审、二审法院对另一被告人判处死刑立即执行，在两被告人之间很可能出现量刑失衡问题。

参 第636号　林明龙强奸案——在死刑案件中，被告人家属积极赔偿，取得被害方谅解，能否作为应当型从轻处罚情节

被告人案发后对被害人积极进行赔偿，并认罪、悔罪的，依法可以作为酌定量刑情节予以考虑。因婚姻家庭等民间纠纷激化引发的犯罪，被害人及其家属对被告人表示谅解的，应当作为酌定量刑情节予以考虑，但对于严重危害社会治安、严重影响人民群众安全的案件，犯罪情节特别恶劣、后果特别严重的案件，以及犯罪分子主观恶性极深、人身危险性极大的案件，即使被告人积极赔偿获得了被害方谅解，但论罪应当判处死刑的，仍应当依法判处死刑，此时应着重考虑犯罪行为的社会危害性以及由此造成的严重社会影响，不能仅仅局限于赔偿和被害方的谅解。

参 第657号　覃玉顺强奸、故意杀人案——对罪行极其严重的故意杀人未遂犯，能否适用死刑立即执行

没有造成被害人死亡的故意杀人未遂情形，因社会危害性小于故意杀人既遂，一般不判处被告人死刑立即执行。但犯罪未遂“可以”而非

“应当”从宽处罚，意味着《刑法》对未遂犯采取的从宽原则是得减主义而非必减主义。对于犯罪动机极其卑劣、情节特别恶劣、手段特别残忍，致被害人受到严重伤害且社会影响极坏的案件，也可考虑判处死刑立即执行。

死刑适用对象的限制

《刑法》规定

第四十九条　犯罪的时候不满十八周岁的人和审判的时候怀孕的妇女，不适用死刑。

审判的时候已满七十五周岁的人，不适用死刑，但以特别残忍手段致人死亡的除外。

相关规定

《刑法修正案（八）》第3条

最高人民法院研究室《关于如何理解“审判的时候怀孕的妇女不适用死刑”问题的电话答复》

最高人民法院《关于对怀孕妇女在羁押期间自然流产审判时是否可以适用死刑问题的批复》

案例要旨

参 第240号　张怡懿、杨磬故意杀人案——公安机关待犯罪嫌疑人分娩后再采取强制措施的，能否视为审判时怀孕的妇女

根据最高人民法院《关于对怀孕妇女在羁押期间自然流产审判时是

否可以适用死刑问题的批复》的规定，怀孕妇女因涉嫌犯罪在羁押期间自然流产后，又因同一事实被起诉、交付审判的，应当视为"审判的时候怀孕的妇女"，依法不适用死刑。明确将"审判时"规定至犯罪嫌疑人被羁押阶段，是否应当采取羁押等强制措施取决于案件侦查过程中何时能够确定犯罪嫌疑人，而不是正式的羁押时间。

参 第250号　韩雅利贩卖毒品、韩镇平窝藏毒品案——被告人在羁押期间人工流产后脱逃，多年后又被抓获审判的，能否适用死刑

（1）对"审判时怀孕的妇女"不适用死刑的规则，适用于刑事诉讼的整个过程。只要刑事诉讼程序已经启动、尚未结束，对此期间怀孕的妇女，无论基于何种原因，均不适用死刑。（2）被告人的脱逃行为导致的是原诉讼程序的中止，并非结束，在其被抓捕归案后，原诉讼程序继续进行，而不是开始一个新的诉讼。该行为并没有改变脱逃前已形成的事实，如果被告人在脱逃前羁押时已是怀孕妇女，那么无论自然流产、人工流产，都仍视其为审判的时候怀孕的妇女，不适用死刑。（3）怀孕妇女羁押期间流产后，只有因同一犯罪事实被起诉，交付审判的，才依法不适用死刑。如果起诉及审判的是流产之后的犯罪，则不属于同一事实的范围，不受上述规定的限制。

参 第830号　胡金亭故意杀人案——如何理解刑法第四十九条"以特别残忍手段致人死亡"

（1）故意杀人罪中的"特别残忍手段"可以参照故意伤害罪中的"特别残忍手段"进行认定，即故意造成他人严重残疾而采用毁容、挖人眼睛、砍掉人双腿等特别残忍的手段伤害他人的行为。（2）"特别残忍手段"仅是"情节特别恶劣"的情形之一，是否有预谋、是否事先准备凶器以及是否在公开场合行凶等行为仅是认定"情节特别恶劣"的依据，如将其作为"特别残忍手段"的认定标准，将扩大对老年人犯罪死刑适用

的范围，与立法精神相悖。

参 第 1022 号 尹宝书故意杀人案——如何理解和适用审判的时候已满 75 周岁的人一般不判处死刑的法律规定

"死刑复核阶段"属于《刑法》第 49 条第 2 款规定的"审判的时候"。对"特别残忍手段"的认定不能泛化。关于"特别残忍手段"，实践中一般认为，出自冷酷坚决的犯意，给被害人的肉体和精神造成特别严重的痛苦、折磨、恐惧的，可视为特别残忍手段。例如，使用焚烧、冷冻、泼洒强酸或强碱等强腐蚀物品致人死亡的；砍下被害人四肢或者挑断被害人筋脉的；以挖眼睛、割耳鼻等手段毁损被害人容颜的；砍击、刺扎被害人生殖部位的；用尖刀等利器捅刺被害人要害部位数十刀，或者用铁锤、砖块等钝器反复击打被害人头部致人死亡的；活埋被害人致人窒息死亡的；杀死被害人后肢解其尸体的；长时间暴力折磨被害人肉体的；等等。"特别残忍手段"都应当是给被害人肉体上带来极大痛苦、公众心理上难以接受的作案手段。

死缓变更

《刑法》规定

第五十条 判处死刑缓期执行的，在死刑缓期执行期间，如果没有故意犯罪，二年期满以后，减为无期徒刑；如果确有重大立功表现，二年期满以后，减为二十五年有期徒刑；如果故意犯罪，情节恶劣的，报请最高人民法院核准后执行死刑；对于故意犯罪未执行死刑的，死刑缓期执行的期间重新计算，并报最高人民法院备案。

对被判处死刑缓期执行的累犯以及因故意杀人、强奸、抢劫、绑架、放火、爆炸、投放危险物质或者有组织的暴力性犯罪被判处死刑缓期执行的犯罪分子，人民法院根据犯罪情节等情况可以同时决定对其限制减刑。

相关规定

《刑法修正案(八)》第4条

《刑法修正案(九)》第2条

《刑事诉讼法》第261条

最高人民法院《关于〈中华人民共和国刑法修正案(八)〉时间效力问题的解释》第2条

最高人民法院《关于〈中华人民共和国刑法修正案(九)〉时间效力问题的解释》第2条

最高人民法院《关于1997年9月30日以前判处死刑缓期2年执行的盗窃犯罪，在1997年10月1日后死刑缓期执行期间故意犯罪是否执行死刑问题的答复》

最高人民法院《关于对死刑缓期执行期间故意犯罪未执行死刑案件进行备案的通知》

最高人民法院《关于适用〈中华人民共和国刑事诉讼法〉的解释》第497条

案例要旨

指 12号 参 第737号　李飞故意杀人案——对民间矛盾激化引发的故意杀人案件如何适用死缓限制减刑

对于民间矛盾引发的故意杀人案件，被告人犯罪手段残忍，且系累犯，论罪应当判处死刑，但被告人亲属主动协助公安机关将其抓捕归案，并积极赔偿的，人民法院根据案件具体情节，从尽量化解社会矛盾角度考虑，可以依法判处被告人死刑，缓期2年执行，同时决定限制减刑。

参 第402号 范昌平抢劫、盗窃案——死刑缓期执行期间发现漏罪被判决后仍决定执行死刑缓期2年执行的是否需要重新核准

被判处死刑缓期2年执行的犯罪分子，在死缓执行期间发现判决宣告前还有其他犯罪没有判决，经对漏罪判决后，仍决定执行死刑缓期2年执行的，新的死缓判决应报请高级人民法院重新核准。被判处死刑缓期2年执行的犯罪分子，在死缓执行期间发现判决宣告前还有其他犯罪没有判决，经对漏罪判决后，仍决定执行死刑缓期2年执行的，死刑缓期执行的期间应从新的死缓判决确定之日起计算，已经执行的死缓期间不应计算在新的死缓判决的执行期间之内。

参 第739号 宋江平、平建卫抢劫、盗窃案——对共同犯罪中判处死刑缓期执行的被告人如何决定限制减刑

对共同犯罪中判处死刑缓期执行的被告人，必要时可依法决定限制减刑。关于是否限制减刑，关键看其主观恶性和人身危险性的大小：(1)如果被判处死刑缓期执行的被告人犯罪手段残忍，犯罪性质和情节恶劣，或者是累犯或有前科，表现出较大的主观恶性和人身危险性，在符合《刑法》第50条第2款规定的前提下，可以决定对其限制减刑；(2)如果判处死刑缓期执行的被告人犯罪手段和情节一般，也没有前科，不能认定其主观恶性深、人身危险性大，则判处死刑缓期执行就已经体现严惩，并能实现与判处死刑立即执行主犯之间的量刑平衡，自然也就不应当再对其限制减刑。

参 第775号 陈黎明故意伤害案——死刑缓期执行期间因有漏罪而被起诉，在漏罪审理期间又故意犯新罪，是否属于死刑缓期执行期间故意犯罪情形

在死刑缓期执行期间因有漏罪而被起诉，在漏罪审理期间又故意犯新罪，认定属于在死刑缓期执行期间故意犯罪的情形，符合《刑法》总则关于死刑的相关规定和立法本意。死刑缓期执行期间因有漏罪而被起诉，在漏罪审理期间又故意犯新罪，并不改变罪犯因前罪被判处死刑缓期执行期间的起算日期。

参 第1369号 高某某故意伤害案——死刑缓期执行期间故意犯罪案件“情节恶劣”的把握

对死刑缓期执行期间故意犯罪“情节恶劣”的认定，应当根据故意犯罪的动机、手段、造成的危害后果等犯罪情节，并结合罪犯在缓期执行期间的改造、悔罪表现等，综合作出判断。对此，应当审查：(1)从犯罪原因上看，死缓罪犯所犯新罪是事出有因，被害人有一定的过错或者责任，还是罪犯出于狭隘心态而针对他人或者不特定多数人实施犯罪，并且没有可归责于该罪犯以外的原因。(2)从犯罪手段及后果来看，犯罪手段是节制，未造成特别严重后果，还是行为毫无节制，受制于意外因素才被终止或者造成特别严重的后果。(3)从死缓罪犯在缓期执行期间的整体表现来看，是考验期间一贯表现不好，经常有不服管教、故意违反监规的行为，还是考验期间一贯表现良好，积极接受改造。(4)是出于正当防卫的目的而实施故意杀人或者故意伤害犯罪，还是实施以不特定多数人为犯罪对象的故意犯罪。另外，对死刑缓期执行期间故意犯罪决定不执行死刑的，不需要再经过高级人民法院的复核程序；决定执行死刑的，则需要经过最高人民法院核准。

罚金的缴纳

《刑法》规定

第五十三条 罚金在判决指定的期限内一次或者分期缴纳。期满不缴纳的,强制缴纳。对于不能全部缴纳罚金的,人民法院在任何时候发现被执行人有可以执行的财产,应当随时追缴。

由于遭遇不能抗拒的灾祸等原因缴纳确实有困难的,经人民法院裁定,可以延期缴纳、酌情减少或者免除。

相关规定

《刑法修正案(九)》第3条

《行政处罚法》第35条第2款

最高人民法院《关于适用财产刑若干问题的规定》第5~10条

案例要旨

参 第596号 法院裁定终结执行被执行人龙金罚金案——刑法第五十三条规定的罚金减免程序如何操作

(1)减免罚金的启动程序,原则上应该由被执行人或其家属向法院提出申请,并由被执行人承担相关举证责任。在特殊情况下,司法机关了解相关情况后可以根据法律向当事人进行释明、提醒,甚至帮助申请人履行证明责任。(2)关于减免罚金的职能部门,尚未交付执行的,可由原审判庭办理;已交付执行庭的,由执行庭办理。

参 第829号 朱胜虎等非法经营案——如何依据法定情节对罚金刑减轻适用

（1）罚金刑可以依据法定减轻情节而减轻适用：对具有法定从轻或者减轻处罚情节的，无论是未成年人罪犯还是成年人罪犯，人民法院都可以根据案件的具体情况，决定对罪犯的罚金刑从轻或者减轻适用。（2）主刑从轻处罚时，罚金刑可以减轻处罚：判处自由刑和罚金刑的依据并不完全相同，判处自由刑的依据因素不可能包括犯罪分子的经济状况，但判处罚金刑却要考虑这一因素。尽管法律并未明确规定罚金刑与自由刑必须同时从轻、减轻，但基于罚金刑与自由刑的判处依据因素不同，其各自调节的幅度也必然不同，调节的结果不能必然保证罚金刑和自由刑同时从轻或者减轻，但只要符合罪责刑相适应原则，实现预定的刑罚效果，即可确定为宣告刑。（3）鉴于量刑情节的调节结果理应在裁判文书中明确表述，对罚金刑受量刑情节调节的结果也应当进行表述，特别是在自由刑与罚金刑不同时，对从轻、减轻处罚更应当表述清楚。

参 第1341号 蒲长才盗窃案——如何确定非数额型盗窃罪的罚金刑数额

被告人系因多次盗窃而构成犯罪，属于非数额型盗窃，对其判处罚金应当依照最高人民法院、最高人民检察院《关于办理盗窃刑事案件适用法律若干问题的解释》第14条“没有盗窃数额或者盗窃数额无法计算的，应当在一千元以上十万元以下判处罚金”之规定。

剥夺政治权利的附加、独立适用

《刑法》规定

第五十六条 对于危害国家安全的犯罪分子应当附加剥夺政

治权利；对于故意杀人、强奸、放火、爆炸、投毒、抢劫等严重破坏社会秩序的犯罪分子，可以附加剥夺政治权利。

独立适用剥夺政治权利的，依照本法分则的规定。

相关规定

最高人民法院《关于对故意伤害、盗窃等严重破坏社会秩序的犯罪分子能否附加剥夺政治权利问题的批复》

案例要旨

参 第101号　方金青惠投毒案——针对特定的被害人投放毒物致死致伤多人的行为应如何定性及对犯罪的外国人能否附加剥夺政治权利

(1)对比投毒罪与以投毒为手段故意杀人罪：当某人投放毒物目的在于剥夺特定人的生命而不危及公共安全时，应认定为故意杀人罪。(2)《宪法》赋予中国公民的政治权利，外国籍被告人并不享有，也就不存在剥夺的问题，因而对外国人不能剥夺政治权利。（根据最高人民法院、最高人民检察院《关于执行〈中华人民共和国刑法〉确定罪名的补充规定》，投毒罪改为投放危险物质罪。——编者注）

剥夺政治权利的刑期计算、效力与执行

《刑法》规定

第五十八条　附加剥夺政治权利的刑期，从徒刑、拘役执行完毕之日或者从假释之日起计算；剥夺政治权利的效力当然施用于主刑执行期间。

被剥夺政治权利的犯罪分子，在执行期间，应当遵守法律、行政法规和国务院公安部门有关监督管理的规定，服从监督；不得行使本法第五十四条规定的各项权利。

相关规定

《刑事诉讼法》第270条

《公安机关办理刑事案件程序规定》第302条第2款、第311～314条

案例要旨

参 第442号　焦军盗窃案——剥夺政治权利执行期间重新犯罪如何计算未执行完毕的剥夺政治权利的刑期

剥夺政治权利的执行可以发生中止。行为人前罪尚未执行完毕剥夺政治权利的刑期又犯新罪的，剥夺政治权利的刑期中止，应以其重新犯罪的被羁押时间作为中止时间。

没收财产的范围

《刑法》规定

第五十九条　没收财产是没收犯罪分子个人所有财产的一部或者全部。没收全部财产的，应当对犯罪分子个人及其扶养的家属保留必需的生活费用。

在判处没收财产的时候，不得没收属于犯罪分子家属所有或者应有的财产。

案例要旨

参 第1510号　王某某、徐某某走私国家禁止进出口的货物案——犯罪工具与合法财产混同的，可以按比例没收

司法实践中，判断某一物品是否属于犯罪工具，一般是从该物品与犯罪行为之间是否具有直接关联性、是否对犯罪成立发挥实质性作用等方面进行考虑。对于认定为犯罪工具的器物，不能仅仅因为犯罪工具上有他人所有权或者限定物权，就从法律上不对该犯罪工具进行处置。当犯罪工具与合法财产混同时，可以考虑通过没收一定比例钱款的方式进行处理，一般适用于涉案财物被第三人善意取得、涉案财物由多人共同共有且不可分割或者附有他物权等情形。对于犯罪工具的没收，应当坚持权属限制和量度限制，既坚持没收供犯罪所用的本人财物，又要按照比例原则，根据工具对犯罪的“促进”或者“帮助”作用不同分别处理。

第四章
刑罚的具体运用

量刑的一般原则

《刑法》规定

第六十一条 对于犯罪分子决定刑罚的时候，应当根据犯罪的事实、犯罪的性质、情节和对于社会的危害程度，依照本法的有关规定判处。

案例要旨

参 第363号 周文友故意杀人案——如何理解正当防卫中“正在进行的不法侵害”

决定量刑情节的要素主要有两点：一是被告人罪行的轻重，二是被告人的人身危险性。被害人过错大小与被告人的罪行的轻重、人身危险性程度成反比。因为被害人有过错，往往能够反证被告人罪行较轻、人身危险性较小。因此，无论被害人的过错以何种形式出现，只要是能够反映被告人罪行的轻重及人身危险性的情况，都是量刑情节。

减轻处罚

《刑法》规定

第六十三条　犯罪分子具有本法规定的减轻处罚情节的，应当在法定刑以下判处刑罚；本法规定有数个量刑幅度的，应当在法定量刑幅度的下一个量刑幅度内判处刑罚。

犯罪分子虽然不具有本法规定的减轻处罚情节，但是根据案件的特殊情况，经最高人民法院核准，也可以在法定刑以下判处刑罚。

相关规定

《刑法修正案(八)》第5条

案例要旨

参 第114号　李小平等人故意伤害案——对不具有法定减轻处罚情节的犯罪分子应如何适用刑罚

对于有特殊情况的案件，犯罪分子不具有《刑法》所规定的减轻处罚情节，但报经最高人民法院核准，也可以在法定刑以下判处刑罚。所谓“特殊情况”，主要是指案件的处理具有特殊性，一般是指涉及政治、外交、统战、民族、宗教等国家利益的特殊需要。

参 第182号　程乃伟绑架案——特殊情况下减轻处罚的适用

案件具有某种特殊性，如涉及政治、外交等情况，或其他在法定最低刑内判处确实明显罪刑不相适应的案件，可以适用《刑法》第63条的规定,但要从严掌握,不能滥用。最高人民法院对报请核准的减刑处罚案件认为原判量刑仍然过重的,可以直接改判。

参 第772号　王宇走私珍贵动物制品案——《刑法修正案(八)》实施后刑法第六十三条第二款的适用

(1)一审法院根据案件特殊情况对被告人在法定刑以下判处刑罚,而未适用《刑法》第63条第2款规定的程序的,二审法院应当视是否影响公正审判而作出处理。对未影响公正审判的,可以依法纠正程序,逐级向最高人民法院报请核准。(2)《刑法修正案(八)》实施之后,适用《刑法》第63条第2款对被告人在法定刑以下判处刑罚的,不受《刑法》第63条第1款规定的减轻幅度的限制。

参 第786号　刘某贪污案——适用减轻处罚情节能否减至免予刑事处罚

(1)对具有法定减轻处罚情节而在法定刑以下判处刑罚的案件,应当在法定量刑幅度的下一个量刑幅度内判处刑罚,不能减至免予刑事处罚。(2)对不具有法定减轻处罚情节的案件,如果要在法定刑以下判处刑罚的话,必须逐级报请最高人民法院核准。(3)当案件没有法定免除处罚情节时,原则上不应适用减轻处罚情节对被告人减至免予刑事处罚。

参 第1445号　杜中亚、李章舵贪污、非法转让土地使用权、诈骗案——法定刑以下判处刑罚案件的相关程序问题

同一案件中有多名被告人的,对其中部分被告人在法定刑以下量刑,应当仅对在法定刑以下判处刑罚的被告人的量刑部分报核。被告人犯数罪的,对其中一罪在法定刑以下量刑,原则上应将被告人所犯该罪的量刑部分层报最高人民法院核准。

犯罪物品的处理

《刑法》规定

第六十四条 犯罪分子违法所得的一切财物,应当予以追缴或者责令退赔;对被害人的合法财产,应当及时返还;违禁品和供犯罪所用的本人财物,应当予以没收。没收的财物和罚金,一律上缴国库,不得挪用和自行处理。

相关规定

最高人民法院《关于刑事裁判涉财产部分执行的若干规定》第 6 条第 3 款、第 10 条、第 11 条

最高人民检察院、公安部《关于公安机关办理经济犯罪案件的若干规定》第 54 条

最高人民法院《关于适用刑法第六十四条有关问题的批复》

最高人民法院《关于适用〈中华人民共和国刑事诉讼法〉的解释》第 176 条

最高人民法院《关于被告人亲属主动为被告人退缴赃款应如何处理的批复》

最高人民法院、最高人民检察院《关于常见犯罪的量刑指导意见(试行)》“三、常见量刑情节的适用”(十)

案例要旨

参 第 827 号 许俊伟、张建英合同诈骗案——“继续追缴”涉案财物执行主体和执行程序

对于刑事诉讼中的继续追缴,应当本着合法、合理、经济的原则,根

据案件所处的不同诉讼阶段，确定相应的执行主体。对于法院生效判决确定需要继续追缴的，如果人民法院能够独立完成，则独立完成；如果不能独立完成，则应当由其牵头，公安、检察、审判、金融等管理部门配合。采取多元化模式的追缴，既符合立法对人民法院的定位，又能使有限的司法资源得到合理整合。

参 第 1302 号　郗菲菲、李超、蒋超超、林恺盗窃案——“供犯罪所用的本人财物”的司法认定

对《刑法》第 64 条规定的应当予以没收的“供犯罪所用的本人财物”，应结合财物与犯罪的关联程度、是否损害他人合法民事权利等因素，综合衡量财物价值与犯罪情节的相当性作出认定。(1)“供犯罪所用的本人财物”应是与犯罪有经常性或者密切性联系，对犯罪实施具有重要作用的财物。(2)没收的财物应为本人所有且予以没收对第三人的合法权利不会构成损害。(3)应坚持相当性原则衡量拟没收财物的价值是否与犯罪的危害性相当。

一般累犯

《刑法》规定

第六十五条　被判处有期徒刑以上刑罚的犯罪分子，刑罚执行完毕或者赦免以后，在五年以内再犯应当判处有期徒刑以上刑罚之罪的，是累犯，应当从重处罚，但是过失犯罪和不满十八周岁的人犯罪的除外。

前款规定的期限，对于被假释的犯罪分子，从假释期满之日起计算。

相关规定

《刑法修正案(八)》第6条

最高人民法院《关于〈中华人民共和国刑法修正案(八)〉时间效力问题的解释》第3条第1款

最高人民法院《关于贯彻宽严相济刑事政策的若干意见》第11条

最高人民检察院《关于认定累犯如何确定刑罚执行完毕以后“五年以内”起始日期的批复》

最高人民法院、最高人民检察院《关于缓刑犯在考验期满后五年内再犯应当判处有期徒刑以上刑罚之罪应否认定为累犯问题的批复》

最高人民法院、最高人民检察院《关于常见犯罪的量刑指导意见(试行)》“三、常见量刑情节的适用”(十五)

案例要旨

参 第122号 买买提盗窃案——如何理解累犯制度、数罪并罚制度中的“刑罚执行完毕”

(1)被告人在有期徒刑执行完毕以后、附加刑未执行前,在5年以内又犯应当判处有期徒刑以上刑罚之罪的,构成累犯。(2)对于犯罪分子在主刑执行完毕以后,附加罚金刑未执行完毕以前又犯新罪的,应当根据《刑法》第71条的规定,将前罪没有执行的罚金刑与后罪所判处的刑罚并罚。如果后罪也判处了罚金刑,应将所判处罚金数额相加,执行总和数额。(根据全国人大常委会法制工作委员会2017年《关于对被告人在罚金刑执行完毕前又犯新罪的罚金应否与未执行完毕的罚金适用数罪并罚问题的答复意见》的精神,《刑法》第71条中的“刑罚执行完毕以前”应是指主刑执行完毕以前。如果被告人主刑已执行完毕,只是罚金刑尚未执行完毕的,根据《刑法》第53条的规定,人民法院在任何时候发现有可以执行的财产,应当随时追缴。因此,被告人前罪主刑已执行完毕,罚金尚未执行完毕的,应当由人民法院继续执行尚未执行完毕的罚金,不必与新罪判处的罚金数罪并罚。故原有案例要旨不宜继续参照适用。——编者注)

参 第202号 丁立军强奸、抢劫、盗窃案——在假释考验期间直至期满后连续实施犯罪是否应撤销假释并构成累犯

被告人在假释考验期间直至期满后连续犯罪的,应撤销假释,数罪并罚。假释考验期满前后又犯新罪,其犯罪行为一直处于连续状态,对其进行处罚时,从整体上考虑其社会危害性应较为妥当,不宜分为假释期满前后两个阶段再按两个同种罪分别定罪量刑,故对本案被告人撤销假释,其不成立累犯。

参 第273号 南昌洙、南昌男盗窃案——对累犯"再犯应当判处有期徒刑以上刑罚之罪"要件的理解

(1)所犯之罪已过法定追诉期限,且不存在延长追诉期限的法定事由,而后又犯新罪且被司法机关立案侦查的,不属于追诉时效中断的情形,不能重新计算前罪的追诉期限。(2)被判处有期徒刑以上刑罚的犯罪分子,在刑罚执行完毕5年内又犯应当判处有期徒刑以上刑罚之罪,但新罪被发现之时已过追诉时效期限的,不应认定为累犯。

参 第1068号 周崇敏贩卖毒品案——二审裁判文书生效后,发现被告人在因一审判处的有期徒刑届满被取保候审期间又犯新罪的,在对新罪进行审判时不应认定该被告人构成累犯

构成累犯所要求的"刑罚执行完毕"仅限于指主刑执行完毕,被判处附加刑的,附加刑是否执行完毕不影响累犯的构成。这主要是考虑到从《刑法》对累犯规定的用语表述来看,前罪、后罪均要求判处或应判处有期徒刑以上刑罚,强调的侧重点在主刑;后罪构成累犯,与前罪所判处的刑罚执行完毕有法定时间间隔限制，即5年内，意在突出被告人的人身危险性大。而附加刑的执行与主刑并不完全同步，如将“刑罚执行完毕”理解为包括主刑和附加刑都执行完毕，则过分延长了前罪与后罪的时间间隔，有违累犯制度从重处罚的初衷。

参 第1173号 钟某抢劫案——被告人前次犯罪跨越18周岁且被判处有期徒刑，在刑罚执行完毕后五年内再犯应当判处有期徒刑以上刑罚之罪的，是否构成累犯?

对于在18周岁前后实施数罪或持续性的犯罪行为(包括连续犯、继续犯等情形)，其中，18周岁后实施的故意犯罪不是应当判处有期徒刑以上刑罚的，不构成累犯；18周岁后实施的故意犯罪处于可能判处有期徒刑与拘役、管制、单处罚金等刑罚的临界点的，在前罪判处的刑罚执行完毕或者赦免以后5年内，再故意犯应当判处有期徒刑以上刑罚之罪的行为人，一般不认定为累犯。

自 首

《刑法》规定

第六十七条 犯罪以后自动投案，如实供述自己的罪行的，是自首。对于自首的犯罪分子，可以从轻或者减轻处罚。其中，犯罪较轻的，可以免除处罚。

被采取强制措施的犯罪嫌疑人、被告人和正在服刑的罪犯，如实供述司法机关还未掌握的本人其他罪行的，以自首论。

犯罪嫌疑人虽不具有前两款规定的自首情节，但是如实供述自己罪行的，可以从轻处罚；因其如实供述自己罪行，避免特别严重后果发生的，可以减轻处罚。

相关规定

《刑法修正案(八)》第8条

《刑事诉讼法》第182条

最高人民法院《关于〈中华人民共和国刑法修正案(八)〉时间效力问题的解释》第4条

最高人民法院《关于处理自首和立功具体应用法律若干问题的解释》第1~4条

最高人民法院《关于处理自首和立功若干具体问题的意见》"一、关于'自动投案'的具体认定""二、关于'如实供述自己的罪行'的具体认定""三、关于'司法机关还未掌握的本人其他罪行'和'不同种罪行'的具体认定""七、关于自首、立功证据材料的审查""八、关于对自首、立功的被告人的处罚"

最高人民法院、最高人民检察院《关于办理职务犯罪案件认定自首、立功等量刑情节若干问题的意见》

《宽严相济在经济犯罪和职务犯罪案件审判中的具体贯彻》"二、宽严相济刑事政策在职务犯罪案件审判中的具体贯彻"(三)

最高人民法院《关于被告人对行为性质的辩解是否影响自首成立问题的批复》

最高人民法院《关于贯彻宽严相济刑事政策的若干意见》第17条

最高人民法院、最高人民检察院、公安部、国家安全部、司法部《关于适用认罪认罚从宽制度的指导意见》第9条第2款

最高人民法院《关于适用〈中华人民共和国刑事诉讼法〉的解释》第355条

最高人民法院、最高人民检察院《关于常见犯罪的量刑指导意见(试行)》"三、常见量刑情节的适用"(六)(七)(八)

案例要旨

参 第41号　张栓厚故意杀人案——犯罪后由亲属送司法机关归案并在一审宣判前如实供述罪行的应认定为自首

最高人民法院《关于处理自首和立功具体应用法律若干问题的解释》第1条第1项规定：并非出于犯罪嫌疑人主动，而是经亲友规劝、陪同投案的；公安机关通知犯罪嫌疑人的亲友，或者亲友主动报案后，将犯罪嫌疑人送去投案的，也应当视为自动投案。

参 第42号　张杰故意杀人案——被告人投案后未如实供述罪行但有抢救被害人情节的应如何处理

(1)被告人投案后否认故意杀人，辩称是正当防卫为自己开脱罪责，未如实供述杀人过程中重要事实，不能认定其如实供述罪行，不能认定自首；(2)关于因婚姻家庭矛盾实施杀人行为后，又实施抢救行为的，是否属于罪行极其严重，应综合全案考虑，不能简单地以犯罪结果认定。

参 第59号　庄保金抢劫案——犯罪嫌疑人一经传唤即如实供认犯罪事实的可否认定为自首

(1)行为人因形迹可疑受到公安人员盘问，如实供述了自己的罪行，应认定其为自首；如果其是作为犯罪嫌疑人被侦查机关讯问，供认了犯罪事实，就不应认定其为自首。(2)形迹可疑与犯罪嫌疑，在特征上有两点明显区别：①形迹可疑人的地位具有随机性，而犯罪嫌疑人与怀疑他的侦查人员的地位不具有随机性。②对形迹可疑人或者犯罪嫌疑人盘问、讯问的性质不同。对形迹可疑人的盘问，如果被盘问人应答没有破绽，盘问就无法持续下去，原来产生的疑问就会被冲淡或打消；对犯罪嫌疑人的讯问，讯问人要弄清事实真相，如果嫌疑人否认犯罪但又不能用事实说明、解脱其与某项特定犯罪的联系，讯问就不会停止，侦查工作就要深入。

参 第66号 姚伟林、刘宗培、庄晓华非法制造注册商标标识案——举报同案犯并如实交代自己参与共同犯罪事实的应否认定为自首

犯罪分子在举报同案犯时，只要如实供述自己参与共同犯罪的事实，就应当认定为自首。自动投案的动机，不影响自首的成立。自动投案的犯罪嫌疑人或被告人在如实供述自己的主要犯罪事实前提下，在犯罪的动机、作用、罪责的大小和有无等问题上为自己所做的辩解，正是在行使依法享有的辩护权利，不影响对其自首的认定。

参 第80号 王洪斌故意杀人案——到公安机关报假案与自动投案的区别应如何把握

报假案、编造虚假情况，欺骗司法机关，不同于自动投案。如果在供述过程中推诿罪责，避重就轻，掩盖真相，企图减轻罪责，则不能认为是如实供述。

参 第82号 杨永保等走私毒品案——仅因形迹可疑被公安机关盘问后即如实交代罪行的应认定为自首

根据最高人民法院《关于处理自首和立功具体应用法律若干问题的解释》的规定，罪行尚未被司法机关发觉，仅因形迹可疑，被有关组织或者司法机关盘问、教育后，主动交代自己的罪行的，应当视为自动投案。根据这一规定，犯罪事实尚未被司法机关发觉和主动交代自己的犯罪事实是构成自动投案的两个基本要件，只要符合这两个要件就应当视为自动投案。“主动”是相对于“未被发觉”而言的；“应当视为自动投案”即指以自动投案认定。只要符合这两个要件就应当视为自动投案。如果主动交代属于如实供述自己的罪行，应认定为自首。

参 第151号　陈德福走私普通货物案——犯罪单位的自首如何认定

行为人作为被告单位的直接主管人员，是被告单位实施犯罪的主要决策者，其在司法机关未掌握该单位及其本人罪行的情况下，如实交代单位及其自己的犯罪事实的行为，既表现为个人自首的意志和行为，也应视为单位自首的意志和行为，因此，在认定行为人个人成立自首的同时，也应认定被告单位成立自首。

参 第172号　刘某诉江某故意伤害案——自诉案件中的自首情节如何认定

(1)只要符合自首成立的法定条件，无论是公诉案件还是自诉案件，都应当认定为自首，不能因自诉案件的犯罪事实和犯罪嫌疑人容易被司法机关发现和掌握，就不适用《刑法》关于自首的规定；(2)自诉案件的被告人到案后如实陈述事实、未逃避审查和裁判的，成立自首。

参 第221号　姜方平非法持有枪支、故意伤害案——被告人对事实性质的辩解不影响如实供述的成立

对行为性质的辩解，不能认定为翻供，如实供述与被告人行使辩解权并没有根本的冲突。无论被告人将其犯罪行为辩解为无罪还是将此罪辩为彼罪，都属于对行为性质的不同认识和理解，不能因此而轻易地认定其翻供。被告人供述变化不影响案件主要事实认定的，不能认定为翻供，不影响自首的成立。悔罪表现与被告人行使辩解权是一个问题的两个方面，被告人悔罪与行使辩解权同属行使刑事诉讼权利的范畴，两项权利并不互相排斥。

参 第241号　张义洋故意杀人案——犯罪嫌疑人的亲属报案后，由于客观原因没能将犯罪嫌疑人送去投案，但予以看守并带领公安人员将其抓获的，能否视为自动投案

犯罪嫌疑人亲属报案后，由于客观原因没能将犯罪嫌疑人送去投

案，但予以看守并带领公安人员将其抓获的，可视为自动投案。“将犯罪嫌疑人送去投案的”这一规定的本质含义是使行为人实施犯罪行为后能将其有效地置于司法机关的控制之下，并使其承担相应的法律后果。这也是《刑法》规定的构成自首两个必要法定条件之一的“自动投案”的本质属性。因此，只要犯罪嫌疑人的亲友能将犯罪嫌疑人置于司法机关的有效控制之下，都应当看作“将犯罪嫌疑人送去投案”。

参 第255号　杜祖斌、周起才抢劫案——自动投案后没有如实供述同案犯是否构成自首

在共同犯罪案件中，行为人在共同犯罪中所处的地位、所起的作用和参与犯罪的程度不同，成立自首所要求的“如实供述自己的罪行”的范围也不同。对于共同实行《刑法》分则规定的某个犯罪行为的共同实行犯而言，其自动投案后如实供述自己的罪行，必然涉及与其一起实施犯罪的同案犯的犯罪行为。因此，共同实行犯成立自首，不仅要求其在自动投案后，如实供述自己直接实施的犯罪行为，还应如实供述与其共同实施犯罪的其他实行犯。否则，这种供述就是不彻底的、不如实的，因而不构成自首。

参 第354号　王春明盗窃案——犯罪嫌疑人被公安机关传唤到案后，如实供述自己的罪行的，能否认定为自首

传唤不属于强制措施。被传唤后归案符合司法解释所规定的“在未受到讯问、未被采取强制措施之前”的时间范围。经传唤归案的犯罪嫌疑人具有归案的自动性和主动性。犯罪嫌疑人被公安机关口头或电话传唤到案，应认定为“自动投案”；如实供述自己的罪行的，应当认定为自首。

参 第369号　孙传龙故意杀人案——亲友带领公安人员抓获犯罪嫌疑人能否认定自首

亲友带领公安人员将犯罪嫌疑人抓获归案，犯罪嫌疑人归案后能如

实供述犯罪事实，应视为自首。首先，亲友有积极协助侦查人员抓获犯罪嫌疑人的行为。如果是公安人员已经得知犯罪嫌疑人藏匿处所或行踪，让其亲友同去，但其亲友未起到任何协助作用，不能视为犯罪嫌疑人自首。同时，如果亲友虽有积极协助行为，但根据其提供的线索并未抓获犯罪嫌疑人，而是事后根据其他侦查线索予以抓获的，也不能视作犯罪嫌疑人自首。其次，犯罪嫌疑人在亲友带领公安人员抓获时，要予以配合。如果本人反抗抓捕，或者挣脱、逃跑、袭警，则不能视作自动归案；这种情况说明其没有主动性、自动性。

参 第373号　梁国雄、周观杰等贩卖毒品案——为贩卖毒品者交接毒品行为的定性及自首、立功的认定问题

对于受雇运输，且没有在犯罪过程中实行过限，即超出原雇佣范围而进行了其他毒品犯罪行为的，宜以运输毒品罪定性；对于受雇为毒品买主或者卖主交换毒品或者毒资，即使未参与商定毒品价格，也宜以贩卖毒品罪定性；对于无法认定其是运输还是贩卖的，则宜就低认定为非法持有毒品罪。协助公安机关抓获同案犯且在公安人员对其失去控制的情况下，携带涉案毒品主动到公安机关投案，并提供了同案人的住处及活动情况，使公安人员从同案人的住处查缴毒品数量较大的，应认定为具有自首和重大立功情节，依法应减轻处罚。[《刑法修正案（八）》已经删除“犯罪后自首又有重大立功表现的，应当减轻或者免除处罚”的条款。——编者注]

参 第381号　董保卫、李志林等盗窃、收购赃物案——投案动机和目的是否影响自首成立

犯罪分子在被采取强制措施前，主动到有关单位反映案件事实，没有隐瞒自己在其中的作用，没有逃避可能的刑事处理的，无论其反映案件事实的真实目的如何，均应认定为自动投案。行为人不否认或基本不

否认犯罪行为的客观事实方面，能如实交代行为的客观方面，而仅否认主观内容方面的，无论是否认其主观犯罪故意，还是否认其客观行为的犯罪性质，均属于辩解，不影响自首的成立。

参 第394号 陈国策故意伤害案——实施犯罪行为后滞留犯罪现场等候警方处理的行为能否认定自动投案

被告人在故意伤害犯罪过程中多次用电话报警，但报警内容未涉及自己的犯罪行为，案发后滞留现场等候警方处理，并在警方讯问后如实供述主要犯罪事实的，成立自首。

参 第411号 何荣华强奸、盗窃案——如何理解"如实供述司法机关还未掌握的本人其他罪行"

"还未掌握"，一般是指司法机关还未有一定的客观线索、证据合理怀疑被采取强制措施的犯罪嫌疑人、被告人和正在服刑的罪犯还犯有其他罪行。这里还未掌握其他罪行的"司法机关"不仅仅指正在侦查、起诉、审判的司法机关，也包括其他的司法机关：(1)如果犯罪嫌疑人所犯余罪尚未被查明、通缉，或者虽已被通缉，但通缉资料不全面，内容不明确，对现行犯罪的侦查、起诉和审判的司法机关并不掌握或者很难、几乎不可能通过比对查证等方式在当时掌握该犯罪嫌疑人的所犯余罪，则此时的"司法机关"仅指直接办案机关；(2)如果犯罪嫌疑人所犯前罪已被通缉，对现行犯罪的侦查、起诉和审判的司法机关可以通过通缉资料掌握该犯罪嫌疑人、被告人所犯前罪，此时的"司法机关"应当包括通缉令覆盖范围内的所有司法机关；(3)如果犯罪嫌疑人或被告人先行实施的犯罪行为虽已被其他司法机关掌握，但因地处偏僻、路途遥远或通信不便等原因，客观上使羁押犯罪嫌疑人、被告人的司法机关在对现行犯罪的侦查、起诉和审判过程中，难以了解或发现该先行发生的犯罪事实的，可以将该先行实施的犯罪视为司法机关尚未掌握的罪行，这时的司法机关其实是指直接办案的司法机关。

参 第437号　周建龙盗窃案——向被害人投案的行为是否认定为自首

关于自首的认定条件，不能仅以向被害人承认作案为判断条件，还必须判断其主观上是否愿意接受国家的审查和裁判。如行为人向被害人承认作案，目的只是希望“私了”，使被害人不报案，则其主观上并不愿意经由被害人移送司法机关从而接受审查和裁判，不能以自动投案论处，不能认定为自首。

参 第464号　田成志集资诈骗案——亲属提供线索抓获犯罪嫌疑人的能否认定自首

从侦查机关的角度来看，从接到线索到核实线索、确定侦查方向、最终抓获犯罪嫌疑人，系通过侦查机关自身侦查工作的开展而自然取得的结果，并不属于被告人自动投案，虽然其亲属提供线索的行为从一定程度上降低了侦破的难度，但并没有达到犯罪嫌疑人自动投案所实现的大幅节约司法资源的程度。这种情况下，对犯罪嫌疑人亲属提供线索，由侦查机关将犯罪嫌疑人抓获的情况，不能认定为“自动投案”。

参 第465号　刘兵故意杀人案——如何认定自动投案中的“形迹可疑”

判断行为人是否属于“形迹可疑”，关键看司法机关能否依凭现有证据特别是客观性证据在行为人与具体案件之间建立起直接、明确、紧密的联系，依据当时证据行为人作案的可能性已经大大提高，达到了被确定为“犯罪嫌疑人”的程度。能建立起这种联系的，行为人就属于犯罪嫌疑人：建立不起这种联系，而主要是凭经验、直觉认为行为人有作案可能的，行为人就属于“形迹可疑”。

参 第468号　沈利潮抢劫案——行政拘留期间交代犯罪行为的能否认定自首

（1）侦查机关以侦破刑事案件为目的，根据犯罪嫌疑人的行政违法行为将其行政拘留，犯罪嫌疑人在行政拘留期间交代自己犯罪行为的，不构成自首；（2）如果行政拘留仅仅是针对特定的行政违法行为，行为人在被行政拘留期间，主动交代侦查机关尚未掌握的犯罪事实，或者交代侦查机关尚未掌握的其他非同种犯罪事实，符合自首条件的，应当认定为自首。

参 第476号　赵春昌故意杀人案——如何认定"经查实确已准备去投案"的自首

（1）有证据证明被告人主观上具有投案意愿，客观上具有投案准备，只是因为被公安机关及时抓获而未能投案的，属于经查实确已准备去投案，应视为自动投案；（2）虽有愿意投案的言语表示，但在没有正当理由的情况下无任何准备投案的迹象而被抓获的，不属于准备去投案，不应认定为自动投案。

参 第522号　翁见武故意杀人案——被告人报警后又继续实施犯罪行为的，是否构成自首

（1）认定自首时，不能机械适用法律条文，应从《刑法》设立自首制度的本意出发，即行为人在实施犯罪行为后主动将自己置于司法机关的控制下，至于行为人是采取积极作为的方式投案还是采取不作为方式等待公安司法机关人员前来抓捕，均不影响将其认定为自动投案。（2）《刑法》对自首规定的时间条件"犯罪以后"并未明确限制在犯罪既遂以后，因此并没有排除在犯罪过程中存在自动投案的可能。

参 第525号　王秋明故意伤害案——被告人在案发后电话报警的行为是否成立自首

(1)行为人在电话中明确表示投案意图,并在到案后如实供述犯罪事实的,成立自首。(2)行为人在电话报警时虽然没有明确的投案意图,但公安人员到达后未通过调查将其列为犯罪嫌疑人,或者采取强制措施前,主动向公安机关供述犯罪事实,或者因为形迹可疑经盘问主动如实供述罪行的,也成立自首。(3)行为人主动电话报警时未明确供述主要犯罪事实或者在公安人员到达后仍未主动供述主要犯罪事实,在公安机关通过调查工作已经将其列为犯罪嫌疑人后才如实供述的,不能成立自首。(4)实施犯罪后出于减轻犯罪后果或者其他原因参与抢救被害人的行为并不是成立自首的条件,对于案发后没有逃跑,并积极抢救被害人的被告人,在不构成自首的情况下,在量刑时应将这一情节作为从轻情节予以考虑。

参 第565号　闫光富故意杀人案——犯罪嫌疑人在公安机关通知后到案,但在公安机关掌握部分证据后开始供述的,不能认定为自首

区分形迹可疑与犯罪嫌疑的关键在于司法机关是否已掌握了一定的具体证据,根据已掌握的证据能够把行为人同发生的犯罪案件联系起来,也即根据现有证据能否认定行为人具有犯罪嫌疑。如果司法人员只是根据经验、直觉认为行为人可能是作案人,而没有切实、具体的证据作为判断基础,则不能认为行为人具有犯罪嫌疑,仅属于形迹可疑;如果司法人员掌握了指向行为人犯罪的具体证据,如在其身上或住处发现赃物、作案工具、被害人血迹等,则可以认为行为人具有犯罪嫌疑,而不仅是形迹可疑。行为人在因形迹可疑受到盘问、教育时主动交代自己所犯罪行的,应当认定自首;相反,在被确定为犯罪嫌疑人的情况下经讯问而交代犯罪事实的,不属于自动投案,不构成自首。

参 第593号 彭佳升贩卖、运输毒品案——因运输毒品被抓获后又如实供述司法机关未掌握的贩卖毒品罪行不构成自首

选择性罪名的犯罪构成是一种法定的特别犯罪构成。不能简单地以触犯了不同的具体罪名来确定属于同种罪行还是不同种罪行。被告人运输毒品被抓获后又如实供述司法机关尚未掌握的贩卖不同宗毒品的罪行,与司法机关已经掌握的运输毒品的罪行属于同种罪行,故不能以自首论。

参 第598号 张东生故意杀人案——被告人具备自首要件,其亲属不配合抓捕的不影响自首的成立

被告人虽然没有直接去公安机关投案,但在看到公安人员后主动说出自己的身份,并明确说要自首,已经有了投案的具体言行表示。投案后在亲属围困、阻挠抓捕的情况下,其虽然没有主动劝阻亲属,但也没有脱逃,主观上并无逃跑或抗拒抓捕的意思表示,客观上也没有实施配合家人阻挠抓捕的行为,只是态度有些消极,不影响其自动投案的成立,其投案后能如实交代自己的犯罪事实,应当认定具有自首情节。

参 第695号 王志勤贪污、受贿案——余罪自首的证据要求与证据审查

(1)人民法院审查被告人是否构成自首,不能仅凭侦查机关出具的情况说明,还应审查被告人相关罪行的立案调查、侦破经过、被告人的供述、相关证人的证明及其他能够证明其自首情况的材料。被告人没有自动投案,在办案机关调查谈话、采取调查措施期间,如实交代办案机关掌握的线索所针对的事实的,不能认定为自首。纪检机关向检察机关出具的说明材料中未提到被告人的犯罪事实,可以证明纪委办案期间并未掌握该事实,但被告人主动交代了该犯罪事实,属于被告人首先向办案机关供述,应认定为自首。(2)认定被告人检举揭发他人犯罪行为是否构

成重大立功，应当以其检举揭发的他人具体犯罪行为在实际上是否可能被判处无期徒刑以上刑罚为标准，而不是指所揭发犯罪事实的量刑幅度中有无期徒刑这一刑种，也不是指被揭发人的实际宣告刑为无期徒刑以上刑罚。

参 第696号 谭继伟交通肇事案——交通肇事后报警并留在现场等候处理的，应认定为自动投案

(1)司法实践中，对以下几类肇事后报警并在现场等候处理的行为，均应当认定为自首：①交通肇事后立即报警、保护现场、抢救伤员和财产，归案后又如实供述自己的罪行的；②交通肇事后，委托他人代为报警，自己忙于保护现场、抢救伤员和财产，归案后如实供述自己的罪行的；③交通肇事后，明知他人已经报警，自己在现场等候交警部门的处理，归案后如实供述自己的罪行的。(2)行为人交通肇事后自首，且通过亲属积极赔偿被害方的经济损失，取得被害方谅解的，一般应予以从宽处罚。

参 第698号 熊华君故意伤害案——现场待捕型自首的认定条件

现场待捕型自首必须具备以下条件：(1)非被动性，即在未被强力控制、可以逃匿的前提下主动留在案发现场；(2)对于他人报案的明知性，即已确实知道有人报警或按照一般常识判断会有人报警；(3)被抓捕时及被押解过程中行为的服从性；(4)供认犯罪的彻底性，但对行为性质的辩解不影响如实供述条件的认定。

参 第699号 吕志明故意杀人、强奸、放火案——如何认定"送亲归案"情形下的自动投案

犯罪嫌疑人的亲友明知犯罪嫌疑人实施了犯罪行为，仍然主动联系有关机关或人员，亲自"陪首"或者"送首"，目的是将犯罪嫌疑人有效地置于司法机关的控制之下，使犯罪嫌疑人承担相应的法律后果，则应认

定为自动投案。亲友如果并不明知犯罪嫌疑人实施了犯罪行为,主动与司法机关联系的目的并不是让犯罪嫌疑人接受司法机关的处理,而是撇清犯罪嫌疑,则不应认定为自动投案。

参 第700号 袁翌琳故意杀人案——对亲属报警并协助公安机关抓获被告人行为的认定

亲属向公安机关报警并协助公安机关将犯罪分子抓获的行为,避免了犯罪分子继续危害社会,有利于公安机关及时准确地查清案件事实,是一种值得鼓励的行为,应当给予积极的司法评价。因此,应允许犯罪嫌疑人到案时持有相对消极的主观心态,甚至可以带有一定的被迫性,但是只要犯罪嫌疑人不反对其亲属的报警及公安机关的抓捕,客观上也没有实施逃避侦查的对抗性行为,就可以视为自动投案。

参 第701号 周元军故意杀人案——不明知自己已被公安机关实际控制而投案的,不认定为自首,但可酌情从轻处罚

虽然公安人员未对被告人采取讯问或办理拘留、逮捕等《刑事诉讼法》所规定的"强制措施"手续,但公安机关已将其作为犯罪嫌疑人,并派专人在病房看守、控制,已对被告人的人身实施了实际控制,被告人此时的状况应当视为已被采取"强制措施",即使被告人醒来后有自动投案的意思表示或行为,其也不具备自动投案的客观条件。被告人虽不是自动投案,不成立自首,但归案后如实供述犯罪,有悔罪情节,可予从宽处罚。

参 第702号 张某等抢劫、盗窃案——接受公安人员盘问时,当场被搜出与犯罪有关的物品后,才交代犯罪事实的,不视为自动投案

行为人因形迹可疑被盘问时,当场被搜出与犯罪有关的物品后,行为人已不属于"形迹可疑",而是具有"犯罪嫌疑"的明显证据,其罪行已被司法机关发觉,故交代犯罪事实对确定犯罪嫌疑人无实质意义,不能

认定为投案自首。

参 第703号 蒋文正爆炸、敲诈勒索案——余罪自首中如何认定“不同种罪行”和“司法机关已掌握的罪行”

判断是“同种罪行”还是“不同种罪行”，原则上以罪名（或者犯罪构成）区分：罪名不同的，一般属不同种罪行，但属选择性罪名或者存在法律、事实关联的除外。司法机关已掌握的罪行，是指司法机关已了解到一定线索、证据，可以形成合理怀疑的罪行。

参 第704号 刘长华抢劫案——如何判断行为人是属于“形迹可疑”还是“犯罪嫌疑”

判断行为人是属于“形迹可疑”还是“犯罪嫌疑”，关键在于司法机关是否掌握客观的证据并据此证据足以合理怀疑行为人实施某种犯罪，能否在行为人与具体案件之间建立起直接、明确、紧密的联系。二者区别在于：(1)判断形迹可疑需要以行为人的某些可疑表象为基础，主要依据的是常识、常理、常情和工作经验，有时甚至是直觉所形成的推测；犯罪嫌疑则是在对证据进行分析、判断后形成的推定，两者产生怀疑的依据不同。(2)认为形迹可疑可以不掌握任何证据和线索，或者仅掌握不足以合理怀疑行为人实施某种犯罪的证据或线索；犯罪嫌疑则强调需要以事实证据为依据，司法机关需掌握足以合理怀疑行为人实施某种犯罪的证据或者线索。(3)形迹可疑仅是一般性怀疑，可以是行为人同某种犯罪无任何联系，或者同某种犯罪有联系的疑点，怀疑的内容一般是“此人可能做了什么坏事”；犯罪嫌疑则是有针对性的怀疑，必须将行为人与某种具体犯罪相联系，而且足以认定行为人有作案的重大嫌疑，怀疑的内容一般是“此物是否为盗抢而来”等，两者对证据和线索的要求不同。

参 第705号 李吉林故意杀人案——如实供述杀人罪行后，又翻供称被害人先实施严重伤害行为的，能否认定为对主要犯罪事实的翻供

（1）成立自首所要求如实供述的“主要犯罪事实”，一般指对认定被告人的行为性质有决定意义以及对量刑有重大影响的事实、情节等。自动投案如实供述罪行后又翻供的，不能认定为自首。（2）被告人犯罪后自杀，因疼痛难忍而报警的行为可视为自首，但与单纯为了接受审判或意图减轻犯罪后果的自动投案有所区别，可不作为从轻处罚的依据。

参 第718号 张春亭故意杀人、盗窃案——交代司法机关尚未掌握的案发起因构成其他犯罪的，是否属于自首

如果余罪已被通缉，而采取强制措施的司法机关又在通缉令发布范围之内，或者余罪已录入全国公安信息网络在逃人员信息数据库，应视为司法机关已掌握；如果未被通缉，也未录入全国公安信息网络在逃人员信息数据库，应以该司法机关是否实际掌握该罪行为标准。交代司法机关尚未掌握的案发起因构成其他犯罪的，属于自首。

参 第747号 汪某故意杀人、敲诈勒索案——如实供述的罪行与司法机关已经掌握的罪行在事实上密切关联的，不构成自首

（1）罪行和罪名是两个既相互联系又相互区别的概念。罪行，是指犯罪行为及其相应的罪恶、罪责。而罪名，则是指《刑法》根据犯罪行为的性质和特征所规定的犯罪名称，是对犯罪本质特征或者主要特征的高度概括。（2）在法律上密切关联的犯罪，是指不同犯罪的构成要件有交叉或者不同犯罪之间存在对合（对向）关系、因果关系、目的关系、条件关系等牵连关系。在事实上密切关联的犯罪，是指不同犯罪之间在犯罪的时间、地点、方法（手段）、对象、结果等客观事实特征方面有密切联系。（3）行为人因涉嫌某一犯罪被抓获后，供述与该涉嫌犯罪在法律、事实上密切关联的其他犯罪人履行如实供述的义务，不应当认定为自首。

参 第755号 刘某、姚某挪用公款案——如何认定职务犯罪案件中的自首及把握“办案机关掌握的线索”范围

职务犯罪案件中“办案机关掌握的线索”，不限于直接查证犯罪事实的线索，还包括与查证犯罪事实有关联的线索，虽不能直接认定犯罪事实，但此类线索具有指向犯罪事实的作用。办案机关掌握此类线索后，能够研判行为人可能涉嫌的犯罪性质和类型。一般而言，办案机关找行为人调查谈话具有一定的针对性，行为人由此交代犯罪事实与办案机关掌握的线索所针对的事实属于同种罪行，不能认定为自首。

参 第776号 徐凤抢劫案——公安机关确定犯罪嫌疑人并以其他名义通知其到案后，如实供述犯罪事实，但一审判决前翻供的，不认定为自首

影响自首成立的翻供时间，必须是在第一次如实供述后至一审判决前的阶段。行为人自动投案，但在第一次供述中没有如实供述，而是侦查机关通过侦查促使行为人供述的，这样的供述既不能体现行为人主观上有认罪悔罪的主动性和自愿性，也没有达到节约司法资源的效果。因此，其最初如果没有如实供述，而是在侦查机关侦查后才供述的，无论其后供述真假，均不能认定自首；如果其最初供述属实，但在一审判决前的过程中有过虚假翻供，只要其在一审判决前恢复如实供述，不影响其自首的成立；如果其最初供述属实，一审判决前翻供，在一审判决时还未恢复如实供述，无论其之后的供述是真是假，均不能认定为自首。

参 第780号 尚娟盗窃案——明知他人报案而留在现场，抓捕时亦无拒捕行为，且如实供认犯罪事实的，是否构成自首

明知他人报案而留在现场，客观上犯罪嫌疑人能逃而不逃，抓捕时亦无拒捕行为，且如实供认犯罪事实的，构成自首。在作案现场以外的其他场合，犯罪嫌疑人明知他人报案，客观上犯罪嫌疑人能逃而不逃，自

愿等待抓捕,且无拒捕行为,如实供述罪行的,同样体现了犯罪嫌疑人的主动性和自愿性,也应当认定为自首。

参 第811号 赵新正故意杀人案——如何认定“确已准备去投案”和“正在投案途中”

“确已准备”与“确曾准备”有本质的区别。“准备去投案”不仅是一种心理活动,还必须为投案进行了“安排或筹划”。犯罪嫌疑人确曾为投案实施了一定的准备行为,但是准备的时间与被抓获的时间间隔较长,行为人犹豫不决,迟迟不实施实质的投案行为,甚至在准备投案之后反悔,不能认定为“确已准备去投案”。

参 第831号 李国仁故意杀人案——杀人后主动报警表示投案,等待抓捕期间又实施犯罪的,能否认定为自首

杀人后主动报警表示投案,等待抓捕期间又继续实施犯罪,有以下情况的,都不能认定为自首:后罪与所自首之罪属于同一罪行的不同阶段的;后罪与所自首之罪不属于同种罪行的;后罪与所自首之罪虽然属于不同罪名,但两罪之间存在密切关联的;后罪与所自首之罪不属同种罪行,且两罪在事实上、法律上无密切关联,表明其主观上并未彻底放弃和终止继续犯罪的意图,缺乏自愿将自己置于司法机关的控制之下接受审查和裁判的主观意愿。

参 第880号 杨金凤、赵琪等诈骗案——自动投案的行为发生在犯罪嫌疑人被办案机关控制之后的是否成立自首

“自动投案”的时间应当限制在犯罪嫌疑人“被办案机关控制”之前,办案机关掌握犯罪事实,对犯罪嫌疑人调查谈话、讯问、宣布调查措施或者强制措施的行为,均系办案机关控制犯罪嫌疑人的行为,具有强制性、义务性、针对性和明确性特征,此时犯罪嫌疑人向办案机关投案的行为,均不属于自动投案。

参 第926号 喻春等故意杀人案——在共同犯罪案件中如何认定“如实供述主要犯罪事实”

应当根据犯罪嫌疑人、被告人所供述的犯罪事实对定罪量刑的影响程度,区分主要犯罪事实和次要犯罪事实。如果无法区分犯罪嫌疑人、被告人已交代的犯罪事实与未交代的犯罪事实的主次,或者未交代的犯罪事实对定罪量刑的影响明显大于已交代的犯罪事实,则不应认定犯罪嫌疑人、被告人如实供述了主要犯罪事实。

参 第941号 冯维达、周峰故意杀人案——行为人对其主观心态的辩解是否影响自首的成立

在对行为人主观心态的认定上,应当按照主客观相统一原则把握行为人是否有“如实供述”犯罪的主观心态。对于将重罪故意辩解为轻罪故意的情形,可以通过以下标准来分析行为人对主观心态的辩解是否影响“如实供述”的成立:根据行为人和被害人的关系(是否有矛盾,矛盾大小)、行为人作案时的行为表现(是否扬言杀人,是否追杀)、被害人的创口部位(要害部位还是非要害部位)、创口数量(多处创口还是一处创口)、行为人作案后的态度(是否有抢救被害人的行为)等在案证据证实的情节,若在案证据足以认定行为人实施的是重罪故意行为,则行为人的辩解不能成立,不能认定其构成自首;反之,若在案证据不能认定行为人实施了重罪故意行为,或者不能排除其有实施轻罪故意行为的可能,则应当认定行为人的辩解成立,认定其构成自首。

参 第942号 张芳元故意杀人案——如何区分“形迹可疑人”与“犯罪嫌疑人”

行为人如实供述罪行之前司法机关是否已经掌握足以合理怀疑行为人实施某种犯罪的证据或者线索,从而在行为人与具体案件之间建立起直接、明确的联系,是区分“形迹可疑”与“犯罪嫌疑”的关键。在难以

确切判断行为人是“形迹可疑人”还是“犯罪嫌疑人”的情况下,应当本着有利于被告人原则的现代刑法理念和鼓励犯罪人自首的刑事政策精神,认定行为人属于“形迹可疑”。

参 第963号 孟令廷故意杀人、故意伤害案——在被采取强制措施期间,向司法机关主动如实供述本人真实身份及所犯不同种余罪的,对余罪能否认定为自首

对于行为人采用化名的情形,司法审判中应当综合审查在案证据,结合公安机关侦查惯例等情况,具体分析司法机关有无掌握其余罪的条件与可能。对于行为人外逃后长期使用化名,司法机关对其真实身份的查证又无其他任何线索的,如果行为人因实施其他犯罪到案后如实交代真实身份信息及所犯余罪,可以认定构成余罪自首。如果司法机关有明确、清晰的查证身份线索,不宜认定行为人对余罪构成自首。

参 第984号 杜周兵强奸、强制猥亵妇女、猥亵儿童案——行为人因涉嫌强制猥亵妇女到案后如实供述司法机关尚未掌握的猥亵儿童事实的,不构成自首

强制猥亵妇女与猥亵儿童在法律上和事实上均具有密切关联:在法律上,可从主体、法益、客观行为、结果、对象等方面考虑二者是否具有相似性、包容性;在事实上,可考察行为发生的概率、逻辑以及关系上是否具有关联性。两罪属于同种罪行,行为人因涉嫌强制猥亵妇女到案后如实供述司法机关尚未掌握的猥亵儿童事实的,不构成自首,但可以酌情从轻处罚。

参 第1037号 杨文博非法持有毒品案——因形迹可疑被盘查时发现持有可疑物品,在被带至公安机关接受调查时如实供述了非法持有毒品事实的,是否成立自首

侦查人员已从行为人随身携带的挎包或车辆内查获可疑物品,此时行为人再交代非法持有毒品的事实，不应当视为自动投案。侦查人员还未掌握任何可疑物品（证据或者线索），对被怀疑者进行盘问、教育，未采取进一步的侦查措施，此时如果被怀疑对象主动交代罪行，应当视为自动投案。但是，如果被怀疑者的罪证（事实、证据、线索）已经被侦查人员掌握，侦查人员凭借工作经验对特定对象产生了某种具体的、有针对性的怀疑，从而可以将嫌疑人与某种具体犯罪行为相联系，此时犯罪嫌疑人交代犯罪事实的，不属于"罪行尚未被司法机关发觉"，不能认定为自动投案。

参 第1044号 黄光故意杀人、诈骗案——打电话报警但未承认自己实施犯罪行为的是否认定为自首以及如何审查判断经鉴定属于被害人真实签名的保证书等书证的真实性

行为人打电话报警，并不必然将自己置于犯罪嫌疑人的地位，在公安机关实际上已经掌握了相当证据证明其实施了投毒杀人的行为后，才承认自己的犯罪行为的，不符合自动投案主动性和自愿性的法定条件，不构成自首。经鉴定属于被害人真实签名的保证书等书证，亦必须依照证据规则并结合日常生活常识去分析、审查质证，才能作为定案的依据。

参 第1050号 台州市黄岩恒光金属加工有限公司、周正友污染环境案——如何认定行政主管部门与公安机关联合执法案件中的自动投案

（1）在犯罪事实和犯罪嫌疑人未被发现或者犯罪事实已被发觉，犯罪嫌疑人尚未被发觉时，向公安、检察、法院等司法机关投案，或者向相关行政执法部门投案，都可以认定为自动投案。（2）犯罪事实和犯罪嫌疑人均已被发觉，但犯罪嫌疑人受到办案机关调查谈话或者被宣布调查措施以前，向公安、检察、法院等司法机关投案，或者向相关行政执法部门投案，也可以认定为自动投案。（3）犯罪事实和犯罪嫌疑人均已在检查过程中被发觉，并已受到行政执法部门的调查，再到公安等司法机关

投案的，不能视为自动投案。

参 第1059号　韩永仁故意伤害案——"明知他人报案而在现场等待"情形的具体认定

行为人根据现场情况，有合理依据判断有人及时报案的，属于"明知他人报案"；行为人在案发后有足够的时间、条件能逃跑而未逃跑，自愿在现场等待被抓捕的，属于"在现场等待"，应当认定系现场等待抓捕型的自首。对于自己并未主动报案，现场等待抓捕型的自首，虽然行为人也具有投案的主动性和自愿性，但和主动到公安机关投案的典型自首相比，在考虑从轻时应当有所区别，以确实做到量刑均衡。

参 第1078号　徐勇故意杀人案——关于自首情节中"确已准备去投案"的认定

对"准备投案"的认定，应当强调的不仅是被告人的心理活动，更重要的是其已经为投案实施了一定的准备活动，客观行为已经能够清楚地反映准备投案的主观心态。被告人辩称准备投案，却提不出相应的证据线索，司法机关经查证也未发现确能证明其已为投案做准备的证据的，不能认定为准备投案。

参 第1081号　吴某强奸、故意伤害案——行为人在取保候审期间犯新罪而逃跑，被公安机关依法通缉后又自动投案并如实供述罪行的，是否认定全案构成自首

自动投案的时间节点是尚未受到讯问、未被采取强制措施之时。取保候审是对未被逮捕或逮捕后需要变更刑事强制措施的犯罪嫌疑人、被告人，责令其提出保证人或者缴纳保证金，并出具保证书，保证随传随到，对其不予羁押或暂时解除其羁押的一种刑事强制措施。行为人在被取保候审期间逃跑，其自动投案的行为不符合《刑法》关于自动投案时间节点的规定，不具备自首的前提条件，不应当认定为自首。

参 第1212号　孟庆宝故意杀人案——作案后逃往他处自杀被救起后主动交代罪行的，能否成立自首

公安人员依职责处理警情、例行检查等过程中，会对涉及的相关人员进行一般性的盘问，被询问人因为神态异常或形迹可疑会接受询问。行为人涉罪后，心理会有敏感、多疑等变化，外表举止亦呈现有别于常人的举动，如避开公安人员或公共场所，面对盘查神色慌张等。但这种接受询问只是回答一般性的查询，公安人员没有事实根据确定犯罪人实施了何种罪行，行为人就具有了可主动供述或不如实供述的选择，此种情形下的如实供述便具有了主动投案性质。如果公安人员接到通缉令或协查通报，对犯罪嫌疑人的身份信息或相貌特征有了初步的了解，而有针对性地对相关人员进行排查，此种情形下犯罪嫌疑人已丧失了投案的主动性，查获的结果也是行为人因被动接受盘查而形成的，故不能成立自动投案。

参 第1223号　王宪梓故意杀人案——亲属主动报案并带领民警抓获被告人的如何量刑

根据最高人民法院《关于处理自首和立功若干具体问题的意见》的规定，犯罪嫌疑人被亲友采用捆绑等手段送到司法机关，或者在不明知的情况下被亲友带领侦查人员前来抓获的，由于犯罪嫌疑人并无投案的主动性和自愿性，完全是被动归案，因此，上述情形不宜认定为自动投案。但是，法律对这种“大义灭亲”的行为应予以充分肯定和积极鼓励，在量刑时一般应当考虑犯罪嫌疑人亲友的意愿，参照法律对自首的有关规定酌情从轻处罚。

参 第1244号　许涛故意杀人案——自动投案后将性质恶劣的故意杀人行为编造为相约自杀，能否成立自首

对于隐瞒编造案发起因与作案动机的情形是否影响自首的认定不

能一概而论，而应当仔细考察、判断该情节是否对量刑有重大影响。司法实践中，除特定情况下的教唆自杀外，其他相约自杀的行为通常被认定为情节较轻的杀人行为，一般适用3年以上10年以下有期徒刑的法定刑幅度，故被告人没有如实供述主要犯罪事实。对行为性质的辩解是犯罪嫌疑人在客观地供述自己罪行的基础上，对其罪责有无及大小所作出的阐释、主张。如果犯罪嫌疑人投案以后，编造事实为自己开脱罪行，则不符合如实供述自己罪行的条件，且使其对行为性质的辩解丧失事实基础，故被告人所作其与被害人系相约自杀的辩解不属于对行为性质的辩解。

参 第1303号　潘平盗窃案——取保候审期间脱逃又主动投案并如实供述罪行的，不能认定为自首

取保候审期间脱逃又主动投案并如实供述罪行的，不符合《刑法》关于自动投案的成立条件。将取保候审期间逃跑后又投案的情形认定为“自动投案”，不符合自首制度的价值导向。将取保候审期间逃跑后又投案的情形认定为“自动投案”，与《刑事诉讼法》的相关规定不协调。当然，对于取保候审期间脱逃后又主动投案的情节，也有其积极价值，不认定该情形属于自动投案和自首，并不影响将其作为归案后如实供述、认罪态度较好等酌定从宽情节在量刑时予以考虑。司法机关综合评判犯罪嫌疑人脱逃和投案情节对量刑的不同影响后完全可以做到罪责刑相适应，从而起到鼓励被采取强制措施期间脱逃的犯罪嫌疑人主动投案的作用。

参 第1455号　赵迎锋故意杀人案——如何准确把握自首制度适用中“送亲投案”和“现场等待”等问题

并非出于犯罪嫌疑人主动，而是经亲友规劝、陪同投案的，以及公安机关通知犯罪嫌疑人的亲友，或者亲友主动报案后，将犯罪嫌疑人送去投案的，属于“送亲投案”，可以认定为自首。亲友协助公安机关抓捕犯

罪嫌疑人与捆绑犯罪嫌疑人归案，虽然在一定程度上节约了司法资源，但犯罪嫌疑人缺乏自愿将自己置于司法机关控制之下接受审查这个核心要件，不能视为自动投案。现场待捕型自首中的“现场”，应指犯罪现场而非其他场所。犯罪嫌疑人没有藏匿等行为，侦查人员到达犯罪现场后即可发现，或者通过简单排查、走访、询问便能找到犯罪嫌疑人，方可视为“在现场等待”。自杀行为并不是自动投案的必然排除要件，即使犯罪嫌疑人在作案后曾试图自杀，但只要其之后重新愿意将自己置于司法机关控制之下，并主动投案，仍可以被认定为自动投案。

参 第1543号　张某非国家工作人员受贿案——民营企业员工在本单位内控部门谈话期间交代受贿事实能否认定构成自首

民营企业员工主动接受单位谈话并交代犯罪事实，自愿置于单位人员控制之下等待法律制裁，具备投案主动性和自愿性，应当视为自动投案，其在到案后仍能向司法机关如实供述犯罪事实，应认定具有自首情节。

立　功

《刑法》规定

第六十八条　犯罪分子有揭发他人犯罪行为，查证属实的，或者提供重要线索，从而得以侦破其他案件等立功表现的，可以从轻或者减轻处罚；有重大立功表现的，可以减轻或者免除处罚。

相关规定

《刑法修正案(八)》第9条

最高人民法院《关于〈中华人民共和国刑法修正案(八)〉时间效力

问题的解释》第5条

最高人民法院《关于处理自首和立功具体应用法律若干问题的解释》第5~7条

最高人民法院、最高人民检察院《关于办理职务犯罪案件认定自首、立功等量刑情节若干问题的意见》"二、关于立功的认定和处理"

最高人民法院《关于审理故意杀人、故意伤害案件正确适用死刑问题的指导意见》"五、关于被告人有自首、立功情节的死刑适用"

最高人民法院《关于处理自首和立功若干具体问题的意见》"四、关于立功线索来源的具体认定""五、关于'协助抓捕其他犯罪嫌疑人'的具体认定""六、关于立功线索的查证程序和具体认定""七、关于自首、立功证据材料的审查""八、关于对自首、立功的被告人的处罚"

最高人民法院《关于贯彻宽严相济刑事政策的若干意见》第18条

最高人民法院、最高人民检察院《关于常见犯罪的量刑指导意见(试行)》"三、常见量刑情节的适用"(九)

案例要旨

指 248号　金某等组织卖淫案

(1)在取保候审期间,行为人为获得立功情节约购毒品并予以揭发的,属于通过非法手段获取立功线索,不应认定为有立功表现。(2)对于被告人提出上诉的案件,原判认定立功等法定从宽处罚情节有误的,二审应当在裁判文书中写明一审判决存在的错误,但根据上诉不加刑原则,不得加重被告人的刑罚。

参 第223号　蔡勇、李光等故意伤害、窝藏案——被窝藏人主动供述他人窝藏犯罪的不能认定为立功

犯罪分子本人实施的犯罪行为与其揭发的他人犯罪行为之间不得

存在关联性，否则不属于揭发他人犯罪行为，即对偶犯相互揭发相对方的犯罪行为不能认定为立功表现。犯罪分子揭发的他人犯罪行为与本人实施的犯罪行为之间不能存在因果关系，否则也不能认定为揭发他人犯罪行为，即揭发连累犯不能认定为立功。

参 第249号　梁延兵等贩卖、运输毒品案——如何认定被告人协助公安机关抓获同案犯构成立功问题

不能简单地认为"未带领公安人员前去抓捕"就不属于协助司法机关抓获同案犯，问题的关键是根据该"线索"能否抓到同案犯，是否真正起到"协助"作用，而不是带领不带领。被告人提供了不为有关机关掌握，或者有关机关按照正常工作程序无法掌握的同案犯藏匿的线索，有关机关据此抓获了同案犯，应认定为立功。

参 第331号　陆骅、茅顺君、石国伟抢劫案——带领侦查人员抓捕同案犯未果后电话劝说自首的是否属于有立功表现

关于协助抓获同案犯的行为是否认定为立功表现，关键在于行为人在公安机关抓获同案犯的过程中是否确实起到了协助作用。这种协助作用包括经被告人当场指认、辨认同案犯而抓获的，带领公安人员前往抓获的，以及提供不为司法机关掌握或司法机关按正常工作程序无法掌握的同案犯的藏匿地点而抓获的，等等。只要行为人的行为对于司法机关抓获同案犯起到了协助作用，就应当认定行为人具有立功表现。

参 第414号　田嫣、崔永林等贩卖毒品案——犯罪分子亲属代为立功的能否作为从轻处罚的依据

根据《刑法》的规定，构成刑法意义上的立功有主体条件限定，即只有犯罪分子包括被采取强制措施的犯罪嫌疑人、被告人和正在服刑的罪犯才存在刑法意义上的立功。因此，对完全与犯罪分子无关、纯粹由犯罪分子亲友实施的"立功"行为，不能认定为犯罪分子的立功表现。当然，亲友“代为立功”作为一种对社会有益的行为，应当给予一定的鼓励和奖励，可将亲友“代为立功”作为酌定从轻情节在量刑时予以适当考虑。

参 第438号　陈佳嵘等贩卖、运输毒品案——协助司法机关稳住被监控的犯罪嫌疑人是否构成立功

关于已归案的犯罪分子协助公安机关抓捕其他犯罪嫌疑人，能否构成立功，认定的标准在于是否有协助行为以及其协助行为对抓捕其他犯罪嫌疑人是否起到了作用，而不是协助行为起作用的大小；作用大小只是在认定立功后量刑幅度需要考虑的问题。

参 第499号　吴灵玉等抢劫、盗窃、窝藏案——揭发型立功中“他人犯罪行为”的认定

基本犯在如实供述其基本犯罪事实时，一并如实供述其接受连累犯所提供的帮助的行为属于如实供述的范围，而不属于揭发“他人犯罪行为”，不能认定为立功；连累犯揭发基本犯，应当根据连累犯的犯罪构成能否涵摄基本犯的犯罪行为来判断是否属于如实供述的范围，如洗钱罪等行为人必须对基本犯具有确定性明知，因此是涵摄的，未超出如实供述的范围；就窝藏包庇罪而言，行为人只需概括性地对行为对象具有认知，因此不能涵摄，其揭发应当认定为立功。

参 第539号　马良波、魏正芝贩卖毒品案——被告人提供的在逃犯的藏匿地点与被告人亲属协助公安机关抓获该人的实际地点不一致的，能否认定为立功

(1)刑法意义上的立功，主体有明确范围，即只能是犯罪嫌疑人、被告人及正在服刑的罪犯；同时，法律和司法解释还要求检举揭发、提供侦破线索、协助抓捕等立功行为具有实效性，即客观上必须使案件得以侦破或实际将犯罪嫌疑人抓捕到案才构成立功。(2)被告人将准确的线

索转给亲属,由亲属根据该线索抓获犯罪嫌疑人的,或者亲属协助公安机关根据该线索将犯罪嫌疑人抓获的,可以认定被告人立功;但如果该线索并不准确,最终抓获其他犯罪嫌疑人与该线索不存在因果关系,那么不能认定被告人构成立功,但此种代为立功的行为从政策上考量,可以在量刑时给被告人予以酌情从轻处罚。

参 第540号 张树林等走私、贩卖、运输毒品案——对有重大立功表现但罪行极其严重的被告人如何量刑

对于犯罪分子虽然有立功和重大立功表现,但罪行极其严重的,应结合被告人罪行的严重程度、立功大小综合考虑量刑。毒枭等严重毒品犯罪分子立功的,对从轻或者减轻处罚应当从严掌握。如果其罪行极其严重,只有一般立功表现,功不足以抵罪,可不予从轻处罚;如果其检举、揭发的是其他犯罪案件中罪行同样极其严重的犯罪分子,或者协助抓获的是同案中的其他首要分子、主犯,功足以抵罪,原则上可以从轻或者减轻处罚;如果协助抓获的只是同案中的从犯或者"马仔",功不足以抵罪,或者从轻处罚后全案处刑明显失衡,可不予从轻处罚。

参 第541号 吴乃亲贩卖毒品案——罪行极其严重,虽有重大立功,但功不抵罪,不予从轻处罚

对于毒枭等严重毒品犯罪分子,由于其在贩卖毒品环节中居于顶端,掌握同案犯、从犯、"马仔"的犯罪情况和个人信息,被抓获后容易协助抓捕其他较小的毒犯,容易获得立功甚至重大立功,因而对其从轻或者减轻处罚应当从严掌握。

参 第607号 汪光斌受贿案——没有利用查禁犯罪职责获取的线索可以构成立功

(1)判断行为人提供的线索是否属于抓捕其他犯罪嫌疑人的重要线索构成立功,关键在于行为人的线索是否在公安机关的抓捕行动中起

到实际的帮助作用，并应当以公安机关是否实际将有关犯罪嫌疑人抓获归案作为确认依据，即二者是否具有因果关系。(2)只要线索来源没有利用其查禁犯罪的职务上的便利或者利用职务形成的便利条件，而是基于与被检举犯罪嫌疑人的亲友关系在生活中获取的，可依法认定为立功。

参 第614号　张令、樊业勇抢劫、盗窃案——协助抓获盗窃同案犯，该同案犯因抢劫罪被判处死缓，能否认定为重大立功

(1)关于协助抓捕犯罪嫌疑人是否构成重大立功，从主客观相一致的角度，犯罪分子必须满足以下条件：①有立功的主观目的。如果是犯罪分子无意透露了他人的犯罪线索，不构成立功。②犯罪分子对立功的内容具有概括性的认识。前提必须是对他人犯罪行为有一定的了解和觉察。(2)协助抓捕型的立功中，认定是否属于重大犯罪嫌疑人的时间要求，必须是以实施抓捕行为时犯罪分子所揭发的犯罪事实或者侦查机关掌握确定的犯罪事实为依据，如果是根据抓捕后查明的其他犯罪事实才确定为重大犯罪嫌疑人，不属于立功制度中的“重大犯罪嫌疑人”。

参 第706号　王奕发、刘演平敲诈勒索案——“协助司法机关抓捕其他犯罪嫌疑人”立功情节的具体认定

(1)仅简单提供同案犯姓名、住址、体貌特征等基本情况，司法机关据此抓捕同案犯的，不属于“协助司法机关抓获其他犯罪嫌疑人”的情形；(2)被告人归案后交代了同案犯的联系电话，并按公安机关的安排打电话约出同案犯，为公安机关抓捕进行了指认的，属于“协助司法机关抓捕其他犯罪嫌疑人”，构成立功。

参 第707号　沈同贵受贿案——阻止他人犯罪活动，他人因未达刑事责任年龄而未被追究刑事责任的，行为人的阻止行为仍构成立功

“阻止他人犯罪活动”，是指行为人以制止、规劝、告发等积极主动

的行为，使他人的犯罪活动在客观上停止，使法益免遭侵害或得到有效保护。该“犯罪活动”不等同于“犯罪”，不要求该“犯罪活动”完全符合犯罪主客体和主客观构成要件，也不要求该行为的社会危害性必然达到刑事违法性和应受刑罚惩罚性的严重程度。他人是否达到刑事责任年龄、是否为精神病人等其他构成要件能否全部符合，以及是否因为情节显著轻微、已过追诉时效、被赦免、自首立功等原因而不追究刑事责任，均不影响对“犯罪活动”的认定。

参 第708号 霍海龙等虚开用于抵扣税款发票案——劝说、陪同同案犯自首的，可认定为立功

劝说并陪同同案犯自首的行为未被包括在最高人民法院《关于处理自首和立功具体应用法律若干问题的解释》前四种立功情形之中，但属于具有其他有利于国家和社会的突出表现的，相比“协助司法机关抓捕其他犯罪嫌疑人（包括同案犯）”更具有效性，更加有利于司法机关对已经发生的犯罪的惩罚，也更有利于司法资源的节约，可认定其属于《刑法》上的立功。

参 第709号 吴江、李晓光挪用公款案——职务犯罪中自首及协助抓捕型重大立功的认定

（1）职务犯罪案件中，被告人须在纪律监察部门对其采取明确的调查措施前投案方能构成自动投案；在此前提下符合自首其他构成要件的，依法应认定为自首。（2）对职务犯罪案件被告人“协助抓捕其他犯罪嫌疑人”的重大立功情节，法院需要根据司法解释规定的“协助抓捕”的本质特征，结合案件的具体情况实事求是地予以认定。被告人除提供同案犯的情况外，还协助侦查机关抓捕同案犯的，应当认定为具有立功表现。该同案犯若属于重大嫌疑人，即可能判处无期徒刑以上刑罚或案件在本省、自治区、直辖市或全国范围内有较大影响，则可以认定为具有重大立功表现。(3)对职务犯罪案件中具有自首和重大立功情节的被告人,法院应当在全面考察其各项量刑情节和被告人的人身危险性的基础上,依法决定适当的宣告刑。

参 第710号 石敬伟偷税、贪污案——被羁押期间将他人串供字条交给监管人员,对进一步查证他人犯罪起了一定的协助作用,虽不认定为立功,但可酌情从轻处罚

向监管人员提供他人串供字条的行为,属于有利于国家和社会的行为,但未达到“突出表现”的程度,故不属于“具有其他有利于国家和社会的突出表现”的情形。但鉴于其协助行为提高了侦查工作效率、节约了司法资源,可以酌情从轻处罚。

参 第711号 胡国栋抢劫案——自首后主动交代获悉的同案犯的关押场所并予以指认的,构成立功

(1)被告人自首时交代同案犯的姓名或绰号、性别、年龄、体貌特征、住址、机关、联系电话等个人信息的,属于其应当供述的范围;根据被告人交代的同案犯基本信息抓获同案犯的,不能在认定自首之外再认定立功,否则就是评价过剩。(2)被告人自首时交代了同案犯的罪行和基本信息,又提供了司法机关无法通过正常工作程序掌握的有关同案犯的线索,并依据该线索将同案犯抓获归案的,应当认定为立功。

参 第712号 刘伟等抢劫案——带领公安人员抓捕同案犯,未指认同案犯及其住处的,不认定为立功

公安人员虽然押解被告人到了抓捕现场,却是在当地警方和相关人员帮助下找到并抓获同案犯的,被告人对抓获同案犯没有起到实质性的作用,其行为不属于协助司法机关抓捕同案犯。

参 第713号 冯绍龙等强奸案——被告人亲属协助公安机关抓获其他犯罪嫌疑人的，不认定为立功

（1）被告人亲属代为立功的，因被告人未亲自实施立功行为，不具备亲力性，认定其立功缺乏正当性依据，不能认定被告人立功。（2）被告人亲属代为立功的行为，虽然不能认定为被告人的行为，但在具备一定条件时，可酌情对被告人从轻处罚。具体条件为：①被告人亲属的立功结果是基于被告人提供的线索或者相关信息，即被告人亲属之所以能够提供其他案件的重要线索或者能协助司法机关抓获其他犯罪嫌疑人，与被告人提供信息有关；②被告人及其亲属在获取线索来源及亲属在代为立功过程中，不能通过非法手段或有违法行为。

参 第714号 杨彦玲故意杀人案——如实供述自己所参与的对合型犯罪中对方的犯罪行为，不构成立功

“检举、揭发他人犯罪行为”或“提供侦破其他案件的重要线索”，均要求犯罪分子交代的内容独立于本人所实施的犯罪。在对合型犯罪中，参与者双方的行为均系对方行为成立的必要条件，一方交代自己的犯罪事实必然包含了对方的犯罪事实，因而交代的对方的行为不属于“他人犯罪行为”或“其他案件的重要线索”。

参 第720号 韩传记等抢劫案——提供同案犯的藏匿地点，但对抓捕同案犯未起到实质作用的，是否构成立功

关于被告人提供同案犯的藏匿线索是否构成立功，可以从以下几个方面进行把握：第一，被告人提供的同案犯的藏匿信息应当真实、具体，而不是虚假或者漫无边际的。第二，被告人提供的线索对抓获同案犯起到了实质作用。被告人提供信息的行为与抓获同案犯的结果之间有因果关系，正是借助被告人提供的信息，公安机关才得以及时抓获同案犯；如果没有被告人提供的信息，则难以抓获同案犯。第三，被告人提供的

信息事先不为有关机关所掌握或者有关机关按照正常工作程序无法掌握。第四,有同案犯被抓获的实际结果。

参 第753号　魏光强等走私、运输毒品案——提供线索并协助查获大量案外毒品,但无法查明毒品持有人的,是否构成立功

立功表现不限于查获案件、抓获犯罪嫌疑人和阻止他人犯罪,而是包括其他有利于国家和社会的突出表现。行为人提供线索并协助查获大量案外毒品,虽无法查明毒品持有人,但这一行为有效防止了该批数量巨大的毒品流入社会、危害社会,从源头上阻止了该批毒品的实际控制人继续实施以该批毒品为对象的犯罪的可能性,属于"对国家和社会有其他重大贡献",构成重大立功。

参 第801号　胡俊波走私、贩卖、运输毒品,走私武器、弹药案——毒品犯罪案件中如何具体认定立功情节以及如何把握基于立功情节对被告人从轻处罚的界限

(1)判断被告人如实供述本人其他罪行是否与司法机关已掌握的罪行属同种罪行,一般应当以罪名区分。如实供述的其他犯罪与司法机关已掌握的犯罪属选择性罪名或者在法律、事实上密切关联,应当认定为同种罪行。(2)公安机关根据被告人供述抓获共同犯罪同案犯的,不应认定为立功;被告人如实供述并协助抓获上家、下家,应当认定被告人有立功表现:①如果被告人供述的上家、下家罪行,经审查,与被告人所犯之罪并无关联,则属于检举他人犯罪行为的立功表现;如果仅如实供述上家、下家涉案人员个人信息和涉及本案的犯罪情况,而没有协助抓获的行为,不属于立功表现。②毒品犯罪上家、下家所处毒品产业链条地位、作用不同,相互之间没有实施同一毒品罪行的共同故意,具体实施的罪行也不尽相同,各自的罪名和法定刑都可能不同,不构成共同犯罪。仅有供述行为并不构成立功情节。只有被告人协助司法机关抓获上家、

下家，才能依法认定为立功。(3)对被告人的立功行为是否从宽处罚，应当根据“功是否足以抵罪”的情况而定。

参 第934号　康文清贩卖毒品案——案发前，行为人检举揭发他人违法行为，公安机关根据该线索查获系行为人自己实施犯罪的，是否构成立功

(1)因吸毒投案且自愿隔离戒毒，但未主动如实供述自己贩卖毒品行为的，不能构成自首；(2)案发前，行为人自愿将自己置于有关机关和个人控制之下，并提供线索检举、揭发他人违法行为，公安机关根据该线索查明系行为人自己实施犯罪行为的，不能构成立功。

参 第1018号　刘凯受贿案——因受贿案发后又主动交代用受贿款向他人行贿事实，使其他贿赂案件得以侦破的，是否构成立功

因涉嫌受贿到案后如实供述所收受财物的使用情况的，不属于其对受贿犯罪事实的如实供述；由此又供述涉嫌其他犯罪或者揭发他人犯罪的，可以构成自首、立功。主动交代行贿事实且司法机关由此破获他人受贿案件的，其中揭发他人受贿犯罪的内容属于如实供述行贿事实的一部分，可构成行贿罪的自首，不构成立功。

参 第1035号　李梦杰、刘辉贩卖毒品案——立功等从轻处罚事实的认定是适用严格证明标准还是优势证明标准

(1)立功等从轻处罚事实的认定可以采用自由证明方式。对被告方提供的从轻、减轻等有利于被告人量刑事实的证明，本着有利于被告人的原则，对此类量刑事实应当允许进行自由证明，即在证据种类、提出和调查方式上不应进行苛刻要求；对用于证明有利于被告人量刑事实的证据的证明能力不应做严格的限制。(2)对立功等从轻处罚事实的认定可以适用优势证明标准。如果立功事实存在的可能性具有证据上的相对优势，即立功成立的可能性更大一些，那么，法庭就该确信立功事实的成立。

参 第1036号　朱莎菲贩卖毒品案——被告人协助公安机关抓获同案犯,但同案犯未被作为犯罪处理的,能否认定被告人构成立功

协助公安机关抓获同案犯,但同案犯未被作为犯罪处理的,可以认定为立功:司法机关未追究同案犯的刑事责任并不代表同案犯未实施犯罪行为或犯罪行为未查证属实。被协助抓获者的犯罪行为是否“查证属实”,并非完全以公安机关的情况说明为准,应当由法院依据事实和法律作出认定。

参 第1125号　李虎、李善东等故意伤害案——故意隐瞒自己参与共同犯罪的事实而以“证人”身份按照司法机关安排指认同案犯的行为是否构成立功

鉴于立功情节作为法定从宽处罚情节的重要性,而实践中协助抓捕的情形又千差万别,对最高人民法院《关于处理自首和立功若干具体问题的意见》所列部分协助行为,不能仅做形式上或类型性的把握,还要同时从实质上予以“量”的把握。虽然协助行为对司法机关抓捕其他犯罪嫌疑人的确起到了一定作用,但不具有决定作用,而是可有可无,就不宜不加区分一律认定构成立功。“到案后”一般情况下意味着犯罪分子的人身自由已受到一定程度的控制,犯罪分子将功赎罪的主观愿望才明晰化。但被告人协助司法机关抓捕同案犯时,司法机关尚未掌握其涉案相关信息,其有完全的人身自由。故协助司法机关抓捕同案犯的行为并非在“到案后”实施,其行为不构成立功。

参 第1170号　曹显深、杨永旭、张剑等故意伤害案——被告人投案后,委托家属动员同案人投案的,能否认定为立功

(1)刑法上的立功的主体,原则上应限定为犯罪嫌疑人、被告人本人。(2)对最高人民法院《关于处理自首和立功若干具体问题的意见》

所列举的“协助抓捕其他犯罪嫌疑人”的理解与适用，应当采取缩小解释。(3)被告人委托亲属代为动员在逃同案犯投案的行为，虽不认定立功，但考虑到被告人在投案以后，人身自由受限，确实不能亲自前往动员同案犯投案，其委托亲属代为动员的行为，表明了其将功赎罪的意愿，应认定为具有悔罪表现，可以酌情从轻处罚。

参 第1216号 刘哲骏等诈骗案——积极救助同监室自杀人员的能否认定为立功

《刑法》第68条规定的立功主要是检举、揭发他人犯罪、提供侦破案件的重要线索、阻止他人犯罪活动、协助抓获其他犯罪嫌疑人等与控制犯罪有关联的行为。其他贡献型立功，是指与刑事案件无关的，在日常生产生活中作出的有益于国家和社会的突出表现行为。行为人在案件审理期间积极救助意欲自杀人员的行为，属于“具有其他有利于国家和社会的突出表现”，应构成立功。

参 第1225号 张才文等抢劫、盗窃案——检举本人与他人共同盗窃中他人超出犯意致人死亡的行为是否构成立功

立功的内容仅限于法定内容，即犯罪分子揭发与自己及其犯罪行为无关联的他人的犯罪行为，经查证属实，才能认定为立功。一般而言，对于“共同犯罪案件中的犯罪分子揭发同案犯共同犯罪以外的其他犯罪”的界定，要看检举揭发人是否参与该犯罪。共同犯罪事实不仅指共同犯罪人共同实施的犯罪行为，也包括共同犯罪人所实施的实行过限行为，因此被告人检举本人与他人共同犯罪中他人超出犯意致人死亡的行为不构成立功，而只能构成坦白。

参 第1259号 张杰、曲建宇等故意杀人案——虽然现场指认同案犯，但对抓捕未起到实际作用的，不构成立功

(1)典型的协助抓捕型立功有四种情形。一是诱捕，即“按照司法

机关的安排，以打电话、发信息等方式将其他犯罪嫌疑人（包括同案犯）约至指定地点的”。二是当场指认，即“按照司法机关的安排，当场指认、辨认其他犯罪嫌疑人（包括同案犯）的”。三是带领抓捕，即“带领侦查人员抓获其他犯罪嫌疑人（包括同案犯）的”。四是提供线索，即“提供司法机关尚未掌握的其他案件犯罪嫌疑人的联络方式、藏匿地址的”。（2）对于协助行为，不仅要从形式上或者类型上进行把握，还要从实质上对协助作用的有无和大小进行“量”的把握，而不宜不加区分、简单援引相关规范性文件规定的协助行为类型一律认定为立功。协助行为没有实际作用的，不构成立功；协助行为起到实际作用的，可以构成立功，对具体作用大小，在确定从宽幅度时要有所考虑。

参 第1365号　江彬、余志灵、陈浩保险诈骗、诈骗案——带领侦查人员抓捕同案犯，但并未当场捕获的，能否认定有立功表现

判断已归案的犯罪分子协助司法机关抓捕其他犯罪嫌疑人（包括同案犯）的，能否认定有立功表现，关键在于如何理解行为人是否有协助抓捕行为以及协助行为对抓捕其他犯罪嫌疑人（包括同案犯）是否起到决定性作用。行为人到案后带领侦查人员到同案犯在犯罪后的租住地，并进行现场指认，其协助抓捕的行为已经完成，即使因客观原因未能现场抓获，但此后侦查人员抓捕同案犯并未再付出时间和精力，因此行为人的协助抓捕行为已经节省了司法资源，符合立功制度的本质，应当认定为立功。

参 第1479号　李久刚集资诈骗案——按照司法机关的安排，以打电话、发信息等方式向同案犯转达司法机关投案通知不构成立功

被告人协助抓捕同案犯构成立功的行为必须对同案犯当场被抓获具有实际作用，要求协助抓捕行为具有实质性和不可替代性。如果被告人按照司法机关的安排，仅以打电话、发信息等方式向同案犯转达司法机关投案通告（通知），没有劝说等其他行为，同案犯基于自由意志的选择投案，行为人的协助抓捕行为与同案犯被实际抓获没有因果关系，被告人的行为不构成协助抓捕型立功。

参 第1504号 金楚等组织卖淫案——在取保候审期间，行为人主动约购毒品并予以"检举揭发"，能否认定为有立功表现

立功行为中的检举、揭发他人犯罪行为或者提供侦破其他案件的重要线索，"他人犯罪行为"或者"其他案件"指的都是在行为检举、揭发、提供之时已经发生或者已经实施完毕的犯罪，而不是由于其检举、揭发、提供而产生的案件。立功的价值设定是为了有效查获犯罪而不是"增加"犯罪，引诱他人犯罪而获得的线索缺乏合法性支撑，实质上并未提高司法效率，反而增加司法负担，不符合立功的功利价值追求。如果将此种主动"制造"、恶意"引发"案件的行为认定为立功，错误的司法裁判导向将向社会公众释放出消极信号，导致个别人为了自身不当利益而损害他人权益，甚至有可能催生相关地下行业买卖"立功线索"，与公平正义的基本法律价值观相悖。

数罪并罚的一般原则

《刑法》规定

第六十九条 判决宣告以前一人犯数罪的，除判处死刑和无期徒刑的以外，应当在总和刑期以下、数刑中最高刑期以上，酌情决定执行的刑期，但是管制最高不能超过三年，拘役最高不能超过一年，有期徒刑总和刑期不满三十五年的，最高不能超过二十年，总和刑期在三十五年以上的，最高不能超过二十五年。

数罪中有判处有期徒刑和拘役的，执行有期徒刑。数罪中有判处有期徒刑和管制，或者拘役和管制的，有期徒刑、拘役执行完毕后，管制仍须执行。

数罪中有判处附加刑的，附加刑仍须执行，其中附加刑种类相同的，合并执行，种类不同的，分别执行。

相关规定

《刑法修正案（八）》第10条

《刑法修正案（九）》第4条

最高人民法院《关于〈中华人民共和国刑法修正案（八）〉时间效力问题的解释》第6条

最高人民法院《关于〈中华人民共和国刑法修正案（九）〉时间效力问题的解释》第3条

最高人民检察院刑事执行检察厅《关于对山东省人民检察院刑事执行检察处〈关于《刑法修正案（九）》实施前被法院判处有期徒刑、拘役如何执行的请示〉的答复》

案例要旨

参 第385号 鞠胤文挪用公款、受贿案——因挪用公款索取、收受贿赂或者行贿构成犯罪的，是择一重处还是数罪并罚

（1）挪用公款罪的本质是“公款私用”，“挪用公款归个人使用”主要分为三种情况：一是将公款供本人、亲友或者其他自然人使用的；二是以个人名义将公款供其他单位使用的；三是个人决定以单位名义将公款供其他单位使用，谋取个人利益的。（2）因挪用公款索取、收受贿赂构成犯罪的，依照数罪并罚的规定处罚。对于因挪用公款而构成行贿罪的，

同样应该数罪并罚。

参 第455号　张俊等走私普通货物案——单位责任人员在实施单位犯罪的同时,其个人又犯与单位犯罪相同之罪的,应数罪并罚

单位犯罪与相应的自然人犯罪的罪名相同,并不等于单位实施与自然人实施的犯罪就是同种犯罪,因为二者在主体、主观要件及利益归属等方面均有不同。因此,单位责任人员在实施单位犯罪的同时,其个人又犯与单位犯罪相同之罪的,应数罪并罚。

参 第652号　黄德林滥用职权、受贿案——滥用职权同时又受贿是否实行数罪并罚

"为他人谋取利益"仅作为主观要件,并不能涵盖所有受贿犯罪,受贿与滥用职权之间并不必然存在牵连关系。为他人谋取利益的行为又构成渎职犯罪的,是完全独立的犯罪行为,根本就不存在所谓的牵连问题,也不存在重复评价问题。因此,行为人在实施滥用职权等渎职犯罪行为的同时,又收受贿赂,齐备了两个犯罪的构成要件,除《刑法》有特别规定的以外,应当实行数罪并罚。

参 第899号　于岗危险驾驶、妨害公务案——醉酒驾驶并抗拒检查的是应当从一重处还是数罪并罚

(1)在道路上醉酒驾驶机动车的行为不适用危险驾驶罪从一重罪处罚的规定;(2)醉酒驾驶并抗拒检查的行为在刑法上应当评价为两个独立的行为,而非一个行为;(3)醉酒驾驶并抗拒检查,符合数罪构成要件的,应当数罪并罚。

参 第900号　吴升旭危险驾驶案——在判处有期徒刑缓刑考验期内又犯危险驾驶罪的如何处理以及有期徒刑与拘役如何并罚

数罪并罚时将拘役折抵为有期徒刑的做法缺乏法律依据,吸收原则仅适用于两种以上刑罚不能同时或者不能相继执行的情形,故有期徒刑不宜吸收拘役,它们之间不能相互折抵。拘役与有期徒刑之间应当按照先重后轻的顺序分别执行,这样的执行顺序,使刑罚的严厉性呈梯度递减,犯罪分子的处遇逐步趋好,其因重罪而受重罚、因轻罪而受轻罚的体验明显,有利于对犯罪分子的教育改造。[2015年《刑法修正案(九)》第69条新增规定,“数罪中有判处有期徒刑和拘役的,执行有期徒刑”。确定了有期徒刑吸收拘役的并罚规则。——编者注]

参 第1603号 李某某袭警案——刑罚执行期间再犯新罪或发现漏罪时并罚失衡的,如何处理

刑罚执行期间再犯新罪或发现漏罪,若前罪剩余刑期或执行刑期超过20年,但与新罪所判有期徒刑并罚时总和刑期未超过35年,在适用限制加重原则时,可能出现并罚失衡的现象。对此,可以根据个案具体情况,在并罚时做技术处理,如在法定刑幅度内对新罪判处不同种有期自由刑,根据吸收原则或并科原则进行并罚。但当新罪或者漏罪仅能判处有期徒刑以上刑罚时,(1)前罪为数罪,执行期间发现漏罪或者又犯新罪时并罚失衡的,根据罪犯实际所犯各罪刑期之和确定法定最高刑期:刑期之和不满35年的,最高不能超过20年;刑期之和在35年以上的,最高不能超过25年,同时受前罪判决既判力的约束,应在前罪决定执行的刑期(漏罪情况下)或前罪尚未执行的刑期(新罪情况下)与法定最高刑25年之间决定最终的执行刑期。(2)前罪为死刑缓刑执行、无期徒刑减为有期徒刑后剩余刑期超过20年,执行期间又犯新罪时并罚失衡的,在无法通过吸收或并科原则解决该矛盾时,可以待该并罚矛盾消失后(剩余刑期低于20年时)再对后罪判处刑罚,在此期间罪犯原判刑罚继续执行,并对减刑予以严格限制。

参 第1607号 熊某波贩卖毒品案——罚金与没收个人全部财产的并罚规则

判决宣告前，一人犯数罪，同时并处罚金和没收个人全部财产的，原则上应当采取吸收原则，只执行没收个人全部财产。在发现漏罪或者又犯新罪情形下，财产刑的并处规则是：(1)对于前罪和漏罪（或新罪）均未判处没收个人全部财产的，如果前罪主刑已经执行完毕、罚金尚未执行完毕，漏罪（或新罪）又判处罚金，不必与新判处的罚金并罚；如果前罪主刑尚未执行完毕，漏罪（或新罪）又判处罚金，应当将前罪判处的罚金与漏罪（或新罪）判处的罚金并罚。(2)对于前罪判处罚金，漏罪（或新罪）判处没收个人全部财产的，如果前罪主刑已经执行完毕、罚金尚未执行完毕，不必与漏罪（或新罪）判处的没收个人全部财产并罚，对前罪罚金，在任何时候发现有可供执行财产的随时追缴，漏罪（或新罪）判处的没收个人全部财产不能吸收前罪罚金；如果前罪主刑尚未执行完毕，漏罪（或新罪）判处没收个人全部财产，依据《刑法》第69条的规定及前述分析，没收个人全部财产吸收前罪罚金。

判决宣告后发现漏罪的并罚

《刑法》规定

第七十条 判决宣告以后，刑罚执行完毕以前，发现被判刑的犯罪分子在判决宣告以前还有其他罪没有判决的，应当对新发现的罪作出判决，把前后两个判决所判处的刑罚，依照本法第六十九条的规定，决定执行的刑罚。已经执行的刑期，应当计算在新判决决定的刑期以内。

相关规定

最高人民法院《关于办理减刑、假释案件具体应用法律的规定》第34～37条

最高人民法院《关于判决宣告后又发现被判刑的犯罪分子的同种漏罪是否实行数罪并罚问题的批复》

最高人民法院《关于刘文占减刑一案的答复》

最高人民法院《关于罪犯因漏罪、新罪数罪并罚时原减刑裁定应如何处理的意见》

案例要旨

参 第230号　苗振经抢劫案——被告人在被执行死刑前交代司法机关尚未掌握的其伙同他人共同犯罪事实的应如何处理

被告人如实供述了伙同他人实施的重大犯罪事实，只有停止执行死刑才能充分调动一切积极因素，以利于进一步查清案情，尽可能地保护国家的财产安全以及公民的生命和财产安全，最大限度地打击犯罪分子。如果不停止执行，极有可能造成执行死刑后无法准确认定同案犯的犯罪事实，导致同案犯逍遥法外，逃避惩罚。

参 第1027号　沈青鼠、王威盗窃案——刑罚执行期间发现漏罪，判决作出时原判刑罚已经执行完毕的情况如何处理

漏罪数罪并罚要求发现漏罪的时间节点必须是在前判“判决宣告以后，刑罚执行完毕以前”，在此期间发现漏罪的应当适用数罪并罚，否则可能单独就漏罪进行追诉。“发现”，是指侦查机关对犯罪事实立案侦查，并有相关证据证明服刑犯实施了犯罪事实，即将服刑犯明确为犯罪嫌疑人。刑罚执行期间发现漏罪，判决作出时原判刑罚已执行完毕的，应当适用漏罪数罪并罚。

参 第1028号　王雲盗窃案——刑罚执行期间发现漏罪，判决作出时原判刑罚已执行完毕的情况如何处理

根据《刑法》第70条的规定，发现漏罪的时间范围仅明确要求“判决宣告以后，刑罚执行完毕以前”，除此之外并没有其他任何适用时间上的限制，也没有其他限制性规定。因此，不能因诉讼过程的长短、宣判时间的不同而产生不同的适用结果。否则，就会使《刑法》第70条的适用处于不确定状态，给数罪并罚制度增加新的适用条件限制，进而导致数罪并罚的适用因漏罪侦查进程、宣判时间的长短差异而产生错乱。因此，在判决宣告以后、刑罚执行完毕以前，发现漏罪的，无论漏罪判决作出时前罪原判刑罚是否已执行完毕，均应依法实行数罪并罚。

参 第1191号　陈菊玲非法进行节育手术案——判决宣告前犯有同种数罪但被分案起诉，后罪判决时能否与前罪并罚

在审理过程中，法院发现被告人犯有同种数罪但被人为分案处理的，在审理后一起犯罪事实时，可以适用《刑法》第70条中关于数罪并罚的规定。同时，对人为分案处理的同种数罪实行并罚时，决定执行的刑罚应当与并案以一罪处理时所应判处的刑罚基本相当，不得加重对被告人的处罚。

参 第1217号　朱韩英、郭东云诈骗案——刑罚执行完毕后对以前未能依法并案处理的犯罪行为如何裁判

对于刑罚执行完毕又发现漏罪的情形，将已经执行完毕的刑罚作为数罪并罚的适用对象不符合法律逻辑，数罪中只有一罪存在未执行的刑罚的情形没有适用数罪并罚的必要性，且漏罪产生的原因与被告人供述不完整有很大的关系，简单地以是否有利于被告人来确定是否实行数罪并罚并不科学，应当严格依据《刑法》的有关规定进行。因此，刑罚执行完毕后，发现被告人在判决宣告以前还有其他犯罪没有判决的，应当就

漏罪单独进行定罪处罚。

参 第1370号　岳德分盗窃案——无期徒刑减为有期徒刑后在执行期间发现漏罪，应当如何处理？

《刑法》第70条规定："判决宣告以后，刑罚执行完毕以前，发现被判刑的犯罪分子在判决宣告以前还有其他罪没有判决的，应当对新发现的罪作出判决，把前后两个判决所判处的刑罚，依照本法第六十九条的规定，决定执行的刑罚。已经执行的刑期，应当计算在新判决决定的刑期以内。"经减刑裁定减去的刑期以及无期徒刑减为有期徒刑后已被执行的刑期，属于刑罚执行问题，虽然在数罪并罚后的新判决中无法体现，但可在新判决执行过程中予以考虑，人民法院在将前罪与漏罪进行并罚作出新判决时无须撤销原减刑裁定。

参 第1418号　王斌盗窃案——前罪判决因漏罪判附加剥夺政治权利被再审纠正的，数罪并罚时剩余剥夺政治权利刑期应如何计算

剥夺政治权利的效力适用于主刑执行期间，但主刑执行期间并不计入剥夺政治权利的刑期。在剥夺政治权利执行期间犯新罪的数罪并罚中，如果新罪不判处附加剥夺政治权利，并罚剥夺政治权利后，新罪所判的主刑执行期间也需实际执行剥夺政治权利，但该期间不计入所并罚的剥夺政治权利刑期。前罪再审改判确认的剥夺政治权利执行期间，不必然影响本罪应予并罚的剩余剥夺政治权利刑期的计算，因而应从其新罪被释放后再继续计算剥夺政治权利的刑期。

判决宣告后又犯新罪的并罚

《刑法》规定

第七十一条　判决宣告以后，刑罚执行完毕以前，被判刑的犯

罪分子又犯罪的，应当对新犯的罪作出判决，把前罪没有执行的刑罚和后罪所判处的刑罚，依照本法第六十九条的规定，决定执行的刑罚。

相关规定

全国人民代表大会常务委员会法制工作委员会《关于对被告人在罚金刑执行完毕前又犯新罪的罚金应否与未执行完毕的罚金适用数罪并罚问题的答复意见》

最高人民法院《关于办理减刑、假释案件具体应用法律的规定》第33条

最高人民法院研究室《关于对再审改判前因犯新罪被加刑的罪犯再审时如何确定执行的刑罚问题的电话答复》

最高人民法院办公厅《关于实施〈法院刑事诉讼文书样式〉若干问题的解答》第22问

最高人民法院《关于在执行附加刑剥夺政治权利期间犯新罪应如何处理的批复》

案例要旨

参 第493号 吴孔成盗窃案——保外就医期间重新犯罪的如何计算前罪未执行的刑罚

保外就医时刑期持续计算，即罪犯在监外治疗疾病的期间计入刑罚执行期间。对于在保外就医期间又犯新罪的，前罪未执行的刑期应自罪犯重新犯罪之日起计算。（该案例与第1085号指导案例观点相互矛盾。鉴于第1085号指导案例已经进入人民法院案例库，应以第1085号指导案例的要旨为准，即应以暂予监外执行的罪犯被抓获之日为终点计算前

罪的剩余刑期。——编者注）

参 第797号　田友兵敲诈勒索案——暂予监外执行期满后发现在暂予监外执行期间犯新罪的，不应当数罪并罚

暂予监外执行期满后发现在暂予监外执行期间犯新罪的，因暂予监外执行期满应视为刑罚已经执行完毕，故而无须进行数罪并罚，对新罪只需单独定罪论处。

参 第1009号　朱林森等盗窃案——罪犯在假释期间又犯新罪，数罪并罚时原减刑裁定如何处理

罪犯在假释期间又犯新罪数罪并罚的，原减刑裁定不计入已执行的刑期。罪犯只要是又犯新罪或者被发现还有漏罪尚未处理，需要进行数罪并罚，先前裁定减去的刑期一律不计入已经执行的期限；也就是说，先前的减刑裁定被"一笔勾销"，不管先前罪犯被减刑几次、被减去的刑期有多长。

参 第1082号　石加肆盗窃案——前罪原审判决被撤销后的刑罚适用若干问题

（1）前罪因审判监督程序的启动和生效而被加重刑事处罚，不等于前罪刑罚执行完毕，后罪自然不应构成累犯。（2）漏罪的发现和新罪的实施均是对被告人人身危险性可能弱化的否定，与减刑的初衷相悖，故前罪减刑裁定减去的刑期不应计入已经执行的刑期当中。（3）后罪实施于前罪刑罚执行过程中（因客观原因刑罚执行中断），属于刑罚执行过程中再犯新罪，应按照"先减后并"的原则进行数罪并罚。

参 第1300号　沈超故意杀人、抢劫案——前罪符合犯罪记录封存条件，在假释考验期限内犯新罪应如何处理

（1）犯罪记录封存并非犯罪记录消灭，并不排斥在封存后的刑事诉讼中对已封存的犯罪记录进行法律评价。在理解和适用犯罪记录封存制度时，要注意平衡未成年犯罪人权益保护与惩罚犯罪及满足合理的社会防卫需要之间的关系，在权衡犯罪记录封存制度和相关刑法制度立法目的的基础上决定法律适用问题，不可片面强调“教育、感化、挽救”，也不可进行绝对的机械理解。除非法条有明确规定，如未成年人犯罪不构成累犯的规定，否则以犯罪记录封存为由而杜绝未成年人案件减刑、假释的适用，既违背了设立该制度的初衷，也不利于打击犯罪和保护未成年人权益。(2)撤销假释数罪并罚的做法符合假释的制度功能。如果仍以需遵守保密义务为由而不撤销假释依法数罪并罚的话，则有将“教育、感化、挽救”方针异化为“纵容”之嫌，也使假释制度形同虚设。

缓刑适用条件

《刑法》规定

第七十二条　对于被判处拘役、三年以下有期徒刑的犯罪分子，同时符合下列条件的，可以宣告缓刑，对其中不满十八周岁的人、怀孕的妇女和已满七十五周岁的人，应当宣告缓刑：

（一）犯罪情节较轻；

（二）有悔罪表现；

（三）没有再犯罪的危险；

（四）宣告缓刑对所居住社区没有重大不良影响。

宣告缓刑，可以根据犯罪情况，同时禁止犯罪分子在缓刑考验期限内从事特定活动，进入特定区域、场所，接触特定的人。

被宣告缓刑的犯罪分子，如果被判处附加刑，附加刑仍须执行。

相关规定

《刑法修正案(八)》第11条

最高人民法院《关于〈中华人民共和国刑法修正案(八)〉时间效力问题的解释》第1条第1款

最高人民法院、最高人民检察院、公安部、司法部《关于对判处管制、宣告缓刑的犯罪分子适用禁止令有关问题的规定(试行)》

最高人民检察院法律政策研究室《关于对数罪并罚决定执行刑期为三年以下有期徒刑的犯罪分子能否适用缓刑问题的复函》

《未成年人刑事检察工作指引(试行)》第214条

最高人民法院、最高人民检察院、公安部、司法部《关于对因犯罪在大陆受审的台湾居民依法适用缓刑实行社区矫正有关问题的意见》

案例要旨

参 第1001号 谭永艮非法持有枪支案——作为情节加重犯适用条件的“情节严重”与缓刑适用条件中的“犯罪情节较轻”在适用时是否相矛盾

认定缓刑适用条件中的“犯罪情节较轻”与作为情节加重犯的“情节严重”,在评价目的、参照标准和评价内容等方面有所不同。认定缓刑适用条件的“犯罪情节较轻”所考虑的因素通常比认定情节加重犯所考虑的因素更广泛,不能认为情节加重犯就必然是一种具有严重社会危害性的犯罪行为、必然不符合缓刑适用条件,二者并不矛盾。

缓刑的撤销及其处理

《刑法》规定

第七十七条 被宣告缓刑的犯罪分子,在缓刑考验期限内犯新罪或者发现判决宣告以前还有其他罪没有判决的，应当撤销缓刑，对新犯的罪或者新发现的罪作出判决，把前罪和后罪所判处的刑罚，依照本法第六十九条的规定，决定执行的刑罚。

被宣告缓刑的犯罪分子，在缓刑考验期限内，违反法律、行政法规或者国务院有关部门关于缓刑的监督管理规定，或者违反人民法院判决中的禁止令，情节严重的，应当撤销缓刑，执行原判刑罚。

相关规定

《刑法修正案(八)》第14条

《社区矫正法》第48条

最高人民法院《关于〈中华人民共和国公司法刑法修正案(八)〉时间效力问题的解释》第1条第2款

最高人民法院、最高人民检察院、公安部、司法部《关于对判处管制、宣告缓刑的犯罪分子适用禁止令有关问题的规定(试行)》第12条

《社区矫正法实施办法》第46条

最高人民法院《关于适用〈中华人民共和国刑事诉讼法〉的解释》第542、543条

案例要旨

参 第515号 徐通等盗窃案——先前宣告的数个缓刑均符合撤销条件的，审判新罪的人民法院可以同时撤销缓刑

关于适用缓刑的被告人又犯新罪并发现漏罪，被告人违背缓刑适用条件的，《刑法》第77条第1款发现漏罪撤销缓刑的规定本身就蕴含无

须通过审判监督程序来纠正已经作出的错误缓刑宣告判决的内涵。审判新罪的法院有权直接撤销缓刑,有利于实现公正前提下高效率的价值目标。

参 第 648 号　代海业盗窃案——缓刑考验期内犯新罪如何数罪并罚

(1)缓刑考验不属于刑罚执行,缓刑考验期间不同于刑罚执行期间。在缓刑考验期限内犯新罪或者发现漏罪实行数罪并罚的,均不适用《刑法》第 70 条或第 71 条有关数罪并罚的规定,而应适用《刑法》第 77 条的规定。(2)判前羁押与徒刑执行在诉讼阶段和性质上存在明显差别,前者属于程序措施,后者属于实体处分。(3)对被告人前罪先行羁押的时间予以折抵,应当在数罪并罚执行的刑罚决定后进行。

参 第 919 号　房毅信用卡诈骗案——有效催收如何认定、透支行为发生在缓刑考验期之前但银行催收的截止期在缓刑考验期内的应当认定为漏罪还是新罪以及前罪判处的拘役与后罪判处的有期徒刑如何并罚

(1)认定有效催收,应当对银行是否实施催收、持卡人本人是否获悉催收信息进行审查;(2)恶意透支行为发生在缓刑考验期前,但银行催收的截止期发生在缓刑考验期内的,其所犯罪行系新罪,应当撤销缓刑,予以并罚;(3)对有期徒刑和拘役进行并罚,采用分别执行的做法。[2015 年《刑法修正案(九)》在《刑法》第 69 条新增规定,“数罪中有判处有期徒刑和拘役的,执行有期徒刑”。确定了有期徒刑吸收拘役的并罚规则。——编者注]

参 第 1073 号　包武伟危险驾驶案——被判处缓刑后在上诉期内又犯新罪的法律适用

行为人在缓刑判决生效前又犯新罪,不再符合缓刑的实质条件,应撤销缓刑后数罪并罚。缓刑判决生效前又犯新罪时,不能启动刑事审判

监督程序撤销缓刑判决，应参照适用《刑法》第77条的规定作出撤销缓刑的判决。

参 第1266号 尹乐、李文颐非国家工作人员受贿案——被告人在缓刑考验期内与行贿人达成贿赂合意，在缓刑执行期满后收取财物的，能否认定“在缓刑考验期内犯新罪”

被告人与行贿人商谈并就收受贿赂的金额达成合意的时间是在其缓刑考验期内，其为行贿人利用职务便利谋取利益的行为时间也是在缓刑考验期内，虽然其收受贿赂款的时间是在缓刑考验期满后，但其犯罪的成立时间点仍应认定是在缓刑考验期内，其事后收受贿赂款的行为仅为贯彻其事先与行贿人达成的收买职务行为的合意，其为行贿人谋取利益的行为已经现实地对职务廉洁性造成了侵害，故其行为已构成非国家工作人员受贿罪。在这里，被告人收受贿赂款的行为并非衡量其行为是否够罪的要件，而是犯罪构成的事实要素之一，仅对评价其行为既遂未遂有意义。

参 第1424号 董军立故意毁坏财物案——后罪的预备行为发生在前罪的缓刑考验期内、实行行为发生在缓刑考验期满后，应否撤销缓刑将前后罪并罚

犯罪预备行为与实行行为应当作为一个完整的犯罪过程来考察。如果行为人在缓刑考验期限内只是实施了犯罪预备行为，而没有后续的实行行为，可能不需以犯罪处理。如果对其犯罪预备不以犯罪处理，除非行为人符合《刑法》第77条第2款规定的撤销缓刑的情形，否则不能轻易撤销缓刑。但当行为人实施了后续的实行行为，即使实行行为发生在缓刑考验期满之后，或者行为人的预备行为本身有必要进行刑事处罚时，也应当撤销前罪所判处的缓刑，与新罪的犯罪预备所判处的刑罚实行并罚。

参 第1460号　董元寻衅滋事案——在缓刑考验期间犯新罪但在新罪判决前缓刑已被撤销的，新罪判决仍应援引刑法第七十七条

所谓“漏罪”是指“判决宣告以后，刑罚执行完毕以前，发现被判刑的犯罪分子在判决宣告以前还有其他罪没有判决的”，即漏罪发生在对被告人作出刑罚裁量的判决之前、刑罚执行过程中。所谓“新罪”是指“判决宣告以后，刑罚执行完毕以前，被判刑的犯罪分子又犯罪的”。后罪虽系前罪一审判决之后发生，时间顺序上具有“新罪”的特征，但前罪在判处刑罚的同时宣告缓刑，缓刑是附条件地不执行所判决刑罚的量刑制度，撤销缓刑方在实质上进入刑罚执行环节。因此，在缓刑考验期间犯新罪但在新罪判决前缓刑已被撤销的，新罪判决仍应援引《刑法》第77条。

参 第1546号　董某庆等虚开发票案——针对缓刑判决宣告以前发现的犯罪，在缓刑考验期内进行审判时，能否撤销缓刑数罪并罚及并罚后能否再次适用缓刑

针对判决宣告以前已经发现的犯罪，在刑罚执行期间或者缓刑、假释考验期内进行审判的，应当依照《刑法》第77条规定的漏罪并罚的条款实行并罚，且决定执行的刑罚应当与并案处理所应判处的刑罚基本相当。撤销缓刑将前罪刑罚与新罪或漏罪刑罚并罚之后，一般不宜再次适用缓刑，但如被告人并未隐瞒漏罪，且并罚后仍然符合缓刑适用条件，可以再次适用缓刑。

追诉时效期限

《刑法》规定

第八十七条　犯罪经过下列期限不再追诉：

（一）法定最高刑为不满五年有期徒刑的，经过五年；

（二）法定最高刑为五年以上不满十年有期徒刑的，经过十年；

（三）法定最高刑为十年以上有期徒刑的，经过十五年；

（四）法定最高刑为无期徒刑、死刑的，经过二十年。如果二十年以后认为必须追诉的，须报请最高人民检察院核准。

相关规定

《人民检察院刑事诉讼规则》第320～327条

最高人民法院《关于被告人林少钦受贿请示一案的答复》

案例要旨

参 第418号　张勇故意伤害案——刑事附带民事诉讼案件民事部分的诉讼时效如何计算

我国《刑事诉讼法》（1996年）第77条（对应2018年版本第101条。——编者注）规定，“被害人由于被告人的犯罪行为而遭受物质损失的，在刑事诉讼过程中，有权提起附带民事诉讼”。这是针对刑事附带民事诉讼所规定的一种特殊时效。附带民事诉讼案件的时效应当遵从刑事诉讼追诉时效。

参 第745号　杨伟故意伤害案——如何确定犯罪行为对应的法定最高刑及追诉期限

（1）在确定犯罪行为对应的法定最高刑时，不应计入从轻、减轻、免除处罚或从重处罚情节的考虑。追诉时效期限的长短根据犯罪行为对应的法定最高刑确定，而非根据宣告刑确定。司法机关对犯罪行为是否追诉应根据犯罪性质、危害后果、情节对应的法定刑幅度进行判断，而不必考虑行为人是否存在从轻、减轻、免除处罚或者从重处罚情节。

(2)犯罪行为对应法定最高刑的确定,可以参照:①数额犯,应根据犯罪数额对应的《刑法》条款规定的刑罚幅度确定法定最高刑。②情节犯,应根据犯罪情节对应的《刑法》条款规定的刑罚幅度确定法定最高刑。③结果犯,应根据犯罪结果所对应的《刑法》条款规定的刑罚幅度确定法定最高刑。④集团犯罪,由于《刑法》对一般参与者与首要分子明确规定了不同的量刑幅度,应在甄别身份后确定法定最高刑。⑤对于共同犯罪,确定从犯追诉期限所适用的法律条款与确定主犯追诉期限所适用的法律条款应当统一。

参 第1296号 林少钦受贿案——新的司法解释降低受贿行为对应的法定刑幅度后,已经立案侦查并进入诉讼程序的受贿案件是否需要重新计算诉讼时效

追诉行为一旦开始就具有独立的程序价值。无论从保护社会公众的信赖利益,还是从节约有限的司法资源的角度分析,追诉行为一旦开始,通常整个刑事诉讼程序发生法律效力,便不再受追诉时效期限的限制,也无须根据新生效的法律重新计算追诉期限,这符合追诉时效制度设计的本意。

追诉期限的延长

《刑法》规定

第八十八条 在人民检察院、公安机关、国家安全机关立案侦查或者在人民法院受理案件以后,逃避侦查或者审判的,不受追诉期限的限制。

被害人在追诉期限内提出控告,人民法院、人民检察院、公安机关应当立案而不予立案的,不受追诉期限的限制。

相关规定

全国人民代表大会常务委员会法制工作委员会《对刑法追诉时效制度有关规定如何理解适用的答复意见》

最高人民法院研究室《关于如何理解和适用1997年刑法第十二条第一款规定有关问题征求意见的复函》

案例要旨

参 第943号　林捷波故意伤害案——被害人在追诉期限内提出控告，公安机关应当立案而未立案的案件，是否受追诉时效的限制

只要被害人在追诉期限内提出控告，遇有该立案而不予立案的情况，对犯罪人的追诉就不受《刑法》第87条规定的追诉期限的限制。在这种情形下，不管司法机关出于何种原因没有立案，无论行为人是否逃避侦查或者审判，无论经过多长时间，任何时候都可以对其进行追诉。即使被害人在追诉期限内的控告不符合管辖规定，也不妨碍追诉时效的延长。

参 第1200号　袁明祥、王汉恩故意杀人案——如何理解“被采取强制措施以后，逃避侦查或者审判的，不受追诉期限的限制”

行为人犯罪后虽被采取强制措施，但未逃避侦查和审判，应当受到追诉期限的限制，行为人享有时效利益。对于超过追诉期限的行为人，人民检察院未报请最高人民检察院核准追诉而提起公诉的，人民法院应当依法裁定终止审理或者退回检察机关处理。

第五章

其他规定

告诉才处理的含义

《刑法》规定

第九十八条 本法所称告诉才处理,是指被害人告诉才处理。如果被害人因受强制、威吓无法告诉的,人民检察院和被害人的近亲属也可以告诉。

案例要旨

参 第558号 李富盗窃案——开庭审理后发现检察机关起诉的案件系自诉案件的应当如何处理

侵占罪属于"告诉才处理",即绝对自诉案件,只有被害人有《刑法》第98条规定的受强制、威吓无法告诉的情况时,公诉机关才有权告诉,否则公诉机关没有起诉权,法院也不能就此作出有罪判决。对被害人有证据证明的轻微刑事案件,以及被害人有证据证明对被告人侵犯自己人身、财产权利的行为应追诉而公安机关或人民检察院不予追诉的被告人的案件,公诉机关享有起诉权。公诉机关发现指控的犯罪属于"告诉才处理"案件后,要求撤回起诉的,法院依法可以裁定准许,被害人可以自行决定是否提起自诉;公诉机关坚持不撤回起诉的,法院可以裁定终止审理。

第二部分

刑法分则

第一章
危害国家安全罪

颠覆国家政权罪

《刑法》规定

第一百零五条第一款 组织、策划、实施颠覆国家政权、推翻社会主义制度的，对首要分子或者罪行重大的，处无期徒刑或者十年以上有期徒刑；对积极参加的，处三年以上十年以下有期徒刑；对其他参加的，处三年以下有期徒刑、拘役、管制或者剥夺政治权利。

案例要旨

参 第126号 刘某某煽动颠覆国家政权案——对利用互联网煽动颠覆国家政权的案件如何审查判断证据

就利用互联网犯罪的整个案件来讲，应注意审查下列证据：(1)关于犯罪主体的证据。有关单位对上网用户、电子公告系统用户上网时间、账号等的登记是认定利用互联网犯罪案件犯罪主体的重要证据。(2)表明行为人与犯罪行为之间有必然联系的证据。某些情况下，即使查清了与署名相对应的真名，犯罪行为也不一定是“真名”所为，还应注意有无冒名的情况。

第二章

危害公共安全罪

放火罪、决水罪、爆炸罪、投放危险物质罪、以危险方法危害公共安全罪

《刑法》规定

第一百一十四条 放火、决水、爆炸以及投放毒害性、放射性、传染病病原体等物质或者以其他危险方法危害公共安全，尚未造成严重后果的，处三年以上十年以下有期徒刑。

第一百一十五条第一款 放火、决水、爆炸以及投放毒害性、放射性、传染病病原体等物质或者以其他危险方法致人重伤、死亡或者使公私财产遭受重大损失的，处十年以上有期徒刑、无期徒刑或者死刑。

相关规定

《刑法修正案(三)》第1、2条

最高人民法院、最高人民检察院《关于办理组织、利用邪教组织破坏法律实施等刑事案件适用法律若干问题的解释》第12条

最高人民法院、最高人民检察院《关于办理妨害预防、控制突发传染病疫情等灾害的刑事案件具体应用法律若干问题的解释》第1、17、18条

公安部《关于公安机关处置信访活动中违法犯罪行为适用法律的指导意见》“二、对危害公共安全违法犯罪行为的处理”第1、4条

最高人民法院、最高人民检察院、公安部《关于办理涉窨井盖相关刑事案件的指导意见》第2条

案例要旨

公 2009年第1期 参 第503号　王桂平以危险方法危害公共安全、销售伪劣产品、虚报注册资本案——向药品生产企业销售假冒的药品辅料的行为如何定性

行为人明知会发生危害他人身体健康的后果，但基于非法牟利的目的，放任这种结果的发生，向药品生产企业销售假冒的药用辅料用于生产药品，致使药品投入市场后发生致人重伤、死亡的严重后果，其行为构成以危险方法危害公共安全罪。

公 2020年第5期　李旭晨以危险方法危害公共安全案

行为人明知楼下系人流密集的学校操场，仍故意从高空连续抛物，其行为足以危及不特定多数人的生命健康和财产安全，并实际造成一人重伤的严重后果，应依法以以危险方法危害公共安全罪追究刑事责任。

参 第24号　于光平爆炸案——危害后果严重但受害人有明显过错的案件如何适用刑罚

对因民间纠纷激化引发的刑事案件，在处刑时要注意区分各种复杂情况。同样造成被害人死亡的案件，由于起因不同、动机的卑劣程度以及行为人主观恶性的大小不一样，对社会治安的危害程度等也不完全相同，所以在处刑上就应当有所区别。如果被害人有明显的过错，就可对被告人酌情从轻处理。

参 第137号　赖贵勇爆炸案——以报复特定人为目的而实施的不计危害后果的爆炸行为如何定性

如果行为人以爆炸为手段来杀害特定的人，而不危及公共安全的，其行为构成故意杀人罪；如果行为人以爆炸为手段来杀害特定的人，而结果却危及或足以危及公共安全的，且对其危害公共安全的后果持追求或放任的态度，应当按照爆炸罪处理。

参 第150号　王新生等放火案——以诈骗保险金为目的放火烧毁投保汽车的行为如何定罪

是否危及公共安全，是危险犯形态的放火罪区别于以纵火方法实施的故意毁坏财物罪的关键。放火罪的危险犯和实害犯的区别在于放火行为是否已造成严重的后果。保险诈骗罪是特殊主体，不具有特定身份的人虽能与具有特定身份的人构成保险诈骗共同犯罪，但不可能单独构成保险诈骗罪。司法实践中，对牵连犯的处理原则是：法有明文规定的，从其规定；法无明文规定的，择一重罪论处。

参 第239号　叶朝红等放火案——以盗窃为目的放火烧毁货物列车的行为应如何定罪

（1）以盗窃为目的放火烧毁货物列车的行为的定性，关键在于行为人的放火行为是否足以危及公共安全。（2）如果行为人主观上明知在火车站放火会危及公共安全，客观上又实施了该行为，符合放火罪的构成要件，就应认定为放火罪，而不应认定为故意毁坏财物罪。

参 第276号　陈美娟投放危险物质案——介入因素与刑法因果关系的认定

（1）如果行为人所实施的投放危险物质的行为，除了可能造成其意图杀害的特定少数人死亡的结果外，还可能威胁或危害到其他不特定人的生命、健康或者财产安全，且行为人对此有认识，说明行为人在积极追求特定少数人死亡结果发生的同时，还存在放任危害公共安全结果发生的心态，行为人的行为属于（间接故意）投放危险物质罪与（直接故意）故意杀人罪的想象竞合犯，依照“从一重罪处断”原则应以投放危险物质罪论处。如果行为人的投放危险物质行为在客观上并不具有威胁或危害其他不特定人生命、健康或者财产安全的性质，或者虽具有这种性质，但行为人对此没有认识，则其行为不符合投放危险物质罪的构成要件，应当认定为故意杀人罪。(2)在因果关系发展进程中介入其他因素的情况下，如果介入情况并非异常、对结果发生的作用力较小、行为人的行为本身具有导致结果发生的较大可能性的，应当肯定前行为与结果之间存在刑法上的因果关系；反之，则应当认为前行为与结果之间不存在刑法上的因果关系。

参 第319号 祝久平以危险方法危害公共安全案——人民法院认定事实与指控事实一致的，能否直接将指控的轻罪名变更为重罪名

以危险方法危害公共安全罪与寻衅滋事罪的区别主要在于：(1)侵犯的客体不同。前罪侵犯的客体是公共安全，后罪侵犯的客体是公共秩序。(2)客观方面不同。前罪的客观方面表现为使用了与放火、决水、爆炸、投放危险物质的危险性或危害性相当的危险行为，后罪的客观方面主要表现为实施了破坏社会秩序的行为。(3)主观方面不同。以前罪的行为人在主观上明知自己所实施的危险方法或行为可能足以危及公共安全，仍希望或放任该危险状态的发生，后罪的行为人主观上具有漠视社会秩序、无事生非的鲜明特点。

参 第358号 古计明、方振华投放危险物质案——在危害公共安全罪中，没有造成一人以上死亡或多人以上重伤后果的，一般可不判处死刑立即执行

被告人出于泄愤的动机，利用铱射线（放射性同位素）工业探伤机对被害人进行照射，致被害人重伤。由于工业探伤机被放置于公共场所，当其开机照射被害人时，不可避免地将照射到与被害人相邻的他人，而放射性损伤可以引起致畸、致癌、致突变等远后效应，被告人的行为构成投放危险物质罪，但在量刑时应留有余地。

参 第586号 孙伟铭以危险方法危害公共安全案——醉酒驾车连续冲撞致多人伤亡的，如何定罪处罚

（1）以危险方法危害公共安全罪和交通肇事罪的区分，关键在于行为人肇事时的主观心态究竟是间接故意还是过于自信的过失，一般应当结合行为人是否具有驾驶能力、是否正常行驶、速度快慢、车况如何、路况、能见度、案发地点车辆行人数量、肇事后表现和行为人主观心态的供述综合分析认定。而且，醉酒驾车行为要构成以危险方法危害公共安全罪，必须在危害性上要与放火、决水、爆炸等具有同等严重性，还需要考虑量刑的平衡性。（2）在过于自信的过失的情形下，行为人的“自信”取决于客观上是否存在一定的自以为可以避免危害结果发生的合理依据，只是过高地估计了这些因素对于防止危害结果产生的作用，因而未能防止危害结果的发生，如果完全没有这一客观条件，不能认定行为人是过于自信的过失。

参 第587号 李跃等以危险方法危害公共安全案——在城市主干路采用故意驾驶机动车撞击他人车辆制造交通事故的手段勒索钱财的行为如何定罪

（1）实质上具有导致不特定或者多数人重伤、死亡的现实可能性的方法，应当认定为以危险方法危害公共安全罪所指的其他危险方法——“其他危险方法”在性质上必须能够导致不特定或者多数人重伤、死亡的结果，即实质上具有导致不特定或者多数人重伤、死亡的现实可能性，应排除仅能导致轻伤的危险方法。（2）行为造成高概率危险的，应以以

危险方法危害公共安全罪论处。(3)在认定具体危险犯时,应当以事后查明的行为进行时所存在的各种客观事实为基础,以行为进行时为标准,从一般人的立场出发判断是否存在具体危险。(4)被告人在实施以敲诈勒索为目的的犯罪行为过程中,驾车冲撞其他车辆制造交通事故的手段行为又触犯了以危险方法危害公共安全罪,系牵连犯,按从一重罪处断的原则,应以以危险方法危害公共安全罪定罪处罚。

参 第856号　田军祥等以危险方法危害公共安全、妨害公务案——如何区别对待犯罪后为逃避法律制裁引发与醉驾引发的以危险方法危害公共安全案件的量刑

(1)根据罪责刑相适应原则以及刑罚个别化原则,在对被告人裁量刑罚时,既要充分考虑其所犯罪行的性质、后果的严重程度,又要充分考虑被告人的个人经历、犯罪原因以及其他具体情况,以准确认定被告人的主观恶性和人身危险性的大小,通过主客观两个方面的考察判处轻重适宜的刑罚。(2)为抗法而又实施犯罪的行为所造成的社会影响更为恶劣,对社会秩序和人民群众安全感的破坏明显大于醉酒驾车。与醉驾案件中行为人因醉酒而控制力减弱的情形不同,为抗法又实施犯罪的行为人对自己行为的性质、后果均有清楚的认识,主观恶性和人身危险性大于醉驾案件中的行为人。

参 第909号　任寒青以危险方法危害公共安全案——对为逃避酒驾检查而驾车冲撞警察和他人车辆的行为如何定性

行为人为逃避酒驾检查而驾车冲撞警察和他人车辆的行为,不但侵害了特定对象的人身、财产安全,同时对其他不特定多数人的人身、财产安全构成严重威胁,且其冲撞警察执法的行为符合妨害公务罪、故意伤害罪和以危险方法危害公共安全罪等数个罪名的构成特征,但以危险方法危害公共安全罪可以完整评价行为人实施的全部行为,为避免重复评价，对妨害公务罪、故意伤害罪不宜另行认定。

参 第910号　黄世华以危险方法危害公共安全案——如何理解危害公共安全犯罪中的“不特定多数人”以及如何把握醉驾案件中以危险方法危害公共安全罪的死刑适用标准

(1)“不特定多数人”，是指不特定并且多数的人，其中“不特定”包含两个方面的内容：一是犯罪对象的不确定性，二是危害结果的不确定性。因此，危害公共安全犯罪中的“不特定多数人”的判断不以行为人主观认识为准，客观上行为在一定条件下形成了对不特定公众人身财产安全的重大威胁，就应当认定构成危害公共安全犯罪。(2)综合考察醉酒驾车犯罪行为人的主观恶性、人身危险性及犯罪行为的社会危害性、犯罪后果，结合宽严相济的刑事政策，严格控制和慎重适用死刑。

参 第911号　孙福成以危险方法危害公共安全案——对醉酒驾驶机动车构成以危险方法危害公共安全罪的处罚，如何贯彻体现宽严相济刑事政策

在对醉酒驾驶机动车构成以危险方法危害公共安全罪的案件进行定罪量刑时，要综合考虑此类犯罪的性质、被告人的犯罪情节、危害后果及其主观恶性、人身危险性等因素，具体可重点考虑以下四点：一是醉驾行为造成的危害后果，二是行为人的主观恶性，三是注意把握民事赔偿和量刑的关系，四是注意把握法律效果和社会效果的统一。

参 第913号　李广欣以危险方法危害公共安全案——醉酒驾驶机动车致使被害人遭受人身伤害的，被害方能否基于交通事故责任强制保险向相关保险公司主张赔偿责任

醉酒驾驶机动车致使被害人遭受人身伤害的，保险公司应当在交通事故责任强制保险责任限额内承担赔偿责任，但可以向被告人追偿；在被告人已全额赔偿受害人的情况下，保险公司无须再承担赔偿责任。

(2012年12月21日起施行的最高人民法院《关于审理道路交通事故损害赔偿案件适用法律若干问题的解释》明确了上述争议问题的处理原则。——编者注)

参 第1072号 郑小教以危险方法危害公共安全案——如何理解以危险方法危害公共安全罪中的“不特定多数人”

(1)“不特定”不应当指一定时间内在场人员的不固定,而应当指被告人行为所侵犯的对象的不特定。(2)只有在危险性上与放火、决水、爆炸、投放危险物质等具有相当性的方法才能被纳入以危险方法危害公共安全罪兜底条款的规制范围内。从性质上来看,危险方法应当具有导致多数人重伤或者死亡的潜在危险;从程度上来看,危险方法同时应当不具有可控性,行为人无法预料也无法控制实施危险方法后所造成的危害后果。

参 第1117号 杨某某、杜某某放火案——刑法上因果关系的认定

在认定因果关系时应当注意,一个危害结果完全可能由数个危害行为造成,在认定某种行为是否造成了某一危害结果时,不能轻易否认该危害结果可能同时由其他行为造成。在行为人的行为介入其他因素时,要根据具体情况综合判断行为人的行为与结果之间的关系:一是行为人的行为导致结果发生的可能性的大小,二是介入因素的异常性大小,三是介入因素对结果发生作用的大小,四是介入因素是否属于行为人的管辖范围。当被告人实施行为后,介入了被害人行为,导致结果的发生时,应根据案件具体情况判断被害人实施的行为是否具有通常性。如果被告人实施的行为,导致被害人不得不或者在通常情况下会实施介入行为,则该介入行为对被告人的行为与结果之间的因果关系没有影响;如果被害人的介入行为属于通常情况下不会实施的行为,即异常行为,该行为对结果又起到决定性作用,则不能将结果归责于被告人的行为。

参 第1198号　阎某以危险方法危害公共安全案——在家中释放天然气用以自杀，但引发室内、室外数次爆炸的，如何认定因果关系

从实施释放天然气的行为到他人人身财产遭受损害，一般要经历较为复杂的过程，包括长时间释放天然气、空气中天然气达到一定浓度、天然气被引燃、燃烧过程中引发爆炸、爆炸造成人身财产损失等一系列环节。同时，天然气系日常使用的易燃易爆气体，在发生爆炸的场所可能有多个用户在爆炸前使用天然气，确定引发爆炸的天然气来自行为人故意释放的天然气，需要排除其他用户泄漏天然气引发爆炸的可能性，故认定过程有一定复杂性。审理此类案件时，既要全面审查、判断证实行为人实施故意释放天然气行为的相关证据是否确实充分，也要综合运用在案证据排除由其他因素引发爆炸的可能性，还要对有关疑问作出科学、合理的解释，最终得出唯一的结论。

参 第1236号　金复生以危险方法危害公共安全、故意杀人案——不同犯意支配下实施的连续行为定性及现场待捕型自首的认定

行为人与他人产生民事纠纷后，因对处理结果不满，采用驾车在公共场所连续撞人的方式，系在不同犯意支配下实施的连续行为，应综合考量行为发生、发展至结束的全过程，按照主客观相一致原则予以准确评价。在整个犯罪过程中，即使连续行为相同或者类似，如果主观方面不同，所构成的犯罪也不尽相同。现场待捕型自首的认定需要同时具备对于他人报案的明知、在现场等待的主动性、被抓捕时予以配合、到案后如实供述犯罪事实4个条件，不明知他人报警且被抓捕时不完全配合的不能认定为现场待捕型自首。

参 第1283号　张维文、冯太平以危险方法危害公共安全案——在公交车行驶过程中驾乘人员互殴行为如何定性

（1）在行驶中的公交车车厢内争吵并厮打，致使公交车撞击护栏，

发生事故,尚未造成严重后果,其行为也已构成以危险方法危害公共安全罪。(2)在驾驶员和乘客相互实施危险行为共同危害公共安全的情况下,由于保障驾乘人员生命财产安全和道路交通安全是驾驶员的职业要求,驾驶员负有特别的安全保障责任和特别的注意义务,在其客观行为与乘客大致相当的情况下,驾驶员的行为具有更重的可谴责性和更大的社会危害性,其应当承担更重的刑事责任。

参 第1314号 支玖龙以危险方法危害公共安全案——故意驾车冲撞疫情防控站的行为定性

行为人因对出入小区需办理登记手续的疫情防控措施不满,为泄私愤,连续两次驾车冲撞疫情防控人员及周边群众,并致两名工作人员轻微伤的行为,如认定为妨害公务罪、寻衅滋事罪、故意杀人罪,均无法全部评价其犯罪行为及其社会危害性。结合其两次驾车冲撞及过程中的言语行为、给被害人造成的身体损伤及给公共物品造成的实际损失,足以认定其行为对周围十多名防疫人员、群众的生命健康及重大公私财物造成了具体的现实危险,已经严重危害到公共安全,故应以以危险方法危害公共安全罪追究被告人的刑事责任。另外,根据最高人民法院、最高人民检察院、公安部、司法部《关于依法惩治妨害新型冠状病毒感染肺炎疫情防控违法犯罪的意见》,疫情防控期间针对疫情防控措施实施犯罪的,应予从重处罚。

参 第1448号 陈俊伟放火案——醉酒后点燃停放在居民住宅旁电动车的行为定性

对于具体危险犯来说,危险乃是作为一个独立的构成要件而存在的,并且需要在司法过程中根据具体的案件事实,判断行为所造成的危险在客观上是否已经处于逼近实现的阶段或者状态。放火罪的认定应当客观上足以危害公共安全且主观上具有放火的故意,并审查对象是否特定、危害是否具体、后果是否可控、行为人是否追求或放任后果发生，并结合放火的对象、时间、地点、气候、环境等方面进行综合判断。

参 第1449号 孙惠中以危险方法危害公共安全案——认罪认罚案件中指控罪名与审理认定罪名不一致时的处理

鉴于以危险方法危害公共安全罪属于具体危险犯，行为人的行为是否造成具体的公共安全危险，且对公共安全的威胁达到与放火、决水、爆炸以及投放毒害性、放射性、传染病病原体等物质相当的危险程度，应当从行为人实施违法行为的地点、交通状况、驾驶方式、行车速度、违法行为持续的时间、造成的后果等进行判断。对于检察机关适用认罪认罚从宽制度提起公诉的刑事案件，法院经审理后认为指控的罪名不当，应在听取控辩双方意见基础上，依据法律规定和审理认定的罪名作出判决。

参 第1476号 吴鑫霞妨害安全驾驶案——在公共交通工具行驶过程中抢夺方向盘等妨害安全驾驶行为的性质认定

对于抢夺方向盘等妨害安全驾驶的行为，是构成以危险方法危害公共安全罪还是妨害安全驾驶罪，应结合公共交通工具的行驶速度、通行路段情况、载客数量、妨害行为本身的严重程度、对公共交通安全的危害大小等，全面分析、权衡和认定。对于在行驶中的公共交通工具上发生的因司乘纠纷引发的互殴、厮打等妨害安全驾驶行为，一般不宜再适用《刑法》第114条规定的以危险方法危害公共安全罪。对于行为人在途经交通复杂地段的公共交通工具上无理纠缠、殴打驾驶员，并强行夺取方向盘，进而引发公交车失去控制，造成了不特定多数人生命财产安全的具体危险甚至实害后果，最高判处一年有期徒刑明显偏轻，可以按照以危险方法危害公共安全罪追究刑事责任。

参 第 1506 号　于某以危险方法危害公共安全案——为报复同事向所在单位饮用水中投放兽用激素类药物的行为如何定罪处罚

对危险物质的认定可以从社会学与刑法学两个视角进行分析判断。司法认定中，应当按照罪刑法定原则，限定为刑法学意义上的危险物质范畴。兽用地塞米松不属于投放危险物质犯罪中的危险物质，行为人向不特定人员的饮用水中投放兽用地塞米松的行为属于危害公共安全犯罪中的危险方法。行为人向不特定人员的饮用水中投放兽用地塞米松的行为，造成了多人身心健康严重受损和恶劣社会影响，构成故意伤害罪与以危险方法危害公共安全罪的竞合，应择一重罪处罚。

参 第 197 号　陈某某、张某某以危险方法危害公共安全、交通肇事案——公交车司机离开驾驶岗位与乘客斗殴引发交通事故的如何定性

公交车司机在车辆行驶过程中擅离职守足以危及公共安全的，应以以危险方法危害公共安全罪定罪处罚。[《刑法修正案(十一)》新增妨害安全驾驶罪，规定驾驶人员在行驶的公共交通工具上擅离职守，与他人互殴或者殴打他人，危及公共安全的，应当认定为妨害安全驾驶罪，原则上不再适用以危险方法危害公共安全罪的相关条款。——编者注]

失火罪、过失决水罪、过失爆炸罪、过失投放危险物质罪、过失以危险方法危害公共安全罪

《刑法》规定

第一百一十五条第二款　过失犯前款罪的，处三年以上七年以下有期徒刑；情节较轻的，处三年以下有期徒刑或者拘役。

相关规定

最高人民检察院、公安部《关于公安机关管辖的刑事案件立案追诉标准的规定(一)》第1条

案例要旨

参 第1041号　许小渠过失以危险方法危害公共安全案——食品销售人员对亚硝酸盐未尽妥善保管义务导致亚硝酸盐混入食品中出售,致人伤亡的行为如何定性

行为人对危害结果的发生在主观上具有过失,客观上对剧毒物质未尽到妥善保管义务,将其遗留在食品销售区域,对社会公共安全造成了潜在的和现实的威胁,该行为构成以危险方法危害公共安全罪中的“其他危险方法”,危害不特定多数人的生命健康,并最终导致严重后果,应以过失以危险方法危害公共安全罪定罪论处。

破坏电力设备罪、破坏易燃易爆设备罪

《刑法》规定

第一百一十八条　破坏电力、燃气或者其他易燃易爆设备,危害公共安全,尚未造成严重后果的,处三年以上十年以下有期徒刑。

相关规定

最高人民法院《关于审理破坏电力设备刑事案件具体应用法律若干问题的解释》第3、4条

最高人民法院、最高人民检察院《关于办理盗窃油气、破坏油气设备等刑事案件具体应用法律若干问题的解释》第1、4、8条

最高人民法院、最高人民检察院、公安部《关于办理盗窃油气、破坏油气设备等刑事案件适用法律若干问题的意见》

案例要旨

参 第219号 彭定安破坏电力设备案——盗割铁路电气化接触网回流线的行为如何定性

《刑法》所讲的电力设备应当是指发电设备、供电设备、变电设备及输电线路。破坏上述设备，应构成破坏电力设备罪，但行为人如破坏的是与上述电力设备相关的辅助设施却不一定构成破坏电力设备罪，如破坏火力发电厂用于运输煤炭的铁路专用线，应归属于《刑法》所讲的交通设施，应定为破坏交通设施罪。

参 第504号 冯留民破坏电力设备、盗窃案——结合司法解释看破坏电力设备罪与盗窃罪的竞合

（1）想象竞合犯涉及的两个罪名的法定刑相同的，应当通过比较两种犯罪的社会危害性及犯罪行为本身的性质确定罪名的轻重。盗窃罪和破坏电力设备罪发生想象竞合时，如出现法定刑幅度相同的情况，应以破坏电力设备罪依法追究刑事责任。（2）如果是正在使用中的高压输电线设备用线或用于医疗、交通、抢险、生产、养殖等领域正在使用中的电路，一般会危害公共安全；而对于一般生活用电、景观用电等用电线路则要视其损害的范围和时间以及是否造成了严重后果而定。

参 第575号 杨辉、石磊等破坏电力设备案——盗窃电力设备过程中，以暴力手段控制无抓捕意图的过往群众的不构成抢劫罪

（1）只要行为人故意实施了盗窃、诈骗、抢夺行为，无论是否达到构

成犯罪的标准，都符合转化型抢劫罪成立的前提条件。(2)转化型抢劫罪的前置条件应理解为类罪行为，而不拘泥于罪名，因此盗窃电力设备罪作为一种特殊的盗窃罪名可以转化为抢劫罪。(3)盗窃电力设备的行为在法定条件下可以转化为抢劫罪，并不意味着最终对行为人以抢劫罪定罪。

组织、领导、参加恐怖组织罪

《刑法》规定

第一百二十条 组织、领导恐怖活动组织的，处十年以上有期徒刑或者无期徒刑，并处没收财产；积极参加的，处三年以上十年以下有期徒刑，并处罚金；其他参加的，处三年以下有期徒刑、拘役、管制或者剥夺政治权利，可以并处罚金。

犯前款罪并实施杀人、爆炸、绑架等犯罪的，依照数罪并罚的规定处罚。

相关规定

《刑法修正案(三)》第3条

《刑法修正案(九)》第5条

《反恐怖主义法》第3、30条

最高人民法院、最高人民检察院、公安部、司法部《关于办理恐怖活动和极端主义犯罪案件适用法律若干问题的意见》

最高人民法院《关于充分发挥审判职能作用切实维护公共安全的若干意见》

案例要旨

参 第 1220 号　依斯坎达尔·艾海提等组织、领导、参加恐怖组织，故意杀人案——如何把握恐怖活动组织成员的罪责认定及暴恐犯罪的死刑适用

恐怖活动组织成员分为组织者、领导者、积极参加者以及其他参加者三类。作为恐怖活动的组织者、领导者，应当按照组织所犯的全部罪行承担刑事责任；恐怖活动组织的积极参加者和其他参加者，应当按照其所参与的犯罪承担刑事责任。对于恐怖活动组织的领导者、组织者及骨干成员，应当作为严惩的重点，其中确属罪行极其严重依法应当判处死刑的，坚决依法判处死刑，但对于具有法定从宽处罚情节的，也要注意依法从宽处罚。

劫持船只、汽车罪

《刑法》规定

第一百二十二条　以暴力、胁迫或者其他方法劫持船只、汽车的，处五年以上十年以下有期徒刑；造成严重后果的，处十年以上有期徒刑或者无期徒刑。

案例要旨

参 第 866 号　陈志故意杀人、劫持汽车案——杀人后劫车逃跑的行为如何定性

抢劫罪的行为人有非法占有所劫车辆的目的，即“劫取”，而劫持汽

车罪的行为人没有非法占有所劫车辆的目的，行为人一般只是为了临时控制汽车按自己意图行驶，即“劫持”，区分两罪最关键的因素在于行为人主观上是否有非法占有的目的。抢劫罪侵害的是公私财物的所有权和特定公民的人身健康权，而劫持汽车罪危害的是公共安全。本案中，行为人在实施犯罪之后劫持汽车按照自己的意图行驶，主观上没有非法占有的目的，客观上劫持汽车也并非为了抢劫财物或其他犯罪，故该行为应以劫持汽车罪定罪。

非法制造、买卖、运输、邮寄、储存枪支、弹药、爆炸物罪

《刑法》规定

第一百二十五条第一款 非法制造、买卖、运输、邮寄、储存枪支、弹药、爆炸物的，处三年以上十年以下有期徒刑；情节严重的，处十年以上有期徒刑、无期徒刑或者死刑。

第三款 单位犯前两款罪的，对单位判处罚金，并对其直接负责的主管人员和其他直接责任人员，依照第一款的规定处罚。

相关规定

《枪支管理法》第46条

国务院办公厅《关于进一步加强民用爆炸物品安全管理的通知》

最高人民检察院、公安部《关于公安机关管辖的刑事案件立案追诉标准的规定（一）》第2条

最高人民法院《关于审理非法制造、买卖、运输枪支、弹药、爆炸物等刑事案件具体应用法律若干问题的解释》第1、2、7～10条

最高人民法院《关于处理涉枪、涉爆申诉案件有关问题的通知》

最高人民检察院法律政策研究室《关于非法制造、买卖、运输、储存以火药为动力发射弹药的大口径武器的行为如何适用法律问题的答复》

最高人民法院、最高人民检察院《关于涉以压缩气体为动力的枪支、气枪铅弹刑事案件定罪量刑问题的批复》

最高人民法院、最高人民检察院、公安部《关于依法收缴非法枪支弹药爆炸物品严厉打击枪爆违法犯罪的通告》第8条

公安部《关于对彩弹枪按照枪支进行管理的通知》

公安部《关于涉弩违法犯罪行为的处理及性能鉴定问题的批复》

公安部《关于对以气体等为动力发射金属弹丸或者其他物质的仿真枪认定问题的批复》

公安部《公安机关涉案枪支弹药性能鉴定工作规定》

公安部《关于对空包弹管理有关问题的批复》

公安部《关于枪支主要零部件管理有关问题的批复》

最高人民法院、最高人民检察院、公安部、国家安全监管总局《关于依法加强对涉嫌犯罪的非法生产经营烟花爆竹行为刑事责任追究的通知》

案例要旨

参 第463号 庄木根、刘平平、郑斌非法买卖枪支、贩卖毒品案——非法买卖枪支时以毒品冲抵部分价款行为如何定性

贩卖毒品是指非法销售毒品或者以贩卖为目的的非法收买毒品，同时司法解释规定下列行为也属于“贩卖毒品”：(1)居间介绍贩卖毒品的。(2)容留吸毒并出售毒品的。(3)依法从事生产、运输、管理、使用国家管制的麻醉药品、精神药品的单位和个人违反国家规定，以牟利为目的，向吸食、注射毒品的人或贩卖毒品的犯罪分子提供的。(4)自己制造毒

品销售的。因此，事实上贩卖毒品罪中的“贩卖”应做广义理解，即理解为有偿转让行为，对价也不应仅限于金钱，非法买卖枪支时以毒品冲抵部分价款的行为不构成牵连犯。

参 第553号　李陵、王君亚等贩卖、运输毒品，非法买卖、运输枪支、弹药案——被告人到案后不认罪的，如何认定其犯罪事实

在没有被告人口供的情况下，通过严格审查判断其他证据，形成证据体系，也可以对被告人定罪量刑。

参 第631号　吴芝桥非法制造、买卖枪支、弹药案——如何认定非法制造、买卖枪支、弹药罪的“情节严重”

非法制造、买卖枪支、弹药罪“情节严重”的，是判处10年以上有期徒刑至死刑的前提条件，而要判处死刑，除了数量达到“情节严重”的标准外，还要达到情节特别严重的标准。情节特别严重，要根据非法制造、买卖枪支、弹药的数量，犯罪情节，危害后果，被告人的主观恶性，人身危险性，在共同犯罪中的地位、作用，以及当地社会治安形势等因素综合考虑。只有对那些罪行极其严重、社会危害极大，依法应当判处死刑的，才能判处死刑。

参 第1075号　王挺等走私武器、弹药，非法买卖枪支、弹药，非法持有枪支、弹药案——因个人爱好，以收藏为目的购买枪支、弹药的行为如何定性

按照文义解释规则，对《刑法》第125条第1款规定的“买卖”，应理解为买进或者卖出。行为人只要实施了买进或者卖出枪支、弹药的行为，即构成非法买卖枪支、弹药罪。从实质解释的角度来看，行为人是否具有牟利目的，不影响对非法买卖枪支、弹药行为的定性。

参 第1116号 张玉良、方俊强非法买卖枪支案——对于发生在1997年10月1日以前的非法买卖枪支行为应当如何适用法律及该罪追诉时效的起算时间节点

(1)对于发生在1997年10月1日以前的非法买卖枪支行为，应当适用1979年《刑法》和1995年最高人民法院《关于办理非法制造、买卖、运输非军用枪支、弹药刑事案件适用法律问题的解释》(已失效。——编者注)。(2)作为犯罪成立的条件，非法买卖枪支的行为不应在作为入罪条件后再次作为量刑情节进行评价，否则即违背了禁止重复评价的原则。因此，非法买卖枪支罪的追诉时效应从犯罪行为完成之日起计算。

参 第1507号 刘某魁、孙某梅等人非法买卖枪支案——对枪口比动能较低的涉气枪案件可不认定"情节严重"，无须报请核准在法定刑以下判处刑罚

最高人民法院、最高人民检察院联合发布的《关于涉以压缩气体为动力的枪支、气枪铅弹刑事案件定罪量刑问题的批复》，对枪口比动能较低的涉以压缩气体为动力的枪支、气枪铅弹案件确定了"数量+情节"的标准，实质性修改了最高人民法院《关于审理非法制造、买卖、运输枪支、弹药、爆炸物等刑事案件具体应用法律若干问题的解释》对此类案件的唯数量标准，故可直接不认定"情节严重"，不需要适用在法定刑以下判处刑罚核准程序层报最高人民法院。同时，在法定刑以下判处刑罚案件，仅需报核法定刑以下量刑的被告人。

参 第1581号 郑某某、马某某被诉非法制造、买卖、运输爆炸物案——行政犯中不具有行政违法性的行为不构成犯罪

(1)就非法制造、买卖、运输爆炸物罪等涉及行政管理的犯罪而言，相关犯罪的成立应当以行政违法为前提，且需要行政违法性达到一定的严重程度。在对二氧化碳相变致裂器类等新型爆破产品的生产、加工、销售等环节行政规范监管缺位的情况下，所涉行为难以被认定具有行政违法性，且行为人已做到严格管理，不应当承担刑事责任。(2)司法机关应当依法严惩非法制造、买卖、运输爆炸物等相关犯罪。但是，同时应当充分体现刑法的谦抑性，对行政监管缺位的案件的入罪持慎重态度，避免以刑事处罚代替行政监管。

非法制造、买卖、运输、储存危险物质罪

《刑法》规定

第一百二十五条第二款 非法制造、买卖、运输、储存毒害性、放射性、传染病病原体等物质，危害公共安全的，依照前款的规定处罚。

第三款 单位犯前两款罪的，对单位判处罚金，并对其直接负责的主管人员和其他直接责任人员，依照第一款的规定处罚。

相关规定

《刑法修正案(三)》第5条

最高人民法院、最高人民检察院《关于办理非法制造、买卖、运输、储存毒鼠强等禁用剧毒化学品刑事案件具体应用法律若干问题的解释》

案例要旨

指 13号 参 第759号 王召成等非法买卖、储存危险物质案——非法买卖、储存危险物质中“危险物质”的认定

(1)国家严格监督管理的氰化钠等剧毒化学品，易致人中毒或者死

亡,对人体、环境具有极大的毒害性和危险性,属于《刑法》第125条第2款规定的"毒害性"物质。(2)"非法买卖"毒害性物质,是指违反法律和国家主管部门规定,未经有关主管部门批准许可,擅自购买或者出售毒害性物质的行为,并不需要兼有买进和卖出的行为。

非法持有、私藏枪支、弹药罪

《刑法》规定

第一百二十八条第一款 违反枪支管理规定,非法持有、私藏枪支、弹药的,处三年以下有期徒刑、拘役或者管制;情节严重的,处三年以上七年以下有期徒刑。

第四款 单位犯第二款、第三款罪的,对单位判处罚金,并对其直接负责的主管人员和其他直接责任人员,依照第一款的规定处罚。

相关规定

最高人民法院《关于审理非法制造、买卖、运输枪支、弹药、爆炸物等刑事案件具体应用法律若干问题的解释》第5、8条

最高人民检察院《关于将公务用枪用作借债质押的行为如何适用法律问题的批复》

最高人民检察院、公安部《关于公安机关管辖的刑事案件立案追诉标准的规定(一)》第4条

案例要旨

参 第359号 郭继东私藏枪支弹药宣告无罪案——如何理解私藏枪支弹药罪中"配备、配置枪支的条件消除"

(1)配备枪支条件的消除应当是指出现法律、法规规定的情形,经

相关部门审查，取消其配枪资格，收回其持枪证件。(2)在需要合法使用枪支弹药的任务完成后，其配备枪支、弹药的条件并不自动消除，未主动交出枪支的，不构成私藏枪支罪。

参 第644号 叶燕兵非法持有枪支案——邀约非法持枪者携枪帮忙能否构成非法持有枪支罪的共犯

(1)非法持有枪支罪的共同犯罪，要求各行为人在主观上明知所持有的枪支为管制物品，明知自己缺乏持有枪支的合法条件和资格而持有，同时各行为人之间对持有枪支的行为具有意思联络。(2)刑法中的"持有"需要具备两个要素，即行为人主观上对该物品具有支配的意思，在客观上具有支配力，持有的具体方式不限于行为人物理力的控制范围，只要物品实际上为行为人所支配、控制即为"持有"。

非法携带枪支、弹药、管制刀具、危险物品危及公共安全罪

《刑法》规定

第一百三十条 非法携带枪支、弹药、管制刀具或者爆炸性、易燃性、放射性、毒害性、腐蚀性物品，进入公共场所或者公共交通工具，危及公共安全，情节严重的，处三年以下有期徒刑、拘役或者管制。

相关规定

最高人民法院、最高人民检察院、公安部、工业和信息化部、住房和城乡建设部、交通运输部、应急管理部、国家铁路局、中国民用航空局、国

家邮政局《关于依法惩治涉枪支、弹药、爆炸物、易燃易爆危险物品犯罪的意见》第5、8条

最高人民法院《关于审理非法制造、买卖、运输枪支、弹药、爆炸物等刑事案件具体应用法律若干问题的解释》第6条

案例要旨

参 第368号　孔德明非法携带危险物品危及公共安全罪——如何区分非法运输、储存爆炸物罪和非法携带危险物品危及公共安全罪

(1)非法储存爆炸物是指明知他人非法制造、买卖、运输、邮寄枪支、弹药、爆炸物而为其存放的行为。(2)非法携带枪支、弹药、管制刀具、危险物品危及公共安全罪,是指违反法律法规,携带枪支、弹药、管制刀具或者危险物品进入公共场所或公共交通工具,危及公共安全,情节严重的行为。

交通肇事罪

《刑法》规定

第一百三十三条　违反交通运输管理法规,因而发生重大事故,致人重伤、死亡或者使公私财产遭受重大损失的,处三年以下有期徒刑或者拘役;交通运输肇事后逃逸或者有其他特别恶劣情节的,处三年以上七年以下有期徒刑;因逃逸致人死亡的,处七年以上有期徒刑。

相关规定

《道路交通安全法》第91、101条

最高人民法院《关于审理交通肇事刑事案件具体应用法律若干问题的解释》

最高人民法院研究室《关于交通肇事刑事案件附带民事赔偿范围问题的答复》

最高人民法院、最高人民检察院、公安部《关于依法办理“碰瓷”违法犯罪案件的指导意见》第6条

最高人民法院《关于常见犯罪的量刑指导意见(试行)》“四、常见犯罪的量刑”(一)

案例要旨

公 2017年第6期　龚德田交通肇事案

交通肇事案件中,已作为入罪要件的逃逸行为,不能再作为对被告人加重处罚的量刑情节而予以重复评价。

参 第25号　刘海交通肇事案——雇主应否对其雇员的非职务行为造成的损害结果负连带赔偿责任

刑事附带民事诉讼中的损害赔偿的归责原则,不能适用一般的民事侵权损害赔偿责任原则,即刑事附带民事诉讼中的损害赔偿只能适用过错责任原则,不能适用民事责任中的无过错责任原则和公平责任原则。这是因为刑事附带民事诉讼中的损害赔偿以行为人的行为构成犯罪为前提,而构成犯罪的主观要件,是行为人主观上的罪过。行为人无主观罪过,就不构成犯罪,因而也就不存在刑事附带民事诉讼中的损害赔偿。

参 第84号　梁应金、周守金等交通肇事案——肇事交通工具的单位主管人员能否构成交通肇事罪

根据《内河交通安全管理条例》第10条的规定,无论船舶所有人是否亲自、直接经营交通运输业,都应当对船舶的营运安全负责。船舶的

所有人不履行或者不正确履行自己的职责，指使或者强令船舶的经营人违章驾驶，造成重大交通事故的，应以交通肇事罪定罪处罚。

参 第176号 周立杰交通肇事案——如何认定交通肇事后逃逸

成立“交通肇事后逃逸”必须同时具备以下要件：一是行为人的交通肇事行为必须已构成交通肇事罪的基本犯，二是行为人必须是基于为逃避法律追究的目的而逃跑。对肇事后已离开事故现场还没有来得及投案即被抓获或是扭送的肇事人，应当根据客观情形准确判断他们的主观目的，既不能把没有逃避法律追究目的的人认定为逃逸，也不能把确有逃避法律追究目的的人错误判断为不是逃逸。

参 第220号 倪庆国交通肇事案——如何准确把握“交通肇事后将被害人带离事故现场后遗弃，致使被害人无法得到救助而死亡”的情形

以故意杀人罪或者故意伤害罪追究刑事责任的交通肇事案件应当同时符合以下条件：(1)行为人必须有在交通肇事后将被害人带离事故现场后予以隐藏或者遗弃的行为。没有将被害人带离事故现场，只是将被害人留在现场听之任之，自己逃逸的，不属于遗弃。(2)行为人实施上述行为的主观目的是逃避法律追究，即是为了逃避其依法应当承担的各种法律责任，至于该目的能否得逞不影响定罪。(3)被害人最终死亡或者严重残疾，且该结果系因被隐藏或者遗弃而无法得到救助所致。本案被告人虽有为逃避法律追究遗弃被害人的行为，客观上也发生了被害人死亡的后果，但是被害人死亡的具体、确切时间，其死亡后果是否系因被告人遗弃而无法得到救助所致，均无法证实。本着有利于被告人的原则，对被告人以交通肇事罪而非故意杀人罪定罪处罚是正确的。

参 第314号 宋计划交通肇事案——审理被害人因犯罪行为致死的附带民事诉讼案件，应判处死亡赔偿金（死亡补偿费）

刑事附带民事诉讼中，对精神损害抚慰金一律不予支持，对伤残、死

亡赔偿金一般不予支持，根据《刑事诉讼法》等相关规定仅支持物质损失请求，但在审理交通肇事附带民事诉讼中存在例外。驾驶机动车致人伤亡或者造成公私财产重大损失，构成犯罪的，依照《道路交通安全法》第76条的规定确定赔偿责任。[最高人民法院研究室《关于交通肇事刑事案件附带民事赔偿范围问题的答复》(法研〔2014〕30号)以及最高人民法院《关于适用〈中华人民共和国刑事诉讼法〉的解释》均对此有明确规定。]

参 第342号　钱竹平交通肇事案——交通肇事逃逸致人死亡的司法认定

(1)交通肇事后，主观上基于逃避法律追究的目的而逃跑的，应当认定为肇事后逃逸。逃逸成为法定加重事由，其根本理由在于逃逸行为会造成法律规定的行为人在肇事后应当承担的对伤者和财产的抢救义务未能及时有效履行，以及事故责任认定的困难，使肇事责任的归结无法落实。(2)交通肇事逃逸中的逃避法律追究，是指逃避抢救义务和逃避责任追究：①逃避救助义务的动机，是指不予保护现场、进行救护、迅速报案等。②逃避责任追究的动机，是指意图从根本上希望自己的肇事行为不被发现，从而逃脱责任追究。

参 第415号　孙贤玉交通肇事案——交通肇事逃离现场后又投案自首的行为能否认定"肇事逃逸"

如果肇事人"立即投案"，说明肇事人离开现场与"主动投案"两个行为之间具有密切的不可分割的连续性，反映出肇事人在主观上具有"接受法律追究"的意向，客观上也已经开始实施"接受法律追究"的行为，不应认定其"逃逸"；如果肇事人"逃离现场"后没有立即投案，而是经过一段时间后"事后投案"，则说明肇事人的"逃离"与"投案"分属两个独立的行为，这种"事后投案"不能成为否定其肇事后"逃逸"的理由。

至于是“立即投案”还是“事后投案”，应当根据投案路途远近、投案时间间隔长短等案件当时的客观情况，结合日常生活经验来认定。

参 第 439 号　韩正连故意杀人案——如何认定交通肇事转化为故意杀人的主观故意

行为人在因交通肇事已经致被害人伤害结果而使其陷于死亡的现实危险状态情况下，被害人的生命安全依赖肇事行为人的及时救护，而行为人为了逃避法律追究，不采取措施防止死亡结果的发生，而是将被害人带离事故现场后隐藏或者遗弃，致使被害人因得不到及时的救护而死亡，其承担的刑事责任不再是交通肇事的结果加重犯的责任，而是因其先行行为造成他人死亡危险状态构成的不作为的刑事责任。这种情况下，行为人对于造成被害人死亡的主观心态既可能是希望被害人死亡，也可能是放任被害人死亡。

参 第 588 号　胡斌交通肇事案——超速驾车撞死人行道内行人的如何定罪量刑

《刑法》第 115 条第 2 款规定的过失以危险方法危害公共安全罪，是针对行为人实施了《刑法》分则没有明确规定具体危险方法的过失危害公共安全的行为。而对于违反交通运输管理法规，发生重大事故，致人重伤、死亡或者使公私财产遭受重大损失的，《刑法》分则第二章危害公共安全罪中专门规定了交通肇事罪。据此，在交通运输过程中，如果行为人违反交通运输管理法规，过失造成重大事故发生法定危害结果的，应以交通肇事罪定罪处罚。

参 第 681 号　俞耀交通肇事案——交通肇事逃逸后以贿买的方式指使他人冒名顶罪、作伪证的行为，如何定性

行为人在交通肇事逃逸后以贿买方式指使他人顶罪、作伪证的行为，不属于交通肇事罪中的“逃逸”行为，已经侵害了刑法意义上的另一

种法益，扰乱了司法秩序，应另定妨害作证罪，而不应作为交通肇事罪中的一个量刑情节来处理，故而应以交通肇事罪和妨害作证罪数罪并罚。

参 第697号 王友彬交通肇事案——交通肇事后逃逸又自动投案的构成自首，应在逃逸情节的法定刑幅度内视情决定是否从轻处罚

(1)认定“交通肇事后逃逸”，应从以下方面进行分析：①行为人的交通肇事行为是否已经构成交通肇事罪的基本犯。②结合肇事当时的情况和行为人具备的经验和知识认定行为人是否知道或者应当知道自己造成了交通事故。③行为人是否具有逃避法律追究(不限于刑事法律)的主观目的，即是否履行诸如保护现场、抢救伤者、迅速报案的法定义务。④行为人客观上是否实施了逃离现场的行为。(2)认定行为人是否实施了逃离现场的行为，应从以下角度分析：①时间上，限于行为人在交通事故发生后接受事故处理机关首次处理前的这一段时间，如接受审讯、酒精含量检测、行政拘留、刑事拘留，且逃逸一经实施即告成立。②空间上，不局限于事故发生现场，包括与事故发生紧密联系的场所，如抢劫伤者的医院、交警部门。(3)交通肇事后逃逸又自动投案的构成自首，在逃逸情节的法定刑幅度内，视情决定是否从轻处罚。

参 第788号 刘本露交通肇事案——交通肇事后，行为人因受伤在医院治疗，公安机关向其询问案情时，拒不交代肇事经过，并虚构身份信息，后逃离医院的行为，是否应当认定为“交通肇事后逃逸”

构成“交通肇事后逃逸”应当同时具备以下三个条件：(1)行为必须齐备交通肇事罪的基本犯罪构成要件；(2)行为人主观上具有“逃避法律追究”的目的；(3)客观上有逃离的行为，且逃离行为可能影响到对被害人的救助、导致事故损失的扩大、妨害民警对事故的查处。实践中，行为人如果没有正当的理由离开事故现场，应当认定行为人具有逃避法律追究之主观目的。如果行为人的“逃离”没有影响其对《道路交通安全

法》规定之法定义务的履行,则不应认定其“逃离”行为构成“交通肇事后逃逸”情节,从而不应承担交通肇事罪加重之刑罚。

参 第857号 龚某交通肇事案——“交通肇事后逃逸”情节的认定

肇事后逃逸可视情评价为入罪条件或加重处罚情节,逃逸情节作为入罪条件,可分为两种情形:第一,逃逸作为事故责任认定的依据;第二,逃逸行为与其他条件结合作为入罪条件。根据禁止重复评价原则,在上述两种情形下,逃逸行为都不能再作为加重处罚情节使用。根据《刑法》第133条的规定,逃逸行为作为加重处罚情节的条件是,行为人逃逸之前的肇事行为导致损害后果和应负的责任,已构成交通肇事罪的基本犯。在此基础上,行为人又有逃逸行为,该逃逸行为才可作为加重处罚情节。

参 第858号 马国旺交通肇事案——对致人重伤交通肇事案件中的逃逸行为如何评价

当“为逃避法律追究逃离事故现场”仅作为交通肇事致人重伤构成犯罪的唯一条件,属于入罪要件,根据禁止对同一事实重复评价的原则,逃逸不应再作为加重处罚情节。但如果行为人有多个违反交通运输管理法规的行为,在认定行为人负有事故责任时,主要考虑的是其他违章行为而非逃逸行为的,则应当将逃逸作为加重处罚情节对待。

参 第890号 李启铭交通肇事案——校园道路是否属于道路交通安全法规定的“道路”以及如何在舆论压力和理性判罚之间寻求最佳审判效果

(1)2004年公布施行的《道路交通安全法》扩大了公共交通管理的范围,将“道路”的范围明确为“公路、城市道路和虽在单位管辖范围但允许社会机动车通行的地方,包括广场、公共停车场等用于公众通行的场所”(对应2021年版本第119条。——编者注)。(2)对于社会高度关注的案件，应当在舆论压力和理性判罚之间寻求最佳审判效果，对网络舆情要保持清醒的认识，洞悉不实信息对舆论的不当影响和错误引导，防止被舆论左右。

参 第905号　彭建伟危险驾驶案——追逐竞驶造成交通事故尚不构成交通肇事罪的，是构成危险驾驶罪还是以危险方法危害公共安全罪

对于危险驾驶罪与以危险方法危害公共安全罪的界分标准，可重点把握：(1)行为人对追逐竞驶造成的交通事故后果是持过于自信的过失意志还是持希望或者放任的意志。(2)追逐竞驶的行为是否达到与放火、决水、爆炸、投放危险物质等行为相当的危险程度。另外，交通肇事罪轻于以危险方法危害公共安全罪，如果对追逐竞驶造成的交通事故行为不认定构成交通肇事罪，但认定构成以危险方法危害公共安全罪，从举轻以明重的角度分析，在定罪逻辑上难以自圆其说。

参 第906号　黎景全以危险方法危害公共安全案——在醉酒驾驶发生严重事故的案件中如何区别交通肇事罪和以危险方法危害公共安全罪以及确保量刑适当

在醉酒驾驶发生严重事故的案件中应当全面、客观地认定主观意志，并据以准确区别认定交通肇事罪和以危险方法危害公共安全罪。同时，对醉酒驾车肇事构成以危险方法危害公共安全罪的，不能只看造成后果的严重程度，要在量刑上体现行为人在主观上并不希望，也不追求危害结果的发生(间接故意犯罪)，酌情考虑醉酒状态下驾车，行为人的辨认和控制能力实际有所减弱，以及积极赔偿取得谅解等因素。

参 第907号　杜军交通肇事案——对酒后驾驶造成重大伤亡的案件，如何区分交通肇事罪与以危险方法危害公共安全罪

以危险方法危害公共安全罪和交通肇事罪在犯罪客体(公共安全)、部分犯罪客观方面(驾车行为引发事故)、犯罪主体(一般主体)这

三个方面的特征基本相同，但在犯罪主观方面、部分犯罪客观方面又存在明显区别。就主观方面而言，前者的罪过形式是故意，醉酒驾驶案件中多表现为间接故意，即放任的意志状态；而后者的罪过形式是过失，多为过于自信的过失。具体而言，应当结合行为人是否具有驾驶资质、是否正常行驶、行驶速度、车况路况、能见度、案发地点车辆及行人多少、肇事后的表现以及行为人关于主观心态的供述、相关证人的证言等情况进行综合认定。

参 第908号 陆华故意杀人案——在醉酒驾驶致人死亡的案件中如何区分交通肇事罪与（间接）故意杀人罪

行为人酒后驾驶致人死亡，其行为构成交通肇事罪还是故意杀人罪，需要结合发生交通事故时的具体情形、行为人的醉酒程度、现场的环境等因素综合分析行为人的主观意志状态。对于行为人将被害人撞倒后，明知有异物被拖拽于汽车底下，继续驾车行驶可能会导致被害人死亡结果的发生，而继续驾车逃逸，放任这种危害结果的发生，并最终导致被害人死亡的情形，如果能充分说明其辨认能力和控制能力并未受到酒精的严重影响，能够认识到其行为的性质，且其后行为是在对前行为分析、判断的基础上作出，则构成间接故意杀人，其行为构成故意杀人罪。

参 第916号 张超泽交通肇事案——吸毒后驾驶机动车致使发生交通事故的行为如何定性以及是否属于刑法第一百三十三条规定的“其他特别恶劣情节”

对于吸食毒品后驾驶机动车发生重大交通事故的行为，应当结合具体案情进行定性分析：（1）因个体对毒品的耐受力存在较大差异，分析毒驾者对发生交通事故可能性的认识程度时，既要考察一般人的认知和感受，又要具体考察行为人的认知和感受，即需要结合行为人的吸毒史、吸食毒品的种类、吸毒后的不良反应、驾驶经验以及当时的路况等因素进行综合判断。(2)就毒驾者而言,判断其对危害后果的发生持何种态度,需要综合分析其在何种状态下吸毒,吸毒距驾驶的间隔时间,是否采取避免措施,在驾驶途中是否具有超速、逆向行驶、闯红灯等其他违反《道路交通安全法》的驾驶行为,肇事后是积极救援还是逃匿等情节。(3)从《刑法》的附属性来考虑,刑事司法应当保持理性、谨慎和谦抑的精神,不能仅因毒驾后果严重就客观归罪,不加区分地一律以以危险方法危害公共安全罪定罪。(4)吸毒后驾驶机动车交通肇事造成特别严重后果的,属于交通肇事罪中的"其他特别恶劣情节"。

参 第 923 号　李中海故意杀人案——如何认定交通肇事逃逸案件中的间接故意杀人犯罪

在交通肇事逃逸案件中认定是属于"逃逸致人死亡"还是间接故意杀人犯罪的时候,应在综合考虑交通肇事后逃逸行为是否属于不作为犯罪中的不作为行为、交通肇事后逃逸行为与被害人死亡结果之间是否具有刑法上的因果关系以及行为人的罪过形式是过失还是间接故意等方面的因素之后进行规范判断。

参 第 1118 号　邵大平交通肇事案——交通肇事撞伤他人后逃离现场,致被害人被后续车辆碾压致死的如何定性

"因逃逸致人死亡"的认定,不以逃逸前的交通肇事行为构成犯罪为前提,且不以行为人在逃逸前的交通肇事行为中的责任大小为前提条件。在二次碰撞事故中,应重点考量被害人因何种原因处于危险状态、危险程度、被害人对逃逸者的依赖程度、逃逸者履行义务的难易程度、逃逸者不履行义务对结果的原因力、将结果仅归责于逃逸是否合适等因素,综合判断逃逸行为与故意杀人间是否具有等价性。一般而言,与作为等价的逃逸行为相比,第二次事故的发生应具有较大的必然性。实践

中，事故责任认定具有一定的参考意义。如经认定，第二次碰撞肇事者不负责任，则第二次事故发生具有较大的必然性，逃逸行为对被害人死亡结果具有等价于作为的原因力；如第二次碰撞的第三人负有较大的过错，即其发生具有一定的偶然性，也很难将逃逸行为与再次碰撞导致被害人死亡之间的原因力同等考量，应认定为“因逃逸致人死亡”。

参 第 1169 号　赵双江故意杀人、赵文齐交通肇事案——车辆所有人在交通肇事后将被害人隐藏致使被害人无法得到救助而死亡的，如何定性

(1)为逃避法律追究而逃逸，包括逃避刑事追究、民事追究、行政追究。实践中，肇事人逃跑的目的大多是想逃避法律追究，但也有少数肇事人逃跑的目的是怕受害方或者其他围观群众因激愤而对其进行报复、殴打等。如果是后者，在逃离现场后，肇事人通常能够通过报告单位领导或者报警等方式，自愿接受法律处理。因此，不能推定所有逃离现场的行为都是为逃避法律追究。(2)机动车辆所有人指使肇事人在交通肇事后逃逸，将被害人带离事故现场后隐藏，致使被害人无法得到救助而死亡，应当以故意杀人罪论处。鉴于被害人死亡主要是交通事故所致，可对其在量刑上酌予考虑。

参 第 1271 号　李彬交通肇事案——如何认定醉驾致人死亡案件中行为人的主观心态

对于行为人大量饮酒后，在操控机动车的能力明显减弱的情况下驾车肇事，造成重大伤亡后果的，应认定为交通肇事罪还是以危险方法危害公共安全罪，关键在于准确认定行为人的罪过形式，即属于间接故意还是过于自信的过失。(1)仅有一次碰撞行为的，除非有充分的证据证明行为人对危害结果的发生持希望或放任态度，否则不能认定其具有危害公共安全的直接或间接故意，只能认定为过失，以交通肇事罪论处。

其中，对造成特别重大伤亡后果的案件，不能仅因后果极其严重就认定行为人当时出于故意心态，即不能仅凭结果认定主观心态，还要综合案件的具体情节来认定。(2)有两次以上碰撞行为的，说明行为人出于逃逸等目的，将他人的生命置于高度危险之中，其本人已没有能力对这种危险进行有效控制，但依然不管不顾，为逃脱罪责放任危害结果的发生，一般可认定具有危害公共安全的间接故意，可以以危险方法危害公共安全罪论处。

参 第1297号　胡伦霞交通肇事案——行人引起的交通肇事案件的司法认定

虽然行人和非机动车驾驶人在道路交通中相对是弱者，应给予特别的关照，但如果其因为违反交通法规而发生交通事故，也危及了交通安全，理应依法按照交通肇事罪处罚。对于交通事故责任认定书能否作为定案依据，应当结合交通事故的基本事实、成因和当事人责任等其他证据予以认定。

参 第1364号　汪庆樟交通肇事案——肇事者交通事故后滞留现场不履行救助义务，在二次事故发生后，隐瞒身份并离开现场，可以构成因逃逸致人死亡

认定“因逃逸致人死亡”中“逃逸”的关键，是有救助能力而不履行救助义务。“因逃逸致人死亡”中的逃逸，应着重于审查肇事者在有救助能力的情况下是否履行了救助义务。隐匿身份的行为从本质上说仍是一种交通肇事后的逃逸行为，行为人在现场与不在现场没有本质区别。被告人撞倒被害人后，在具备救助条件的情况下，置被害人生命于高度危险状态而不顾，并故意隐瞒自己的肇事者身份，不履行作为肇事者应该履行的法定义务，意图逃避法律追究，致使被害人被后车碾压致死，应当认定被告人的行为属交通肇事后逃逸致人死亡。

参 第1450号　王爱华、陈玉华交通肇事案——车主指使驾驶人员逃逸致被害人遭连环辗轧死亡的刑事责任认定

行为人违章驾驶车辆导致被害人死亡的行为已经构成了交通肇事罪，在不能确定其逃离现场时被害人是否死亡的情况下，从有利于被告人角度出发，不宜认定"逃逸致人死亡"，但可认定其交通肇事后逃逸。车主指使驾驶人员违章驾驶造成重大交通事故，构成交通肇事罪。此时，车主指使驾驶人员为逃避法律追究而逃跑，应属于《刑法》第133条规定的"交通运输肇事后逃逸"。同时，对于介入因素是否阻断实行行为的因果关系，应审查实行行为导致结果发生的概率大小、介入因素是否异常、介入因素对结果发生作用的大小。

参 第1508号　曹某交通肇事案——施工单位整修路段时未按规定履行安全警示义务，致使路段仍然具有公共通行功能的，该路段仍属于"道路"

相关地点是否属于"道路"，关键在于其是否符合道路的公共性特征。而公共性的本质在于参与对象的不特定性。无论单位对其管辖范围内的路段、停车场采取的管理方式是收费还是免费，车辆进出是否需要登记，只要允许不特定的社会车辆自由通行，就属于"道路"；如果仅允许与管辖单位、人员有业务往来或因探亲访友等特定事由来访的车辆通行，则不属于允许社会车辆通行，不能认定为"道路"。机动车驾驶员的安全注意义务不会因行车地点、环境的不同而有所改变。换言之，无论是在封闭的施工区域内还是在开放的公共道路上，机动车驾驶员在驾驶车辆倒车时应当具有同样的注意义务。尤其是相较于非机动车驾驶员与行人而言，机动车驾驶员的注意义务理应更高。

危险驾驶罪

《刑法》规定

第一百三十三条之一 在道路上驾驶机动车，有下列情形之一的，处拘役，并处罚金：

（一）追逐竞驶，情节恶劣的；

（二）醉酒驾驶机动车的；

（三）从事校车业务或者旅客运输，严重超过额定乘员载客，或者严重超过规定时速行驶的；

（四）违反危险化学品安全管理规定运输危险化学品，危及公共安全的。

机动车所有人、管理人对前款第三项、第四项行为负有直接责任的，依照前款的规定处罚。

有前两款行为，同时构成其他犯罪的，依照处罚较重的规定定罪处罚。

相关规定

《刑法修正案（八）》第22条

《刑法修正案（九）》第8条

《道路交通安全法》第119条

《严重超员、严重超速危险驾驶刑事案件立案标准（试行）》

案例要旨

指 32 号 张某某、金某危险驾驶案

(1)机动车驾驶人员出于竞技、追求刺激、斗气或者其他动机,在道路上曲折穿行、快速追赶行驶的,属于《刑法》第133条之一规定的“追逐竞驶”。(2)追逐竞驶虽未造成人员伤亡或财产损失,但综合考虑超过限速、闯红灯、强行超车、抗拒交通执法等严重违反《道路交通安全法》的行为,足以威胁他人生命、财产安全的,属于危险驾驶罪中“情节恶劣”的情形。

公 2013 年第 12 期 参 第 904 号 张纪伟、金鑫危险驾驶案——如何认定刑法第一百三十三条之一规定的追逐竞驶情节恶劣

根据《刑法》第133条之一的规定,行为人在道路上驾驶机动车追逐竞驶,情节恶劣的,以危险驾驶罪定罪处罚。

参 第 760 号 谢忠德危险驾驶案——对危险驾驶罪状中的“道路”如何理解

危险驾驶罪中“道路”的认定,应重点把握驾驶行为发生地是否具有公共性,只要具有“公共性”,就应当认定为“道路”。随着经济的发展,农村的一些道路出现了明显的公路化演变,行驶的机动车数量大大增多,机动车在农村道路上发生的交通事故也大幅增加,将农村中具有一定规模和较强公共性的农村道路纳入“道路”范畴不仅符合立法的价值取向,而且顺应了司法实践发展的需要。

参 第 891 号 廖开田危险驾驶案——在小区道路醉驾是否构成危险驾驶罪

对道路的认定关键在于对道路“公共性”的理解,其本质特征在于

对象的不特定性。无论单位对其管辖范围内的路段、停车场采取的管理方式是收费还是免费、车辆进出是否需要登记,只要允许不特定的社会车辆自由通行,就属于道路;如果仅允许与管辖单位、人员有业务往来、亲友关系等特定事由的来访者的车辆通行,则此路段便不属于具有公共性的道路。对于小区而言,如社会车辆只要登记车牌号或者交纳一定费用,即可进出小区、在小区内停放的,则其通行条件并无特定的人身依附关系,对象不特定,范围面向社会大众,在该管理模式下的小区道路、停车场与公共道路、停车场无异,属于允许社会车辆通行的地方,在此区域内醉驾的,应当构成危险驾驶罪。

参 第892号 林某危险驾驶案——醉酒驾驶超标电动自行车的,是否构成危险驾驶罪

(1)危险驾驶罪属于行政犯,对“机动车”等概念性法律术语的理解应当与其所对应的行政法规保持一致,不能随意扩大解释。(2)将超标电动自行车作为机动车进行规定和管理存在较多困难,当前尚不具备将超标电动自行车规定为机动车的现实条件。(3)公众普遍认为超标电动自行车不属于机动车,此类醉酒驾驶或者追逐竞驶的行为人往往不具有相关违法性认识。行为人是否认识到其驾驶的车辆属于法律意义上的机动车,需要根据一般人的生活经验、认识水平和理解能力进行综合评价。(4)将醉驾超标车等行为以危险驾驶罪定罪处罚,打击面过大,社会效果不好。

参 第893号 唐浩彬危险驾驶案——醉酒后在道路上挪动车位的行为是否构成危险驾驶罪

(1)在立法上,根据一般人的社会生活经验,将在道路上醉酒驾驶机动车的行为类型化为具有发生危害结果的紧迫(高度)危险,该危险不需要司法上的具体判断,只要行为人实施了在道路上醉酒驾驶机动车

的行为，就可以推定其具有该类型化的紧迫危险，符合危险驾驶罪的客观要件。(2)行为人只要认识到其是在饮酒后驾驶机动车即可，至于其饮酒后血液酒精含量是否达到 80 毫克/100 毫升、驾驶的路段是否属于法律意义上的道路等内容，均不属于认定行为人犯罪故意的主观要素范围。(3)对于为挪动车位而在道路上醉酒驾驶机动车，且行驶距离较短、速度较慢、未发生严重后果的，可以根据具体情节，认定犯罪情节显著轻微，适用“但书”条款，不作为犯罪处理或者做免予刑事处罚处理。

参 第 894 号 吴晓明危险驾驶案——如何认定醉驾型危险驾驶案件中的犯罪情节轻微

对于醉驾型危险驾驶案件中的犯罪情节轻微的判断，可从醉驾行为的社会危害程度和行为人的人身危险性大小入手，以“定性 + 定量”的方式适用以下区分原则：一是对于没有发生交通事故，行为人认罪、悔罪，且无其他法定或者酌定从轻、从重处罚情节的，一般可以认定为醉驾情节较轻；对于虽然发生交通事故，但只造成轻微人身伤害或者财产损失，且被告人积极赔偿取得谅解，无其他从重处罚情节的，也可以认定为醉驾情节较轻；对于既有从轻处罚情节又有从重处罚情节的，是否整体上认定为醉驾情节较轻，应当从严掌握。二是犯罪情节轻微可以免予刑事处罚的，除不低于缓刑的适用条件外，还应当同时具备以下条件：(1)被告人无从重处罚情节，原则上没有发生交通事故，即便发生交通事故，也仅造成轻微财产损失或者轻微人身伤害，且被告人积极赔偿，取得被害人谅解。(2)至少具备一项法定或者酌定从宽处罚情节，如自首、坦白、立功、自动停止醉驾。(3)醉酒程度一般，血液酒精含量在 160 毫克/100 毫升以下。(4)有符合情理的醉驾理由，如为救治病人而醉驾、在休息较长时间后误以为醒酒而醉驾、为挪动车位而短距离醉驾。三是犯罪情节显著轻微可以不认为是犯罪的，除不低于免予刑事处罚的适用条件外，在“量”上应当更加严格把握，要求同时具备：(1)没有发生交通事故或者仅造成特别轻微财产损失或者人身伤害；(2)血液酒精含量在100毫克/100毫升以下；(3)醉驾的时间和距离极短，根据一般人的经验判断几乎没有发生交通事故的可能性。

参 第895号　魏海涛危险驾驶案——在醉驾型危险驾驶案件中如何把握缓刑适用标准

在危险驾驶案件中，一定要贯彻落实好宽严相济刑事政策，不能把醉驾的社会危害过于放大而片面强调从严惩处。危险驾驶罪的犯罪情节较轻，不以是否发生交通事故为划分标准。对于虽然发生交通事故，但事故后果并不严重，且被告人积极赔偿、认罪、悔罪的，综合考虑全案情节，仍可以认定为犯罪情节较轻，对被告人依法可以宣告缓刑。

参 第896号　罗代智危险驾驶案——如何把握醉驾型危险驾驶犯罪案件中的量刑情节

醉驾型危险驾驶犯罪案件中的量刑情节，可着重考虑：(1)考察醉酒驾驶的危险程度：①行为人是否造成现实的危害。②行为人案发时的驾驶能力如何，主要以血液酒精含量为判断标准。③行为人是否实施了严重违反《道路交通安全法》的其他行为。④醉驾行为是否严重威胁到不特定多数人的生命安全。(2)考察行为人的主观恶性和人身危险大小：①实施醉驾行为前的表现。如是否曾因酒后驾驶受过行政处罚或者刑事处罚，是否有多次严重违反《道路交通安全法》的行为，是否不顾他人劝阻坚持醉驾。②被查获时的表现，是配合公安机关依法执行检查，还是实施了当场饮酒、锁车门不下车、抵制呼气酒精含量检测或者抗拒抽血检验等不配合检查，甚至冲卡逃避检查、暴力抗拒检查的行为；发生交通事故的，是否积极救援伤者，主动打电话报警，或者明知他人报警而在现场等候警方处理，等等。③归案后的认罪悔罪态度。例如，是否如实供述罪行，当庭表示认罪；是否积极赔偿被害人的经济损失，取得被害人的谅解。

参 第897号 黄建忠危险驾驶案——如何认定醉驾型危险驾驶犯罪案件中的自首以及如何根据具体的自首情形决定对被告人的从宽处罚程度

发生交通事故后，犯罪嫌疑人主动报警，属于典型的自动投案，对于他人报警的，犯罪嫌疑人在明知他人报警的情况下，仍自愿留在现场等候警方处理，即“能逃而不逃”，且无拒捕行为的，才能视为自动投案。对于醉驾型危险驾驶案件，基本构成要件事实包括：在驾车之前是否饮酒，是否驾车上路行驶，驾驶何种车型。其中，饮酒是最基本的构成事实，无论犯罪嫌疑人是在见到公安人员后主动交代饮酒事实，还是在公安人员根据其精神状态怀疑其饮酒并对其进行讯问时承认饮酒事实，均属于如实供述自己的罪行。对于被告人主动报警的，一般应当从轻处罚，其中没有发生交通事故的，或者只造成轻微财产损失，没有人员伤亡的，可以不作为犯罪处理或者免除处罚。在他人报警的情况下，如果被告人未逃离现场是因为精神上受到一定程度的强制而不敢逃逸，则对其从轻处罚的幅度可以小于其主动报警的情况；如果造成较为严重的交通事故（尚不构成交通肇事罪），亦可以考虑不予从轻处罚。对于被告人交通肇事逃逸后自动投案，如实供述自己罪行，构成自首的，可视具体情形决定是否对其从轻处罚以及从轻处罚的幅度，一般不能免除处罚。

参 第898号 郑帮巧危险驾驶案——醉酒驾驶机动车致使本人重伤的是否构成交通肇事罪

我国《刑法》及相关司法解释中以人的伤亡作为定罪量刑条件的，一般不包含对本人造成的伤亡，单纯的自损行为不构成犯罪，除非这种自损行为危及国家和公共安全。因此,最高人民法院《关于审理交通肇事刑事案件具体应用法律若干问题的解释》规定的“致一人以上重伤”中的“人”不应当包括本人,且对致本人重伤的行为定罪有违社会一般人的观念,亦会破坏罪刑阶梯构建的平衡。

参 第915号 杨某危险驾驶案——醉酒驾驶仅致本人受伤的如何处理

(1)危险驾驶罪不以发生危害结果为入罪要件,醉酒后驾驶机动车即可构成本罪。(2)危险驾驶案件中发生的交通事故后果是否作为从重处罚情节,需要结合具体情形而定。危险驾驶仅造成本人伤害或者财产损失的,也宜将这一后果视为行为人为自己犯罪行为付出的代价,而不宜作为从重处罚情节。(3)对于危险驾驶仅致本人受伤且不具有从重处罚情节的,从刑罚的谦抑精神出发,可以酌情从宽处罚。

重大责任事故罪

《刑法》规定

第一百三十四条第一款 在生产、作业中违反有关安全管理的规定,因而发生重大伤亡事故或者造成其他严重后果的,处三年以下有期徒刑或者拘役;情节特别恶劣的,处三年以上七年以下有期徒刑。

相关规定

《刑法修正案(六)》第1条

最高人民法院、最高人民检察院《关于办理危害生产安全刑事案件

适用法律若干问题的解释》

最高人民法院《关于进一步加强危害生产安全刑事案件审判工作的意见》

最高人民法院《关于充分发挥审判职能作用切实维护公共安全的若干意见》第7、8条

最高人民法院、最高人民检察院、公安部《关于办理涉窨井盖相关刑事案件的指导意见》第5条

案例要旨

参 第1509号　张某重大责任事故案——受让具有合法证照的网吧后未变更登记的不属于非法经营

行政犯罪的行政违法性是刑事违法性的必要条件，买卖国家机关证件罪作为一种行政犯罪，其规制的对象行为不能超出行政违法处罚的范围。行政法律并未将“企业转让后未及时就相关证照办理变更登记的行为”和“买卖国家机关证件的行为”等同看待，因而转让具有营业执照、网络文化经营许可证等合法证照的网吧但未办理变更登记手续的，不构成买卖国家机关证件罪。受让具有合法证照的网吧后未变更登记而继续经营的，虽违反行政管理法规，但不属于擅自从事网络文化经营活动，不构成非法经营罪。网吧经营活动中接送上网人员发生事故后果的，其行为违反了生产经营安全管理的相关法律规定，与车辆发生事故导致人员死亡的严重后果之间具有刑法上的因果关系，构成重大责任事故罪。

参 第1596号　吴某重大责任事故案——游泳馆经营者违反安全管理规定，经营游泳教培业务，导致学员发生溺亡事故行为的性质认定

与不特定人的生命健康和财产安全相关联，具有生产、经营性质的

培训业务，属于《刑法》第 134 条规定的“生产、作业”。培训业务开展过程中违反安全管理规定，发生重大伤亡事故或者造成其他严重后果的，以重大责任事故罪论处。

重大劳动安全事故罪

《刑法》规定

第一百三十五条 安全生产设施或者安全生产条件不符合国家规定，因而发生重大伤亡事故或者造成其他严重后果的，对直接负责的主管人员和其他直接责任人员，处三年以下有期徒刑或者拘役；情节特别恶劣的，处三年以上七年以下有期徒刑。

相关规定

《刑法修正案（六）》第 2 条

案例要旨

参 第 505 号 尚知国等重大劳动安全事故案——重大劳动安全事故罪与重大责任事故罪出现竞合时应如何处理

在完全是由于安全生产设施或者安全生产条件不符合国家规定的情况下进行生产、作业，因而发生重大伤亡事故或者造成其他严重后果的情况下，应当以重大劳动安全事故罪定罪量刑。在安全生产设施或者安全生产条件不符合国家规定的情况下，在生产、作业中又违反具体的安全管理规定，因而发生重大伤亡事故或者造成其他严重后果的，应区分不同情况选择较为妥当的罪名定罪量刑。

危险物品肇事罪

《刑法》规定

第一百三十六条　违反爆炸性、易燃性、放射性、毒害性、腐蚀性物品的管理规定，在生产、储存、运输、使用中发生重大事故，造成严重后果的，处三年以下有期徒刑或者拘役；后果特别严重的，处三年以上七年以下有期徒刑。

相关规定

最高人民法院、最高人民检察院《关于办理危害生产安全刑事案件适用法律若干问题的解释》第6、7、12、13条

最高人民法院、最高人民检察院、公安部、工业和信息化部、住房和城乡建设部、交通运输部、应急管理部、原国家铁路总局、中国民用航空局、国家邮政局《关于依法惩治涉枪支、弹药、爆炸物、易燃易爆危险物品犯罪的意见》

案例要旨

公 2006年第8期　康兆永、王刚危险物品肇事案

(1)有危险货物运输从业资格的人员，明知使用具有安全隐患的机动车超载运输剧毒化学品有可能引发危害公共安全的事故，却轻信能够避免，以致这种事故发生并造成严重后果的，构成《刑法》第136条规定的危险物品肇事罪。(2)从事剧毒化学品运输工作的专业人员，在发生交通事故致使剧毒化学品泄漏后，有义务利用随车配备的应急处理器材和防护用品抢救对方车辆上的受伤人员，有义务在现场附近设置警戒区

域，有义务及时报警并在报警时主动说明危险物品的特征、可能发生的危害，以及需要采取何种救助工具与救助方式才能防止、减轻以至消除危害，有义务在现场等待抢险人员的到来，利用自己对剧毒危险化学品的专业知识以及对运输车辆构造的了解，协助抢险人员处置突发事故。从事剧毒化学品运输工作的专业人员不履行这些义务，应当对由此造成的特别严重后果承担责任。

工程重大安全事故罪

《刑法》规定

第一百三十七条 建设单位、设计单位、施工单位、工程监理单位违反国家规定，降低工程质量标准，造成重大安全事故的，对直接责任人员，处五年以下有期徒刑或者拘役，并处罚金；后果特别严重的，处五年以上十年以下有期徒刑，并处罚金。

相关规定

最高人民法院、最高人民检察院《关于办理危害生产安全刑事案件适用法律若干问题的解释》第6、7条

案例要旨

参 第39号 赵祥忠工程重大安全事故案——人民法院可否变更起诉罪名定罪处刑

(1)起诉指控的事实清楚，证据确实、充分，指控的罪名与人民法院审理认定的罪名不一致的，应当作出有罪判决。(2)工程质量监督站工

作人员并不是法定的构成工程重大安全事故罪的主体，但是如果建设单位并没有聘请其他监理单位的，那么只有工程质量监督站有权对建设工程进行监督检查，该监督站工作人员违反国家规定，降低工程质量标准的，亦构成工程重大安全事故罪。

教育设施重大安全事故罪

《刑法》规定

第一百三十八条　明知校舍或者教育教学设施有危险，而不采取措施或者不及时报告，致使发生重大伤亡事故的，对直接责任人员，处三年以下有期徒刑或者拘役；后果特别严重的，处三年以上七年以下有期徒刑。

相关规定

最高人民法院、最高人民检察院《关于办理危害生产安全刑事案件适用法律若干问题的解释》第6、7条

案例要旨

公 2005年第1期　高知先、乔永杰过失致人死亡案

幼儿教育单位的负责人明知本单位接送幼儿的专用车辆有安全隐患，不符合行车要求，而不采取必要的检修措施，仍让他人使用该车接送幼儿，以致在车辆发生故障后，驾驶人员违规操作引起车辆失火，使被接送的幼儿多人伤亡，该负责人的行为构成《刑法》第138条规定的教育设施重大安全事故罪。

第三章

破坏社会主义市场经济秩序罪

生产、销售伪劣产品罪

《刑法》规定

第一百四十条 生产者、销售者在产品中掺杂、掺假，以假充真，以次充好或者以不合格产品冒充合格产品，销售金额五万元以上不满二十万元的，处二年以下有期徒刑或者拘役，并处或者单处销售金额百分之五十以上二倍以下罚金；销售金额二十万元以上不满五十万元的，处二年以上七年以下有期徒刑，并处销售金额百分之五十以上二倍以下罚金；销售金额五十万元以上不满二百万元的，处七年以上有期徒刑，并处销售金额百分之五十以上二倍以下罚金；销售金额二百万元以上的，处十五年有期徒刑或者无期徒刑，并处销售金额百分之五十以上二倍以下罚金或者没收财产。

相关规定

最高人民检察院、公安部《关于公安机关管辖的刑事案件立案追诉标准的规定（一）》第16条

最高人民法院、最高人民检察院《关于办理生产、销售伪劣商品刑事案件具体应用法律若干问题的解释》第1、2、9～12条

最高人民法院《关于审理生产、销售伪劣商品刑事案件有关鉴定问题的通知》

最高人民法院、最高人民检察院《关于办理妨害预防、控制突发传染病疫情等灾害的刑事案件具体应用法律若干问题的解释》第2条

最高人民法院、最高人民检察院、公安部、国家烟草专卖局《关于办理假冒伪劣烟草制品等刑事案件适用法律问题座谈会纪要》

最高人民法院、最高人民检察院《关于办理非法生产、销售烟草专卖品等刑事案件具体应用法律若干问题的解释》

最高人民法院、最高人民检察院《关于办理危害食品安全刑事案件适用法律若干问题的解释》第15、17条

案例要旨

参 第8号 王洪成生产、销售伪劣产品案——对于生产、销售不具有生产者、销售者所许诺的使用性能的新产品的行为如何适用法律

生产、销售不具有生产者、销售者所承诺的使用性能的产品的，如果产品符合国家标准、行业标准、地方标准，则属于民事违约行为，不构成生产、销售伪劣产品罪；如果产品没有国家标准、行业标准、地方标准，则属于不合格产品，应以生产、销售伪劣产品罪论处。

参 第118号 陈建明等销售伪劣产品案——销售假冒他人注册商标的产品行为如何定性

就假冒注册商标的商品而言，存在两种情况：其一，假冒商标，且商品本身质量未达到同类产品最低质量标准，属于不合格的产品；其二，假冒商标，但商品本身质量达到同类合格产品的最低质量标准，属于合格的产品。销售假冒注册商标的产品的行为具体构成何罪，关键在于所销售商品的质量是否合格：销售质量不合格的假冒注册商标的商品，应当

以销售假冒注册商标的商品罪定罪处罚;销售质量不合格的假冒注册商标的商品,则应按法条竞合情况下"择一重处"的处罚原则选择销售假冒注册商标的商品罪或者销售伪劣产品罪定罪处罚。

参 第 143 号　韩俊杰、付安生、韩军生生产伪劣产品案——为他人加工伪劣产品的行为应如何定罪处罚

（1）为他人加工伪劣产品的,应以生产、销售伪劣产品罪论处。（2）仅有伪劣产品的加工行为,尚未销售,伪劣产品货值金额达到 15 万元以上的,以生产、销售伪劣产品罪（未遂）论处。

参 第 165 号　鞠春香、张志明等生产、销售伪劣产品案——生产、销售假药行为的定罪量刑

（1）生产、销售假药罪属于危险犯,生产、销售假药罪的假药必须足以严重危害人体健康。足以严重危害人体健康,是生产、销售假药罪的法定构成要件。根据相关的检验报告书,所涉假药不能认定为足以严重危害人体健康的,不应以生产、销售假药罪定罪处罚。（2）实施生产、销售伪劣商品犯罪,同时构成侵犯知识产权、非法经营等其他犯罪的,依照处罚较重的规定定罪处罚,故本案应以生产、销售伪劣产品罪定罪处罚。

参 第 677 号　杨昌君销售假冒注册商标的商品案——如何区分销售假冒注册商标的商品罪与销售伪劣产品罪,以及如何认定"以假卖假"尚未销售情形下假冒注册商标商品的销售金额、非法经营数额和犯罪停止形态

（1）销售假冒注册商标的商品罪与销售伪劣产品罪的区分,关键在于行为人在销售时是否具有欺诈故意,消费者没有受到欺诈而是知假买假的,不构成销售伪劣产品罪。（2）对于假冒注册商标的商品尚未销售的情形,应当以非法经营数额作为定案根据,应认定为未遂。（3）对于以假卖假的销售假冒注册商标的商品案件,非法经营数额应当按照商品

本身价值而非被假冒注册商标的商品价值作为计算依据。

参 第 1315 号 方永胜销售伪劣产品案——利用疫情销售“三无”口罩的罪名适用和“伪劣产品”标准的认定

“三无产品”并不必然是“伪劣产品”，对产品是否为“不合格产品”难以确定的，应当委托法律、行政法规规定的产品质量检验机构进行鉴定。同时，销售伪劣产品罪与诈骗罪之间的区分应从以下方面入手：(1)审查交易是否实际完成。销售伪劣产品罪客观上确实发生了交易行为，本质上仍属于货物买卖关系，只是交付的货物质量不符合标准；诈骗罪中行为人的目的在于直接占有对方财物，并没有真实的交易意图。(2)审查实际交付的财物与对方所支付财物价值差距是否较大。诈骗罪中也有行为人实际或者部分交付财物的情形，但可能是以交付少量财物骗取对方信任进而诈骗更多财物或者交付的财物与真实产品质量或规格相去甚远甚至毫无关联，在成本上可以忽略不计或价值不大；销售伪劣产品罪中行为人交付的产品价值通常低于真实、合格产品价值，但也含有一定成本，行为人谋取的是伪劣产品与真实产品的差价，而不是为了骗取对方钱款。(3)审查二者侵犯的犯罪客体。诈骗罪侵犯的客体是公私财物的所有权，销售伪劣产品罪所侵犯的客体是国家产品质量管理制度和市场秩序。

参 第 1316 号 王丽莉、陈鹏销售伪劣产品案——疫情防控期间以“三无”产品冒充“KN95”口罩进行销售行为的认定

销售伪劣产品罪和销售不符合标准的医用器材罪是一般与特殊的关系，即后者除了威胁最普通、最基础的国家产品质量保障制度之外，还会直接威胁国家医用器材的安全保障制度。只有医用防护口罩、外科口罩、医用口罩(一次性使用医用口罩)，才属于销售不符合标准的医用器材犯罪中的“医用器材”。行为人以“三无”产品冒充“KN95”口罩进行

销售，系以不合格产品冒充合格产品，其行为符合《刑法》第140条生产、销售伪劣产品罪的构成要件，故应认定为销售伪劣产品罪。

参 第1532号　赵某军生产、销售伪劣产品案——对待宰生猪注入肾上腺素、阿托品和生水后屠宰销售的行为定性及罚金适用

肾上腺素、阿托品可以作为兽医处方药使用，并非“有毒、有害的非食品原料”。由于药物代谢等原因，畜禽注药后往往难以从肉品中检出药物残留，只要证明在屠宰相关环节有注药行为，注药后的肉品即可认定为不合格产品，销售金额在5万元以上的，即可以生产、销售伪劣产品罪定罪处罚。在确定罚金刑比例时应当注意考虑案件的具体情况和被告人实际缴纳能力，不宜一味强调在过高幅度判处，造成罚金刑的空判。

参 第1533号　海宁市国凯食品有限公司、国某校生产、销售伪劣产品案——将溶剂残留超标的浸出菜籽油冠以压榨菜籽油之名销售行为的定性

植物油提溶剂属于加工助剂，具有工艺必要性而允许在部分食品生产加工过程中使用，因此不属于“有毒、有害的非食品原料”。将以浸出工艺生产的菜籽油冒充压榨工艺生产的菜籽油销售，经检测菜籽油的溶剂残留量超过国家对于压榨油的溶剂残留量标准即不得检出的要求，且绝大多数产品也不符合浸出油的溶剂残留量标准的，构成生产、销售伪劣产品罪。

参 第1542号　上海嘉外国际贸易有限公司及刘某刚销售伪劣产品案——如何准确认定对外销售时间、保质期计算时间及单位犯罪

预包装食品必须同时标示生产日期和保质期，食品生产者可以选择以下两种方式之一标示：一是生产日期加保质期的具体日期，二是生产日期加保质期固定时间段。认定单位构成犯罪需把握两个主要特征：一是犯罪意志的整体性，即单位故意犯罪是经单位集体研究决定或由负责人决定的；二是非法利益归属的团体性，即单位故意犯罪在客观上表现为单位牟取非法利益，或者违法所得实际归属于单位。

参 第1597号　天津某橙汁有限公司、蒋某某、张某、傅某被控生产销售伪劣产品案——违反产品质量法的不当标识行为与生产、销售伪劣产品犯罪的区分

违反《产品质量法》的不当标识行为并未触犯刑法，不具有刑事违法性，其危害性也没有达到被科以刑罚的相当程度。对于市场主体在经营中的错误行为，应重点区分违规行为与违法犯罪，科学划定行政管理与刑事制裁的边界。

生产、销售、提供假药罪

《刑法》规定

第一百四十一条　生产、销售假药的，处三年以下有期徒刑或者拘役，并处罚金；对人体健康造成严重危害或者有其他严重情节的，处三年以上十年以下有期徒刑，并处罚金；致人死亡或者有其他特别严重情节的，处十年以上有期徒刑、无期徒刑或者死刑，并处罚金或者没收财产。

药品使用单位的人员明知是假药而提供给他人使用的，依照前款的规定处罚。

相关规定

《刑法修正案(八)》第23条

《刑法修正案(十一)》第5条

《药品管理法》第98条第2款

最高人民检察院、公安部《关于公安机关管辖的刑事案件立案追诉标准的规定(一)的补充规定》第2条

最高人民法院、最高人民检察院《关于办理危害药品安全刑事案件适用法律若干问题的解释》

最高人民检察院法律政策研究室《对〈关于具有药品经营资质的企业通过非法渠道从私人手中购进药品后销售的如何适用法律问题的请示〉的答复》

案例要旨

公 2010年第12期　申东兰生产、销售假药,赵玉侠等销售假药案

《刑法》第141条规定了生产、销售假药罪。行为人主观上有无生产、销售假药的故意,是认定生产、销售假药罪成立与否的主观要件。在审理时,被告人供述是重要依据,但不是唯一的依据。对于行为人主观故意的判断,可以根据涉案药品交易的销售渠道是否正规、销售价格是否合理、药品包装是否完整、药品本身是否存在明显瑕疵,结合行为人的职业、文化程度等因素,进行全面分析。

参 第115号　熊漓斌等生产、销售假药案——生产、销售假药进行诈骗的行为如何定性

以他种药品冒称此种药品而生产、销售的,应以生产、销售假药罪论处。

参 第1074号　杨智勇销售假药案——联系制作假药销售网站的行为是否构成生产、销售假药罪的共犯

(1)生产、销售假药罪中的"主观明知",既包括有证据证明行为人知道生产、销售的是假药,也包括有证据证明行为人应当知道生产、销售

的是假药。实践中,可结合行为人具体实施的行为以及涉案各环节其他行为人的供述、相关证人证言和鉴定意见等证据进行全面分析,综合认定是否明知。具体内容:①对药品生产、经营资格准入制度的认知。②自身对药品真假的鉴别能力和资质的认知。③行为人在制售假药过程中违法追逐暴利的思想和行为表现。④销售环节行为人对药品真实性的怀疑或者应当引起的怀疑。⑤行为人涉足药品行业的时间和对药品常识及假药危害的知晓。⑥违法制售假药过程中各行为人供述及相关证人证言对犯罪事实的相互印证。⑦行为人的年龄、文化程度、职业、阅历等方面综合情况。(2)一切有偿提供假药的行为,都是销售假药的行为。销售的方式既可能是公开的,也可能是秘密的,可以直接交付,也可以间接交付。

参 第1561号 潘某销售假药案——以生理盐水冒充HPV疫苗行为的定性及附带民事公益诉讼赔偿责任的确定

疫苗属于生物制品类药品,其功能主要在于预防、治疗人的疾病,有目的地调节人的生理机能。而生理盐水通常不具有上述功能,不属于药品。使用生理盐水充当"疫苗",属于"以非药品冒充药品",应当认定为"假药"。采用虚构事实的方法销售假药,尽管具有诈骗犯罪的特征,但与诈骗犯罪主要侵犯被害人的财产权利有所不同,所涉行为主要侵犯被害人健康权,宜以销售假药罪定罪处罚。

妨害药品管理罪

《刑法》规定

第一百四十二条之一 违反药品管理法规,有下列情形之一,足以严重危害人体健康的,处三年以下有期徒刑或者拘役,并处或者单处罚金；对人体健康造成严重危害或者有其他严重情节的，处三年以上七年以下有期徒刑，并处罚金：

（一）生产、销售国务院药品监督管理部门禁止使用的药品的；

（二）未取得药品相关批准证明文件生产、进口药品或者明知是上述药品而销售的；

（三）药品申请注册中提供虚假的证明、数据、资料、样品或者采取其他欺骗手段的；

（四）编造生产、检验记录的。

有前款行为，同时又构成本法第一百四十一条、第一百四十二条规定之罪或者其他犯罪的，依照处罚较重的规定定罪处罚。

相关规定

《刑法修正案（十一）》第7条

最高人民检察院、最高人民法院《关于办理危害药品安全刑事案件适用法律若干问题的解释》第7、8条

案例要旨

参 第1492号 蒋礼先、陈艳辉等妨害药品管理案——刑法修正案（十一）公布前实施的未取得药品相关批准证明文件生产、进口、销售药品等行为的定性

依照目前的法律规定，适用生产、销售假药罪，需要对涉案药品是否属于假药、劣药进行实质性认定，且生产、销售“未取得药品相关批准证明文件生产、进口的药品”不再当然构成生产、销售假药罪。《刑法修正

案（十一）》施行后审理实施于修订前的未取得药品相关批准证明文件生产、进口或明知而销售药品的行为，足以严重危害人体健康的，根据《刑法》从旧兼从轻原则，应适用较轻的新法罪名，以妨害药品管理罪定罪处罚。同时，考虑到非法经营药品定罪处罚的司法解释发生变化，目前以非法经营罪对被告人判处5年以上刑罚缺少依据。

参 第1493号　上海赛诺克医药科技有限公司、张奇能等妨害药品管理案——妨害药品管理罪中药品以及“足以严重危害人体健康”的认定

法律意义上的药品具有双重属性，即自然属性和法律属性。要具体考察涉案药品在何种情况下会造成人体健康的危害，从而判断行为是否具有足以严重危害人体健康的入罪条件，具体应从涉案药品的安全性、有效性以及药品的适用证、使用对象两方面综合判断行为是否足以严重危害人体健康。对于原料药具有明确的适应证和功能主治，能够治疗人的疾病，符合《药品管理法》关于药品的规定，属于法律意义上的药品。如被告单位和被告人未取得药品相关批准证明文件生产、销售药品，其生产药品未被纳入监管，药品质量和用药安全无法保障，涉案原料药以患癌症等危重病人为使用对象，应认定为足以严重危害人体健康，构成妨害药品管理罪。

生产、销售不符合安全标准的食品罪

《刑法》规定

第一百四十三条　生产、销售不符合食品安全标准的食品，足以造成严重食物中毒事故或者其他严重食源性疾病的，处三年以下有期徒刑或者拘役，并处罚金；对人体健康造成严重危害或者有其他严重情节的，处三年以上七年以下有期徒刑，并处罚金；后果特别严重的，处七年以上有期徒刑或者无期徒刑，并处罚金或者没收财产。

相关规定

《刑法修正案(八)》第24条

《食品安全法》第150条

最高人民法院、最高人民检察院《关于办理危害食品安全刑事案件适用法律若干问题的解释》第1～5、12～26条

案例要旨

参 第1526号　邹某智生产、销售不符合安全标准的食品案——非法销售河豚及其制品的行为定性

非法销售的河豚属于“国家为防控疾病等特殊需要明令禁止生产经营的食品”，销售的河豚中河豚毒素严重超出标准限量，应当认定为“足以造成严重食物中毒事故或者其他严重食源性疾病”。实践中此类行为的社会危害性不宜一概而论，《食品安全法》第123条第1款规定了此类情形的行政处罚，故实践中应区分情况，不宜一概入罪处理。

参 第1535号　朱某生产、销售不符合安全标准食品案——餐饮服务提供者制售添加亚硝酸盐腊肉制品行为的定性

滥用食品添加剂的行为包括超量使用和超范围使用两种表现形式。餐饮服务提供者添加亚硝酸盐加工食物的行为，属于适用主体超范围滥用食品添加剂。要避免将食品添加剂认定为有毒、有害的非食品原料，进而混淆生产、销售不符合安全标准的食品罪与生产、销售有毒、有害食品罪的认定。超限量滥用食品添加剂本质上是“用太多”的问题，应审

慎把握超范围滥用食品添加剂行为的入罪门槛，一般应参照同类允许添加的限量标准，并运用常识常理对法定危险要件进行实质审查，必要时引入专家证人，听取专业意见，并结合被告人犯罪情节、主观恶性等综合判断。

参 第 1541 号 姜某起等人生产、销售不符合安全标准的食品案——食品安全法对从业禁止已有相关规定，人民法院是否再裁判宣告从业禁止

《刑法》和《食品安全法》关于从业禁止的规定，在适用对象、从业禁止范围、从业禁止期限上都有区别。《食品安全法》适用的从业禁止对象和从业禁止范围针对的主要是食品生产经营管理人员和安全管理人员，从业禁止范围也是禁止从事食品管理工作和担任管理人员，并没有剥夺行为人一般性的食品生产、销售等从业权利。在其他法律、行政法规对从业禁止有规定的情况下，由行政主管部门根据相关规定对行为人作出从业禁止的行政处罚即可，人民法院无须再裁判宣告从业禁止。

生产、销售有毒、有害食品罪

《刑法》规定

第一百四十四条 在生产、销售的食品中掺入有毒、有害的非食品原料的，或者销售明知掺有有毒、有害的非食品原料的食品的，处五年以下有期徒刑，并处罚金；对人体健康造成严重危害或者有其他严重情节的，处五年以上十年以下有期徒刑，并处罚金；致人死亡或者有其他特别严重情节的，依照本法第一百四十一条的规定处罚。

相关规定

《刑法修正案(八)》第25条

《食品安全法》第135条

最高人民检察院、公安部《关于公安机关管辖的刑事案件立案追诉标准的规定(一)的补充规定》第4条

最高人民法院、最高人民检察院《关于办理危害食品安全刑事案件适用法律若干问题的解释》第6~13条

最高人民法院、最高人民检察院《关于办理非法生产、销售、使用禁止在饲料和动物饮用水中使用的药品等刑事案件具体应用法律若干问题的解释》

最高人民法院、最高人民检察院、公安部、司法部《关于依法严惩危害食品安全犯罪活动的通知》

最高人民法院《关于进一步加大力度,依法严惩危害食品安全及相关职务犯罪的通知》

最高人民法院、最高人民检察院、公安部《关于依法严惩"地沟油"犯罪活动的通知》

国家禁毒委员会办公室、公安部、原国家食品药品监督管理总局、原国家工商行政管理总局《关于严厉打击在食品中添加罂粟壳行为的通知》第1条

最高人民法院《关于充分发挥审判职能作用切实维护公共安全的若干意见》第10条

案例要旨

指 70号　北京阳光一佰生物技术开发有限公司、习文有等生产、销售有毒、有害食品案

行为人在食品生产经营中添加的虽然不是国务院有关部门公布的

《食品中可能违法添加的非食用物质名单》和《保健食品中可能非法添加的物质名单》中的物质，但如果该物质与上述名单中所列物质具有同等属性，并且根据检验报告和专家意见等相关材料能够确定该物质对人体具有同等危害的，应当认定为《刑法》第144条规定的"有毒、有害的非食品原料"。

参 第94号 林烈群、何华平等销售有害食品案——以工业用猪油冒充食用猪油予以销售致人死亡的行为如何定性

在处理此类生产、销售有毒、有害食品造成严重危害后果的案件时，应着重分析行为人的主观目的并以此确定罪名。若行为人销售有毒、有害食品的主观目的是牟利，同时放任严重危害后果发生的，则应定生产、销售有毒、有害食品罪；若行为人出于各种动机，如造成当地治安混乱、人心恐慌，主观目的就是追求严重危害后果的发生的，则应定以危险方法危害公共安全罪。为了牟取暴利，以工业原料冒充食品予以销售致人死亡的，应以生产、销售有毒、有害食品罪论处。

参 第166号 俞亚春生产、销售有毒、有害食品案——销售以"瘦肉精"饲养的肉猪致多人中毒的行为如何定罪处罚

（1）"瘦肉精"属于有毒的非食品原料，使用"瘦肉精"喂养肉猪的实际结果就是导致猪肉中含有有毒物质，与在猪肉中直接掺入有毒物质并无二致，可以认定为生产有毒食品行为，应以生产、销售有毒食品罪论处。（2）生产、销售有毒食品被食用后，导致多人中毒，但未造成身体伤害的，不应当认定为生产、销售有毒、有害食品罪中的对人体健康造成严重危害。

参 第715号 王岳超等生产、销售有毒、有害食品案——生产、销售有毒、有害食品罪与相关罪名的辨析及办理生产、销售有毒、有害食品犯罪案件时对行为人主观"明知"的认定

（1）生产、销售有毒、有害食品罪与生产、销售不符合卫生标准的食

品罪区分的关键在于:一是犯罪手段不同。前者是在生产、销售的食品中掺入有毒、有害的非食品原料,后者是生产、销售的食品不符合卫生标准。如果掺入的物质有毒害性,但其本身是食品原料,其毒害性仅是由该食品原料污染或腐败变质引起,应按照生产、销售不符合卫生标准的食品罪论处。二是对危害结果的要求不同。前者是行为犯,后者是危险犯。三是犯罪对象不同。前者的犯罪对象仅限于有毒、有害食品,后者的犯罪对象包括《食品卫生法》(已失效。——编者注)禁止生产经营的一切不符合卫生标准的食品。(2)在被告人拒不如实供述的情况下,应当根据买卖双方的成交价格、货物来源渠道是否正当、行为人对食品的认识程度、是否在有关部门禁止或发出安全预警的情况下继续生产销售,以及行为人的年龄、经历、学识、职业、职务、职责、素质等方面综合认定生产、销售有毒、有害食品罪中的明知。

参 第1002号　张联新、郑荷芹生产、销售有毒、有害食品,李阿明、何金友生产有毒、有害食品,王一超等销售有毒、有害食品案——“新型地沟油”的司法认定与法律适用

(1)利用旱藕淋巴的花油、含有伤肉的膘肉碎、“肚下塌”等肉制品加工废弃物生产、加工的“食用油”应当认定为地沟油。(2)对地沟油的检测报告不应是司法机关认定“有毒、有害食品”的唯一依据。(3)生产、加工有毒、有害食品的行为跨越《刑法修正案(八)》施行日期的,也应当适用《刑法修正案(八)》的规定。

参 第1335号　邓文均、符纯宣生产、销售有毒、有害食品案——在食品加工中使用“口水油”并销售的,应认定为生产、销售有毒、有害食品罪

“口水油”主要是指对剩余食物底料中的油脂进行回收和重复使用

的油脂，没有与污水、垃圾、洗涤剂等物混杂，与狭义上的“地沟油”有别。“口水油”作为废弃食用油脂，属于国家卫生主管机关明令禁止使用的非食用物质，属于《刑法》概念中的有毒、有害的非食品原料，使用“口水油”这一非食品原料加工食品并用于出售，构成生产、销售有毒、有害食品罪。

参 第1525号　周某峰生产、销售有毒、有害食品案——在豆芽制发过程中添加兽用抗菌药行为如何定性

无论豆芽属于加工食品，还是属于食用农产品，在豆芽生产过程中添加兽药恩诺沙星的行为，都属于掺入有毒、有害的非食品原料，根据2013年《关于办理危害食品安全刑事案件适用法律若干问题的解释》（已修订，最新版本为2021年修订版。——编者注）第9条的规定，应以生产、销售有毒、有害食品罪定罪处罚。需要注意的是，在认定食用农产品的“超范围”滥用添加行为时，应当区分食用植物和食用动物，把握各自的“超范围”外延，不能将食用植物种植过程中使用兽药或者食用动物养殖过程中使用农药的行为也解释为“超范围”滥用添加行为。

参 第1527号　吴某凤等人销售有毒、有害食品案——将添加西布曲明等非食品原料的减肥产品作为“赠品”捆绑其他物品出售行为的定性及销售数额的认定

非药品类减肥产品属于保健食品，销售的保健食品中检出药物成分，应以生产、销售有毒、有害食品罪定罪处罚。同时，不是所有的减肥类产品都是保健食品，对于经过国家批准，纳入药品管理的减肥药品（如奥利司他），生产销售相应虚假产品的，依法构成生产、销售、提供假药罪。被告人以“赠品”的形式销售有毒有害食品，系以合法手段掩盖非法目的，所谓的“主产品”属于犯罪成本，应以销售总额认定被告人的犯罪数额。

参 第1528号　吴某、何某兵生产、销售有毒、有害食品案——循环加工、提炼并使用、销售“口水油”的行为定性

“口水油”中积聚大量的有毒、有害物质，属于废弃食用油脂，应认定为“有毒、有害的非食品原料”，使用“口水油”加工食品并销售的行为，构成生产、销售有毒、有害食品罪。

参 第1531号　钟某本销售有毒、有害食品案——伪劣保健食品与假药劣药的区分

在区分保健食品与药品时，可通过产品审批文号、产品说明是否规定有适应证或功能主治、用法和用量等外观标识进行判断。如果产品标识不明，可通过经营者以何种名义对外宣传、销售进行判断，而不能仅以经营场所是药店或保健品店，或者经营者属于食品或药品行业的从业人员，直接认定案涉产品属于药品或食品。

参 第1534号　荆某、张某等人生产、销售有毒、有害食品案——生产、销售有毒、有害食品罪中生产者和销售者主观明知的认定

对于从生产现场查获的有毒、有害的非食品原料，行为人不能作出合理解释的，可以认定行为人具有掺入行为或者对掺入行为明知；对于未能查获生产现场而仅在销售领域查获成品的，应结合生产者的从业经历和背景、行为人在生产各个环节中的作用、是否具备掺入的客观条件和主观动机、生产流程是否符合食品安全生产标准，综合判断有毒、有害成分是否为人为掺入。对于销售者的主观明知认定，可从进货渠道是否正常、有无合法有效的购货凭证、价格是否明显偏低、对涉案食品有无生产日期、生产厂家、卫生检验合格证是否明知、基于其知识经验是否知道食品中可能含有有毒、有害的非食品原料、是否在有关部门发出禁令或者食品安全预警的情况下继续销售、是否因实施危害食品安全行为受过行政处罚或刑事处罚又实施同种行为判断。

参 第 1536 号 于某芳等人销售有毒、有害食品案——如何区分适用禁止令与从业禁止

法院对判处管制或者宣告缓刑的犯罪分子，可以根据犯罪情况，同时禁止其在管制执行期间或者缓刑考验期内从事特定活动，进入特定区域、场所，接触特定的人。从业禁止是法院对利用职业便利实施犯罪或者实施违背职业要求特定义务犯罪的人，除依法判处刑罚外，还可以根据犯罪情况和预防再犯罪的需要，禁止其自刑罚执行完毕之日或者假释之日起从事相关职业。

参 第 1537 号 李某博等人生产、销售有毒、有害食品案——如何准确认定涉案产品系假药还是有毒、有害食品

在界定涉案产品是有毒有害食品还是假劣药品上，当产品标识和对外宣传不存在明显矛盾时，可直接按照产品标识来确定产品属性。如有充分证据证明对外宣传与产品标识存在明显矛盾，这种虚假宣传行为事实上属于将此产品冒充彼产品的行为，其目的是以彼产品的治疗功能欺诈顾客并销售，宜根据在案证据按照其对外宣传的产品性能确定涉案产品属性。比如，对于产品标识虽为“国食健字”的产品，如果有充分证据证明行为人一以贯之地对外宣传产品具有治疗疾病的功效，以药品名义生产、售卖，逃避监管，蒙骗群众，必要时结合监管部门的咨询、鉴定意见，可以考虑认定涉案产品为假药。

参 第 1538 号 杨某阁销售有毒、有害食品案——刑事附带民事食品公益诉讼中惩罚性赔偿的适用

应当根据侵权人主观过错程度、违法次数和持续时间、受害人数、损害类型、经营状况、获利情况、财产状况、行政处罚和刑事处罚等因素，综合考虑是否提出惩罚性赔偿诉讼请求。在食品安全领域民事公益诉讼案件中，涉及惩罚性赔偿金的案件，如有销售金额，则以销售金额作为赔

偿数额的基数；如无法查清具体销售金额，可根据一般销售利润、市场询价方式等进行认定。对于多次流通的食品，应以最后流入消费者手中的销售价格作为惩罚性赔偿金的基数，被查获时尚未流入消费者手中的食品不计入惩罚性赔偿金的基数。无法认定销售金额的，则以被侵权人的损失金额作为基数。

参 第1539号　邱某某、邱某森、邱某后盗窃和销售有毒、有害食品案——使用有毒物质偷盗他人土狗，后将含有有毒物质的土狗销售给他人牟利的行为定性

对于单一罪名无法同时准确描述、涵盖原因行为与结果行为的，或者为了突出对某种权益的特殊保护，通常法律或者司法解释规定予以数罪并罚。使用有毒物质偷盗他人土狗，后将含有有毒物质的土狗销售给他人牟利的行为，无论是盗窃罪还是生产、销售有毒、有害食品罪均不足以准确评价，故不适用牵连犯择一重罪处理的原则，应当实行数罪并罚。

参 第1540号　纪某奖生产、销售有毒、有害食品案——有毒、有害非食品原料的认定及危害食品安全犯罪刑事附带民事公益诉讼中惩罚性赔偿的适用

有毒、有害的非食品原料难以确定的，司法机关可以根据鉴定意见、检验报告、地市级以上相关行政主管部门组织出具的书面意见，结合其他证据作出认定。必要时，专门性问题由省级以上相关行政主管部门组织出具书面意见。实践中，司法机关还应结合非食品原料的性质、含量、毒害属性、质量标准等因素综合予以考虑。检察机关作为公益诉讼起诉人以不特定主体的公共利益为保护目标，弥补被告人侵害公共利益的治理漏洞或救济空白，是不特定主体的抽象性概括，基于消费者权益保护的替代性与补充性，应支持公益诉讼中的惩罚性赔偿请求。

生产、销售不符合安全标准的产品罪

《刑法》规定

第一百四十六条 生产不符合保障人身、财产安全的国家标准、行业标准的电器、压力容器、易燃易爆产品或者其他不符合保障人身、财产安全的国家标准、行业标准的产品，或者销售明知是以上不符合保障人身、财产安全的国家标准、行业标准的产品，造成严重后果的，处五年以下有期徒刑，并处销售金额百分之五十以上二倍以下罚金；后果特别严重的，处五年以上有期徒刑，并处销售金额百分之五十以上二倍以下罚金。

相关规定

最高人民检察院、公安部《关于公安机关管辖的刑事案件立案追诉标准的规定(一)》第22条

最高人民法院、最高人民检察院《关于办理危害生产安全刑事案件适用法律若干问题的解释》第11条

案例要旨

参 第47号 刘泽均、王远凯等生产、销售不符合安全标准的产品案——不符合安全标准的产品如何具体界定

生产、销售不符合安全标准的产品罪是指生产不符合保障人身、财产安全的国家标准、行业标准的电器、压力容器、易燃易爆产品或者其他不符合保障人身、财产安全的国家标准、行业标准的产品，或者销售明知

是以上不符合保障人身、财产安全的国家标准、行业标准的产品，造成严重后果的行为。生产、销售不符合安全标准的建筑材料，造成建筑毁损，致使人员伤亡的，以生产、销售不符合安全标准的产品罪论处，不构成生产、销售伪劣产品罪。

参 第 1205 号　田井伟、谭亚琼生产、销售不符合安全标准的食品案——在生产、销售的食品中超限量加入食品添加剂并造成严重后果的行为如何定性

生产、销售有毒、有害食品和生产、销售不符合安全标准的食品属于包含关系，凡是有毒、有害的食品，必然属于不符合安全标准的食品，但是不符合安全标准的食品，不一定是有毒、有害的食品。在生产、销售的食品中加入国家允许使用的食品添加剂，但超出允许使用的范围或超过允许的最大使用量或残留量，有危害食品安全的现实风险或造成严重后果的，应当以生产、销售不符合安全标准的产品罪定罪处罚。

生产、销售伪劣农药、兽药、化肥、种子罪

《刑法》规定

第一百四十七条　生产假农药、假兽药、假化肥，销售明知是假的或者失去使用效能的农药、兽药、化肥、种子，或者生产者、销售者以不合格的农药、兽药、化肥、种子冒充合格的农药、兽药、化肥、种子，使生产遭受较大损失的，处三年以下有期徒刑或者拘役，并处或者单处销售金额百分之五十以上二倍以下罚金；使生产遭受重大损失的，处三年以上七年以下有期徒刑，并处销售金额百分

之五十以上二倍以下罚金；使生产遭受特别重大损失的，处七年以上有期徒刑或者无期徒刑，并处销售金额百分之五十以上二倍以下罚金或者没收财产。

相关规定

《种子法》第49、75、76条

最高人民法院、最高人民检察院《关于办理生产、销售伪劣商品刑事案件具体应用法律若干问题的解释》第7条

最高人民法院《关于进一步加强涉种子刑事审判工作的指导意见》第3～7条

最高人民检察院、公安部《关于公安机关管辖的刑事案件立案追诉标准的规定(一)》第23条

案例要旨

参 第109号　李云平销售伪劣种子案——生产、销售伪劣种子犯罪的法律适用

(1)以此种品种种子冒充他种品种种子属伪劣种子。(2)生产、销售伪劣种子，构成生产、销售伪劣种子罪，以“使生产遭受较大损失”为条件。没有使生产遭受较大损失的，不能以生产、销售伪劣种子罪定罪处罚，但生产、销售伪劣种子，销售金额在5万元以上的，可按照生产、销售伪劣产品罪定罪处罚；销售金额在5万元以上，并且使生产遭受较大损失的，既构成生产、销售伪劣产品罪，又构成生产、销售伪劣种子罪的，属于法条竞合，择一重罪定罪处罚，不实行数罪并罚。

走私武器、弹药罪

《刑法》规定

第一百五十一条第一款 走私武器、弹药、核材料或者伪造的货币的，处七年以上有期徒刑，并处罚金或者没收财产；情节特别严重的，处无期徒刑，并处没收财产；情节较轻的，处三年以上七年以下有期徒刑，并处罚金。

第四款 单位犯本条规定之罪的，对单位判处罚金，并对其直接负责的主管人员和其他直接责任人员，依照本条各款的规定处罚。

相关规定

《刑法修正案(八)》第26条

《刑法修正案(九)》第9条

最高人民法院、最高人民检察院《关于办理走私刑事案件适用法律若干问题的解释》第1~5条

案例要旨

参 第938号 戴永光走私弹药、非法持有枪支案——走私气枪铅弹构成犯罪，量刑标准是否应当有别于一般的走私非军用子弹

气枪铅弹属于走私弹药罪中的“弹药”，对于走私气枪铅弹犯罪的量刑标准应当有别于一般的走私非军用子弹犯罪，主要从行为人作案动机、主观恶性、作案手段、走私物品案值大小、用途、是否流向社会及造成实际危害结果等诸多因素综合考虑。

走私文物罪，走私珍贵动物、珍贵动物制品罪

《刑法》规定

第一百五十一条第二款 走私国家禁止出口的文物、黄金、白银和其他贵重金属或者国家禁止进出口的珍贵动物及其制品的，处五年以上十年以下有期徒刑，并处罚金；情节特别严重的，处十年以上有期徒刑或者无期徒刑，并处没收财产；情节较轻的，处五年以下有期徒刑，并处罚金。

第四款 单位犯本条规定之罪的，对单位判处罚金，并对其直接负责的主管人员和其他直接责任人员，依照本条各款的规定处罚。

相关规定

《刑法修正案(八)》第26条

最高人民法院、最高人民检察院《关于办理妨害文物管理等刑事案件适用法律若干问题的解释》第1、11～18条

案例要旨

参 第416号 蓑口义则走私文物案——走私古脊椎动物、古人类化石的行为应以走私文物罪定罪处罚，走私古脊椎动物、古人类化石以外的其他古生物化石的行为不能以走私文物罪定罪处罚

依据《文物保护法》的规定，只有走私古脊椎动物化石或古人类化

石才能以走私文物罪定罪处罚，而走私其他古生物化石，即便这些古生物化石可能更为珍贵，科学研究价值可能更高，也不能以走私文物罪定罪处罚。走私古脊椎动物、古人类化石不仅在定罪而且在量刑上均应与走私文物罪保持一致。

参 第616号　岑张耀等走私珍贵动物、马忠明非法收购珍贵野生动物、赵应明等非法运输珍贵野生动物案——具有走私的故意，但对走私的具体对象认识不明确如何定罪处罚

（1）行为人具有走私的主观故意，但对走私的具体对象认识不明确，应当以实际的走私对象定罪处罚，但确有证据证明受蒙骗的除外。（2）明知是指行为人知道或者应当知道所从事的行为是走私行为，可从行为人本身的情况，如实践经验、业务技术水平、智力水平、专业知识、生活习惯等以及行为的时间、地点、环境、行为手段、行为对象等综合判断其是否“明知”。

走私国家禁止进出口的货物、物品罪

《刑法》规定

第一百五十一条第三款　走私珍稀植物及其制品等国家禁止进出口的其他货物、物品的，处五年以下有期徒刑或者拘役，并处或者单处罚金；情节严重的，处五年以上有期徒刑，并处罚金。

第四款　单位犯本条规定之罪的，对单位判处罚金，并对其直接负责的主管人员和其他直接责任人员，依照本条各款的规定处罚。

相关规定

《刑法修正案（七）》第1条

《刑法修正案(八)》第 26 条

最高人民法院、最高人民检察院、海关总署《关于办理走私刑事案件适用法律若干问题的意见》第 11、12、21 条

最高人民法院《关于审理走私、非法经营、非法使用兴奋剂刑事案件适用法律若干问题的解释》第 1、7～9 条

案例要旨

参 第 744 号　朱丽清走私国家禁止出口的物品案——走私年代久远且与人类活动无关的古脊椎动物化石的行为如何定性

凡是在中华人民共和国境内及管辖海域发现的古生物化石都属于国家所有，未经许可，禁止任何单位和个人私自发掘、销售、出境重要古生物化石。确因科学研究等特殊情况需要对重要古生物化石进行发掘和国际合作需要出境的，必须制订挖掘计划及出境名单和数量，送经国土资源部(现为自然资源部。——编者注)审核批准后方可出境。年代久远、与人类活动无关的古脊椎动物化石，属于国家禁止出口的物品，行为人予以走私的，构成走私国家禁止出口的物品罪。

参 第 1529 号　王某贞走私国家禁止进出口的货物、物品案——直接向走私人非法收购并销售来自境外疫区的肉类、肉类制品的行为定性

直接向走私人非法收购并销售来自境外疫区的肉类、肉类制品的行为，同时构成走私国家禁止进出口的货物、物品罪以及生产、销售不符合安全标准的食品罪，上述两罪具有手段和目的的牵连关系，应择一重罪处罚。

参 第 1434 号　佛山市格利华经贸有限公司、王炽东、李伟雄走私废物案——利用他人许可证进口可用作原料的固体废物行为性质的认定

行为人在未告知委托其代理合法进口可用作原料的固体废物的企

业的情况下，使用了该企业存放在行为人处的许可证，即所谓“利用”了他人的许可证，本质上还是一种“借用”行为，其行为符合最高人民法院、最高人民检察院《关于办理走私刑事案件适用法律若干问题的解释》第21条第3项的规定，以走私国家禁止进出口的货物、物品罪等罪名定罪处罚；偷逃应缴税额，又构成走私普通货物、物品罪的，依照处罚较重的规定定罪处罚。同时，考虑到可用作原料的固体废物的加工利用可能对环境造成的污染，在对实际收货人的环境影响评价资质的认定上应从严掌握，不能把具备相应环境影响评价资质或者通过环境影响评价、具有废物加工资质简单扩展为有环保加工能力。

走私废物罪

《刑法》规定

第一百五十二条第二款 逃避海关监管将境外固体废物、液态废物和气态废物运输进境，情节严重的，处五年以下有期徒刑，并处或者单处罚金；情节特别严重的，处五年以上有期徒刑，并处罚金。

第三款 单位犯前两款罪的，对单位判处罚金，并对其直接负责的主管人员和其他直接责任人员，依照前两款的规定处罚。

相关规定

《刑法修正案（四）》第2条

最高人民法院、最高人民检察院《关于办理走私刑事案件适用法律若干问题的解释》第4、14、15条

案例要旨

公 2014 年第 5 期 参 第 840 号　应志敏、陆毅走私废物、走私普通货物案——在走私犯罪案件中，如何认定行为人对夹藏物品是否具有走私的故意以及对走私对象中夹藏的物品确实不明知的，是否适用相关规范性文件中根据实际走私对象定罪处罚的规定

在走私犯罪案件中，应当根据案情综合判断行为人对夹藏物品是否具有走私的故意。行为人不具有走私的概括故意，对于走私物品中还夹藏有其他不同种类走私物品确实不明知的，不能适用相关规范性文件中“根据实际的走私对象定罪处罚”的规定进行数罪并罚，而应当根据主客观相统一原则，以行为人主观认知的走私对象性质加以定罪处罚。对于客观上走私了夹藏的其他物品的，可作为行为人所构成特定走私犯罪的量刑情节予以评价，以体现罪责刑相适应原则。

参 第 773 号　程瑞洁等走私废物案——走私的废物中混有普通货物的，如何定罪处罚

(1)行为人基于概括故意而实施走私犯罪，虽不明知所走私物品的具体种类，但因为走私这些物品均不违背其意志，故而应当根据实际查获的物品性质来定罪处罚。(2)行为人在走私的普通货物、物品中藏匿《刑法》规定的特殊货物、物品的，行为人对特殊货物、物品的“藏匿”行为是明知的，以实际走私的货物、物品定罪处罚；构成数罪的，应予并罚。(3)行为人受他人雇用实施走私犯罪，且知道走私货物、物品的性质，但因受蒙骗而不知走私的货物、物品中混有其他特殊货物、物品的，应当根据其主观上认识的走私货物、物品的性质来定罪处罚。

走私普通货物、物品罪

《刑法》规定

第一百五十三条 走私本法第一百五十一条、第一百五十二条、第三百四十七条规定以外的货物、物品的，根据情节轻重，分别依照下列规定处罚：

（一）走私货物、物品偷逃应缴税额较大或者一年内曾因走私被给予二次行政处罚后又走私的，处三年以下有期徒刑或者拘役，并处偷逃应缴税额一倍以上五倍以下罚金。

（二）走私货物、物品偷逃应缴税额巨大或者有其他严重情节的，处三年以上十年以下有期徒刑，并处偷逃应缴税额一倍以上五倍以下罚金。

（三）走私货物、物品偷逃应缴税额特别巨大或者有其他特别严重情节的，处十年以上有期徒刑或者无期徒刑，并处偷逃应缴税额一倍以上五倍以下罚金或者没收财产。

单位犯前款罪的，对单位判处罚金，并对其直接负责的主管人员和其他直接责任人员，处三年以下有期徒刑或者拘役；情节严重的，处三年以上十年以下有期徒刑；情节特别严重的，处十年以上有期徒刑。

对多次走私未经处理的，按照累计走私货物、物品的偷逃应缴税额处罚。

相关规定

《刑法修正案（八）》第27条

《烟草专卖法》第 40 条

最高人民法院《关于审理走私犯罪案件适用法律有关问题的通知》

最高人民法院、最高人民检察院《关于办理走私刑事案件适用法律若干问题的解释》第 16～18 条、第 24 条第 2 款

最高人民法院、最高人民检察院、海关总署《关于办理走私刑事案件适用法律若干问题的意见》第 4、16、21、24 条

《打击非设关地成品油走私专题研讨会会议纪要》第一、二、三、七部分

案例要旨

参 第 1 号 北京太子纺织工业有限公司、姚志俊等走私普通货物案——单位走私犯罪在法律文书中如何表述

1979 年《刑法》没有关于单位犯罪的规定，1988 年 1 月 21 日全国人民代表大会常务委员会颁布的《关于惩治走私罪的补充规定》（已失效。——编者注），补充了对单位走私犯罪的规定，1997 年《刑法》在《关于惩治走私罪的补充规定》的基础上，对单位走私普通货物、物品犯罪在量刑幅度、法定最高刑以及走私数额计算的标准等方面进行了修改。尽管《刑法》关于单位走私普通货物犯罪的法定最高刑重于《关于惩治走私罪的补充规定》，但根据本案走私的货物价值计算，如适用《关于惩治走私罪的补充规定》应属于“情节特别严重”。按照《刑法》第 153 条的规定，走私普通货物、物品的，应根据其走私偷逃的应缴税额，而不是走私货物、物品的价额量刑，则尚未达到“情节特别严重”，只属于“情节严重”。故根据《刑法》第 12 条规定的从旧兼从轻原则，对被告单位和被告人应适用修订后《刑法》规定的刑罚。

参 第 18 号　林春华等走私普通货物案——以公司名义进行走私，违法所得归个人所有的，是个人犯罪

构成单位犯罪必须符合两个条件：一是单位全体成员或单位决策机构集体作出的决定，而不是单位中的某个人以个人名义擅自作出的决定；二是非法所得归单位所有。不具备上述两个条件的，不构成单位犯罪。而盗用单位名义实施犯罪，违法所得由实施犯罪的个人私分的，依照《刑法》有关自然人犯罪的规定定罪处罚。

参 第 267 号　宋世璋被控走私普通货物案——在代理转口贸易中未如实报关的行为不构成走私罪

（1）行为人为进行转口贸易，将普通货物暂时转运进境，其行为在表面上虽采用了不如实报关的手段逃避海关监管，但由于在客观上没有偷逃税款，亦不会给国家造成关税损失，不应以走私普通货物罪论处。（2）对于逃避海关监管，运输、携带、邮寄依法不应当缴纳关税的货物、物品，运输暂行进出口货物、过境、转运、通运货物进境的行为不属于走私行为。

参 第 268 号　上海华源依龙实业发展公司等走私普通货物案——擅自将“进料加工”的保税货物在境内销售牟利行为的定性

《刑法》第 154 条第 1 项虽未对保税货物是否包括进料加工的保税货物作出明确规定，但根据擅自在境内销售进料加工的保税货物的行为性质、社会危害及相关司法解释，偷逃税款达到法定数额的，亦应以走私普通货物罪追究相关单位及责任人员的刑事责任。

参 第 423 号　林永杰、卢志强走私普通货物案——走私仿真枪犯罪案件中的有关鉴定和计税依据问题

（1）仿真枪的鉴定应以公安部门作出的鉴定意见为准（因需要根据

鉴定的结果确定其是否属于武器)，走私仿真枪犯罪案件中的枪形物品经公安部门鉴定如果不能被认定为武器，但经海关部门依法核定偷逃应缴税额达到5万元以上的，则应以《刑法》第153条规定的走私普通货物罪定罪处罚。(2)走私货物、物品偷逃的应缴纳税额，应当以走私行为案发时所适用的税则、税率、汇率和海关审定的完税价格计算，并以海关出具的证明为准。

参 第1119号　舟山市某远洋渔业有限公司、李某某走私普通货物案——冒用远洋渔业项目确认的船舶名义，将自捕水产品作为不征税货物报关入境的行为如何定性

被告单位明知远洋渔业项目确认已过期，仍违反海关法规，冒用其他船舶的远洋自捕水产品免税资格，逃避海关监管，走私进口货物，侵害了海关监管秩序，被告单位和被告人均构成走私普通货物罪，被告单位偷逃应缴税额已达走私普通货物罪的定罪标准。

参 第1199号　吕丽玲走私普通物品案——携带贵金属纪念币入境的行为如何定性

(1)贵金属纪念币是指具有特定主题的限量发行的国家法定货币，既有货币属性，也有商品属性，具有价值和使用价值；可以将贵金属纪念币区别于普通的人民币，作为走私普通货物、物品罪的对象。(2)在国家可通过关税以外的方式(如征收较高的流转税)来控制物品进出口的背景下，将在进口环节偷逃税款(即使偷逃的税款中关税为零)的行为认定为走私，符合走私认定观念转变、发展的大方向。(3)纪念币体现得更多的是一种商品属性，市场价格更能反映纪念币的真实价值，应以纪念币的市场价格来作为计核偷逃税款的基础。

虚报注册资本罪

《刑法》规定

第一百五十八条 申请公司登记使用虚假证明文件或者采取其他欺诈手段虚报注册资本,欺骗公司登记主管部门,取得公司登记,虚报注册资本数额巨大、后果严重或者有其他严重情节的,处三年以下有期徒刑或者拘役,并处或者单处虚报注册资本金额百分之一以上百分之五以下罚金。

单位犯前款罪的,对单位判处罚金,并对其直接负责的主管人员和其他直接责任人员,处三年以下有期徒刑或者拘役。

相关规定

全国人民代表大会常务委员会《关于〈中华人民共和国刑法〉第一百五十八条、第一百五十九条的解释》

最高人民检察院、公安部关于《关于公安机关管辖的刑事案件立案追诉标准的规定(二)》第3条

最高人民检察院、公安部《关于严格依法办理虚报注册资本和虚假出资抽逃出资刑事案件的通知》

案例要旨

参 第70号 管桦虚报注册资本案——虚报注册资本构成犯罪的标准如何掌握

使用虚假"证明文件",是指"资金信用证明、验资证明或者资金担保""住所和经营场所使用证明"等能证实注册资本真实性的文件。所谓

"采取其他欺诈手段"，是指利用"使用虚假证明文件"以外的其他方法虚报注册资本，如隐瞒真相骗用其无支配权的资金进行虚报。使用这些欺诈手段必须是为了虚报注册资本，不是为了虚报注册资本而使用的欺诈手段，不构成本罪。（2014 年 4 月 24 日全国人民代表大会常务委员会《关于〈中华人民共和国刑法〉第一百五十八条、第一百五十九条的解释》规定，"刑法第一百五十八条、第一百五十九条的规定，只适用于依法实行注册资本实缴登记制的公司"。即《刑法》中虚报注册资本罪和虚假出资、抽逃出资罪两个罪名不再适用于国务院《注册资本登记制度改革方案》中规定的实行注册资本认缴登记制的企业。最高人民检察院和公安部联合出台的《关于严格依法办理虚报注册资本和虚假出资抽逃出资刑事案件的通知》规定，除依法实行注册资本实缴登记制的公司以外，对申请公司登记的单位和个人不再以虚报注册资本罪追究刑事责任；对公司股东、发起人不再以虚假出资、抽逃出资罪追究刑事责任。——编者注）

《刑法》第160条

参 第 130 号　薛玉泉虚报注册资本案——开具假银行进账单虚报注册资本的行为如何定性

公款的控制权是否转移是判定挪用公款行为能否成立的关键因素，而对公款的收益是否造成实际损失，不是判定挪用公款行为罪与非罪的标准。未实际转移公款控制权，而以单位资产凭证作为个人公司的注册资本进行验资、骗取公司登记的，不构成挪用公款罪，应以虚报注册资本罪论处。

欺诈发行证券罪

《刑法》规定

第一百六十条　在招股说明书、认股书、公司、企业债券募集办法等发行文件中隐瞒重要事实或者编造重大虚假内容，发行股票或者公司、企业债券、存托凭证或者国务院依法认定的其他证券，数额巨大、后果严重或者有其他严重情节的，处五年以下有期徒刑或者拘役，并处或者单处罚金；数额特别巨大、后果特别严重或者有其他特别严重情节的，处五年以上有期徒刑，并处罚金。

控股股东、实际控制人组织、指使实施前款行为的，处五年以下有期徒刑或者拘役，并处或者单处非法募集资金金额百分之二十以上一倍以下罚金；数额特别巨大、后果特别严重或者有其他特别严重情节的，处五年以上有期徒刑，并处非法募集资金金额百分之二十以上一倍以下罚金。

单位犯前两款罪的，对单位判处非法募集资金金额百分之二十以上一倍以下罚金，并对其直接负责的主管人员和其他直接责任人员，依照第一款的规定处罚。

相关规定

《刑法修正案（十一）》第 8 条

最高人民检察院、公安部《关于公安机关管辖的刑事案件立案追诉标准的规定（二）》第 5 条

案例要旨

参 第 1387 号　江苏北极皓天科技有限公司、杨佳业欺诈发行债券案——如何把握欺诈发行债券罪的构成要件

私募债券仍然符合“依照法定程序发行、约定在一定期限还本付息”的公司债券的基本特征，属于欺诈发行债券罪的规制对象。行为人制作虚假的公司、企业债券募集办法发行债券的行为，必须达到一定的

严重程度，即达到“数额巨大、后果严重或者有其他严重情节的”，才构成犯罪。欺诈发行债券罪中发行数额的认定标准，应以结果数额即行为人实际募集的数额为标准。［《刑法》第160条规定的欺诈发行股票、债券罪，经《刑法修正案（十一）》修订，现已变更为欺诈发行证券罪。——编者注］

违规披露、不披露重要信息罪

《刑法》规定

第一百六十一条　依法负有信息披露义务的公司、企业向股东和社会公众提供虚假的或者隐瞒重要事实的财务会计报告，或者对依法应当披露的其他重要信息不按照规定披露，严重损害股东或者其他人利益，或者有其他严重情节的，对其直接负责的主管人员和其他直接责任人员，处五年以下有期徒刑或者拘役，并处或者单处罚金；情节特别严重的，处五年以上十年以下有期徒刑，并处罚金。

前款规定的公司、企业的控股股东、实际控制人实施或者组织、指使实施前款行为的，或者隐瞒相关事项导致前款规定的情形发生的，依照前款的规定处罚。

犯前款罪的控股股东、实际控制人是单位的，对单位判处罚金，并对其直接负责的主管人员和其他直接责任人员，依照第一款的规定处罚。

相关规定

《刑法修正案（六）》第5条

《刑法修正案(十一)》第9条

最高人民检察院、公安部《关于公安机关管辖的刑事案件立案追诉标准的规定(二)》第6条

案例要旨

参 第285号 董博等提供虚假财会报告案——提供虚假财会报告罪中直接责任人员的认定

单位工作人员受主管人员指使编制虚假财会报表的,属于提供虚假财会报告罪中的直接责任人员。[1997年《刑法》第161条规定的罪名是提供虚假财会报告罪,2006年《刑法修正案(六)》将该罪名修改为违规披露、不披露重要信息罪。——编者注]

参 第824号 于在青违规不披露重要信息案——依法负有披露义务的公司、企业对依法应当披露的重要信息不按规定披露的,对直接负责的主管人员如何处理以及上市公司直接负责的主管人员违规向不具有清偿能力的控股股东提供担保的行为,如何定性

(1)依法负有披露义务的公司、企业对依法应当披露的重要信息不按规定披露的,对直接负责的主管人员以违规不披露重要信息罪定罪论处。(2)上市公司直接负责的主管人员违规向不具有清偿能力的控股股东提供担保,未造成实际损失的,不构成背信损害上市公司利益罪。

参 第1435号 丹东欣泰电气股份有限公司及温德乙、刘明胜欺诈发行股票、违规披露重要信息案——上市公司在申请上市前后连续财务造假的行为如何认定

上市公司在申请上市前后连续财务造假的,侵犯了国家关于股票发行的管理制度和上市公司关于信息披露的管理制度,上述两个行为所侵害的法益和所造成的社会危害均不相同,独立成罪,且二者之间不具有

牵连关系，应予数罪并罚。证券业监督管理部门依照《证券法》的规定已对行为人作出终身证券市场禁入措施的，为避免重复处罚，人民法院在判决时，不宜再依据《刑法》第37条之一第1款规定对行为人另行判处从业禁止。

参 第1598号　张某文违规不披露重要信息案——上市公司违规不披露重大诉讼的司法认定

上市公司应当及时、依法披露重大诉讼事项。公司人员脱岗或者公司管理混乱属于公司内部管理事项，不影响本罪的构成。上市公司关于重大诉讼的披露时间节点应坚持第一时间及时披露的原则，但对于上市公司系被告的案件，相关诉讼立案时上市公司并不知晓，法律不能强人所难，故以上市公司收到诉讼材料、得知诉讼案件存在时作为应当披露重大诉讼的时点最为合适。

妨害清算罪

《刑法》规定

第一百六十二条　公司、企业进行清算时，隐匿财产，对资产负债表或者财产清单作虚伪记载或者在未清偿债务前分配公司、企业财产，严重损害债权人或者其他人利益的，对其直接负责的主管人员和其他直接责任人员，处五年以下有期徒刑或者拘役，并处或者单处二万元以上二十万元以下罚金。

相关规定

最高人民检察院、公安部《关于公安机关管辖的刑事案件立案追诉

标准的规定(二)》第7条

案例要旨

参 第269号 沈卫国等挪用资金、妨害清算案——妨害清算罪的具体认定

(1)具有法人资格的公司分支机构,若具有相对独立的经营权,可对外发生民事法律关系的,应当认定为单位犯罪的主体。(2)在公司清算中,擅自处理、转移库存即代销物资、拒绝移交账单等行为,若没有损害相关债权人及其利害关系人利益,不构成妨害清算罪。

隐匿、故意销毁会计凭证、会计帐簿、财务会计报告罪

《刑法》规定

第一百六十二条之一 隐匿或者故意销毁依法应当保存的会计凭证、会计帐簿、财务会计报告,情节严重的,处五年以下有期徒刑或者拘役,并处或者单处二万元以上二十万元以下罚金。

单位犯前款罪的,对单位判处罚金,并对其直接负责的主管人员和其他直接责任人员,依照前款的规定处罚。

相关规定

《刑法修正案》第1条

最高人民检察院、公安部《关于公安机关管辖的刑事案件立案追诉标准的规定(二)》第8条

案例要旨

参 第1206号　林垦、金敏隐匿会计凭证、会计账簿、财务会计报告，非法持有枪支、弹药案——未实施对抗监管部门监督检查的"隐匿"行为是否构成隐匿会计凭证、会计账簿、财务会计报告罪

《会计法》规定的隐匿会计凭证、会计账簿、财务报告的目的，应当成为评价某一隐匿行为是否能够进入刑事处罚领域的依据。因此，评价某一行为是否构成隐匿会计凭证、会计账簿、财务报告罪，首先需要判断行为人所实施的隐匿行为是否为了逃避有关监督检查部门依法实施的监督检查。

非国家工作人员受贿罪

《刑法》规定

第一百六十三条[①]　公司、企业或者其他单位的工作人员，利用职务上的便利，索取他人财物或者非法收受他人财物，为他人谋取利益，数额较大的，处三年以下有期徒刑或者拘役，并处罚金；数额巨大或者有其他严重情节的，处三年以上十年以下有期徒刑，并处罚金；数额特别巨大或者有其他特别严重情节的，处十年以上有期徒刑或者无期徒刑，并处罚金。

公司、企业或者其他单位的工作人员在经济往来中，利用职务上的便利，违反国家规定，收受各种名义的回扣、手续费，归个人所有的，依照前款的规定处罚。

① 本条第3款构成受贿罪。

国有公司、企业或者其他国有单位中从事公务的人员和国有公司、企业或者其他国有单位委派到非国有公司、企业以及其他单位从事公务的人员有前两款行为的，依照本法第三百八十五条、第三百八十六条的规定定罪处罚。

相关规定

《刑法修正案(六)》第7条

《刑法修正案(十一)》第10条

最高人民检察院、公安部《关于公安机关管辖的刑事案件立案追诉标准的规定(二)》第10条

最高人民法院、最高人民检察院《关于办理商业贿赂刑事案件适用法律若干问题的意见》

最高人民法院、最高人民检察院《关于办理贪污贿赂刑事案件适用法律若干问题的解释》第11条

案例要旨

参 第320号　杨志华企业人员受贿案——筹建中的企业工作人员利用职务便利为他人谋取利益非法收受、索取财物的能否以企业人员受贿罪定罪处罚

《刑法》第163条既没有限定企业的性质，也没有限定企业的存在状态，只要是依法设立的企业，其工作人员利用职务便利实施犯罪活动的，就应当适用《刑法》关于企业工作人员犯罪的规定。

参 第958号　高世银非国家工作人员受贿案——村民委员会主任在村自行修建道路中收受他人贿赂的，如何定性

经村民代表会议决定，在村集体土地上自行修建道路，属于村民自

治范围内的事务。只有依法把村民集体土地转为国有土地，在该土地上修建道路等公共设施才属于公务活动，系“政府工程”。反之，相关建设活动仍然属于村民自治范围内的事务，建设主体为村集体经济组织或者村民委员会。从事村民自治范围内的经营、管理活动的村民委员会人员，不属于其他依照法律从事公务的人员。如果该类人员利用上述便利条件，非法收受他人财物，为他人谋取利益，构成犯罪的，应当以非国家工作人员受贿罪追究其刑事责任。

参 第1207号 周根强、朱江华非国家工作人员受贿案——如何认定行政管理职权转委托情形下受托方的滥用职权及收受财物行为

对于公司、企业工作人员而言，构成滥用职权罪的前提应是依法或受国家机关委托代表国家机关行使行政管理职权，所从事的公务需与有关的职权内容紧密联系。委托并不等同于委派。所谓委派，即委任、派遣，其形式多种多样，如任命、指派、提名、批准。“委派”要具有刑法效力，必须同时具备“有效性、法定性、隶属性和内容特定性”四个条件。国有企业接受国家机关委托行使行政管理职权后，将上述职权转委托给其他公司、企业行使的，该公司、企业工作人员不属于国家机关工作人员，不具有滥用职权罪的主体身份。受委托公司、企业属于非国有公司，行为人系上述公司从事劳务工作的人员，在履行职务过程中，收受他人贿赂，为他人谋取利益，数额较大的，符合非国家工作人员受贿罪的犯罪构成要件。

参 第1233号 朱思亮非国家工作人员受贿案——如何认定“受委派从事公务”

有权委派到非国有公司、企业、事业单位、社会团体从事公务的主体，应限于两类组织：一是《刑法》明确规定的“国家机关、国有公司、企业、事业单位”；二是上述最高人民法院、最高人民检察院《关于办理国家出资企业中职务犯罪案件具体应用法律若干问题的意见》中规定的“国家出资企业中负有管理、监督国有资产职责的组织”。此外,“从事公务”是指代表国家机关、国有公司、企业、事业单位、人民团体等履行组织、领导、监督、管理等职责,其中国家代表性是公务的本质特征。一般情况下,只有在非国有公司中有国有资产的情形下,才存在委派;若无国有资产,既无委派必要,亦无委派可能。

对非国家工作人员行贿罪

《刑法》规定

第一百六十四条第一款 为谋取不正当利益,给予公司、企业或者其他单位的工作人员以财物,数额较大的,处三年以下有期徒刑或者拘役,并处罚金;数额巨大的,处三年以上十年以下有期徒刑,并处罚金。

第三款 单位犯前两款罪的,对单位判处罚金,并对其直接负责的主管人员和其他直接责任人员,依照第一款的规定处罚。

第四款 行贿人在被追诉前主动交待行贿行为的,可以减轻处罚或者免除处罚。

相关规定

《刑法修正案(六)》第8条

《刑法修正案(八)》第29条

《刑法修正案(九)》第10条

最高人民检察院、公安部《关于公安机关管辖的刑事案件立案追诉标准的规定(二)》第11条

最高人民法院、最高人民检察院《关于办理贪污贿赂刑事案件适用法律若干问题的解释》第11条第3款

案例要旨

参 第1136号　张建军、刘祥伟对非国家工作人员行贿案——在国有建设用地使用权挂牌出让过程中串通竞买的行为应如何定性

挂牌出让固然与招投标有相似之处，但二者无论是在概念文义，还是适用范围、操作程序、出让人否决权等方面都存在显著差异，二者的差异性远大于相似性。尽管从实质上看，挂牌出让中的串通竞买行为也具有社会危害性，但在《刑法》明确将串通投标罪的犯罪主体界定为投标人、招标人的情况下，客观上已不存在将挂牌出让解释为招投标从而予以定罪的空间，只能按照对非国家工作人员行贿罪追究相关人员的刑事责任。

非法经营同类营业罪

《刑法》规定

第一百六十五条　国有公司、企业的董事、监事、高级管理人员，利用职务便利，自己经营或者为他人经营与其所任职公司、企业同类的营业，获取非法利益，数额巨大的，处三年以下有期徒刑或者拘役，并处或者单处罚金；数额特别巨大的，处三年以上七年以下有期徒刑，并处罚金。

其他公司、企业的董事、监事、高级管理人员违反法律、行政法规规定，实施前款行为，致使公司、企业利益遭受重大损失的，依照前款的规定处罚。

相关规定

《刑法修正案(十二)》第1条

案例要旨

参 第187号 杨文康非法经营同类营业案——非法经营同类营业罪与为亲友非法牟利罪之区分

非法经营同类营业罪要求行为人具有具体的经营活动,并要求行为人获取非法利益。为亲友非法牟利罪表现为行为人在本单位的经营管理活动中,利用职务便利经营或者参与亲友的经营行为,将本单位的盈利业务交由自己的亲友进行经营,其目的在于为自己的亲友谋取非法利益,行为人虽然也可能从中得到一定的“报酬”或者“好处费”,但是,该报酬并非直接源于行为人在本单位的具体经营行为,而是其利用职务便利行为所获,属于受贿性质。非国有企业的中层管理人员利用职务便利,将所在公司业务交由以亲属名义设定的公司进行经营的,构成非法经营同类营业罪。

参 第1298号 吴小军非法经营同类营业、对非国家工作人员行贿案——非法经营同类营业罪的主体范围及对“同类营业”的准确理解

(1)经委派到国家出资企业中从事公务的人员,虽然其所任职的企业不能被认定为《刑法》意义上的“国有公司、企业”,甚至委派他的单位也不是《刑法》意义上的“国有公司、企业”,但其本人在符合特定条件的情况下,仍可以被认定为“国有公司、企业人员”。(2)“同类营业”并非“同样营业”。行为人在利用职务之便获知与相对方交易机会的情况下,未向本公司汇报,剥夺本公司交易机会而据为己有,属于经营同类营业行为。同时,根据《公司法》的相关规定,公司的经营活动即便超出了

其营业执照标示的范围，只要不违反国家禁止性规定，都不应当被认定为无效。

为亲友非法牟利罪

《刑法》规定

第一百六十六条　国有公司、企业、事业单位的工作人员，利用职务便利，有下列情形之一，致使国家利益遭受重大损失的，处三年以下有期徒刑或者拘役，并处或者单处罚金；致使国家利益遭受特别重大损失的，处三年以上七年以下有期徒刑，并处罚金：

（一）将本单位的盈利业务交由自己的亲友进行经营的；

（二）以明显高于市场的价格从自己的亲友经营管理的单位采购商品、接受服务或者以明显低于市场的价格向自己的亲友经营管理的单位销售商品、提供服务的；

（三）从自己的亲友经营管理的单位采购、接受不合格商品、服务的。

其他公司、企业的工作人员违反法律、行政法规规定，实施前款行为，致使公司、企业利益遭受重大损失的，依照前款的规定处罚。

相关规定

《刑法修正案（十二）》第2条

案例要旨

参 第1494号　刘晓宇为亲友非法牟利案——如何认定为亲友非法牟利罪

国有控股公司中从事公务的人员属于国有公司工作人员，通过下属单位负责人的职权，安排以明显高于市场的价格购买商品，属于利用职务上的便利。考虑到该行为不同于典型的贪污行为，不仅自己实际获利，其主观上也有为亲友牟利的意图，客观上其亲友也有可能从中获利，不宜认定为贪污罪，以为亲友非法牟利罪进行处罚更为合理。

国有公司、企业、事业单位人员失职罪，国有公司、企业、事业单位人员滥用职权罪

《刑法》规定

第一百六十八条　国有公司、企业的工作人员，由于严重不负责任或者滥用职权，造成国有公司、企业破产或者严重损失，致使国家利益遭受重大损失的，处三年以下有期徒刑或者拘役；致使国家利益遭受特别重大损失的，处三年以上七年以下有期徒刑。

国有事业单位的工作人员有前款行为，致使国家利益遭受重大损失的，依照前款的规定处罚。

国有公司、企业、事业单位的工作人员，徇私舞弊，犯前两款罪的，依照第一款的规定从重处罚。

相关规定

《刑法修正案》第2条

案例要旨

参 第 14 号 翟鲁光受贿案——银行工作人员玩忽职守的行为如何定罪

依据 1979 年《刑法》第 187 条的规定，玩忽职守罪的主体为“国家工作人员”，1997 年修订后的《刑法》将玩忽职守罪的主体限定为“国家机关工作人员”，并增设了一系列国家工作人员失职和徇私舞弊犯罪。对国家工作人员因失职或徇私舞弊而给公共财产、国家和人民利益造成重大损失的行为，根据具体主体和客观行为的不同，分别规定了相应的罪名。因此，对银行工作人员玩忽职守的行为不能以玩忽职守罪定罪，根据修订后的《刑法》第 168 条的规定，构成国有公司、企业、事业单位人员失职罪。

参 第 1234 号 工商银行神木支行、童某等国有公司人员滥用职权案——国有控股、参股公司、企业工作人员私分本公司、企业资产行为的认定

根据最高人民法院、最高人民检察院 2010 年 11 月 26 日联合出台的《关于办理国家出资企业中职务犯罪案件具体应用法律若干问题的意见》，国有公司、企业与国有控股、参股公司、企业是并列主体，间接说明《刑法》中的国有公司、企业仅限于国有独资公司、企业，国有控股、参股公司、企业工作人员私分本公司、企业国有资产的行为依法可以构成国有公司、企业、事业单位人员滥用职权罪。

背信损害上市公司利益罪

《刑法》规定

第一百六十九条之一 上市公司的董事、监事、高级管理人员违背对公司的忠实义务，利用职务便利，操纵上市公司从事下列行为之一，致使上市公司利益遭受重大损失的，处三年以下有期徒刑或者拘役，并处或者单处罚金；致使上市公司利益遭受特别重大损失的，处三年以上七年以下有期徒刑，并处罚金：

（一）无偿向其他单位或者个人提供资金、商品、服务或者其他资产的；

（二）以明显不公平的条件，提供或者接受资金、商品、服务或者其他资产的；

（三）向明显不具有清偿能力的单位或者个人提供资金、商品、服务或者其他资产的；

（四）为明显不具有清偿能力的单位或者个人提供担保，或者无正当理由为其他单位或者个人提供担保的；

（五）无正当理由放弃债权、承担债务的；

（六）采用其他方式损害上市公司利益的。

上市公司的控股股东或者实际控制人，指使上市公司董事、监事、高级管理人员实施前款行为的，依照前款的规定处罚。

犯前款罪的上市公司的控股股东或者实际控制人是单位的，对单位判处罚金，并对其直接负责的主管人员和其他直接责任人员，依照第一款的规定处罚。

相关规定

《刑法修正案（六）》第9条

最高人民检察院、公安部《关于公安机关管辖的刑事案件立案追诉标准的规定（二）》第13条

案例要旨

参 第1563号 高某被诉背信损害上市公司利益案——背信损害上市公司利益罪中“采用其他方式损害上市公司利益的”认定

对于《刑法》第169条之一第1款第6项规定的“采用其他方式损害上市公司利益的”情形的认定，应当坚持主客观相一致原则：主观上考察行为人是否从公司利益出发；客观上考察行为人作出的经营管理行为是否符合法律规定、公司规定及决策流程，还要考察其中是否掺杂行为人本人利益、是否涉及向其他人输送利益等。

伪造货币罪

《刑法》规定

第一百七十条 伪造货币的，处三年以上十年以下有期徒刑，并处罚金；有下列情形之一的，处十年以上有期徒刑或者无期徒刑，并处罚金或者没收财产：

（一）伪造货币集团的首要分子；

（二）伪造货币数额特别巨大的；

（三）有其他特别严重情节的。

相关规定

《刑法修正案（九）》第11条

最高人民检察院、公安部《关于公安机关管辖的刑事案件立案追诉标准的规定（二）》第14条

最高人民法院《关于审理伪造货币等案件具体应用法律若干问题的解释》第1、7条

最高人民法院《关于审理伪造货币等案件具体应用法律若干问题的解释(二)》

《全国法院审理金融犯罪案件工作座谈会纪要》第二部分(二)第2条

最高人民法院、最高人民检察院、公安部《关于严厉打击假币犯罪活动的通知》第2条

案例要旨

参 第23号　杨吉茂等伪造货币案——伪造美元的行为应如何适用法律

本罪的对象是“货币”,不仅包括我国的国家货币即人民币,也包括外币。只要伪造出假美元,不管是成品还是半成品,均应视为犯罪行为,对此部分金额应予以认定,但可根据案件具体情况,作为量刑情节予以考虑。按照1979年《刑法》的规定,伪造货币罪的对象是国家货币,不包括外币。1997年《刑法》将伪造外币的行为规定为伪造货币罪,依照从旧兼从轻的原则,对1997年《刑法》颁布之前行为人伪造外币的部分行为,可不认定犯罪数额。

出售、购买、运输假币罪

《刑法》规定

第一百七十一条第一款　出售、购买伪造的货币或者明知是伪造的货币而运输,数额较大的,处三年以下有期徒刑或者拘役,并

处二万元以上二十万元以下罚金；数额巨大的，处三年以上十年以下有期徒刑，并处五万元以上五十万元以下罚金；数额特别巨大的，处十年以上有期徒刑或者无期徒刑，并处五万元以上五十万元以下罚金或者没收财产。

相关规定

最高人民法院《关于审理伪造货币等案件具体应用法律若干问题的解释》第2~4条

最高人民法院《关于审理伪造货币等案件具体应用法律若干问题的解释(二)》第3、4条

案例要旨

参 第188号 张顺发持有、使用假币案——购买并使用假币行为应以购买假币罪从重处罚

购买假币后持有、使用的，属于为实施某种犯罪而其手段行为或者结果行为又触犯其他罪名的犯罪形态，在刑法理论上被称为牵连犯，应以购买假币罪从重处罚。鉴于购买和持有、使用是一个连贯的行为，购买假币后使用的假币数额，包括已经使用和准备使用的数额。

高利转贷罪

《刑法》规定

第一百七十五条 以转贷牟利为目的，套取金融机构信贷资金高利转贷他人，违法所得数额较大的，处三年以下有期徒刑或者

拘役,并处违法所得一倍以上五倍以下罚金;数额巨大的,处三年以上七年以下有期徒刑,并处违法所得一倍以上五倍以下罚金。

单位犯前款罪的,对单位判处罚金,并对其直接负责的主管人员和其他直接责任人员,处三年以下有期徒刑或者拘役。

相关规定

最高人民检察院、公安部《关于公安机关管辖的刑事案件立案追诉标准的规定(二)》第21条

案例要旨

参 第487号 姚凯高利转贷案——套取银行的承兑汇票是否属于套取银行信贷资金

被告人以转贷牟利为目的,编造虚假交易关系并出具虚假购销合同取得银行承兑汇票的,属于《刑法》第175条规定的“套取金融机构信贷资金”的行为。高利转贷罪中的“高利”,应理解为转贷利率高于银行利率,不以达到最高人民法院《关于审理民间借贷案件适用法律若干问题的规定》(2020年12月已修正。——编者注)规定的倍数或数值为必要。

骗取贷款、票据承兑、金融票证罪

《刑法》规定

第一百七十五条之一 以欺骗手段取得银行或者其他金融机构贷款、票据承兑、信用证、保函等,给银行或者其他金融机构造成

重大损失的，处三年以下有期徒刑或者拘役，并处或者单处罚金；给银行或者其他金融机构造成特别重大损失或者有其他特别严重情节的，处三年以上七年以下有期徒刑，并处罚金。

单位犯前款罪的，对单位判处罚金，并对其直接负责的主管人员和其他直接责任人员，依照前款的规定处罚。

相关规定

《刑法修正案(六)》第10条

《刑法修正案(十一)》第11条

最高人民检察院、公安部《关于公安机关管辖的刑事案件立案追诉标准的规定(二)》第22条

最高人民法院刑事审判第二庭《关于针对骗取贷款、票据承兑、金融票证罪和违法发放贷款罪立案追诉标准的意见》

最高人民检察院公诉厅《关于对骗取贷款罪等犯罪立案追诉标准有关问题的回复意见》

案例要旨

参 第960号 江树昌骗取贷款案——骗取小额贷款公司贷款的行为是否构成骗取贷款罪

小额贷款公司系依法设立的经营小额贷款金融业务的其他非银行金融机构。中国人民银行的相关规定已经明确认可小额贷款公司为金融机构，不能以小额贷款公司未取得金融许可证而否认小额贷款公司的金融机构性质。因此，行为人骗取小额贷款公司贷款的行为构成骗取贷款罪。

参 第961号　陈恒国骗取贷款案——如何认定骗取贷款案件中行为人是否具有非法占有目的

认定行为人具有占有贷款的目的,必须具备以下条件:(1)行为人通过欺诈手段获取贷款,即行为人实施了《刑法》第193条规定的5项情形之一。(2)行为人到期没有归还贷款。(3)行为人贷款时即明知不具有归还能力或者贷款后实施了某种特定行为。如果行为人同时具备上述3个条件,就可以认定行为人主观上具有非法占有贷款的目的。如果行为人骗取贷款的行为欠缺上述三个条件之一,则一般不应认定其主观上具有非法占有贷款的目的,从而不能认定构成贷款诈骗罪。

参 第1208号　钢浓公司、武建钢骗取贷款、诈骗案——使用虚假资料获取银行贷款的,如何认定行为人的非法占有目的

对确因不可抗力、意外事件、正常的投资经营风险等债务人不能控制的因素导致债权人权益损失的,应当尊重民事法律规范的调整领域,不轻易将矛盾上升到刑事追责的高度。对以欺骗方式获取借款,但借款时确有还款能力,借款后实际用于保值增值业务或者借款合同约定的借款用途,借款逾期后积极采取有效措施筹措还款的借款人,不宜认定行为人有非法占有的主观恶意。

参 第1609号　蒋某某被诉骗取票据承兑案——使用欺骗手段骗取银行票据承兑,但未给银行造成实际损失的行为是否构成犯罪

(1)《刑法修正案(十一)》对骗取票据承兑罪进行修正前,该罪的入罪条件包括给银行或其他金融机构造成重大损失和有其他严重情节。在司法实践中,一般把握这两种形态对资金安全和金融管理秩序的危害程度相当,"其他严重情节"应是行为人采取的骗取贷款行为致使银行或金融机构资金处于危险之中,危及资金安全、危害金融管理秩序的情形。《刑法修正案(十一)》发布后,本案的入罪条件只保留造成重大损

失，原来司法实践中把握的总体原则与修正案所体现的立法精神相契合。(2)适用骗取票据承兑罪的加重情节，应以符合基本犯罪构成为前提。对于未给银行或其他金融机构造成重大损失的，不应简单将骗取资金数额特别巨大等同于给国家金融安全造成特别重大风险，不能直接认定“其他特别严重情节”而适用第二档法定刑。

非法吸收公众存款罪

《刑法》规定

第一百七十六条 非法吸收公众存款或者变相吸收公众存款，扰乱金融秩序的，处三年以下有期徒刑或者拘役，并处或者单处罚金；数额巨大或者有其他严重情节的，处三年以上十年以下有期徒刑，并处罚金；数额特别巨大或者有其他特别严重情节的，处十年以上有期徒刑，并处罚金。

单位犯前款罪的，对单位判处罚金，并对其直接负责的主管人员和其他直接责任人员，依照前款的规定处罚。

有前两款行为，在提起公诉前积极退赃退赔，减少损害结果发生的，可以从轻或者减轻处罚。

相关规定

《刑法修正案(十一)》第12条

最高人民检察院、公安部《关于公安机关管辖的刑事案件立案追诉标准的规定(二)》第23条

最高人民法院《关于审理非法集资刑事案件具体应用法律若干问题的解释》第1~6、8、9条

《认定非法吸收公众存款罪主体问题的复函》

最高人民法院刑事审判第二庭《关于以投资林业为名向社会吸收资金行为定性的答复意见》

《宽严相济在经济犯罪和职务犯罪案件审判中的具体贯彻》

最高人民法院《关于非法集资刑事案件性质认定问题的通知》

最高人民法院、最高人民检察院、公安部《关于办理非法集资刑事案件适用法律若干问题的意见》

最高人民检察院公诉厅《关于办理涉互联网金融犯罪案件有关问题座谈会纪要》第 6 ~ 13 条

最高人民法院、最高人民检察院、公安部《关于办理非法集资刑事案件若干问题的意见》

案例要旨

参 第 56 号　高远非法吸收公众存款案——利用经济互助会非法集资的行为如何定性

以高额利息为诱饵，吸收公众存款进行赢利，但不具有非法占有目的的，不构成集资诈骗罪，应以非法吸收公众存款罪论处。其行为造成的严重后果不能成为影响案件定性的事实因素，而只能作为量刑情节予以考虑。

参 第 488 号　惠庆祥等非法吸收公众存款案——如何认定非法变相吸收公众存款

非法吸收公众存款罪，尽管也表现为一定的民间借贷特征，但因为其借贷的范围具有不特定的公众性且扰乱了国家金融秩序，所以具有民间借贷不会造成的严重社会危害性，这是两者的根本区别。未经中国人民银行批准，向社会不特定对象吸收资金，承诺在一定期限内还本付息，属于变相吸收公众存款,应以非法吸收公众存款罪论处。

参 第1188号 毛肖东等非法吸收公众存款案——非法吸收公众存款罪从轻处罚的适用

(1)“犯罪情节较轻”之“犯罪情节”,侧重于反映犯罪的整体社会危害性,是对犯罪主体、犯罪主观方面、犯罪客体和犯罪对象以及犯罪客观方面的全面考察和综合评价。而《刑法》分则具体罪状中的犯罪情节是决定刑罚档次的犯罪因素,主要体现为对犯罪客观方面的评价,且一般都经由司法解释作出较为明确的规定,具有法定性和确定性,法官自由裁量的空间相对较小。(2)对于非法吸收公众存款案件的量刑,应侧重考量集资目的及清退资金两个关键要素,在量刑幅度上适当灵活把握。对于纯粹因“数额巨大”而提档处罚的,可在符合条件时考虑适用缓刑;对于具有“其他严重情节”的,则基于对司法裁判的社会可接受性等社会效果的考虑,纵然在3年有期徒刑的起点刑量刑,一般也不宜对其适用缓刑。对于集资后主要用于生产经营所需或者非法吸收的资金基本退清的,可从轻处罚。

参 第1544号 张某宇等集资诈骗、非法吸收公众存款案——在集资诈骗和非法吸收公众存款交叉犯罪案件中,对不能实际履行公司职责的高管的行为如何定性

在集资诈骗和非法吸收公众存款交叉犯罪案件中,对于名义上负责公司全面或关键工作,但实际上未参与公司核心业务决策、资金控制或分配的人,即使其从事了部分对内、对外职责,也不能据此一概认定具有“非法占有”目的,而应深入考察、比较其已实施行为以及未履行“职责”的性质、后果,按照疑罪从无、主客观相一致等原则,严格裁判标准,将其与具有“非法占有”目的的公司实际控制人、实际管理者区分开来,依法认定构成非法吸收公众存款罪,而非集资诈骗罪。

参 第 1611 号 廊坊市国某股权投资基金管理有限公司、闫某某等非法吸收公众存款案——私募基金领域非法集资行为的定性及犯罪数额的认定

私募基金进行登记、备案,并不意味着其集资行为就具有合法性,对其实施的集资行为的性质应当根据法律和金融法规关于私募基金募集对象、募集方式、收益分配等方面的规定,对公开性、利诱性、社会性等要件做进一步实质审查,以判断其是否属于非法吸收公众存款行为。是否使用诈骗方法并不是非法吸收公众存款罪和集资诈骗罪的本质区别,仅从客观行为角度并不能对两罪进行准确区分,两个罪名的本质区别在于行为人的主观方面是否对集资款项具有非法占有目的。

妨害信用卡管理罪

《刑法》规定

第一百七十七条之一第一款 有下列情形之一,妨害信用卡管理的,处三年以下有期徒刑或者拘役,并处或者单处一万元以上十万元以下罚金;数量巨大或者有其他严重情节的,处三年以上十年以下有期徒刑,并处二万元以上二十万元以下罚金:

(一)明知是伪造的信用卡而持有、运输的,或者明知是伪造的空白信用卡而持有、运输,数量较大的;

(二)非法持有他人信用卡,数量较大的;

(三)使用虚假的身份证明骗领信用卡的;

(四)出售、购买、为他人提供伪造的信用卡或者以虚假的身份证明骗领的信用卡的。

相关规定

《刑法修正案(五)》第1条

最高人民法院、最高人民检察院《关于办理妨害信用卡管理刑事案件具体应用法律若干问题的解释》第1～3条

案例要旨

参 第386号　张炯、李培骏妨害信用卡管理案——刑法修正案(五)第一条的适用

刑法修正案是对《刑法》法条进行修改,一经颁行,被修正后的《刑法》条文内容即为现行《刑法》的内容,在裁判时可直接援引修改后的《刑法》条文,不需要在裁判文书中同时援引《刑法》和刑法修正案条文。当刑法修正案采取"刑法第×××条后增加一条,作为第×××条之一"的方式对《刑法》进行修正时,增加的法条与其前面的法条相互独立,两条文不能共用同一罪名。罪名应由司法解释确定,审判时司法解释未及确定的,应当根据准确、简明的原则确定罪名。

擅自发行股票、公司、企业债券罪

《刑法》规定

第一百七十九条　未经国家有关主管部门批准,擅自发行股票或者公司、企业债券,数额巨大、后果严重或者有其他严重情节的,处五年以下有期徒刑或者拘役,并处或者单处非法募集资金金额百分之一以上百分之五以下罚金。

单位犯前款罪的，对单位判处罚金，并对其直接负责的主管人员和其他直接责任人员，处五年以下有期徒刑或者拘役。

相关规定

最高人民检察院、最高人民法院《关于公安机关管辖的刑事案件立案追诉标准的规定(二)》第29条

最高人民法院《关于审理非法集资刑事案件具体应用法律若干问题的解释》第10条

最高人民法院、最高人民检察院、公安部、中国证券监督管理委员会《关于整治非法证券活动有关问题的通知》

案例要旨

公 2010年第9期　上海安基生物科技股份有限公司、郑戈擅自发行股票案

非上市股份有限公司为筹集经营资金，在未经证券监管部门批准的情况下，委托中介机构向不特定社会公众转让公司股东的股权，其行为属于未经批准擅自发行股票的行为，数额巨大、后果严重或者有其他严重情节的，应当以擅自发行股票、公司、企业债券罪定罪处罚。

参 第1612号　TR集团股份有限公司、薛某甲、薛某乙擅自发行股票案——如何区分擅自发行股票、公司、企业债券罪与集资诈骗罪、非法吸收公众存款罪

擅自发行股票、公司、企业债券罪与非法吸收公众存款罪最主要的区别是是否真实发行股票或者债券。擅自发行股票、公司、企业债券罪确实发行了股票、债券，所募集的资金有明确用途并实际用于约定项目，在操作手法上与合法发行股票、债券没有区别，其违法性体现为发行行

为未经有关部门依法核准。而非法吸收公众存款罪并未实际发行股票、债券，其真实目的是吸收公众资金。另外，在投资人利润的获取方式上，非法吸收公众存款罪的行为人会向投资人承诺保本付息或者定期给付投资人一定的对价；而擅自发行股票、债券的行为人一般不会保证保本付息，双方通常会签订股权转让合同或者资金募集合同等，投资人需要根据公司经营状况自负盈亏。尽管《证券法》将公开发行证券由核准制改为注册制，但不意味着公开发行证券没有限制，公司仍然需要满足一系列条件方能申请，相关部门需要进行审核。未经申请、通过审核并依法注册，公开发行证券的，属于擅自发行股票、公司、企业债券罪中的“擅自发行”。

内幕交易、泄露内幕信息罪

《刑法》规定

第一百八十条第一款 证券、期货交易内幕信息的知情人员或者非法获取证券、期货交易内幕信息的人员，在涉及证券的发行，证券、期货交易或者其他对证券、期货交易价格有重大影响的信息尚未公开前，买入或者卖出该证券，或者从事与该内幕信息有关的期货交易，或者泄露该信息，或者明示、暗示他人从事上述交易活动，情节严重的，处五年以下有期徒刑或者拘役，并处或者单处违法所得一倍以上五倍以下罚金；情节特别严重的，处五年以上十年以下有期徒刑，并处违法所得一倍以上五倍以下罚金。

第二款 单位犯前款罪的，对单位判处罚金，并对其直接负责的主管人员和其他直接责任人员，处五年以下有期徒刑或者拘役。

第三款 内幕信息、知情人员的范围，依照法律、行政法规的规定确定。

相关规定

《刑法修正案》第 4 条

《刑法修正案(七)》第 2 条

《证券法》第 51、52、80、81 条

《期货和衍生品法》第 3、14、15 条

最高人民法院、最高人民检察院《关于办理内幕交易、泄露内幕信息刑事案件具体应用法律若干问题的解释》

案例要旨

公 2013 年第 1 期 刘宝春、陈巧玲内幕交易案

国家工作人员因履行工作职责而获取对证券交易价格具有重大影响的、尚未公开的信息的，属于内幕信息的知情人员。在内幕信息敏感期内，知情人员与关系密切人共同从事证券交易活动，情节严重的，应当以内幕交易罪定罪处罚。

参 第 735 号 李启红等内幕交易、泄露内幕信息案——如何确定内幕信息价格敏感期、建议他人买卖与内幕信息有关的证券行为如何定性以及如何区分洗钱罪与掩饰、隐瞒犯罪所得罪

(1)内幕信息敏感期应自内幕信息形成之时起至内幕信息公开时止计算，对于内幕信息形成的决策者、策划者、推动者或执行者，内幕信息形成时间应以上述人员决议、决策、动议或执行之时为准。(2)内幕信息知情人建议他人买卖与内幕信息有关的证券，本人没有获利的，构成内幕交易罪。(3)洗钱罪的直接目的是掩饰、隐瞒法定七类犯罪所得

及其产生收益的来源和性质，从而使“黑钱”合法化；掩饰、隐瞒犯罪所得罪的直接目的是逃避司法机关的追查或者使犯罪所得不被追缴，并没有“漂白”赃钱的意图。

参 第756号 肖时庆受贿、内幕交易案——因获取让壳信息而指使他人购买让壳公司股票，后借壳公司改变的，是否影响内幕信息的认定

（1）内幕信息以真实性为构成特征，但对真实性的认定应当坚持二元标准：①对于最终公开的内幕信息，应当以相对真实为认定标准。②对于因谈判失败或者公司高管人员故意违规不予披露等因素而最终未在指定报刊、媒体公开的内幕信息，应当以客观真实为认定标准。（2）对是基于专业知识的研判还是基于对内幕信息的确信而从事有关证券、期货交易的认定，要准确分析促使行为人作出交易决定的关键因素：①对于具有专业知识的人员，即使是利用专业知识掌握了内幕信息的内容，只要其进行专业知识判断时依据了其利用职务或工作便利获取的信息，也应当认定为内幕信息的知情人员。②对于具有专业知识的人员，如果其通过非法手段获取了内幕信息，同时在此过程中也通过其专业知识加强了其判断，或者是先通过专业知识预判出重组对象，后通过获取内幕信息加强了对其预判的确信，原则上只要其从事与内幕信息有关的证券、期货交易，情节严重的，就应当追究内幕交易的刑事责任。

参 第757号 杜兰库、刘乃华内幕交易，刘乃华泄露内幕信息案——内幕信息、内幕信息的知情人员和非法获取人员的认定以及相关法律适用问题的把握

（1）对于利用专业知识判断出重组对象的人员是否认定为内幕信息的知情人员，关键要看该类人员在利用专业知识判断时是否参考了因职务行为获取的信息。（2）内幕信息知情人员的近亲属或是与内幕信息的知情人员关系密切的人，即便是被动获悉内幕信息，也应当依法认

定为非法获取内幕信息的人员。

参 第758号 赵丽梅等内幕交易案——内幕信息知情人员的近亲属或者与其关系密切的人被动获悉内幕信息的，能否认定为“非法获取证券交易内幕信息的人员”

(1)内幕信息知情人员的近亲属或者与其关系密切的人被动获悉内幕信息的，应当认定为“非法获取证券交易内幕信息的人员”。(2)行为人非法获取证券交易内幕信息，在涉及对证券交易价格有重大影响的信息尚未公开前，利用获取的内幕信息进行股票交易的，构成内幕交易罪，且属犯罪情节特别严重的情形。

参 第918号 王文芳泄露内幕信息、徐双全内幕交易案——对利好型内幕信息公开后继续持股未卖的，内幕交易的违法所得如何认定

(1)与内幕信息知情人具有某种经济利益合作的大学同学属于与内幕信息知情人员关系密切的人，其即使是从内幕信息知情人员处被动获悉内幕信息，也应认定为非法获取内幕信息的人员。(2)交易行为是否异常，应当综合时间吻合程度、交易背离程度和利益关联程度等方面进行认定。(3)在未获取股票预期价格信息的前提下，对利好型内幕交易信息公开后继续持股未卖，且公开当日股票价格未出现涨停的，内幕交易的违法所得应当按照复牌日收盘价计算。

参 第1019号 杨治山内幕交易案——如何理解内幕交易犯罪案件中的“自动投案”和“如实供述主要罪行”

在内幕交易案件中，由于此类案件系先由证券监管部门调查，故行为人一般均是先向证券监管部门投案，如果行为人预留联系方式，并在预留地址自愿等候有关部门处理，比照“明知他人报案而在现场等待”的规定，应当认定行为人系主动投案。行为人在自愿等候有关部门处理过程中，被公安抓获到案不影响自动投案的认定。同时，行为人只要如实供述了其获悉内幕信息、从事了相关股票交易的事实，就基本可以认定其如实供述了主要罪行。至于行为人对相关信息是否为内幕信息、其从事相关证券交易时是否处于价格敏感期、其主要基于专业判断而买卖相关股票等内容的辩解，不影响对其如实供述主要罪行的认定。

参 第 1582 号　北京某发展集团有限公司、李某某内幕交易案——单位犯内幕交易罪的认定

(1)在内幕信息敏感期内，与内幕信息知情人员联络、接触，从事与该内幕信息有关的证券交易，相关交易行为明显异常，且无正当理由或者正当信息来源的，应当认定为《刑法》第 180 条第 1 款规定的非法获取证券内幕信息的人员。(2)行为人在内幕信息敏感期内与内幕信息知情人员联络、接触，如使行为人具有获取内幕信息的现实可能性，可以认定为“与内幕信息知情人员联络、接触”。(3)认定“相关交易行为明显异常”，应当从时间吻合程度、交易背离程度、利益关联程度等方面综合判断。在内幕信息敏感期内集中资金买入股票，并于股票复牌后陆续卖出的行为，可以认定交易行为明显异常。(4)如内幕交易系为单位牟利并代表单位意志，则应认定为单位犯罪。

利用未公开信息交易罪

《刑法》规定

第一百八十条第四款　证券交易所、期货交易所、证券公司、期货经纪公司、基金管理公司、商业银行、保险公司等金融机构的从业人员以及有关监管部门或者行业协会的工作人员，利用因职务便利获取的内幕信息以外的其他未公开的信息，违反规定，从事

与该信息相关的证券、期货交易活动，或者明示、暗示他人从事相关交易活动，情节严重的，依照第一款的规定处罚。

相关规定

《刑法修正案(七)》第2条

最高人民法院、最高人民检察院《关于办理利用未公开信息交易刑事案件适用法律若干问题的解释》

案例要旨

指 61号　马乐利用未公开信息交易案

《刑法》第180条第4款规定的利用未公开信息交易罪援引法定刑的情形，应当是对第1款内幕交易、泄露内幕信息罪全部法定刑的引用，即利用未公开信息交易罪应有“情节严重”“情节特别严重”两种情形和两个量刑档次。

公 2012年第10期　许春茂利用未公开信息交易案

行为人在担任基金经理期间，违反规定，利用掌握的未公开的信息，从事与该信息相关的证券交易活动，先于或同步多次买入、卖出相同个股，情节严重，应当按照《刑法》第180条第4款的规定，以利用未公开信息交易罪定罪处罚。

参 第939号　李旭利利用未公开信息交易案——利用未公开信息交易罪司法认定中的证据和法律问题

(1)没有被告人或者操盘手的供述或证言，综合全案相关客观证据能够认定被告人实施了利用未公开信息交易犯罪行为的，可以认定有罪。(2)构成利用未公开信息交易罪不以“先买先卖”同时具备为要件。

(3)相关基金公司对涉案股票的买入行为是否影响涉案股票的价格及行为人是否实际获利,均非决定利用未公开信息交易犯罪是否构成的因素。(4)利用未公开信息交易罪“违反规定”中的“规定”,包括法律、行政法规、部门规章、地方性法规及行业规范,不包括公司的内部规章。

操纵证券、期货市场罪

《刑法》规定

第一百八十二条　有下列情形之一,操纵证券、期货市场,影响证券、期货交易价格或者证券、期货交易量,情节严重的,处五年以下有期徒刑或者拘役,并处或者单处罚金;情节特别严重的,处五年以上十年以下有期徒刑,并处罚金:

(一)单独或者合谋,集中资金优势、持股或者持仓优势或者利用信息优势联合或者连续买卖的;

(二)与他人串通,以事先约定的时间、价格和方式相互进行证券、期货交易的;

(三)在自己实际控制的帐户之间进行证券交易,或者以自己为交易对象,自买自卖期货合约的;

(四)不以成交为目的,频繁或者大量申报买入、卖出证券、期货合约并撤销申报的;

(五)利用虚假或者不确定的重大信息,诱导投资者进行证券、期货交易的;

(六)对证券、证券发行人、期货交易标的公开作出评价、预测或者投资建议,同时进行反向证券交易或者相关期货交易的;

（七）以其他方法操纵证券、期货市场的。

单位犯前款罪的，对单位判处罚金，并对其直接负责的主管人员和其他直接责任人员，依照前款的规定处罚。

相关规定

《刑法修正案》第 6 条

《刑法修正案（六）》第 11 条

《刑法修正案（十一）》第 13 条

《证券法》第 55 条

最高人民法院、最高人民检察院《关于办理操纵证券、期货市场刑事案件适用法律若干问题的解释》

案例要旨

参 第 48 号　赵喆操纵证券交易价格案——非法侵入计算机信息系统抬高股票价格获利的行为如何处理

行为人非法侵入他人的计算机信息系统，修改了他人计算机信息系统中存储的数据，致使他人计算机信息系统的部分信息遭到破坏，与《刑法》第 286 条第 2 款规定的犯罪行为相似。但其行为主观上是想在引起股票价格异常上涨时抛售股票获利，客观上引起了股市价格的异常波动并从中获益，虽然使用的手段牵连触犯了《刑法》第 286 条第 2 款的规定，但是侵犯的客体是《刑法》第 182 条所保护的国家对证券的管理制度和投资者的合法权益，因而构成操纵证券交易价格罪而不是破坏计算机信息系统罪。[《刑法修正案（六）》已将“操纵证券、期货交易价格罪”修改为“操纵证券、期货市场罪”。——编者注]

背信运用受托财产罪

《刑法》规定

第一百八十五条之一第一款　商业银行、证券交易所、期货交易所、证券公司、期货经纪公司、保险公司或者其他金融机构，违背受托义务，擅自运用客户资金或者其他委托、信托的财产，情节严重的，对单位判处罚金，并对其直接负责的主管人员和其他直接责任人员，处三年以下有期徒刑或者拘役，并处三万元以上三十万元以下罚金；情节特别严重的，处三年以上十年以下有期徒刑，并处五万元以上五十万元以下罚金。

相关规定

《刑法修正案(六)》第12条

最高人民检察院、公安部《关于公安机关管辖的刑事案件立案追诉标准的规定(二)》第35条

案例要旨

参 第1388号　兴证期货大连营业部背信运用受托财产案——背信运用受托财产罪的法律适用

如果挪用客户资金的行为是有关人员按领导指令，以单位名义、为单位利益实施的，则应视情形以背信运用受托财产罪论处；反之，如果该行为是金融机构中有关工作人员个人的行为，则应视情形以挪用资金罪或者挪用公款罪论处。以金融机构名义签订委托合同后，工作人员以单

位名义背信运用受托财产，违法所得归单位所有的，金融机构亦应当承担相应的刑事责任。

违法发放贷款罪

《刑法》规定

第一百八十六条 银行或者其他金融机构的工作人员违反国家规定发放贷款，数额巨大或者造成重大损失的，处五年以下有期徒刑或者拘役，并处一万元以上十万元以下罚金；数额特别巨大或者造成特别重大损失的，处五年以上有期徒刑，并处二万元以上二十万元以下罚金。

银行或者其他金融机构的工作人员违反国家规定，向关系人发放贷款的，依照前款的规定从重处罚。

单位犯前两款罪的，对单位判处罚金，并对其直接负责的主管人员和其他直接责任人员，依照前两款的规定处罚。

关系人的范围，依照《中华人民共和国商业银行法》和有关金融法规确定。

相关规定

《刑法修正案（六）》第13条

《商业银行法》第40条

最高人民检察院、公安部《关于公安机关管辖的刑事案件立案追诉标准的规定（二）》第37条

最高人民法院刑事审判第二庭《关于对银行工作人员违规票据贴现行为如何适用法律问题的函》

最高人民检察院侦查监督厅《关于对郭××涉嫌违法发放贷款犯罪性质认定的回复意见》

案例要旨

参 第825号　刘顺新等违法发放贷款案——在发放贷款案件中挪用资金罪和违法发放贷款罪的区分

(1)行为人挪用的单位资金没有归自然人使用,或者行为人没有以个人名义将资金挪用给其他单位使用,不构成挪用资金罪。(2)对犯罪所造成的损失的认定,应当以侦查机关立案的时间为界点,侦查机关立案后,行为人的退赔行为对定罪不构成影响,对损失数额的认定也不产生影响,行为人在侦查机关立案后的退赔不能从损失认定的数额中扣减。

洗 钱 罪

《刑法》规定

第一百九十一条　为掩饰、隐瞒毒品犯罪、黑社会性质的组织犯罪、恐怖活动犯罪、走私犯罪、贪污贿赂犯罪、破坏金融管理秩序犯罪、金融诈骗犯罪的所得及其产生的收益的来源和性质,有下列行为之一的,没收实施以上犯罪的所得及其产生的收益,处五年以下有期徒刑或者拘役,并处或者单处罚金;情节严重的,处五年以上十年以下有期徒刑,并处罚金:

(一)提供资金帐户的;

(二)将财产转换为现金、金融票据、有价证券的;

(三)通过转帐或者其他支付结算方式转移资金的;

（四）跨境转移资产的；

（五）以其他方法掩饰、隐瞒犯罪所得及其收益的来源和性质的。

单位犯前款罪的，对单位判处罚金，并对其直接负责的主管人员和其他直接责任人员，依照前款的规定处罚。

相关规定

《刑法修正案（三）》第 7 条

《刑法修正案（六）》第 16 条

《刑法修正案（十一）》第 14 条

最高人民法院、最高人民检察院《关于办理洗钱等刑事案件适用法律若干问题的解释》第 1 ~4 条

案例要旨

公 2004 年第 10 期 参 第 286 号　汪照洗钱案——洗钱罪主观明知要件的理解与认定

根据《刑法》第 191 条的规定，被告人为获得不法利益，明知他人从事毒品犯罪活动，且掌握的大量资金可能是毒品犯罪所得，仍积极协助其以购买股份的方式投资企业经营，掩饰、隐藏资金的性质及来源，其行为构成洗钱罪。

参 第 471 号　潘儒民、祝素贞、李大明、龚媛洗钱案——上游犯罪行为人尚未定罪判刑的如何认定洗钱罪

只要有证据证明确实发生了《刑法》第 191 条明文规定的上游犯罪，行为人明知系上游犯罪的所得及其产生的收益，仍然实施为上游犯罪行为人提供资金账户、协助将财产转换为现金等掩饰、隐瞒其来源和性质

的帮助行为的,就可以认定洗钱罪成立。如一律要求上游犯罪已经定罪判刑,才能认定洗钱罪成立,既不符合《刑法》的规定,也不符合打击洗钱犯罪的实际需要。

参 第1477号 刘军、杨丽敏洗钱案——如何正确适用洗钱罪

洗钱行为人是构成上游犯罪的共犯还是构成洗钱犯罪,区分的关键在于行为人事前与上游犯罪的犯罪分子就上游犯罪是否存在主观犯意通谋。洗钱罪的成立在主观上要求行为人认识到是《刑法》第191条规定的上游犯罪所得及其产生的收益,洗钱罪中"情节严重"的认定,应当根据行为人的主观恶性、犯罪对象、上游犯罪的社会危害性、洗钱手段、持续时间、次数、金额等多方面因素进行综合考量。在确定洗钱罪犯罪数额时,应当区分进账和出账,对于同一笔进账,无论其后续是否多次转换,都只将进账的部分计算一次洗钱金额。

集资诈骗罪

《刑法》规定

第一百九十二条 以非法占有为目的,使用诈骗方法非法集资,数额较大的,处三年以上七年以下有期徒刑,并处罚金;数额巨大或者有其他严重情节的,处七年以上有期徒刑或者无期徒刑,并处罚金或者没收财产。

单位犯前款罪的,对单位判处罚金,并对其直接负责的主管人员和其他直接责任人员,依照前款的规定处罚。

相关规定

《刑法修正案(十一)》第15条

最高人民法院《关于审理非法集资刑事案件具体应用法律若干问题的解释》第7、8条

《全国法院审理金融犯罪案件工作座谈会纪要》第二部分(三)第3条

最高人民检察院公诉厅《关于办理涉互联网金融犯罪案件有关问题座谈会纪要》第14～17条

案例要旨

公 2009年第10期　许官成、许冠卿、马茹梅集资诈骗案

行为人以非法占有为目的,采取虚构集资用途,以虚假的证明文件和高回报率为诱饵,未经有权机关批准,向社会公众非法募集资金,骗取集资款的行为,构成《刑法》第192条规定的集资诈骗罪。在认定行为人是否具有非法占有目的时,应当坚持主客观相统一的认定标准,既要避免单纯根据损失结果客观归罪,也不能仅凭被告人自己的供述,应当根据案件具体情况全面分析行为人无法偿还集资款的原因,若行为人没有进行实体经营或实体经营的比例极小,根本无法通过正常经营偿还前期非法募集的本金及约定利息,将募集的款项隐匿、挥霍的,应当认定行为人具有非法占有的目的。

参 第1478号　巨如集团、胡立勇集资诈骗案——以私募基金之名实施非法集资的行为如何认定

对于以私募基金之名实施非法集资的行为,首先应当审查涉案“私募”是否合法合规;如果存在违法违规行为,则应当进一步分析判断该违法违规行为是否影响产品的私募基金性质,进一步审查涉案“私募”是否具备非法集资的“四性”,从而决定是否以非法集资犯罪论处,在此基础上准确定罪量刑。如果使用诈骗方法进行非法集资、对所募资金的使

用决策具有随意性，投资项目大多不具备盈利能力、用于项目投资的资金与募集资金的规模明显不成比例、归还本息主要通过借新还旧来实现，则可以认定为假借私募基金之名，使用诈骗方法非法集资，构成集资诈骗罪。

贷款诈骗罪

《刑法》第193条

《刑法》规定

第一百九十三条　有下列情形之一，以非法占有为目的，诈骗银行或者其他金融机构的贷款，数额较大的，处五年以下有期徒刑或者拘役，并处二万元以上二十万元以下罚金；数额巨大或者有其他严重情节的，处五年以上十年以下有期徒刑，并处五万元以上五十万元以下罚金；数额特别巨大或者有其他特别严重情节的，处十年以上有期徒刑或者无期徒刑，并处五万元以上五十万元以下罚金或者没收财产：

（一）编造引进资金、项目等虚假理由的；

（二）使用虚假的经济合同的；

（三）使用虚假的证明文件的；

（四）使用虚假的产权证明作担保或者超出抵押物价值重复担保的；

（五）以其他方法诈骗贷款的。

相关规定

最高人民检察院、公安部《关于公安机关管辖的刑事案件立案追诉标准的规定（二）》第45条

最高人民法院《全国法院审理金融犯罪案件工作座谈会纪要》第二部分(三)第2条

案例要旨

参 第88号　郭建升被控贷款诈骗案——贷款诈骗罪中的“以非法占有为目的”应如何把握

在诈骗类犯罪中认定当事人是否具有非法占有目的时,应当坚持主客观相一致的原则,既要避免单纯根据损失结果客观归罪,也不能仅凭被告人自己的供述来归罪,而应当根据案件具体情况具体分析。对于合法取得贷款后,没有按规定的用途使用贷款,到期没有归还贷款的,不能以贷款诈骗罪定罪处罚;对于确有证据证明行为人不具有非法占有目的,只是因为不具备贷款的条件而采取了欺骗手段获取贷款,案发时有能力履行还贷义务,或者案发时不能归还贷款是因为意志以外的原因,比如经营不善、被骗、市场风险等,就不应以贷款诈骗罪定罪处罚。

参 第95号　吴晓丽贷款诈骗案——如何区分贷款诈骗罪和贷款纠纷

贷款诈骗与贷款欺诈的关键区别在于是否具有非法占有目的。以非法占有为目的,使用虚构事实或者隐瞒真相的方法,骗取银行或者其他金融机构贷款,数额较大的,构成贷款诈骗罪。而贷款欺诈通常属于贷款纠纷,是指因贷款人在签订、履行借款合同过程中采取了虚构事实或者隐瞒真相的方法而产生的经济纠纷。行为人在贷款当时没有采取欺诈手段,只是在还贷的过程中将抵押物卖掉,如果该抵押是合法有效的,银行就可以随时采取法律手段将抵押物收回,不会造成贷款不能收回的后果;且被告人在转让抵押物后,银行确也采取了诉讼的手段欲将抵押物收回,因认定抵押合同无效才致使本案发生。故行为人不具有非法占有目的。

参 第306号　张福顺贷款诈骗案——贷款诈骗罪与贷款民事欺诈行为的区分

贷款民事欺诈行为与贷款诈骗犯罪主观上都意图欺骗金融机构，客观上均实施了一定程度的欺诈行为，二者区别的关键是行为人是否具有非法占有金融机构贷款的目的。不能单纯以行为人使用欺诈手段实际获取了贷款或者贷款到期不能归还，就认定行为人主观上具有非法占有贷款的目的，而应坚持主客观相一致的原则，具体情况具体分析，在对行为人贷款时的履约能力、取得贷款的手段、贷款的使用去向、贷款无法归还的原因等方面及相关客观事实进行综合分析的基础上，判断行为人是否具有非法占有贷款的目的，以准确界定是贷款欺诈行为还是贷款诈骗犯罪。

票据诈骗罪

《刑法》规定

第一百九十四条第一款　有下列情形之一，进行金融票据诈骗活动，数额较大的，处五年以下有期徒刑或者拘役，并处二万元以上二十万元以下罚金；数额巨大或者有其他严重情节的，处五年以上十年以下有期徒刑，并处五万元以上五十万元以下罚金；数额特别巨大或者有其他特别严重情节的，处十年以上有期徒刑或者无期徒刑，并处五万元以上五十万元以下罚金或者没收财产：

（一）明知是伪造、变造的汇票、本票、支票而使用的；

（二）明知是作废的汇票、本票、支票而使用的；

（三）冒用他人的汇票、本票、支票的；

（四）签发空头支票或者与其预留印鉴不符的支票，骗取财物的；

（五）汇票、本票的出票人签发无资金保证的汇票、本票或者在出票时作虚假记载，骗取财物的。

相关规定

最高人民检察院、公安部《关于公安机关管辖的刑事案件立案追诉标准的规定（二）》第46条

《全国法院审理金融犯罪案件工作座谈会纪要》第二部分（三）第4条

案例要旨

参 第96号　季某票据诈骗、合同诈骗案——骗取货物后以空头支票付款的行为如何定罪

被告人采取“签发空头支票”支付货款的行为，不仅侵犯了普通诈骗罪中他人公私财物所有权这一共同客体，还侵犯了国家对票据的管理制度这一特殊客体，符合票据诈骗罪的特征。同时被告人还利用了购销合同，形式上也触犯了《刑法》第224条的规定，构成合同诈骗罪，应按照特别法优于普通法的原则，以票据诈骗罪定罪处刑。

参 第277号　周大伟票据诈骗（未遂）案——盗取空白现金支票伪造后使用的应如何定性

在把握罪数形态时，应以犯罪构成个数为标准，坚持主客观相统一的原则，兼顾禁止重复评价和充分评价两方面。对于一个总体的犯罪事实，如果充分地满足了两个以上的犯罪构成，且不具有一罪类型的（实质的一罪、法定的一罪、处断的一罪），就应以实质数罪进行并罚。围绕利

用盗取的空白现金支票诈骗财物的目的，被告人又实施了伪造企业印章及伪造金融票证的准备行为。相对于票据诈骗目的而言，伪造企业印章及伪造金融票证是手段行为，可以按牵连犯的理论，仅以票据诈骗罪论处。至于被告人先前的盗窃故意及行为，虽亦为未遂，但却是独立的，与其后实施的票据诈骗行为并无内在的牵连意图和牵连关系，也不存在前一行为是后一行为所必经阶段的吸收关系。因此，本案符合盗窃罪（未遂）和票据诈骗罪（未遂）两个犯罪的构成要件，应以上述二罪论处。

参 第 307 号　李兰香票据诈骗案——利用保管他公司工商登记、经营证章的便利条件，以他公司名义申领、签发支票并非法占有他公司财物行为的定性

被告人在委托事项完成后，利用在办理委托事项的过程中代为保管他公司工商登记、经营证章的便利条件，以该公司名义申领、签发支票进而非法占有该公司财物的行为，实际上同时触犯了伪造金融票证罪和票据诈骗罪两个罪名，但因两者存在手段和目的之间的牵连关系，按照牵连犯的一般适用原则，应以票据诈骗罪一罪论处。

参 第 387 号　王世清票据诈骗、刘耀挪用资金案——勾结银行工作人员使用已贴现的真实票据质押贷款的行为如何处理

（1）以非法占有为目的，伙同金融机构工作人员使用已经贴现的真实票据质押贷款的，属于冒用他人票据，应以票据诈骗罪论处。（2）根据《刑法》第 194 条第 1 款第 3 项的规定，冒用他人的汇票是构成票据诈骗罪若干情形中的一种。冒用他人汇票是指擅自以合法持票人的名义，支配、使用、转让自己不具备支配权利的他人的汇票行为。“冒用”通常有三种表现形式：一是使用以非法手段获取的汇票，如以欺诈、偷盗或者胁迫等手段取得的汇票，或者明知是以上述手段取得的汇票而使用；二是没有代理权而以代理人名义使用或者代理人超越代理权限而使用；三

是擅自使用他人委托代为保管的或者捡拾他人遗失的汇票。

参 第653号　张平票据诈骗案——盗窃银行承兑汇票并使用，骗取数额较大财物的行为，是构成盗窃罪还是票据诈骗罪

(1)对于盗窃票据并使用的行为的性质应当根据票据持有人直接丧失票据记载的财产是盗窃行为所致(构成盗窃罪，使用行为可以作为不可罚的销赃行为)还是使用行为所致(构成金融诈骗犯罪)，如果同时侵犯了票据持有人的财产而使用行为又侵犯了新的法益的，应当以盗窃罪、票据诈骗罪并罚，同时也不具有牵连关系。(2)目前《刑法》仅仅规定，盗窃信用卡并使用的构成盗窃罪，该特别规定并非一律适用于盗窃汇票、本票、支票、信用证等有价证券并使用的情形。

参 第861号　颜强票据诈骗案——城市信用社工作人员，采取欺骗手段取得客户印鉴后，以现金支票的形式将客户账户内的资金取出非法占有的行为如何定性

盗窃罪作为侵犯财产类犯罪的一般性罪名，其对构成要件的规定较宽泛，该罪名无法涵盖和准确评价使用伪造的支票从银行取现这一行为。因此，城市信用社工作人员，采取欺骗手段取得客户印鉴后，以现金支票的形式将客户账户内的资金取出并非法占有的行为，同时符合盗窃罪和票据诈骗罪的构成要件，基于恰当、全面、准确评价的原则，以票据诈骗罪定罪论处较为妥当。

金融凭证诈骗罪

《刑法》规定

第一百九十四条第二款　使用伪造、变造的委托收款凭证、汇款凭证、银行存单等其他银行结算凭证的，依照前款的规定处罚。

相关规定

最高人民检察院、公安部《关于公安机关管辖的刑事案件立案追诉标准的规定(二)》第47条

案例要旨

参 第4号　曹娅莎金融凭证诈骗案——使用变造的金融凭证进行诈骗的行为如何适用法律

对金融凭证诈骗罪法律并未对诈骗的对象作出特殊的限制，所以，只要是以非法占有为目的，使用伪造、变造的金融凭证进行诈骗的行为，不论诈骗的是银行的钱，还是存款单位的钱，均可构成本罪。

参 第33号　朱成芳等金融凭证诈骗、贷款诈骗案——使用伪造的银行存单作抵押诈骗银行贷款的行为如何定性

《刑法》第193条贷款诈骗罪中所规定的“证明文件”，主要是指银行的存款证明，公司和金融机构的担保函、划款证明等在向银行或者其他金融机构申请贷款时所需的文件，不包括金融凭证。以伪造的金融凭证诈骗贷款的行为，与使用伪造的金融凭证直接骗得存款并无实质差别，应认定为金融凭证诈骗罪。

参 第71号　王昌和变造金融票证案——涂改、变造存折后再进行金融凭证诈骗的行为如何定性

对牵连犯，《刑法》分则有特别规定的，应当适用特别规定定罪处罚；《刑法》分则没有规定的，按照择一重罪从重处罚的原则处理。在《刑法》规定的法定刑种及其幅度都相同的情况下，可以通过法定刑适用方式的不同来比较法定刑的轻重。在《刑法》规定的法定刑种及其幅度都相同的情况下，法定刑适用方式上的不同，也是比较法定刑的轻重的

重要标准。这里所说的法定刑,不仅是指主刑,还包括附加刑。对于使用自己变造的存折到银行骗取财物的行为,应以金融凭证诈骗罪定罪处罚。

参 第424号 张北海等人贷款诈骗、金融凭证诈骗案——伪造企业网上银行转账授权书骗取资金的行为如何定罪处罚

只要是在金融活动中具有货币给付和资金清算作用,并表明银行与客户之间已受理或已办结相关支付结算业务的凭据,均应认定为银行结算凭证。网上银行企业客户账户查询、转账书符合金融凭证中的委托收款凭证的特征,属于金融凭证。被告人伪造企业网上银行转账授权书骗取资金的行为,应构成金融凭证诈骗罪,而非普通诈骗罪。

参 第425号 李路军金融凭证诈骗案——金融机构工作人员利用工作之便,以换折方式支取储户资金的行为构成盗窃罪还是金融凭证诈骗罪

被告人作为信用社工作人员,有权制作存折,但其超越制作权限,未经储户同意,利用窃取的储户存款信息资料擅自为储户换折,并将储户的存款秘密转移到新办的存折上,制作出与原存折内容基本一致的存折,属于无形伪造金融凭证。在既有窃取行为又有诈骗行为的情况下,是构成诈骗类犯罪还是构成盗窃罪,主要看行为人实现对财产侵害的关键行为方式,即造成被害人财产损失的行为为何、实际被害人为谁。金融机构工作人员利用工作之便,以偷换储户存折的方式支取存款的行为,构成金融凭证诈骗罪,而非盗窃罪。

信用卡诈骗罪

《刑法》规定

第一百九十六条第一款 有下列情形之一,进行信用卡诈骗活动，数额较大的，处五年以下有期徒刑或者拘役，并处二万元以上二十万元以下罚金；数额巨大或者有其他严重情节的，处五年以上十年以下有期徒刑，并处五万元以上五十万元以下罚金；数额特别巨大或者有其他特别严重情节的，处十年以上有期徒刑或者无期徒刑，并处五万元以上五十万元以下罚金或者没收财产：

（一）使用伪造的信用卡，或者使用以虚假的身份证明骗领的信用卡的；

（二）使用作废的信用卡的；

（三）冒用他人信用卡的；

（四）恶意透支的。

第二款 前款所称恶意透支，是指持卡人以非法占有为目的，超过规定限额或者规定期限透支，并且经发卡银行催收后仍不归还的行为。

相关规定

《刑法修正案（五）》第2条

全国人民代表大会常务委员会《关于〈中华人民共和国刑法〉有关信用卡规定的解释》

最高人民法院、最高人民检察院《关于办理妨害信用卡管理刑事案件具体应用法律若干问题的解释》

最高人民检察院《关于拾得他人信用卡并在自动柜员机（ATM机）上使用的行为如何定性问题的批复》

最高人民法院研究室《关于信用卡犯罪法律适用若干问题的复函》

最高人民法院、最高人民检察院、公安部《关于信用卡诈骗犯罪管辖有关问题的通知》

案例要旨

参 第472号 张国涛信用卡诈骗案——如何认定信用卡诈骗罪中的信用卡范围

《刑法》中的信用卡既包括国际通行意义上具有透支功能的信用卡，也包括不具有透支功能的银行借记卡。针对信用卡的相关立法解释出台后，《刑法》意义上的信用卡的范围与相关金融法规意义的信用卡范围有所不同。作为专门性立法解释，自颁布之日起应当在刑事司法中遵照执行。

参 第841号 陈自渝信用卡诈骗案——恶意透支型信用卡诈骗案件中对透支本金产生的费用如何处理

对于复利、滞纳金等间接损失，对银行来说属于预期收益，也应受到法律保护。但刑事审判只限于保护被害人的直接经济损失，对于间接经济损失，即使是物质损失，也不能以追缴或者返还的方式在刑事裁判中判决，因此犯罪数额只限于透支本金，透支本金所产生的复利等不属于犯罪造成的直接经济损失，对于透支本金所产生的复利、滞纳金等间接损失，应当通过民事救济途径解决。

参 第874号 王立军等信用卡诈骗案——窃取他人开卡邮件并激活信用卡使用的行为如何定性

盗窃未激活的信用卡的行为，因未激活的信用卡尚不具备消费、支付等正常使用的功能，行为人单纯的持有未激活的信用卡的行为，实际上等同于持有作废、无效的卡片，并不会产生社会危害性。利用窃得的开卡信件以及作为同事知晓申领人身份信息的便利，私自激活了信用卡并使用该信用卡进行透支消费、取现，属于信用卡诈骗罪中冒用他人信用卡的行为。

参 第1120号 梁保权、梁博艺信用卡诈骗案——透支信用卡用于经营活动导致无法归还的是否构成信用卡诈骗罪

行为人将透支款项用于合法经营，因客观原因导致无法归还透支款项的，不能认定为"以非法占有为目的"。考量恶意透支型信用卡诈骗罪中的"以非法占有为目的"应坚持主客观相统一的原则，综合考察如下因素：第一，行为人申领信用卡时有无虚构事实、隐瞒真相的行为。第二，行为人透支款项的用途。第三，透支款项时行为人的还款态度及是否逃避催收。

参 第1389号 潘安信用卡诈骗案——行为人利用他人遗忘在ATM机内已输好密码的信用卡取款行为的定性问题

ATM机体现的是相关银行的单位意志，银行通过计算机终端指挥控制ATM机按照预先设置的步骤逐步验证依次操作，具有法律拟制的"法人"的属性。行为人利用他人遗忘在ATM机内已输好密码的信用卡取款，未经持卡人授权、未经委托"冒用"持卡人身份发出取款指令，欺骗ATM机"交付"钱款，其行为侵害了双重客体，即他人财产所有权和信用卡管理秩序，应当以信用卡诈骗罪追究刑事责任。

保险诈骗罪

《刑法》规定

第一百九十八条 有下列情形之一，进行保险诈骗活动，数额较大的，处五年以下有期徒刑或者拘役，并处一万元以上十万元以下罚金；数额巨大或者有其他严重情节的，处五年以上十年以下有期徒刑，并处二万元以上二十万元以下罚金；数额特别巨大或者有其他特别严重情节的，处十年以上有期徒刑，并处二万元以上二十万元以下罚金或者没收财产：

（一）投保人故意虚构保险标的，骗取保险金的；

（二）投保人、被保险人或者受益人对发生的保险事故编造虚假的原因或者夸大损失的程度，骗取保险金的；

（三）投保人、被保险人或者受益人编造未曾发生的保险事故，骗取保险金的；

（四）投保人、被保险人故意造成财产损失的保险事故，骗取保险金的；

（五）投保人、受益人故意造成被保险人死亡、伤残或者疾病，骗取保险金的。

有前款第四项、第五项所列行为，同时构成其他犯罪的，依照数罪并罚的规定处罚。

单位犯第一款罪的，对单位判处罚金，并对其直接负责的主管人员和其他直接责任人员，处五年以下有期徒刑或者拘役；数额巨大或者有其他严重情节的，处五年以上十年以下有期徒刑；数额特别巨大或者有其他特别严重情节的，处十年以上有期徒刑。

保险事故的鉴定人、证明人、财产评估人故意提供虚假的证明文件，为他人诈骗提供条件的，以保险诈骗的共犯论处。

相关规定

最高人民检察院、公安部《关于公安机关管辖的刑事案件立案追诉标准的规定（二）》第51条

最高人民检察院法律政策研究室《关于保险诈骗未遂能否按犯罪处理问题的答复》

案例要旨

参 第198号　王志峰、王志生故意杀人、保险诈骗案——为骗取保险金而抢劫、杀人的应如何定罪

(1)为获取实施保险诈骗所需费用而杀人取财的，属于抢劫罪与保险诈骗罪(预备)的想象竞合犯，应从一重罪处断，以抢劫罪论处。(2)将他人杀死制造被保险人死亡假象以骗取保险金的，属于故意杀人罪与保险诈骗罪的想象竞合，应从一重处断，以故意杀人罪论处。(3)制造已发生保险事故的假象，但尚未向保险公司申请赔付时案发的，属于保险诈骗罪的预备。

参 第479号　徐开雷保险诈骗案——被保险车辆的实际所有人利用挂靠单位的名义实施保险诈骗行为的，构成保险诈骗罪

挂靠车辆的实际所有者作为实际投保人和被保险人，对于保险标的具有直接的保险利益关系，可以成为保险诈骗罪的主体。利用挂靠单位从保险公司骗得盗窃险保险金的行为，属于隐名被保险人(实际投保人)利用显名被保险人(名义投保人)名义实施的保险诈骗行为，构成保险诈骗罪的间接正犯。

参 第1545号　温某保险诈骗案——如何认定网络交易中涉“材质保真险”的诈骗行为

材质保真险是网络交易发展过程的产物，具有合法性。行为人诱使卖家违背了诚信经营的原则，使其所购商品必然不符合标准，以达到获取理赔金的结果，扰乱了正常的市场经济秩序，并在理赔过程中对保险公司隐瞒真相，导致保险公司认识错误，作出支付赔偿金的处分财产决定。对该网络交易中的保险诈骗行为定性，应优先考虑是否符合保险诈骗罪，再考虑合同诈骗罪或诈骗罪。保险诈骗罪行为方式的认定主要在

于厘清保险事故是否发生以及编造的内容。

逃 税 罪

《刑法》规定

第二百零一条 纳税人采取欺骗、隐瞒手段进行虚假纳税申报或者不申报，逃避缴纳税款数额较大并且占应纳税额百分之十以上的，处三年以下有期徒刑或者拘役，并处罚金；数额巨大并且占应纳税额百分之三十以上的，处三年以上七年以下有期徒刑，并处罚金。

扣缴义务人采取前款所列手段，不缴或者少缴已扣、已收税款，数额较大的，依照前款的规定处罚。

对多次实施前两款行为，未经处理的，按照累计数额计算。

有第一款行为，经税务机关依法下达追缴通知后，补缴应纳税款，缴纳滞纳金，已受行政处罚的，不予追究刑事责任；但是，五年内因逃避缴纳税款受过刑事处罚或者被税务机关给予二次以上行政处罚的除外。

相关规定

《刑法修正案(七)》第3条

《税收征收管理法》第4条

最高人民检察院、公安部《关于公安机关管辖的刑事案件立案追诉标准的规定(二)》第52条

公安部《关于对未依法办理税务登记的纳税人能否成为偷税犯罪主体问题的批复》

案例要旨

参 第 110 号　芦才兴虚开抵扣税款发票案——虚开可以用于抵扣税款的发票冲减营业额偷逃税款的行为如何定性

以逃税为目的，虚开可以用于抵扣税款的发票冲减营业额偷逃税款的，不构成虚开用于抵扣税款的发票罪，应以偷税罪论处。［根据《刑法修正案（七）》，本罪已被逃税罪取代。——编者注］

参 第 447 号　樟树市大京九加油城、黄春发等偷税案——行为人购进货物时应当取得增值税专用发票而未索要，销售货物后没有按照增值税征管规定纳税，从而偷逃应纳税款的，在计算偷税数额时，应当减除按照增值税征管规定可以申报抵扣的税额

根据增值税的征管规定，增值税缴纳税金的计税部分应是货物销出后增值部分的税金，货物购进部分的成本税额应由供货商缴纳税金。因此，被告单位作为货物销售商，由于其购进货物部分的增值税已由供货商向当地税务部门申报缴纳，其主观上意图偷逃或者说客观上能够偷逃的只是增值部分的应征税款，因为客观上购进货物的增值税已由供货商缴纳，这部分货物的增值税依照增值税征管规定不应再由被告单位重复缴纳，被告单位实际上也偷逃不了这部分的增值税，故被告单位偷税数额应为在单位账上记载的销售总金额与进货总金额的差额部分的增值税。

参 第 1511 号　湖北洁达环境工程有限公司、李某某逃税案——对行为人初次逃税行为不予追究刑事责任的法律适用

根据《刑法修正案（七）》修正后的《刑法》第 201 条第 4 款规定，对纳税人采取欺骗、隐瞒手段进行虚假纳税申报或者不申报，逃避缴纳税款数额较大或巨大的行为，经税务机关依法下达追缴通知后，补缴应纳税款，缴纳滞纳金，已受行政处罚的，不予追究刑事责任；但是，5 年内因逃避缴纳税款受过刑事处罚或者被税务机关给予二次以上行政处罚的除外。根据《刑法》“从旧兼从轻”的原则，对于《刑法修正案（七）》施行前实施，未经税务机关给予行政处罚，直接移交司法机关处理的逃税行为，审判时《刑法修正案（七）》已经施行的，应当适用《刑法》第 201 条第 4 款对逃税初犯不予追究刑事责任的特别条款，在被告单位和个人接受税务机关行政处罚，补缴应纳税款、缴纳滞纳金后，不再追究其刑事责任。

骗取出口退税罪

《刑法》规定

第二百零四条第一款 以假报出口或者其他欺骗手段，骗取国家出口退税款，数额较大的，处五年以下有期徒刑或者拘役，并处骗取税款一倍以上五倍以下罚金；数额巨大或者有其他严重情节的，处五年以上十年以下有期徒刑，并处骗取税款一倍以上五倍以下罚金；数额特别巨大或者有其他特别严重情节的，处十年以上有期徒刑或者无期徒刑，并处骗取税款一倍以上五倍以下罚金或者没收财产。

相关规定

最高人民检察院、公安部《关于公安机关管辖的刑事案件立案追诉标准的规定（二）》第 55 条

最高人民法院、最高人民检察院《关于办理危害税收征管刑事案件适用法律若干问题的解释》

案例要旨

参 第 287 号 中国包装进出口陕西公司、侯万万骗取出口退税案——“明知他人意欲骗取出口退税款”的司法认定

所谓“四自三不见”，是指在“不见出口商品、不见供货货主、不见外商的情况下，允许或者放任他人自带客户、自带货源、自带汇票、自行报关”的行为，此类业务究其实质是一种买单行为，为国家明令禁止。对于外贸公司、企业来说，如果在察觉对方手续不全、单证虚假的情况下，仍然通过“四自三不见”方式为对方办理退税，不管其出于何种动机，至少在主观上具有放任他人实施骗取出口退税行为的故意。

参 第 329 号 杨康林、曹培强等骗取出口退税案——如何认定明知他人具有骗取国家出口退税款的主观故意

“四自三不见”是代理出口业务中的一种违规操作行为。根据《对外贸易法》的规定，国家实行统一的货物出口许可证制度。只有取得出口许可证的公司、企业才能经营货物出口业务，没有取得出口许可证的公司、企业或者个人需要出口货物的，可以委托有出口经营权的公司、企业代理出口。有进出口经营权的公司明知他人可能骗取国家出口退税款，在“四自三不见”的情况下代理出口业务，致使国家税款被骗的，应当认定为具有骗取国家出口退税款的主观故意。

虚开增值税专用发票、用于骗取出口退税、抵扣税款发票罪

《刑法》规定

第二百零五条 虚开增值税专用发票或者虚开用于骗取出口

退税、抵扣税款的其他发票的，处三年以下有期徒刑或者拘役，并处二万元以上二十万元以下罚金；虚开的税款数额较大或者有其他严重情节的，处三年以上十年以下有期徒刑，并处五万元以上五十万元以下罚金；虚开的税款数额巨大或者有其他特别严重情节的，处十年以上有期徒刑或者无期徒刑，并处五万元以上五十万元以下罚金或者没收财产。

单位犯本条规定之罪的，对单位判处罚金，并对其直接负责的主管人员和其他直接责任人员，处三年以下有期徒刑或者拘役；虚开的税款数额较大或者有其他严重情节的，处三年以上十年以下有期徒刑；虚开的税款数额巨大或者有其他特别严重情节的，处十年以上有期徒刑或者无期徒刑。

虚开增值税专用发票或者虚开用于骗取出口退税、抵扣税款的其他发票，是指有为他人虚开、为自己虚开、让他人为自己虚开、介绍他人虚开行为之一的。

相关规定

《刑法修正案(八)》第32条

全国人民代表大会常务委员会《关于〈中华人民共和国刑法〉有关出口退税、抵扣税款的其他发票规定的解释》

最高人民法院《关于对〈审计署关于咨询虚开增值税专用发票罪问题的函〉的复函》

最高人民法院《关于湖北汽车商场虚开增值税专用发票一案的批复》

最高人民法院研究室《关于对三种涉税行为法律适用问题意见的复函》

最高人民检察院法律政策研究室《关于税务机关工作人员通过企业

以“高开低征”的方法代开增值税专用发票的行为如何适用法律问题的答复》

最高人民法院刑事审判第二庭《对〈关于征求对国税函〔2002〕893号文件适用暨××公司案定性问题意见的函〉的复函》

最高人民检察院公诉厅《〈关于征求对国税函〔2002〕893号文件适用暨××公司案定性问题意见的函〉的回复函》

最高人民法院研究室《关于如何认定以“挂靠”有关公司名义实施经营活动并让有关公司为自己虚开增值税专用发票行为的性质的复函》

最高人民法院《关于虚开增值税专用发票定罪量刑标准有关问题的通知》

案例要旨

参 第119号 何涛虚开增值税专用发票案——虚开增值税专用发票给国家造成经济损失如何计算

进项税额是购货方在购进货物或接受应税劳务后，所支付或负担的增值税额，其抵扣税款时，税务机关依法应当将其支付或者负担的销项税额从中扣除。如果行为人有购销事实，但让他人为其开具的增值税发票上的税款数额超过实际发生的税款数额，抵扣税款时即可从中非法牟利；如果行为人没有从事购销活动，本身不需要向税务机关缴纳增值税，其让他人为自己虚开增值税专用发票，并以进项增值税专用发票向税务机关抵扣税款的纳税行为仅为掩人耳目的话，那么国家税款在这一环节不会遭受损失。因此，被告人实施虚开增值税专用发票行为，受票单位又向其当地税务机关抵扣税款，造成国家巨额税款流失的，应将被告人向其当地税务机关所缴纳的税款从案件认定的国家税款损失中扣除。

参 第231号 吴彩森、郭家春等虚开增值税专用发票案——税务机关利用代管监开的增值税专用发票"高开低征"的行为如何定罪处罚

税务机关"高开低征""开大征小"的行为，不仅危害国家税收征管和发票管理制度，而且侵犯国家税务机关职务行为的正当性。违反增值税专用发票管理法规，采取"高开低征"的方式开具增值税专用发票的，应以虚开增值税专用发票罪论处。受单位领导指派，积极实施为他人虚开增值税专用发票行为的税务机关票管员，应当认定为单位犯罪的直接责任人员。

参 第232号 普宁市流沙经济发展公司等单位虚开增值税专用发票案——单位共同虚开增值税专用发票如何定罪处罚

（1）在虚开增值税专用发票犯罪案件中，是否属于单位犯罪，必须结合单位犯罪的犯罪构成要件具体认定：①主体方面，要看犯罪主体是否为合法单位。②主观方面，要看犯意是否属于单位的意志。③客观方面，要看实施者是否以单位的名义实施，是不是执行单位意志而实施，是不是为了执行单位职务而实施，非法利益是否为单位所有。（2）犯罪单位被依法撤销，不能再作为诉讼主体追究刑事责任，但该单位的主管人员和其他直接责任人员仍应依法追究刑事责任。

参 第1209号 王小禹、鞠井田虚开增值税专用发票案——介绍他人开具、让他人为自己开具无真实货物购销的增值税专用发票的行为如何定罪量刑

介绍他人开具、让他人为自己开具无真实货物购销的增值税专用发票的行为，构成虚开增值税专用发票罪。在新的司法解释制定前，对于虚开增值税专用发票案件的定罪量刑标准，可以参照最高人民法院《关于审理骗取出口退税刑事案件具体应用法律若干问题的解释》（已失效。——编者注）的有关规定执行。关于虚开增值税专用发票罪与非法出售增值税专用发票罪、非法购买增值税专用发票罪、出售伪造的增值

税专用发票罪、购买伪造的增值税专用发票罪等相关增值税专用发票犯罪之间如何区分:(1)非法出售真实的空白增值税专用发票的,认定为非法出售增值税专用发票罪。出售伪造的空白增值税专用发票的,认定为出售伪造的增值税专用发票罪。(2)非法购买真实的空白增值税专用发票的,认定为非法购买增值税专用发票罪。购买伪造的空白增值税专用发票的,认定为购买伪造的增值税专用发票罪。(3)非法购买真实的定额增值税专用发票的,认定为非法购买增值税专用发票罪。出售真实的定额增值税专用发票的,认定为非法出售增值税专用发票罪。(4)非法购买伪造的定额增值税专用发票的,认定为购买伪造的增值税专用发票罪。出售伪造的定额增值税专用发票的,认定为出售伪造的增值税专用发票罪。(5)为他人开、为自己开、让他人为自己开、介绍他人开增值税专用发票,只要是符合司法解释规定的虚开行为的,就可以认定为虚开增值税专用发票罪。(6)伪造增值税专用发票的,认定为伪造增值税专用发票罪。(7)购买增值税专用发票,但无证据证明是为了虚开而购买的,则认定为非法购买增值税专用发票罪;有证据证明是为了虚开而购买的,则认定为虚开增值税专用发票罪。(最高人民法院研究室2014年11月27日在给西藏自治区高级人民法院作出的《关于如何适用法发[1996]30号司法解释数额标准问题的电话答复》对此有专门规定。——编者注)

参 第1284号 苏州市安派精密电子有限公司、庞美兴、罗正华虚开增值税专用发票案——如何认定单位犯罪中直接负责的主管人员,以及开票单位未到案时能否认定受票单位构成犯罪

(1)直接负责的主管人员应为单位的管理人员,不包括一般工作人员。直接负责的主管人员,是在单位实施的犯罪中起决定、批准、授意、纵容、指挥等作用的人员,一般是单位的主管负责人,包括法定代表人。是否构成犯罪与职务级别、地位高低、权力大小并无必然联系,关键在于

该管理人员在单位犯罪中的参与程度、是否起到了“决定、批准、授意、纵容、指挥”5种重要作用。如果没起到上述重要作用，即便该管理人员是单位的“一把手”、主要负责人，也不应对单位犯罪直接负责。(2)在司法实践中，虚开增值税专用发票罪常表现为“无货虚开”，即开票单位与受票单位之间没有真实的业务往来，无真实货物交易，受票单位出于抵扣进项税额，减轻企业税负的目的，通过支付一定数额的开票费，向开票单位购买增值税专用发票。由于货物交易存在于上下家单位之间，要证实“无货”，一般需要开票单位和受票单位的相关负责人都到案，双方供证一致，再佐以银行账户交易记录等证据证实资金走账和回流等情况，确定“无货”的情况属实，方可认定。

伪造、出售伪造的增值税专用发票罪

《刑法》规定

第二百零六条 伪造或者出售伪造的增值税专用发票的，处三年以下有期徒刑、拘役或者管制，并处二万元以上二十万元以下罚金；数量较大或者有其他严重情节的，处三年以上十年以下有期徒刑，并处五万元以上五十万元以下罚金；数量巨大或者有其他特别严重情节的，处十年以上有期徒刑或者无期徒刑，并处五万元以上五十万元以下罚金或者没收财产。

单位犯本条规定之罪的，对单位判处罚金，并对其直接负责的主管人员和其他直接责任人员，处三年以下有期徒刑、拘役或者管制；数量较大或者有其他严重情节的，处三年以上十年以下有期徒刑；数量巨大或者有其他特别严重情节的，处十年以上有期徒刑或者无期徒刑。

相关规定

《刑法修正案(八)》第 34 条

最高人民检察院、公安部《关于公安机关管辖的刑事案件立案追诉标准的规定(二)》第 58 条

案例要旨

参 第 252 号 曾珠玉等伪造增值税专用发票案——购买伪造的增值税专用发票又出售的行为如何定罪处罚

在行为人购买的手段行为与虚开、出售的目的行为均单独成立犯罪从而形成牵连犯罪的情况下,应以目的行为的罪名定罪处罚,即购买伪造的增值税专用发票又出售的,应以出售伪造的增值税专用发票罪论处。制造、销售伪造增值税专用发票(普通发票)的印刷模板等印制工具的行为,其社会危害性与伪造、出售伪造的增值税专用发票行为相比有过之而无不及,我们不能片面理解罪刑法定原则,以《刑法》没有明确规定而认为制造、销售伪造增值税专用发票(普通发票)的印刷模板等印制工具的行为不能以犯罪论处。

非法出售增值税专用发票罪

《刑法》规定

第二百零七条 非法出售增值税专用发票的,处三年以下有期徒刑、拘役或者管制,并处二万元以上二十万元以下罚金;数量较大的,处三年以上十年以下有期徒刑,并处五万元以上五十万元以下罚金;数量巨大的,处十年以上有期徒刑或者无期徒刑,并处五万元以上五十万元以下罚金或者没收财产。

相关规定

最高人民检察院、公安部《关于公安机关管辖的刑事案件立案追诉标准的规定(二)》第59条

案例要旨

参 第337号 邓冬蓉非法出售增值税专用发票案——非法出售增值税专用发票份数和票面额分别达到不同的量刑档次的如何量刑

对于构成帮助犯帮助故意所要求的这种“明知”,不需要确切知道他人实施的是何种犯罪,只要明知他人正在或将会实施犯罪即可。司法实践中,对明知的认定,既要避免单纯根据结果客观归罪,也不能仅凭被告人自己的供述,一般应综合案情采用主客观相一致的方法进行判定。明知他人实施增值税专用发票犯罪仍积极提供帮助的,构成增值税专用发票犯罪的共犯。对于非法出售增值税专用发票的份数和票面额分别达到不同的量刑档次的,应适用处罚较重的规定进行量刑。

非法制造、出售非法制造的发票罪

《刑法》规定

第二百零九条第二款 伪造、擅自制造或者出售伪造、擅自制造的前款规定以外的其他发票的,处二年以下有期徒刑、拘役或者管制,并处或者单处一万元以上五万元以下罚金;情节严重的,处二年以上七年以下有期徒刑,并处五万元以上五十万元以下罚金。

相关规定

全国人民代表大会常务委员会《关于〈中华人民共和国刑法〉有关出口退税、抵扣税款的其他发票规定的解释》

最高人民检察院、公安部《关于公安机关管辖的刑事案件立案追诉标准的规定(二)》第62条

全国人民代表大会常务委员会法制工作委员会刑法室《关于对变造、出售变造普通发票行为的定性问题的意见》

最高人民法院、最高人民检察院、公安部、原国家工商行政管理局《关于依法查处盗窃、抢劫机动车案件的规定》第6条

最高人民法院刑事审判第二庭《关于航空运输代理机构虚开、销售虚假航空行程单的行为如何定性问题的复函》

案例要旨

参 第826号 管怀霞、高松祥出售非法制造的发票案——如何认定出售非法制造的发票罪的"情节严重"

在发票份数与累计金额均固定的情况下,在尚无司法解释对出售非法制造的发票罪"情节严重"的认定标准作出明确规定时,以发票份数或者累计金额为标准认定"情节严重"时要特别慎重,要兼顾二者所体现的社会危害性大小,并综合其他影响行为社会危害性的因素,对被告人准确定罪量刑。

假冒注册商标罪

《刑法》规定

第二百一十三条 未经注册商标所有人许可,在同一种商品、

服务上使用与其注册商标相同的商标，情节严重的，处三年以下有期徒刑，并处或者单处罚金；情节特别严重的，处三年以上十年以下有期徒刑，并处罚金。

相关规定

《刑法修正案(十一)》第17条

《商标法》第3条

最高人民法院、最高人民检察院《关于办理侵犯知识产权刑事案件具体应用法律若干问题的解释》第1、8、13、15条

最高人民法院、最高人民检察院《关于办理侵犯知识产权刑事案件具体应用法律若干问题的解释(三)》第1条

最高人民法院、最高人民检察院、公安部《关于办理侵犯知识产权刑事案件适用法律若干问题的意见》第5～7条

最高人民检察院侦查监督厅《关于对〈关于就一起涉嫌假冒注册商标案征求意见的函〉的答复函》

最高人民法院刑事审判第二庭《关于集体商标是否属于我国刑法的保护范围问题的复函》

最高人民法院、最高人民检察院《关于办理非法生产、销售烟草专卖品等刑事案件具体应用法律若干问题的解释》第1条第2款

案例要旨

指 87号 郭明升、郭明锋、孙淑标假冒注册商标案

假冒注册商标犯罪的非法经营数额、违法所得数额，应当综合被告人供述、证人证言、被害人陈述、网络销售电子数据、被告人银行账户往来记录、送货单、快递公司电脑系统记录、被告人等所作记账等证据认

定。被告人辩解称网络销售记录存在刷信誉的不真实交易，但无证据证实的，对其辩解不予采纳。

参 第674号　孙国强等假冒注册商标案——如何认定假冒注册商标罪中的同一种商品

(1)未列入权利人注册商标核定使用范围内的商品，不应当认定为假冒注册商标罪中的同一种商品，不应计入行为人的犯罪数额，名称相同的商品以及名称不同但指同一事物的商品，可以认定为"同一种商品"。(2)在物证与言词证据能够相互印证的前提下，能够证明尚未附着或者加贴假冒注册商标标识的产品将附着或加贴相关商标标识的，才能将产品价值计入非法经营数额。

参 第859号　李清假冒注册商标案——假冒注册商标后又销售该假冒商品，但销售价格无法查清的，如何认定非法经营数额

在计算行为人在实施侵犯知识产权行为过程中，制造、储存、运输、销售侵权产品的价值的时候，就已销售的而言，应当按照实际销售价格计算；对于制造、储存、运输和未销售的侵权产品价值，应当按照标价或者已经查清的侵权产品的实际销售平均价格计算。侵权产品没有标价或者无法查清其实际销售价格的，按照被侵权产品的市场中间价格计算。

销售假冒注册商标的商品罪

《刑法》规定

第二百一十四条　销售明知是假冒注册商标的商品，违法所得数额较大或者有其他严重情节的，处三年以下有期徒刑，并处或者单处罚金；违法所得数额巨大或者有其他特别严重情节的，处三年以上十年以下有期徒刑，并处罚金。

相关规定

《刑法修正案(十一)》第18条

最高人民法院、最高人民检察院、公安部《关于办理侵犯知识产权刑事案件适用法律若干问题的意见》第8条

最高人民法院、最高人民检察院、公安部、国家烟草专卖局《关于办理假冒伪劣烟草制品等刑事案件适用法律问题座谈会纪要》第2条

案例要旨

参 第57号 戴恩辉等销售假冒注册商标的商品案——销售假冒注册商标的商品罪的认定标准

对于销售假冒注册商标的商品的行为是否构成犯罪,不能以行为人是否获利来衡量。销售假冒注册商标的商品的数额较大,是构成销售假冒注册商标的商品罪定罪量刑的数额标准。公安机关依法追缴被告人的违法所得、没收供犯罪所用的本人财物,不属于行政处罚,也不影响人民法院对被告人依法判处财产刑。

参 第131号 朱某销售假冒注册商标的商品案——假冒注册商标的商品尚未销售就被查获的能否以销售假冒注册商标的商品罪追究刑事责任

以销售为目的购进假冒注册商标的商品后尚未进行销售就被查获的,应以销售假冒注册商标的商品罪(未遂)论处。只要行为人生产、销售假冒他人知识产权的产品,无法查明其销售金额的,就应当对其销售金额或者货值金额依法认定。

参 第576号 刘某销售假冒注册商标的商品案——销售假冒注册商标的商品未遂的应依何标准进行处罚

(1)假冒注册商标的商品尚未销售的,只能认定货值金额,不能认

定销售金额。(2)销售假冒注册商标的商品罪中的销售金额是指销售后所得(行为人从买方获取的收入)和应得的全部违法收入(行为人由于某种虽然没有实际取得收入,但根据合同或者事先的约定,买方应当支付给行为人的产品价款)。(3)销售假冒注册商标的商品罪处罚未遂的基本数额标准是货值金额达到销售数额的3倍以上,即15万元以上。

参 第675号 田龙泉、胡智慧销售假冒注册商标的商品案——如何结合证据准确认定实际销售平均价格

对"未销售的侵权产品的价值,按照已经查清的侵权产品的实际销售平均价格计算"应做如下理解:(1)已销售的侵权产品实际销售价格客观上存在难以查清的情况。(2)已查清的侵权产品实际销售价格会存在一定幅度的浮动(否则,就不宜用实际销售平均价格来表述)。(3)实际销售平均价格可以用来计算未销售的侵权产品的价值。(4)计算实际销售平均价格,即存在两次或两次以上销售价格的,取其平均值,以此作为实际销售平均价格。

参 第860号 顾娟、张立峰销售假冒注册商标的商品案——商标权利人出具商品真伪鉴定意见的证据属性及其审查

商标权利人出具的鉴定文本属于被害人陈述而非鉴定意见。对于此类证据,应综合全案证据进行审查,就其证明力,应根据具体情况,从证据与待证事实的关联程度、证据之间的联系等方面进行审查判断。证据之间具有内在联系,共同指向同一待证事实,不存在无法排除的矛盾和无法解释的疑问的,才能作为定案的根据。

参 第920号 王译辉销售假冒注册商标的商品案——如何计算假冒注册商标的商品的货值金额

(1)有证据证明存在实际销售行为的,应当根据有利于被告人的原则具体把握实际销售价格的证明标准,尽可能查实实际销售价格。(2)认

定侵权产品价值时，应当结合在案其他证据审慎判断被侵权单位出具的正品价格证明及价格鉴定意见的证明能力。

参 第1317号 白升余销售假冒注册商标的商品案——防疫期间销售冒牌口罩的行为认定

行为人销售的假冒注册商标的商品为伪劣产品时，构成想象竞合犯，一个行为触犯了数个罪名，应择一重罪处罚。销售假冒注册商标的商品罪是故意犯罪，要求行为人主观上具有明知。适用推定规则判断行为人的主观心理态度时，必须以行为人实施的活动为基础，综合考虑事前、事中以及事后的各种主客观因素进行整体判断，从行为人的行为过程、行为环节着手，综合所有事实，排除其他可能。如果有确实充分的证据证明行为人是因为被欺骗或者事后才知道其销售的是假冒注册商标的商品，则不能认定为“明知”。

非法制造、销售非法制造的注册商标标识罪

《刑法》规定

第二百一十五条 伪造、擅自制造他人注册商标标识或者销售伪造、擅自制造的注册商标标识，情节严重的，处三年以下有期徒刑，并处或者单处罚金；情节特别严重的，处三年以上十年以下有期徒刑，并处罚金。

相关规定

《刑法修正案(十一)》第19条

最高人民法院、最高人民检察院《关于办理侵犯知识产权刑事案件

具体应用法律若干问题的解释》第3条

最高人民法院、最高人民检察院《关于办理非法生产、销售烟草专卖品等刑事案件具体应用法律若干问题的解释》第1条第4款

最高人民法院、最高人民检察院、公安部《关于办理侵犯知识产权刑事案件适用法律若干问题的意见》第9条

案例要旨

参 第111号　王化新、唐文涛非法制造注册商标标识案——如何认定非法制造注册商标标识罪

当行为人非法制造注册商标标识，并将其用于与该注册商标核定使用的商品属于同一种的商品上，其行为触犯了《刑法》中的两个罪名，即非法制造注册商标标识罪和假冒注册商标罪。这种情形属于《刑法》理论上的牵连犯，应择一重罪从重处罚。这里的“择一重罪”，主要应当根据行为人的具体犯罪行为确定适用哪一个罪名。如果行为人非法制造注册商标标识的犯罪行为已经实施完毕，假冒行为正在实施，尚未造成后果，应当按照既遂的非法制造注册商标标识罪定罪处罚；如果非法制造的数量不是很大，但假冒注册商标，非法获利数额特别巨大，就应当以假冒注册商标罪定罪处罚。

参 第678号　王学保非法制造注册商标标识案——将回收的空旧酒瓶、包装物与购买的假冒注册商标标识进行组装的行为，如何定性

（1）从行为性质分析，被告人的行为属于“伪造”型制造注册商标标识行为。（2）从商标标识功能分析，被告人的行为侵犯了他人的注册商标专用权和国家的商标管理制度。（3）从社会效果分析，将被告人的行为认定为非法制造注册商标标识罪，有利于打击侵犯知识产权的犯罪活动，能够切实保护知识产权权利人的合法权益。

侵犯著作权罪

《刑法》规定

第二百一十七条 以营利为目的，有下列侵犯著作权或者与著作权有关的权利的情形之一，违法所得数额较大或者有其他严重情节的，处三年以下有期徒刑，并处或者单处罚金；违法所得数额巨大或者有其他特别严重情节的，处三年以上十年以下有期徒刑，并处罚金：

（一）未经著作权人许可，复制发行、通过信息网络向公众传播其文字作品、音乐、美术、视听作品、计算机软件及法律、行政法规规定的其他作品的；

（二）出版他人享有专有出版权的图书的；

（三）未经录音录像制作者许可，复制发行、通过信息网络向公众传播其制作的录音录像的；

（四）未经表演者许可，复制发行录有其表演的录音录像制品，或者通过信息网络向公众传播其表演的；

（五）制作、出售假冒他人署名的美术作品的；

（六）未经著作权人或者与著作权有关的权利人许可，故意避开或者破坏权利人为其作品、录音录像制品等采取的保护著作权或者与著作权有关的权利的技术措施的。

相关规定

《刑法修正案（十一）》第20条

最高人民检察院、公安部《关于公安机关管辖的刑事案件立案追诉标准的规定(一)》第26条

最高人民法院、最高人民检察院《关于办理侵犯知识产权刑事案件具体应用法律若干问题的解释》第5、11条

最高人民法院、最高人民检察院《关于办理侵犯著作权刑事案件中涉及录音录像制品有关问题的批复》

最高人民法院、最高人民检察院《关于办理侵犯知识产权刑事案件具体应用法律若干问题的解释(二)》第1、2条

最高人民法院、最高人民检察院《关于办理侵犯知识产权刑事案件具体应用法律若干问题的解释(三)》第2条

最高人民法院刑事审判第二庭《关于〈关于就网上影视复制品数量计算等问题征求意见的函〉的复函》

最高人民法院、最高人民检察院、公安部《关于办理侵犯知识产权刑事案件适用法律若干问题的意见》第10~13条

公安部《关于对侵犯著作权案件中尚未印制完成的侵权复制品如何计算非法经营数额问题的批复》

案例要旨

公 2010年第9期　成都共软网络科技有限公司、孙显忠、张天平、洪磊、梁焯勇侵犯著作权案

(1)根据《刑法》第217条的规定,行为人以营利为目的,未经著作权人许可复制发行其文字作品、音乐、电影、电视、录像作品、计算机软件及其他作品,违法所得数额较大或者有其他严重情节的,构成侵犯著作权罪。判断行为人的行为是否构成侵犯著作权罪,应当从行为人是否以营利为目的、复制行为是否未经著作权人许可、是否实施了发行行为等方面加以分析。(2)行为人未经著作权人许可复制其计算机软件,通过

修改相应程序捆绑其他软件后在互联网上发布供他人下载,并因此获取广告费等收益的,属于《刑法》第217条规定的"以营利为目的"的"复制发行"行为。

公 2012年第1期　鞠文明、徐路路、华轶侵犯著作权案

行为人通过非法手段获取他人享有著作权的计算机软件中的目标程序并与特定硬件产品相结合,用于生产同类侵权产品,在某些程序、代码方面虽有不同,但只要实现硬件产品功能的目标程序或功能性代码与他人享有著作权的计算机软件"实质相同",即属于非法复制发行计算机软件的行为,应以侵犯著作权罪定罪处罚。如果涉案侵权产品的价值主要在于实现其产品功能的软件程序,即软件著作权价值为其主要价值构成,应以产品整体销售价格作为非法经营数额的认定依据。

参 第120号　王安涛侵犯著作权案——未经许可将非法获得的计算机软件修改后出售牟利的行为如何定性

以计算机软件为对象构成侵犯著作权罪应当同时具备以下三个条件:一是行为人具有营利的目的;二是行为人未经软件著作权人许可,实施了复制、发行其计算机软件的行为;三是违法所得数额较大或者有其他严重情节的。

参 第253号　孟祥国、李桂英、金利杰侵犯著作权案——普通法条与特别法条竞合的法律适用原则

以非法出版物为犯罪对象的非法经营罪与侵犯著作权罪之间属于普通法条与特别法条之间的法条竞合关系,在《刑法》没有作出特别规定的情况下,应当采用特别法优于普通法的原则,以侵犯著作权罪定罪处罚。

参 第679号 凌永超侵犯著作权、贩卖淫秽物品牟利案——贩卖普通侵权盗版光碟的行为应如何定罪处罚

贩卖普通侵权盗版光碟构成侵犯著作权罪，不构成非法经营罪，如果发行者不能提供著作权人许可的相关证明材料，则可以认定为"未经著作权人许可"。

参 第680号 张顺等人侵犯著作权案——销售他人享有专有出版权的图书是否构成侵犯著作权罪

行为人出于营利目的，购进仅有专有出版权人的盗版图书进行销售，因该书没有著作权人，且其购买、销售盗版图书的行为不属于出版，故即使情节严重，其行为也不构成侵犯著作权罪。如果行为人明知是他人侵犯出版权出版的此类刊物而予以销售，违法所得数额达到10万元以上的，可以按照销售侵权复制品罪论处。如果行为人明知是非法出版物而销售，达到2000册以上的，可以根据最高人民法院《关于审理非法出版物刑事案件具体应用法律若干问题的解释》第11、12条之规定，按照非法经营罪定罪处罚。在同时构成销售侵权复制品罪和非法经营罪的情况下，按照想象竞合犯的处理原则，择一重罪处罚。

参 第940号 余刚等侵犯著作权案——复制部分实质性相同的计算机程序文件并加入自行编写的脚本文件形成新的外挂程序后运用的行为是否属于刑法意义上的"复制发行"以及仅销售"复制"侵权软件衍生的游戏金币的，如何认定犯罪数额

(1)复制"实质性相同"和复制"完全相同"的程序文件都属于侵犯著作权罪中的"复制"。复制后广泛运用的行为应当认定为《刑法》意义上的"复制发行"，脱机外挂程序也应当认定为《刑法》意义上的"复制发行"。(2)销售使用"复制"侵权软件衍生的游戏金币的数额应当认定为非法经营额。

销售侵权复制品罪

《刑法》规定

第二百一十八条 以营利为目的,销售明知是本法第二百一十七条规定的侵权复制品,违法所得数额巨大或者有其他严重情节的,处五年以下有期徒刑,并处或者单处罚金。

相关规定

《刑法修正案(十一)》第21条

最高人民法院、最高人民检察院《关于办理侵犯知识产权刑事案件具体应用法律若干问题的解释》第6条

最高人民法院《关于审理非法出版物刑事案件具体应用法律若干问题的解释》第4条

案例要旨

公 2005年第9期　顾然地等人非法经营案

根据《刑法》第218条的规定,被告人以营利为目的,在未取得《音像制品经营许可证》的情况下,低价购进明知是侵权的音像复制品后高价向境外售出,违法所得数额巨大,构成了销售侵权复制品罪。

侵犯商业秘密罪

《刑法》规定

第二百一十九条 有下列侵犯商业秘密行为之一,情节严重

的，处三年以下有期徒刑，并处或者单处罚金；情节特别严重的，处三年以上十年以下有期徒刑，并处罚金：

（一）以盗窃、贿赂、欺诈、胁迫、电子侵入或者其他不正当手段获取权利人的商业秘密的；

（二）披露、使用或者允许他人使用以前项手段获取的权利人的商业秘密的；

（三）违反保密义务或者违反权利人有关保守商业秘密的要求，披露、使用或者允许他人使用其所掌握的商业秘密的。

明知前款所列行为，获取、披露、使用或者允许他人使用该商业秘密的，以侵犯商业秘密论。

本条所称权利人，是指商业秘密的所有人和经商业秘密所有人许可的商业秘密使用人。

相关规定

《刑法修正案（十一）》第22条

《反不正当竞争法》第9条

最高人民检察院、公安部《关于修改侵犯商业秘密刑事案件立案追诉标准的决定》

最高人民法院、最高人民检察院《关于办理侵犯知识产权刑事案件具体应用法律若干问题的解释（三）》第3~6条

案例要旨

公 2005年第3期 周德隆等人侵犯商业秘密案

（1）违反与原单位的保密约定，伙同他人利用原单位专利技术以外不为公众知悉的工艺技术信息，生产与原单位相同的产品，并给原单位

造成重大经济损失的，应根据《刑法》第 219 条第 1 款第 3 项和第 2 款的规定，按侵犯商业秘密罪论处。（2）明知他人违反与原单位的保密约定，仍伙同其利用掌握原单位专利技术以外不为公众知悉的工艺技术信息，生产与其原单位相同的产品，并给其原单位造成重大经济损失的，应根据《刑法》第 219 条第 1 款第 3 项和第 2 款的规定，按侵犯商业秘密罪论处。

公 2006 年第 12 期　裴国良侵犯商业秘密案

（1）根据最高人民法院《关于执行〈中华人民共和国刑事诉讼法〉若干问题的解释》（已失效。——编者注）第 86 条第 5 项的规定，行为人窃取他人技术秘密供自己所在的公司使用，从而给技术秘密权利人造成特别严重后果的，在追究行为人侵犯商业秘密罪的刑事责任时，可以根据附带民事诉讼原告人的请求，将行为人所在公司列为附带民事诉讼被告人一并追究侵权的民事赔偿责任。（2）根据最高人民法院《关于刑事附带民事诉讼范围问题的规定》（已失效。——编者注）第 2 条的规定，权利人因技术秘密被窃取而遭受的物质损失，包括已经遭受的实际损失和必然遭受的市场份额被削减、竞争力减弱等损失。侵权人利用窃取的技术秘密履行与他人签订的技术合同，从而牟取巨额利润的，应当将侵权人在侵权期间因侵权所获得的利润额确定为给技术秘密权利人的赔偿额。只能认定侵权人签订的合同总金额，无法确定侵权人在侵权期间因侵权所获得的利润的，可以按照该行业平均利润标准计算侵权人所获得的利润。

参 第 67 号　昌达公司侵犯商业秘密案——侵犯商业秘密犯罪行为所造成的经济损失数额如何认定

侵犯商业秘密行为给权利人造成的经济损失，包括商业秘密的研制开发成本，侵犯商业秘密犯罪行为致使被侵害人遭受技术及信息转让方面的损失，商业秘密的利用周期、市场容量和供求状况，被害人竞争地位、能力的减弱或丧失，商业信誉的下降，市场份额的减少，出现亏损甚至破产等。被害人的实际损失难以计算的，可以参照行为人在侵权期间因侵犯商业秘密所获得的实际非法利润来认定。

参 第233号　项军、孙晓斌侵犯商业秘密案——非法披露计算机软件源代码的行为是否属于侵犯商业秘密

(1)商业秘密是指“不为公众所知悉，能为权利人带来经济利益，具有实用性并经权利人采取保密措施的技术信息和经营信息”。源代码是用源语言编制的计算机程序，是计算机软件的核心内容和软件设计方案的具体表现。源代码一旦被公开，软件的核心技术即泄露，从而会失去应有的商业价值。因此，源代码作为一种技术信息，当属商业秘密范畴。(2)对于侵犯商业秘密犯罪行为给商业秘密权利人造成损失数额的认定，一般遵循以下原则：①对于能够计算权利人的损失的，应当计算权利人的损失数额。②权利人的损失数额难以计算的，以侵权人在侵权期间因侵犯商业秘密所获得的实际利润计算权利人的损失数额。在某些情况下，权利人的损失数额和侵权人所获得的实际利润均难以查实。以权利人已经销出的软件销售价格认定损失数额，既能反映出被告人非法披露商业秘密使他人少支付的费用，又能反映出权利人因此而遭受的最低物质损失，对被告人较为有利且与法律规定并不相悖。

参 第519号　李宁侵犯商业秘密案——如何认定侵犯商业秘密罪中的经营信息与重大损失

经营信息包括设计、程序、产品配方、制作工艺、制作方法、管理诀窍、客户名单、货源情报、产销策略、招投标中的标的及标书内容等信息。侵犯商业秘密罪中被害人遭受的重大损失，应当指被害人由于被告人的犯罪行为遭受的物质损失，包括已经遭受的实际损失和必然遭受的损

失，一般是参照法律规定的侵权行为人应当承担的民事赔偿数额确定给侵权人造成的损失数额。

参 第609号 杨俊杰、周智平侵犯商业秘密案——自诉案件中如何认定侵犯商业秘密罪的主要构成要件

（1）违反约定或者违反权利人有关保守商业秘密的要求，披露、使用或者允许他人使用其所掌握的商业秘密，系违约型侵犯商业秘密的行为，以行为人与商业秘密权利人之间是否存在保守商业秘密的协议为前提。（2）对商业秘密采取保密措施，并不要求权利人采取的措施能做到万无一失，只要权利人采取了合理的保密措施，使负有保密义务以外的其他人不能轻易获得该秘密即可。在判断措施是否合理时可考虑下列因素：①权利人是否明确了作为商业秘密保护的信息范围；②是否制定了相应的保密制度或以其他方法使他人知晓其掌握或接触的信息系应当保密的信息；③是否采取了一定的物理防范措施，除非通过不正当手段，他人轻易不能获得该信息。（3）侵犯商业秘密罪是结果犯，侵权行为给权利人造成重大损失是犯罪的构成要件。计算重大损失可遵循以下原则：①对于能够计算权利人损失的，以权利人的实际损失数额作为被告人应当赔偿的损失数额。②权利人的损失数额难以计算的，按照侵权人在侵权期间因侵犯商业秘密所获得的实际利润计算权利人的损失数额。

参 第1003号 伊特克斯公司、郭书周等侵犯商业秘密案——如何理解和把握侵犯商业秘密刑事案件中"重大损失"的计算依据、方法及对象

侵犯商业秘密刑事案件中"重大损失"的计算，应当优先计算权利人的实际损失，若存在障碍，可结合证据状况以及有无商业秘密许可使用、有无商业秘密对外泄露的事实最终确定侵权人获利的计算方法。

损害商业信誉、商品声誉罪

《刑法》规定

第二百二十一条 捏造并散布虚伪事实，损害他人的商业信誉、商品声誉，给他人造成重大损失或者有其他严重情节的，处二年以下有期徒刑或者拘役，并处或者单处罚金。

《刑法》第221条

相关规定

最高人民检察院、公安部《关于公安机关管辖的刑事案件立案追诉标准的规定(二)》第66条

案例要旨

公 2004年第6期 陈恩等人损害商品声誉案

被告人为诋毁他人商品的声誉，故意歪曲、夸大事实，在公共场所砸毁他人商品，对他人的生产经营活动造成重大损失的，根据《刑法》第221条的规定，其行为构成损害商业信誉、商品声誉罪。

参 第85号 王宗达损害商业信誉、商品声誉案——损害商业信誉、商品声誉罪中的"重大损失"如何认定

损害商业信誉、商品声誉罪中的"重大损失"，一般是指直接经济损失，其中既包括有形的、可直接计算的财产损失，也包括无形的、需加以评估的财产损失。但对于被害人为了恢复受到损害的商业信誉和商品声誉所投入的资金(如广告费用)或者为制止不法侵害事件扩大的开支(如诉讼费用)等间接经济损失，不应认定为损害商业信誉、商品声誉所

造成的损失，一般只在量刑或者附带民事诉讼时酌情加以考虑。

参 第597号　訾北佳损害商品声誉案——如何认定损害商品声誉罪中的“他人”

（1）关于损害商业信誉、商品信誉罪的客体，在区分商业信誉和商品信誉的时候，如果既侵害了商业信誉，也侵害了商品信誉，则应定为损害商业信誉、商品信誉罪一罪。（2）损害商业信誉、商品信誉罪中的“他人”，固然应具备一定的特定性，但这一特定性不宜僵化理解，侵害的既包括某个具体的生产经营者，也包括某类商品的生产经营者，否则由于被侵害方不能认定，无法构成本罪，对于行为人未明确指名的侵害行为，应当根据一般社会公众的普遍认识标准判断侵害对象的特定性。（3）损害商业信誉、商品信誉罪的主观要件既包括直接故意，也包括间接故意。

参 第1614号　李某、王某霞等损害商业信誉、商品声誉案——利用互联网损害他人商业信誉、商品声誉的司法认定

行为人捏造并散布虚假事实，损害他人的商业信誉、商品声誉，导致商品退货等，给他人造成重大损失的，依照《刑法》第221条的规定，以损害商业信誉、商品声誉罪论处。对此，最高人民检察院、公安部《关于公安机关管辖的刑事案件立案追诉标准的规定（二）》第66条规定：“捏造并散布虚伪事实，损害他人的商业信誉、商品声誉，涉嫌下列情形之一的，应予立案追诉：（一）给他人造成直接经济损失数额在五十万元以上的……”在审判实践中，可以参照适用上述规定，结合案件具体情况和本地实际，准确判断是否属于“给他人造成重大损失”的情形。此外，所涉行为造成被害人单位同类商品的销售态势低于行业平均增长水平、商品零售量和零售额低于市场预期、公司股价波动幅度与同期上证指数相比呈下行态势等危害后果的，可以作为量刑情节予以综合考量认定。

串通投标罪

《刑法》规定

第二百二十三条 投标人相互串通投标报价，损害招标人或者其他投标人利益，情节严重的，处三年以下有期徒刑或者拘役，并处或者单处罚金。

投标人与招标人串通投标，损害国家、集体、公民的合法利益的，依照前款的规定处罚。

《刑法》第223条

相关规定

最高人民检察院、公安部《关于公安机关管辖的刑事案件立案追诉标准的规定(二)》第68条

案例要旨

参 第1251号 黄正田、许敬杰等串通投标案——串通拍卖与串通投标是不同的法律概念，不宜将串通拍卖行为以串通投标罪论处

招标投标和拍卖在概念内涵、标的、目的、社会危害程度以及适用法律等方面都存在差异。考虑到拍卖和招标投标毕竟是两种不同的法律行为，立法上也对两者分别作出规定，对串通投标设定了刑事责任，对串通拍卖则没有，故不宜以串通投标罪对串通拍卖行为定罪处罚。若将串通拍卖行为作为串通投标罪客观方面的一种表现形式予以处罚，有类推之嫌。

参 第1564号　汪某强、冯某东等人串通投标案——“报价承诺法”招标类串通投标行为的定性

在“报价承诺法”招标类串通投标案件中，由招标人提出要约价，投标人以承诺方式响应，因而各投标人均不存在报价的行为，不符合串通投标罪的法定构成要件。被告人串通投标的行为虽然破坏了公平竞争的市场秩序，但是本质上社会危害性有限，达不到入罪所需的“情节严重”程度，该类投标行为也没有损害招标人的利益，不具有刑法意义上的社会危害性，不宜以犯罪论处，而应通过行政处罚等行政手段进行规制。

合同诈骗罪

《刑法》规定

第二百二十四条　有下列情形之一，以非法占有为目的，在签订、履行合同过程中，骗取对方当事人财物，数额较大的，处三年以下有期徒刑或者拘役，并处或者单处罚金；数额巨大或者有其他严重情节的，处三年以上十年以下有期徒刑，并处罚金；数额特别巨大或者有其他特别严重情节的，处十年以上有期徒刑或者无期徒刑，并处罚金或者没收财产：

（一）以虚构的单位或者冒用他人名义签订合同的；

（二）以伪造、变造、作废的票据或者其他虚假的产权证明作担保的；

（三）没有实际履行能力，以先履行小额合同或者部分履行合同的方法，诱骗对方当事人继续签订和履行合同的；

（四）收受对方当事人给付的货物、货款、预付款或者担保财产后逃匿的；

（五）以其他方法骗取对方当事人财物的。

相关规定

最高人民检察院、公安部《关于公安机关管辖的刑事案件立案追诉标准的规定（二）》第69条

最高人民检察院办公厅《关于对合同诈骗、侵犯知识产权等经济犯罪案件依法正确适用逮捕措施的通知》

最高人民法院《关于充分发挥审判职能作用切实加强产权司法保护的意见》第5~8条

最高人民法院《关于依法妥善处理历史形成的产权案件工作实施意见》第13条

最高人民法院《关于充分发挥审判职能作用为企业家创新创业营造良好法治环境的通知》第2条

案例要旨

参 第211号 程庆合同诈骗案——通过欺骗手段兼并企业后恶意处分企业财产的行为如何定性

兼并合同的特点是兼并方取得被兼并方的资产后有权予以处置。如果兼并方采取欺骗手段签订兼并合同取得被兼并方资产后，不履行兼并合同规定的义务，不将兼并的资产用于生产经营活动，或者以小部分履行兼并合同规定的义务或者将小部分兼并的资产用于生产经营为诱饵，骗取大部分兼并的资产变现后据为己有的，就是以非法占有为目的，利用经济合同诈骗被兼并企业的财产，应以合同诈骗罪定罪处罚。

参 第271号　黄志奋合同诈骗案——如何认定诈骗犯罪中的非法占有目的

被告人以公司的名义与他人签订合同，所收委托款项全部存入公司的账户，且制作了正规的财务账，所收委托款项均为公司经营、使用，除部分用于公司添置设备及日常开支，其余均以公司的名义投入期货交易并全部亏损，加之被告人系公司的法定代表人，故从决定实施行为的主体、行为实施的名义、所代表的意志及利益归属等方面，应认定为单位行为。对用于单位消费性支出的部分，应认定为具有非法占有目的。

参 第308号　宋德明合同诈骗案——如何理解合同诈骗罪中的“合同”

（1）对于合同诈骗罪中的“合同”不以典型的“经济合同”为限，但也不能认为凡是行为人利用了《合同法》（对应《民法典》第三编“合同”。——编者注）所规定的合同进行诈骗的，均将构成合同诈骗罪，与市场秩序无关以及主要不受市场调整的各种“合同”“协议”，如不具有交易性质的赠与合同，以及婚姻、监护、收养、扶养等有关身份关系的协议，主要受劳动法、行政法调整的劳务合同、行政合同等，通常情况下不应视为合同诈骗罪中的“合同”。（2）在界定合同诈骗罪的合同范围时，不应拘泥于合同的形式，在有证据证明确实存在合同关系的情况下，即便是口头合同，只要发生在生产经营领域，侵犯了市场秩序的，同样应以合同诈骗罪定罪处罚。

参 第352号　秦文虚报注册资本、合同诈骗案——骗取他人担保申请贷款的是诈骗还是合同诈骗

通过向银行贷款的方式骗取担保人财产的行为，表面上看是骗取银行贷款，实际上侵害的是担保人的财产权益，犯罪对象并非银行贷款而是担保合同一方当事人的财产，对此种行为应以合同诈骗罪论处。如果

行为人提供虚假担保或者重复担保，骗取银行或者其他金融机构贷款的，则符合贷款诈骗罪的构成要件，理应以贷款诈骗罪论处。

参 第 403 号 王贺军合同诈骗案——以签订虚假的工程施工合同为诱饵骗取钱财的行为是诈骗罪还是合同诈骗罪

合同诈骗罪是一种利用合同进行诈骗的犯罪，诈骗行为发生在合同的签订、履行过程中，诈骗行为伴随合同的签订、履行是此罪区别于诈骗罪的一个主要客观特征。以许诺让他人承揽虚假的工程项目为诱饵骗取钱财的行为，由于没有利用签订、履行合同的手段，不构成合同诈骗罪，而构成诈骗罪。

参 第 457 号 宗爽合同诈骗案——以签订出国“聘请顾问协议书”为名骗取他人钱财的行为如何定性

正确界定合同诈骗罪中的“合同”，应当结合合同诈骗罪的客体来考察，合同诈骗犯罪行为人实施犯罪所签订、履行的合同必须是与经济活动有关的合同。行为人虽然利用了合同形式，但该合同在当时的条件、环境下并不具有侵犯市场秩序的性质，对行为人也不应以合同诈骗罪论处。行为人签订的“聘请顾问协议书”，实质上是一个代办出国签证性质的委托代理合同，利用这种合同实施的诈骗犯罪严重扰乱了正常的代办出国签证的市场秩序，应认定为合同诈骗罪，而非普遍诈骗罪。

参 第 577 号 谭某合同诈骗案——业务员冒用公司名义与他人签订合同违规收取货款的行为如何定性

业务员冒用公司名义与他人签订合同违规收取货款的行为是否构成合同诈骗罪，需要把握合同货款所有权是否属于业务员所属单位、合同货款是否由该单位实际控制，否则可能构成挪用资金罪、职务侵占罪。

参 第645号　曹戈合同诈骗案——伪造购销合同,通过与金融机构签订承兑合同,将获取的银行资金用于偿还其他个人债务,后因合同到期无力偿还银行债务而逃匿,致使反担保人遭受巨额财产损失的行为,如何定性

根据法定符合说原理,行为人诈骗对象和犯罪故意内容的相对不确定性,并没有超过其诈骗合同相对方财物所可能指向的对象与故意内容的范围的,符合合同诈骗罪的构成特征,应认定构成合同诈骗罪。因此,以伪造的购销合同办理银行承兑汇票,以获取银行资金,合同到期后无力偿还银行债务而逃匿,致使担保人遭受财产损失的,应以合同诈骗罪论处。

参 第646号　刘恺基合同诈骗案——如何认定合同诈骗犯罪中行为人具有非法占有目的

对行为人是否具有非法占有之目的,可从以下几个方面分析:(1)行为人是否具有签订、履行合同的条件,是否创造虚假条件。(2)行为人在签订合同时有无履约能力。(3)行为人在签订和履行合同过程中有无诈骗行为。(4)行为人在签订合同后有无实际履行合同的行为。(5)行为人对取得财物的处置情况,是否有挥霍、挪用及携款潜逃等行为。

参 第716号　杨永承合同诈骗案——以公司代理人的身份,通过骗取方式将收取的公司货款据为己有,是构成诈骗罪、职务侵占罪还是挪用资金罪

职务是一项由单位分配给行为人为单位所从事的一种持续的、反复进行的工作,担任职务应当具有相对稳定性的特点,而非单位临时一次性地委托行为人从事某项事务。被告人取得了被害公司的授权,但并不是被害公司的员工,并不担任任何职务或承担任何工作,不符合职务侵占罪的犯罪主体要件。被告人在履行与被害公司的经销协议过程中，虚构事实、隐瞒真相，符合诈骗的行为特征，构成合同诈骗罪。

参 第 807 号 张海岩等合同诈骗案——承运过程中承运人将承运货物暗中调包的行为如何定性

合同诈骗罪中的“合同”必须是能够体现一定的市场秩序，体现财产转移或者交易关系，为行为人带来财产利益的合同。承运过程中为非法占有财物而偷偷调包的行为，应当构成诈骗类犯罪。盗窃与诈骗的本质区别在于，被害人对财物是否有转移占有的意思和行为，行为人取得财物是否基于被害人产生的错误认识，并以此为基础进行了财产处分。

参 第 808 号 吴某合同诈骗案——挂靠轮船公司的个体船主，在履行承运合同过程中采用以次充好的方式骗取收货方收货并向货主足额支付货款及运费的，该行为如何定性

挂靠人员是否属于运输公司员工，可以通过挂靠人员与运输公司之间是否具有劳资关系、雇佣关系进行综合认定。司法实践中，一般通过货物的包装方式来辅助判断行为是否属于秘密窃取。如果货物是被封缄好的或者是有押运人看管的，那么行为人秘密打开包装将货物取走的行为就具有秘密窃取的特征。此外，需要说明的是，运输途中调包行为的受损害方未必是一成不变的，有时因为民事赔偿的缘故，受损害方的身份会在直接受损害方与最终损失承担方之间转移。然而，即便是发生转移，也不会改变犯罪行为造成损害的事实。因此，受损害方的转移不会对行为定性造成多大的影响。

参 第 875 号 郭松飞合同诈骗案——通过网络交易平台诱骗二手车卖家过户车辆并出具收款凭据的行为如何定性

通过网络交易平台签订二手车交易合同，骗取卖家二手车的行为，破坏了市场交易秩序，构成合同诈骗罪，被骗车辆已过户但未交付的犯

罪停止形态应当认定为未遂。牌照竞买价格不是车牌本身的价值,不应计入犯罪数额。

参 第876号 周有文、陈巧芳合同诈骗案——通过支付预付款获得他人房产后以抵押方式向第三人借款的,既有欺骗卖房人的行为,也有欺骗抵押权人的行为,应当如何认定被害人

通过支付预付款获得他人房产后以抵押方式获得第三人借款的过程中,既有欺骗卖房人的行为,也有欺骗抵押权人的行为,应当认定原房主为被害人。抵押权人出借钱款并不是基于错误认识而作出的处分,而是其实现其个人利益(收取利息)的民事行为,不具备诈骗犯罪中的"被骗"特征。司法机关应当从被告人处追缴赃款发还原房主,以弥补剩余房款的损失。

参 第959号 王立强合同诈骗案——如何准确对一房二卖的行为进行刑民界分

对"一房二卖"的行为定性关键在于行为人主观上是否具有非法占有的目的。行为人是否具有非法占有目的,需要综合行为人"一房二卖"的具体原因、交房的真实意思表示内容、行为人是否具有调剂交房的能力以及清偿相关债务的能力等方面的事实进行认定。特别是在售房款没有被个人挥霍、占有而是用于继续经营的情况下,对"一房二卖"行为人非法占有目的的认定更要审慎。

参 第1056号 陈景雷等合同诈骗案——以适格农民名义低价购买农机出售而骗取国家农机购置补贴款的行为如何定性

合同诈骗罪中的"合同"必须能够体现一定的市场秩序,与市场秩序无关以及主要不受市场调整的各种"合同""协议",通常情况下不应视为合同诈骗罪中的"合同"。行为人以符合条件的农户的名义购买享受政府补贴的插秧机,该行为既不是欺骗农户,也不是欺骗农机销售商,

而是钻政策的空子，诈骗国家财产，使国家遭受损失，构成诈骗罪。

参 第 1076 号　朱某某合同诈骗案——如何把握合同诈骗案件的具体证明标准

判断行为人的行为是否构成合同诈骗罪，关键是有无非法占有目的。司法实践中判断行为人的主观目的时，应当根据其是否符合《刑法》所规定的具体行为情节，并结合事前、事中、事后的各种主客观因素进行整体判断。行为人先向"被害人"借款，后在"被害人"向其催要借款的过程中，签订合同以自己开发但已销售给他人的房产"抵债"，同时"被害人"并未承诺因签订购房合同而免除行为人债务的，应认定"被害人"并未因签订合同遭受财产损失，不应认定为合同诈骗罪。

参 第 1299 号　高淑华、孙里海合同诈骗案——签订合同并收取对方的保证金后挪作他用是否可以认定具有非法占有目的

从经验常识判断，房地产开发行业本身具有资金密集的产业特点，资金投入大，经营风险高，被告人所在公司虽然自身实力不足，但如果融资等经营行为得当，不能排除其最终盈利的可能性。因此，应当综合合同签订的背景、被告人为生产经营所付出的努力、钱款的去向和用途等因素来判断被告人是否具有非法占有目的，而不能简单地因被告人有欺骗行为直接得出其具有非法占有目的的结论。对于虽有一定的欺骗行为，但不影响被害人通过民事途径进行救济的，不宜轻易认定为诈骗犯罪，这也符合《刑法》的谦抑性原则。

参 第 1480 号　于典等合同诈骗案——组织网络"水军"批量人工点击广告的，属于对广告推广合作合同的虚假履行，构成合同诈骗罪

为赚取广告分成，人为组织网络"水军"进行恶意批量点击，虽然形式上也是真实用户点击并浏览了广告内容，但"水军"用户系出于牟利目的机械完成批量点击浏览任务，完全不具有获取广告信息的主动性，

因此基本不可能实现商业转化。从广告的商业逻辑看,这种流量无疑是虚假的、无效的。而从法律角度看,就是为获取不法利益制造的欺骗性表象,是对广告推广合作合同的虚假履行,根本无法实现合同目的,广告推广平台和广告主必然遭受直接经济损失,具有严重的社会危害性,因此构成合同诈骗罪。同时,互联网平台是与推广加盟商签约的合作方,也是向其支付广告费分成的主体,因推广加盟商提供虚假点击数据被骗而支付相关费用后,即成为合同诈骗案件的被害人。

参 第1512号　黄某正等合同诈骗案——对合同整体履行不存在根本影响的欺诈行为如何定性

合同诈骗罪中,对《刑法》第224条第5项“以其他方法骗取对方当事人财物的”应做严格限制解释,其他的行为性质和危害程度应与前面的四种情形具有相当性,防止不当扩大罪名适用范围。在合同履行过程中,部分行为存在欺诈的,是作为合同诈骗罪论处,还是视为民事欺诈行为,应从合同履行的整体情况综合判断,特别是审查欺诈部分对合同适当、全面履行是否存在根本性、决定性的影响。司法实践中,人民法院应当秉持刑法谦抑理念,防止将民事欺诈行为作为犯罪处理。

参 第1583号　叶某林、谭某竑、石某、乔某坤合同诈骗案——以“套路加盟”视角把握合同诈骗罪的认定

认定《刑法》第224条规定的合同诈骗罪所涉“以其他方法骗取对方当事人财物”,应当遵从主客观相一致的原则,从行为人有无实际履行能力,是否采用欺骗方式诱骗对方签订合同,是否实际履行合同,是否转移、隐匿财产等方面,准确评判行为手段和损失结果,并判定行为人是否具有非法占有目的。

参 第1599号　蔡某合同诈骗案——如何区分风险投资与合同诈骗

风险投资与合同诈骗的区别在于:一是客观上是否有虚构事实、隐

瞒真相的行为。风险投资中，资金方是否投资应建立在对客观事实判断的基础上，承担的是正常的经营风险。目标企业即便对公司前景、营利能力等有一定夸大，也应是基于公司发展状况、市场环境等客观因素作出的预测，而不能虚构事实、隐瞒真相。二是主观上是否具有非法占有目的。风险投资中，企业融资的目的是让企业发展壮大，并非非法占有。目标企业应具有履约能力，融资后诚信经营，按约定用途使用资金，不应任意处置、占用资金。具体案件中，要根据主客观相统一原则，考察行为人客观上是否具有虚构事实、隐瞒真相的行为，主观上是否具有非法占有目的，准确区分风险投资与合同诈骗。

参 第1622号　张某某被诉合同诈骗案——准确定性企业经营中的纠纷，防止利用刑事手段干预经济纠纷

在准确定性企业经营中的纠纷时，应严格遵循证据裁判原则和法定犯罪构成，对案件事实的认定需基于查证属实的证据，尤其在经济纠纷中，需全面审查合同签订、履行情况，资金去向，以及用途等关键事实。对于因合同纠纷导致的履行不能，不能仅因资金流向或未履约结果认定为犯罪。对于非法占有目的的认定，需结合资金用途、企业经营状况及合同履行能力等实质性因素，避免因资金流向不符合财务规范而简单推定，以防止利用刑事手段干预经济纠纷。

组织、领导传销活动罪

《刑法》规定

第二百二十四条之一　组织、领导以推销商品、提供服务等经营活动为名，要求参加者以缴纳费用或者购买商品、服务等方式获得加入资格，并按照一定顺序组成层级，直接或者间接以发展人员的数量作为计酬或者返利依据，引诱、胁迫参加者继续发展他人参加，骗取财物，扰乱经济社会秩序的传销活动的，处五年以下有期徒刑或者拘役，并处罚金；情节严重的，处五年以上有期徒刑，并处罚金。

相关规定

《刑法修正案(七)》第4条

最高人民法院、最高人民检察院、公安部《关于办理组织领导传销活动刑事案件适用法律若干问题的意见》

案例要旨

参 第717号　危甫才组织、领导传销活动案——如何认定组织、领导传销活动罪

对于开始于刑法修正案施行日以前、持续到刑法修正案施行日以后的犯罪，当罪名、构成要件、情节以及法定刑已经变化的，应当适用修订后的《刑法》，但是修订后的《刑法》比原《刑法》所规定的构成要件和情节更为严格，或者法定刑较重的，量刑时应酌情从轻处罚。[2009年2月28日公布实施的《刑法修正案(七)》设立组织、领导传销活动罪，在此之前的组织、领导传销活动行为以非法经营罪定罪处罚。——编者注]

参 第842号　王艳组织、领导传销活动案——在传销案件中如何认定组织、领导传销活动主体及罪名如何适用

(1)在判断组织、领导传销活动与单层次直销之间是否存在关系的时候，应考量以下标准：①是否以销售产品为企业营运的基础。②是否收取高额入门费。③是否拥有经营场所。④是否按照价值规律分配报

酬。单层次直销企业的工作人员主要通过销售商品、提供服务获取利润，其薪酬的高低主要与工作人员的销售业绩挂钩。⑤是否具有完善的售后服务保障制度。⑥是否实行制度化的人员管理。（2）区分传销行为与多层级直销行为（团体计酬）的罪名适用问题：组织、领导传销活动罪规制的是以“人头数”作为计酬标准的犯罪行为；而多层次直销的团体计酬方式则表现为上线以下线的销售业绩为依据计算报酬，而不是下线的人数。

非法经营罪

《刑法》规定

第二百二十五条　违反国家规定，有下列非法经营行为之一，扰乱市场秩序，情节严重的，处五年以下有期徒刑或者拘役，并处或者单处违法所得一倍以上五倍以下罚金；情节特别严重的，处五年以上有期徒刑，并处违法所得一倍以上五倍以下罚金或者没收财产：

（一）未经许可经营法律、行政法规规定的专营、专卖物品或者其他限制买卖的物品的；

（二）买卖进出口许可证、进出口原产地证明以及其他法律、行政法规规定的经营许可证或者批准文件的；

（三）未经国家有关主管部门批准非法经营证券、期货、保险业务的，或者非法从事资金支付结算业务的；

（四）其他严重扰乱市场秩序的非法经营行为。

相关规定

《刑法修正案》第8条

《刑法修正案(七)》第5条

全国人民代表大会常务委员会《关于惩治骗购外汇、逃汇和非法买卖外汇犯罪的决定》第4条

《电影管理条例》第55条

《货物进出口管理条例》第65~68条

国务院办公厅《关于严厉打击以证券期货投资为名进行违法犯罪活动的通知》“三、正确适用法律,把握政策界限”(一)

《烟草专卖法》第35、36条

《国际海运条例》第41条

《互联网上网服务营业场所管理条例》第27条

《出版管理条例》第61条

《音像制品管理条例》第39条

最高人民检察院、公安部《关于公安机关管辖的刑事案件立案追诉标准的规定(二)》第71条

最高人民法院、最高人民检察院《关于常见犯罪的量刑指导意见(二)(试行)》“一、七种常见犯罪的量刑”(一)

中国民用航空总局、原国家发展计划委员会、公安部、国家税务总局、原国家工商行政管理总局《关于坚决打击暗扣销售和非法经营销售国内机票行为规范航空运输市场秩序的通知》“二、依法打击暗扣销售和非法经营销售国内机票的行为”(二)

最高人民法院、最高人民检察院《关于办理非法生产、销售、使用禁止在饲料和动物饮用水中使用的药品等刑事案件具体应用法律若干问

题的解释》

最高人民法院刑事审判第二庭《关于对未经行政许可审批经营成品油批发业务是否构成非法经营罪的意见》

最高人民法院、最高人民检察院《关于办理非法生产、销售烟草专卖品等刑事案件具体应用法律若干问题的解释》第1条第5款、第3、4条

最高人民法院、最高人民检察院、公安部、中国证券监督管理委员会《关于整治非法证券活动有关问题的通知》“二、明确法律政策界限，依法打击非法证券活动”(三)

最高人民检察院《关于办理涉互联网金融犯罪案件有关问题座谈会纪要》第18、19条

最高人民法院、最高人民检察院《关于办理妨害信用卡管理刑事案件具体应用法律若干问题的解释》第12、13条

最高人民法院、最高人民检察院《关于办理非法从事资金支付结算业务、非法买卖外汇刑事案件适用法律若干问题的解释》

最高人民法院《关于审理骗购外汇、非法买卖外汇刑事案件具体应用法律若干问题的解释》第4条

最高人民法院《关于审理非法出版物刑事案件具体应用法律若干问题的解释》第11~17条

最高人民检察院法律政策研究室《关于非法经营行为界定有关问题的复函》

最高人民法院《关于审理扰乱电信市场管理秩序案件具体应用法律若干问题的解释》第1~5条、第10条

最高人民检察院《关于非法经营国际或港澳台地区电信业务行为法律适用问题的批复》

《办理非法经营国际电信业务犯罪案件联席会议纪要》第2、3条

最高人民法院、最高人民检察院《关于办理危害食品安全刑事案件适用法律若干问题的解释》第16~18条

最高人民法院、最高人民检察院《关于办理妨害预防、控制突发传染病疫情等灾害的刑事案件具体应用法律若干问题的解释》第6条

最高人民法院、最高人民检察院《关于办理赌博刑事案件具体应用法律若干问题的解释》第6条

最高人民法院《关于审理非法集资刑事案件具体应用法律若干问题的解释》第11条

最高人民法院《关于准确理解和适用刑法中"国家规定"的有关问题的通知》第3条

最高人民法院、最高人民检察院《关于办理利用信息网络实施诽谤等刑事案件适用法律若干问题的解释》第7条

最高人民法院、最高人民检察院、公安部、国家安全部《关于依法办理非法生产销售使用"伪基站"设备案件的意见》

最高人民法院、最高人民检察院、公安部、原国家新闻出版广电总局《关于依法严厉打击非法电视网络接收设备违法犯罪活动的通知》第二部分

最高人民法院、最高人民检察院《关于办理扰乱无线电通讯管理秩序等刑事案件适用法律若干问题的解释》第4条

最高人民法院、最高人民检察院、公安部、司法部《关于办理非法放贷刑事案件若干问题的意见》

最高人民法院《关于审理走私、非法经营、非法使用兴奋剂刑事案件适用法律若干问题的解释》第2条

案例要旨

指 97 号 王力军非法经营再审改判无罪案

(1)对于《刑法》第 225 条第 4 项规定的“其他严重扰乱市场秩序的非法经营行为”的适用,应当根据相关行为是否具有与《刑法》第 225 条前 3 项规定的非法经营行为相当的社会危害性、刑事违法性和刑事处罚必要性进行判断。(2)判断违反行政管理有关规定的经营行为是否构成非法经营罪,应当考虑该经营行为是否属于严重扰乱市场秩序。对于虽然违反行政管理有关规定但尚未严重扰乱市场秩序的经营行为,不应当认定为非法经营罪。

公 2009 年第 1 期 宁波利百代投资咨询有限公司、陈宗纬、王文泽、郑淳中非法经营案

行为人为非法经营证券业务而设立公司,超越工商行政管理部门(现为市场监督管理部门。——编者注)核准登记的公司经营范围,未经法定机关批准,向不特定的社会公众代理销售非上市股份有限公司的股权(股票),其行为属未经批准非法经营证券业务、扰乱国家证券市场的非法经营行为,情节严重的,应当以非法经营罪定罪处罚。

公 2012 年第 2 期 董杰、陈珠非法经营案

利用“外挂”软件“代练升级”从事非法经营活动,情节严重的,属于《刑法》第 225 条中规定的“其他严重扰乱市场秩序的非法经营行为”,应以非法经营罪定罪处罚。

公 2022 年第 11 期 卞飞非法经营案

人民法院认定非法经营行为,应依据行政法律、法规的规定,对于行政机关内部文件,应当全面审查其是否符合行政法律法规的相关规定,

不得单独据以认定行为人的行为构成犯罪。

参 第34号 王建军等非法经营案——骗购国家外汇的犯罪行为应如何适用法律

司法解释是对法律规定进行解释,即在《刑法》条文已作出明确规定的前提下就如何具体适用法律问题所做的具体规定;司法解释本身不涉及溯及力问题,其一经公布施行,效力等同于其所解释的法律本身,对人民法院正在审理和尚未审理的案件具有法律效力。根据《刑法》第12条第1款,应当适用《刑法》非法经营罪定罪处罚。

参 第73号 王作武非法经营案——印刷、发行宣扬邪教内容的出版物如何适用法律

非法印制、发行宣扬邪教的书籍、图片及非法经销宣扬邪教的音像制品的行为,发生在我国政府明令取缔邪教组织之前,不应以组织、利用邪教组织破坏法律实施罪定罪处罚,而应以非法经营罪定罪处罚。

参 第144号 胡廷蛟、唐洪文等生产、销售伪劣产品案——如何认定非法经营专营、专卖物品扰乱市场秩序"情节严重"

非法经营罪属于情节犯。非法经营数额、数量、次数、违法所得数额等,都能够直接反映其扰乱市场秩序的严重程度。此外,非法经营的专营、专卖物品的质量也是认定有关行为情节是否严重的标准之一。

参 第212号 高秋生、林适应等非法经营案——运输假冒台湾产香烟的行为如何定性

我国台湾地区所产香烟在大陆并未获许流通,香烟属于大陆法律规定的专营、专卖物品。违反法律规定,擅自经营假冒我国台湾地区所产香烟的行为,属于非法经营。犯罪数额难以确定的,无须价值鉴定,按照

运输假冒香烟的数量认定犯罪情节。

参 第 234 号 李柏庭非法经营案——如何区分有奖销售与以变相传销方式实施的非法经营罪

以“购物有奖竞猜”活动和“特许加盟店”等方式引诱参加者以认购商品的方式变相交纳入门费，从而取得成员资格或者发展其他成员参加的资格，让先参加者从发展的下线成员所交纳的费用中获取收益，其行为已不属于商品有奖促销的性质，具有传销或者变相传销的组织特征。

参 第 330 号 高国华非法经营案——非法从事外汇按金交易的行为如何处理

外汇按金交易是我国法律禁止的一种“在国家规定的交易场所以外非法买卖外汇”行为。非法从事外汇按金交易，扰乱市场秩序，情节严重的，依据全国人民代表大会常务委员会《关于惩治骗购外汇、逃汇和非法买卖外汇犯罪的决定》第 4 条第 1 款的规定，应当以非法经营罪定罪处罚。

参 第 378 号 郭金元、肖东梅非法经营案——被行政处罚过的非法经营数额应否计入犯罪数额

对于行政机关未超越职权范围予以行政处罚的非法经营数额，不得累计计算犯罪数额。对于行政机关超越职权范围“以罚代刑”处置的非法经营数额，应当作为未经处理的犯罪数额予以重新计算。构成犯罪的，追究刑事责任；多次非法经营的，犯罪数额累计计算。

参 第 448 号 古展群等非法经营案——如何认定非法买卖、运输盐酸氯胺酮注射液行为的性质

（1）非法经营罪中的“情节严重”，应结合非法经营行为的行政违法性、危害后果、非法经营数额和违法所得数额等因素全面分析认定。（2）案发时盐酸氯胺酮注射液不是制毒物品，而属于行政法规规定的专

营、专卖物品，非法买卖盐酸氯胺酮注射液的行为不构成非法买卖制毒物品罪，应以非法经营罪定罪处罚。

参 第 473 号　谈文明等非法经营案——擅自制作网络游戏外挂出售牟利构成犯罪的应当如何适用法律

擅自制作网游外挂出售牟利，侵犯了网游权利人著作权中的修改权而不是复制发行权，不构成侵犯著作权罪。擅自制作网游外挂出售牟利，既属于出版程序违法的非法经营行为，也属于出版内容违法的非法经营行为，该行为同时符合最高人民法院《关于审理非法出版物刑事案件具体应用法律若干问题的解释》第 11 条与第 15 条规定的，即符合第 15 条规定的没有相应资质而从事出版活动，和第 11 条规定的违反国家规定出版非法互联网出版物的情形，应当参照想象竞合的处理原则从重处罚。

参 第 489 号　陈宗纬、王文泽、郑淳中非法经营案——超越经营范围向社会公众代理转让非上市股份有限公司的股权是否构成犯罪

代理转让非上市公司股权的行为具有证券核心业务中“证券承销”的实质特征，系变相承销证券，故可以认为“经营证券业务”。我国证券市场实行证券业务许可制度，只有经过国务院证券监督管理机构批准的证券公司才能经营证券业务，其他任何单位和个人均不得经营证券业务。被告人未经法定机关批准，超越工商核准登记的公司经营范围，向社会公众代理转让非上市股份公司的股权，属非法经营证券业务，情节特别严重，构成非法经营罪。

参 第 528 号　武汉同济药业有限公司等四单位及孙伟民等人贩卖、运输、制造、转移毒品案——不明知他人购买咖啡因是用于贩卖给吸毒人员的情况下，违规大量出售咖啡因的行为不构成贩卖毒品罪

根据主客观相一致的定罪原则，在不明知他人购买咖啡因是用于贩卖给吸毒人员的情况下，违反国家对精神药品及咖啡因生产经营的管理规定，非法大量出售咖啡因的行为不构成贩卖毒品罪，而应认定其构成非法经营罪。

参 第564号　周新桥等非法经营案——刑法修正案颁布实施前未经国家有关主管部门批准，非法经营期货业务的行为是否构成非法经营罪

（1）非法经营罪中，“经营”一词应理解为经济领域内的“经营”活动，即市场主体以营利为目的、从事某项能为自己带来营利的活动；“非法”一词代表“违反国家规定”，即违反了全国人民代表大会及其常务委员会制定的法律和决定，国务院制定的行政法规、规定的行政措施、发布的决定和命令等；“非法经营行为”必须具有行政违法性和刑事违法性的双重性质，行政违法性是刑事违法性的前提。（2）非法经营罪中的“其他严重扰乱市场秩序的非法经营行为”是指除了该罪名外的其他违反与经营许可制度有关的法律法规且严重扰乱市场秩序的行为。

参 第632号　薛洽煌非法经营联邦止咳露案——非法经营药品犯罪案件中情节特别严重的认定

（1）没有取得《药品经营许可证》等有效证件而从事药品经营的，应当认定为非法经营行为。（2）在认定非法经营罪中“情节严重、特别严重”的时候，如果法律、司法解释未作出规定的，一般应当根据被告人非法经营犯罪数额、社会危害性、主观恶性等因素进行综合认定。

参 第663号　梁俊涛非法经营案——对于制售有严重政治问题的非法出版物行为应如何定性

（1）“非法出版物”包括形式违法的出版物和内容违法的出版物。从内容上分析，既包括宣扬色情、迷信、有政治问题的出版物，也包括淫秽出版物、侵犯著作权的出版物等；从出版主体上分析，既有非法成立的出版单位的出版物，也有依法成立的出版单位违法、违规出版的出版物。

(2)要充分认识政治性非法出版物的社会危害性,对于违反国家规定,出版、印刷、复制、发行政治性非法出版物的行为,应认定为非法经营罪。

参 第727号　刘溪、聂明湛、原维达非法经营案——以现货投资名义非法代理境外黄金合约买卖的行为,如何定性

(1)本案被告人的行为本质上是为了获取期货风险利润,符合变相期货交易的特征,其行为构成非法经营罪。(2)行政主管部门出具的定性意见仅是一种办案参考,不能作为案件定性的当然证据。(3)人民法院在办理变相期货交易案件时,应当重点关注以下几个方面:①审慎认定交易手法是否符合变相期货交易的行为特征。②综合全案证据及事实,判断交易目的是否是对冲合约获取风险利润。③如果所交易的合约到期应当被依法、全面、适当履行,当事人既不能擅自变更或者解除,也不能通过对冲替代履行,并且交易不具备变相期货交易的特征或者特征不明显的,则是现货交易。④在必要时征询、参考行政主管部门的意见,并留意我国特定时期的黄金市场监管政策,既要保护灵活、新型、合法的投资手段,又要维护正常的黄金、期货市场秩序,注重保护投资者的合法利益。

参 第803号　解群英等非法买卖制毒物品、张海明等非法经营案——非法买卖麻黄碱类复方制剂以及将麻黄碱类复方制剂拆改包装后进行贩卖的,如何定性

麻黄碱类复方制剂本身不属于列管的易制毒物品,对于买卖麻黄碱类复方制剂(新康泰克)的行为,由于被告人未改变麻黄碱类复方制剂的药品属性,且没有具体证据证明被告人明知他人将所购新康泰克胶囊拆解后作为制毒物品出售,故而不能将其行为认定为非法买卖制毒物品罪。但被告人无证经营药品,扰乱市场秩序,情节严重的,应当以非法经营罪论处。

参 第 828 号 张军、张小琴非法经营案——擅自设立金融机构罪、非法经营罪的认定

(1)不具备《刑法》第 174 条规定的金融机构的形式要件和实质要件,尚未达到足以威胁金融安全、破坏金融秩序的危害程度,不能以擅自设立金融机构罪论处。(2)未经审批开展为他人提供押车贷款的服务,牟取高额利息的行为,属于《刑法》第 225 条第 4 项规定的其他严重扰乱市场秩序的非法经营行为。

参 第 862 号 于润龙非法经营案——未经许可从事非法经营行为,但审理期间相关行政审批项目被取消的,如何定性

从旧兼从轻原则不但适用于新旧《刑法》的交替,也适用于认定某些犯罪所必须依据的行政法规的变更。由于对被告人据以定罪的国家行政法规在审判时发生了重大变化,按照新的规定,被告人非法经营黄金的行为已不构成犯罪。故根据从旧兼从轻原则,对被告人宣告无罪。

参 第 863 号 张虹飚等非法经营案——利用 POS 终端机非法套现的行为定性以及非法经营犯罪数额的认定

行为人为自己或者实际控制的信用卡套取现金,情节严重的,均构成非法经营罪,且套现数额均应计入非法经营犯罪数额,用后次所套取现金归还前次套取现金的,应当累计为非法经营数额;明知他人为非法套现借用 POS 机,无偿出借期间套现数额应当计入非法经营犯罪数额;租用 POS 机从事非法套现的行为人作为出租人的持卡人,非法套现的数额应当计入非法经营犯罪数额。

参 第 864 号 王后平非法经营案——挂靠具有经营资质的企业从事药品经营且不建立真实购销记录的,如何定性

被告人挂靠具有经营资质的企业从事药品经营的行为,违反了《药品管理法》《行政许可法》的相关规定，应当视为无证经营，属于《刑法》第 225 条第 1 项规定的未经许可经营法律、行政法规规定的专营、专卖物品的情形，依法应当以非法经营罪定罪处罚。关于犯罪数额，若能够查清销售或者购买价格的，按照其销售或者购买的价格计算非法经营数额。无法查清的，通过平均价、基准价等计算。

参 第 865 号　曾国坚等非法经营案——组织、领导传销活动尚未达到组织、领导传销活动罪立案追诉标准，但经营数额或者违法所得数额达到非法经营罪立案追诉标准的，能否以非法经营罪定罪处罚

组织、领导传销活动尚未达到组织、领导传销活动罪立案追诉标准，但经营数额或者违法所得数额达到非法经营罪立案追诉标准的，在《刑法修正案（七）》施行之后，对传销活动的刑法评价应当实行单轨制，即仅以是否符合组织、领导传销活动罪的构成特征为标准进行评价，如果不符合该罪构成特征，就应当宣告无罪，而不能再以非法经营罪定罪处罚。（该案系深圳市中级人民法院逐级层报请示，最高人民法院以〔2012〕刑他字第 56 号批复明确。——编者注）

参 第 1021 号　钟小云非法经营案——未经许可经营现货黄金延期交收业务的行为如何定性

未经许可经营现货黄金延期交收业务的行为，因被告人不具有非法占有的主观目的，其行为不构成诈骗罪或者合同诈骗罪，但该行为属于变相黄金期货交易，违反了国家规定，属于《刑法》第 225 条第 3 项规定的非法经营行为。

参 第 1042 号　翁士喜非法经营案——未经许可在城区违法搭建商铺并以招商为名收取租金的行为如何定性

被告人虽然对商户隐瞒了商铺无合法审批手续的事实，但其主观目的是“经营”，而不具有非法占有商户所交纳租金的目的，不符合合同诈

骗罪的主观要件。被告人未经许可私自开工建设,收取租金的行为违反了国家规定,严重扰乱了市场秩序,构成非法经营罪。

参 第1043号　王丹、沈玮婷非法经营、虚报注册资本案——不具备证券从业资格的公司与具备资格的公司合作开展证券咨询业务,是否构成非法经营罪

《刑法》第225条第3项规定的证券业务的具体内容包括证券咨询业务。采取与有资格经营证券咨询业务的公司合作的方式不能规避应当接受证券业主管机构批准和监管的义务。未经批准开展证券咨询业务达到情节严重程度的才构成非法经营罪。

参 第1057号　吴名强、黄桂荣等非法经营案——非法生产、经营国家管制的第二类精神药品盐酸曲马多,应如何定性

被告人以生产药品的故意生产、销售盐酸曲马多,无证据表明生产出的盐酸曲马多流入毒品市场,故不构成贩卖、制造毒品罪,其行为构成生产、销售伪劣产品罪,生产、销售假药罪,以及非法经营罪的竞合,应以非法经营罪定罪处罚。同时,对非法生产、销售国家管制的麻醉药品、精神药品的行为以制造、贩卖毒品罪定罪,必须同时符合以下条件:(1)被告人明知所制造、贩卖的是麻醉药品、精神药品,并且制造、贩卖的目的是将其作为毒品的替代品,而不是作为治疗所用的药品。(2)麻醉药品、精神药品的去向明确,即毒品市场或者吸食毒品群体。(3)获得了远远超出正常药品经营活动所能获得的利润。

参 第1077号　李彦生、胡文龙非法经营案——如何认定刑法中的"国家规定",经营有偿讨债业务宜否认定为刑法第二百二十五条第(四)项规定的"其他严重扰乱市场秩序的非法经营行为"

(1)《刑法》中的"国家规定"主要包括以下三个方面:①全国人民代表大会及其常务委员会通过的法律、带有单行法性质的决定,以及以修

正案、立法解释等形式对现行法律作出的修改、补充的规定。全国人民代表大会常务委员会的内设机构如法制工作委员会等发布的文件不属于“国家规定”。②国务院制定的行政法规、规定的行政措施、发布的决定和命令。③国务院办公厅制发(国办发)的部分文件。(2)有偿讨债行为的社会危害性主要体现在对公民个人隐私和正常工作、生活秩序的破坏和干扰,对于正常的市场经济秩序虽有一定的危害,但并非主要方面。就非法经营罪来说,根据《刑法》第225条关于该罪构成要件的规定,其法益保护的侧重点在于市场经济秩序,因此,有偿讨债行为并不符合非法经营罪的危害实质。如果行为人在讨债过程中采取了非法获取公民个人信息、寻衅滋事、限制人身自由、暴力、威胁等手段且情节严重的,可按照其所触犯的具体罪名如侵犯公民个人信息罪、寻衅滋事罪、非法拘禁罪、非法侵入住宅罪、故意杀人罪、故意伤害罪等罪名处理。

参 第1121号 欧敏、关树锦非法从事长途大巴客运经营案——未取得道路运输经营许可擅自从事长途大巴客运经营的行为如何定性

未经许可擅自从事非法客运经营的危害,不仅体现在结果危害上,而且体现在潜在危害上。这种行为不仅对正常的客运经营秩序造成严重破坏,而且导致潜在的危险因素大量增加,如引发超载以及因超载而频发的交通事故。因此,对于未经许可擅自从事非法客运经营的行为,情节严重的,应当按照非法经营罪追究刑事责任。

参 第1122号 喻江、李强非法从事出租汽车经营活动案——未取得道路运输经营许可集合社会车辆对不特定的旅客招揽生意、拉客,从事出租汽车经营的行为如何定性

未取得道路运输经营许可证、出租汽车经营资格证,擅自从事出租汽车经营活动,违反了国家规定,严重扰乱道路运输市场秩序和出租汽车行业秩序,危害人民群众的生命财产安全,侵害出租汽车从业人员的

合法权益,影响出租汽车行业和社会的稳定,属于《刑法》第 225 条规定的“其他严重扰乱市场秩序的非法经营行为”,应以非法经营罪论处。

参 第 1210 号　朱海林、周汝胜、谢从军非法经营案——未经许可生产摩托车以及以燃油助力车名义销售摩托车的行为如何定性

实践中,经常出现生产、销售产品的实际规格与标注不一致的情况,对此应根据实际情况分析认定,不能简单地以实际产品与标注不一致就认定产品质量有问题,更不能以销售方式来决定产品质量,进而认定案涉产品为“以次充好”的产品。在没有获得行政主管部门许可的情况下,通过挂靠合作等方式规避国家关于摩托车生产的强制性规定,使本应登记上牌、驾驶者须取得驾照才能上路行驶的摩托车,无须满足前述条件即可上路行驶,其行为属于《刑法》第 225 条第 4 项规定的“其他严重扰乱市场秩序的非法经营行为”。

参 第 1211 号　马智中、王现平非法经营案——非法出版物未经装订以及无法查明定价或者销售价格的情况下,如何认定册数和经营数额

印刷的非法出版物虽未装订,但已完成印刷,在内容和形式上能够独立区分,可以认定为刑法意义上的“册”。以装订好的出版物定价或者销售价格为依据认定非法经营数额,一般会高于散页的鉴定价格。因此,在无法查清定价或者销售价格的情况下,以散页的鉴定价格为依据认定“经营数额”有利于被告人,应作为非法经营数额的认定依据。

参 第 1237 号　王海旺非法经营案——特殊情况下减轻处罚的理解与适用

(1)无证经营假冒伪劣卷烟的行为涉及多个罪名,属于想象竞合犯,应以处罚较重的罪名定罪。罪轻罪重不能笼统地从不同罪名的法定最高刑来判断,而是应当根据具体犯罪行为在不同罪名中所对应的法定刑幅度进行判断。(2)在司法实践中,一方面,要严格掌握法定刑以下

判处刑罚的适用范围，以此确保依法统一规范量刑；另一方面，对于确有特殊情况的案件又要敢于、善于适用，以此体现立法精神，实现宽严相济。

参 第 1238 号　徐波等人非法经营案——未经许可经营原油期货业务，并向客户提供反向提示操作的行为如何定性

（1）诈骗罪中的虚构事实是虚构与客观事实相反的事实，并不包括行为人不能控制、存在或然性、对将来事实的预测。期货交易是高风险投资，涨跌瞬息万变。作为一个正常的期货投资者应当知道期货存在亏损的高风险以及所有对行情的分析都只是预测、建议，而不是事实本身。不能因大部分客户亏损就认为被告人构成诈骗罪，认定犯罪不能从结果倒推行为性质。（2）变相期货交易的形式特征主要包括目的要件和形式要件。如交易参与者主要目的不是转移商品所有权，而是从原油、沥青等“现货”交易的价格变动中获取投机利益，符合变相期货交易的目的要件。未经批准从事期货业务，具有非法性，构成非法经营罪。

参 第 1253 号　曾海涵非法经营案——开采、加工、销售稀土矿产品的行为是否构成非法经营罪的认定和把握

（1）根据国务院《关于促进稀土行业持续健康发展的若干意见》第二部分第 5 条的规定，对稀土冶炼分离企业实行生产许可。但从文件实际执行情况看，稀土矿产品销售在国内实际未实行严格管控，对一般稀土矿产品销售行为以非法经营罪追究刑事责任应持审慎态度。（2）出于折抵债权的原因而获得稀土，要实现债权的话，必须将稀土进行销售，不同于一般的市场经济行为，和专门倒卖稀土牟利的行为相比，也未严重扰乱稀土市场秩序。

参 第 1318 号　上海万晖特工贸有限公司、谢世全非法经营案——疫情防控期间“哄抬物价”行为的认定及入罪标准

“哄抬物价”包括直接提高价格，通过提高运费、搭售商品等手段变

相提高价格,囤积商品,捏造和散布涨价信息等。对于市场经营活动,既要维护市场经济秩序,坚决打击哄抬物价的违法犯罪行为,又要尊重市场经济规律,考虑各地疫情防控的差异情况、不同物资的紧缺程度,避免矫枉过正。在判断"哄抬物价"行为的罪与非罪时,应当考虑物品价格上涨的幅度、非法经营数额和违法所得数额、行为的社会危害性等因素。

参 第1336号 易某某非法经营案——非法经营烟花爆竹制品行为的定性

烟花爆竹制品不属于"专营专卖物品",也不属于"限制买卖的物品",不应直接认定为刑法意义上的爆炸物,以出口烟花爆竹为目的买卖烟花爆竹制品,不构成非法买卖爆炸物罪。行为人未取得相关行政许可买卖烟花爆竹制品,扰乱市场秩序,情节严重的,应当适用《刑法》第225条第4项的规定,以非法经营罪追究刑事责任。

参 第1337号 周长兵非法经营宣告无罪案——未经许可经营保安服务业的行为是否构成非法经营罪以及如何把握"不以单位犯罪论处"的情形

未向公安机关提出申请保安服务许可证而经营保安服务业务的行为违反了国家规定,其行为属于非法经营行为。至于是否属于严重扰乱市场秩序的非法经营行为,应单独评价,而不应以"情节严重"与否代替。行为人虽然没有获取保安服务许可证,但无实质上违法犯罪行为、未造成严重后果的,不应认定为严重扰乱市场秩序的非法经营行为。对单位实施的行为不以单位犯罪论处,必须是"为进行违法犯罪活动而设立公司"或者"公司设立后以实施犯罪为主要活动"两种情形。对上述规定,不能仅从形式逻辑角度进行教条式理解,应当从辩证逻辑角度进行限制把握。

参 第1453号　徐云、桑林华等非法经营案——仅凭产品系非法入境、印制张贴虚假内容标签等行为不能推定系伪劣产品

伪劣产品的界定采用实质判断说，即从产品本身质量、使用性能及性能高低来判定，对于无关产品性能及质量的行为，如仅有伪造或冒用生产商、产地、认证标志、张贴含有虚假内容标签等，则排除在伪劣产品的范围之外。当部分牧场反馈有奶牛拉稀等现象时没有立即停止销售行为，仅说明被告人对于产品质量存在的瑕疵有疏忽、侥幸或不认真对待之嫌，不能以此推断销售产品属于伪劣产品。因此，在无法对产品质量进行实质性检测的情况下，仅凭非法入境、印制张贴虚假内容标签等行为，不能推定产品属于刑法意义上的伪劣产品。违反国家规定，生产、销售国家禁止生产、销售、使用的农药、兽药、饲料、饲料添加剂，或者饲料原料、饲料添加剂原料，情节严重的，依照非法经营罪定罪处罚。

参 第1481号　满鑫、孙保锋非法经营案——第四方支付平台为赌博等违法犯罪网站提供资金转移服务的行为定性

支付结算的本质是资金聚合基础上的货币转移支付，帮助信息网络犯罪活动罪中的“支付结算帮助”包含非法经营罪的“支付结算业务”。未经国家主管部门批准，运营第四方支付平台，整合微信、支付宝二维码等收付款媒介，非法进行资金流转，属于非法从事资金支付结算业务，构成非法经营罪。同时构成帮助信息网络犯罪活动罪，依法择一重罪以非法经营罪处断。

参 第1482号　徐昌勇、江兴平非法经营案——非法经营弩和氯化琥珀胆碱行为性质的认定

未经许可经营弩的行为，违反了《刑法》意义上的“国家规定”，具有刑事处罚的必要性，情节严重的，可以依照《刑法》第225条第4项的规定追究刑事责任。《刑法》第125条第2款规定的毒害性物质应具备毒害性、公共危险性和法律、行政法规禁止或者限制等特征。发生在2015年5月1日之前的非法经营氯化琥珀胆碱的行为，违反了国家关于药品管理的法律和行政法规，触犯了《刑法》第225条第1项的规定，应当以非法经营罪追究刑事责任；发生在2015年5月1日新版《危险化学品名录》施行后的非法买卖、运输、储存氯化琥珀胆碱的行为，同时构成非法经营罪和非法制造、买卖、运输、储存危险物质罪，系法条竞合，应当以非法制造、买卖、运输、储存危险物质罪追究刑事责任。

参 第1483号　侯增喜非法经营案——在特定路段带领货车司机逃避检查，出售“通行卡”的行为应如何定性

判断一行为是否属于严重扰乱市场秩序的非法经营行为，核心要看其经营行为的违法性及扰乱市场秩序的严重程度。为超载超限货车引路，以出售“保通行联系卡”为名，逃避公路检查执法的规模化经营活动，违反法律禁止性规定，其实质就是出售执法情况信息获取巨额非法利益，其行为造成行政执法效能受损，危害道路运输市场的正常竞争秩序；同时，在大货车超载超限屡禁不止、安全事故频发、群众广泛关注的情况下，更体现刑事处罚的必要性，应以非法经营罪定罪处罚。

参 第1530号　上海谷润贸易有限公司、上海睿钧工贸有限公司、倪某钢非法经营案——将工业用牛羊油销售给食用油生产企业的行为定性

进口工业用牛羊油未经出入境检疫机构进行食品方面的检验，不能用于食品生产。以提供给他人生产、销售食品为目的，违反国家规定，生产、销售国家禁止用于食品生产、销售的非食品原料，情节严重的，以非法经营罪定罪处罚。

参 第1547号　胡某弟非法经营案——出于医疗目的从境外购买国家管制的二类精神药品并在境内销售应如何定性

临床上使用的精神药品与常见的鸦片、海洛因等毒品有所不同，特

别是成瘾性、危害性相对较低的二类精神药品，其同时具有毒品和临床药品的双重性质。出于医疗目的从境外购买国家管制的二类精神药品并在境内销售的行为，不具有走私毒品的主观故意，与毒品犯罪分子明知境外销售的药品可用于替代毒品、为谋取利益而走私入境并最终流向吸毒人员的情形有本质区别，且此类药品不属于国家禁止进出口的货物、物品，销售此类药品的行为尚未达到足以严重危害人体健康的程度，但未经许可经营上述精神药品，违反了国家规定，构成非法经营罪。在量刑时，应充分考虑行为人的主观恶性、行为的互助性质以及社会危害性较小等特点，可依法从轻或免予刑事处罚。

参 第1565号　田某等人非法经营案——搭建、租售非法第四方支付平台并按资金流水抽成的行为如何定性

搭建、租售非法第四方支付平台并按资金流水抽成的行为，由于整体运行管理涉及多个主体，分工精细、运行复杂，需要从整体上把握不同主体在犯罪链条中的作用。不仅为他人提供技术支持，而且非法组织开展资金支付结算业务，同时符合帮助信息网络犯罪活动罪、非法经营罪的构成要件，应择一重罪处罚，即以非法经营罪定罪处罚。

强迫交易罪

《刑法》规定

第二百二十六条　以暴力、威胁手段，实施下列行为之一，情节严重的，处三年以下有期徒刑或者拘役，并处或者单处罚金；情节特别严重的，处三年以上七年以下有期徒刑，并处罚金：

（一）强买强卖商品的；

（二）强迫他人提供或者接受服务的；

（三）强迫他人参与或者退出投标、拍卖的；

（四）强迫他人转让或者收购公司、企业的股份、债券或者其他资产的；

（五）强迫他人参与或者退出特定的经营活动的。

相关规定

《刑法修正案（八）》第 36 条

最高人民检察院、公安部《关于公安机关管辖的刑事案件立案追诉标准的规定（一）的补充规定》第 5 条

最高人民检察院《关于强迫借贷行为适用法律问题的批复》

《刑法》第 226 条

案例要旨

公 2006 年第 4 期　朱波伟、雷秀平抢劫案

出租车驾驶员在正常营运过程中，为牟取非法利益，采用暴力、威胁手段，强行向乘客索取与合理价格相差悬殊的高额出租车服务费，情节严重的，其行为构成《刑法》第 226 条规定的强迫交易罪，不应以抢劫罪定罪处罚。

参 第 112 号　郑小平、邹小虎抢劫案——以暴力、威胁手段强迫他人提供贷款的行为如何定性

抢劫罪和敲诈勒索罪作为侵犯财产所有权的犯罪，行为人主观上都必须有非法占有公私财物的目的。如果不能证实行为人有非法占有的目的，就不能以抢劫罪或者敲诈勒索罪对行为人定罪处罚。强迫金融机构工作人员提供贷款的行为，是扰乱市场秩序的行为，情节严重的，应以强迫交易罪定罪处罚。如果强迫交易过程中采取暴力手段致人重伤、死亡，则应按照牵连犯的处罚原则定故意伤害或者故意杀人罪。

参 第278号　宋东亮、陈二永强迫交易、故意伤害案——在共同强迫交易过程中，一人突发持刀重伤他人，对其他参与共同强迫交易的被告人应如何定罪处罚

(1)共同犯罪过程中，被告人的行为超出共同犯罪故意、造成危害结果的，由行为人承担刑事责任。(2)在共同强迫交易过程中，个别行为人临时起意持刀重伤他人的，应当以故意伤害罪论处，对其他参与共同强迫交易的行为人，应以强迫交易罪论处。

参 第520号　李洪生强迫交易案——使用暴力强行向他人当场"借款"并致人轻伤的如何定罪处罚

准确区分强迫交易罪与抢劫罪要注意以下三点：第一，把握强迫交易罪成立的前提条件。如果行为不是发生于商业经营活动中，则缺少构成强迫交易罪的前提条件。第二，注重法定刑对定性的制约。强迫交易罪的行为人所使用的暴力、胁迫手段应当轻于抢劫罪，一般不能造成致人轻伤以上的后果。第三，行为人所付出对价的不公平性应有程度限制。强迫交易罪中的"交易"仅指买卖商品、提供或者接受服务的行为，不包括借款行为、替被害人解决纠纷等，否则是违背《刑法》的解释原则的。

伪造、倒卖伪造的有价票证罪

《刑法》规定

第二百二十七条第一款　伪造或者倒卖伪造的车票、船票、邮票或者其他有价票证，数额较大的，处二年以下有期徒刑、拘役或者管制，并处或者单处票证价额一倍以上五倍以下罚金；数额巨大的，处二年以上七年以下有期徒刑，并处票证价额一倍以上五倍以下罚金。

相关规定

最高人民检察院、公安部《关于公安机关管辖的刑事案件立案追诉标准的规定(一)》第 29 条

最高人民法院《关于对变造、倒卖变造邮票行为如何适用法律问题的解释》

最高人民检察院法律政策研究室《关于非法制作、出售、使用 IC 电话卡行为如何适用法律问题的答复》

案例要旨

参 第 170 号　赵志刚伪造有价票证案——伪造洗澡票的行为如何定性

(1)伪造、倒卖伪造的有价票证罪的犯罪对象是车票、船票、邮票或者其他有价票证。这里的“其他有价票证”应当是与“车票、船票、邮票”具有同一属性的有价票证。“数额较大”是伪造、倒卖伪造的有价票证构成犯罪还是属于一般违法行为的界限标准。(2)伪造单位内流转、具有一定经济价值的票证的,应以伪造有价票证罪论处。

参 第 426 号　王珂伪造、倒卖伪造的有价票证,蔡明喜倒卖伪造的有价票证案——刑法第二百二十七条中的“其他有价票证”如何认定

(1)《刑法》第 227 条规定的“其他有价票证”,不要求具备与所列举的“车票、船票、邮票”完全相同的特征,铁路乘车证及相关证件都应当认定为有价票证。(2)认定伪造、倒卖伪造有价票证“数额较大”“数额巨大”,需要综合考虑各种因素,对于有票面价额的有价票证,可以票面价额、非法所得数额等作为定罪量刑的依据;对于无票面价额的有价票证,可以结合伪造或者倒卖伪造有价票证的张数,给国家、企业、公民个

人等造成的损失，非法所得数额，伪造、倒卖伪造相关证件、证明文件的数量等因素综合认定。

倒卖车票、船票罪

《刑法》规定

第二百二十七条第二款 倒卖车票、船票，情节严重的，处三年以下有期徒刑、拘役或者管制，并处或者单处票证价额一倍以上五倍以下罚金。

相关规定

最高人民检察院、公安部《关于公安机关管辖的刑事案件立案追诉标准的规定(一)》第30条

最高人民法院《关于审理倒卖车票刑事案件有关问题的解释》

案例要旨

参 第379号 刘建场、李向华倒卖车票案——以出售牟利为目的的购买大量车票尚未售出的行为如何处理

倒卖车票罪侵犯的直接客体为国家对车票的正常管理制度，当行为人为了加价牟利大量购买车票，无论其是否售出，国家就已经失去了对车票的控制，旅客无法通过正常途径以正常价格购买所需要的车票，交通秩序遭到了破坏，行为人的行为侵犯了国家对车票的正常管理制度。因此，对于以高价出售或变相加价出售为目的而购买车票的行为，亦属于倒卖车票行为的表现形式之一。

非法转让、倒卖土地使用权罪

《刑法》规定

第二百二十八条 以牟利为目的,违反土地管理法规,非法转让、倒卖土地使用权,情节严重的,处三年以下有期徒刑或者拘役,并处或者单处非法转让、倒卖土地使用权价额百分之五以上百分之二十以下罚金;情节特别严重的,处三年以上七年以下有期徒刑,并处非法转让、倒卖土地使用权价额百分之五以上百分之二十以下罚金。

相关规定

最高人民法院《关于审理破坏土地资源刑事案件具体应用法律若干问题的解释》第1条

最高人民检察院、公安部《关于公安机关管辖的刑事案件立案追诉标准的规定(二)》第72条

案例要旨

参 第1252号 王志芳非法转让土地使用权案——农民转让自有宅基地的行为是否构成非法转让土地使用权罪

中央有关文件鼓励有条件的地方开展农村集体产权制度和农村集体建没用地流转改革试点。在未有结论的情况下,对此类行为不能贸然以犯罪处理。从农村宅基地的政策导向来看,对转让自有宅基地的行为不宜追究刑事责任。参照最高人民法院《关于个人违法建房出售行为如

何适用法律问题的答复》的批复精神，在农村宅基地、责任田上违法建房出售如何处理的问题，涉及面广，法律、政策性强，对于转让自有宅基地的行为不宜按犯罪处理。

参 第1451号 青岛瑞驰投资有限公司、栾钢先非法转让土地使用权案——在土地开发经营过程中，开发商以股权转让方式实现土地使用权流转行为的定性

公司股权转让与土地使用权转让具有不同的法律性质，为两个独立的法律关系，将“股权转让行为”认定为“土地使用权转让行为”没有法律依据。公司股东虽然发生了变化，但作为土地使用权持有主体的公司没有改变。对以股权转让方式实现土地使用权流转的行为的认定，具有较强的政策性，应当全面把握犯罪构成要件、案件具体情况及国家土地政策精神，按照罪刑法定的原则综合加以评判。

第四章

侵犯公民人身权利、民主权利罪

故意杀人罪

《刑法》规定

第二百三十二条 故意杀人的，处死刑、无期徒刑或者十年以上有期徒刑；情节较轻的，处三年以上十年以下有期徒刑。

相关规定

最高人民法院、最高人民检察院《关于办理组织、利用邪教组织破坏法律实施等刑事案件适用法律若干问题的解释》第11条

《全国法院维护农村稳定刑事审判工作座谈会纪要》第二部分（一）

最高人民法院《关于审理故意杀人、故意伤害案件正确适用死刑问题的指导意见》

最高人民法院刑事审判第三庭《在审理故意杀人、伤害及黑社会性质组织犯罪案件中切实贯彻宽严相济刑事政策》

最高人民法院、最高人民检察院、公安部、司法部《关于依法办理家庭暴力犯罪案件的意见》第20条

最高人民法院、最高人民检察院《关于办理危害生产安全刑事案件适用法律若干问题的解释》第10条

最高人民法院、最高人民检察院、公安部《关于依法办理“碰瓷”违法犯罪案件的指导意见》第7条

案例要旨

指 4号　王志才故意杀人案

因恋爱、婚姻矛盾激化引发的故意杀人案件，被告人犯罪手段残忍，论罪应当判处死刑，但被告人具有坦白悔罪、积极赔偿等从轻处罚情节，同时被害人亲属要求严惩的，人民法院根据案件性质、犯罪情节、危害后果和被告人的主观恶性及人身危险性，可以依法判处被告人死刑，缓期二年执行，同时决定限制减刑，以有效化解社会矛盾，促进社会和谐。

参 第9号　王征宇故意杀人案——驾车致人死亡的行为如何定罪

行为人明知公安人员在非机动车道拦截，如果继续驾车可能造成公安人员伤亡结果的发生，仍驾车冲撞，致人死亡，对这种结果行为人持放任态度，主观上具有间接的杀人故意，客观上造成了死亡结果，符合间接故意杀人的特征，应以故意杀人罪定罪。

参 第19号　王勇故意杀人案——被害人有严重过错的杀人案件应如何处理

被害人对引发犯罪有过错，属于对被告人酌定从轻处罚情节。是否从轻应根据具体情况确定。第一，死刑只适用于罪行极其严重的犯罪分子。是否属于“情节严重”应综合情节予以考虑，不能简单从犯罪结果来认定。第二，对于民事纠纷引发的犯罪案件，即使造成一定的严重后果，一般也不作为“严打”对象。第三，实践中确实有因被告人未判死刑而出现的上访甚至闹事，对此应细致工作，不可简单地为了迁就被害人亲属一判了之。综上，即使是死刑案件，也应考虑被害人有无过错等酌

定从轻情节。对于被害人对引发犯罪有严重过错的，即使必须判死刑，也可不判处立即执行。

参 第 35 号 宋有福、许朝相故意杀人案——农村邻里纠纷引发的故意不明确的侵犯人身权利案件应如何定性

行为人主观故意确实不十分明确，不能认定为预谋杀人。但行为人对被害人的死亡结果持放任态度可认定为间接故意杀人。邻里纠纷引起的杀人案件，应当同因劫财、奸情等产生的杀人案件有所区别。对于被害人死亡的杀人案件，由于起因不同，被告人的动机卑劣程度及主观恶性大小不完全一样，社会危害也不完全相同，在量刑上也有所区别。间接故意杀人，因为行为人对于被害人的死亡并不积极追求，主观恶性和社会危害程度相对较小，所以判处死刑更应特别慎重。

参 第 43 号 刘加奎故意杀人案——因民间矛盾激化引发且被害人有一定过错的案件如何适用死刑

《全国法院维护农村稳定刑事审判工作座谈会纪要》规定："要准确把握故意杀人犯罪适用死刑的标准。对故意杀人犯罪是否判处死刑，不仅要看是否造成了被害人死亡结果，还要综合考虑案件的全部情况。对于因婚姻家庭、邻里纠纷等民间矛盾激化引发的故意杀人犯罪，适用死刑一定要十分慎重，应当与发生在社会上的严重危害社会治安的其他故意杀人犯罪案件有所区别。对于被害人一方有明显过错或对矛盾激化负有直接责任，或者被告人有法定从轻处罚情节的，一般不应判处死刑立即执行。"

参 第 50 号 杨政锋利用交通工具故意杀人案——驾车故意挤占车道致使追赶车辆车毁人亡的行为如何定性

作为经过正规培训取得驾驶执照的司机，应当知道在驾车高速曲线行驶的情况下，占道逼车可能发生车辆倾覆、人员伤亡的严重后果。所

以,行为人故意占道,其主观上具有间接杀人的故意,应认定为故意杀人罪。

参 第58号　阎留普、黄芬故意杀人案——被告人同时具备多种法定从轻、减轻、免除处罚情节和其他酌定情节的如何具体量刑

被告人出于激愤杀人,又具有防卫性质,且被害人有严重过错,故其杀人犯罪行为与严重危害社会治安的案件应有所区别。案发后被告人有自首情节,可以从轻或减轻处罚,应在3年以上10年以下量刑。被害人有过错,属于酌定量刑情节,不应顶格判处10年有期徒刑,应酌情考虑。

参 第105号　梁小红故意杀人案——对故意杀人后为掩盖罪行而写信勒索钱财并恐吓他人的行为应如何定性

行为人以杀害他人为目的,在被害人死亡后给其亲属书写恐吓信,只是为转移公安机关的侦查视线,掩盖杀人罪行,而不是以勒索并非法占有他人财物为目的或出于杀人灭口的目的将"人质"杀害,不属于绑架罪或敲诈勒索罪,而应认定为故意杀人罪。

参 第153号　计永欣故意杀人案——故意杀人后又取走被害人财物的如何定性

抢劫罪的手段可以是故意杀人行为,但此限制条件必须是为劫取财物而预谋故意杀人,或者在劫取财物过程中为制服被害人的反抗而故意杀人。从时间上看,行为人劫取财物的目的在先,故意杀人的手段在后,从手段与目的关系来分析,故意杀人的手段服务于抢劫财物的目的,抢劫财物和故意杀人之间存在明显的目的与手段的关系。如果行为人先因他故实施了杀人行为,又临时起意取走被害人财物,因为先前的杀人行为与事后的劫取财物行为之间并无手段与目的的关系,不能认定为抢劫罪,而只能分别认定为构成故意杀人罪和盗窃罪。

参 第171号 李春林故意杀人案——为逃避债务故意杀人后又拿走被害人财物的行为如何定性

抢劫罪的犯罪对象是“公私财物”，这里的“财物”须具有即时取得、可转移的特点，当场不能取得、不能转移的财物一般不能成为抢劫罪的犯罪对象。以逃避债务为目的的故意杀人，仅可以使原有的债权债务关系归于消灭，本案被告人并没有“当场”取得“财物”，即缺少抢劫罪的犯罪对象。从犯罪的主观故意来看，在抢劫罪中应是先产生非法占有的目的，后发生非法占有的行为，即行为人非法占有目的应产生于行为人实际占有他人财物之前。而在以逃避债务为目的的故意杀人行为中，行为人在产生非法占有他人财物的主观犯意之前，已实际占有了债权项下的财物，不需要通过故意杀人去劫取。

参 第344号 官其明故意杀人案——如何判定行为人的犯罪故意

要准确认定行为人的主观故意，就必须查明行为人的认识状态，即行为人是否对相应犯罪构成要件中的客观方面也就是事实有明确的认识。事实性认识包括以下几个方面：(1)对行为客观方面的认识。(2)对法律所规定的危险或结果的认识。(3)对行为对象的认识。(4)对行为的时间、地点和方法、手段的认识。以此为基础，再考察行为人的意志态度，从而判断行为人是否存在犯罪故意以及是直接故意还是间接故意。

参 第449号 余华平、余后成被控故意杀人案——如何把握故意杀人案件证据确实、充分的证明标准

判断刑事案件的证据是否达到这一证明标准：一是审查证据的证据能力，解决证据适格性的问题，即证据必须合法取得才具有证据资格，才能作为案件事实的认定依据。二是判断证据的证明力，即证据对案件事实有无证明作用以及证明程度如何。三是对“充分”的把握，不仅强调孤证不能定案，而且要求全案证据对于待证事实要达到“充分”的程度，

以及证据之间能够互相印证，构成完整的证据体系，得出唯一的证明结论。不仅证据的数量要足够，更重要的是证据的实质证明力要足以证明犯罪事实。

参 第450号 蒋勇、李刚过失致人死亡案——如何区分共同间接故意杀人与过失致人死亡

区分过于自信的过失致人死亡与间接故意杀人的关键，是查清行为人主观上对于造成他人死亡结果的心理态度，即希望避免还是持放任态度。办理此类案件，应着重从以下两方面审查：一是搞清双方关系，双方是否有明显矛盾，矛盾是否达到了行为人希望对方死亡的程度，这是确定行为人是否存在造成对方死亡结果的主观故意问题的关键。二是根据案发时的现场情况，结合行为人感知能力及当时状况，判断当时是否确实存在可能避免死亡结果发生的客观条件，这种客观条件的存在是否明显，是判断行为人对避免死亡结果发生的客观条件是否过于自信的重要依据。

参 第474号 吴江故意杀人案——如何处理因恋爱矛盾激化引发的故意杀人犯罪

对于因恋爱矛盾引发的故意杀人案件适用死刑标准的考量因素，主要有以下两个方面：一是产生矛盾的原因是否可以归责于被害人，即被害人一方是否有明显过错或对矛盾激化负有直接责任。二是行为人是否具有法定或酌定从轻处罚的情节。（最高人民法院在《全国法院维护农村稳定刑事审判工作座谈会纪要》中指出：对于因婚姻家庭、邻里纠纷等民间矛盾激化引发的故意杀人犯罪，适用死刑一定要十分慎重，应当与发生在社会上的严重危害社会治安的其他故意杀人犯罪案件有所区别。对于被害人一方有明显过错或对矛盾激化负有直接责任，或者被告人有法定从轻处罚情节的，一般不应判处死刑立即执行。——编者注）

参 第475号 颜克于等故意杀人案——“见死不救”能否构成犯罪

在一般情况下，“见死不救”只是道德谴责的对象，不属于《刑法》评价的范畴；但当“见死”者在法律上负有防止他人死亡的义务时，有能力防止他人死亡结果的发生，却不采取措施防止他人死亡结果的发生，以致他人死亡的，应当承担刑事责任，其实质就是刑法理论上的不作为犯罪。在“见死不救”的不作为犯罪中，死亡结果必须是行为人的先行行为引起的，并且该死亡结果与先行行为之间具有刑法上的因果关系。

参 第490号 肖明明故意杀人案——在盗窃过程中为灭口杀害被害人的应如何定性

（1）盗窃过程中为了灭口而杀害被害人的行为构成故意杀人罪而非转化抢劫罪，因为该行为已经超出了窝藏赃物、抗拒抓捕、毁灭罪证的劫取财物的主观目的，而是单纯为了剥夺他人的生命，因此应定性为故意杀人罪。（2）“对于入户盗窃，因被发现而当场使用暴力或者以暴力相威胁的行为，应当认定为入户抢劫”实质上是转化抢劫的提示性规定，仍应当符合转化型抢劫罪的认定标准。

参 第511号 张俊杰故意杀人案——同事间纠纷引发的杀人案件应慎用死刑

（1）被告人家属虽报案，但并未送被告人归案，在警方到达现场后被告人未自愿将自己置于司法机关控制之下的，依法不能成立自首。（2）《全国法院维护农村稳定刑事审判工作座谈会纪要》规定，对于因婚姻家庭、邻里纠纷等民间纠纷矛盾激化引发的故意杀人犯罪，适用死刑一定要十分慎重，应当与发生在社会上的严重危害社会治安的其他故意杀人犯罪案件有所区别。这里的民间纠纷，包括但不限于邻里纠纷，也包括那些因为工作、生活等矛盾引起的纠纷；也不限于农村的民间纠纷，城市中发生的民间纠纷也可以适用《全国法院维护农村稳定刑事审判工作座谈会纪要》规定的精神。

参 第521号　王乾坤故意杀人案——聚众斗殴既致人死亡又致人轻伤的，如何定罪处罚

（1）聚众斗殴转化定罪的前提是主客观条件都发生转化，成立聚众斗殴行为中的转化犯不仅要考察行为人的主观故意是否由一般斗殴转化为故意伤害、杀人的故意，还要考虑行为人是否超出了聚众斗殴行为的界限，造成了致人重伤、死亡的后果。（2）聚众斗殴既致人死亡又致人轻伤的，由于致人轻伤的结果已经包容评价于聚众斗殴罪之中，所以只需以故意杀人罪一罪定罪处罚即可。（3）在聚众斗殴犯罪中，对于转化为故意杀人、故意伤害的斗殴者以外的其他人员，是否需要转化，应结合案件事实，综合考虑行为人在聚众斗殴中的作用和地位，结合共同犯罪构成的要求，具体确定转化的主体范围。

参 第555号　胡忠、胡学飞、童峰峰故意杀人案——如何确定雇凶者与受雇者的罪责

（1）确定雇凶者和受雇者罪责大小的根据是各自在共同犯罪中的地位和作用，具体判断上应结合雇凶者雇用他人实施犯罪的目的和意图、希望达到的结果、是否直接实施犯罪行为及参与实施犯罪的程度，受雇者实施犯罪行为的手段、情节及犯罪实际造成的危害后果综合考虑决定。对于“只动口不动手”的雇凶者，其主观恶性比实行犯更大，地位也比受雇者更重要，不能因为“只动口不动手”而简单减轻雇凶者的罪责，对于“既动口又动手”的雇凶者其罪责显然重于受雇者。（2）判断受雇者的实行行为是否过限：对于“只动口不动手”者，关键看受雇者的实行行为是否明显超出了授意范围（包括犯意和结果）；对于“既动口又动手”者，要看雇凶者在当场明知受雇者将要或正在实施超出其犯意的实行行为时，是否有制止的意思表示和行为；对于教唆内容不明确的雇凶

案件中的概括性授意(如“教训一顿”),除非受雇者的实行行为明显超出了雇凶者的授意或希望达到的结果,才能认定为实行行为的过限;对于认定雇凶者明显出于某种犯意有困难或者有重大分歧的,应当按照有利于被告的原则予以认定;雇凶者概括性授意伤害,行为人实行过限造成被害人死亡的,雇凶者仍应当对故意伤害致人死亡的加重结果承担刑事责任,但是具体处刑要与直接实施故意伤害致人死亡的情形相区分。

参 第556号 刘宝利故意杀人案——如何认定被害人过错

(1)被害人过错,是指被害人出于故意,实施违背社会伦理或违反法律的行为,侵犯了被告人的合法权益或正当利益,引发被告人实施犯罪或者激化加害行为危害程度的情形。(2)如果被害人符合上述过错构成要件的行为是由于被告人的先行侵犯行为引起,其行为属于“以不法制不法”的,就不能简单认定为过错行为;但如果加害人的先行不法或者不良行为已经中止,另一方继续实施侵害行为,可以考虑认定被害人具有过错。

参 第647号 姚国英故意杀人案——因长期遭受虐待和家庭暴力而杀夫能否认定为故意杀人罪中的“情节较轻”,对此类故意杀人犯能否适用缓刑

(1)故意杀人罪的“情节较轻”一般包括:①防卫过当的故意杀人。②义愤杀人,指行为人或者近亲属受到被害人的虐待、侮辱或迫害,因不能忍受,为摆脱受到的虐待、侮辱、迫害而实施故意杀人行为。③激情杀人,即本无杀人故意,但因被害人的严重过错而失去理智当场实施故意杀人行为。④受嘱托帮助他人自杀。⑤生父母溺婴,即出于无力抚养、怜悯等不太恶劣的主观动机而将亲生婴儿杀死的行为。因此,当被害人的行为违背公序良俗,违反有关法律法规、其他规章制度,在道义上或法

律上具有可谴责性或可归责性，且该行为是诱发被告人产生犯罪动机或者使犯罪动机外化最主要的因素时，就应当认定被害人具有重大过错，在该情形下，对被告人就应考虑是否按照“情节较轻”处理。对于受虐杀夫的犯罪行为，应当认定被害人在案发起因上具有重大过错，行为人再次犯同种罪行的可能性甚微，主观恶性较小，按照“情节较轻”处理，对于遏制家庭暴力的滋生蔓延有积极的意义。(2)虽然民意不是法定的从轻处罚情节，但在量刑时应当考虑对被告人有利的民意，并综合其他因素对被告人从轻或减轻处罚。符合缓刑适用条件的，可以适用缓刑。

参 第728号　吕锦城、黄高生故意杀人、拐卖儿童案——拐卖儿童过程中杀害被拐卖儿童亲属的行为，如何定性

(1)以贩卖为目的，入室偷盗婴幼儿过程中被发现，使用暴力抢走婴儿的行为，属于《刑法》第240条拐卖儿童罪中第1款第5项规定的“以出卖为目的，使用暴力、胁迫或者麻醉方法绑架妇女、儿童的”情形。(2)在拐卖儿童过程中，行为人直接杀害被拐儿童亲属的行为，应以故意杀人罪和拐卖儿童罪定罪处罚。

参 第746号　刘祖枝故意杀人案——提供农药由丈夫自行服下后未采取任何救助措施，导致丈夫中毒身亡的，如何定罪处罚

(1)明知他人有强烈自杀倾向仍然通过言行强化他人自杀决意，并提供自杀工具、帮助他人完成自杀行为的，应当以故意杀人罪追究刑事责任。(2)负有救助义务的人，当时能够履行而不履行其救助义务，构成不作为的故意杀人。(3)对于故意杀人“情节较轻”，一般可综合考虑案件的性质，犯罪的起因、动机、目的、手段等情节，犯罪的后果，被告人的主观恶性和人身危险性等因素予以认定。

参 第761号　张某故意杀人案——如何在近亲属之间的杀人犯罪案件中贯彻宽严相济刑事政策和体现罪责刑相适应

对于故意杀人案件，是否适用死刑立即执行，可结合犯罪是否发生在近亲属之间，诱发案件发生的原因，被害人过错，行为人犯罪时年龄，其社会危害性，对社会公众安全感的影响等因素进行客观、全面、综合的把握，以贯彻落实宽严相济刑事政策，科学体现罪责刑相适应原则。

参 第810号　邓明建故意杀人案——对直系亲属间帮助自杀的行为如何定性处罚

帮助自杀行为与死亡结果之间存在因果关系，侵犯了死者的生命权，符合间接故意杀人罪的特征。对于帮助自杀行为是否可以认定为“情节较轻”，可以从行为的客观危害、行为人的主观恶性和人身危险性等方面予以认定。

参 第832号　李某故意伤害案——如何通过主观认识要素区分故意伤害罪与故意杀人罪

正确认识和评价行为人实施行为时的主观心态，即罪过的有无和罪过的性质，具体可从意识要素和意志要素两方面分析。意识要素，即对犯罪事实的认识，包括对实行行为、对象、结果、因果关系等因素的认识。具体犯罪构成的事实不同，所要认识的对象也有所不同。如对故意杀人罪，行为人必须认识到其实施的行为是致他人死亡的行为。意识要素中还要求对危害结果发生的可能性具有一定的认识，即行为人对此种可能性的有无及大小要有所认识。意志要素，即对犯罪结构的主观态度，是持希望还是无所谓抑或否定之态度。如果行为人不仅对犯罪事实具有一定的认识，而且还具有希望或者放任犯罪结果发生的意志，则应当认定其具有犯罪故意的罪过。而犯罪过失则是指行为人在意识要素或者意志要素方面存在欠缺，具体可分为疏忽大意的过失（欠缺意识要素）

和过于自信的过失(欠缺意志要素)。

参 第834号　韦风强奸、故意杀人案——被害人因躲避强奸在逃离过程中失足落水,行为人未实施救助,导致被害人溺水死亡的事实是认定为强奸罪的加重情节还是单独认定为故意杀人罪

以犯罪构成标准来认定罪数形态是我国刑法理论界的通说观点,也是实务界的通行做法。行为符合一个犯罪构成的,成立一罪;行为符合数个犯罪构成的,成立数罪。被告人行为具备强奸罪和故意杀人罪两个罪的构成要件,应当实行数罪并罚。

参 第962号　郭春故意杀人案——如何认定故意杀人未遂情形下行为人的主观心态

认定故意杀人未遂情形下行为人的主观心态,应当结合被告人所持的工具是否足以剥夺他人生命,伤害的部位是否为人体要害部位,行为方式是否为连续多次打击,以及从被害人的伤势情况、被告人的作案动机进行分析。即使被害人得到及时救治,故意杀人的结果并未发生,也仅影响故意杀人罪犯罪停止形态的判断,而不影响对被告人实施杀人行为时主观心态的认定。

参 第990号　乐燕故意杀人案——具有抚养义务的人,因防止婴幼儿外出将婴幼儿留置在与外界完全隔绝的房间,为了满足其他欲求而放任婴幼儿死亡危险的,如何定罪处罚

在"遗弃"没有独立生活能力婴幼儿的情形下,遗弃罪与故意杀人罪的区别主要在于:在特定的时空条件下,被害人之生命安危是否依赖于对其负有特定抚养义务的行为人,如果存在这种支配依赖关系,而行为人不仅自己不履行抚养义务,还切断、排除了其他人对被害人进行救助的可能,主观上对被害人死亡结果持放任态度,那么行为人就构成故意杀人罪;相反,抚养义务的不履行如果不会给被害人生命带来必然的、紧迫的现实危险,客观上仍存在其他人介入履行抚养义务的可能,行为人主观上既不希望也不放任死亡结果的发生,那么行为人就构成遗弃罪。

参 第991号 万道龙等故意杀人案——拒不履行扶养义务,将出生不久的女婴遗弃在获救希望渺茫的深山野林的,如何定性

在行为人对他人具有扶养义务的前提下,能够履行救助义务而不履行,拒绝救助而导致他人死亡的情形下,可能构成不作为的故意杀人罪,也可能构成遗弃罪。其中,非常重要的是行为人所负的作为义务的程度高低问题。一般而言,作为义务程度较高的,构成故意杀人罪;作为义务程度较低的,构成遗弃罪。在确定作为义务的强弱时,应结合具体的场景进行分析,此时需要考察具体案件中他人的生命所面临的危险的紧迫程度,生命对作为义务的依赖程度,行为人履行作为义务的难易程度,行为人的行为与死亡结果间的关联程度等因素,来确定是成立遗弃罪还是故意杀人罪。

参 第992号 黄志坚故意杀人案——逆向情节并存时如何把握量刑的一般原则以及因民间纠纷激化行凶杀人,既具有杀死纠纷一方成年人,杀死、杀伤无辜儿童等从重处罚情节,又具有自首等从轻处罚情节的,如何准确把握量刑尺度

对于有逆向情节的情形,应当综合比较分析后予以判断。具体包括三个步骤:一是考察案件各量刑情节对于量刑的影响程度。二是将这些情节对量刑的影响程度的大小进行分析比较,考察是否有一方情节占据较显著的优势。对于显著优势情节,一般应当在综合案情的前提下优先适用。三是如果逆向情节相互间并无优势而大致相当(主要是指只有从轻情节和从重情节并存的情形),则先依据从重情节估量出刑种与刑度,然后考虑从轻情节,确定最终的刑罚。

参 第1045号 张静故意杀人案——玩“危险游戏”致人死亡案件中行为人主观心态的认定

行为人出于玩乐、追求刺激的心态与被害人相约进行具有一定人身危险性的游戏，但在游戏过程中不顾被害人激烈挣扎、呼救等异常反应，仍继续进行游戏，放任被害人死亡结果的发生，其行为构成（间接）故意杀人罪。该类案件，在认定行为人主观心态时，应结合在案证据、游戏本身的危险程度、日常生活经验等进行综合分析判断。

参 第1124号 吴某某、郑某某故意杀人案——被告人因本人及家人长期遭受被害人家庭暴力而不堪忍受，在被害人再次实施家庭暴力时杀害被害人，能否认定为故意杀人罪情节较轻的情形

故意杀人罪中的“情节较轻”，需要结合个案情况具体裁量。对于激情杀人或者义愤杀人等情形，能否认定为“情节较轻”，通常要考虑以下因素：被告人的主观恶性，包括被害人在案发起因上是否有重大过错、被告人犯罪动机是否卑劣等；杀人手段，如以特别残忍手段杀人，则通常不宜认定为情节较轻；犯罪后果，如导致二人以上死亡的严重后果，通常不能认定为情节较轻；社会评价，被害方及社会公众特别是当地群众对被告人行为作出的社会评价。

参 第1239号 被告人胡方权故意杀人、非法拘禁案——对严重危害社会治安和影响人民群众安全感的犯罪，应慎重把握被告人亲属代为赔偿情节对被告人量刑的影响

（1）被告人案发后对被害人积极进行赔偿，“可以”从宽量刑，而非必须从宽处罚；如对被告人从宽处罚，不仅要有实际赔偿，还应认罪、悔罪。（2）被害人及其亲属谅解而对被告人从轻处罚的上述规定，一般适用于“因婚姻家庭等民间纠纷激化引发的犯罪”。（3）在被害人死亡或者无法独立表达意志的情况下，对被害人亲属谅解的背景、原因，是否确

系真实、自愿，更要从严审查和把握，要注意审查是否违背社会良好风尚和公众朴素的正义情感。(4)被告人积极赔偿和被害人及其亲属谅解虽然是重要的酌定从宽处罚情节，但在严重刑事犯罪中，是否对被告人从宽及从宽的幅度，必须结合犯罪事实、性质及其他情节进行综合衡量，给予适当、准确的评价。

参 第1240号　张士禄故意杀人案——对于依法可以不核准死刑但被害方强烈要求核准死刑的案件如何裁判

对不应当判处死刑的案件，无论面对多大的压力，都不能违法适用死刑。在审理死刑案件时，应当考虑社情民意，但是当部分群众尤其是部分被害人亲属的要求带有强烈的个人感情色彩，背离法律、政策精神，甚至无原则地上访、闹访时，则不能一味地退让，对不应当判处死刑立即执行的案件，绝不能作出违反法律政策的判决，要坚决维护法治的权威。

参 第1241号　张保林故意杀人案——民间矛盾引发的死刑案件中，如何做好民事调解工作化解矛盾

对于那些因婚姻家庭、邻里纠纷等民间矛盾激化引发，事出有因，或者被告人具有法定、酌定从宽处罚情节，依法可不判处死刑的案件，要特别重视附带民事调解工作。审理中要注重以下两方面工作：一是重视对案发起因及双方责任大小的审查。二是充分体现政策，加大民事调解工作力度，达到法律效果与社会效果的统一。

参 第1242号　陈万寿故意杀人案——吸食毒品致精神障碍后故意杀人案件的处理原则

行为人故意或过失造成自己的无责任能力状态，并且在这种状态下造成了危害结果，这种利用自己为工具的行为应当被看作其实行行为，与利用物理工具的行为(如驱赶猛兽杀人)具有相同的刑法意义。在起先行为人没有实施暴行等结果行为的意思，但由于饮酒、吸毒等原因行为而产生了该意思时，可以肯定原因行为与结果之间存在因果关系，属于刑法理论上的“原因自由行为”。原因自由行为引起的犯罪，在量刑时可作为酌定从宽处罚的情节。但原因自由行为产生的原因、行为人对原因自由行为的态度及行为所造成的危害后果也是必须考虑的因素，故原因自由行为不能成为一律从宽处罚的事由。

参 第1243号　张志明故意杀人案——概括故意下实施的连续行为可认定为一罪

一罪与数罪的认定并非以单纯的行为个数为标准，而是行为人外在的客观行为与内在的主观犯意的结合。在概括故意支配下的同一行为，行为人对危害结果范围认识不明确不影响定罪。

参 第1254号　陈锦国故意杀人案——对暴力抗拒行政执法致死案件，如何判定被害人是否有过错

对暴力抗拒行政执法的故意杀人、伤害案件是否适用死刑，需要在查清案件起因的基础上，准确分析被害人有无过错，从而作出公正判决。一般可从行政管理的目的与动机是否正当、行政强制程序是否规范、暴力抗拒执法行为是否具有防卫因素等方面分析被害人有无过错。

参 第1255号　金建伟故意杀人、抢夺、非法侵入住宅案——从案发现场检出了第三人的DNA，如何排除其他人参与作案的可能

从案发现场检出了第三人的DNA，可通过第三人与被害人的关系、第三人是否具备作案动机及作案时间、第三人是否到过现场及相关在案证据（如尸体解剖情况、被告人供述）等证据材料进行综合判断，以最终排除其他人作案的可能。

参 第1256号　白云江、谭蓓蓓故意杀人、抢劫、强奸案——共同故意杀人犯罪中各被告人地位、作用的区分

共同故意杀人致一人死亡的，原则上判处一人死刑，这是司法实践中和刑法理论界已经普遍认同的原则。这个原则也适用于严重危害社会治安、严重影响人民群众安全感的故意杀人案件。在共同故意杀人犯罪中，有两名以上主犯的，应进一步细分其地位、作用。

参 第1257号　崔小虎故意杀人案——被告人始终供述伙同他人作案，且在案证据不排除他人参与共同犯罪的，能否对其适用死刑

根据死刑案件证据裁判原则和证明标准，被告人始终供述伙同他人共同实施犯罪，且在案证据证明不能排除他人参与共同犯罪，导致被告人及该同案犯在共同犯罪中作用、地位无法准确认定的，不宜对被告人判处死刑。因此，最高人民法院根据死刑案件证据裁判原则和证明标准，以在案证据不能排除他人参与共同犯罪，依法不核准被告人死刑，发回一审法院重新审判。

参 第1258号　张洁清故意杀人案——故意杀人犯罪事实清楚，但不能排除其行为具有防卫性质的，能否适用死刑

防卫行为属于阻却犯罪事由，是应当有证据证明的定罪量刑事实。对于在案证据不能排除被告人的行为存在防卫可能性的，不宜对被告人判处死刑。

参 第1285号　陈君宏故意杀人案——船舶碰撞发生船只倾覆、船员落水的后果，肇事责任人能够救助而不救助，逃离现场致使落水船员死亡行为的认定

先行行为是作为义务的来源之一，海上船舶碰撞使对方船员落水而逃逸的，证明肇事者决意拒绝履行救助义务，放弃处于危险境地的船员生命，不同于一般的交通肇事逃逸行为，依法可构成不作为的故意杀人罪，符合最高人民法院《关于审理交通肇事刑事案件具体应用法律若干问题的解释》第6条关于“行为人在交通肇事后为逃避法律追究，将被害人带离事故现场后隐藏或者遗弃，致使被害人无法得到救助而死亡或者严重残疾的，应当分别依照刑法第二百三十二条、第二百三十四条第二款的规定，以故意杀人罪或者故意伤害罪定罪处罚”规定的内在精神。个别情况下大船与小船在海上发生碰撞事故时，大船自身对碰撞事故的感受并不明显，有的甚至误认为撞到了海上漂浮物。如果能够认定责任人确实不知道本船发生了碰撞事故而驶离现场的，由于其对由此产生的救助义务不明知，即便发生他人溺亡的后果，通常也不能按照故意杀人罪论处。

参 第1454号　叶得利、孙鹏辉故意杀人、孙鹏辉窝藏案——网络雇凶杀人案件中罪责最为严重主犯的认定及死刑适用

雇凶杀人案件中，应从雇凶者和受雇者在共同犯罪中的地位和作用着手，准确认定罪责最为严重者。应考虑雇凶者是否与受雇者共同直接实施犯罪；是否参与了共同犯罪的策划，以其为主制订犯罪方案，组织、指挥受雇者实施犯罪；是否雇用有刑事责任能力的未成年人实施犯罪；是否雇用多人作案，各受雇者作用地位是否基本相当，是否责任相对分散或者责任难以分清；是否通过提高酬劳等方式坚定受雇者犯罪意志；受雇者是否积极主动实施犯罪行为；是否明显超出雇凶者授意范围实施犯罪，因行为过限造成更严重后果；是否雇凶者撤回犯意，要求受雇者停止犯罪，受雇者仍然坚持实施犯罪行为。决定对雇凶者是否适用死刑时，应以案中情节为主、兼顾案外情节。有违社会道德的感情纠纷不能作为从宽事由，受雇者被“反杀”应纳入对雇凶者的量刑评价，坦白、立功情节一般的可以不予从宽，赔偿并获得谅解并不绝对排除死刑的适用。

参 第 1484 号 许铁贤故意杀人案——先行行为导致他人生命危险，阻止救助，其行为构成故意杀人罪

司法实践中审查认定某行为与某结果之间是否存在刑法上的因果关系一般分为两个步骤：先是审查某行为与某结果之间是否存在“若无前者，即无后者”的条件性关系，如果不存在即排除认定存在事实因果关系；如果存在即认定存在事实因果关系并进一步根据社会经验法则进行相当性判断，以审查是否存在法律因果关系，进而根据犯罪构成要件审查决定行为人是否需要承担刑事责任。行为人明知其先行行为造成被害人生命危险，未予施救，且阻吓救助，最终导致被害人死亡的，应当构成故意杀人罪。

过失致人死亡罪

《刑法》规定

第二百三十三条 过失致人死亡的，处三年以上七年以下有期徒刑；情节较轻的，处三年以下有期徒刑。本法另有规定的，依照规定。

案例要旨

参 第 127 号 王长友过失致人死亡案——假想防卫如何认定及处理

假想防卫的行为人，在主观上是为了保护自己的合法权益免遭侵害，其行为在客观上造成的危害是由于认识错误所致，其主观上没有犯罪故意，因此，假想防卫不存在故意犯罪，但可能存在过失犯罪。

参 第201号　穆志祥被控过失致人死亡案——致人死亡无罪过，违法行为与危害结果之间没有因果关系的不构成犯罪

只有当行为人的危害行为对危害结果的发生起直接的决定性作用时，危害行为与危害后果之间才具有刑法上的因果关系。行为人的行为受外部条件的影响而产生危害结果的，如果该外部条件起决定性作用（主要原因力），行为人一般不应对该外部条件引起的危害后果负刑事责任。

参 第243号　李满英过失致人死亡案——驾驶交通工具在非公共交通范围内撞人死亡的应如何定罪

在公共交通管理的范围外，驾驶机动车辆或者使用其他交通工具致人伤亡或者致使公共财产或者他人财产遭受重大损失，构成犯罪的，应按特别法条优于普通法条的适用原则，分别依照《刑法》第134条（重大责任事故罪）、第135条（重大劳动安全事故罪）、第233条（过失致人死亡罪）等规定定罪处罚。（最高人民法院《关于审理交通肇事刑事案件具体应用法律若干问题的解释》第8条第2款规定。——编者注）

参 第262号　王之兰过失致人死亡案——在未领取《医疗机构执业许可证》的乡村卫生室工作的乡村医生行医致人死亡的应如何定性

考虑到乡村卫生室从事诊疗服务的历史延续性以及乡村医生行医资格无法律明文规定的特殊性，未取得医师执业资格的乡村医生行医致人死亡的，不构成非法行医罪或者医疗事故罪，应以过失致人死亡罪论处。

参 第345号　王刚强、王鹏飞过失致人死亡案——交通运输管理站工作人员在稽查路费过程中追赶逃费车辆致人身亡的应如何定罪

滥用职权罪的客观方面为实施了超越职权或不正当行使职权的行

为,而过失致人死亡罪在客观上没有实施滥用职权的行为。行为人在执行公务过程中实施的超越职权的行为构成了滥用职权罪而不构成过失致人死亡罪。

参 第370号 李宁、王昌兵过失致人死亡案——如何区分间接故意杀人与过失致人死亡之间的界限

过于自信的过失与间接故意的根本区别在于:过于自信的过失,行为人不仅不希望发生这种危害结果,而且是完全反对这种结果发生的。行为人预见到危害结果可能发生,但是根据自己的认识和判断相信可以避免危害结果的发生,发生这种危害结果违背其主观意愿,出乎其意料之外。而间接故意,行为人认识到会发生某种危害结果,但对这种危害结果的发生持一种放任态度,既不积极追求,也不设法避免,该结果的发生不违背其主观意愿。

参 第440号 韩宜过失致人死亡案——无充分证据证实伤害行为与伤害后果有因果关系的,不能认定成立故意伤害罪

区别故意伤害致人死亡还是过失致人死亡,关键是要查明行为人主观上有无伤害他人身体的主观故意。判断被告人的故意伤害行为与被害人的死亡的后果间是否存在因果关系,应当对因果关系的客观性、条件性、多样性和复杂性进行分析。

参 第635号 杨春过失致人死亡案——如何区分过失致人死亡罪与故意伤害罪(致死)

判断是过于自信的过失还是伤害的故意(间接故意),关键在于判断行为人是不希望发生危害后果,还是根本不在乎危害后果是否发生,危害后果发生与不发生均不违背其意志。要对案件的起因、行为的对象和条件、行为的方式、行为的结果以及行为人对结果的事后态度等因素进行全面考察,判断主观上是具有伤害的间接故意,还是过于自信的过失。

参 第812号　季忠兵过失致人死亡案——特殊环境下被告人致人死亡,如何评价被告人的主观罪过

(1)意外事件与疏忽大意的过失的区别,关键在于行为人是否有应当预见危害结果发生的义务。疏忽大意过失的行为人对危害结果应当预见而没有预见,即行为人负有预见危害结果的义务,并且也能够预见。而意外事件的行为人则对行为后果不具有预见的义务。(2)判断是否具有预见义务要坚持主客观相统一的原则,综合考虑案发时行为人的心态、年龄、心智、工作经验以及案发时的环境等多种因素。对被告人认知因素的考量,不能仅凭被告人一人的供述,既要考虑到被告人的个体因素,也要考虑社会一般人的认知因素。

参 第994号　肖某过失致人死亡案——对家长体罚子女致子女死亡的行为如何定罪处罚

家长体罚子女致子女死亡的行为不构成虐待罪。偶尔的殴打行为、体罚行为以及因为家庭纠纷而动辄打骂等行为,不能认定为虐待行为。(1)在行为人动机无恶意,造成伤亡后果后悔罪救助的前提下,若体罚子女的手段毫无节制,大大超出了年幼子女所能承受的程度,足以造成重伤或死亡后果的,就不排除认定行为人主观上对伤害结果具有间接故意,从而认定为故意伤害罪。(2)在无恶意动机且案后悔罪救助的前提下,如果体罚子女只是一般的轻微殴打行为,本不足以导致轻伤以上后果,但由于被害人自身隐性体质问题或者其他偶然因素介入导致重伤或死亡的情况下,若行为人对此并不明知,则一般应认定为过失致人死亡;即使行为人知道被害人有疾病,但若之前曾有过轻微的打骂行为并未造成被害人身体伤害,而案发时类似的行为却发生了伤亡后果,则无法认定行为人具有追求和放任危害结果发生的意图,通常也认定构成过失致人死亡。

参 第 1079 号　都某过失致人死亡案——实施一般殴打导致特异体质被害人死亡的行为如何定性

(1)行为人因民间纠纷与被害人厮打,对被害人实施轻微暴力,导致有特异体质的被害人死亡的,认定为过失致人死亡罪。(2)如果行为人只有一般的殴打行为,并未殴打被害人重要部位且殴打力度轻微,并未导致被害人产生机体应激反应并促发特殊疾病等原因死亡的,结合案件具体情况,行为人对被害人死亡结果没有过失的,则应当认定被告人无罪。(3)行为人只具有一般殴打的意图,并无伤害的故意,由于某种原因或者条件引起了被害人死亡的,不能认定为故意伤害致死;如果行为人对死亡结果有过失,就应认定为过失致人死亡罪。

参 第 1080 号　张润博过失致人死亡案——轻微暴力致人死亡案件如何定性

对轻微殴打行为导致被害人倒地磕碰死亡的情形,应认定为过失致人死亡罪。在办理轻微暴力致人死亡案件时,应当注意区分生活中的一般的殴打故意及行为与《刑法》上的伤害故意及行为。日常的攻击、打人行为基于罪刑相当原则和结果加重犯理论,在一般人看来具有高度致害危险性的,才可以认定故意伤害(致人死亡)罪;否则,宜认定过失致人死亡罪。行为人意图摆脱被害人控制或拉扯而实施的强力甩手、转身等防御行为造成他人倒地磕碰或引起原有病症发作死亡的,一般而言,属于本能之举,不以犯罪论处,除非争执发生在马路边、行进的公共交通工具中等极易摔倒磕碰的场合或者对年老体弱者及幼童等特殊对象实施。

参 第 1485 号　廖善香过失致人死亡案——高空抛物致人死亡的如何定罪处罚

除极端的以高空抛物手段直接危害不特定多数人人身安全的行为

外，一般的高空抛物行为宜认定为高空抛物罪。判断高空抛物行为是否属于“情节严重”，可根据行为人的动机、抛物场所、抛掷物的情况以及造成的后果等因素，全面考量行为的社会危害程度，包括多次实施高空抛物行为或者高空抛物数量较大，经劝阻仍然实施高空抛物行为，曾因高空抛物受过刑事处罚或者行政处罚后又实施高空抛物行为，在人员密集场所实施高空抛物行为，高空抛物造成一定人身、财产损失，其他情节严重的高空抛物行为。过失致人死亡罪的“情节较轻”，可以从行为人过失程度的严重性、行为人先前行为的违法性、行为人过失行为之目的、行为的后果和影响等方面考虑。

故意伤害罪

《刑法》规定

第二百三十四条 故意伤害他人身体的，处三年以下有期徒刑、拘役或者管制。

犯前款罪，致人重伤的，处三年以上十年以下有期徒刑；致人死亡或者以特别残忍手段致人重伤造成严重残疾的，处十年以上有期徒刑、无期徒刑或者死刑。本法另有规定的，依照规定。

相关规定

最高人民法院《全国法院维护农村稳定刑事审判工作座谈会纪要》第二部分(一)

《公安机关办理伤害案件规定》第29条

最高人民法院《关于审理故意杀人、故意伤害案件正确适用死刑问题的指导意见》

最高人民法院《关于执行〈人体损伤程度鉴定标准〉有关问题的通知》

最高人民法院、最高人民检察院《关于办理组织、强迫、引诱、容留、介绍卖淫刑事案件适用法律若干问题的解释》第12条第2款

最高人民法院、最高人民检察院《关于常见犯罪的量刑指导意见(试行)》“四、常见犯罪的量刑”(七)

案例要旨

参 第90号　蒋志华故意伤害案——使用暴力手段向债务人的亲属索要欠债致人伤害应如何定性

对于债务纠纷当事人间所发生的暴力或以暴力相威胁的索债行为，行为人尽管在客观上采取了暴力、胁迫的手段，但主观上毕竟只是想收回本人的债权或者以货抵债，而不具有“非法占有的目的”，不能认定为抢劫罪。

参 第104号　王彬故意杀人案——对在盗取自己被公安机关依法查扣的机动车辆的过程中致人伤亡的行为应如何定性

盗取所有权属于自己但被公安交通管理机关查扣的机动车辆并使用暴力致人伤亡的行为应认定为故意伤害罪。首先，行为人盗取自己被扣押的车辆没有非法占有的故意；其次，行为人的车辆被查扣而不是收缴或罚没，公安机关只是承担保管职能，所有权仍然归行为人所有。由于行为人没有非法占有的故意，所以在盗取过程中使用暴力不存在转化抢劫的问题。

参 第200号　吴学友故意伤害案——被雇佣人实施的行为未达到犯罪的程度又超出授意的范围，对雇佣人应如何定罪处罚

被雇佣人在实施雇佣犯罪的过程中另行实施了雇佣之罪以外的他

种犯罪，雇佣人和被雇佣人之间就该“过限的行为”不存在共同犯罪关系。就该“过限的行为”而言，双方没有共同故意，被雇佣人单方的“过限行为”超出了雇佣人的雇佣意图和要求。对此，雇佣人只按其所雇佣的犯罪负刑事责任，而“过限行为”则应由被雇佣人个人负责。

参 第225号　杨安等故意伤害案——寻衅滋事随意殴打他人致人重伤、死亡的应如何定罪

因寻衅滋事而随意殴打他人的，行为人的动机在于发泄或满足其不良情绪，其特点表现在殴打他人的起因、殴打对象、殴打手段上均具有相当的“随意”性。通过刑罚配置可以看出，对寻衅滋事“随意殴打他人”致人轻伤的刑罚，已经涵盖在寻衅滋事的法定刑之中，仅以寻衅滋事罪论处，不会轻纵被告人，无二罪并罚的必要。如因寻衅滋事“随意殴打他人”致人重伤或死亡的，由于寻衅滋事罪本身不包含致人重伤或死亡的结果，或者说已超出寻衅滋事罪的涵盖范围，一般应直接以故意伤害罪一罪论处。

参 第226号　罗靖故意伤害案——一掌推他人致其头部碰撞造成死亡应如何定罪量刑

拳打、脚踢、掌推等一般的轻微殴打行为仍然是故意伤害的行为，只不过因为伤害的结果未达到法定的程度而无须负刑事责任，但如果该行为在当时特定的条件下能够造成被害人轻伤以上的后果，行为人仍应承担故意伤害罪的刑事责任，如殴打他人致人跌倒磕在石头上引发重伤、死亡后果，殴打特异体质的人引发重伤、死亡后果等。除非被害人轻伤以上后果纯属意外事件所引起，或者可以明显排除殴打行为与被害人轻伤以上后果具有刑法上的因果关系。故意伤害致人死亡可以表现为复杂的罪过形式，即伤害他人的故意和致人死亡的过失两种罪过形式的叠加。

参 第279号　夏侯青辉等故意伤害案——对刑法修订前发生，刑法修订后交付审判的故意伤害致人重伤造成“植物人”的案件，应如何适用刑罚

对《刑法》修订前发生的故意伤害致人重伤造成“植物人”状态的行为，应认定为属于1983年全国人民代表大会常务委员会《关于严惩严重危害社会治安的犯罪分子的决定》(已失效。——编者注)所规定的“情节恶劣”。采用锐器、剧烈腐蚀物等毁人容貌、挖人眼睛、割人耳鼻、砍人手足等残损他人身体的行为，应当认定为“手段特别残忍”。在认定故意伤害手段是否属于特别残忍的问题上，不能以出现的伤害后果是否特别严重来反推伤害的手段是否残忍，伤害后果严重并不意味着伤害手段就是特别残忍。

参 第296号　曾劲青、黄剑新保险诈骗、故意伤害案——保险诈骗罪主体、犯罪形态的认定

(1)保险事故的鉴定人、证明人、财产评估人故意为保险诈骗行为人提供虚假的证明文件，为其进行保险诈骗提供条件的，应构成保险诈骗罪的共犯。(2)以骗取保险金为目的，帮助投保人实施自伤行为，致投保人重伤的，同时成立保险诈骗罪的帮助犯和故意伤害罪的实行犯，应从一重罪处断，以故意伤害罪论处，并应承担相应的民事赔偿责任，但因存在被害人同意的情况，应当予以减轻处罚。

参 第298号　赖忠、苏绍俊、李海等故意伤害案——抢回赌资致人轻伤的行为如何定性

(1)赌博是违法行为，赌博赢得的钱不受法律保护，被害人不享有对其合法的所有权。因此，行为人未侵害被害人的所有权。对被告人行为定抢劫罪，不仅与其行为性质不符，且所处的刑罚与其所犯罪行亦会明显不相适应。如对被告人的行为定抢劫罪，容易使人误以为赌博赢的

钱,同样会受到法律的保护,与我国禁止赌博的法律规定相悖。综合以上理由,应对被告人的行为定故意伤害罪。

参 第 389 号　洪志宁故意伤害案——故意伤害行为导致被害人心脏病发作猝死的如何量刑

在不知被害人患病的情况下故意实施伤害行为,致使被害人病发身亡的,不构成过失致人死亡罪,应以故意伤害罪论处。被告人的伤害行为与被害人的死亡之间具有刑法上的因果关系,被告人应当对被害人死亡的后果承担刑事责任。对被告人可经法定程序报最高人民法院核准在法定最低刑以下判处刑罚。

参 第 390 号　马良生故意伤害案——雇主是否应对雇员在从事雇佣活动中致人损害行为承担连带赔偿责任

被告人在雇主授权范围内,从事雇佣活动中,为了雇主利益而致人死亡的,应由被告人与雇主连带赔偿附带民事诉讼原告人的经济损失。(1)对于如何界定"雇佣活动",可依据时间、场所、职责、动机、意思表示等几个方面综合分析判断认定。(2)雇主的制止行为既不能终止雇佣关系,亦不能阻却其承担民事赔偿责任。

参 第 400 号　张德军故意伤害案——见义勇为引发他人伤亡的如何处理

见义勇为的责任认定,应以《刑法》关于正当防卫、紧急避险等制度规定,故意伤害、故意杀人等个罪规定及民法关于侵权责任的规定为依据。在处理此类案件时,要注意鼓励见义勇为和保护个人权益两者之间的平衡,合法合理、切合实际地界定各方责任。

参 第 410 号　蔡世祥故意伤害案——虐待过程中又实施故意伤害行为致人死亡的如何定罪

虐待罪与故意伤害罪之间不存在法条竞合关系。行为人对被害人有故意伤害行为，但没有给被害人造成轻伤以上伤害后果的，应认定为虐待罪。在经常性虐待过程中，行为人明知其行为会给被害人身体造成伤害，且客观上已经给被害人造成伤害后果的，应当认定为故意伤害罪。如果将该伤害行为分离出来独立评价后，其他虐待行为符合虐待罪构成要件的，应当以虐待罪与故意伤害罪实行两罪并罚；如果将伤害行为分离后，其余虐待行为不构成虐待罪的，只能以行为人犯故意伤害罪一罪处罚。

参 第432号　杨某某故意伤害案——明知先行行为会引发危害后果而不予以防止的行为构成故意犯罪

由于行为人先前实施的行为，而使《刑法》所保护的某种权益处于危险状态时，行为人负有采取积极措施来排除危险或防止危害结果发生的特定义务。行为人如果不履行这种义务，情节严重或造成严重后果的，就是以“不作为”形式实施的犯罪行为。先行行为的义务是由行为人先前实施的行为派生出来的，至于先前实施的行为是否违法，并不要求。

参 第434号　赵金明等故意伤害案——持刀追砍致使他人泅水逃避导致溺水死亡的如何定罪

被告人持刀追赶被害人时已具有伤害的故意，且已着手实施犯罪，该伤害行为本身具有致人死亡的高度危险，被害人泅水逃避的行为，是一种在当时特定条件下正常的自救行为。被害人溺水身亡在特定条件下具有较高的现实可能性，故被告人持刀追砍的行为与被害人溺水之间具有刑法意义上的因果关系，根据主客观相一致原则，可对被告人以故意伤害罪定罪处罚。

参 第459号　杜益忠故意伤害致人死亡案——共同故意伤害致人死亡案件中，被告人如实供认公安机关没有掌握的其致人死亡的关键情节，是否可以酌情从轻处罚

被告人的供认，对认定致命伤是谁形成的这一关键事实有重要作

用，其归案后如实供认公安机关没有掌握的致人死亡的关键情节，应属于认罪态度好，在一定程度上反映了其悔罪心理及人身危险性的降低，可以酌情从轻处罚。

参 第507号 王立刚等故意伤害案——如何区分故意伤害罪与寻衅滋事罪、聚众斗殴罪

寻衅滋事的单方积极性，是相对于受害对象的被动性而言的，双方所处的状态是一方积极主动、另一方消极被动，如行为人与受害人之间的关系不符合这种特征，不宜认定为寻衅滋事罪。聚众斗殴罪的认定，除要求客观上双方或多方以暴力互相攻击外，还要求双方都有非法侵犯对方的意图，均积极参与斗殴。如果行为人没有争霸、报复等动机，不宜认定为聚众斗殴罪。虽然寻衅滋事罪中的“随意殴打他人”既包括赤手空拳殴打他人，也包括用棍棒、砖块等工具殴打他人，但如果行为人使用攻击性较强、极易致人伤亡的凶器攻击他人，则表明主观上具有伤害、杀死他人的故意，已经超出寻衅滋事罪的主观故意和评价范畴。该情况也要考虑对方携带的凶器的情况，双方所携带凶器杀伤力是否悬殊。

参 第524号 索和平故意伤害案——故意伤害致死尊亲属的如何量刑

对发生在家庭内部的案件应根据具体情形区别对待，被告人故意伤害致生父死亡的行为严重违背伦理道德，且手段特别残忍，情节特别恶劣，并不同于一般的因家庭纠纷引发、案件双方均有一定过错、案发后双方均有悔错的暴力案件，不具备可以从宽处罚的条件，在量刑时应充分考虑处罚的法律效果与社会效果。

参 第567号 陈玲、程刚故意伤害案——父母为教育孩子而将孩子殴打致死的如何定罪量刑

父母为教育子女实施惩戒行为一般并不具有伤害子女的罪过，但当

惩戒行为超出正常程度发生了导致子女死亡的严重后果时，就可能构成犯罪。因为被告人对被害人的殴打致伤行为存在一定的伤害故意（至少是放任），符合故意伤害罪主观方面的要求。其行为不宜认定为虐待，因为虐待罪要求虐待行为要有经常性、一贯性，所以偶尔的教育殴打行为不宜认定为虐待。

参 第 568 号　张化故意伤害案——聚众斗殴致人死亡的应如何定罪

聚众斗殴中发生致人死亡结果时，应当在判断死亡结果是否是行为人实施的犯罪行为所致的基础上，判断行为人对死亡结果所持的主观心态。行为人只能对有杀人故意（包括直接故意杀人和间接故意杀人）的行为承担故意杀人的罪责，行为人仅有伤害故意时，虽致被害人死亡，也只能承担故意伤害（致死）的罪责。区分伤害故意与杀人故意时，不能仅凭被告人口供，而应结合客观证据并综合各种事实因素进行考察。通常可以借助于行为人对犯罪工具的选择（是事先准备还是随手取得），凶器的杀伤力度（杀伤力度较大的枪支、砍刀等还是日常生活所用的棍棒、小刀等），打击部位（头、胸等要害部位还是四肢等非要害部位），打击力度（创口大小及深度等），打击次数（反复多次攻击还是殴打一次立即停止），案件起因（蓄意报复还是只为逞强好胜）等情况具体分析认定。

参 第 600 号　闫子洲故意伤害案——将正在实施盗窃的犯罪分子追打致死的行为如何量刑

为阻止盗窃犯实施适当的、必要且有限的轻微伤害是法律允许的。在不法侵害人已经停止盗窃的情形下，与他人共同砸死被害人的行为，是故意伤害罪，不适用防卫过当的规定。《刑法》第 63 条第 2 款规定的特殊情况，除了涉及国家利益的情况外，还包括案件情节的特殊情况，包括反映被告人的主观恶性、人身危险性、社会效果方面的要素。

参 第 813 号　杨道计等故意伤害案——仅有被害人家属证言证实被害人死亡的，能否认定被害人死亡，如何认定伤害行为与死亡结果之间的因果关系

(1)仅有被害人家属证言认定被害人死亡，而无其他证据的，因被害人亲属与案件处理存在利害关系，其证言的证明力有待补强，作出死亡认定不符合“证据确实、充分”的证明要求，也达不到《刑事诉讼法》确立的“排除合理怀疑”的证明标准。(2)在介入了其他因素而导致被害人死亡结果发生的场合，要判断某种结果是否由行为人的行为所造成，应当综合考虑行为人的行为导致结果发生的可能性大小、介入因素异常性大小、介入因素对结果发生作用的大小等。

参 第 993 号　李艳勤故意伤害案——对家庭成员长期实施虐待，虐待过程中又实施暴力殴打直接造成家庭成员重伤、死亡的，如何定罪处罚

虐待罪与故意伤害罪不存在交叉、包容或者吸收关系，不属于法条竞合、想象竞合或者行为吸收关系，不存在必须选择适用一个罪名而排除其他罪名的情形。但本案被害人死亡是最后一次故意伤害行为所致，无证据表明此前的虐待行为有致被害人重伤的严重后果，被害人、其法定代理人以及其近亲属在本案中未就虐待罪提起告诉，故根据“不告不理”的原则，不能对被告人之前的虐待行为追究刑事责任。因此，应认定为故意伤害罪。

参 第 1026 号　肖胜故意伤害案——因不满医院治疗效果而持刀伤害医护人员的，如何定性

为发泄不满情绪，在公共场所(医疗机构候诊室)持械行凶，伤害医护人员的行为，应当结合案发起因、犯罪对象、侵犯法益等因素进行判断。具体可以从以下几个方面进行分析：第一，对于事出有因的殴打他

人行为，案发起因会影响对该行为是否属于"寻衅滋事"的认定。第二，作案对象是否特定并非判断该行为是否构成"寻衅滋事"的标准，但对分析行为性质有重要价值。第三，殴打他人造成公共场所秩序严重混乱，其行为同时符合寻衅滋事罪、故意伤害罪构成要件的，依照处罚较重的犯罪定罪处罚；虽在公共场所殴打他人，但未破坏社会秩序的，不构成寻衅滋事罪。

参 第1213号　王某某故意伤害案——如何运用间接证据认定被告人否认犯罪的案件

在被告人拒不供认犯罪事实，且缺乏其他直接证据的情况下，应重点做好以下几点：(1)注重审查客观性证据，充分挖掘上述证据所蕴含的案件事实信息，确认被告人与犯罪行为之间的排他性关联。(2)注重证据审查的亲历性，在案件办理过程中，应当破除"卷宗中心主义"的传统观念，特别是对于足以影响定罪量刑的关键证据应当亲自核实，直接感知证人的神态、语调、动作等，以鉴别其证言的真伪，并从中获取卷宗笔录无法体现的重要信息。(3)注重对证据的综合分析。据以定案的证据之间应当相互印证，形成一个完整的证明体系，这要求案件事实中的每一事实环节都需要相应的间接证据予以证明。

参 第1273号　刘宏伟故意伤害案——故意伤害致人死亡且被告人有多次前科的，如何正确适用死刑

(1)在个案中决定能否适用死刑时，应对被告人的全部犯罪情节进行综合分析判断，以确定是否具备适用死刑的基础。对故意伤害致人死亡的案件，只有犯罪手段特别残忍，情节特别恶劣的，才可以考虑判处被告人死刑。(2)有前科不能当然成为适用死刑的理由，不能简单因被告人有前科就对原本可以不适用死刑的犯罪"升格"适用死刑。

参 第1274号 周天武故意伤害案——明知自己感染艾滋病病毒，故意不采取保护措施与他人发生性关系，致使他人感染艾滋病病毒的，如何定罪处罚

人体感染上艾滋病病毒后，肌体免疫系统被破坏，容易患上正常人能够轻松克服的各种疾病，但并不会立即导致死亡，在艾滋病漫长的发病过程中可能因为其他原因导致死亡，而在死亡之前被害者的身体健康却必然遭受严重摧残。因此，感染艾滋病病毒意味着身体健康遭受严重威胁，此种行为属于一种故意伤害他人身体健康的行为，并认定为《刑法》第95条第3项"其他对于人身健康有重大伤害"所指的"重伤"，依照《刑法》第234条第2款的规定，以故意伤害罪定罪处罚。（最高人民法院、最高人民检察院《关于办理组织、强迫、引诱、容留、介绍卖淫刑事案件适用法律若干问题的解释》对此已经作出明确规定。——编者注）

参 第1287号 刘传林故意伤害案——对采用灌、泼硫酸方式故意伤害他人的，如何把握死刑适用标准

对于因民间矛盾激化引发的、犯罪情节和后果一般的伤害案件，被害人有过错或者对引发案件负有直接责任的伤害案件，被告人犯罪后对被害人积极施救或者积极赔偿、取得被害方谅解的伤害案件，一般不适用死刑。对于伤害案件，即使犯罪后果严重，只要犯罪手段不是特别残忍、情节不是特别恶劣的，也应本着化解社会矛盾、修复被破坏的社会关系的目的，尽量开展附带民事调解等矛盾化解工作，以确保死刑的慎重适用。

参 第1368号 余正希故意伤害案——被害人过错的认定标准

刑法意义上的被害人过错，是指被害人出于主观上的过错实施了错误或者不当的行为，且该行为违背了法律或者社会公序良俗、伦理规范等，侵犯了被告人的合法权益或者其他正当利益，客观上激发了犯罪行

为的发生。如果过错行为是第三人所实施的，而被告人却针对被害人实施了犯罪行为，那么不能认定被害人有过错。只有被害人的言语或行为对被告人的合法权益或者社会公共利益造成比较恶劣的影响或比较严重的损害，为常人所不能容忍时，才属于《刑法》评判的范畴。同时，过错行为与犯罪行为的发生之间还应具有关联性，这种关联性表现在以下几点：一是时间上的相近性。必须是过错行为在前，犯罪行为在后。二是利益上的关联性。利益关联性是被害人行为构成过错的事实条件。三是作用上的因果性。即被害人的过错行为与犯罪行为的发生之间具有引起与被引起的因果关系，被害人的行为直接激化或加剧了被告人的犯罪。

组织出卖人体器官罪

《刑法》规定

第二百三十四条之一第一款　组织他人出卖人体器官的，处五年以下有期徒刑，并处罚金；情节严重的，处五年以上有期徒刑，并处罚金或者没收财产。

相关规定

《刑法修正案（八）》第37条

案例要旨

参 第929号　王海涛等组织出卖人体器官案——组织出卖人体器官罪既、未遂以及“情节严重”如何认定

组织出卖人体器官罪不以人体器官实际摘取作为既遂、未遂的标

准。就组织出卖人体器官罪而言,“情节严重”的内容包括:组织多人出卖人体器官,多次组织他人出卖人体器官,组织他人出卖人体器官非法获利数额巨大,组织他人出卖人体器官造成重伤、死亡等严重后果,组织他人出卖人体器官造成恶劣的社会影响等。

强奸罪

《刑法》规定

第二百三十六条 以暴力、胁迫或者其他手段强奸妇女的,处三年以上十年以下有期徒刑。

奸淫不满十四周岁的幼女的,以强奸论,从重处罚。

强奸妇女、奸淫幼女,有下列情形之一的,处十年以上有期徒刑、无期徒刑或者死刑:

(一)强奸妇女、奸淫幼女情节恶劣的;

(二)强奸妇女、奸淫幼女多人的;

(三)在公共场所当众强奸妇女、奸淫幼女的;

(四)二人以上轮奸的;

(五)奸淫不满十周岁的幼女或者造成幼女伤害的;

(六)致使被害人重伤、死亡或者造成其他严重后果的。

相关规定

《刑法修正案(十一)》第26条

最高人民法院、最高人民检察院《关于常见犯罪的量刑指导意见(试行)》“四、常见犯罪的量刑”(八)

案例要旨

参 第20号 白俊峰强奸案——丈夫强奸妻子的行为应如何定罪

婚姻状况是确定是否构成强奸罪中违背妇女意志的法律依据。同居和性生活是夫妻之间对等人身权利和义务的基本内容,双方自愿登记结婚,就是对同居和性生活的法律承诺。因此,从法律上讲,合法的夫妻之间不存在丈夫对妻子性权利自由的侵犯。如果是非法婚姻关系或者已经进入离婚诉讼程序,婚姻关系实际已处于不确定的状态,丈夫违背妻子的意志,采用暴力手段,强行与其发生性关系,从刑法理论上讲是可以构成强奸罪的。但是,实践中认定此类强奸罪,与普通强奸案件有很大不同,应当特别慎重。

参 第51号 王卫明强奸案——丈夫可否成为强奸罪的主体

只要夫妻正常婚姻关系存续,即相互承诺共同生活,则有同居的义务。在一般情况下丈夫不能成为强奸罪的主体。但是,夫妻同居义务是从自愿结婚行为推定出来的伦理义务,不是法律规定的强制性义务。在婚姻关系非正常存续期间,如离婚诉讼期间,婚姻关系已进入法定的解除程序,虽然婚姻关系仍然存在,但双方已不再承诺履行夫妻间同居的义务,则丈夫强行与妻子发生性行为的,成立强奸罪。

参 第178号 谢茂强等强奸、奸淫幼女案——行为人既实施了强奸妇女的行为又实施了奸淫幼女的行为应如何定罪

[最高人民法院、最高人民检察院于2002年3月通过了《关于执行〈中华人民共和国刑法〉确定罪名的补充规定》,该规定对最高人民法院《关于执行〈中华人民共和国刑法〉确定罪名的规定》有所修改,其中之一是取消了奸淫幼女罪罪名。也就是说,无论是强奸妇女,还是奸淫幼女,此后均应适用强奸罪罪名。——编者注]

参 第228号　曹占宝强奸案——如何理解强奸“致使被害人重伤、死亡或者造成其他严重后果”以及能否对此提起附带民事诉讼

因强奸“造成其他严重后果”，除包括因强奸妇女或者奸淫幼女引起被害人自杀或者精神失常这两种常见的情形外，还应包括因强奸妇女或者奸淫幼女造成被害人怀孕分娩或堕胎等其他严重危害被害妇女或幼女身心健康的严重后果。

参 第280号　李尧强奸案——与未满刑事责任年龄的人轮流奸淫同一幼女的是否成立轮奸

轮奸作为强奸罪中的一种情形，认定的关键首先是看两个以上的行为人是否具有在同一段时间内，对同一妇女（或幼女），先后连续、轮流地实施了奸淫行为，并不要求实施轮奸的人之间必须构成强奸共同犯罪。换言之，轮奸仅是一项共同的事实行为，只要行为人具有奸淫的共同认识，并在共同认识的支配下实施了轮流奸淫行为即可，而与是否符合共同犯罪并无必然关系。与未满刑事责任年龄的人轮流强奸同一幼女，即使未满刑事责任年龄者不负刑事责任，亦应认定被告人的行为构成强奸罪，且属于轮奸。

参 第281号　唐胜海、杨勇强奸案——轮奸案件中一人强奸既遂一人未遂的应如何处理

轮奸案件中，轮奸情节本身没有独立的既未遂问题，只有强奸罪的既未遂问题。对轮奸中一人以上强奸既遂、一人以上未遂的情形，由于各行为人均实施了轮奸行为，故首先应对各被告人以强奸罪定罪并按轮奸情节予以处罚。其次，由于轮奸是基于共同奸淫认识实施的共同实行行为，按照强奸罪中认定既未遂的一般原理，即只要实行犯强奸既遂的，对其他共犯，无论其为帮助犯、教唆犯、组织犯还是共同实行犯，都应按强奸罪既遂论。

参 第395号 滕开林、董洪元强奸案——通奸后帮助他人强奸是否构成共犯

轮奸是指两个以上有合意的男人先后共同强行对同一妇女进行奸淫的行为。构成轮奸需要具备三个方面的条件:一是各行为人具有共同强奸的意思联络,不仅自己具有强奸被害人的故意,而且明知其他行为人也具有对被害人强行奸淫的故意;二是必须对同一被害人先后实施奸淫行为;三是各行为人与被害人发生性关系均违背被害人意愿。被告人与被害人通奸后又帮助他人强奸被害人,主观上,有与他人强奸被害人的共同故意;客观上,有帮助他人实行强奸的帮助行为,是强奸犯罪的帮助犯,二人的行为构成强奸罪的共同犯罪。

参 第396号 陈某强奸案——如何把握强奸案件“证据确实、充分”的证明标准

强奸案件的证据具有特殊性,即直接证明强奸行为是否成立的证据往往只有被告人供述和被害人陈述。在这种“一对一”的情况下,简单地采信被害人陈述或被告人供述都是不正确的。通过以下几种方法进行比较分析,可以确定被害人陈述的证明力:(1)将被害人陈述与被告人供述进行比较分析,发现两者之间相互矛盾之处。(2)分析被害人陈述本身的内容。对被害人陈述证明力的分析,应当结合案发的时间、地点、条件、环境,注重对细节的分析,看细节能否陈述清楚,是否符合逻辑,前后是否存在矛盾之处。通常根据记忆规律,离案发时间越近的陈述,记忆应该越清晰,真实性也就越强。(3)分析间接证据对被害人陈述的印证力。(4)分析被告人供述并将被告人供述与间接证据进行比较分析。

参 第514号 陆振泉强奸案——如何认定强奸致被害人重伤、死亡或者造成其他严重后果

强奸致人死亡一般只包括两种情形,一种是指行为人采取的暴力、

胁迫等方法行为，直接导致被害人重伤或死亡；另一种是指行为人的性交行为直接导致被害人重伤或死亡，如强奸直接导致被害人性器官受损、死亡等。被害人的伤亡结果必须是行为人在强奸过程中使用的方法行为或目的行为直接造成，如果被害人重伤、死亡结果系强奸行为间接导致或者是由其他因素而造成，一般不能认定为“强奸致被害人重伤、死亡”，如被害人被强奸后因无法释怀而精神失常或不能承受而自伤、自残的，因为不具有直接因果关系，所以不能认定为强奸致被害人重伤、死亡；尽管并非强奸行为直接导致被害人死伤，但是也可以适用“强奸造成其他严重后果”的规定予以加重处罚。

参 第589号　冯支洋等嫖宿幼女案——对嫖宿幼女罪如何进行审查认定

［根据2015年11月1日实施的《刑法修正案（九）》的规定，删除嫖宿幼女罪，对这类行为可适用《刑法》第236条第2款的规定，即奸淫不满14周岁的幼女的，以强奸论，从重处罚。——编者注］

参 第790号　张甲、张乙强奸案——共谋轮奸，一人得逞，未得逞的人是否构成强奸既遂

（1）轮奸系情节加重犯，而非结果加重犯。二名以上行为人只要基于共同的强奸故意，在同一段时间先后对同一被害人实施强奸行为的，就应当依法认定为具有轮奸情节。各行为人的强奸行为是否得逞，并不影响对各行为人具有轮奸情节的认定。（2）共同犯罪中，部分行为人强奸行为已得逞，未得逞的行为人亦应认定为强奸犯罪既遂。轮奸并非独立的罪名，而是强奸罪的情节加重犯。该情节本身只有构成与不构成的问题，而不涉及犯罪既遂与未遂的停止形态问题。根据共同犯罪“一人既遂，全体既遂”的基本原理，只要共同行为人中有一人的犯罪行为得逞，各共同行为人的犯罪行为均应认定为犯罪既遂，部分行为人的强奸

行为未得逞，不影响犯罪既遂的认定。

参 第 792 号　苑建民、李佳等绑架、强奸案——行为人实施强奸行为完毕离开现场后，其他帮助犯起意并对同一被害人实施轮奸行为的，能否认定该行为人构成轮奸

（1）轮奸必须同时具备以下条件：一是各行为人具有共同强奸的犯意联络，即不仅自己具有实施强奸的故意，而且明知其他行为人也具有实施强奸的故意；二是必须是对同一被害人先后实施强奸行为。对共同犯罪故意的认定需要关注以下两个方面的内容：一是共同犯罪故意的认识因素和意志因素，二是共同犯罪行为人之间的犯意联络。（2）如果各犯罪行为人并无共同犯罪故意的认识因素和意志因素，也缺少相互协同实施特定犯罪行为的意思沟通，则不构成共同犯罪，行为人仅对自己实施的犯罪行为承担刑事责任。

参 第 843 号　王鑫等强奸、寻衅滋事、故意伤害、抢劫案——轮奸幼女的，是否同时适用轮奸加重处罚和奸淫幼女从重处罚情节；对具有多种量刑情节的被告人应当如何规范量刑；若无抗诉，因程序违法被发回重审的，能否加重对被告人的处罚

轮奸幼女的行为，应当同时适用《刑法》第 236 条第 3 款第 3 项和该条第 2 款的规定，即应当同时适用轮奸加重处罚和奸淫幼女从重处罚两个情节，上述两款同时适用不存在重复评价的问题。《刑法》第 69 条的刑期相加规则，实质上已包含了对犯数罪被告人的否定性评价，因此，在对其中一罪量刑时不再将犯数罪这一情节作为酌情从重处罚的情节。

参 第 944 号　李振国强奸案——采取足以致人伤亡的暴力手段实施强奸，并最终导致被害人死亡的，是以强奸罪一罪论处还是以强奸罪、故意杀人罪数罪并罚

《刑法》将强奸“致使被害人重伤、死亡”的情形规定为强奸罪的加重犯，意味着立法上已将足以致使他人伤亡的暴力或者其他手段纳入强奸罪的范畴。采取足以致人伤亡的暴力手段实施强奸，暴力手段行为造成的伤亡后果属于强奸罪的加重构成要件要素。在强奸案件中认定行为人是否构成数罪，需结合是否有报复、灭口的动机及暴力、其他手段的具体实施情况综合判断，原则上要求行为人实施了数个暴力或者其他行为，分别服务于奸淫目的和灭口动机，如果行为人仅实施了一个手段行为，且该行为同时服务于奸淫目的和灭口动机，也只构成强奸罪一罪，否则便是对该行为的重复评价。

参 第976号　何某强奸案——奸淫幼女案件中如何判断行为人“应当知道”被害人系幼女

与不满12周岁的被害人发生性关系的，一律认定行为人“应当知道”对方是幼女。对已满12周岁不满14周岁的幼女实施奸淫等性侵害行为，若无极其特殊的例外情况，一般都应当认定行为人“明知”被害人是幼女。具体可从以下三个方面把握：一是必须确有证据或者合理依据证明行为人根本不可能知道被害人是幼女；二是行为人已经足够谨慎，但仍然对幼女年龄产生了误认，即使其他一般人处在行为人的场合，也难以避免这种错误判断；三是客观上被害人身体发育状况、言谈举止、衣着、生活作息规律等特征明显更像已满14周岁的妇女。如果行为人采取引诱、欺骗等方式，或者根本不考虑被害人是否是幼女，而甘冒风险对被害人进行奸淫等性侵害行为的，一般都应当认定行为人明知被害人是幼女。

参 第977号　卓智成等强奸案——行为人明知他人系采取暴力、胁迫手段迫使被害人表面“同意”与其发生性关系的，如何定性，以及指使他人物色幼女供其奸淫后给付金钱财物的行为如何定性

（1）行为人明知他人系采取暴力、胁迫手段迫使被害人表面“同意”

与其发生性关系的，视为行为人违背被害人意志发生性关系。(2)指使他人物色幼女供其奸淫，事后给付中间人金钱财物的行为构成强奸罪，中间人构成强奸罪的共犯。根据最高人民法院、最高人民检察院、公安部、司法部《关于依法惩治性侵害未成年人犯罪的意见》(已失效。——编者注)关于“以金钱财物等方式引诱幼女与自己发生性关系的……以强奸罪论处”的规定，此种情形下，对与幼女发生性关系的行为人应以强奸罪论处。

参 第978号 谈朝贵强奸案——如何界定“共同家庭生活关系”以及与幼女有共同家庭生活关系的人多次奸淫幼女致其怀孕，是否属于奸淫幼女“情节恶劣”

实践中，考察是否具有“共同家庭生活关系”，应当立足家庭的概念，准确把握“共同家庭生活关系”内涵中具有的“质”和“量”的要求。从“质”上来说，需要形成实际上的共同生活关系，如事实上的抚养关系、监护关系；从“量”上来说，需要具有共同生活的长期性、确定性和稳定性，如果仅有几次的共同居住或者较短时间的共同居住就不属于这里所指的“共同家庭生活关系”。与幼女有“共同家庭生活关系”的成年人多次奸淫幼女致其怀孕，应当认定为奸淫幼女“情节恶劣”。

参 第979号 刘某强奸案——对未成年人与幼女正常交往过程中自愿发生性关系案件的政策把握与缓刑适用

未成年人与幼女正常交往过程中自愿发生性关系的，在对其不以犯罪论处时，应当注意把握以下三点：一是行为人一般应当处于已满14周岁不满16周岁的年龄阶段；二是行为人应当是与年龄相当的幼女在正常交往、恋爱过程中基于幼女自愿而与之发生性关系；三是未成年人与幼女发生性关系情节轻微、未造成严重后果。成年犯罪分子奸淫幼女，一般不适用缓刑。未成年犯罪分子奸淫幼女案件情节较轻，符合缓刑适用条件的，可以依法适用缓刑，上述所称情节较轻的判断，要综合考虑是否使用暴力、胁迫等强制手段或者利诱、欺骗等不正当手段，对幼女身心健康是否造成严重伤害，案发后是否取得被害人及其亲属真诚谅解等因素。

参 第980号 王某强奸案——因欲实施强奸导致被害人落水，被告人不实施救助，致使被害人溺水死亡的，被告人是构成故意杀人罪还是以“强奸致使被害人死亡”论处

因欲实施强奸导致被害人落水，被告人不实施救助，致使被害人溺水死亡的，对于该事实应单独评价为不作为的故意杀人罪，而非强奸致使被害人死亡的加重情节，与强奸罪数罪并罚符合罪刑法定和罪责刑相适应原则。其中，就故意杀人而言，对被害人的死亡持放任结果发生态度，符合间接故意杀人的主观特征；因先行行为而负有特定救助义务，违反即为不作为，具有刑法上的可罚性；不作为型杀人与通常的作为型杀人在社会危害性、主观恶性、人身危险性方面具有相当性。

参 第981号 李明明强奸案——共同犯罪人未经共谋在不同地点先后强奸同一被害人的是否构成轮奸以及如何认定强奸罪中的“情节恶劣”

共同犯罪人基于共同强奸同一被害人的故意，在多个地点分别实施强奸的，应当从时间和空间的角度，考察各共同犯罪人的行为之间是否具有接续性，是否相互补充或者相互协助。只要各共同犯罪人具有轮流奸淫同一妇女的共同故意，对该妇女进行不间断的控制，即使二人或者多人前后实施奸淫时间间隔相对较长，甚至不在同一地点实施奸淫行为，其犯罪的社会危害性、主观恶性、人身危险性程度同被害人在同一地点、同一时间段受到多人强奸的犯罪情形是相当的，被害人所遭受的痛苦和恐惧亦是相当的，故应视为与同一地点轮奸情形无异。强奸罪中情

节恶劣的认定，应审查是否选择特定犯罪对象实施强奸、是否在公共场所公然劫持被害人后实施强奸、是否采用残忍的暴力手段或者在强奸过程中以十分下流的手段肆意蹂躏等损害被害人身心健康的方式实施强奸、是否长期多次对同一被害人进行强奸。

参 第983号　淡某甲强奸、猥亵儿童案——如何准确把握奸幼型强奸罪的死刑适用标准

判断奸淫幼女型强奸案件是否达到“罪行极其严重”的死刑适用标准，应当依照《刑法》及有关司法解释的相关规定并结合司法审判经验，根据具体案件的事实、犯罪性质、情节和社会危害程度，着重从侵害对象、侵害人数、侵害次数或者持续时间、作案手段、危害后果等方面综合分析判断。

参 第988号　赵祺勇、蒋明科嫖宿幼女案——如何区分嫖宿幼女罪与强奸罪，以支付金钱的方式与幼女自愿发生性关系的如何定性以及共同犯罪人先后嫖宿同一幼女的如何把握情节

行为人明知被害人系幼女，以威胁或者引诱的方式，包括以支付金钱的方式与幼女自愿发生性关系，应当认定为强奸罪。[《刑法修正案(九)》已废止嫖宿幼女罪。——编者注]

参 第1061号　孟某等强奸案——被害人无明显反抗行为或意思表示时，如何认定强奸罪中的“违背妇女意志”

是否违背妇女意志是强奸罪犯罪构成的关键要素，它是指未经妇女同意而强行与之发生性交的行为。如何判断，关键要看妇女对发生性行为是否同意，至于妇女表示同意是发生性交之前还是性交过程中，均不影响同意的成立。但女方无明显反抗行为或反抗意思表示时，不得据此推定为默示状态下的不违背妇女意志。对妇女是否同意不能以其有无反抗为标准。由于犯罪分子在实施强奸时的客观条件和采用的手段不同，对被害妇女的强制程度也相应地有所不同，因而被害妇女对犯罪行为的反抗形式和其他表现形式也会各有所异，有的因害怕或精神受到强制而不能反抗、不敢反抗或不知反抗。因此，不能简单地以被害妇女当时有无反抗意思表示作为认定其是否同意的唯一条件。对妇女未做反抗或者反抗表示不明显的，要通观全案，具体分析，综合认定。一般而言，可以从以下三个方面来分析判断：案发时被害妇女的认知能力、案发时被害妇女的反抗能力以及被害人未做明确意思表示的客观原因。

参 第1339号　被告人梁某强奸案——如何运用证据认定熟人之间强奸罪与非罪的界限

被告人虽有暴力、胁迫的行为，但其暴力、胁迫行为的目的并非强奸被害人，其暴力、胁迫行为也并非其和被害人发生性关系的手段，不宜认定构成强奸罪。实践中，对于熟人之间发生的强奸行为，尤其是男女双方曾经是恋人关系、通奸关系的强奸行为，应当结合男女双方的感情历程进行全面分析。就本案而言，不宜将男女双方多次发生性行为中的某起事实拿出来单独认定强奸犯罪。

参 第1437号　秦磊强奸、猥亵儿童案——性侵未成年人犯罪案件中证据的采信以及相关量刑情节的认定

对于“一对一”的奸淫幼女零口供案件，应重点审查案发是否正常、侦破过程是否自然、多名被害人陈述是否一致、是否存在无法排除的矛盾和不合常理的解释、被害人是否存在诬告行为人的动机和目的、其他间接证据能否印证被害人陈述、行为人的无罪供述与辩解与其他相关证据之间是否存在矛盾或者不合常理之处。利用教师身份多次奸淫不满12周岁的幼女，属于“奸淫幼女情节恶劣”。利用夜间查寝的机会在有十余名女生居住的集体宿舍实施猥亵儿童的行为，属于“在公共场所当

众”猥亵。

参 第1486号 张某某强奸案——长期多次强奸年幼继女致其感染艾滋病病毒,应否适用死刑

强奸罪中的“情节恶劣”是指《刑法》第236条第3款列举情节之外的其他各种恶劣情节。虽然司法解释对于何为情节恶劣并无确切明文规定,但是司法实践中通常将利用特殊职责长期、多次奸淫幼女,非法拘禁幼女,利用毒品引诱、强制幼女,拍摄奸淫视频予以传播等情节归入“情节恶劣”的情形,通常此类行为也反映了被告人主观恶性更深,对未成年女性的伤害后果更严重,在量刑时应从重处罚。虽然感染艾滋病病毒与其他即时致人伤残的重伤有区别,但就病毒的特征及目前的医疗条件而言,艾滋病病毒将伴随且影响被害人的一生,严重影响被害人的生命、健康,并直接影响李某的婚姻、生育,后果严重。[《刑法修正案(十一)》加强了对幼女的保护,规定奸淫幼女,“造成幼女伤害的”,处10年以上有期徒刑、无期徒刑或者死刑。——编者注]

参 第1495号 魏某某强奸案——对于性侵害未成年人犯罪案件,依法从宽时要从严掌握幅度并慎用缓刑

对于性侵害未成年人的犯罪案件,人民法院在审判时需要对《未成年人保护法》规定的给予未成年人特殊、优先保护的精神予以充分体现,总体需要坚持依法从严惩处的原则,综合考虑犯罪的事实、性质、情节和对于社会的危害程度进行刑罚裁量,确保判决符合宽严相济刑事政策,兼顾天理、国法、人情。对于认罪认罚、达成谅解的性侵害未成年人犯罪案件,可以适度依法从宽。

参 第1548号 梁某某强奸案——强奸案件直接证据“一对一”且被告人不予供认的如何审查判断证据

强奸案件的认定,既要有证据证明双方发生性关系的事实,也要有

证据证明双方发生性关系系被告人在暴力、胁迫下实施的，即被告人的暴力、胁迫行为与被告人、被害人发生性行为之间有因果关系。实践中，对于熟人之间发生性关系，尤其是男女双方曾经是恋人关系、通奸关系的，是否构成强奸犯罪，应当结合男女双方的感情历程进行全面分析。

参 第1549号 张某强奸案——负有特殊职责的人员多次奸淫幼女的是否属于“奸淫幼女情节恶劣”

负有特殊职责的人员多次奸淫幼女的行为，应综合犯罪主体、手段、是否形成人身依附和信赖关系、是否产生一定的控制力、是否形成高度强制与胁迫、强奸次数、间断情况、持续时间、被害人年龄及危害后果等因素进行判断。此类行为严重侵害幼女身心健康，挑战社会伦理道德底线，且因行为人身份的特殊性，具有更大的社会危害性和隐蔽性。因此，对负有特殊职责的人员多次奸淫幼女的行为，一般应认定为“奸淫幼女情节恶劣”，依法加重处罚，以体现从严惩处的精神和罪刑相适应原则。

参 第1568号 吕某飞等人强奸、强制猥亵、敲诈勒索、抢劫、盗窃案——强奸犯罪“情节恶劣”如何认定；未造成被害人重伤、死亡后果的强奸案件如何适用死刑

对于强奸犯罪“情节恶劣”的认定，要综合考虑具体案件事实，从犯罪主体、犯罪对象、犯罪手段、侵害次数或持续时间、社会影响等方面综合把握。对于未造成被害人重伤、死亡后果的强奸案件，应全面考察被告人的犯罪次数、犯罪手段、犯罪对象、犯罪情节、社会影响，以及被告人的主观恶性、人身危险性等因素，兼顾案件处理的法律效果和社会效果，综合评判是否达到罪行极其严重的程度，该判处死刑的依法判处。

强制猥亵、侮辱罪

《刑法》规定

第二百三十七条第一款　以暴力、胁迫或者其他方法强制猥亵他人或者侮辱妇女的，处五年以下有期徒刑或者拘役。

第二款　聚众或者在公共场所当众犯前款罪的，或者有其他恶劣情节的，处五年以上有期徒刑。

相关规定

《刑法修正案(九)》第13条

案例要旨

参　第495号　谭荣财、罗进东强奸、抢劫、盗窃案——强迫他人性交、猥亵供其观看的行为如何定性

强迫他人性交、猥亵妇女的属于间接正犯，应按照实行正犯处理，被强迫者如符合紧急避险的条件的，不构成犯罪；为寻求刺激，在同一时间内强迫他人对同一犯罪对象实施性交和猥亵供其观看的行为，应依照吸收犯的处理原则，在强奸罪和强制猥亵罪中择一从重处罚。

参　第1438号　区润生强制侮辱案——网络语境下如何准确认定强制猥亵、侮辱罪

“强制猥亵”和“强制侮辱”有一定的位阶关系，猥亵行为必然同时“侮辱”了妇女，而对于行为手段、情节与“猥亵”相关但略低于“强制猥亵"的,可单独认定"强制侮辱罪",在本罪的法定刑幅度内再细分较轻的刑罚区间来处理。行为人利用女性的性羞耻心,以将隐私视频上网曝光为胁迫手段,对被害人实施了长达半年之久的骚扰,多次试图索要被害人的自慰视频,并发送自己的不雅照片,侵犯了被害人的性自主权,应认定为强制侮辱罪。

猥亵儿童罪

《刑法》规定

第二百三十七条第三款 猥亵儿童的,处五年以下有期徒刑;有下列情形之一的,处五年以上有期徒刑:

(一)猥亵儿童多人或者多次的;

(二)聚众猥亵儿童的,或者在公共场所当众猥亵儿童,情节恶劣的;

(三)造成儿童伤害或者其他严重后果的;

(四)猥亵手段恶劣或者有其他恶劣情节的。

相关规定

《刑法修正案(九)》第13条

《刑法修正案(十一)》第28条

最高人民法院、最高人民检察院《关于常见犯罪的量刑指导意见(二)(试行)》"一、七种常见犯罪的量刑"(二)

案例要旨

参 第 985 号 王晓鹏强制猥亵妇女、猥亵儿童案——如何界分正常医疗检查与猥亵犯罪行为以及强制猥亵对象中既包括已满 14 周岁女性又包括未满 14 周岁女童的,对所犯数罪是否并罚

(1)医生在对病人进行体检时,利用病人对医生权威的信任,以及对体检流程不了解等认识能力的限制,在医院诊室这一特定的封闭场所,在病人精神上受到强制的情况下,采用明显超越医生职权范围的方式,接触病人隐私部位,情节严重的,构成强制猥亵罪。(2)强制猥亵对象中既包括已满 14 周岁女性又包括未满 14 周岁女童的,对所犯数罪应当并罚。

参 第 986 号 林求平猥亵儿童案——猥亵儿童犯罪案件的证据审查以及零口供、零直接客观证据的猥亵儿童案件中犯罪事实的认定

(1)猥亵儿童犯罪案件的证据审查应当注意:案件的发、破案经过是否自然,被害人陈述的客观真实性,供证关系,间接证据对案件事实的印证作用。(2)被害幼女的陈述、幼女的目击证言以及其他有利害关系亲属的证言在一定条件下可以作为定案证据。(3)在零口供、零客观证据的强制猥亵案件中,被害幼女的陈述与其他证人证言以及间接客观性证据等能够相互印证的,可以认定犯罪事实。

参 第 987 号 吴茂东猥亵儿童案——如何认定“猥亵”和界分猥亵犯罪行为与猥亵违法行为以及在教室讲台实施的猥亵是否属于“在公共场所当众猥亵”

(1)认定猥亵,在主观上,行为人通常具有刺激、满足性欲的动机;客观上应当是足以刺激或者满足性欲,并冒犯普通公民性的羞耻心或者引起其厌恶感的行为。(2)在区分猥亵犯罪行为与猥亵违法行为时,可

重点考虑:①猥亵行为侵害的身体部位所代表的性象征意义明显与否。②猥亵行为是否伴随暴力、胁迫等强制手段。③猥亵行为持续时间长短。④其他能反映猥亵行为对被害人身心伤害大小、对普通公民性的羞耻心冒犯程度的大小的情节。⑤行为人是否具有前科劣迹以及其他反映行为人主观恶性、人身危险性大小的情节。(3)在教室讲台实施的猥亵应当认定为在“在公共场所当众猥亵”。

参 第1260号　于书祥猥亵儿童案——从罪刑相适应的角度准确认定“在公共场所当众猥亵”

“在公共场所当众猥亵”的行为,对被害人性的自主权及羞耻心伤害、对社会良好风尚冒犯程度极大,反映行为人置他人在场于不顾,目无国法,肆意妄为,主观恶性深。最高人民法院、最高人民检察院、公安部、司法部《关于依法惩治性侵害未成年人犯罪的意见》(已失效。——编者注)对“当众”实施猥亵等性侵害犯罪虽不要求其他多人实际看到,但明确要求必须有其他多人“在场”。对于猥亵场所相对封闭,除被告人及被害人外无其他多人在场的情形,不宜认定为“在公众场所当众猥亵”。另外,在认定这一加重处罚情节时,还要从罪刑相适应的角度进行实质解释和把握。

参 第1555号　陈某平猥亵儿童案——如何认定“在公共场所当众猥亵儿童,情节恶劣”

对于猥亵儿童罪基本犯的成立要件,可以从触碰部位的敏感性、触碰时间长短及手段行为三方面进行综合审查。行为人以生殖器官接触被害儿童时,不论时间长短、采用何种手段,一般认为可以成立刑事犯罪。对于针对儿童实施的偶发性的触碰胸部、臀部、嘴部等部位,手段轻微、持续时间短暂的猥亵行为,可认定属于情节轻微,危害不大的,一般不应作为犯罪追究刑事责任。但是,如果猥亵行为具有对儿童造成一定的心理困扰或者猥亵儿童两人次以上等较为严重情形的，应依法追究刑事责任。“触碰部位的敏感性”“触碰时间的长短”“手段行为”已纳入猥亵儿童罪入罪考量因素，根据“禁止重复评价”原则，不应在适用加重情节时将上述情节再次评价为“情节恶劣”。

参 第1585号 左某猥亵儿童案——性侵害未成年人刑事案件中证据的审查与判断

性侵害未成年人犯罪案件的事实认定要立足证据，结合经验常识，考虑性侵害案件的特殊性和未成年人的身心特点，准确理解和适用“事实清楚，证据确实、充分”“排除合理怀疑”的证明标准。被告人否认性侵未成年人，与被害人陈述形成“一对一”局面的，应当着重审查双方言词证据的具体内容和稳定性等，并结合其他在案证据，准确认定案件事实。未成年被害人陈述了与被告人或性侵害事实相关的非亲历不可知的细节，并且可以排除指证、诱证、诬告陷害可能的，一般应当采信。

非法拘禁罪

《刑法》规定

第二百三十八条[①] 非法拘禁他人或者以其他方法非法剥夺他人人身自由的，处三年以下有期徒刑、拘役、管制或者剥夺政治权利。具有殴打、侮辱情节的，从重处罚。

犯前款罪，致人重伤的，处三年以上十年以下有期徒刑；致人死亡的，处十年以上有期徒刑。使用暴力致人伤残、死亡的，依照本法第二百三十四条、第二百三十二条的规定定罪处罚。

① 本条第2款构成故意伤害罪、故意杀人罪。

为索取债务非法扣押、拘禁他人的，依照前两款的规定处罚。

国家机关工作人员利用职权犯前三款罪的，依照前三款的规定从重处罚。

相关规定

最高人民检察院《关于渎职侵权犯罪案件立案标准的规定》“二、国家机关工作人员利用职权实施的侵犯公民人身权利、民主权利犯罪案件”（一）

最高人民法院《关于对为索取法律不予保护的债务非法拘禁他人行为如何定罪问题的解释》

最高人民法院、最高人民检察院、公安部、司法部《关于办理黑恶势力犯罪案件若干问题的指导意见》第18条

最高人民法院、最高人民检察院、公安部《关于依法办理“碰瓷”违法犯罪案件的指导意见》第8条

最高人民法院、最高人民检察院《关于常见犯罪的量刑指导意见（试行）》“四、常见犯罪的量刑”（九）

案例要旨

参 第180号　田磊等绑架案——为索取债务劫持他人并致人死亡的行为如何定性

以索取债务为目的，绑架债务人的行为，符合《刑法》第238条第3款“为索取债务非法扣押、拘禁他人”的规定，其行为性质应属非法拘禁，而不是绑架。在非法拘禁中，行为人如果没有使用暴力而致人重伤、死亡的，或者虽然使用了一定程度的暴力，但该暴力根本不足以致人重伤、死亡或者说重伤、死亡的结果不是暴力所造成，而是其他因素造成的，就不

是“使用暴力致人伤残、死亡”，而是非法拘禁“致人重伤、死亡”。

参 第 181 号　覃正平非法拘禁案——为逼人还贷款非法关押借款人以外的第三人的行为应如何定性

为逼人还贷而关押借款人以外的第三人的行为应以非法拘禁罪论处。(1)就索债型非法拘禁罪来看，债权人为达到要回欠债的目的，通常会直接非法扣押、拘禁债务人本人，但也不排除债权人可能通过非法扣押债务人的亲属为人质或者扣押其他与债务人有密切关系的人为人质来达到迫使债务人还债的目的。《刑法》第 238 条第 3 款规定，“为索取债务非法扣押、拘禁他人”以非法拘禁罪论处，这里的“他人”可以包括债务人以外而又与债务人具有某种利害关系的人。(2)“绑架他人作为人质”和“为索取债务非法扣押、拘禁他人”的关键区别在于：前者扣押人质是为了迫使有关方面实现其某种不法要求，而后者扣押人质是为了索取债务。

参 第 263 号　雷小飞等非法拘禁案——“索债型”扣押、拘禁案件的定性

在索债型拘禁案件中，债务数额难以确定的，如果行为人主观上认为确实存在债务或者确认债务为某一数额，即使有证据证明行为人对债务或数额的认识是基于某种错误，行为人也是在“索要债务”的主观认识之下实施扣押、拘禁被害人的行为，而不存在“勒索他人财物的目的”，应以非法拘禁罪论处；索要的数额超出债务数额不大的，或虽然较大但行为人的目的仍为索债的，从主客观相一致以及有利于被告人的刑法原则上看，上述行为应当以相对较轻的非法拘禁罪定罪，而不宜定绑架罪。如果索要的数额大大超过原债务数额，且与其他情节相结合，足以证明行为人的主观目的已经由索债转化为勒索财物，则该行为已触犯绑架罪和非法拘禁罪两个罪名，按照想象竞合犯的处罚原则，应以绑架

罪定罪处罚。

参 第435号　胡经杰、邓明才非法拘禁案——为寻找他人而挟持人质的行为构成何罪

(1)应当严格限制对绑架罪客观行为的理解和认定,以准确体现罪刑相适应的刑法原则。在界定绑架罪与非法拘禁罪的区别时,要相当谨慎地分析被告人与被害人的关系、被告人所提出要求实现之难易、被告人对被害人剥夺自由行为的恶劣程度、对第三人及解救方的对抗程度等,综合多方面情节来分析认定。(2)绑架罪中的"绑架他人作为人质"的绑架行为与非法拘禁行为的区分在于,绑架罪主要针对的是勒索巨额赎金或者其他重大不法要求的行为(因此才规定严苛的法定刑),而非一般的因为冲动或普通纠纷或者情节较轻的拘禁行为。

参 第946号　徐强等非法拘禁案——以剥夺他人人身自由的方式索回赌资的行为如何定性、公诉机关指控轻罪名,法院是否可以改变为重罪名以及一审法院将公诉机关指控的轻罪名变更为重罪名的,二审对此如何处理

采取剥夺他人人身自由的方式索回已支付的赌资行为应当认定为非法拘禁罪。区分非法拘禁罪与绑架罪,一是要审查行为人与被害人之间是否存在债权债务关系。这里的债权债务除了由合法原因产生的债权债务以外,还包括因高利贷、赌博等非法行为产生的债权债务。二是要审查行为人是否具有非法占有他人财物的主观故意和目的。行为人仅以所输赌资或者所赢赌债为抢劫对象,一般不以抢劫罪定罪处罚,其主观意图是索取债务而非勒索财物,应以非法拘禁罪定罪处罚。

参 第995号　贾斌非法拘禁案——抱走年幼继女向欲离婚的妻子索要所支出的抚养费、彩礼费的行为,如何定性

被告人挟持继女,主观上是为解决其与妻子的离婚纠纷,索要的财

物属于离婚纠纷范畴，故不属于绑架罪中以勒索财物为目的的情形；同时，也不具备使继女长期脱离家庭的意图，仅是通过暂时限制继女的人身自由，来迫使其妻在离婚纠纷中妥协，其行为不具有收养、奴役等目的，不符合拐骗儿童犯罪的主观要件。《刑法》并未规定非法拘禁的目的，主观方面上不要求有特定目的，即只要具备非法剥夺他人人身自由的直接故意并且实施了拘禁行为即可构成本罪。这是非法拘禁罪与绑架罪在主观方面的显著区别。关于客观方面，所谓拘禁行为，其方式可以是多种多样的，典型的拘禁方式有捆绑、扣留、关押等。《刑法》条文中还规定了其他非法剥夺人身自由的方式，虽然没有明确列举，但是只要是客观上剥夺了人身自由的即可构成本罪。这种剥夺包括对儿童以哄骗的方式进行“软禁”，给被害人喂食安眠药，使被害人无法知晓自身处境等。因此，被告人的行为符合索债型非法拘禁罪的特点，应当以非法拘禁罪定罪处罚。

参 第1006号　罗灵伟、蒋鼎非法拘禁案——无法查清被害人是否存在债务的情况下，如何认定行为人为索取债务而非法拘禁他人的行为性质

索债型非法拘禁行为的定性，应当从犯罪构成的角度出发，综合犯罪动机、情节轻重、危害大小、拘禁时间长短等因素进行分析判断。对于那些拘禁时间较短，没有使用暴力或者侮辱、殴打行为或者尚未造成严重后果的，可以不作为犯罪处理。如果行为情节严重，达到构成犯罪标准的，则应当依法追究刑事责任。至于构成何种犯罪，应当根据行为人的主观故意及具体的犯罪行为、犯罪后果等综合判断。

参 第1172号　郑师武非法拘禁案——吸毒致幻挟持他人，不具有真实的绑架犯罪目的，不应认定构成绑架罪

绑架罪要求行为人主观上不仅要有侵害他人人身安全与行动自由

的犯罪故意，还需要有特定的犯罪目的，即以“勒索财物”或“以人质安全为挟，谋取财物之外利益”之犯罪目的。“勒索财物”或“以人质安全为挟，谋取财物之外利益”是认定绑架罪不可或缺的构成要件要素。被告人因吸毒致幻实施的挟持他人的行为，并不具有实施绑架犯罪的真实目的，不构成绑架罪，而构成非法拘禁罪。

参 第 1276 号　宋某胜等故意伤害、故意毁坏财物案——事出有因非法拘禁他人向其亲属索取赔偿金的行为性质如何认定

以索取债务为目的的非法拘禁罪与绑架罪的区别在于：一是犯罪对象不同，为索取债务而非法拘禁的对象与行为人都有某种债权债务关系，表现为事出有因，并且被害人通常都有一定过错或责任，犯罪对象比较固定。绑架罪中双方一般不具有债权债务关系，绑架罪的行为人或是以无中生有的借口或是无缘无故向他人索取财物，犯罪对象通常是不特定的、具有一定经济实力的人，很多时候双方并不认识，没有矛盾纠纷。二是客观方面不同，非法拘禁行为对人身的伤害程度一般远远小于绑架，非法拘禁造成人身伤亡的可能性远低于绑架。三是主观目的、主观恶性不同。非法拘禁索取财物的案件中行为人的目的是要回认为是自己应得的财物，而非凭空索取；绑架行为多以无故索要他人财物为目的。

参 第 1362 号　陈寅岗等人非法拘禁、敲诈勒索、诈骗案——如何认定与处理“套路贷”犯罪

“套路贷”是指以非法占有为目的，假借民间借贷之名，诱使或迫使被害人签订“借贷”或变相的“借贷”“抵押”“担保”等相关协议，通过虚增借贷金额、恶意制造违约、肆意认定违约、毁匿还款证据等方式形成虚假债权债务，并借助诉讼、仲裁、公证或者采用暴力、威胁以及其他手段非法占有被害人财物的相关违法犯罪活动的概括性称谓。“套路贷”犯罪行为人的主观目的是非法侵占被害人或其近亲属的财产，一般情况下

应当以侵财类犯罪定罪处罚。对于行为人以“保证金”“中介费”“违约金”等虚假理由,非法占有的被害人的财物,应全部计入犯罪数额。如果行为人在索债时使用了殴打、非法拘禁等暴力手段,或者对被害人及其近亲属使用暴力、胁迫等手段,符合非法拘禁罪、敲诈勒索罪或者抢劫罪的犯罪构成要件的,应当按照相关规定定罪处罚。对于“套路贷”犯罪行为同时构成诈骗罪、非法拘禁罪、敲诈勒索罪、抢劫罪等多种犯罪的,应当依照《刑法》及有关司法解释的规定进行数罪并罚或者择一重罪论处。由于“套路贷”犯罪具有严重的社会危害性,对于“套路贷”犯罪集团的首要分子或者其他共同犯罪中的主犯,要依法从严惩处。同时,对于具有自首、立功、从犯等情节的犯罪分子,要兑现政策,深入贯彻宽严相济的刑事政策。

绑架罪

《刑法》规定

第二百三十九条 以勒索财物为目的绑架他人的,或者绑架他人作为人质的,处十年以上有期徒刑或者无期徒刑,并处罚金或者没收财产;情节较轻的,处五年以上十年以下有期徒刑,并处罚金。

犯前款罪,杀害被绑架人的,或者故意伤害被绑架人,致人重伤、死亡的,处无期徒刑或者死刑,并处没收财产。

以勒索财物为目的偷盗婴幼儿的,依照前两款的规定处罚。

相关规定

《刑法修正案(七)》第6条

《刑法修正案(九)》第14条

最高人民法院《关于对在绑架过程中以暴力、胁迫等手段当场劫取被害人财物的行为如何适用法律问题的答复》

案例要旨

公 2007年第1期　陈祥国绑架案

(1)勒索财物型的绑架罪,是指行为人绑架他人作为人质,以人质的安危来要挟被绑架人以外的第三人,向该第三人勒索财物的行为。行为人虽然控制了被害人的人身自由,但其目的不是以被害人为人质来要挟被害人以外的第三人并向第三人勒索财物,而是对被害人实施暴力、胁迫以直接劫取财物,其行为不构成绑架罪。(2)索债型的非法拘禁罪,是指行为人以索取债务(包括合法债务与非法债务)为目的,以拘留、禁闭或者其他方法故意非法剥夺他人人身自由的行为。如果不能证实行为人与被害人之间存在债权债务关系,则不构成索债型的非法拘禁罪。(3)行为人以暴力、胁迫的方法要求被害人交出自己的财产,由于被害人的财产不在身边,行为人不得不同意被害人通知其他人送来财产,也不得不与被害人一起等待财产的到来。这种行为不是以被害人为人质向被害人以外的第三人勒索财物,而是符合"使用暴力、胁迫方法当场强行劫取财物"的抢劫罪特征,应当按照《刑法》第263条的规定定罪处罚。

公 2008年第8期 参 第571号　李彬、袁南京、胡海珍等绑架、非法拘禁、敲诈勒索案——帮人"讨债"参与绑架,与人质谈好"报酬"后将其释放,事后索要"报酬"的如何定罪处罚

误以为索要债务而实施了帮助他人绑架人质的行为,主观上没有绑架罪的犯罪故意,应当以非法拘禁罪定罪处罚。在拘禁他人的过程中,

与人质谈好“报酬”后将人质释放，事后索要“报酬”的行为，应以敲诈勒索罪定罪处罚。绑架罪是继续犯，行为人非法占有他人财物而以暴力、胁迫手段劫持被绑架人的行为是一个持续过程，暴力劫持或拘禁被绑架人构成绑架罪的客观要件。如果把实质上的一个暴力劫持或拘禁行为既评价为绑架罪的构成要件，又重复评价为抢劫罪当场劫取他人财物的客观要件，有违“禁止重复评价”原则。因此，绑架过程中当场劫取人质财物的，同时触犯绑架罪和抢劫罪，应择一重罪处罚。

参 第74号 孟铁保等赌博、绑架、敲诈勒索、故意伤害、非法拘禁案——扣押、拘禁他人强索赌债的行为如何定罪处罚

高利贷、赌债等虽然不受法律保护，但仍是一种债权债务关系，强索高利贷、赌债等与以绑架的方式强索不存在债权债务关系的公民财物是有区别的。为索要赌债而非法扣押、拘禁他人的行为，应以非法拘禁罪定罪处罚；如果非法劫持并扣押他人后向被害人家属索要达到超出赌债范围的钱物的，应以绑架罪定罪处罚。

参 第156号 章浩等绑架案——基于索债目的帮助他人实施绑架行为的应如何定罪

索债型非法拘禁罪和勒索型绑架罪在犯罪手段上都表现为非法剥夺他人人身自由，区别的关键是看行为人主观上是以索取债务为目的，还是以勒索财物为目的。基于索债目的帮助他人实施绑架行为的，构成非法拘禁罪。一种观点认为，承继的共同犯罪人只能对共同意思发生以后的共同行为负共同的责任；另一种观点则认为，承继的共同犯罪人对于共同犯罪意思发生以前的原先的共同犯罪人的行为，如有加以利用而继续共同实行犯罪的意思，即应对原先的共同犯罪人的行为负共同的责任，因为这种行为也包括在其共同意思之内。因此，在绑架行为持续过程中，任何事前无通谋的人明知绑架行为存在，仍加入帮助绑架行为人

实施勒索行为的,构成绑架罪的共犯。

参 第157号 颜通市等绑架案——给付定金方违约后为索回定金而非法扣押对方当事人子女的行为如何定罪

法律没有明确限制为索取债务,扣押他人、非法拘禁中的“他人”是与行为人有债权债务关系的当事人本人。索债型的非法拘禁罪,一般是以行为人和被害人方之间存在合法的真实的债权债务关系为前提,是债权人为索债采用了法律所不允许的非法拘禁的方法,从而触犯了刑法。搞清形成当事人间债权债务关系存在的既往的民事行为的来龙去脉和前因后果,结合行为人行为时对债权债务的认识和理解来综合分析,以准确区分是索债型非法拘禁罪还是勒索型绑架罪。

参 第183号 吴德桥绑架案——在绑架中对被绑架人实施伤害致人重伤的应如何定罪量刑

致被绑架人死亡或者杀害被绑架人的,是决定对绑架人适用死刑的必要条件。这里所说的杀害,不仅要求有故意杀人行为,还要有死亡的后果。《刑法》第239条的规定并不排斥对在绑架过程中故意伤害被绑架人未致死或故意伤害被绑架人未遂的,可以绑架罪和故意伤害罪或故意杀人(未遂)罪,择一重罪定罪处罚或实行数罪并罚。如果伤害或者杀害被绑架人尚未造成特别严重后果,可以认为是已包括在绑架罪“暴力手段”的构成要件之内。

参 第299号 王建平绑架案——杀害被绑架人未遂的,是否属于刑法第二百三十九条第一款规定的“杀害被绑架人”的情形

杀害被绑架人未遂的,属于绑架罪中的“杀害被绑架人”的情形。将“杀害被绑架人”理解为包括杀害被绑架人未遂这一情形在内,绝不等于说对所有绑架并杀害被绑架人未遂的情形都必须一律判处死刑。就杀害被绑架人未遂的情况而言,对其中那些杀害被绑架人手段特别残

忍且已造成特别严重后果的，应依法考虑判处死刑。但造成的后果并非特别严重，如没有造成特别严重残疾的，并非不能从轻判处，如有的可考虑判处死缓。此外，杀害被绑架人未遂的情形可以视为一个酌定从轻或者减轻处罚的情节，在没有其他法定从轻或减轻处罚情节的条件下，如根据案件特殊情况，确需要在法定刑（死刑）以下量刑的，则应依照《刑法》第 63 条规定的特别程序来解决。

参 第 496 号　俞志刚绑架案——绑架犯罪人绑架他人后自动放弃继续犯罪的如何处理

犯罪分子绑架人质的行为一经完成，就构成犯罪既遂，之后主动放弃继续犯罪并释放人质的行为，属于犯罪既遂后的补救措施。对于常态的绑架犯罪，我国刑法在定罪、量刑、行刑三方面均表达了从严惩处的态度，不仅规定完成绑架他人的行为即构成绑架既遂，配置了极高的法定刑，而且规定在法定刑范围内处刑的绑架罪犯不得假释。这体现了刑法严惩严重危害社会治安犯罪的一贯刑事政策。但是，严打并不是刑事政策的唯一内容，宽严相济始终是刑事政策的完整内涵。该严则严、当宽则宽，宽严相济，既凸显严厉打击的震慑力，又要发挥从宽政策的感化力。被告人自动放弃获取赎金、将被害人安全送回，对其可经法定程序报最高人民法院核准在法定刑以下判处刑罚。

参 第 570 号　白宇良、肖益军绑架案——绑架罪未完成形态的区分

（1）判断犯罪既遂还是未遂，关键在于犯罪停止的阶段是否着手实施犯罪，着手实施犯罪是指被告人已经开始实施《刑法》分则规定的具体犯罪要件中的犯罪行为，使法益初步受到危害或者面临实际的威胁。（2）对于绑架罪的着手，是指劫持人质的行为，一般是指使用暴力、胁迫等剥夺人身自由的行为；在此之前为此创造条件的行为，如将被害人骗至或骗离某一地点再进行挟持的，无论复杂简单、时间长短、内容多少、

危害大小，均不属于实行行为，只是预备行为。

参 第 794 号　张兴等绑架案——绑架犯罪案件中，非因被告人的故意、过失行为导致被害人死亡的，能否认定为“致使被绑架人死亡”

《刑法》中致使被绑架人死亡的认定，要求绑架过程中的行为与死亡结果之间必须具有《刑法》上的因果关系，如果被害人的死亡结果与行为人的故意或过失行为无关，而是其他因素的介入所致，那么行为人在绑架过程中的行为与被害人死亡结果之间不存在《刑法》上的因果关系，即不能认定行为人承担“致使被绑架人死亡”的刑事责任，否则就是客观归责。

参 第 945 号　孙家洪、濮剑鸣等绑架、抢劫、故意杀人案——在绑架案件中，能否仅依据行为人对被害人实施了人身控制行为就认定其具有“以勒索财物为目的”以及绑架罪中的“情节较轻”是否包括未遂情节

(1)在绑架案件中，不能仅依据行为人对被害人实施了人身控制行为就认定其“以勒索财物为目的”，还相应要求行为人向被害人之外的第三人提出了勒索财物的意思表示或者具有证明行为人该目的存在的其他证据。(2)《刑法》总则规定的犯罪未遂等量刑情节不应适用绑架罪中“情节较轻”的情形。被绑架人的人身安全未受实质侵犯、人身自由限制程度较轻等因素，是认定“情节较轻”的首要判断标准。

参 第 1275 号　牛旭旭、张延明、郭华涛等人绑架案——对多人共同致死一人的严重暴力犯罪案件，如何准确把握宽严相济刑事政策和死刑政策

对严重暴力犯罪案件的裁判，整体上要体现宽严相济的刑事政策中依法“从严”的政策要求。在共同犯罪案件中判处一名以上被告人死刑的，要充分考虑罪行的整体严重程度和各主犯的具体罪责。对于多人共同致死一名被害人的暴力犯罪案件，原则上只判处一人死刑；但作为例外，如果某一案件的整体罪行十分严重，各被告人的罪责又确实十分接近，需要通过判处两人死刑来体现严惩并实现量刑平衡的，也可以考虑同时判处两人死刑。具体来讲，应根据各被告人在案前、案中、案后阶段对犯罪行为发生、发展的控制程度和参与犯罪行为的主动性等因素，综合评判其主观恶性。

参 第1586号　何某某、王某某绑架案——绑架杀害被害人后，再以被害人生命相要挟向被害人亲属勒索财物的行为应如何定性

对于以勒索财物为目的，绑架后杀害人质，再以被害人生命相要挟向被害人亲属勒索财物的行为，实质上是故意杀人罪和情节加重的绑架罪的牵连犯，按照牵连犯的处断原则，后者的法定刑比故意杀人罪的法定刑重，应当择一重罪即以绑架罪论处。如果行为人出于其他目的和动机先行杀害被害人，再临时起意谎称绑架了被害人而向被害人亲属勒索财物，因杀人行为与索财行为没有必然的关联性，应当实事求是地评价为两罪。

拐卖妇女、儿童罪

《刑法》规定

第二百四十条　拐卖妇女、儿童的，处五年以上十年以下有期徒刑，并处罚金；有下列情形之一的，处十年以上有期徒刑或者无期徒刑，并处罚金或者没收财产；情节特别严重的，处死刑，并处没收财产：

（一）拐卖妇女、儿童集团的首要分子；

（二）拐卖妇女、儿童三人以上的；

（三）奸淫被拐卖的妇女的；

（四）诱骗、强迫被拐卖的妇女卖淫或者将被拐卖的妇女卖给他人迫使其卖淫的；

（五）以出卖为目的，使用暴力、胁迫或者麻醉方法绑架妇女、儿童的；

（六）以出卖为目的，偷盗婴幼儿的；

（七）造成被拐卖的妇女、儿童或者其亲属重伤、死亡或者其他严重后果的；

（八）将妇女、儿童卖往境外的。

拐卖妇女、儿童是指以出卖为目的，有拐骗、绑架、收买、贩卖、接送、中转妇女、儿童的行为之一的。

相关规定

最高人民法院、最高人民检察院、公安部、司法部《关于依法惩治拐卖妇女儿童犯罪的意见》第14～34条

最高人民法院《关于审理拐卖妇女案件适用法律有关问题的解释》

最高人民法院《关于审理拐卖妇女儿童犯罪案件具体应用法律若干问题的解释》第1～3、9条

最高人民检察院法律政策研究室《关于以出卖为目的的倒卖外国妇女的行为是否构成拐卖妇女罪的答复》

最高人民法院、最高人民检察院、公安部、民政部、司法部、中华妇女联合会《关于打击拐卖妇女儿童犯罪有关问题的通知》第4条

案例要旨

参 第77号　张世林拐卖妇女案——拐卖两性人能否构成拐卖妇女罪

从犯罪行为发生时到案件审理时，有关行为性质和量刑的《刑法》

规定可能已经发生多次变更，在此情况下，适用从旧兼从轻原则只将行为时有效的法律和案件审理时有效的法律进行比较，而不考虑在此期间曾经有效的法律。被告人以出卖为目的，采用欺骗的手段，将被害人卖与他人为妻，虽事后经检查被害人系两性人，但被告人拐卖时并不知情，仍视作拐卖妇女，属对犯罪对象的认识错误，不影响其刑事责任。

参 第173号　胡从方拐骗儿童案——如何区分拐骗儿童罪和拐卖儿童罪

对于直接、强行抢走、偷走婴幼儿的所谓“拐骗”儿童犯罪，与司法实践中的拐卖儿童犯罪手段并无差别。此时，区分拐骗儿童罪和拐卖儿童罪的关键就在于行为人实施犯罪的主观目的。拐骗儿童罪的行为人不以出卖儿童（包括婴儿、幼儿）为目的，其目的通常是自己或者送他人收养，也有少数收养者是为了自己使唤、奴役拐骗来的儿童。拐卖儿童罪则必须以出卖为目的，无此目的就不构成该罪。

参 第229号　李邦祥拐卖妇女案——应收买的被拐卖妇女要求的将其再转卖他人的如何定罪处罚

收买被拐卖的妇女又出卖的，应以拐卖妇女罪一罪论处，而不实行数罪并罚。行为人先行收买被拐卖妇女的行为，应当为其再出卖自己收买的被拐卖妇女的行为所吸收。基于权利人自愿的损害行为而成立的排除社会危害性的行为，必须具备以下要件：一是被害人必须对行为人损害的权益具有处分权；二是被害人的自愿同意必须是其真实意图的反映；三是经被害人同意的损害行为必须合乎法律规定和社会公序良俗。

参 第781号　武亚军、关倩倩拐卖儿童案——出卖亲生子女构成拐卖儿童罪，具备特殊情况的，可在法定刑以下判处刑罚

（1）对于将亲生子女送给他人并收取一定数额钱财的行为，实践中一定要结合各种因素综合判断，如果认定行为人非法获利目的的证据存

疑的，应当按照存疑有利于被告人的原则，根据案件具体情况，或者认定为遗弃罪，或者做无罪处理。其中，对于是否具有非法获利目的的问题，需要考虑的因素为：①审查是否有证据证实行为人将生育作为非法获利的手段，生育子女后即将子女出卖。②审查行为人将子女送人的背景和真实原因。③审查行为人收取钱财的多少以及在收取钱财过程中的态度。(2)出卖亲生子女，若一方面具有生活困难、未婚先育等特殊情节，但另一方面有充分证据证实系为了非法获利而将子女作为商品出卖的行为人，构成拐卖儿童罪，但可根据案件具体情况，参酌社会一般人的道德伦理观念，考虑被解救儿童仍需由原家庭哺育照顾等因素，在处罚上即使判处法定最低刑仍显过重的，可在法定刑以下判处刑罚，但应当依法层报最高人民法院核准。

参 第791号　刘友祝拐卖妇女案——为无民事行为能力妇女“介绍对象”收取费用的行为，如何定性

以牟利为目的实施的拐卖妇女犯罪与普通的介绍婚姻收取财物的行为具有本质的差异，应当结合拐卖妇女罪的犯罪构成要件予以区分，拐卖妇女犯罪客观上是将妇女作为商品进行买卖，被拐卖妇女完全处于被非法处置的地位，丧失了自主决定婚姻的意志自由和行为自由。通常的介绍婚姻行为并不具有出卖妇女的目的，而仅仅是居间联系促成男女双方结成婚姻。为精神发育迟滞、无民事行为能力的妇女“介绍对象”获取利益的行为，非但未能更好地保障被害人的生活，反而严重侵犯了被害人的人身权利，应当认定为拐卖妇女罪。

参 第835号　王献光、刘永贵拐卖儿童案——出卖亲生子女的行为如何定性

以非法获利为目的的出卖亲生子女的行为，构成拐卖儿童罪。一被告人发布送养信息后，与另一被告人进行接洽，在完全不认识收养方，也没

有考察收养方是否有抚养目的和抚养能力的情况下，为收取钱财将子女“送”给他人的情形，属于出卖亲生子女的行为，构成拐卖儿童罪。

参 第 930 号 孙如珍、卢康涛拐卖儿童案——如何把握出卖亲生子女行为罪与非罪的界限以及如何区分居间介绍收养儿童和以非法获利为目的的拐卖儿童

因生活困难、重男轻女等原因，私自送养亲生子女并收取一定数额钱财的，一般不以拐卖儿童罪论处。出卖亲生子女不构成犯罪的，居间介绍并转手倒卖的行为人可单独构成拐卖儿童罪。办理拐卖儿童案件，应当注意对客观性证据的收集，同时在量刑时要考虑被告人的实际情况，注重案件的审判效果。

参 第 998 号 郑明寿拐卖儿童案——如何理解偷盗型拐卖儿童罪中的“以出卖为目的”和“偷盗婴幼儿”中的“偷盗”

“偷盗婴幼儿”是指以暴力、胁迫或者麻醉以外的平和方法控制婴幼儿的行为，即“偷盗”的外延不仅包括秘密窃取，还包括欺骗、利诱等其他手段，但通过欺骗、利诱婴幼儿家长或者其他监护人进而拐走婴幼儿的不在此范围。

收买被拐卖的妇女、儿童罪

《刑法》规定

第二百四十一条[①] 收买被拐卖的妇女、儿童的，处三年以下有期徒刑、拘役或者管制。

---

① 本条第 2 款构成强奸罪、本条第 5 款构成拐卖妇女、儿童罪。

收买被拐卖的妇女，强行与其发生性关系的，依照本法第二百三十六条的规定定罪处罚。

收买被拐卖的妇女、儿童，非法剥夺、限制其人身自由或者有伤害、侮辱等犯罪行为的，依照本法的有关规定定罪处罚。

收买被拐卖的妇女、儿童，并有第二款、第三款规定的犯罪行为的，依照数罪并罚的规定处罚。

收买被拐卖的妇女、儿童又出卖的，依照本法第二百四十条的规定定罪处罚。

收买被拐卖的妇女、儿童，对被买儿童没有虐待行为，不阻碍对其进行解救的，可以从轻处罚；按照被买妇女的意愿，不阻碍其返回原居住地的，可以从轻或者减轻处罚。

相关规定

《刑法修正案（九）》第15条

最高人民法院、最高人民检察院、公安部、司法部《关于依法惩治拐卖妇女儿童犯罪的意见》第20、30、31条

公安部《关于打击拐卖妇女儿童犯罪适用法律和政策有关问题的意见》

最高人民法院《关于审理拐卖妇女儿童犯罪案件具体应用法律若干问题的解释》第4～9条

案例要旨

参 第989号 龚绍吴收买被拐卖的妇女、儿童，强迫卖淫案——收买被拐卖的妇女、儿童后，又强迫其卖淫的，如何定罪处罚

最高人民法院、最高人民检察院、公安部、司法部《关于依法惩治拐卖妇女儿童犯罪的意见》第20条第5项规定，强迫被收买的妇女、儿童

从事卖淫等违法犯罪活动同时构成其他犯罪的，依照数罪并罚的规定处罚。收买被拐卖的妇女、儿童的行为和强迫卖淫的行为之间虽然存在一定的牵连关系，但依照有关法律和司法解释，应当予以并罚，分别构成收买被拐卖的妇女、儿童罪和强迫卖淫罪。

强迫劳动罪

《刑法》规定

第二百四十四条 以暴力、威胁或者限制人身自由的方法强迫他人劳动的，处三年以下有期徒刑或者拘役，并处罚金；情节严重的，处三年以上十年以下有期徒刑，并处罚金。

明知他人实施前款行为，为其招募、运送人员或者有其他协助强迫他人劳动行为的，依照前款的规定处罚。

单位犯前两款罪的，对单位判处罚金，并对其直接负责的主管人员和其他直接责任人员，依照第一款的规定处罚。

相关规定

《刑法修正案(八)》第38条

《劳动法》第96条

最高人民检察院、公安部《关于公安机关管辖的刑事案件立案追诉标准的规定(一)的补充规定》第6条

案例要旨

参 第867号 朱斌等强迫劳动案——强迫劳动罪与非罪的认定

区分强迫劳动犯罪行为与一般行政违法行为，可以从“强迫手段与

社会一般观念相背离的程度”和“劳动者非自愿性的程度”两个角度，判断强迫行为是否达到足以使劳动者陷入不能自由选择的境地而需要《刑法》介入和干预的程度。对于那些偶尔强迫他人劳动、持续时间短、被强迫的人数较少、强迫程度较轻、被强迫者虽然不情愿但尚有选择自由的行为，可以不予刑事追究，通过民事或者行政手段予以处理。另外，对于在正常用工单位日常管理工作中，因管理方式简单粗暴，偶尔发生的以克扣津贴、奖金，扣发、延发工资甚至开除等方式威胁职工加班，从事长时间、高强度劳动的，是否认定构成强迫劳动罪应当严格把握。

非法侵入住宅罪

《刑法》规定

第二百四十五条 非法搜查他人身体、住宅，或者非法侵入他人住宅的，处三年以下有期徒刑或者拘役。

司法工作人员滥用职权，犯前款罪的，从重处罚。

相关规定

最高人民法院、最高人民检察院、公安部、司法部《关于办理实施“软暴力”的刑事案件若干问题的意见》

案例要旨

参 第526号 毛君、徐杰非法侵入住宅案——入户盗窃财物数额未达到盗窃罪定罪标准，严重妨碍他人的居住与生活安宁的，可以按非法侵入住宅罪定罪处罚

入户盗窃行为，在符合盗窃罪构成要件的前提下，应以盗窃罪定罪处罚，如果该行为同时符合非法侵入住宅罪的构成要件，两罪成立吸收关系，重行为吸收轻行为，按一罪处理即可。入户盗窃财物数额未达到盗窃罪定罪标准时，一般不能以非法侵入住宅罪定罪处罚；但如果存在严重妨碍他人居住与生活安宁的情况，可以按照非法侵入住宅罪定罪处罚，具体包括携带凶器入户或者入户后准备凶器的、对户内财物进行破坏并造成严重后果的、对户内人员造成严重精神损害的、数额接近较大标准或者两次入户盗窃的、其他严重影响他人正常生活和居住安宁的。

侮辱罪、诽谤罪

《刑法》规定

第二百四十六条 以暴力或者其他方法公然侮辱他人或者捏造事实诽谤他人，情节严重的，处三年以下有期徒刑、拘役、管制或者剥夺政治权利。

前款罪，告诉的才处理，但是严重危害社会秩序和国家利益的除外。

通过信息网络实施第一款规定的行为，被害人向人民法院告诉，但提供证据确有困难的，人民法院可以要求公安机关提供协助。

相关规定

《刑法修正案(九)》第16条

最高人民法院《关于〈中华人民共和国刑法修正案(九)〉时间效力问题的解释》第4条

公安部《关于严格依法办理侮辱诽谤案件的通知》

最高人民法院、最高人民检察院、公安部《关于依法惩治网络暴力违法犯罪的指导意见》

案例要旨

参 第179号 周彩萍等非法拘禁案——将被捉奸的妇女赤裸捆绑示众的行为如何定罪处罚

(1)侮辱妇女罪[根据最高人民法院、最高人民检察院《关于执行〈中华人民共和国刑法〉确定罪名的补充规定(六)》,改为强制猥亵、侮辱罪。——编者注]中的侮辱是指为获得性刺激,以淫秽举止或者言语调戏妇女的行为,不同于侮辱罪中基于泄愤报复等动机对妇女的侮辱。(2)将被捉奸的妇女赤裸捆绑、拘禁、示众的行为,应以侮辱罪定罪处罚。严重危害社会秩序和国家利益的侮辱行为,应当由检察机关提起公诉。

参 第964号 秦志晖诽谤、寻衅滋事案——利用信息网络实施诽谤、寻衅滋事犯罪的司法认定

(1)在网络诽谤案件中,在判断行为人主观上是否明知是诽谤事实时,应当根据证据材料,结合被告人的身份、职业、生活经历、一贯表现等因素进行综合判断。(2)诽谤罪是告诉才处理的犯罪,因为该罪可能涉及个人隐私。即使是诽谤公诉案件,也要依法充分研判是否可以公开审理,必要时应当征求被害人本人的意见。如果有关诽谤事实的审理涉及个人隐私,应当进行不公开审理或者局部不公开审理。决定进行公开审理的,也要做好根据庭审实际情况转为不公开审理和局部不公开审理的预案。

参 第1046号　蔡某某侮辱案——如何认定"人肉搜索"致人自杀死亡的行为性质以及如何认定侮辱罪中"严重危害社会秩序和国家利益"提起公诉的情形

（1）因被害人死亡无法查清被告人是否实施捏造、虚构事实行为的，不能构成诽谤罪。侮辱罪和诽谤罪最重要的区别在于：诽谤是捏造并散布有损于他人名誉权的虚假事实来对他人的人格进行侵犯；而侮辱是利用当事人的某种情况，公然地对他人人格进行损害，并未限定必须是真实的情况。（2）对于侮辱罪"严重危害社会秩序"，应当从侮辱的手段、方法、内容和主观目的等角度进行全面考量、整体分析，予以综合判定。

参 第1550号　江某莲自诉谭某侮辱、诽谤案——在网络上侮辱、诽谤死者及其母亲的行为入刑

死者的名誉是其本人应当获得的公正评价，死者生前的行为和表现所导致的社会评价并未因死亡而消失。因此，死者享有名誉权，并由其亲属代为行使。行为人针对因重大刑事案件受到社会关注的死者及其家属，通过网络平台发布侮辱性漫画、文章，捏造不实信息，公然贬损他人人格、破坏他人名誉的行为，应综合考虑行为的主观恶意、传播范围、社会危害性以及对被害人及其家属的伤害程度，认定是否构成侮辱罪和诽谤罪。

暴力取证罪

《刑法》规定

第二百四十七条　司法工作人员对犯罪嫌疑人、被告人实行刑讯逼供或者使用暴力逼取证人证言的，处三年以下有期徒刑或者拘役。致人伤残、死亡的，依照本法第二百三十四条、第二百三十二条的规定定罪从重处罚。

相关规定

《刑事诉讼法》第56条

最高人民检察院《关于渎职侵权犯罪案件立案标准的规定》“二、国家机关工作人员利用职权实施的侵犯公民人身权利、民主权利犯罪案件”(三)、(四)

案例要旨

参 第158号　周建忠暴力取证案——暴力迫使证人在询问笔录上签名按手印并致人轻伤的行为如何定性

逼迫证人在询问笔录上签名认可,本质上无异于逼迫证人作出与询问笔录内容等同的陈述。因此,暴力迫使证人在询问笔录上签名按手印是暴力取证的一种表现形式。实践中所发生的暴力取证致人伤害案件,其成因多在于司法工作人员急于办案、执法粗暴、特权心理作祟等,即所谓“因公施暴”。暴力取证致人轻伤的,仍应以暴力取证罪定罪处罚,不应按故意伤害罪论处。

侵犯公民个人信息罪

《刑法》规定

第二百五十三条之一　违反国家有关规定,向他人出售或者提供公民个人信息,情节严重的,处三年以下有期徒刑或者拘役,并处或者单处罚金;情节特别严重的,处三年以上七年以下有期徒刑,并处罚金。

违反国家有关规定,将在履行职责或者提供服务过程中获得的公民个人信息，出售或者提供给他人的，依照前款的规定从重处罚。

窃取或者以其他方法非法获取公民个人信息的，依照第一款的规定处罚。

单位犯前三款罪的，对单位判处罚金，并对其直接负责的主管人员和其他直接责任人员，依照各该款的规定处罚。

相关规定

《刑法修正案（七）》第7条

《刑法修正案（九）》第17条

《民法典》第1034条

《网络安全法》第76条第5项

《个人信息保护法》

最高人民法院、最高人民检察院《关于办理侵犯公民个人信息刑事案件适用法律若干问题的解释》

最高人民法院、最高人民检察院《关于常见犯罪的量刑指导意见（二）（试行）》“一、七种常见犯罪的量刑”（三）

最高人民法院、最高人民检察院、公安部《关于依法惩处侵害公民个人信息犯罪活动的通知》

《检察机关办理侵犯公民个人信息案件指引》

案例要旨

指 192号　李开祥侵犯公民个人信息刑事附带民事公益诉讼案

使用人脸识别技术处理的人脸信息以及基于人脸识别技术生成的人脸信息均具有高度的可识别性，能够单独或者与其他信息结合识别特定自然人身份或者反映特定自然人活动情况，属于《刑法》规定的公民个人信息。行为人未经公民本人同意，未具备获得法律、相关部门授权等《个人信息保护法》规定的处理个人信息的合法事由，利用软件程序等方式窃取或者以其他方法非法获取上述信息，情节严重的，应依照最高人民法院、最高人民检察院《关于办理侵犯公民个人信息刑事案件适用法律若干问题的解释》第 5 条第 1 款第 4 项等规定定罪处罚。

指 193 号　闻巍等侵犯公民个人信息案

居民身份证信息包含自然人姓名、人脸识别信息、身份号码、户籍地址等多种个人信息，属于最高人民法院、最高人民检察院《关于办理侵犯公民个人信息刑事案件适用法律若干问题的解释》第 5 条第 1 款第 4 项规定的“其他可能影响人身、财产安全的公民个人信息”。非法获取、出售或者提供居民身份证信息，情节严重的，依照《刑法》第 253 条之一第 1 款规定，构成侵犯公民个人信息罪。

指 194 号　熊昌恒等侵犯公民个人信息案

（1）违反国家有关规定，购买已注册但未使用的微信账号等社交媒体账号，通过具有智能群发、添加好友、建立讨论群组等功能的营销软件，非法制作带有公民个人信息可用于社交活动的微信账号等社交媒体账号出售、提供给他人，情节严重的，属于《刑法》第 253 条之一第 1 款规定的“违反国家有关规定，向他人出售或者提供公民个人信息”行为，构成侵犯公民个人信息罪。（2）未经公民本人同意，或未具备具有法律授权等《个人信息保护法》规定的理由，通过购买、收受、交换等方式获取在一定范围内已公开的公民个人信息进行非法利用，改变了公民公开个人信息的范围、目的和用途，不属于法律规定的合理处理，属于《刑法》第 253 条之一第 3 款规定的“以其他方法非法获取公民个人信息”行为，情节严重的，构成侵犯公民个人信息罪。

指 195 号 罗文君、瞿小珍侵犯公民个人信息刑事附带民事公益诉讼案

服务提供者专门发给特定手机号码的由数字、字母等单独或者其组合构成的验证码具有独特性、隐秘性，能够单独或者与其他信息结合识别特定自然人身份或者反映特定自然人活动情况的，属于《刑法》规定的公民个人信息。行为人将提供服务过程中获得的验证码及对应手机号码出售给他人，情节严重的，依照侵犯公民个人信息罪定罪处罚。

参 第 612 号 周建平非法获取公民个人信息案——非法购买公民电话通话清单后又出售牟利的，如何定罪处罚

(1)出售、非法提供公民个人信息罪是身份犯，犯罪主体限于国家机关或者金融、电信、交通、教育、医疗等单位的工作人员。(2)非法获取公民个人信息"情节严重"如何认定，目前尚无司法解释作为明确依据。在此情况下，司法机关可以参考实践中认定某一犯罪"情节严重"的通常标准，从获取的手段、获取的公民个人信息的具体数量、出售这些信息所造成的后果等多个方面进行综合判定。[2009 年 2 月 28 日公布施行的《刑法修正案(七)》增设了出售、非法提供公民个人信息罪和非法获取公民个人信息罪。后《刑法修正案(九)》出台，非法获取公民个人信息罪被取消，变更为侵犯公民个人信息罪。——编者注]

参 第 719 号 周娟等非法获取公民个人信息案——非法获取大量公民个人信息的行为，如何定罪量刑

(1)未经授权擅自获得公民个人信息的，应以非法获取公民个人信息罪论处。(2)涉案信息数量不大但有其他严重情节的，构成非法获取公民个人信息罪。除了涉案信息数量外，量刑时还应综合考虑犯罪动机、犯罪手段、信息类型、犯罪后果等方面的因素。

参 第741号　谢新冲出售公民个人信息案——手机定位是否属于刑法保护的"公民个人信息"

手机定位属于刑法保护的"公民个人信息"。公民个人信息包括姓名、职业、职务、年龄、婚姻状况、学历、专业资格、工作经历、家庭住址、电话号码、信用卡号码、指纹、网上登录账号和密码等能够识别公民个人身份的信息。手机定位是随着手机在社会生活中的广泛使用而出现的一种技术手段。当公民从事某些活动不希望被他人获悉时,因其所处具体方位与所从事的活动之间具有直接联系,一旦被他人获悉,其所从事的活动也就相当程度上被暴露,如此就会损害其利益,故其所处具体位置就具有明显的隐私性和权益性,属于刑法所保护的公民个人信息。[2017年6月1日起施行的最高人民法院、最高人民检察院《关于办理侵犯公民个人信息刑事案件适用法律若干问题的解释》第1条明确规定,行踪轨迹属于"公民个人信息"。——编者注]

参 第1007号　胡某等非法获取公民个人信息案——通过非法跟踪他人行踪所获取的公民日常活动信息是否属于公民个人信息以及如何理解非法获取公民信息罪中的"上述信息"、"非法获取"以及"情节严重"

被害人的日常行动轨迹和活动地点等信息,涉及家庭住址、单位地址、经常出入的场所等公民隐私和生活习惯性内容,具有个人专属性,能反映出该公民某些个人特征,且信息内容关系到公民日常生活的基本安全性,属于刑法所保护的"公民个人信息"。(2017年6月1日起施行的最高人民法院、最高人民检察院《关于办理侵犯公民个人信息刑事案件适用法律若干问题的解释》对此已有明确规定。——编者注)

参 第1487号　王健侵犯公民个人信息案——公开信息的刑法保护规则

在判断某些争议行为是否"违反国家有关规定"时,司法人员应结合信息类型、信息主体的意愿、行为人的使用目的、对信息主体的影响等具体因素进行综合评判。《民法典》《个人信息保护法》施行后，对于信息主体出于商业目的自愿公开姓名、电话等个人信息，行为人基于单纯获利目的出售、提供、交换，未对信息主体的人身、财产或人格利益造成具体、重大风险，未违反法律、法规禁止性规定的，不应当认定为侵犯公民个人信息罪。

参 第1496号　董雷雷等侵犯公民个人信息案——侵犯公民个人信息罪中公民个人信息及数量的认定

对于敏感个人信息中“等其他可能影响人身、财产安全的公民个人信息”的表述，司法实践中可以根据具体情况做等外解释，但应当确保所适用的公民个人信息涉及人身、财产安全，且与“住宿信息、通信记录、健康生理信息、交易信息”在重要程度上具有相当性。在排除鉴定意见的情形下，综合在案其他证据可以认定犯罪对象为公民个人信息且属于可能影响公民人身、财产安全的敏感信息及其数量。通过被害公司工作人员的违规授权，利用“爬虫”软件窃取被害公司系统合同信息的行为，构成侵犯公民个人信息罪与非法获取计算机信息系统数据罪的竞合，在案证据明确本案侵犯的对象为公民个人信息，宜认定为侵犯公民个人信息罪。

重婚罪

《刑法》规定

第二百五十八条　有配偶而重婚的，或者明知他人有配偶而与之结婚的，处二年以下有期徒刑或者拘役。

案例要旨

参 第10号　方伍峰重婚案——"事实婚姻"能否成为重婚罪的构成要件

已经登记结婚的人，又与他人以夫妻名义同居生活，或者明知他人已经登记结婚，还与之以夫妻名义同居生活，同样构成重婚罪。对于先有事实婚姻，又与他人登记结婚，以及两次及以上均是事实婚姻的，依法不构成重婚罪。

参 第419号　王艳重婚案——恶意申请宣告配偶死亡后与他人结婚的行为构成重婚罪

恶意申请致配偶被宣告死亡的，申请人与被申请人的婚姻关系实质上并未消灭。以欺诈手段骗取法院宣告配偶死亡，取得法律规定的"拟制丧偶"身份后与他人结婚的行为性质，与已有配偶者采取欺骗手段制作虚假手续，冒充未婚或离异的身份又与他人结婚的性质是同样的，均是重婚行为。

参 第965号　法兰克·巴沙勒·米伦等重婚案——外籍被告人与外籍配偶在境外结婚后，在我国境内与他人以夫妻名义同居的，是否构成重婚罪

在认定外国人在我国境内与他人以夫妻名义同居的行为是否构成重婚罪时，应当适用我国的法律规定，外籍被告人在我国境内与他人以夫妻名义同居的行为符合重婚罪的构成特征，应当以重婚罪论处。

参 第1062号　田某某重婚案——已婚的被告人与他人建立事实婚姻关系后，又单方终止事实婚姻关系的，如何计算重婚犯罪行为的追诉期限

继续犯的犯罪行为与不法状态必须同时持续，即犯罪行为的持续导

致不法状态的持续。从时间上讲，继续犯必须是在一定时间内不间断地持续存在，即行为从开始到结束没有间断。就重婚罪而言，重婚不法行为和不法状态自始至终同时存在，持续侵害一夫一妻制的婚姻制度，完全符合继续犯的特征，属于继续犯。后婚系事实婚姻的，重婚行为是否终了，应当以一方作出解除事实婚姻关系的意思表示且婚姻关系因该意思表示实质上得以解除为判断标准。

破坏军婚罪

《刑法》规定

第二百五十九条第一款 明知是现役军人的配偶而与之同居或者结婚的，处三年以下有期徒刑或者拘役。

案例要旨

参 第1457号 李某破坏军婚案——破坏军婚罪中“同居”的认定

对破坏军婚罪中“同居”的认定，在遵循刑法形式解释的同时，更应遵循对本罪实质意义上的解释，强调对军人婚姻产生实质破坏的否定评价。有配偶者与他人同居应是持续、稳定的共同居住行为。在判断共同居住行为是否具有持续性和稳定性时，也不应将同居的时间长短作为唯一的认定标准，而应结合案件具体情况，对双方同居时间的长短、同居关系稳定程度以及同居频率等诸多因素进行综合考量。长期通奸关系保持一年以上，时间相对持续、地点相对固定，尤其是在经济上、生活上有密切联系的，已具备同居的实质内容，对于婚姻尤其是军婚的破坏程度无异于同居，其实质已属于同居。

虐待罪

《刑法》规定

第二百六十条 虐待家庭成员，情节恶劣的，处二年以下有期徒刑、拘役或者管制。

犯前款罪，致使被害人重伤、死亡的，处二年以上七年以下有期徒刑。

第一款罪，告诉的才处理，但被害人没有能力告诉，或者因受到强制、威吓无法告诉的除外。

相关规定

《刑法修正案(九)》第18条

最高人民法院《关于〈中华人民共和国刑法修正案(九)〉时间效力问题的解释》第5条

最高人民法院、最高人民检察院、公安部、司法部《关于依法办理家庭暴力犯罪案件的意见》第16~25条

案例要旨

指 226号 陈某某、刘某某故意伤害、虐待案

(1)与父(母)的未婚同居者处于较为稳定的共同生活状态的未成年人，应当认定为《刑法》第260条规定的“家庭成员”。(2)在经常性的虐待过程中，行为人对被害人实施严重暴力，主观上希望或者放任、客观上造成被害人轻伤以上后果的，应当认定为故意伤害罪；如果将该伤害

行为独立评价后，其他虐待行为仍符合虐待罪构成要件的，应当以故意伤害罪与虐待罪数罪并罚。(3)对于故意伤害未成年人案件，认定是否符合《刑法》第234条第2款规定的以特别残忍手段致人重伤造成“严重残疾”，应当综合考量残疾等级、数量、所涉部位等情节，以及伤害后果对未成年人正在发育的身心所造成的严重影响等因素，依法准确作出判断。

参 第996号 朱朝春虐待案——夫妻离婚后仍然共同生活的，属于虐待罪犯罪主体构成要件中的“家庭成员”

对于家庭成员的认定，不能仅限于具有《民法典》第五编“婚姻家庭”及有关司法解释规定的基于婚姻和血亲基础形成的家庭关系的主体，对于具有同居、抚养、寄养等“类家庭”关系的主体，也应纳入家庭成员的范畴。夫妻离婚后仍然在一起共同生活的，二人之间的关系与《民法典》规定的夫妻关系相比，除了没有履行婚姻登记手续以及其在民事法律关系上有别于夫妻之外，其余方面差别不大。双方具有夫妻之间特有的亲密关系，无论是从大众的通常观念来看，还是出于司法实践的需要，都应当认定为家庭成员。

参 第1615号 牟某某虐待案——虐待罪中家庭成员、虐待行为以及因果关系的认定

(1)与行为人具有共同生活事实，处于较为稳定的同居状态，形成事实上家庭关系的人，可以认定为《刑法》第260条第1款规定的“家庭成员”。(2)持续采取凌辱、贬损人格等手段，对家庭成员实施精神摧残、折磨的，属于《刑法》第260条第1款规定的“虐待”。(3)实施精神虐待致使被害人不堪忍受，处于自残、自杀的高风险状态，进而导致被害人自残、自杀的，应当认定虐待行为与危害结果之间存在因果关系。

拐骗儿童罪

《刑法》规定

第二百六十二条 拐骗不满十四周岁的未成年人,脱离家庭或者监护人的,处五年以下有期徒刑或者拘役。

案例要旨

参 第997号 任福文拐骗儿童案——采取欺骗方式使儿童脱离家庭以供役使的行为如何定性

采取欺骗方式使儿童脱离家庭以供役使的行为,构成拐骗儿童罪。如果拐骗儿童脱离家庭或者监护人从事危重劳动的,该行为同时触犯拐骗儿童罪和雇用童工从事危重劳动罪,其中,拐骗是手段行为,雇用童工从事危重劳动是目的行为,构成牵连犯,应当从一重罪论处。

组织残疾人、儿童乞讨罪

《刑法》规定

第二百六十二条之一 以暴力、胁迫手段组织残疾人或者不满十四周岁的未成年人乞讨的,处三年以下有期徒刑或者拘役,并处罚金;情节严重的,处三年以上七年以下有期徒刑,并处罚金。

相关规定

《刑法修正案(六)》第17条

案例要旨

参 第999号 翟雪峰、魏翠英组织儿童乞讨案——如何认定组织儿童乞讨罪中的“暴力、胁迫”手段、“组织”行为、乞讨形式以及“情节严重”

认定是否构成组织儿童乞讨罪中的“暴力、胁迫”时，应当充分考虑儿童身心脆弱、易受伤害等特点，程度标准不宜要求过高，无须达到足以压制儿童反抗的程度，只要在常人看来，足以使儿童产生恐惧心理即满足客观入罪条件。同时，该罪中的“组织”不以被组织乞讨的人员达到3人为入罪标准。组织儿童乞讨构成犯罪，具有下列情形之一的，可以认定为情节严重：(1)组织不满6周岁的儿童1人以上或者已满6周岁的儿童3人以上乞讨的；(2)组织儿童采取有伤风化、严重损害儿童身心健康的方式进行乞讨的；(3)采取药物麻醉等严重损害儿童身心健康的方式迫使其乞讨的；(4)暴力迫使儿童乞讨致使乞讨儿童受轻微伤的；(5)组织儿童乞讨达1个月以上的；(6)被组织乞讨的儿童经查证系被偷盗、拐卖、拐骗的；(7)遗弃所组织的儿童或者致使被组织乞讨的儿童下落不明的；(8)组织儿童乞讨期间，因疏于照料看护，致儿童营养不良达中度以上，罹患严重疾病，伤残或者死亡的；(9)具有其他严重情节的。

第五章

侵犯财产罪

抢 劫 罪

《刑法》规定

第二百六十三条 以暴力、胁迫或者其他方法抢劫公私财物的，处三年以上十年以下有期徒刑，并处罚金；有下列情形之一的，处十年以上有期徒刑、无期徒刑或者死刑，并处罚金或者没收财产：

（一）入户抢劫的；

（二）在公共交通工具上抢劫的；

（三）抢劫银行或者其他金融机构的；

（四）多次抢劫或者抢劫数额巨大的；

（五）抢劫致人重伤、死亡的；

（六）冒充军警人员抢劫的；

（七）持枪抢劫的；

（八）抢劫军用物资或者抢险、救灾、救济物资的。

第二百六十九条 犯盗窃、诈骗、抢夺罪，为窝藏赃物、抗拒抓捕或者毁灭罪证而当场使用暴力或者以暴力相威胁的，依照本法第二百六十三条的规定定罪处罚。

相关规定

最高人民法院《关于审理抢劫案件具体应用法律若干问题的解释》第1～5条

最高人民法院《关于审理抢劫、抢夺刑事案件适用法律若干问题的意见》

最高人民法院《关于审理抢劫刑事案件适用法律若干问题的指导意见》

最高人民法院研究室《关于对非法占有强迫他人卖血所得款物案件如何定性问题的意见函》

最高人民法院《关于抢劫过程中故意杀人案件如何定罪问题的批复》

最高人民检察院《关于强迫借贷行为适用法律问题的批复》

最高人民法院、最高人民检察院、公安部《关于依法办理"碰瓷"违法犯罪案件的指导意见》第3条

最高人民法院、最高人民检察院《关于常见犯罪的量刑指导意见（试行）》"四、常见犯罪的量刑"（十）

案例要旨

指 14号　董某某、宋某某抢劫案

对判处管制或者宣告缓刑的未成年被告人，可以根据其犯罪的具体情况以及禁止事项与所犯罪行的关联程度，对其适用"禁止令"。对于未成年人因上网诱发犯罪的，可以禁止其在一定期限内进入网吧等特定场所。

公 2005年第2期 参 第272号 杨保营等抢劫、绑架案——暴力劫持、拘禁他人之后迫使其本人交出现金行为的定性

根据《刑法》第263条的规定，被告人以殴打、捆绑、禁闭为手段非法拘禁被害人，并迫使被害人直接交出现金的行为，应按抢劫罪论处。

公 2005年第4期 魏培明等人抢劫案

根据《刑法》第263条和最高人民法院《关于审理抢劫案件具体应用法律若干问题的解释》第1条第1款的规定，被告人假借购物为由，进入与他人经营和生活区域缺乏明显隔离的商店抢劫财物的行为，虽构成抢劫罪，但不构成入户抢劫的情节。

公 2008年第5期 白雪云等抢劫案

根据《刑法》第263条的规定，抢劫罪是指以非法占有为目的，以暴力、胁迫或者其他方法，强行劫取公私财物的行为。这里所称的"暴力"，是指犯罪人对被害人的身体实施打击或者强制，如杀伤、殴打、捆绑或禁闭。行为人出于非法占有的目的，以欺骗的方法将被害人诱至其承租的住房内，而后将被害人反锁在其事先改造过的房间内，致使被害人不能反抗，从而劫取被害人随身携带的财物的，属于以对被害人的身体实施强制禁闭的暴力方法，强行劫取公私财物的行为，应按照《刑法》第263条的规定定罪处罚。

公 2010年第6期 梁克财等抢劫案

最高人民法院《关于对为索取法律不予保护的债务非法拘禁他人行为如何定罪问题的解释》规定，行为人为索取高利贷、赌债等法律不予保护的债务，非法扣押、拘禁他人的，依照《刑法》第238条的规定定罪处罚。据此，在上述规定情形下构成非法拘禁罪的前提条件，是实际存在高利贷、赌债等法律不予保护的债务。行为人仅是主观上怀疑受害人在

赌局中对其设计骗局，为追回赌资而非法劫持受害人，逼迫受害人交出财物的，不属于上述司法解释规定的情形。根据《刑法》第263条的规定，抢劫罪是指以非法占有为目的，对财物的所有人、保管人当场使用暴力、胁迫或其他方法，强行将公私财物抢走的行为。行为人当场使用暴力控制受害人，迫使受害人通过网上银行转账的形式将钱款转入行为人指定的账户，其行为属于迫使受害人当场交出财物，符合抢劫罪的犯罪构成，应依照《刑法》第263条的规定定罪处罚。

参 第36号 罗登祥抢劫、故意杀人、脱逃（未遂）案——对在抢劫过程中杀人（致人死亡）的案件如何定罪处刑

抢劫罪是既侵犯财产权利又侵犯人身权利的犯罪，在抢劫过程中致人死亡，包括故意伤害以及为了劫财不顾他人死活的故意杀人、伤害致人死亡行为，都是抢劫暴力犯罪的一种结果。如果单独定罪，抢劫罪的犯罪构成已不完全，抢劫行为如果只取得少量财物，很难判处重刑。因此，在抢劫财物过程中，使用暴力等行为致人死亡的，应定抢劫罪一罪。

参 第86号 王国清等抢劫、故意伤害、盗窃案——转化型抢劫罪的法律适用

在盗窃、诈骗或者抢夺公私财物过程中，单纯为了挣脱抓捕而冲撞他人并未造成严重后果的，不能认定为使用暴力或者以暴力相威胁，不构成转化型抢劫罪。盗窃罪转化为抢劫罪之后，盗窃财物的数额、对象和使用暴力的程度和后果，均视为抢劫罪的量刑情节。在共同犯罪中，超出共同故意而实施的行为，属实行过限；对于过限行为，其他行为人不负刑事责任。

参 第92号 戚道云等抢劫案——为消灭债务采用暴力、胁迫手段抢回欠款凭证的行为应如何定性

尽管欠条与支票、股票等有价证券有区别，不具有当然的价值，但在

特定的当事人之间则具有价值，是财产权凭证，具有表明一定财产所有关系的特征，体现为一定的民事权利，因而欠条应当纳入抢劫罪侵犯对象公私财物的范畴中。被告人以非法占有为目的，客观上实施了暴力行为，致使被害人已失去了向被告人主张债权的证据和理由，构成抢劫罪既遂。

参 第97号　刘汉福等抢劫案——丈夫伙同他人抢劫夫妻共同财产的行为如何定性

共同共有财产可以成为抢劫罪的对象。丈夫伙同他人抢劫夫妻共同财产的，应当以抢劫罪论处。因为夫妻共同财产在析产前是无法分割的，夫妻共同财产并非简单地一分为二或者按照某种比例将某项财物予以分割，故应当按照所抢劫的夫妻共同财产全额负刑事责任。被害人事后的态度，对其丈夫构成抢劫罪没有影响，只能作为对被告人的量刑因素加以考虑。

参 第117号　周建平、卫杨林、吴江、刘有志抢劫、敲诈勒索案——如何正确区分抢劫罪与绑架罪、敲诈勒索罪的界限

虽然敲诈勒索罪比抢劫罪威胁的内容要广，但主要对被害人实施心理威胁，相对而言人身危害程度稍轻，时限稍缓。在抢劫过程中威胁被害人事后交出钱财的行为，应认定为敲诈勒索罪；控制被害人人身劫取被害人随身携带的物品的，不构成绑架罪，构成抢劫罪。将出租车作为犯罪工具而不直接对出租车上的人员实施抢劫的，不能认定为在公共交通工具上抢劫。

参 第121号　金义祥抢劫案——抢劫致人重伤应如何量刑

从有关抢劫罪的立法来看，《刑法》把抢劫罪适用死刑的条件具体规定为“入户抢劫”等八种情况，但并不是具备了这些情形的抢劫罪均必须判处死刑。最终是否适用死刑，仍要看犯罪分子在抢劫犯罪中的行

为、情节是否已达到罪行极其严重的程度。对被害人伤害后果严重程度的认定，应本着实事求是的原则，根据被害人损伤时的伤情及愈后的状况，全面分析，客观认定被告人犯罪后果的严重程度，并对其正确量刑。凡法律规定并处罚金或者没收财产的，均必须依法判处相应的财产刑；对法律规定主刑有死刑、无期徒刑和有期徒刑，同时并处没收财产和罚金的，如决定判处死刑，只能并处没收财产。

参 第134号 明安华抢劫案——子女进入父母居室内抢劫的能否认定为“入户抢劫”

考虑到行为人与父母属于共同生活的家庭成员，无论其进入父母的居室是否得到同意，都不属于非法侵入；同时，从我国的传统伦理道德观念来看，无论子女是否成年或者与父母分开另住，子女进入父母的卧室或者住宅，都是正常的。因此，对于行为人进入其继父卧室实施的抢劫行为，不能认定为“入户抢劫”。

参 第147号 何木生抢劫案——敲诈勒索罪和抢劫罪之区分

在司法实践中，对以暴力相威胁、非法索取他人财物的行为，究竟是定抢劫罪还是敲诈勒索罪，往往由于对实现威胁和非法取得财物的时间和空间是否属于“当场”认识上有分歧，而在认定上会有分歧。“当场”不是一个纯粹的时空概念，而是一定物质内容的存在形式。对于在以暴力威胁实施的抢劫罪中，“当场”的认定，必须结合行为人的暴力威胁以及所形成的对被害人的身体和精神强制的方式和程度，在具体案件中具体分析。只要暴力威胁造成了强制，且该强制一直持续，即使时间延续较长，空间也发生了一定的转换，同样可以认定符合“当场”的要求。

参 第159号 邹代明抢劫案——设置机关将他人禁闭起来以得逞劫财目的的行为如何定性

抢夺是乘他人不备公然夺取他人持有或控制的公私财物，被害人没有失去行动自由和夺回自己财物的能力，却往往因为犯罪行为人迅速逃离现场而来不及夺回自己的财物。诈骗是使用虚构事实或者隐瞒真相的方法，使财物所有人、管理人产生错觉，信以为真，“自愿”地交出财物。抢劫是对财物所有人、持有人、管理人采取暴力、胁迫或者其他方法，使被害人失去反抗的能力，当场夺取财物或者迫使其交出财物。至于抢劫罪中的所谓“其他方法”，通常是指行为人针对被害人人身采用了除暴力、胁迫以外的其他各种能够使被害人不知抗拒或丧失抗拒能力的手段。司法实践中比较常见的有对被害人使用麻醉药品、灌醉酒等，但又不以此为限。总体来说，判定行为人所实施的劫财手段是否属于抢劫罪所要求的“其他方法”，关键是看该手段是否已使被害人丧失了控制自己财物的能力、丧失了抗拒他人劫取自己财物的意志自由和行动自由。

参 第189号　郭玉林等抢劫案——在共同抢劫中，部分行为人引起的致人重伤、死亡后果，其余未在现场的行为人应否对此后果承担责任

实行过限只具有量刑上的意义，而无定罪上的意义。具体到抢劫罪的共同犯罪情形，抢劫罪中的暴力伤害行为不是一个独立行为，且抢劫罪本身就蕴含暴力伤害或者暴力威胁的故意，即使部分行为人不希望使用暴力或者仅仅使用暴力威胁，但对其他共同犯罪人可能使用暴力应当是有预见并予以认可的。因此，要求抢劫犯罪的共同犯罪人共同对其他共同犯罪人使用暴力造成的伤亡后果承担责任，并不违背主客观相一致原则。

参 第190号　曾贤勇抢劫案——携带凶器在银行营业大厅抢夺储户现金行为的法律适用

携带斧头实施抢夺的行为，应以抢劫罪定罪处罚。在银行营业大厅“抢劫”客户现金不同于抢劫银行或者其他金融机构。携带凶器抢夺当场被抓获，应以抢劫未遂处理。携带凶器在抢夺过程中未使用暴力，且

系未遂的，不宜判处死刑。

参 第204号 姜金福抢劫案——不满16周岁的人犯抢夺罪为抗拒抓捕当场实施暴力致人轻伤的如何处理

《刑法》第269条转化型抢劫犯罪规定中所谓的“犯盗窃、诈骗、抢夺罪”，主要是指犯有盗窃、诈骗、抢夺罪行，而并未明确要求行为人犯下这些罪行时，必须同时达到完全刑事责任年龄。根据《刑法》第17条第2款的规定，已满14周岁不满16周岁的人，犯抢劫罪的，应当负刑事责任。这里所说的“犯抢劫罪”，既包括《刑法》第263条规定的抢劫罪，也包括《刑法》第269条规定的转化型抢劫罪以及《刑法》第267条第2款规定的“携带凶器抢夺的”抢劫罪，把转化型抢劫罪和“携带凶器抢夺的”抢劫罪排除在外没有任何法律根据。

参 第282号 王团结、潘友利、黄福忠抢劫、敲诈勒索案——挟持被害人前往其亲友处取钱的行为应如何定罪

虽然行为人为了实现某一个具体的犯罪目的而实施数个独立的符合犯罪构成的犯罪行为，但由于一个犯罪行为可以包容其他犯罪行为，使其他行为构成的犯罪失去了独立存在的意义，故只成立一个行为构成的犯罪，而不实行数罪并罚，即以重行为吸收轻行为，按吸收之罪定罪量刑。但对不具有任何牵连关系或者吸收关系的数个犯罪行为，且不具有其他应当以一罪论处情形的，一般应实行数罪并罚。在抢劫被害人后又挟持被害人前往其亲友处取钱，但不是以被害人被挟持的意思向被害人亲友进行勒索的，应以抢劫罪论处。在抢劫未得逞而放走被害人后，又以其他手段威胁被害人要求其交付财物的，应以敲诈勒索罪论处，并与此前所实施的抢劫罪实行数罪并罚。

参 第288号 陆剑钢等抢劫案——入户抢劫中“户”的理解与认定

对于入户抢劫中的“户”，应当结合行为时“户”所承载的实际功能

进行分析、判定。“户”即住所,其特征表现为供他人家庭生活和与外界相对隔离两个方面,前者为功能特征,后者为场所特征。入户抢劫中的“户”,不仅是抢劫的场所,更是抢劫的对象。“入户”必须具有进入他人住所的非法侵入性,即进入他人住所须以实施抢劫等犯罪为目的,且暴力或暴力威胁行为必须发生在户内。

参 第300号 贺喜民抢劫案——转化型抢劫罪之“当场”使用暴力,应当如何理解和把握

作为转化型抢劫罪客观要件之一的“当场”,应是时间与空间的结合体;在判断行为人的有关行为是否具有“当场”性时,应综合考虑暴力、威胁行为与先前的盗窃、诈骗、抢夺行为在时间、场所上的连接性、事实上的关联性等多种因素。在实施盗窃等犯罪行为以后,虽然已离开犯罪现场,但在相隔短暂的时空范围内该犯罪行为仍处于继续状态,以暴力或者暴力相威胁抗拒抓捕的,应以转化型抢劫罪论处。

参 第309号 杨廷祥等抢劫案——在个体家庭旅馆针对旅馆主人实施的抢劫是否构成“入户抢劫”

即便个体家庭旅馆在空间结构上与原来作为家庭住所时并无两样,因其先前作为住所所具有的封闭性特征随着性质功能的改变已经不复存在,不能再视为“户”。在个体家庭旅馆针对旅馆主人实施的抢劫行为,因抢劫行为并非发生在他人“户”内,故不应认定为入户抢劫。因此,在个体家庭旅馆针对旅馆主人实施抢劫的,因其住所具有开放性,不能认定为入户抢劫。

参 第321号 穆文军抢劫案——盗窃未遂为抗拒抓捕而当场使用暴力能否构成抢劫罪

只要行为人在实施盗窃行为过程中,为窝藏赃物、抗拒抓捕或者毁灭罪证而当场使用暴力或者以暴力相威胁的,就应当以抢劫罪定罪处

罚，盗窃是否既遂不影响抢劫罪的成立。在公共交通工具上盗窃，为抗拒抓捕而当场使用暴力，转化为抢劫罪的，应认定为在公共交通工具上抢劫，既没有违背抢劫加重犯的构成理论，也没有违反“禁止重复评价”原则。由于公共交通工具是大多数公民的主要出行方式，也是国家鼓励的出行方式，在公共交通工具上盗窃，并为窝藏赃物、抗拒抓捕或者毁灭罪证当场使用暴力或者以暴力相威胁的，不仅使公民对乘公共交通工具出行产生极大的不安全感，还易引起社会的恐慌心理，具有严重的社会危害性，对该行为认定为“在公共交通工具上抢劫”，也符合罪刑相适应原则。（就转化抢劫犯罪能否成立未遂，本案例的观点与“参第 441 号谷贵成抢劫案——如何把握转化抢劫犯罪既遂未遂的区分标准”和“参第 687 号杨飞飞、徐某抢劫案——转化型抢劫犯罪是否存在未遂”不同。——编者注）

参 第 322 号　朱永友抢劫案——在盗窃过程中使用暴力的直接适用刑法第二百六十三条以抢劫罪定罪处罚

在盗窃过程中为防止被害人发觉，对被害人实施暴力行为的，应以抢劫罪论处。在共同犯罪中，实行犯实施的行为超出共同犯罪人共同谋议之罪的范围或程度的，属于实行过限行为，其他共同犯罪人对其实行过限的行为，既无共同行为，也无共同故意，对此不承担刑事责任。

参 第 323 号　王跃军、张晓勇抢劫、盗窃案——“飞车行抢”刑事案件如何定性

“飞车行抢”刑事案件的定性，应根据案件的实际情况，具体问题具体分析。对于并未造成人员伤亡的案件，考虑到行为人主观心态的不确定性和客观上直接针对的是财物，如果行为人抢取财物数额较大的，应以抢夺罪论处。对于造成被害人伤亡后果的案件，应该结合行为人的作

案手段、作案环境、作案对象等情况具体分析行为人的主观罪过，分别定性。如果行为人对于伤亡后果的主观罪过是故意（包括直接故意和间接故意），应以抢劫罪定罪处罚。

参 第332号 夏鹏飞、汪宣峰抢劫、敲诈勒索、盗窃案——在实施敲诈勒索犯罪过程中对被害人使用暴力并当场劫取财物的行为是否需要数罪并罚

（1）先基于一个图财目的，在犯罪过程中又产生了另一个暴力图财的犯意，先后实施了两个性质完全不同的犯罪行为，一为敲诈勒索，另一为抢劫，两者之间不存在目的和行为的牵连关系，故应分别定罪，两罪并罚。（2）暴力劫财行为开始发生在户外，但持续至户内的，仍应认定为入户抢劫。

参 第338号 姜继红、成盛等抢劫、盗窃案——连续抢劫多人的是否属于“多次抢劫”

“多次抢劫”是指抢劫3次以上，其中的每次抢劫行为都应构成独立的抢劫罪。对于连续抢劫多人的抢劫行为是认定为一次抢劫还是多次抢劫，应从犯罪故意的单复数、犯罪时间的连续性和地点的相近性三个因素综合判断。

参 第349号 林华明等敲诈勒索案——正确区分抢劫罪与敲诈勒索罪

区分抢劫罪与敲诈勒索罪的关键在于被害人交出财物的心理状态。抢劫是被害人迫于暴力或者将要发生的暴力而产生的精神上的恐惧，被迫当场交出财物；敲诈勒索则是被害人迫于将要实施的暴力或毁坏财物、名誉等造成精神上的恐惧，出于无奈，被迫于当场或事后交出财物或者出让其他财产权利。

参 第 380 号 王建辉、王小强等故意杀人、抢劫案——对共同故意杀人致人死亡的多名主犯如何区别量刑

对共同犯罪中罪行极其严重的犯罪分子是否判处死刑立即执行，应当考虑以下因素：多个主犯中罪行最严重的主犯已经判处死刑立即执行，其他地位、作用相对次要的主犯；共同犯罪人作用、地位相当，责任相对分散的；共同犯罪人责任不清的；同案人在逃，有证据证明被告人起次要作用的；对在案的被告人适用死刑立即执行可能影响对在逃的同案人定罪量刑的等。对具有上列因素的，一般不适用死刑立即执行。

参 第 391 号 李政、侍鹏抢劫案——针对特定的被害人在公共交通工具上实施抢劫是否属于“在公共交通工具上抢劫”

抢劫行为是否构成“在公共交通工具上抢劫”，不以实际是否对不特定多数人实施抢劫为标准，而是以不特定多数人的人身权利和财产权利是否受到威胁为标准。虽然只抢劫特定的一两个人，但由于该行为发生在公共交通工具上，直接威胁到该公共交通工具上所有乘客的人身和财产安全，给该公共交通工具上所有乘客的心理上都造成了恐惧，同样严重破坏了社会公共秩序，应当认定为“在公共交通工具上抢劫”。

只要是在运营中的公共交通工具上对乘客进行抢劫，就应当认定为“在公共交通工具上抢劫”，而无论该乘客是该公共交通工具上原有的乘客还是刚刚搭载的乘客。

参 第 401 号 魏建军抢劫、放火案——抢劫过程中致人重伤昏迷，又放火毁灭罪证致人窒息死亡的，是抢劫致人死亡还是故意杀人

因果关系错误中的事前故意不影响故意犯罪既遂的成立。行为人对因果关系发展的具体样态的认识错误，在犯罪构成的评价上并不重要。因为无论是哪一种因果关系错误，均属于在同一犯罪构成范围内的事实认识错误，故只要行为人认识到自己实施的行为会发生危害社会的

结果足矣，而不要求对因果关系发展的具体样态有明确认识。抢劫过程中致人重伤，后为毁灭罪证致人死亡的，应以故意杀人罪论处。抢劫过程中使用暴力致人昏迷，误认为被害人已死亡，为毁灭罪证又实施其他犯罪行为造成被害人死亡的，应以抢劫罪论处。

参 第436号 粟君才等抢劫、非法持有枪支案——为抢劫而携带枪支，抢劫中未使用枪支的，不是持枪抢劫

为抢劫而携带枪支并不等于为抢劫而使用枪支，“持枪抢劫”是指行为人为达到抢劫的目的而使用枪支的行为。“使用枪支”是指行为人为了达到一定目的而故意向对方显露枪支或开枪射击，以让被害人感受到枪支的杀伤功能和威慑功能的行为。因此，抢劫中使用枪支的行为通常包含两种行为：一是抢劫中开枪以制服被害人；二是为了达到抢劫目的而故意向对方显露枪支以给被害人造成心理恐惧致其不敢反抗。如果行为人携带枪支而未向对方显露或仅仅是口头上表示有枪，即带枪而未使用，从主观目的和客观行为的一致性以及社会危害性角度考虑，则均不属于我国刑法规定的持枪抢劫。

参 第466号 韩维等抢劫案——非法进入他人共同租住的房屋抢劫是否属于“入户抢劫”

共同租住的房屋，只要是供家庭生活专用且与外界相对隔离，且承租人之间具有独立空间的，具有私人住所的特点，应当认定为入户抢劫中的“户”。对于不具有家庭成员身份的人共同租用的住所，如果每一个承租人相对于其他人都没有相对独立的空间，该房屋应属于群体共同休息和活动的公共场所，就不能认定为刑法意义上的“户”。当然，家庭成员共同居住的住所，隐私性和排他性则是以整体体现的，即使各成员没有相对独立的空间，也不影响成立“户”。

参 第477号 王国全抢劫案——如何认定抢劫致人死亡

在抢劫行为必须与被害人死亡结果之间具备因果关系不中断的条件下,即只有在肯定抢劫对象的死亡与抢劫犯罪行为人的行为间有刑法上的因果关系的情况下,才能认定抢劫致人死亡。在认定这种因果关系时主要参考以下标准:(1)使用暴力追求或者放任被害人死亡结果的发生。(2)使用暴力抢劫过程中过失致人死亡。(3)抢劫时置被害人于危险状态而不予救助,放任其死亡结果的发生(如抢劫过程中被害人逃离现场时不慎跌下悬崖)。

参 第481号 弓喜抢劫案——在意图抢劫他人数额巨大财物的过程中致人轻伤,但未抢得财物的,是否认定为“抢劫数额巨大”

抢劫罪的加重情节“抢劫数额巨大”,应当是指实际抢得的财物数额巨大,而不包括行为人意图抢劫数额巨大的财物但客观上未抢得财物或者只抢到少许财物的情形;抢劫未遂是指在不考虑八种加重处罚情节的前提下,行为人既未抢到财物,也未造成被害人轻伤以上的后果,而不是指在未出现加重处罚情节时也可以就加重情节本身构成未遂状态,八种加重处罚情节的认定与抢劫罪本身是否既遂是两个层面的问题,不能在客观上没有这八种加重情节的条件下,仅以行为人具有相关意图便认定具有这八种处罚情节,这八种加重处罚情节应当以实际出现为认定标准。

参 第482号 王建利等抢劫案——对抢劫国家二级以上文物的应如何量刑

最高人民法院《关于审理盗窃案件具体应用法律若干问题的解释》(已失效。——编者注)将盗窃国家不同等级文物与盗窃相应数额在刑法上做同等评价。最高人民法院《关于审理抢劫案件具体应用法律若干问题的解释》第4条规定,“抢劫数额巨大”的认定标准,参照各地确定的盗窃数额巨大的认定标准执行。盗窃二级以上文物应与盗窃“数额巨大”适用同一量刑幅度，那么抢劫国家二级以上文物的亦应当适用抢劫“数额巨大”的量刑幅度。

参 第491号 侯吉辉、匡家荣、何德权抢劫案——在明知他人抢劫的情况下，于暴力行为结束后参与共同搜取被害人财物的行为如何定罪量刑

（1）在事先共谋、基于一定分工的情形下，行为人分别在共同犯罪中实施了不同的行为，只要未实行过限，一般对各行为人均以同一罪名的共犯定罪处罚。（2）对于行为人虽然事前未与他人形成共同犯意，但其在明知他人犯罪性质的情况下，于事中参与了他人犯罪的后续行为，属于共同犯罪，为承继的共犯。被告人明知他人行为性质、目的以及已经造成的犯罪后果之情形下，在他人抢劫犯罪行为处于持续状态期间，应要求参与共同搜取被害人家中财物的行为，应构成抢劫罪的共犯。

参 第506号 赵东波、赵军故意杀人、抢劫案——预谋并实施抢劫及杀人灭口行为的应如何定性

行为人为劫取财物而预谋故意杀人，或者在劫取财物过程中为制服被害人反抗而故意杀人的，以抢劫罪定罪处罚。行为人实施抢劫后，为灭口而故意杀人的，根据主客观相统一的定罪原则，以抢劫罪和故意杀人罪定罪，实行数罪并罚。（最高人民法院《关于抢劫过程中故意杀人案件如何定罪问题的批复》对此有明确规定。——编者注）

参 第566号 卜玉华、郭臣故意杀人、抢劫案——共同抢劫中故意杀人案件的认定和处理

抢劫犯罪中故意杀人行为的性质由行为的目的决定，并且不受起意时间的限定，也即无论行为人何时起意杀人，只要杀人行为是为排除障碍，实现抢劫财物目的的，则该故意杀人行为属于抢劫的手段行为，是抢劫罪客观方面的表现，对此故意杀人行为无须单独评价，仅定抢劫罪一罪即可；如果杀人行为系抢劫完成后为防止罪行暴露而实施的灭口行为，则同样无论其杀人的故意于何时起意，仍应与抢劫行为分别评价，以抢劫罪和故意杀人罪并罚。

参 第580号　虞正策强奸、抢劫案——在入户强奸过程中临时起意劫取财物的，能否认定为“入户抢劫”

（1）“入户抢劫”要求行为人入户目的的非法性，即进入他人住所需以实施抢劫等图财型犯罪为目的，所以这一规定不能适用于所有犯罪，入户强奸过程中临时起意劫取财物的，不能认定为“入户抢劫”，如果对此进行评价有重复评价之嫌。（2）在抢劫的同时并存多个犯罪行为，且造成被害人死亡的结果的，判断是否可以认定为“抢劫致人死亡”，须依据是哪个行为直接导致了被害人死亡。

参 第581号　龚文彬等抢劫、贩卖毒品案——诈骗未得逞后以暴力手段取得财物的如何定性

（1）如果行为人不是在“窝藏赃物、抗拒抓捕或毁灭罪证”的目的支配下实施暴力或者以暴力相威胁的行为，不能构成转化型抢劫罪。如行为人在诈骗过程中尚未取得财物就被他人发现，为了继续非法占有财物而使用暴力或者以暴力相威胁的，应直接认定为抢劫罪。（2）行为人通过暴力、威胁手段取得财物后，再次对被害人实施暴力行为的，如果行为人是为了保护所劫得的财物，暴力伤害（杀害）被害人的目的是取得财物，那么该行为仍然涵盖在抢劫罪的手段之中，无须单独定罪；如果是出于杀人灭口等其他目的，则应当单独认定为故意伤害（杀人）罪。

参 第613号　王志坚抢劫、强奸、盗窃案——如何把握抢劫犯罪案件中加重情节的认定

（1）工人宿舍不具备家庭生活的实质，所以建筑工地不能认定为住所,进入工作场所或职工宿舍进行抢劫的,不能认定为入户抢劫。(2)“军警”从文义上解释,应当仅限于现役军人、警察两类主体,冒充保安进行抢劫的,不能认定为冒充军警进行抢劫。(3)在抢劫过程中,又实施强奸的,未造成被害人伤亡等严重后果的,不宜判处死刑。(4)抢劫致人重伤、死亡,与入户或在公共交通工具上抢劫、抢劫银行或者其他金融机构、多次抢劫或者抢劫数额巨大、冒充军警人员抢劫等其他情节均应在10年以上量刑,但在具体量刑时仍应对严重危害人身安全的抢劫犯罪在适当范围内有所侧重,不能片面强调其他加重情节的数量。从社会效果看,有利于引导、分化抢劫犯罪分子,降低抢劫犯罪的暴力程度。如果不问被害人生死,只要其他情节严重,一律核准死刑,则使此类有一定节制的抢劫犯罪与滥用暴力、致人伤亡的严重抢劫犯罪在量刑上无法区别,从而可能助长犯罪分子无节制地实施暴力的现象,难以达到最大限度地保护公民人身权利的目的。

参 第634号 龙世成、吴正跃故意杀人、抢劫案——共同抢劫杀人致一人死亡案件,如何准确区分主犯之间的罪责

(1)在共同实施抢劫故意杀人行为致一人死亡的案件中,应当综合考虑被告人在共同犯罪中的具体作用、主观恶性、人身危险性的大小来确定主犯,不得以无法区分主从犯为由而一律适用死刑,至多只应判处一人死刑。(2)如果各被告人均系主犯,且罪责相当,应从多种角度进一步区分主从犯之间的罪责大小,进而准确适用刑罚。①在犯罪预备阶段,原则上以确定提起犯意者为主犯。②在实行阶段,关键看谁的行为对造成危害结果所起作用相对较大。③在犯罪后续阶段,分析各被告人在该阶段的具体行为,对于区分他们在共同犯罪中的作用具有补充作用。④如果通过比较犯罪中各种具体作用无法准确区分被告人罪责大小,还应当通过考察各被告人自身情况、犯罪后表现等因素,来确定各被告人的罪责。

参 第637号 张红亮等抢劫、盗窃案——劫持被害人后,要求被害人以勒赎之外的名义向其家属索要财物的行为,如何定性

劫持被害人后,要求被害人以勒赎之外的名义联系家属汇款到指定账户取得钱款的行为,并未利用第三人对被绑架人人身安全的顾虑而向第三人索要钱财,即使被害人家属感知,在无证据证实被告人有明确的胁迫第三人的主观犯意和客观行为的情形下,以抢劫罪定罪处罚。

参 第643号 夏洪生抢劫、破坏电力设备案——骗乘出租车欲到目的地抢劫因唯恐被发觉而在中途放弃的,能否认定为抢劫预备阶段的犯罪中止,为逃匿而劫取但事后予以焚毁的机动车辆能否计入抢劫数额

(1)抢劫出租车司机类抢劫罪中着手的认定标准应与其他类型的抢劫罪一致,即以出租车司机的人身和财产所面临的危险是否具有紧迫性为标准。(2)在抢劫杀人犯罪中,处抢劫一罪还是抢劫、故意杀人罪两罪的关键在于,行为人是否基于一个抢劫故意为非法占有他人财物排除障碍而杀人,如果是则无论杀人行为是在抢劫财物之前、之时或之后均认定为抢劫罪一罪。(3)盗窃罪的主观目的方面必须具有非法占有目的,因此对于为实施盗窃而损毁的财物的数额不计入盗窃数额,但如果给失主造成的损失数额大于盗窃数额的,具体损失应作为量刑情节予以考虑,如果数额较大的,还可能构成故意毁坏财物罪。

参 第660号 刘兴明等抢劫、盗窃案——盗窃后持枪抗拒抓捕的行为能否认定为"持枪抢劫"

盗窃后持枪抗拒抓捕的行为,应当以"当场使用暴力"论处,认定为转化型抢劫。同时,还应当认定为持枪抢劫。这与禁止重复评价的原则并不矛盾。作为定罪情节,对"持枪抗拒抓捕"评价的重点是行为人是否使用暴力;作为量刑情节,对"持枪抗拒抓捕"评价的重点是行为人实施暴力的程度。

参 第685号　张校抢劫案——医院抢救中的失误能否中断抢劫行为与被害人死亡结果之间的因果关系

一般情况下，在被告人行为引起危害结果发生的可能性大而介入因素对危害结果发生的影响力较小的情况下，可以考虑从轻或减轻被告人的刑事责任；但行为人预谋抢劫，其行为没有节制，手段特别残忍，主观恶性极深，具有非法剥夺被害人生命的故意，即使医院在抢救过程中存在失误之处，但如果这种失误并非明显失误，且可能存在于一切抢救过程中的话，那么此类失误就应当排除在《医疗事故处理条例》有关医疗事故的情形之外。故医疗机构的失误没有中断行为人的抢劫行为与被害人死亡结果之间的因果关系，不足以影响对行为人的量刑。

参 第730号　陈惠忠等抢劫案——"吊模宰客"行为如何定性

"吊模宰客"，是指一些不法分子以各种名目诱骗游客到酒吧、咖啡厅、KTV、美容院等场所消费、购物，通过抬高消费金额等手段谋取高额利润，"吊模"则是指从消费金额中抽取一定比例的违法犯罪活动。这种违法犯罪活动主要可能有以下几种处理方式：(1)非暴力的"吊模宰客"行为对应的往往是诈骗罪。(2)从事正常经营的单位或个人，为增加盈利，采用"吊模宰客"的手段强买强卖，情节严重的可以认定构成强迫交易罪。(3)如果行为人并非从事正常经营，而是以经营活动为幌子或诱饵，追求的主要不是商业利润，而是商业利润环节之外的他人财产，并且是通过暴力或威胁取得，则可能构成敲诈勒索罪或抢劫罪。

参 第740号　陈万学抢劫、刘永等人盗窃案——共同盗窃犯罪中转化型抢劫罪的认定

(1)如果各行为人共谋作案时遇抓捕后采取暴力、威胁手段的话，则所有参与作案的人均转化为抢劫罪。(2)事先没有预谋采取暴力、威胁手段，但个别行为人在犯罪过程中采取暴力、威胁手段，其他行为人事

后才获悉,并参与分赃的,不宜认定为抢劫罪的共犯。(3)各行为人事先仅约定实施盗窃、诈骗、抢夺犯罪,未约定遇抓捕是否反抗,但作案中其他人发现个别人采取了暴力、威胁手段的,需要根据其他人在发现有人采取暴力、胁迫手段时的表现来认定。如其他人在发现个别人采取暴力、威胁手段后,当场明确作出反对的意思表示或阻止过限行为发生危害结果,则应认定采取暴力、威胁手段的人属于实行过限,对其他反对或者阻止者不应以抢劫罪的共同犯罪论处。如对于其他人未予制止便逃离现场,就不能认定为转化型抢劫罪。

参 第749号 蔡苏卫等抢劫案——以借钱为名劫取财物使用后归还并付利息的行为如何定性

(1)以借钱为名劫取财物使用后归还并付利息的行为应认定为抢劫罪,归还"借款"并偿付利息只是犯罪既遂后的行为,不能因为行为人等人事后归还"借款"并偿付利息而否定其此前的暴力占有他人财物行为及非法占有的目的。犯罪既遂后"恢复原状"、减轻或避免被害人更大损失的行为,可作为酌定量刑情节予以考虑。(2)强迫交易罪与抢劫罪的区别之一在于行为人主观上是否具有非法占有目的。前者在主观方面只是为了达成交易,谋取不法利益;而后者在主观方面要求具有非法占有目的。

参 第764号 刘飞抢劫案——驾驶机动车"碰瓷"行为如何定性

以非法占有为目的的"碰瓷"行为一般可分为两个阶段:一是"碰瓷"阶段,即实施手段行为阶段;二是获取财物阶段,即实现目的阶段。要准确把握"碰瓷"阶段的行为性质,对其定性时,主要看是否危害公共安全,此时可结合客观危害程度相当性,包括手段的相当性和危险结果的相当性两个方面把握;要准确把握获取财物阶段的行为性质,主要看是否使用暴力,可能涉及敲诈勒索、诈骗和抢劫罪等罪名。

参 第777号　王伟华抢劫案——已满14周岁不满16周岁的未成年人，能否成为转化型抢劫罪的犯罪主体

相对刑事责任年龄的人实施了转化型抢劫的行为，形式上符合转化型抢劫罪的要件，只对暴力行为造成重伤或死亡结果的，以故意伤害罪或者故意杀人罪定罪处罚，即只有已满16周岁的完全刑事责任能力人才可能构成转化型的抢劫罪，以抢劫罪定罪量刑。

参 第793号　张超抢劫案——行为人在赌博完毕离开后返回赌博现场抢走赌资的行为，如何定性

仅以其所输赌资或者所赢赌债作为抢劫对象的行为，应当发生在赌博现场。对于"赌博现场"应适度进行扩大解释，如果时间上、空间上具有一定的接续性、邻接性，即相隔时间不远、相隔距离较近后返回的行为也应认定为在赌博现场实施的行为。因为该情况下行为人对财物的权属性质存在模糊认识，不符合抢劫罪的主观特征。行为人在赌博完毕离开后返回赌博现场抢走赌资的行为，与在其他场所中进行抢劫的主观故意一致，应当以抢劫罪定罪。

参 第814号　刘某抢劫、强奸案——为抢劫、强奸同一被害人，穿插实施多种多次暴力犯罪行为，致使被害人跳楼逃离过程中造成重伤以上后果的，如何定罪量刑

(1)在行为人未停止暴力侵害的情况下，即使是被害人的介入行为直接导致其人身伤害后果，也不完全中断行为人的暴力侵害行为与人身伤害后果之间的因果关系，行为人应当对伤害后果承担刑事责任。(2)穿插实施多种多次暴力行为导致被害人人身伤害后果的，如果多种多次暴力行为分别构成不同犯罪的，可将该伤害后果在各犯罪构成中分别予以评价。

参 第 815 号　尹志刚、李龙云抢劫案——提供配好的钥匙给同伙，让同伙入室抢劫共同居住人的，行为人与同伙是否均构成入户抢劫

（1）提供配好的钥匙给同伙，让同伙入室抢劫共同居住人的，行为人与同伙均构成入户抢劫。（2）实施抢劫过程中伪造部分代为保管的钱款被抢，并将部分代为保管的钱款据为己有的，应当认定为抢劫。

参 第 818 号　徐伟抢劫案——在高速公路上持刀抢劫出租车司机，被害人下车呼救时被其他车辆撞击致死，能否适用“抢劫致人死亡”

根据罪责刑相适应的刑法原则，对于“抢劫致人死亡”这一结果加重犯的认定，首先必须要看行为人对该死亡结果的发生是否存在主观过错，即要求行为人对被害人的死亡结果具有预见可能性。在行为人持刀抢劫被害人且已对被害人造成伤情的情况下，被害人慌乱无措跑上快车道呼救实属别无选择。法律不能苛求被害人在面临重大而紧迫的生命威胁时仍保持足够的理性与镇定，以谨慎选择其他更好的处置方案，所以行为人的抢劫行为与被害人仓皇逃离行为之间具有直接的因果关系。被害人被路过车辆撞击致死系抢劫犯罪过程中所发生的通常介入因素，不属于异常的介入原因，不能中断犯罪行为与危害后果之间的因果关系，故行为人的行为属于“抢劫致人死亡”。

参 第 844 号　黄卫松抢劫案——进入卖淫女出租房嫖宿后实施抢劫是否构成“入户抢劫”

“入户抢劫”行为必须具备以下三个要件：一是符合法律对“户”的定义。“户”是指住所，其特征表现为供他人家庭生活和与外界相对隔离两个方面，前者为功能特征，后者为场所特征。二是“入户”目的的非法性。进入他人住所须以实施抢劫等犯罪为目的。三是暴力或者暴力胁迫行为必须发生在户内。失足妇女从事卖淫活动时，其出租房对卖淫对象而言不属于“户”的性质，故不应认定为“入户抢劫”。

参 第846号　刘长庚抢劫案——行为人从户外追赶被害人进入户内后实施抢劫的行为，能否认定为“入户抢劫”

认定“入户抢劫”应具备三个要件：其一是符合法律对“户”的要求，即供他人家庭生活和与外界相对隔离两个方面；其二是入户目的的非法性；其三是暴力或者暴力胁迫行为必须发生在户内。行为人以抢劫为目的，从户外追赶被害人进入户内后实施暴力抢劫的行为，应当认定为“入户抢劫”。

参 第1063号　习海珠抢劫案——在拖欠被害人钱款情况下，以暴力、胁迫手段逼迫被害人书写收条的行为，应当如何定性？属于犯罪既遂还是未遂？

抢劫罪的侵害对象既包括财物，也包括财产性利益，在拖欠被害人钱款的情况下，当场使用暴力、胁迫手段，致使被害人不能反抗或者不敢反抗，逼迫被害人写下收条的行为，应当认定为抢劫罪，并且属于抢劫既遂。

参 第1180号　韦猛抢劫案——进入无人居住的待租房屋实施抢劫，不属于“入户抢劫”

只有在有人居住生活的房屋内抢劫，才可能侵犯公民的住宅和生活安宁，才具有一般抢劫行为所不具有的特殊社会危害性。如果行为人在无人居住生活的房屋内抢劫，其行为不会对他人的住宅和生活安宁造成任何侵害，该种抢劫行为的社会危害性与一般抢劫行为的社会危害性无异，自然不能认定为“入户抢劫”。

参 第1181号　秦红抢劫案——被允许入户后临时起意盗窃，被发现后当场使用暴力的，能否认定“入户抢劫”

只要是“以侵害户内人员的人身、财产为目的”而入户，而后实施抢劫的，均可认定为“入户抢劫”。因此，作为入户发生的转化型抢劫的前提行为，不应当只限于入户盗窃，而是应当包括入户诈骗、抢夺。至于出于其他合法目的或者不是以侵害户内人员的人身、财产为目的（如赌博、卖淫嫖娼）地进入他人住宅，临时起意当场实施抢劫行为，一般不能认定为“入户抢劫”。

参 第1182号 张红军抢劫、盗窃案——入户盗窃数额较少财物为抗拒抓捕当场使用暴力，能否认定“入户抢劫”

司法实践中大量存在前罪尚未既遂就被发现，为窝藏赃物抗拒抓捕或者毁灭罪证而使用暴力或者以暴力威胁的案件，这些案件通常都是以转化型抢劫定罪量刑的。但是，不要求前罪既遂，并不意味着没有任何限制。根据最高人民法院《关于审理抢劫刑事案件适用法律若干问题的指导意见》的规定，即使数额较小，只要具有入户或者在公共交通工具上盗窃等情形的，也可以构成转化型抢劫的前提条件，即“犯盗窃、诈骗、抢夺罪”。

参 第1183号 郭建良抢劫案——“抢劫致人死亡”的司法认定

“抢劫致人死亡”的主观内容既包括故意杀害被害人，又包括过失致被害人死亡。抢劫行为与被害人死亡结果之间必须具备因果关系不中断的条件，即在抢劫对象的死亡与抢劫犯罪行为人的行为有刑法上的因果关系情况下，才能认定“抢劫致人死亡”情节成立。

参 第1184号 王志国、肖建美抢劫案——“冒充军警人员抢劫”的认定

抢劫罪中的“冒充军警人员抢劫”的认定，应当满足以下条件：(1)冒充军警人员的行为应具有一定的表现形式。表现形式主要包括行为人主动亮明自己的军警人员身份、出示军警证件、身着军警制式服装、携带警械、驾驶军警车辆等。当然，在具体认定过程中，还要结合行

为人的主观方面进行判断。(2)冒充军警人员的行为应达到使一般人能够相信其身份的程度。冒充军警人员的行为不可简单依据结果来认定,换言之,此处使用的并非“被害人标准”,而是“常人标准”。

参 第1185号 姚小林等抢劫案——抢劫信用卡的犯罪数额认定

鉴于信用卡所具有的抽象财物与具体财物的双重属性,在抢劫信用卡类犯罪中,只有以行为人从信用卡中实际获取的财物数额,也即信用卡所有人受到的实际损失为抢劫数额的认定标准,才能完整、客观地体现抢劫信用卡行为的社会危害性。对于行为人抢劫信用卡后,部分使用、消费,部分未使用、消费的情形,如系由于意志以外的原因未能实际使用、消费的,虽不计入抢劫数额,但应作为量刑情节考虑。

参 第1187号 翟光强等抢劫案——在他人实施盗窃为抗拒抓捕当场使用暴力的犯罪过程中加入其中的行为如何定性

先行为人实施盗窃行为,为抗拒抓捕当场使用暴力,后行为人加入犯罪的行为,属于转化型抢劫犯罪的承继共犯,对后行为人亦应以抢劫罪追究刑事责任。在事前无通谋的共同犯罪中,有可能存在承继的共同犯罪现象。也就是说,前行为人的先行行为的效果在持续,后行为人在明知这种状态的情况下参与进去,后行为人就与前行为人成立共同犯罪。但是,这种承继的共同犯罪人,只能对于与自己的行为具有因果关系的结果承担责任,利用前行为人已经造成的结果不等于后行为人的行为与该结果之间具有因果关系。

参 第1201号 李智豪抢劫案——抢夺汽车后被对方GPS追踪、拦截而持枪威胁的,能否转化为抢劫罪

抢劫罪要求两个“当场”,当场使用暴力或者以当场使用暴力相威胁,当场取财。“当场”的理解不能过于狭窄,暴力、胁迫手段或者其他方法与取得财物之间虽持续一定时间,也不属于同一场所,但从整体上

看行为并无间断的，也应认定为当场强行劫取财物。因此，只要被告人始终在视线范围之内，追捕行为一直处于持续状态，那么就视为案发现场一直在延长，截获被告人的地方就可以视为“当场”。

参 第1222号　秦电志故意杀人、故意伤害、放火、抢劫、盗窃案——行为人短时间内实施一系列具有关联性犯罪行为的如何认定

行为人实施一系列具有关联性犯罪行为的，既不能机械套用犯罪构成要件认定罪数，也不能不顾行为人的具体犯罪目的结合动机想当然地确定罪数，而应当遵循主客观相一致的原则，根据刑法学定罪理论，依据《刑法》的具体规定，结合系列犯罪行为人的主观心理状态，确定每个行为的性质及行为实施时的客观环境等，准确科学地确定罪名和罪数。因此，行为人在施暴过程中临时起意劫取财物的，该暴力行为应评价为抢劫罪的胁迫行为。抢劫既遂后，又实施的故意伤害行为，应另行定故意伤害罪。

参 第1224号　郭光伟、李涛抢劫案——共同致一人死亡的案件中，如何认定罪责最严重的主犯

一案中有两名以上主犯的，要从犯意提起、预谋、准备、行为实施、赃物处理等方面区分罪责最大者和较大者。除犯罪手段特别残忍、情节及后果特别严重、社会影响特别恶劣、严重危害社会治安的外，一般不应同时判处两名以上被告人死刑。在雇凶杀人、伤害致一人死亡的案件中，一般不宜同时判处雇凶者与受雇者死刑立即执行。一般而言，出现下列情形，就可以认定雇凶者是罪责最严重的主犯：(1)雇凶者不仅雇用他人犯罪，而且与受雇者共同直接实施。(2)雇凶者虽没有直接实施犯罪，但参与了共同犯罪的策划，实施了具体组织、指挥行为。(3)雇凶者雇用未成年人实施犯罪的。(4)多名受雇者作用地位相当，责任相对分散或者责任难以分清，雇凶者应对全案负责，应认定雇凶者为罪责最严

重的主犯。一般而言,下列情形可以认定受雇者是罪责最严重的主犯:(1)雇凶者只是笼统提出犯意,没有实施组织、指挥行为,而是由受雇者积极主动实施杀人、伤害行为。(2)受雇者明显超出雇凶者授意范围实施故意杀人、故意伤害犯罪,因行为过限造成更严重危害后果的。

参 第 1226 号　祝日峰、祝某强抢劫案——多次抢劫预备能否认定为“多次抢劫”

最高人民法院《关于审理抢劫、抢夺刑事案件适用法律若干问题的意见》第 3 条作出明确规定:对于“多次”的认定,应以行为人实施的每一次抢劫行为均已构成犯罪为前提,综合考虑犯罪故意的产生,犯罪行为实施的时间、地点等因素,客观分析、认定。因此,考虑到多次抢劫预备行为,由于行为人尚未着手实施犯罪,惯犯特征并不明显,且“多次抢劫”的起点刑为 10 年有期徒刑以上的重刑,在计算“多次抢劫”时不应将抢劫预备行为作为次数计算。

参 第 1246 号　王艳峰抢劫案——犯信用卡诈骗罪,为抗拒抓捕而当场使用暴力的,可否转化为抢劫罪

(1)将《刑法》第 269 条规定的“犯盗窃、诈骗、抢夺罪”理解为具体犯罪行为,不违反罪刑法定原则,更有利于打击侵犯财产犯罪,也符合该条的立法本意。(2)对于《刑法》分则第五章以外的其他章节规定的盗窃、诈骗、抢夺类犯罪,在判断其能否作为转化抢劫的前提犯罪时,应以犯罪客体为基本判断标准,严格、审慎地认定转化抢劫。盗窃、诈骗、抢夺行为在特定情形下能被法律拟制为抢劫罪,原因就在于这些行为与抢劫行为侵犯了相同的法益——财产权利。但从《刑法》条文来看,并非所有特殊盗窃罪、诈骗罪、抢夺罪所侵害的客体均为财产权利,还包括公共安全、社会管理秩序等。当特殊的盗窃、诈骗、抢夺行为不是以财产权利为主要的犯罪客体时,即使行为人实施了为窝藏赃物、抗拒抓捕、毁灭

罪证而当场使用暴力或者以暴力相威胁的行为，也不宜认定构成抢劫罪。

参 第1301号 蒋伟伟抢劫案——如何认定为劫取财物而预谋故意杀人的行为

行为人故意杀人的手段服务于抢劫财物的目的，抢劫财物和故意杀人之间存在明显的目的与手段的关系。对于行为人以杀人为目的，在实施杀人行为后，利用被害人已经死亡或者不能反抗的状态拿走被害人的财物，实践中通常以故意杀人罪和盗窃罪并罚。因此，判断行为人的犯罪性质，主要在于区分行为人的主观动机，应当把握行为人犯罪的主要动机和直接起因，分析被告人和被害人之间的矛盾是被告人杀人的起因还是将被害人作为抢劫对象的因素，根据案件的具体情况进行定罪、量刑。在判断有无劫财目的时，一要审查被告人的供述和辩解，二要审查被告人的客观行为，并根据在案证据的细节信息，如犯罪动机、起因、手段、工具等证据信息或线索，来印证、辨别被告人供述和辩解的真伪。

参 第1569号 张某抢劫案——比特币等虚拟货币是否属于财产犯罪的对象、涉案虚拟货币价值如何认定及如何处置

以暴力、胁迫等方法，强迫被害人购买比特币，进而抢劫所购买的比特币并转卖变现的，实际是抢劫购买比特币的对价，应当适用《刑法》第263条的规定，以抢劫罪定罪处罚。对于抢劫数额，应当根据被害人支付的对价予以认定。

参 第1570号 尹某某等人抢劫案——为从事违法犯罪活动租住的旅社房间不能认定为入户抢劫中的“户”

“入户抢劫”中的“户”必须同时具有“供他人家庭生活”的功能特征和“与外界相对隔离”的场所特征。为从事违法犯罪活动、为生产经营等其他目的而租用的、不具有“供他人家庭生活”特征的房屋不能认定

为入户抢劫中的“户”。旅店宾馆的房间虽然具有“与外界相对隔离”的场所特征，但通常情况下不具有“供他人家庭生活”的功能特征，故行为人进入旅店宾馆实施抢劫的，一般不宜认定为“入户抢劫”。

盗窃罪

《刑法》规定

第二百六十四条 盗窃公私财物，数额较大的，或者多次盗窃、入户盗窃、携带凶器盗窃、扒窃的，处三年以下有期徒刑、拘役或者管制，并处或者单处罚金；数额巨大或者有其他严重情节的，处三年以上十年以下有期徒刑，并处罚金；数额特别巨大或者有其他特别严重情节的，处十年以上有期徒刑或者无期徒刑，并处罚金或者没收财产。

相关规定

《刑法修正案(八)》第39条

最高人民法院、最高人民检察院《关于办理盗窃刑事案件适用法律若干问题的解释》

最高人民法院、最高人民检察院《关于办理妨害文物管理等刑事案件适用法律若干问题的解释》第2、8条

最高人民法院《关于审理扰乱电信市场管理秩序案件具体应用法律若干问题的解释》第7、8条

最高人民检察院法律政策研究室《关于非法制作、出售、使用IC电话卡行为如何适用法律问题的答复》

最高人民法院《关于审理未成年人刑事案件具体应用法律若干问题

的解释》第9条

最高人民法院、最高人民检察院《关于办理盗窃油气、破坏油气设备等刑事案件具体应用法律若干问题的解释》第3、4条

最高人民法院《关于审理掩饰、隐瞒犯罪所得、犯罪所得收益刑事案件适用法律若干问题的解释》第6条

最高人民检察院法律政策研究室《关于〈关于多次盗窃中"次"如何认定的法律适用请示〉的答复意见》

最高人民法院、最高人民检察院、公安部《关于依法办理"碰瓷"违法犯罪案件的指导意见》第4条

最高人民法院、最高人民检察院《关于常见犯罪的量刑指导意见（试行）》"四、常见犯罪的量刑"（十一）

案例要旨

公 2005年第8期　余刚等四人盗窃案

根据《刑法》第264条的规定，被告人利用编写、传播病毒程序在网上截取他人的银行账号、密码，窃取或实际控制他人网上银行账户内存款的行为，构成盗窃罪。

公 2006年第4期 参 第397号　韦国权盗窃案——暗自开走他人忘记锁闭的汽车的行为如何处理

机动车为具有特殊属性的物，所有权人必须以所有权凭证来主张自己的所有权。机动车交易只有在办理过户登记手续后，才发生所有权的转移。同时，机动车车牌号登记制度也进一步增强了所有人或占有人对车辆的控制力。因此，即使机动车所有人或者占有人在离开车辆时忘记关闭车窗、车灯，将车钥匙忘记在车上，也不能认定其完全丧失对车辆的控制，并由此推定该机动车属于遗忘物。在此情形下，行为人出于非法

《刑法》第264条

占有的目的，以秘密窃取的方式取得该机动车辆的，应当以盗窃罪定罪处罚。

公 2006年第11期 参 第420号　孟动、何立康盗窃案——如何认定网络盗窃中电子证据的效力和盗窃数额

判断电子文件能否作为刑事诉讼中的证据使用，应当对其可采性和证明力进行审查判断，法庭在判断某一电子证据是否被采纳时，首先应审查是否属实，其生成、取证等环节是否合法。盗窃网络虚拟财产的，其数额认定应参照被害人的实际财产损失，而不能将销赃数额认定为盗窃数额。

公 2008年第11期　杨志成盗窃案

根据《刑法》第271条关于职务侵占罪的规定，所谓“利用职务上的便利”，是指行为人在实施犯罪时，利用自身的职权，或者利用自身因执行职务而获取的主管、管理、经手本单位财物的便利条件。这里的“主管”，是指行为人在一定范围内拥有调配、处置本单位财产的权力；所谓“管理”，是指行为人对本单位财物直接负有保管、处理、使用的职责，亦即对本单位财产具有一定的处分权；所谓“经手”，是指行为人虽然不负有主管或者管理本单位财物的职责，但因工作需要而在特定的时间、空间内实际控制本单位财物。因此，构成职务侵占罪，就必然要求行为人在非法占有本单位财产时，以其本人职务范围内的权限、职责为基础，利用其对本单位财产具有一定的主管、管理或者经手的职责，在实际支配、控制、处置本单位财物时实施非法占有行为。如果行为人仅是在自身工作中易于接触他人主管、管理、经手的本单位财物，或者熟悉作案环境，而利用上述工作中形成的便利条件秘密窃取本单位的财产，则不属于“利用职务上的便利”，应依照《刑法》第264条的规定，以盗窃罪定罪处罚。

公 2011年第5期 参 第615号 郝卫东盗窃案——如何认定盗窃犯罪案件中的“情节轻微,不需要判处刑罚”

(1)数额是认定盗窃犯罪情节轻微的主要依据,但不是唯一依据。判断某一盗窃犯罪行为是否属于《刑法》第37条的“情节轻微”,要根据《刑法》及相关司法解释的规定,综合考虑犯罪手段、犯罪对象、退赃情况及社会反映等情况,客观评价刑罚处罚的必要性,不能“唯数额论”。(2)判断行为人的犯罪行为是否轻微,应根据犯罪情节存在的不同场合和时间,综合考虑行为人的罪前、罪中及罪后的各种情况进行认定。罪前情况包括犯罪人的一贯表现、前科情况等;罪中情况表现行为人的犯罪动机、手段、犯罪对象及具体损害结果等;罪后情况包括犯罪人对已实施的犯罪行为的态度,包括自首、坦白、退赃等。在盗窃自己亲属财物的案件中,考虑到被害人与被告人的亲属关系,被害人强烈要求对被告人从宽处罚,且未造成经济损失等因素,可以免予刑事处罚。

公 2011年第9期 崔勇、仇国宾、张志国盗窃案

行为人将银行卡出租给他人使用,租用人更改银行卡密码后,因使用不慎,银行卡被ATM机吞掉。行为人出于非法占有的目的,利用租用人请求其帮助取卡之机,在租用人掌握密码并实际占有、控制银行卡内存款的情况下,通过挂失、补卡等手段将银行卡内租用人的存款取出并占为己有,其行为属于秘密窃取他人财物,应以盗窃罪定罪处罚。

参 第60号 郝景文、郝景龙盗窃案——利用计算机盗划银行资金再到储蓄所取款的行为如何定性

被告人制作侵入银行计算机信息系统的装置,并秘密将侵入装置与银行计算机信息系统连接,通过操纵计算机将银行资金转入个人的存款账户,然后再从储蓄所提取账户内的钱款,在被告人将银行资金划入个人存款账户后,已经非法取得了该款的所有权,到储蓄所支取现金只是

盗窃行为的自然延续。负责取款的银行工作人员并未出现意思瑕疵,也没有能力进行怀疑,不构成诈骗罪。诈骗罪的虚构事实,不应当包括其实施诈骗行为前实施的使物品所有权已发生转移的盗窃行为。

参 第106号 孔庆涛盗窃案——窃取他人股票账户号码和密码后秘密使用他人账上资金高价买入朋友抛卖的股票从中获利的行为应如何定性

窃取他人股票账户号码和密码后秘密使用他人账户资金高价买入朋友抛卖的股票并从中获利的行为,构成盗窃罪;盗窃数额应按行为人及其朋友在股票交易中所获得的差价数额认定,被害单位被盗用的资金数额及其损失数额,可作为量刑情节予以考虑。

参 第135号 康金东盗窃案——骗得财物保管权后秘密窃取代为保管的财物的行为如何处理

利用熟悉工作环境或工作条件的便利,采取侵占、窃取、骗取或其他手段,将单位财物非法据为己有,数额较大的,不构成职务侵占罪,应以盗窃罪论处。

参 第160号 罗忠兰盗窃案——如何正确区分盗窃罪与侵占罪

侵占罪和盗窃罪的区别表现在:(1)犯罪的前提不同。侵占罪的行为人在侵占他人财物之前,必须已实际持有或控制他人财物。而盗窃罪的行为人在实施盗窃行为前,被盗财物仍处于物主的实际持有或直接控制之下。(2)犯罪目的产生的时间不同。侵占行为人的非法占有目的,发生在实际持有或控制他人的托管物以及拾得他人的遗忘物和发现他人的埋藏物之后;而盗窃行为人的不法占有目的,则发生在秘密窃取他人财物之前。(3)犯罪客观方面不同。侵占罪的行为手段可以是秘密的,也可以是公开或半公开的。如没有拒不退还或者拒不交出的行为,则不能构成侵占罪。盗窃罪的手段只能是秘密的,且窃得他人财物后又主动退还的，不影响盗窃罪的成立。

参 第 191 号 薛佩军等盗窃案——盗窃毒品如何定罪量刑

盗窃毒品等违禁品的，并不是以数额大小，而是以情节轻重作为定罪量刑的依据。因此，盗窃毒品的种类、数量、数额，应当是判断盗窃情节轻重的一个主要依据，盗窃毒品的犯罪数额只是判断盗窃毒品行为是否构成犯罪、情节是否严重的参考，其本身并不是量刑依据。

参 第 315 号 沈某某盗窃案——对所盗物品的价值有重大认识错误的应如何处罚

对无价值的物品误认为有较大、巨大或特别巨大价值的物品而盗走的，实践中一般可不作为犯罪处理；对有较大、巨大或者特别巨大价值的物品误认为是无价值的物品而随手拿走，如果当其发现具有价值后，若没有继续非法占有，一般不应作为犯罪处理。对于盗窃对象价值高低的认识错误，一般应当按照盗窃对象的实际价值定罪处罚；对于将价值高的东西误认为价值低的东西拿走的情形，则应因具体案情而定。

参 第 325 号 钱炳良盗窃案——盗买盗卖股票案件的盗窃数额如何认定

非法控制他人股票账户，与自己的股票账户进行相对委托证券买卖，影响证券交易价格和交易量的行为，不构成操纵证券交易价格罪[根据最高人民法院、最高人民检察院《关于执行〈中华人民共和国刑法〉确定罪名的补充规定（三）》改为操纵证券、期货市场罪。——编者注]。窃取他人股票账户的账号和密码后，在被害人不知情的情况下进行股票相对买卖的行为，不符合诈骗罪的构成特征，不能以诈骗罪定罪处罚。非法侵入他人股票账户，利用窃取的账号、密码与自己的股票账户进行交易非法牟利的，应以盗窃罪论处，应将获利数额认定为盗窃数额。

参 第339号　叶文言、叶文语等盗窃案——窃取被交通管理部门扣押的自己所有的车辆后进行索赔的行为如何定性

本人所有的财物在他人合法占有、控制期间，能够成为自己盗窃的对象。但如果行为人秘密窃取他人保管之下的本人财物，只是为了与他人开个玩笑或逃避处罚，或者不愿将自己的财物继续置于他人占有、控制之下，并无借此索赔之意，因其主观上没有非法占有的故意，不以盗窃罪论处。构成其他犯罪的，按其他犯罪处理。如果行为人只是单纯将财物秘密取回，主观上没有非法占有的目的，其行为就不构成盗窃罪。因此，秘密窃取他人占有的本人财物而后索赔的行为，是基于非法占有之目的而实施的"先盗后骗"行为，是一个完整的盗窃行为，只构成盗窃罪一罪。

参 第412号　张泽容、屈自强盗窃案——盗窃定期存单从银行冒名取款的行为如何定性

（1）对于盗窃与诈骗手法交织的非法取财行为（盗窃定期存单从银行冒名取款）的定性，应当主要看行为人非法取财时起决定作用的手段。（2）盗窃罪的既遂标准是控制说，对于盗窃定期存单，以有价支付凭证的财产权益实现为犯罪既遂，在此之前他人参与到财产权益实现过程中的，构成犯罪加入，构成盗窃罪共犯。

参 第427号　张超群、张克银盗窃案——窃取他人挖掘机电脑主板后向被害人索取钱财的行为如何定罪处罚

窃取他人挖掘机电脑主板后向被害人索取钱财的行为，被告人实施盗窃行为是为实施敲诈勒索行为创造条件，盗窃行为和敲诈勒索行为都是围绕一个最终犯罪目的——勒索钱财，因而手段行为和目的行为之间具有牵连关系，而且被告人对两个犯罪行为之间的牵连关系有明确的认知，因此成立牵连犯，在处罚上应择一重罪，即以盗窃罪定罪处罚。

参 第 460 号　陈建伍盗窃案——盗窃邮政局金库中存放的邮政储汇款是否构成盗窃金融机构

如果行为人仅仅是利用了工作中易于接触他人管理、经手的单位财物或者熟悉作案环境等便利条件的，那么只属于“利用工作便利条件”，应认定是诈骗或者盗窃等罪；盗窃“金融机构”，盗窃对象必须是金融机构中的金融资金，盗窃行为的发生地点应当是金融机构中。根据主客观相一致的定罪原则，如果行为人主观上不明知是在金融机构盗窃资金，从有利于被告人的角度考虑，不应认定为盗窃金融机构。

参 第 492 号　朱影盗窃案——对以盗窃与诈骗相互交织的手段非法占有他人财物的行为应如何定性

将以盗窃与诈骗相互交织的手段非法占有他人财物的行为定性为诈骗抑或盗窃，关键在于行为人获取财物时起到决定作用的手段是欺诈还是窃取，即被害人是否具有处分财物（控制权而并非仅仅指所有权）的意思和行为。

参 第 508 号　范军盗窃案——偷配单位保险柜钥匙秘密取走柜内的资金后，留言表明日后归还的行为仍然构成犯罪

（1）秘密窃取他人财物，事后留言表明自己身份并表示日后归还的，应以盗窃罪论处。（2）利用担任私营企业财务人员的工作便利，窃取企业财物的，不构成职务侵占罪，应以盗窃罪论处。

参 第 527 号　詹伟东、詹伟京盗窃案——通过纺织品网上交易平台窃取并转让他人的纺织品出口配额牟利的行为如何定罪

如果纺织品出口数量配额按照现行国家政策可转让的话，则具有财产属性，可视为财物。合理扩张盗窃犯罪对象符合经济社会的发展趋势和现实财产保护的实际，故对被告人私下窃取他人纺织品出口数量配额并转让牟利的行为,应以盗窃罪论处。

参 第557号 林燕盗窃案——保姆盗窃主人财物后藏于房间是否构成盗窃既遂

(1)区分盗窃罪的既遂与未遂,应以行为人是否实现了犯罪目的为标准,即以秘密窃取的手段实现了非法占有财物的主观目的的,应认定为盗窃罪既遂。(2)一般在特定场所,物主的控制能力是否及于该场所内的任何地方,物主对这些财物是否都享有事实上的控制权,需要结合社会一般观念,财物的性质、形状、运送难度,社会习惯等因素综合判断。被害人是否失去了对财物的控制,行为人是否能够对财物进行事实上的控制,即藏匿方式必须足以确保行为人的占有。同时满足上述两个条件方得认定行为人的盗窃既遂的成立。

参 第582号 杨聪慧、马文明盗窃机动车号牌案——以勒索钱财为目的盗窃机动车号牌的如何定罪处罚

机动车号牌虽由公安机关交通管理部门统一制发,但只是中英文和数字的组合,并不加盖主管机关的印章,仅起到机动上路行驶的有效识别载体的作用,不具有国家机关证件通常具备的特征。以敲诈钱财为目的,盗窃机动车号牌的,属于敲诈勒索罪与盗窃罪的牵连犯,应从一重罪处断;未能敲诈到钱财而将车牌随意丢弃的,应以盗窃罪论处。

参 第602号 程稚瀚盗窃案——充值卡明文密码可以成为盗窃犯罪的对象

(1)代表或者可以代表一定数额的财产权益、有别于传统财物形式的权益载体诸如账号、密码、虚拟货币等可以成为盗窃罪的犯罪对象。(2)非法侵入移动公司充值中心修改充值卡数据,并将充值卡明文密码出售的行为属于将电信卡非法充值后使用,构成盗窃罪。(3)《刑法》中的“商业秘密”包括技术信息和经营信息,必须通过一定的生产经营行

为方能体现，类似于充值卡的明文密码这种直接代表财产价值的电信服务信息不属于商业秘密。

参 第661号 李春旺盗窃案——在地方指导性意见对“入户盗窃”和普通盗窃设置不同定罪量刑标准的前提下，入户盗窃信用卡后使用的数额应否一并计入“入户盗窃”数额

将入户盗窃信用卡后取款的行为认定为入户盗窃，符合刑法理论对一个犯罪行为进行整体评价的原则。因此，被告人入户盗窃信用卡并使用，虽然其最终获取信用卡内钱款的行为不是在户内完成的，但因为被告人事先明知该信用卡的密码，在入户盗窃信用卡后实际已经控制卡内所有金额，故应当将户外提取的数额一并计入入户盗窃数额。

参 第751号 孙伟勇盗窃案——伪造证明材料将借用的他人车辆质押，得款后又秘密窃回的行为，如何定性

伪造证件冒名质押并从质押权人处取得钱款系一种民事行为，并不构成诈骗罪，质押权人有权取得该质押物的质押权，所有权人可以向行为人请求赔偿。行为人将质押物从质押权人处窃回，导致质押权人因质押物灭失，无法主张对行为人的债权，形成损失。因此，行为人盗窃质押物的行为应构成盗窃罪。

参 第766号 邓玮铭盗窃案——以非法占有为目的，在网络上利用出现系统故障的第三方支付平台，故意输入错误信息，无偿获取游戏点数，如何定性

处于故障状态的人工智能系统和机器因为已经丧失独立的意思表示能力，不能正确识别相关代码，所以其作出的决定不能代表其管理者和操作系统的真实意志，并不等于其管理者真正“处分”财物，其行为不构成诈骗罪。行为人采用秘密手段，窃取商家的游戏点数，数额巨大，其行为构成盗窃罪。

参 第795号 陈某盗窃案——窃取公司提供充值服务的密保卡数据，并进行非法充值，使公司QQ密保卡对应的等值服务资费遭受损失的，是否构成盗窃罪，如何确定该类行为的盗窃数额

如果被盗窃财物已脱离所有人或者保管人控制并且已实际置于行为人控制之下，应当认定为盗窃既遂；反之，认定为盗窃未遂。窃取公司提供充值服务的密保卡数据，并进行非法充值，使公司QQ密保卡对应的等值服务资费遭受损失的，构成盗窃罪，并应按实际财产损失认定盗窃数额。

参 第796号 汪李芳盗窃案——盗窃移动公司代理商经营的手机SIM卡，代理商在行为人盗窃既遂后从移动公司获取销售手机SIM卡的返利，返利是否应当在认定盗窃数额时予以扣除

刑事案件中对被盗物品的估价属于资产评估的一种，资产评估的基本原理应当同样适用于对被盗物品的估价。资产评估的基本方法有市场比较法、成本法、收益法三种，资产评估往往是对被告人定罪量刑的重要依据，以估测被评估资产的未来预期收益为方法的收益法不适用于刑事案件，价格认证机构通常采取市场比较法或者成本法评估涉案物品的价值。被害单位在行为人盗窃既遂后取得返利，在评估被窃手机SIM卡价值时宜采用成本法扣除返利，返利不应认定为盗窃数额。

参 第847号 卢文林盗窃案——在直接证据“一对一”的情况下如何准确认定犯罪事实以及在“抛物行骗”类案件中如何准确区分盗窃罪和诈骗罪

在“抛物行骗”类案件中，一般情况是，被害人被骗说出银行卡密码后，通常会交出财物给作案人去找所谓的第三人验证，从而造成财物被骗走的后果。由于被害人误以为作案人真的是去找第三人验证从而交出财物，符合诈骗罪中因错误认识而处分财产的特征，故而在这种情况下作案人的行为构成诈骗罪。如果被害人虽然自愿说出银行卡密码，但被告人及共同作案人取得被害人的银行卡并非被害人因为陷入错误认识自愿交出的，而是共同作案人趁被害人不注意偷偷取得的，那么这种行为就应当认定为盗窃罪。“存疑有利被告”是一项重要的司法原则，适用该原则应当以事实确已无法查清为前提，如果通过认真审查判断证据，适当开展证据补查工作，能够查清事实的，则不应适用该原则。如果被害人的陈述符合构罪特征，且自然、完整，能够得到在案其他证据的印证，即便被告人否认，也可以采信被害人的陈述认定罪名；但被害人的陈述存在疑点，也得不到其他证据的印证的，被告人的供述则较为稳定的，应当采信被告人的供述。

参 第848号　姜青松盗窃案——被害人陈述的被盗财物数额与被告人供述不一致的，如何认定

如果被害人陈述的被盗财物数额少于被告人供述的被盗财物数额，一般应当根据被害人的陈述，从低认定盗窃数额。如果被害人陈述的被盗财物数额多于被告人的供述，司法实践中比较普遍的做法是，当本证、反证的证明力相当，被盗财物数额难以查清时，应当依照“有利于被告人”原则，从低认定盗窃数额。鉴于这种处理方式可能会放纵犯罪，有必要确立一种除外原则，即如果通过仔细审查被害人陈述和被告人供述，并综合全案相关证据进行分析，应当采信被害人陈述并排除被告人供述的，则应当依照被害人的陈述认定盗窃数额。

参 第849号　廖承龙、张文清盗窃案——帮助他人盗回本属于自己公司经营的财产，如何定性

行为人伙同他人盗走债权人质押下的汽车，虽然目的是维护自身合法权益，但因为未采取正当、合法的方式主张权利，所以不属于自救行为，应当认定为盗窃罪的帮助犯。因为这种情形属于帮助他人使用非法

手段取回自己财产，不具有非法占有目的，量刑时应充分考虑这一主观要件要素。

参 第879号　饶继军等盗窃案——盗窃金砂后加工成黄金销赃，盗窃数额应当以所盗金砂价值认定，还是以加工成黄金后的销赃数额认定

被盗财物有有效价格证明的，则根据有效价格证明认定；无有效价格证明，或者根据价格证明认定盗窃数额明显不合理的，应当按照有关规定委托估价机构估价。故而盗窃金砂后加工成黄金销赃，盗窃数额应当以原始价值即所盗金砂价值认定销赃数额。

参 第1010号　关盛艺盗窃案——误将非债务人的财物作为债务人的财物加以盗窃的如何定性以及刑事审判中民事纠纷的基础事实严重影响量刑的是否有必要审查确认

（1）误将非债务人的财物作为债务人的财物加以盗窃的，属于犯罪对象认识错误。但无论是债务人的财物还是第三人的财物，体现的法益性质相同，属于同一构成要件范围内的认识错误，对犯罪行为性质不产生实质影响，仍应以盗窃罪定罪处罚。在个别情况下，因目的具有正当性，以致手段的非法性所反映的行为社会危害性大大降低，故而这种具有正当性的目的可以作为量刑情节考量。（2）被害人是否拖欠被告人钱款，是查明被告人犯罪动机的基础事实。而犯罪动机是刺激、促使行为人实施犯罪行为的内心起因或思想活动，其很大程度上反映了行为人的主观恶性、人身危险性以及所实施的行为的社会危害性的大小，是重要的量刑情节。因此，刑事审判中民事纠纷的基础事实如果严重影响量刑，就有必要审查确认。

参 第1011号　熊海涛盗窃案——明知未达到刑事责任年龄的人正在盗卖他人或者自己家中财物，仍然上门帮助转移并予以收购的，如何定性

（1）民事不当得利和财产犯罪之间是交叉关系而不是对立关系，民事不当得利行为符合《刑法》规定的财产犯罪构成要件的，可以纳入《刑法》评价范围。(2)在未成年人以极低价格销售住房中价值较大的财物时，可结合相关事实，认定行为人明知未成年人是在盗卖别人家或者自己家中的财物，在此基础上积极实施拆卸、转移和收购财物行为的，符合盗窃罪的主客观特征。(3)明知未达到刑事责任年龄的人盗卖他人或者自己家中财物仍然实施帮助行为并上门收购的，符合盗窃罪中秘密窃取他人财物的行为特征。(4)区分盗窃罪中的收购赃物行为和掩饰、隐瞒犯罪所得罪的关键在于行为人的主观认识内容及产生时间不同。

参 第1047号　花荣盗窃案——入户盗窃既未遂形态如何认定以及盗窃过程中群众在户外监视是否意味着被害人未失去对财物的控制

(1)不能仅以修正后《刑法》第264条的规定得出只要实施了入户盗窃行为，即使未取得财物也构成盗窃既遂的结论。盗窃罪侵犯的是他人的财产权益，应当将造成他人财产损失补充解释为该罪的构成要件要素。行为人只实施了入户盗窃行为，但未实际窃得财物的，由于被害人并未失去对财物的控制，其财产所有权没有实质被侵害，应当认定为盗窃未遂。(2)盗窃过程中群众在户外监视并不意味着被害人未失去对财物的控制。

参 第1108号　郭锐、黄立新盗窃，掩饰、隐瞒犯罪所得案——与盗窃犯罪分子事前通谋的收赃行为如何定性

与盗窃分子事前通谋的收赃行为，应当认定为盗窃罪的共犯。在认定销赃行为人与盗窃实行犯是否有事前通谋时，需要注意以下几点：一是销赃行为人与盗窃实行犯事前通谋的时间仅限于盗窃犯罪既遂之前，在盗窃犯罪既遂之后才进行意思联络的，不属于事前通谋。二是销赃行为人仅知道盗窃实行犯可能要去实施盗窃，但在盗窃前未与盗窃实行犯形成意思联络，在盗窃完成后才与盗窃实行犯共谋实施销赃行为，不属

于事前通谋。三是只要销赃行为人在盗窃前向盗窃实行犯承诺盗窃完成后为实行犯收购、销售盗窃所得的赃物，就可以认定双方存在事前通谋，而不要求销赃行为人对盗窃犯罪的时间、地点、方法、对象、目标等具体情节都全面了解或参与共谋。

参 第1100号 孙善凯、刘军、朱康盗窃案——事先承诺收购指定的特殊产品并在事后低价收购的行为如何定性

明知赃物系上游犯罪人犯罪所得，事先承诺收购，事后在上游犯罪现场收购赃物的，可以认定为与上游犯罪人通谋犯罪。掩饰、隐瞒犯罪所得、犯罪所得收益的行为是事后的帮助行为，对于事前与盗窃、抢劫、抢夺等犯罪分子通谋，实施掩饰、隐瞒犯罪所得、犯罪所得收益行为的，主观上明知盗窃、抢劫、抢夺等犯罪内容、危害后果而与其通谋，形成共同的犯罪故意，客观上对盗窃、抢劫、抢夺等犯罪分子实施犯罪予以配合，应当以共同犯罪论处。

参 第1128号 张万盗窃案——盗窃罪中数额巨大与减半认定情形并存的如何适用法律

在审理盗窃案件时，若行为人的涉案财物数额已达到相应数额标准，应当直接在相应的刑罚幅度内量刑；只有盗窃数额未达到相应标准，才应当根据相关司法解释的规定进行二次判断，如判断是否有减半认定的情形。同时，未作为确定量刑起点和基准刑的减半情节应作为二次量刑情节予以考虑，如行为人的人身危险性、犯罪情节、造成后果的严重程度等情节所体现出的社会危害性。

参 第1175号 巫建福盗窃案——利用入户盗窃所得车钥匙在户外窃取摩托车的行为，是否属于“入户盗窃”

财物本身是否在“户”内与权利人是否在“户”内具有财产权并非完全重合，如权利人通过占有“户”内的有价支付凭证等物品，进而可以对

别处的关联财物实现控制。既然财物可以通过形式占有实现控制，那么窃取“户”内形式占有载体的行为就已经侵犯了权利人对关联财物的控制。无论实际在何处获取关联财物，对财产权的侵犯在“入户盗窃”时已经发生。

参 第1186号 尹林军、任文军盗窃案——盗窃后为抗拒抓捕实施暴力程度不明显的摆脱行为，能否认定为“转化型抢劫”

转化型抢劫与抢劫虽然认定性质相同，但行为人的主观恶性和行为动机毕竟不同，行为人最初目的是盗窃、诈骗、抢夺，为窝藏赃物、抗拒抓捕或者毁灭罪证才使用暴力或者以暴力相威胁，因此对其暴力程度应当有所限制，应以被害人不敢抓捕或者不能抓捕为限。如果行为人不具有伤害意图，只是为摆脱和逃跑而推推搡搡，没有造成轻伤以上后果的，则可不认定使用暴力，不以抢劫罪定罪处罚。

参 第1202号 赵宏铃等盗窃案——非法侵入景点检售票系统修改门票数据获取门票收益的行为如何定性

行为人非法侵入景点检售票系统修改门票数据的行为，符合破坏计算机信息系统罪的构成要件。同时，行为人窃取数额巨大的景点门票收益的行为，又符合盗窃罪的构成要件。行为人一行为触犯两罪名，应当择一重罪处罚。（根据《刑法》第287条之规定，凡是利用计算机来实施金融诈骗、盗窃、贪污、挪用公款、窃取国家秘密或者其他犯罪的，无论手段行为是否构成相关计算机犯罪，均应以金融诈骗类犯罪、盗窃罪、贪污罪、挪用公款罪等罪名定罪处罚。——编者注）

参 第1214号 翟高生、杨永涛等盗窃、抢劫案——共同预谋并实施盗窃后离开，对同伙的二次盗窃行为是否担责

所谓“共谋共同正犯”所指的现象是，二人以上共谋实行某种犯罪行为，但只有一部分人基于共同的意思实行了犯罪，没有直接实行犯罪的共谋人与实行了犯罪的人，一起构成所共谋之犯罪的共同正犯。共同预谋并实施盗窃后离开，虽然没有实施第二次盗窃行为，但行为人作为整个盗窃活动的组织者、策划者，主观上对窃取财物的数量存在概括故意，并不排斥其他同案犯在其离开后继续盗窃，且其在次日看到盗窃所得远超过其参与的盗窃数量时，没有质疑而是积极参与销赃、分赃。因此，行为人对两次盗窃行为均应承担刑事责任。

参 第 1277 号　许赞良、汤焯杰盗窃案——内外勾结获取电信公司内部免费宽带账户后转卖，构成何种罪名

（1）电信公司内部免费宽带账号与市场上有价宽带账号一样，能够带来上网流量，因而具有财产性价值，非法获取并转卖这种账号的，构成侵犯财产类犯罪。（2）职务侵占罪和盗窃罪的核心区别在于是否利用职务上的便利，主要包括：①从行为人在实施犯罪行为前是否合法占有财物进行区分。职务侵占罪的行为人在犯罪前已经合法占有财物，盗窃罪的行为人则没有。②从行为人的工作职责进行区分。职务侵占罪的行为人具有主管、管理、经手财物的职责，盗窃罪的行为人则不具有上述职责。③职务侵占罪既侵犯了单位的财产权利，也侵犯了单位人员的职务廉洁性。

参 第 1393 号　陈华增、梁锦仔、林冬明盗窃案——拾得他人遗失的医保卡，并在药店盗刷卡内个人医保账户资金的行为如何定性

加载金融功能的医保卡是由社保部门发行，不能直接视为信用卡。使用社保卡内的社保账户资金与使用社保卡的金融账户具有根本的区别，盗刷医保个人账户资金属于秘密窃取他人财物，应当认定为盗窃罪。

参 第 1417 号　张金福盗窃案——将他人放在椅背衣服口袋内的财物盗走，能否认定为盗窃他人“随身携带的财物”

扒窃行为必须发生在公共场所或公共交通工具上，扒窃的对象范围应限定为他人“随身携带的财物”，即他人贴身放置在口袋中或包中未离身的财物，而在身体附近、处于他人现实支配之下但没有放在身上的财物不能认定为“随身携带的财物”。

参 第1419号 程少杰盗窃、传授犯罪方法案——以数额特别巨大之财物为盗窃目标但仅窃得数额较大之财物的，如何认定盗窃数额并选择法定刑幅度

财产犯罪中的“数额（特别）巨大”并非单纯的量刑情节，而属于加重构成要件。这种加重的犯罪构成存在未遂形态，当某一行为符合加重犯罪构成但没有发生既遂结果时，就成立加重犯的未遂，适用分则的加重法定刑，同时适用总则的未遂犯规定。因此，当行为人明确以数额特别巨大之财物作为目标，即使能窃得财物或实际窃得的财物价值不大的，也应认定为“数额特别巨大”，并同时适用未遂的相关规定。如果同时存在既遂和未遂部分的，应当针对既遂与未遂情形分别量刑，并从一重处；达到同一量刑幅度的，以既遂处罚。

参 第1514号 计某彬、付某生、阮某雨盗窃案——利用计算机信息系统漏洞非法办理电信宽带业务并对外出售应如何定性

利用计算机信息系统漏洞非法办理电信宽带业务并对外出售，手段行为构成非法获取计算机信息系统数据、非法控制计算机信息系统罪，破坏计算机信息系统罪，目的行为构成盗窃罪，应当按照牵连犯从一重罪处罚的原则，认定各被告人的行为均构成盗窃罪。

参 第1588号 杨某盗窃案——员工离职后利用公司未及时关闭系统使用权限的漏洞预订机票的定性及既遂和未遂数额认定

员工离职后利用公司未及时关闭系统使用权限的漏洞，在公司不知情的情况下获取公司财物，数额较大的，应当按盗窃罪定罪处罚。

诈骗罪

《刑法》规定

第二百六十六条 诈骗公私财物，数额较大的，处三年以下有期徒刑、拘役或者管制，并处或者单处罚金；数额巨大或者有其他严重情节的，处三年以上十年以下有期徒刑，并处罚金；数额特别巨大或者有其他特别严重情节的，处十年以上有期徒刑或者无期徒刑，并处罚金或者没收财产。本法另有规定的，依照规定。

相关规定

全国人民代表大会常务委员会《关于〈中华人民共和国刑法〉第二百六十六条的解释》

最高人民法院、最高人民检察院《关于办理诈骗刑事案件具体应用法律若干问题的解释》

最高人民法院、最高人民检察院、公安部《关于办理电信网络诈骗等刑事案件适用法律若干问题的意见》

最高人民法院、最高人民检察院、公安部《关于办理电信网络诈骗等刑事案件适用法律若干问题的意见(二)》

《检察机关办理电信网络诈骗案件指引》

最高人民法院《关于审理扰乱电信市场管理秩序案件具体应用法律若干问题的解释》第9条

公安部法制局《对〈关于对将已经仪器识别为不中奖的彩票出售的行为如何定性处理的请示〉的答复》

公安部《关于对伪造学生证及贩卖、使用伪造学生证的行为如何处

理问题的批复》

最高人民检察院法律政策研究室《关于通过伪造证据骗取法院民事裁判占有他人财物的行为如何适用法律问题的答复》

最高人民法院、最高人民检察院《关于办理妨害预防、控制突发传染病疫情等灾害的刑事案件具体应用法律若干问题的解释》第7条

最高人民法院《关于审理伪造货币等案件具体应用法律若干问题的解释(二)》第5条

最高人民法院、最高人民检察院、公安部、司法部《关于办理“套路贷”刑事案件若干问题的意见》第4条

最高人民法院、最高人民检察院、公安部《关于依法办理“碰瓷”违法犯罪案件的指导意见》第1、9、10条

最高人民法院、最高人民检察院《关于常见犯罪的量刑指导意见(试行)》“四、常见犯罪的量刑”(十二)

案例要旨

指 27号　臧进泉等盗窃、诈骗案

行为人利用信息网络,诱骗他人点击虚假链接而实际通过预先植入的计算机程序窃取财物构成犯罪的,以盗窃罪定罪处罚;虚构可供交易的商品或者服务,欺骗他人点击付款链接而骗取财物构成犯罪的,以诈骗罪定罪处罚。

公 2007年第8期　黄艺、袁小军等诈骗案

行为人出于非法占有他人财产的目的,采取虚构事实、隐瞒真相、设置圈套的方法诱使他人参加赌博,并以欺诈手段控制赌局的输赢结果,从而骗取他人财物,数额较大的,构成诈骗罪,应当依照《刑法》第266条的规定定罪处罚。

公 2012 年第 12 期　陈新金、余明党等诈骗案

出于非法占有他人财物的目的，以虚构“医院、专家、神药”，假冒病患、导医、医生、收费员、药品发放员等身份，骗取被害人财物的行为，应当依照《刑法》第 266 条的规定，以诈骗罪定罪处罚。

公 2016 年第 2 期　刘国义等诈骗案

行为人在明知自己控制的为虚拟现货交易平台，客户注入资金并未真正进入现货交易市场的情况下，通过虚构事实、隐瞒真相的方式骗取客户资金占为己有的，应认定为诈骗罪。

公 2023 年第 7 期　顾立、顾全飞诈骗案

在计算机信息系统具有处分财产功能且正常运行的情况下，行为人通过非法手段满足计算机信息系统控制者的预设条件，如实施添加、删除数据等破坏计算机信息系统的行为，使控制者陷入错误认识并授予行为人通过计算机信息系统获取财物权限的，该行为构成诈骗罪。

参 第 45 号　章杨盗窃罪——窃取并变造已付讫的国库券再骗兑的行为如何定罪

已付讫的国库券丢失、被盗，国家、银行的财产实际没有丢失、被盗，银行的“损失”实际是一种内部核销凭证不存在而无法予以核销的“损失”，充其量只是银行账面上的“损失”，国家并无实际财产的损失。因此，盖有“付讫”章的有价证券已丧失可兑付性的，不再认定为有价证券。窃取、伪造已付讫的有价证券后再骗兑的行为，应以诈骗罪论处。

参 第 53 号　龙鹏武、龙雄武诈骗案——利用欺骗方法兼并后又利用职务便利将被兼并单位财物占为己有的行为如何定性

对于以非法占有为目的，使用欺骗的手段获得经营、管理公司、企业财物的职务后，又利用职务上的便利，将本单位财物非法占为己有的行为，是构成诈骗罪还是侵占罪，区分的关键取决于被告人非法占有的目

的是产生在被告人使用欺骗的手段获得经营、管理公司、企业财物的职务之前还是之后。

参 第148号 何起明诈骗案——抢走财物后哄骗被害人不追赶的行为如何定性

被抢走财物后，被害人没有呼喊、追赶和报警，不是因为其不能或者不敢呼喊、追赶和报警，而是由于被告人虚构事实，并且仍与被害人待在一起，被害人有理由相信被告人所言的真实性。因此，被害人实际上默认了被告人同伙对摩托车的占有。也就是说，被害人丧失摩托车，实际上是因其受骗上当而"自愿"交出，是诈骗的另一种表现形式。因此，被告人在被害人有条件当场夺回财物的情况下，采取欺骗的方法使被害人放弃夺回的行为构成诈骗罪。

参 第161号 王庆诈骗案——骗购电信卡贩卖给他人使用造成电信资费巨大损失的行为如何定性

(1)行为人在逃交电信资费的目的支配下，实施的以虚假、冒用的身份证件办理入网手续或骗购电信卡的行为，虽不是典型的"财物"交付，但行为人已可以随意支配和使用电信卡，故仍可视为"财物"已交付，至于是行为人自己使用、无偿交给他人使用，还是有偿转卖给他人使用则在所不问。(2)司法解释依附于被解释的刑事法律规范，它本身并无独立的时间效力，其时间效力取决于刑事法律的时间效力。易言之，只要《刑法》的时间效力及于某一时间发生的犯罪行为，对《刑法》所作的司法解释也具有同样效力，而无须考虑正在审理的案件是发生在司法解释施行之前还是之后。

参 第167号 袁鹰、欧阳湘、李巍集资诈骗案——非法传销过程中携传销款潜逃的行为如何处理

对于非法传销过程中携传销款潜逃的行为，由于有买卖货物的行

为，是在非法经营活动中进行诈骗活动，没有侵犯金融管理秩序，主要侵犯的是传销参与者的财产权和市场经济秩序，因此应以诈骗罪或者合同诈骗罪定罪处罚。

参 第185号　刘国芳等诈骗案——为获取回扣费以虚假身份证件办理入网手续并使用移动电话拨打国际声讯台造成电信资费损失的行为应如何定罪量刑

行为人以非法占有应缴纳的电信服务费为目的，使用虚假或冒用的身份证件骗购 GSM 卡，办理入网手续并使用移动电话，造成电信资费损失的行为，完全符合诈骗罪的一般特征，应当以诈骗罪论处。同时，认定诈骗数额应根据具体案情相应采用合理的标准。诈骗未遂时，应按照行为人意图诈骗的数额认定；诈骗既遂时，应以所得数额为诈骗数额。如果受害人损失数额或交付数额高于诈骗犯罪行为人所得，而这一差额又可归因于犯罪行为人的一方行为的话，则诈骗数额应按照损失数额或交付数额认定。

参 第214号　李品华、潘才庆、潘才军诈骗案——故意制造“交通事故”骗取赔偿款行为的定性

被告人的行为不属于通过威胁或者要挟方法，致使被害人基于恐惧心理而被迫交付财物的行为，不构成敲诈勒索罪。被告人制造“交通事故”，对事实真相加以隐瞒从而骗取对方赔偿款的行为，符合诈骗罪的构成要件，应以诈骗罪追究其刑事责任。

参 第256号　程剑诈骗案——猜配捡拾存折密码非法提取他人存款行为的定性

捡拾他人遗失的存折提取存款的行为不属于侵占行为，不应以侵占罪定罪处罚。被告人利用手中持有的他人存折，通过猜配他人取款密

码，将他人持有的不为他人所知的密码予以破解，可以视为一种无形偷盗行为，但猜中密码并不意味着取得了他人存款，只是进一步取得他人存款的手段行为，且密码本身并无价值，因而不具有独立的法律意义。而后的冒用他人名义骗取银行信任，才是取得存款的关键，因此应认定为诈骗罪。

参 第301号　田亚平诈骗案——银行出纳员用自制"高额利率定单"，对外虚构单位内部有高额利率存款的事实，将吸存的亲朋好友的现金占为己有的行为如何定性

"利用职务上的便利"，是指行为人利用本人职务范围内主管、支配和具体负责经营公共财物所形成的便利条件，以行使职务的名义、借口和便利，不为人知地或者"名正言顺"地将公共财物非法占为己有。被告人利用其银行出纳员的身份来取得亲朋好友的信任，向他人推荐虚假的"高额利率定单"，骗取巨额资金，用于购买、装修房屋、购买汽车等高消费，构成诈骗罪。

参 第451号　黄艺等诈骗案——设置圈套诱人参赌，以打假牌的方式"赢取"他人钱财的行为构成赌博罪还是诈骗罪

在被告人通过只赢不输的所谓赌博形式非法占有他人钱财的情形下，赌博行为只是达到非法占有他人钱财目的的手段，其不仅设置圈套诱使他人参赌，而且使用欺诈手段控制输赢结果，骗取特定被害人的信任使其"自愿"依赌博规则，认赌服输交付巨额钱财，应当属于一种以赌博为名实施的诈骗犯罪，完全符合诈骗罪的犯罪构成。（此类情形不适用最高人民法院于1995年11月6日发布的《关于对设置圈套诱骗他人参赌又向索还钱财的受骗者施以暴力或暴力威胁的行为应如何定罪问题的批复》。——编者注）

参 第494号 余志华诈骗案——将租赁来的汽车典当不予退还的行为构成诈骗罪

将租赁来的汽车典当不予退还的行为构成诈骗罪。被告人连续非法典当租来的汽车,连续实施数个独立的诈骗行为,为同种数罪。在车主追索下,被告人既已赎取前车归还车主,则只以未赎取汽车的金额计算犯罪金额,之前的诈骗行为作为量刑情节考虑。

参 第591号 王微、方继民诈骗案——将他人手机号码非法过户后转让获取钱财的行为如何定性

(1)单纯的手机号码没有价值,不具有财产类犯罪指向的财物属性,因为《刑法》规定的"以牟利为目的,盗接他人通信线路、复制他人电信码号或者明知是盗接、复制的电信设备、设施而使用的",依照盗窃罪的规定定罪。这一规定主要适用于行为人使被害人产生初装费、入网费等损失(除非销赃数额高于这一损失,否则以损失作为盗窃数额),以及被害人产生话费损失的,而非法转售他人的电话号码并不会导致这两种情况的发生,因此不构成盗窃罪。(2)在他人手机号码非法过户后转让获取钱财的行为中,转让行为才是获利的关键,这与盗窃后销赃的行为具有实质性的不同,鉴于此,该行为实质侵犯了购买上述号码者的利益,应认定为诈骗罪。

参 第650号 张航军等诈骗案——利用异地刷卡消费反馈时差,要求银行工作人员将款项存入指定贷记卡,当同伙在异地将该贷记卡上的款项刷卡消费完毕,又谎称存款出错,要求撤销该项存款的行为,如何定罪

(1)诈骗罪的基本模式是行为人以非法占有为目的,采取虚构事实或者隐瞒真相的方法实施欺诈行为,使对方产生认识错误,对方基于该认识错误交付财物,进而造成损失。判断一行为是否构成诈骗罪,客观上要看行为人是否实施了欺诈行为并给被害人造成经济损失,主观上要看行为人是否具有非法占有目的。(2)通常认为,诈骗罪与盗窃罪均以和平手段取得他人财物,但前者是基于受骗人有瑕疵的意思而取得财物,后者是违背被害人的意思而取得财物,故区别二者关键要看被害人是否存在因陷入认识错误而将财物交付给行为人这一财物处分行为。有此财物处分行为的,是诈骗罪;无此财物处分行为的,通常构成盗窃罪。

参 第819号　曹海平诈骗案——虚构事实,待店主交付商品后,谎称未带钱,在回家取钱途中趁店主不备溜走的行为,如何定性

在盗窃案件和诈骗案件中,隐蔽手段和欺诈手段可能会交叉使用,但隐蔽和欺诈的具体目的有所不同。一是行为人实施欺诈行为的目的不同。前者的目的是使对方陷于错误认识而自愿交付财产,后者的目的是为实施盗窃创造条件。二是受骗人错误认识的内容不同。前者是使受骗人对交付财物的原因产生错误认识,后者的行为人不会产生处分财产的错误认识。三是受骗人的财物处分意思不同。前者行为人必须具有转移占有的财物处分意识,后者则不然。

参 第820号　黄某诈骗案——侵入单位内部未联网的计算机人事系统篡改他人工资账号,非法占有他人工资款的行为,如何定性

侵入单位内部未联网的计算机,不符合破坏计算机信息系统罪的对象特征。被告人利用熟悉环境的工作便利,侵入公司内部未联网的计算机信息系统,将公司人事系统数据进行更改,公司基于错误认识将本应发放给其他员工的工资款汇入被告人持有的银行卡账户内,其行为构成诈骗罪。

参 第836号　王红柳、黄叶峰诈骗案——设置圈套控制赌博输赢并从中获取钱财的行为,如何定性

设置圈套诱骗他人参赌的行为是构成诈骗罪还是赌博罪,关键在于

赌博圈套中的欺骗程度。如果行为人仅采取了较为轻微的欺骗行为，赌博输赢主要是依靠各自运气、技术，即赌博各方均不能控制、主导赌博输赢结果，则其行为仍然符合赌博特征，因为赌博本质上是一种射幸行为，其结果具有偶然性；如果行为人在赌博过程中采取作弊手段控制赌博输赢，则赌博就是掩盖事实的手段，该行为本质上符合诈骗的特征，依法应以诈骗罪定罪处罚。

参 第837号　史兴其诈骗案——利用自己准备的特定赌具控制赌博输赢行为的定性

赌博型诈骗犯罪中，行为人在主观上以非法占有为目的，客观上采用了欺诈的手段弄虚作假，支配、控制赌局的输赢，单方面确定赌博胜败的结果，使被害人基于错误认识，误认为自己运气不佳而“自愿”交付财物给行为人，此种行为属于以赌博之名、行诈骗之实的行为，应以诈骗罪定罪论处。

参 第850号　苗辉诈骗案——家电销售商虚报冒领国家家电下乡补贴资金的行为应如何定性

被告人作为家电经销商，不具备贪污罪的主体资格，其虽然受当地财政部门委托审核农户的身份信息及购买资料，并在农户购买家电下乡产品时把补贴资金垫付给符合购买条件的农户，但不是基于财政部门的委托管理、经营国有财产，其套取补贴利用的是其劳务上的便利，不具有管理、经营的内容，因而不属于利用职务上的便利，故其虚报冒领家电下乡补贴资金的行为构成诈骗罪。

参 第950号　伍华诈骗案——受他人委托炒股，私自使用他人证件以委托人名义开立银行新账户，通过证券业务员将原账户股票卖出后将所得款转到新账户并取走的行为，如何定性

盗窃罪与诈骗罪的区别在于，前者的行为人是采取秘密的手段直接窃得他人的财物，而后者的行为人是通过欺骗手段使他人财物的所有权人或者保管人“自愿”将该财物交付给行为人。通常的诈骗行为表现为：行为人向被害人实施欺骗行为，被害人陷入认识错误进而处分自己占有的财产，最后导致财产损失。在这种场合，受骗者（财产处分人）与被害人具有同一性。但是，在诈骗罪中也存在受骗者（财产处分人）与被害人不是同一人（或不具有同一性）的现象，这种情况在刑法理论上称为“三角诈骗”。

参 第1048号 葛玉友等诈骗案——在买卖过程中，行为人采取秘密的欺骗手段，致使被害人对所处分财物的真实重量产生错误认识，并进而处分财物的行为如何定性

盗窃罪与诈骗罪的本质区别在于被害人针对财物是否存在处分行为。其中，诈骗罪要求被害人至少需要认识到所处分财物的种类、名称、外观等物理特征，即知道自己是在对什么东西进行处分。当被害人对自己所处分财物的上述物理外观存在认识时，尽管由于行为人的欺骗行为而对财物的质量、价格等内在属性产生了错误认识，但仍然不影响处分意识的成立，所以这种行为仍然构成诈骗罪；反之，如果行为人直接针对财物本身采取秘密欺骗手段，使受骗者对所转移财产的外观等物理特征没有认识的话，则应当以盗窃罪论处。

参 第1049号 杨丽涛诈骗案——侵入红十字会计算机信息系统，篡改网页内容发布虚假募捐消息骗取他人财物的行为，如何定罪处罚

（1）侵入红十字会网站，篡改网页内容并发布虚假募捐消息的行为构成破坏计算机信息系统罪。（2）行为人利用计算机实施金融诈骗、盗窃、贪污、挪用公款、窃取国家秘密或者其他犯罪的，如果其手段行为没有触犯计算机信息系统安全，就应当依照《刑法》有关规定定罪处罚。否则，就应当按照牵连犯的处罚原则，从一重罪处断。

参 第1065号　王先杰诈骗案——民事纠纷与公权力混合型诈骗案件中若干情节的认定

民事纠纷(欺诈)与诈骗罪之间不是非此即彼的排斥关系,不能因为客观上存在交易关系就断然否认诈骗罪的成立。两者的根本区别在于民事纠纷(欺诈)不具有非法占有的目的,只是由于客观原因一时无法偿还;诈骗罪是以非法占有为目的,不是因为客观的原因不能归还,而是根本不打算偿还。认定"以非法占有为目的"应当主要从以下三个方面进行判断:(1)行为人事前有无归还能力,如行为人的资产负债情况等。(2)行为人事中有无积极归还或者消极不归还行为或者表现,如行为人以编造事实或者隐瞒真相的方式拖延归还被害人的财产。(3)行为人事后处分财物及对他人财产损失的态度,如行为人是否通过实施诈骗行为排除被害人对其财产的控制并将其财产转归行为人或第三人名下,是否将被害人的财物用于双方约定的用途,抑或用于消费、还债等个人用途,是否具有转移财产、隐匿财产、拒不交代财物的真实去向等欲使被害人财物无法收回的行为等。司法实践中,非法占有目的的认定应在综合考量上述事实的基础上推定而得。

参 第1083号　嵇世勇诈骗案——对假冒国际标准集装箱偷逃高速公路通行费的行为应当如何定性

假冒国际标准集装箱偷逃高速公路通行费的行为,系通过伪造事实、隐瞒真相的方式,使车辆符合减免通行费的条件,侵害了公路营运方的财产所有权,符合诈骗罪的犯罪构成,应按诈骗罪定罪论处。

参 第1174号　丁晓君诈骗案——以借用为名取得信任后非法占有他人财物行为的定性

在借用财物的情形下,被害人将财物交给行为人时,如果被害人仍在现场监督行为人对财物的使用情况,则财物的占有、支配关系在法律上并未转移，亦即被害人并未对财物作出处分。但是，如果行为人在借得财物后，将财物带离现场，被害人不加阻止的，则应当认为财物的占有、支配关系已发生变化，被害人实际已因受骗而对财物作出错误处分。

参 第1203号　林在清等人诈骗案——无明确的犯罪意思联络，但为诈骗犯罪分子提取赃款并获利，是否构成诈骗共犯

虽然三被告人事先与诈骗上线并没有明确具体的预谋，但就其所处的生活环境以及被告人的个人认知水平，其知道也应当知道诈骗上线所实施行为的社会危害性已经达到可以入罪的程度，在诈骗上线实施犯罪行为过程中，其积极配合，提取赃款，对诈骗犯罪行为最终目的的实现起到关键作用，应当以共同诈骗犯罪论处。

参 第1218号　杨涛诈骗案——单位职员虚构公司业务、骗取财物的如何定性

区别诈骗罪与职务侵占罪的关键在于，前者侵占的是被害人基于错误认识而处分的财产，后者侵占的是行为人保管、经营的单位财产。行为人是否构成表见代理，在民事法律关系中直接影响各方的民事权利义务，但并不影响诈骗罪与职务侵占罪的甄别定性。行为人对其所在单位是否构成表见代理并不影响对行为人的定罪，行为人编造虚假公司业务，利用职务身份获取被害人信任，骗取被害人财物的行为，依法构成诈骗罪。

参 第1247号　李政等诈骗案——以办理学历证书为名非法收取钱财的如何认定

实施诈骗可以通过多种方式和途径，包括非法经营手段。非法经营罪和诈骗罪在主要犯罪结果上是同一的，可依照对犯罪结果中最关键的犯罪行为定罪处罚，为更加精准地体现打击重点，从全案效果考虑，宜以诈骗罪定罪处罚，同时将符合非法经营罪构成要件的行为作为从重处罚情节考虑。

参 第1264号 吴剑、张加路、刘凯诈骗案——“网络关键词”诈骗犯罪中签订合同行为对案件性质的影响

在司法实践中，区分诈骗罪和合同诈骗罪应当注意两点：第一，不能简单以有无合同为标准来区分合同诈骗罪与诈骗罪。合同诈骗罪的“合同”是指被行为人利用，以骗取他人财物、扰乱市场秩序的合同。它是刑法意义上的合同，是以财产为内容的、体现合同当事人之间财产关系的财产合同。因此，有关身份关系的合同、行政合同以及不能反映为经济活动的赠与合同、代理合同等，一般不能认定为合同诈骗罪中的“合同”。第二，不能简单以“签订合同＋骗取财物”为标准来判断是否构成合同诈骗罪，而应当以行为人骗取财物与合同本身的内在联系为标准，只有行为人基于合同取得财物，才能认定为合同诈骗罪；如果行为人与被害人签了合同而最终获得财物的手段、行为与该合同并没有直接的联系，则不宜认定为合同诈骗罪。

参 第1319号 倪劲锋诈骗案——利用疫情实施电信网络诈骗行为的认定和刑事政策把握

电信网络诈骗突破了传统犯罪空间范畴，大多属于跨区域犯罪，地域化特征相对淡化，应统一按照诈骗财物价值3000元以上、3万元以上作为《刑法》第266条规定的诈骗“数额较大”和“数额巨大”的标准。对于在传染病疫情防控期间，利用网络平台实施诈骗犯罪的案件，在确定量刑起点、基准刑时，一般应适用就高原则，但在确定宣告刑时应当综合全案事实情节，准确把握从重、从轻量刑情节的调节幅度，保证罪责刑相适应，并严格把握缓刑的适用条件。

参 第1320号 王郊诈骗案——针对特定人通过电信网络联络实施的诈骗犯罪不属于电信网络诈骗犯罪

电信网络诈骗是一种点对面的犯罪，行为人通过电信网络散布和传

播虚假信息，并非针对特定人实施诈骗行为，其初始作案目标范围较广，时空跨度和犯罪规模较大。行为人针对知悉其真实身份的特定人实施的诈骗犯罪，即使利用了电信、网络工具，亦不宜认定为电信网络诈骗犯罪。对于电信网络诈骗与传统诈骗如何区分，应综合在案因素进行判断：(1)行为人是否向不特定人员发布了虚假信息，包括主动发布以及在别人询问时对众人发布。(2)行为人未发布虚假信息的，要考查是不是向不特定人员实施犯罪。(3)对于行为人利用其掌握的公民个人信息，通过电话、网络实施"精准诈骗"的，需调查核实其获取公民个人信息的目的，以及获取公民个人信息的手段。

参 第1321号　孙佳英、蒋志诈骗案——涉疫情诈骗犯罪未遂的认定和量刑把握

对于涉疫情诈骗未遂的行为，首先要根据行为人的既遂数额和未遂数额判定其各自所对应的法定刑幅度，未遂部分还可以从轻或者减轻处罚。其次要根据比较结果，如既遂部分所对应的量刑幅度较重，或既遂、未遂所对应的量刑幅度相同的，以既遂部分所对应的量刑幅度为基础酌情从重处罚；反之，如未遂部分对应的量刑幅度较重的，则以该量刑幅度为基础，酌情从重处罚。即对于诈骗未遂并不限于基本刑档。

参 第1322号　应鑫迪诈骗案——疫情防控时期利用疫情实施诈骗等犯罪的，应从严惩处

对于发生在抗击新冠疫情的特殊时期，假借销售用于预防突发传染病疫情用品的名义诈骗他人财物的行为，相比正常时期的诈骗犯罪行为，不仅侵犯了公私财物的所有权，而且容易引发社会紧张情绪，社会危害性更大，应当从重处罚。

参 第1342号　黄钰诈骗案——如何区分诈骗罪与民事欺诈

在熟人之间，判断行为人骗取财物是否属于诈骗，要正确判定行为人是否具有非法占有的目的。可以从两个方面进行判断:一是看行为人是否有逃避偿还款物的行为。行为人取得财物后即携款(物)逃匿,躲避被害人催债;或者将财物转移、隐匿,拒不返还;或者将财物用于赌博、挥霍等,致使无法返还的,都属于逃避偿还的行为。二是看被骗人能否能够通过民事途径进行救济。一般来说,构成诈骗罪的行为,应当是不能通过民事途径进行救济的行为。欺骗行为尚不严重,不影响被骗人通过民事途径进行救济的,不宜轻易认定为诈骗犯罪。将能够通过民事途径救济的骗取财物行为排除在诈骗犯罪之外,也符合刑法的谦抑性原则。

参 第1363号 张凤江等14人诈骗案——"套路贷"中犯罪数额的认定及计算方法

被告人借贷过程中以"违约金""保证金""中介费""服务费""利息"等各种名义收取的费用均应计入犯罪数额予以认定,行为人实际给付的本金数额不计入犯罪数额。对于被告人和被害人各执一词,人民法院总体上应当按照就低原则认定,但如被告人未供述具体金额,而被害人所称的被骗金额合理,那么在虚高的借条金额及走银行流水的合理范围内,则可按照被害人所称的被骗金额予以认定。被害人经催讨或诉讼后,向被告人支付的钱款大于其借款本金,以及对于被害人经催讨后无力还款,被告人将被害人的债务"平账"至其他团伙的情形,既遂金额按照"平账钱款-借款本金"予以认定。行为人着手实施"套路贷"诈骗行为,但由于意志以外的原因未得逞的,犯罪未遂的金额应当以"虚高借条的数额(或诉讼数额)-借款本金数额"予以认定。

参 第1371号 朱港春、李俊乐诈骗案——"单方欺诈型"虚假诉讼行为应当如何定罪处罚和正确适用从旧兼从轻原则

行为人明知债务人的借款已经全部归还,双方之间的债权债务法律关系已经消灭,仍然故意捏造事实,起诉要求借款人及担保人再次归还

本息，属于刑法理论所称的“单方欺诈型”虚假诉讼行为，依法构成诈骗罪。“单方欺诈型”虚假诉讼行为发生在《刑法修正案（九）》施行之前，《刑法修正案（九）》施行之日尚未处理的，应当适用修正前的《刑法》规定，以诈骗罪定罪处罚。

参 第1372号　黄金章诈骗案——诈骗犯罪与民事欺诈行为的界限

对诈骗罪和民事欺诈一般应从欺骗内容、欺骗程度和欺骗结果三个方面予以区分。实践中诈骗犯罪中非法占有目的的推定，可以综合考虑、审查以下几个要素：（1）要看行为人主体身份是否真实，行为实施对象是陌生人群还是熟悉的人甚至是朋友、亲戚。（2）要审查行为人在行为当时有无履约能力，有无归还能力。（3）要审查行为人有无采取诈骗的行为手段，有无实施虚构事实、隐瞒真相的行为。（4）要审查行为人有无履约的实际行动，有无积极准备做相应工作。（5）要审查行为人未履约的原因，是否因为意外事件、行为人过失等不能履约，还是根本不想去履约。（6）要审查行为人的履约态度是否积极，是否按时、按计划履行合约。（7）要审查行为人对财物的主要处置形式，如有无肆意挥霍、有无使用资金进行违法犯罪活动。（8）要审查行为人的事后态度是否积极，如是否抽逃、转移资金、隐匿财产，以逃避返还资金，有无在获取资金后逃跑行为。以上因素不能孤立地用于证明行为人是否有非法占有的目的，应该坚持主客观相统一的原则，既要避免单纯根据损失结果客观归罪，也不能仅凭被告人自己的供述来归罪，应综合案件各种事实考量，审慎判断。

参 第1373号　阚莹诈骗案——诈骗数额的计算与扣除

实践中，行为人实际骗取的数额与被害人的财产损失数额并非完全对应。犯罪嫌疑人为实施犯罪购买作案工具、伪装道具、租用场地、交通工具甚至雇用他人等诈骗成本不能从诈骗数额中扣除。而对于行为人向被害人支出的财物，考虑其对受损的法律关系有所弥补，在特定情形下可以进行扣除。对于案发前行为人向被害人归还的财物，以及在诈骗过程中行为人向被害人交付或者支付的有利用可能性的财物，可以从犯罪数额中予以核减。

参 第1420号　刘楚荣、刘汉杰、刘立辉诈骗案——当被告人同时具有国家工作人员等多种身份时应如何认定其行为性质以及村民委员会是否属于单位犯罪的适格主体

当被告人同时具有国家工作人员等多种身份时，国家工作人员的身份对其他身份不存在绝对的吸收关系，不能因被告人具有国家工作人员的身份，就当然认为被告人是利用该身份实施了犯罪行为，而应当以其实施犯罪行为时所利用的具体身份来认定其行为性质。全国人民代表大会常务委员会《关于〈中华人民共和国刑法〉第三十条的解释》作为立法解释，具有溯及力，一经通过，即应作为理解和适用《刑法》第30条的依据，效力适用于《刑法》的整个施行期间，对于《刑法》施行以后和在该立法解释通过后尚未处理或者正在处理的案件，均应适用该立法解释进行处理。

参 第1423号　杨志诚、韦宁、何文剑诈骗案——骗领不动产权登记后将不动产抵押借款，诈骗数额如何认定

骗领不动产产权登记后将不动产抵押借款，对房产进行抵押借款属于诈骗之"事后行为"，后续抵押借款多少、是否顺利追回涉案房产等，均不影响其犯罪金额的认定。片面地将部分犯罪所得物抵押借款的金额认定为犯罪金额，不仅不能全面评价犯罪的危害后果，也会因抵押借款的不确定性而无法判定。

参 第1497号　白福来诈骗案——冒充退休人民警察诈骗行为性质的认定

退休的国家机关工作人员，不是国家机关工作人员，只是与原单位在养老等方面存在联系，且已退休的人民警察不再享有执法的权力，行为人冒充退休的人民警察，其本人无法直接通过行使执法权力来帮助被害人取消行政处罚，事实上不可能损害国家机关权威和公信力，故不能将退休的人民警察视为国家机关工作人员。从刑法罪名体系来看，关于国家机关离退休人员的身份属性界定很明确，退休人员已不能再理解为具有国家机关工作人员身份，行为人借此招摇撞骗，骗取数额较大以上钱款的，应以诈骗罪追究刑事责任。

参 第1551号　刘某甲、刘某乙等诈骗案——申报国家专项补贴资金过程中伪造申报材料的是否构成诈骗罪的认定与把握

对于伪造材料申报国家专项补贴资金是否构成诈骗罪，要根据审理查明的事实和证据审慎判断，准确认定被告人是否具备申报专项补贴资金的关键资质，是否具有非法占有的目的，避免只要材料造假一律入罪。对于申报企业不具备专项资金申报的关键资质，不符合实施补贴资金项目的基本要求和必备条件，通过虚构事实、隐瞒真相骗取国家专项补贴，致使有关部门基于错误认识批准、下拨补贴款项，符合诈骗罪构成要件的，可以依法追究刑事责任。反之，对于申报项目符合国家专项资金政策基本条件，只是在申报过程中存在个别夸大实际的情况，伪造或提供非关键性虚假申报材料的，对行为人一般不宜按诈骗罪定罪处罚。

参 第1571号　程某红、万某俊等人诈骗案——犯罪前恶意转移的财物是否可用于承担退赔责任

司法实务中，为了避免公权力过度干预私权，一般以“形式要件”来判断离婚是否有效，不考察离婚的“实质性要件”，但当事人享有婚姻自由的同时，不得损害国家、集体或者第三人的合法权益。对恶意串通损害他人利益的财产处分行为，法律明确给予否定性评价。电信网络诈骗犯罪案件中，被告人在犯罪前通过离婚转移给配偶的个人合法财产，应

认定离婚协议中的财产分割部分无效,可以用于承担退赔责任。

参 第1572号 何某忠诈骗案——以部分虚构的事实提起民事诉讼的应如何定性

民事诉讼欺诈行为在司法实践中主要有“无中生有型”、“死灰复燃型”和“借题发挥型”三种类型。民事诉讼欺诈行为若成立诈骗罪需同时具备以捏造的事实提起民事诉讼和具有非法占有他人财产的主观故意两个要件。民事诉讼欺诈行为可否作为犯罪处理,应综合考虑行为人的主观目的、行为性质及实际危害后果以及相关民事纠纷能否通过民事程序纠正和救济,审慎判断是否构成犯罪,避免将经济纠纷当作犯罪处理。

参 第1573号 宋某岩诈骗案——通过直播平台实施电信网络诈骗行为的认定和犯罪数额的计算

为实施犯罪购买作案工具、伪装道具、租用场地、交通工具甚至雇用他人等诈骗成本不能从诈骗数额中扣除。平台抽成的手续费属于被告人入驻平台并使用平台的费用,属于被告人一方的犯罪直接成本,应当计入诈骗数额;但是,对通过向被害人交付一定金钱,进而骗取其信任并实施诈骗的,所涉数额可以从诈骗数额中扣除。

参 第1616号 刘某某被诉诈骗案——赌石行为的性质认定

原石交易的特殊性决定了这种交易有别于其他物品的等价交换,其交易规则已经被业界和社会认同。只要不存在造假的情况,成交价虚高一般不被认为是严重背离社会行为规范的情况。对于通过直播等新兴方式销售翡翠原石的行为,即使存在营造气氛、虚高报价等不规范营销手段,也应视为商业行为中的营销策略。从尊重传统交易规则和买卖双方意思自治的角度出发,严格遵循罪刑法定原则和刑法谦抑性原则,不宜轻易认定被告人的行为为犯罪。

参 第1617号 林某某被诉诈骗案——如何准确认定诈骗罪的非法占有目的

准确认定诈骗罪的非法占有目的，应当从行为人是否采取了虚构事实、隐瞒真相的手段，行为人在取得财物后的处理情况和事后态度，被害人是否基于被告人的诈骗行为产生错误认识进而作出使自己遭受数额较大损失的财产处分，行为人与被害人之间的真实关系，案件发生的起因等情况进行判断。

抢夺罪

《刑法》规定

第二百六十七条[①] 抢夺公私财物，数额较大的，或者多次抢夺的，处三年以下有期徒刑、拘役或者管制，并处或者单处罚金；数额巨大或者有其他严重情节的，处三年以上十年以下有期徒刑，并处罚金；数额特别巨大或者有其他特别严重情节的，处十年以上有期徒刑或者无期徒刑，并处罚金或者没收财产。

携带凶器抢夺的，依照本法第二百六十三条的规定定罪处罚。

相关规定

《刑法修正案（九）》第20条

最高人民法院、最高人民检察院《关于办理抢夺刑事案件适用法律若干问题的解释》

最高人民法院《关于审理抢劫案件具体应用法律若干问题的解释》

① 本条第2款构成抢劫罪。

第6条

最高人民法院《关于审理抢劫、抢夺刑事案件适用法律若干问题的意见》第4条

最高人民法院、最高人民检察院《关于常见犯罪的量刑指导意见（试行）》“四、常见犯罪的量刑”（十三）

案例要旨

参 第203号　亢红昌抢劫案——无故殴打他人后临时起意乘机夺财的行为应如何定罪

抢夺罪不使用暴力，而使用强力，且此种强力仅作用于被抢夺的财物，而抢劫罪则是使用暴力，并将暴力直接施加于被害人人身，强制其身体。行为人无故殴打他人的行为和夺取他人手机的行为在《刑法》意义上是两个独立的阶段，先行寻衅滋事无故殴打他人的行为，并非行为人夺取财物的手段；后行夺财的行为，并非因为事先即有强行占有他人财物的目的，只是见财临时起意乘机夺走他人的手机，因而不符合抢劫罪的特征，应认定为抢夺罪。

参 第683号　郭学周故意伤害、抢夺案——实施故意伤害行为，被害人逃离后，行为人临时起意取走被害人遗留在现场的财物，如何定性

行为人实施伤害、强奸等犯罪行为，在被害人未失去知觉，利用被害人不敢反抗的处境，临时起意劫取他人财物的，应以此前的具体犯罪与抢劫罪数罪并罚；在被害人失去知觉或没有发觉的情况下，以及实施故意杀人犯罪行为之后，临时起意拿走他人财物的，应当以此前所实施的具体犯罪与盗窃罪实行数罪并罚。若行为人实施故意伤害后，由于时空转换或救助机会出现等原因，被害人的人身危险已经解除，行为人此时临时起意，利用被害人来不及夺回的情形而公然夺取财物，其行为符合抢夺罪的构成要件。

参 第868号 李培峰抢劫、抢夺案——"加霸王油"的行为如何定性

抢夺罪是乘人不备,公然夺取公私财物的行为。在"加霸王油"的行为中,被害单位为行为人加油的行为并未改变油品的合法占有状态,在行为人驾车驶离后,被害单位才彻底失去对油品的控制,行为人才完全取得对油品占有的绝对性和排他性。行为人当着被害单位管理人,乘其不防备驾车逃跑,并将被害单位的财物据为己有,符合抢夺罪的构成特征,应以抢夺罪定罪论处。

参 第931号 李丽波抢夺案——抢夺本人因质押而被第三人保管的财物,如何定性

强行占有已经质押给他人的财物属于非法占有。不动产被质押后,其所有权不因质押而改变,但质物的占有权却由出质人转至质权人。质权人可将其合法取得的占有权转委托第三人代为行使,如委托第三人代为保管该质物。出质人在质押关系消灭前不能侵犯质权人、第三人的占有权,即不能强行改变占有状态,否则即便其取得质物的占有,也不能以其享有对质物的所有权而否定这种占有的非法性。因行为人非法改变占有关系而实际遭受人身和经济损失的一方系此类行为的被害人。故而被告人抢夺本人因质押而被第三人合法保管车辆的行为,符合抢夺罪的构成特征,应以抢夺罪定罪论处。

侵占罪

《刑法》规定

第二百七十条 将代为保管的他人财物非法占为己有,数额较大,拒不退还的,处二年以下有期徒刑、拘役或者罚金;数额巨大或者有其他严重情节的,处二年以上五年以下有期徒刑,并处罚金。

将他人的遗忘物或者埋藏物非法占为己有，数额较大，拒不交出的，依照前款的规定处罚。

本条罪，告诉的才处理。

案例要旨

参 第7号 王严侵占案——侵占案是告诉才处理的案件

侵占案属于告诉才处理的案件，不应作为公诉案件处理。立法将侵占案件规定为自诉案件，由受害人决定是否交付国家司法机关审查与裁判，也有利于节省国家司法资源的投入。

参 第22号 汪美坤、李云田等侵占、盗窃案——企业聘用的合同工人勾结外部人员，利用工作上的便利，盗窃企业财物的行为应如何定罪

两名内部员工具有看管、守护、控制被盗财物的职责，符合侵占罪"利用职务上的便利"特征。财物被盗的最关键原因就是该两名内部员工的职务便利，应以侵占罪追究刑事责任，其他被告人属于侵占罪共犯。

参 第318号 张建忠侵占案——雇员利用职务之便将个体工商户的财产非法占为己有的如何定性

在刑法意义上，个体工商户是实质的个人，而不是企业或单位，个体工商户所聘的雇员、帮工、学徒，无论其称谓如何，均不能成为职务侵占罪的主体。个体工商户雇员将代为保管的户主财产占为己有，数额较大，拒不退还的，构成侵占罪。

参 第583号 杨飞侵占案——如何理解和认定侵占罪中的"代为保管他人财物"

首先，被害人委托被告人的父母加工产品，被告人将原料偷走，此时被告人不符合侵占罪的主体身份要件，不构成侵占罪。其次，被告人偷

取的是其父母实际控制的财物，符合盗窃罪的特征。再次，被害人仍可以通过与被告人父母的合同追回损失，且不存在拒不归还的情况，即便无法追回，也应由被告人父母承担违约责任。最后，由于被害人盗窃家庭成员的财物，一般可不按犯罪处理；对确有必要追究刑事责任的，处罚时也应与社会上作案的盗窃犯罪有所区别。

参 第936号　曹成洋侵占案——将银行卡借给他人使用后，通过挂失方式将银行卡内的他人资金取走的行为，如何定性

盗窃罪的犯罪对象为他人控制的财物，对于自己已经实际控制的他人财物一般不能成立盗窃罪，盗窃罪的行为人在实施盗窃行为之前，尚未实际控制他人财物。侵占罪的犯罪对象为行为人代为保管的他人财物或者他人的遗忘物、埋藏物，侵占罪的行为人在实施侵占行为之前，已经控制他人财物，其特征是将自己控制的财产不法"占为己有"。盗窃罪中，在行为人非法占有他人财物之前，该财物并不在行为人的实际控制之下，一般采取秘密窃取的手段实现非法占有；侵占罪中，行为人非法占有他人财物时，该财物已在行为人的持有和控制之下，行为人侵占的手段可以是秘密的，也可以是公开或半公开的。盗窃罪是转移财物控制权的犯罪，犯罪故意只能产生于持有、控制他人财物之前；侵占罪作为不转移财物控制的犯罪，其犯罪故意可能产生于实际控制他人财物之后。综上，将银行卡借给他人使用后，通过挂失方式将银行卡内的他人资金取走的行为成立侵占罪。

参 第1498号　沙国芳侵占案——"借名存款"中名义存款人将账户内资金占为己有行为的定性

"借名存款"，是指名义存款人开立银行账户给实际存款人使用，实际存款人把资金存入名义存款人开立的银行账户。资金存入银行账户后，资金由银行所有并实际占有，存款人对银行形成了债权，在存款实名

制之下，名义存款人就是银行的债权人，能够通过挂失账户、更改账户密码、办理账户网银等方式控制账户内资金，实现对账户内资金的实际占有控制。实际存款人则视其和名义存款人的约定对账户资金或可享有部分支配权。银行基于因存款而形成的货币债务履行义务，在办理相关业务时只需进行形式审查，没有对存款人形式与实质是否分离进行实质审查的义务。名义存款人通过挂失将账户内数额巨大资金占为己有的行为，其行为构成侵占罪。

职务侵占罪

《刑法》规定

第二百七十一条第一款 公司、企业或者其他单位的工作人员，利用职务上的便利，将本单位财物非法占为己有，数额较大的，处三年以下有期徒刑或者拘役，并处罚金；数额巨大的，处三年以上十年以下有期徒刑，并处罚金；数额特别巨大的，处十年以上有期徒刑或者无期徒刑，并处罚金。

相关规定

《刑法修正案（十一）》第29条

案例要旨

公 2009年第8期 李江职务侵占案

根据《刑法》第271条的规定，职务侵占罪是指公司、企业或者其他单位的人员，利用职务上的便利，将本单位数额较大的财物非法占为己有的行为。所谓“利用职务上的便利”，是指行为人在实施犯罪时，利用自身的职权，或者利用自身因执行职务而获取的主管、管理、经手本单位财物的便利条件。普通货物运输的承运人不仅负有将货物安全及时地送达目的地的职责，而且对该货物负有直接保管的义务。货运驾驶员在运输途中利用其运输、保管货物的职务便利窃取货物的行为，构成职务侵占罪。

参 第192号　潘勇、王伟职务侵占、虚报注册资本、贷款诈骗案——以非法侵占物进行抵押贷款、逾期不还贷行为的定性

被告人将其非法占有的轿车用作贷款抵押的行为，应认定为一种对赃物的处置行为，属于职务侵占行为的延伸。被告人虽在贷款行为中隐瞒了抵押物的非法性质，但对于提供贷款的银行的担保物权的实现并不构成妨碍，银行完全可以通过拍卖、变卖抵押车辆等形式实现其债权，银行并不会因之遭受实际的经济损失。无论其主观上是否具有非法占有银行贷款不予归还的目的，因其贷款抵押行为的非法性直接源于职务侵占行为的非法性，根据刑法禁止重复评价的原则，不应也不宜在追究其职务侵占刑事责任的同时，再行追究其贷款诈骗的刑事责任。

参 第213号　董佳、岑炯等伪造有价票证、职务侵占案——以假充真侵占门票收入款行为的定性

伪造单位对外发行具有经济价值、可流通的票证的，应以伪造有价票证罪论处。以非法占有为目的，利用职务上的便利出售伪造的观光券行为，表面上所直接侵占的是游客的钱款，实质上属于公司的应得的门票收入，应以职务侵占罪论处。

参 第235号　于庆伟职务侵占案——单位的临时工能否构成职务侵占罪

是否构成职务侵占罪，关键在于行为人非法占有单位财物（包括管理、使用、运输中的其他公私财产）是否利用了职务上的便利，而不是行为人在单位的“身份”。因此，即使是临时工，只要利用了单位赋予的主管、管理或经手本单位财物的权力，都可以成为职务侵占罪的主体。

参 第246号　赵某盗窃案——如何区分盗窃罪和职务侵占罪

盗窃罪与职务侵占罪的区别，体现在以下三个方面：（1）盗窃罪的主体是一般主体，职务侵占罪的主体则必须是公司、企业或其他单位的人员，即特殊主体。（2）实施盗窃行为无须利用职务便利，职务侵占罪必须是利用经手、管理财物的职务上的便利而不是工作上的便利。（3）侵犯的对象不同。盗窃罪非法占有的对象可以是任何公私财物，而职务侵占罪侵占的对象只限于本单位的财物并且是本人经手、管理的财物。

参 第247号　林通职务侵占案——名义职务与实际职务不一致的应当如何判断是否利用了职务之便

（1）当名义职务与实际职务范围不一致时，应以实际职务范围为标准判断行为人是否利用了职务之便。（2）只要行为人具有并利用其特定的职务之便将本单位财物非法占为己有，无论其职务之便是如何获得的，均不影响其构成职务侵占罪。

参 第274号　张珍贵、黄文章职务侵占案——受委托管理经营国有财产人员的认定

（1）国有单位与其基于劳务合同所聘用人员之间的关系，是平等主体之间基于信任或者合同的委托而产生的关系，此类人员并不属于受委托管理、经营国有财产的人员。（2）虽无经营、管理单位财产的权限，但在劳务活动中经手单位财物的，应当认定为具有职务侵占罪的职务便利。

参 第 290 号　向灵、刘永超挪用资金、职务侵占案——吸收犯的具体认定

吸收犯,是指行为人实施数个犯罪行为,该数个犯罪行为因其所符合的犯罪构成要件之间具有一定的从属性或者阶段性关系,从而导致其中一个不具有独立性或者完整性的犯罪,被另一个具有独立性或者更为完整的犯罪所吸收,对行为人仅以吸收之罪论处,而对被吸收之罪置之不论的犯罪形态。司法实践中,吸收犯一般表现为下述两种情形:(1)高度行为吸收低度行为。(2)实行行为吸收非实行行为。

参 第 452 号　贺豫松职务侵占案——临时搬运工窃取铁路托运物资构成盗窃罪还是职务侵占罪

职务侵占罪所指的职务,并非指在单位内部拥有职位,而是指承担一定工作职能,并利用了职务上的便利,即便是合同工、临时工的身份都不影响其成为该罪的犯罪主体。本罪中的利用职务上的便利,是指单位人员利用主管、管理、经手单位财物的便利条件,其中经手是指因工作需要合法持有单位财物的便利,而不包括因工作关系熟悉作案环境、容易接近单位财物等方便条件。铁路托运的物资所有权属于货主,但由运输公司合法占有控制,运输公司工作人员利用职务便利非法占有的,构成职务侵占罪。

参 第 461 号　王一辉、金珂、汤明职务侵占案——利用职务便利盗卖单位游戏“武器装备”的行为如何定罪处罚

(1)“武器、装备”等虚拟财产是玩家投入时间、金钱、精力积累取得的,具有实用价值,可以转让并收取转让费用,属于《刑法》保护的对象。(2)修改数据本身并不属于复制、发行,并不构成侵犯著作权罪,修改数据后并用于出售的“武器、装备”并不是软件本身,而是软件运行后产生的结果,因此也不构成侵犯著作权罪。(3)本案生成的“武器、装备”虽

影响了软件服务的运营,但并未达到严重程度,不构成破坏计算机信息系统罪。(4)被告人出售经修改的“武器、装备”,并未欺骗玩家其实际效果,不构成诈骗罪。玩家的损失是因为单位发现后收回赃物产生的。(5)“武器、装备”本身属于游戏公司所有,被告人利用职务便利获取原始“武器、装备”并出售的行为,应属于侵占公司的财物,构成职务侵占罪,不取决于“武器、装备”是否被修改。

参 第484号 虞秀强职务侵占案——利用代理公司业务的职务之便将签订合同所得之财物占为己有的,应定职务侵占罪还是合同诈骗罪

首先,公司业务负责人对外签订经济合同产生的民事责任由公司承担,依据合同取得对方公司财物后,业务负责人此时侵占的就是本单位的财物,而非合同相对人的财物。其次,行为人之所以能占有该财物,是因为其利用了代理公司业务的职务便利,因此行为人构成职务侵占罪。最后,合同相对人可以依法向行为人及其所在公司主张合同权利。(该案例观点与参第716号杨永承合同诈骗案、第1218号杨涛诈骗案的结论相互冲突,后两者均认为,利用代理公司业务的职务之便将签订合同所得之财物占为己有的,构成诈骗犯罪。——编者注)

参 第516号 刘宏职务侵占案——用工合同到期后没有续签合同的情况下,原单位工作人员是否符合职务侵占罪的主体要件

刑法注重实质合理性,评判行为人是否具有某单位工作人员身份,要看其是否承担一定工作职责或从事一定业务活动,而用工合同及是否到期只是主体身份的形式考察内容。即便合同已到期,但案发时该职员仍在实际行使对单位财物的管理职权,并利用职务便利侵占单位财物数额较大的,应以职务侵占罪论处。非法占有活动既利用了职务的便利,也使用了一般盗窃手法的,要看主行为是侵占还是盗窃。职员对财物不具有独立管理权,却单独利用共同管理权窃取本单位财物的,不影响对

"利用职务上的便利"的认定。

参 第642号　钱银元贪污、职务侵占案——如何理解村基层组织人员协助人民政府从事"国有土地的经营和管理"

基层组织人员是否属于国家工作人员，以该成员是否具有依法从事公务这一本质特征来判断。如果其从事的仅是本集体组织的事务，不能以国家工作人员论。但若是其受行政机关委托，代替行政机关从事一定的行政管理事务，系依法受委托从事公务的人员，应以国家工作人员论。而国家公务明显区别于集体组织事务。以村委名义，增收土地租金的行为不属于协助人民政府从事"国有土地的经营和管理"，行为人不因此具备国家工作人员身份，不能构成贪污罪，而是构成职务侵占罪。

参 第872号　曹建亮等职务侵占案——村干部侵吞土地补偿费的如何定性

(1)如果村干部并非协助人民政府对土地征地补偿费用进行管理，并不具有从事协助政府进行行政管理的职权，并非从事公务，其侵吞土地征收补偿费用的行为应以职务侵占罪而非贪污罪论处。(2)协助人民政府从事"土地征用补偿费用的管理"的公务，应当限于协助政府核准、测算以及向因土地征用受损方发放补偿费用的环节。一旦补偿到位，源于政府的补偿费用就转变为因出让集体土地所有权和个人土地使用权而获得的集体财产和个人财产，之后对该款项的处理则属于村民自治事务和处置个人财产的行为。此时，村干部的协助政府管理土地征用补偿费用的公务职责也就相应终结。

参 第1101号　孙洪亮职务侵占案——事前与职务侵占罪的犯罪分子通谋，帮助掩饰、隐瞒犯罪所得的，以职务侵占罪的共犯论处

掩饰、隐瞒行为人在事前与上游犯罪的行为人有共同的意思联络，承诺事后将为犯罪分子销赃，这对与其形成共犯关系的上游犯罪的实行行为人起到很大的鼓励、帮助作用，对最终的犯罪结果发生产生了很强的原因力，因而其所实施的掩饰、隐瞒行为就构成了上游共同犯罪的一部分。故行为人事前与职务侵占罪的犯罪分子通谋，并实施掩饰、隐瞒犯罪所得的行为，应以职务侵占罪的共犯论处。

参 第1137号　谭世豪职务侵占案——单位员工利用本单位业务合作方的收费系统漏洞，制造代收业务费用结算金额减少的假象，截留本单位受托收取的业务合作方现金费用的行为，应当如何定性

司法实践中，对单位职工将本单位财物占为己有的行为如何定性，要视单位性质、行为人的身份、犯罪手段、涉案财物属性等因素综合判定。如单位员工与公司之间存在劳动合同关系，但不存在委托保管关系，行为人截留的电信费用是其依据工作职责收取的款项，不属于法律上规定的委托代为保管的他人财物，不符合侵占罪的构成要件，而属于利用职务便利侵占本单位管理控制的财物的行为，符合职务侵占罪的构成要件。

参 第1138号　赵玉生、张书安职务侵占案——村民小组组长将集体土地征用补偿费据为己有的行为应当如何定性

如果村民小组组长在协助人民政府从事土地征收、征用补偿费用的管理等公务活动过程中，利用职务便利，弄虚作假、虚报冒领套取超额土地补偿款，应构成贪污罪。对于村民小组组长利用职务便利，在处理集体自治范围内的事务中非法占有集体财产的情形，因不涉及特定公务，故不能认定为贪污罪，可认定为职务侵占罪。

参 第1440号　韩枫职务侵占案——如何判断行为人侵占单位财产的行为是否利用职务上的便利

只要行为人非法占有本单位财物系利用职务上的便利，无论其采取窃取、骗取还是其他手段，均不影响其行为构成职务侵占罪。行为人在犯罪过程中有时利用其自身职务上的便利,有时利用其熟悉作案环境等工作上的便利,甚至有的行为与职务上的便利并无关系。在这种情况下,应从刑法因果关系的角度分析,根据行为人职务上的便利对其完成犯罪所起作用的大小来确定罪名,如果职务上的便利对整个犯罪的完成起到不可或缺的作用,则其行为构成职务侵占罪。

参 第1499号　王海英职务侵占案——利用职务便利侵占他人股份继而侵占公司财产的行为如何定性

股份属于股东的财产性利益,可以成为刑法意义上的财物,侵占他人股份的行为构成财产犯罪。公司人员利用职务便利侵占股东股权的行为通常不构成职务侵占罪,但如果其利用所侵占的股权进一步侵占公司财产,或者侵占公司所持有或代为管理的股权,则可以成立职务侵占罪。

参 第1552号　程某权职务侵占案——预先核准名称但未正式登记成立的"公司"属于职务侵占罪中的"其他单位"

职务侵占罪中的"公司、企业"概念宜与民商事法律规定保持一致,职务侵占罪中"其他单位"应当是具有独立财产、能够从事一定社会活动的组织。预先核准名称但未正式登记成立的"公司",如果已实际开展经营活动并具备单位的组织管理特征,可以认定为职务侵占罪中的"其他单位"。

参 第1610号　苟某被诉职务侵占、非国家工作人员受贿案——职务侵占罪与非罪的界定

职务侵占罪在客观方面要求行为人利用职务便利将本单位的财物非法占为己有,主观上要求行为人需要具备非法占有的目的,这是认定职务侵占罪罪与非罪的核心,也是区分职务侵占罪与其他犯罪(如挪用资金罪)的关键。而对非法占有目的的判定,除审查被告人的供述,还应

当综合行为人是否向单位隐瞒、是否具有实际履约能力、是否存在履约行为、未及时履约的原因等方面进行审查认定。

挪用资金罪

《刑法》规定

第二百七十二条第一款 公司、企业或者其他单位的工作人员，利用职务上的便利，挪用本单位资金归个人使用或者借贷给他人，数额较大、超过三个月未还的，或者虽未超过三个月，但数额较大、进行营利活动的，或者进行非法活动的，处三年以下有期徒刑或者拘役；挪用本单位资金数额巨大的，处三年以上七年以下有期徒刑；数额特别巨大的，处七年以上有期徒刑。

第三款 有第一款行为，在提起公诉前将挪用的资金退还的，可以从轻或者减轻处罚。其中，犯罪较轻的，可以减轻或者免除处罚。

相关规定

《刑法修正案(十一)》第30条

全国人民代表大会常务委员会法制工作委员会刑法室《关于挪用资金罪有关问题的答复》

最高人民法院《关于如何理解刑法第二百七十二条规定的“挪用本单位资金归个人使用或者借贷给他人”问题的批复》

最高人民检察院《关于挪用尚未注册成立公司资金的行为适用法律问题的批复》

公安部《关于村民小组组长以本组资金为他人担保贷款如何定性处

理问题的批复》

最高人民法院《关于村民小组组长利用职务便利非法占有公共财物行为如何定性问题的批复》

案例要旨

公 2004 年第 8 期　刘国平挪用资金案

在无法查明企业经济性质的情况下，对企业负责人将企业资金转移到个人账户进行股票交易的行为，不应按《刑法》第 272 条第 1 款的规定认定为挪用资金罪。

公 2006 年第 2 期 参 第 382 号　刘必仲挪用资金案——彩票销售人员不交纳投注金购买彩票并且事后无力偿付购买彩票款的行为如何定性

福利彩票是国家为筹集社会福利事业发展资金，特许中国福利彩票发行中心垄断发行的有价凭证。受彩票发行机构委托，在彩票投注站代销福利彩票的非国家工作人员，如果以不交纳彩票投注金的方式擅自打印并获取彩票，是侵犯彩票发行机构管理的社会公益性财产的行为。根据《刑法》第 272 条第 1 款的规定，对这种行为应当按挪用资金罪定罪处罚。

公 2020 年第 5 期 参 第 1343 号　王江浩挪用资金案——小区业主委员会主任挪用业主委员会银行账户资金的行为应当如何定性

小区业主委员会向市场监督管理部门登记注册并取得组织机构代码证，符合最高人民法院、最高人民检察院《关于办理贪污贿赂刑事案件适用法律若干问题的解释》所规定的“其他单位”的特征，属于作为被害单位的“其他单位”范畴的，业主委员会工作人员可以成为挪用资金罪的犯罪主体。业主委员会在银行开立基本存款账户，账户内资金属于全体业主共有，业主委员会具有属于自己的财产，业主委员会名下的银行账户内资金应视为“本单位资金”。业主委员会工作人员利用职务上的便利，挪用业主委员会资金归个人使用，用于营利活动或借贷给他人，数额较大，超过3个月未还的，应当依照《刑法》第272条第1款的规定，以挪用资金罪定罪处罚。

参 第333号　丁钦宇挪用资金案——村民委员会成员利用职务上的便利，个人借用村集体资金或者将村集体资金借给他人使用的，能否以挪用公款罪追究刑事责任

村民委员会成员不是《刑法》意义上的国家工作人员。村民委员会成员只有在协助人民政府执行公务过程中利用职务上的便利实施犯罪行为的，才可以适用《刑法》关于国家工作人员的规定。村民委员会属于《刑法》第272条第1款规定的“其他单位”，村民委员会成员利用职务上的便利，挪用本单位资金归个人使用或者借贷给他人，构成犯罪的，应当以挪用资金罪追究刑事责任。

参 第454号　陈焕林等挪用资金、贪污案——无法区分村民委员会人员利用职务之便挪用款项性质的如何定罪处罚

村民委员会等村基层组织人员协助人民政府从事有关法律规定的行政管理工作，属于“其他依照法律从事公务的人员”，以国家工作人员论。在农村基层组织人员所挪用款项的具体性质以及利用何种职务之便无法查清的情况下，由于无法区分他们究竟是利用何种职务便利挪用何种款项，主体身份无法明确，根据刑法的谦抑原则，应该从有利于被告人的角度出发，以刑罚较轻的罪名对被告人进行定罪处罚，即以挪用资金罪追究村民委员会等村基层组织人员的刑事责任。

参 第1055号　王海洋非国家工作人员受贿、挪用资金案——如何认定国家出资企业中工作人员的主体身份

(1)刑法意义上的国有公司仅指国家出资的国有独资公司，不包含国有资本控股公司、国有资本参股公司等其他类型的国家出资企业。(2)对于国家出资企业中的工作人员是否属于"国家工作人员",应当从以下两个方面进行认定:一是形式要件,即经国家出资企业中负有管理、监督国有资产职责的组织批准或者研究决定。这里的"组织"主要是指上级或者本级国家出资企业内部的党委、党政联席会。二是实质要件,即代表负有管理、监督国有资产职责的组织在国有控股、参股公司及其分支机构中从事组织、领导、监督、经营、管理工作,实质要件具有"代表性"和"公务性"两个特征。

参 第1189号 李毅挪用资金案——挪用资金超过三个月未还的时间节点如何确定

挪用资金罪中被告人挪用资金超过3个月未还的时间节点的确定,应当立足于最大限度地保护单位资金安全的立场。挪用资金超过3个月未还属于一种持续行为,不因出现"报案""立案""采取强制措施"等介入因素而中断。任何确定挪用时间的截止日都是不科学的,认定"超过三个月未还",应以挪用行为持续的时间为依据,只要挪用较大数额资金持续超过3个月,就可以追究刑事责任。

参 第1394号 曾齐长挪用资金案——挪用资金罪两个量刑档次中的"数额较大"是否适用同一数额认定标准

在挪用资金罪当中,由于"数额较大"分别处于两个量刑档次当中,按照同一解释所得出的结论将会导致罪刑不相适应。根据最高人民法院、最高人民检察院《关于办理贪污贿赂刑事案件适用法律若干问题的解释》的规定,挪用资金罪第二个刑档中的"数额巨大",应当以挪用公款罪第二个刑档"情节严重"的数额标准作为认定基准;则挪用资金罪第二个刑档中的"数额较大不退还",其数额也应当以挪用公款罪第二个刑档"情节严重"中不退还的数额标准作为认定基准。

参 第1515号 张某挪用资金案——挪用资金罪中“单位”的认定

是否构成挪用资金罪的被害单位，不能只看其是否具有合规的资质，更要审查其是否符合单位的实质、其经营活动是否合法，是否实际上“以公司名义”开展业务活动，招聘工作人员，工作人员有不同的分工和岗位，其构成和运营模式与公司企业是否相同，即挪用资金罪的“单位”范围应当大于单位犯罪中的“单位”。同时，使用个人银行账户支付结算不能否定被害单位性质的认定。

敲诈勒索罪

《刑法》规定

第二百七十四条 敲诈勒索公私财物，数额较大或者多次敲诈勒索的，处三年以下有期徒刑、拘役或者管制，并处或者单处罚金；数额巨大或者有其他严重情节的，处三年以上十年以下有期徒刑，并处罚金；数额特别巨大或者有其他特别严重情节的，处十年以上有期徒刑，并处罚金。

相关规定

《刑法修正案（八）》第40条

最高人民法院、最高人民检察院《关于办理敲诈勒索刑事案件适用法律若干问题的解释》

最高人民法院、最高人民检察院《关于办理利用信息网络实施诽谤等刑事案件适用法律若干问题的解释》第6条

最高人民法院、最高人民检察院、公安部、司法部《关于办理黑恶势

力犯罪案件若干问题的指导意见》第17条第2项

最高人民法院、最高人民检察院、公安部《关于依法办理“碰瓷”违法犯罪案件的指导意见》第2条

最高人民法院、最高人民检察院《关于常见犯罪的量刑指导意见（试行）》“四、常见犯罪的量刑”（十五）

案例要旨

公 2009年第10期 谢家海等敲诈勒索案

根据《刑法》第274条的规定，敲诈勒索罪是指以非法占有为目的，对被害人使用威胁或要挟的方法，强行索要公私财物的行为。本罪在客观方面表现为行为人采用威胁、要挟等方法，向公私财物的所有者、保管者强索公私财物的行为。所谓威胁、要挟等方法，是指对公私财物的所有者、保管者进行精神上的强制，造成心理上的恐惧，不敢抗拒，从而迫使其交出财物的方法。根据《刑法》第239条的规定，绑架罪，是指以勒索财物为目的，或者以他人作为人质，使用暴力、胁迫、麻醉或者其他方法劫持他人的行为。本罪在客观方面表现为以暴力、胁迫、麻醉或其他方法劫持他人的行为。行为人以被害人预谋犯罪为由，对被害人加以控制，并以报警将被害人送交公安机关处理为要挟，向被害人及其亲属强索财物。在实施上述犯罪过程中，行为人虽然在一定程度上限制了被害人的人身自由，并且为控制被害人而采取了轻微暴力，但并未使用暴力、胁迫、麻醉或者其他方法劫持被害人，亦未将被害人藏匿，其行为不构成绑架罪，应当以敲诈勒索罪定罪处罚。

参 第155号 熊志华绑架案——如何准确区分敲诈勒索罪与抢劫罪、绑架罪的界限

（1）敲诈勒索罪和以胁迫为手段的抢劫罪的区别在于二者所采取

的威胁方式、内容等方面具有不同的特征。二者的区别主要在于后者具有两个“当场”性，即威胁的当场性和取得财物的当场性。(2)敲诈勒索罪与勒索型绑架罪的主要区别在于实现勒索目的的方式不同。勒索型绑架罪的特征是以控制他人人身自由为前提，并以此向第三人勒索财物，敲诈勒索罪是对被勒索人本人进行威胁或要挟，迫使其给付数额较大的财物或财产性利益。

参 第259号　陈宗发故意杀人、敲诈勒索案——将被害人杀死后，以被害人被绑架为名，向被害人亲属勒索钱财的行为构成敲诈勒索罪

行为人将被害人杀死之后，以绑架为名勒索钱款的行为，因为被害人已经死亡，不可能成为绑架罪的被绑架对象，与绑架罪的最基本的特征，即以暴力、胁迫等手段绑架他人，使之失去人身自由不相符合。被告人将被害人杀死后，以绑架为名，向被害人的亲属勒索钱款，其亲属在当时的特定环境条件下，尽管完全可能相信被告人虚构的被害人被绑架的事实，但其不会“自愿”地向被告人交出钱款，如果向被告人交出被索要的钱款，也只能是在精神上受到胁迫，出于无奈才交出的。所以，被告人的行为不构成诈骗罪。因此，行为只有符合对被害人实施威胁或要挟，造成其心理上的恐惧，以至于不敢拒绝索取财物的要求，才应认定为敲诈勒索罪。

参 第443号　张舒娟敲诈勒索案——利用被害人年幼将其哄骗至外地继而敲诈其家属钱财的能否构成绑架罪

绑架罪是重罪，在具体认定上必须考虑其行为对于保护客体的侵害达到与其刑罚设置相匹配的程度，这就要求该行为对于被害人人身自由的剥夺、对人身安全的威胁必须达到相当严重的程度才能以绑架罪定罪处罚，这是罪刑相适应原则对于严格解释法条准确定罪的基本要求。《刑法》将敲诈勒索罪归入侵犯财产罪一章，说明公私财产权是该罪侵

犯的主要客体,显然没有要求其具有人身伤害性。因此,区别勒索型绑架罪和诱拐型的敲诈勒索罪,关键在于确定被告人是否真正绑架了被害人,也即其行为对被害人人身自由的剥夺是否达到严重的程度、是否严重危及了被害人的人身安全。

参 第509号 夏某理等人敲诈勒索案——拆迁户以举报开发商违法行为为手段索取巨额补偿款是否构成敲诈勒索罪

(1)为商业目的所进行的开发,所涉房屋拆迁特别是迁移祖坟应赔的补偿款数额,法律上没有强制性标准,具体补偿标准应是双方合意的结果。对拆迁补偿费有异议,为了取得更多的拆迁补偿费而向开发商索取,不能认定为以非法占有为目的。(2)不宜对信访人在信访过程中的不当行为,轻易地作犯罪处理,而应当根据具体情况,实事求是地进行妥善处理。只有对于那些确实严重危害信访秩序、侵犯他人人身权利、民主权利的行为,不以犯罪处理不足以维持信访秩序的,才予以犯罪处理。

参 第1066号 廖举旺等敲诈勒索案——对农村征地纠纷引发的"索财"行为如何定性

被告人的行为系因农村征地中对土地补偿费不满而引发,其作为村民主张自己的民事权利,不具有非法占有目的,这种权利冲突属于民事争讼的常发案例,不构成敲诈勒索罪。受法治意识淡薄的影响,农村地区的维权方式难免存在不符合法律规定的情形。如果一律将这些行为入罪,难免打击面过大。因此,对于事出有因、后果不是特别严重、情节不是特别恶劣的"索财"行为,不宜不加区别地一律作为犯罪处理。

参 第1304号 刘康等人敲诈勒索案——"黑中介"恶势力犯罪行为的认定

"黑中介"用签订房屋租赁合同的形式掩盖其非法占有的目的,采用言语威胁等"软暴力"方式使被害人产生恐惧、恐慌,进而形成心理强制，使被害人交纳额外的费用或放弃应当退还的费用，构成敲诈勒索罪。需要指出的是，受害人基于恐惧处分财产，其中“处分财产”的含义应做扩大性的解释。敲诈勒索罪的被害人处分财产，既可以通过现实交付的方式，也可以通过放弃对债权请求权的方式；被害人遭受财产损失既可以表现为狭义的财物损失，也可以表现为财产性利益的损失。由于“黑中介”采取了伪装交易的形式，使被害人先给付财产，其中部分敲诈勒索行为是通过强迫对方交纳额外费用的方式实现，还有部分敲诈勒索行为则是通过不退还多余租金的方式实现。

参 第1344号　周禄宝敲诈勒索案——利用信息网络敲诈勒索犯罪与利用网络维权的界限

行为人是否具有非法占有目的，是区分利用信息网络实施敲诈勒索罪与利用信息网络维权的关键。在具体认定时，需要综合考虑以下因素：(1)是否有正当的权利，即行为人索取财物是否具有法律上的依据。(2)是否在正当权利的范围内行使。如涉及的权利是内容确定的债权，但主张对方给付的财物远超出债权的数额范围之外，则不属于正当权利的范围；如涉及的权利是内容不确定的债权，或者行使损害赔偿请求权的场合，行为人所提出的财产性要求与债权或者损害赔偿请求权直接相关，即使所要求数额较大，也应当视为行使正当权利。(3)行使权利的手段是否具有必要性和相当性，债权本身的重大性，手段行为侵害相对方权益的程度，手段行为本身是否合法，行为人是否存在实施其他行为的可能性等，均是需要考虑的因素。

参 第1500号　李兴文、李兴武敲诈勒索案——利用“专利维权”碰瓷行为应如何定罪

伪造专利或专利独占许可，恶意提起专利侵权诉讼或者进行不实举报，以胁迫手段索要财物的，可以构成敲诈勒索罪。依据合法授予专利

反复提起诉讼,即使其专利申请有违诚实信用原则、专利质量不高,有滥用诉权之虞,但经检验无法完全否定涉诉专利价值的,一般不予追究刑事责任。相关企业可以通过民事途径维护自身合法权益。遵循诚实信用原则获得专利授权并提起诉讼的,无论是否发生对方在上市融资等敏感时间,均应依法保障专利权人的合法权益。

参 第1602号 祝某甲、祝某乙故意伤害、敲诈勒索案——具备"两个当场"的情形能否认定为敲诈勒索罪

行为人为报复先前有过错的被害人,对被害人实施暴力后,威胁被害人自行提出解决办法,被害人主动提出给予财物并实际交付,但被害人处分财物的意志自由未被完全限制的,一般应认定行为人构成敲诈勒索罪而非抢劫罪。

故意毁坏财物罪

《刑法》规定

第二百七十五条 故意毁坏公私财物,数额较大或者有其他严重情节的,处三年以下有期徒刑、拘役或者罚金;数额巨大或者有其他特别严重情节的,处三年以上七年以下有期徒刑。

相关规定

最高人民检察院、公安部《关于公安机关管辖的刑事案件立案追诉标准的规定(一)》第33条

最高人民法院、最高人民检察院、公安部《关于依法办理"碰瓷"违法犯罪案件的指导意见》第5条

案例要旨

公 2004年第4期　朱建勇故意毁坏财物案

被告人为泄私愤，侵入他人股票交易账户并修改密码，在他人股票交易账户内，采用高进低出股票的手段，造成他人资金损失数额巨大的行为，构成《刑法》第275条规定的故意毁坏财物罪。

公 2007年第4期　李焕强故意毁坏财物案

(1)根据最高人民法院《关于审理盗窃案件具体应用法律若干问题的解释》(已失效。——编者注)第12条第4项的规定，行为人不具有非法占有公私财产的目的，而是出于其他目的偷开机动车辆造成车辆损坏的，应当按照《刑法》第275条的规定，以故意毁坏财物罪定罪处罚。(2)行为人从停车场将他人的机动车偷开后造成车辆损坏，构成故意毁坏财物罪的，虽然开办停车场的单位与车主之间存在车辆保管合同关系，但该单位不属于依法负有刑事附带民事赔偿责任的主体，其与车主之间发生的合同纠纷同因犯罪行为引起的刑事附带民事赔偿责任系不同的法律关系。车主以该单位为刑事附带民事诉讼被告，并主张该单位对犯罪人应负的刑事附带民事赔偿责任承担连带责任的，依法不予支持。(3)根据最高人民法院《关于刑事附带民事诉讼范围问题的规定》(已失效。——编者注)第1、2条的规定，因人身权利受到犯罪侵犯而遭受物质损失或者财物被犯罪分子毁坏而遭受物质损失的，可以提起刑事附带民事诉讼。被害人因犯罪行为遭受的物质损失，是指被害人因犯罪行为已经遭受的实际损失和必然遭受的损失。据此，刑事附带民事赔偿的范围应当限定为被害人因犯罪行为遭受的直接经济损失。

参 第310号　孙静故意毁坏公私财物案——非法"占有"与"毁坏"行为的区分

行为人是否遵从财物的本来用途进行利用和处分，以实现财物的价值或取得相应的利益，是区分非法“占有”与“毁坏”的唯一标准。司法实践中，对于此类行为应区分不同的情况，依照主客观相一致的原则，客观分析、认定。

破坏生产经营罪

《刑法》规定

第二百七十六条　由于泄愤报复或者其他个人目的，毁坏机器设备、残害耕畜或者以其他方法破坏生产经营的，处三年以下有期徒刑、拘役或者管制；情节严重的，处三年以上七年以下有期徒刑。

案例要旨

参 第17号　李某等投毒案——毒死耕牛后再出售有毒牛肉的案件应如何定性

以投毒的方式毒死耕牛，是否构成投毒罪，关键在于该投毒行为能否危害“不特定”的公私财产的安全。如果投毒行为只侵犯了特定的公私财产，而不直接危及其他重大财产安全的，就不能以危害公共安全罪中的投毒罪论处。破坏集体生产罪不能吸收销售有毒牛肉的行为。由于破坏集体生产罪和销售有毒食品罪之间不存在吸收或者牵连关系，毒死耕牛行为和出售有毒牛肉行为，应分别以破坏集体生产罪和销售有毒食品罪实行数罪并罚。（破坏集体生产罪已经废止，现为破坏生产经营罪。——编者注）

参 第291号 章国新破坏生产经营案——为中大奖窃取摇奖专用彩球并改变其重量行为的定性

我国体彩发行销售是政府严格控制和管理下的一种特殊经营行为，被告人出于图财得大奖和试一下体彩是否有假的想法，采取窃取摇奖专用彩球造假使用，对体育彩票的发行、销售等经营管理秩序造成破坏，其行为符合我国《刑法》第276条规定的“其他个人目的”和“其他方法破坏生产经营”构成要件，已构成破坏生产经营罪。

参 第736号 刘俊破坏生产经营案——非国有公司工作人员出于个人升职目的，以低于公司限价价格销售公司产品，造成公司重大损失的行为，如何定性

非国有公司工作人员出于扩大销售业绩以助个人升职的动机，违反公司限价规定，擅自低于进价销售产品，虽造成公司重大损失，但不是对生产经营条件的破坏，而是对生产经营对象的处理，被低价销售的产品不会因为被贱卖而丧失其自身的使用价值。因此，根据罪刑法定原则，其行为不符合破坏生产经营罪和故意毁坏财物罪的构成要件，依法应认定为无罪。

拒不支付劳动报酬罪

《刑法》规定

第二百七十六条之一 以转移财产、逃匿等方法逃避支付劳动者的劳动报酬或者有能力支付而不支付劳动者的劳动报酬，数额较大，经政府有关部门责令支付仍不支付的，处三年以下有期徒刑或者拘役，并处或者单处罚金；造成严重后果的，处三年以上七年以下有期徒刑，并处罚金。

单位犯前款罪的，对单位判处罚金，并对其直接负责的主管人员和其他直接责任人员，依照前款的规定处罚。

有前两款行为，尚未造成严重后果，在提起公诉前支付劳动者的劳动报酬，并依法承担相应赔偿责任的，可以减轻或者免除处罚。

相关规定

《刑法修正案（八）》第 41 条

最高人民检察院、公安部《关于公安机关管辖的刑事案件立案追诉标准的规定（一）的补充规定》第 7 条

最高人民法院《关于审理拒不支付劳动报酬刑事案件适用法律若干问题的解释》

案例要旨

指 28 号 公 2015 年第 6 期　胡克金拒不支付劳动报酬案

（1）不具备用工主体资格的单位或者个人（包工头），违法用工且拒不支付劳动者报酬，数额较大，经政府有关部门责令支付仍不支付的，应当以拒不支付劳动报酬罪追究刑事责任。（2）不具备用工主体资格的单位或者个人（包工头）拒不支付劳动报酬，即使其他单位或者个人在刑事立案前为其垫付了劳动报酬的，也不影响追究该用工单位或者个人（包工头）拒不支付劳动报酬罪的刑事责任。

第六章

妨害社会管理秩序罪

妨害公务罪

《刑法》规定

第二百七十七条第一款 以暴力、威胁方法阻碍国家机关工作人员依法执行职务的，处三年以下有期徒刑、拘役、管制或者罚金。

第二款 以暴力、威胁方法阻碍全国人民代表大会和地方各级人民代表大会代表依法执行代表职务的，依照前款的规定处罚。

第三款 在自然灾害和突发事件中，以暴力、威胁方法阻碍红十字会工作人员依法履行职责的，依照第一款的规定处罚。

第四款 故意阻碍国家安全机关、公安机关依法执行国家安全工作任务，未使用暴力、威胁方法，造成严重后果的，依照第一款的规定处罚。

相关规定

最高人民法院、最高人民检察院、公安部、原国家工商行政管理局《关于依法查处盗窃、抢劫机动车案件的规定》第1条

最高人民检察院《关于以暴力威胁方法阻碍事业编制人员依法执行

行政执法职务是否可对侵害人以妨害公务罪论处的批复》

最高人民法院、最高人民检察院《关于办理妨害预防、控制突发传染病疫情等灾害的刑事案件具体应用法律若干问题的解释》第8条

最高人民法院、最高人民检察院《关于办理非法生产、销售烟草专卖品等刑事案件具体应用法律若干问题的解释》第8条第1款

最高人民法院《关于审理破坏草原资源刑事案件应用法律若干问题的解释》第4条

最高人民法院、最高人民检察院《关于常见犯罪的量刑指导意见(试行)》“四、常见犯罪的量刑”(十六)

案例要旨

参 第205号　江世田等妨害公务案——聚众以暴力手段抢回被依法查扣的制假设备应如何定罪

判断职务行为是否执行完毕,应根据职务行为的具体执行状况和内容,从整体上把握,而不宜将具有一体性和连续性的公务执行活动分割开来判断。被告人欲强行夺回的制假设备,是犯罪工具,虽属不法财产,但毕竟为被告人所有。抢回自有物品与强占他人所有或公有财物显然不同,被告人不具有非法占有目的。因此,行为人以对抗执法的故意和目的,聚众以暴力在中途拦截执法车辆,公然夺回被依法查扣的制假设备,符合妨害公务罪的构成特征,应以妨害公务罪定罪处罚。

参 第302号　朱荣根、朱梅华等妨害公务案——以暴力、威胁方法妨害或者抗拒人民法院执行判决、裁定的应如何定罪

全国人民代表大会常务委员会《关于〈中华人民共和国刑法〉第三百一十三条的解释》对该条规定的“有能力执行而拒不执行,情节严重”的情形做了立法解释。立法解释的效力高于司法解释的效力,因此,以

暴力、威胁方法妨害或者抗拒人民法院执行判决、裁定的行为，就不再适用最高人民法院发布的《关于审理拒不执行判决、裁定案件具体应用法律若干问题的解释》(已失效。——编者注)，不应认定为拒不执行判决、裁定罪，而应以《刑法》第 277 条规定的妨害公务罪定罪处罚。

参 第 731 号　周洪宝妨害公务案——以投掷点燃汽油瓶的方式阻碍城管队员依法执行职务的行为，如何定罪处罚

以放火方式阻碍国家工作人员执行职务，行为并非针对不特定多数人，在行为当时特定的客观环境下，该行为不可能形成引发危害公共安全的燃烧状态，且主观上并无危害公共安全的故意的，应以妨害公务罪论处。

参 第 1324 号　陈岗妨害公务案——疫情防控期间妨害公务行为的认定

妨害公务罪中的"暴力"，应当做广义的理解，只要行为人实施的强制力量在客观上阻碍了公务活动的正常进行，就可以认定为本罪的"暴力"方法。此外，对与公务人员执行职务具有密切关系的辅助人员施加暴力时，也能成立本罪。以侵犯人身权、财产权、名誉权等手段进行精神强制，以及以自杀、自伤、自残相威胁，造成公务人员精神上的恐惧、心理上的压力或者自由意志的抑制，从而使公务人员处于不敢抗拒的境地而影响公务活动的正常执行时，应当认定为妨害公务罪中的"威胁"。基层自治组织人员在党委政府统一部署下，协助政府从事疫情防控、检疫、强制隔离、隔离治疗等措施的，应当视为行使疫情防控职权的公务人员。

参 第 1325 号　黄潮尧妨害公务案——如何评价暴力抗拒疫情防控措施的行为

以暴力、威胁方法阻碍国家机关工作人员(含在依照法律法规规定行使国家有关疫情防控行政管理职权的组织中从事公务的人员，在受国家机关委托代表国家机关行使疫情防控职权的组织中从事公务的人员，虽未列入国家机关人员编制但在国家机关中从事疫情防控公务的人员）依法履行为防控疫情而采取的防疫、检疫、强制隔离、隔离治疗等措施的，依照《刑法》第 277 条第 1、3 款的规定，以妨害公务罪定罪处罚。

参 第 1326 号　谢益波、邵颖妨害公务案——如何准确把握妨害疫情防控犯罪中的“依法严惩”

在新冠疫情防控期间，对妨害疫情防控犯罪情节恶劣、危害后果严重、人民群众反映强烈的案件，要依法予以从重处罚，严格控制对相关被告人适用缓刑、管制、单处罚金等非监禁刑；加大财产刑的处罚力度，采取有效措施依法追缴违法犯罪所得，不让犯罪分子在经济上非法获利；对利用职业便利实施犯罪或违背职业要求的特定义务的犯罪，可依法决定对被告人的职业禁止。

参 第 1619 号　范某文妨害公务案——袭警罪的司法适用

辅警不是人民警察，也不能被视为警察，不能成为袭警罪的犯罪对象。在人民警察在场的情况下，辅警配合警察依法执行职务，对辅警进行袭击，符合《刑法》第 277 条规定的，以妨害公务罪论处。

袭警罪

《刑法》规定

第二百七十七条第五款　暴力袭击正在依法执行职务的人民警察的，处三年以下有期徒刑、拘役或者管制；使用枪支、管制刀具，或者以驾驶机动车撞击等手段，严重危及其人身安全的，处三年以上七年以下有期徒刑。

相关规定

《刑法修正案(九)》第21条

《刑法修正案(十一)》第31条

最高人民法院、最高人民检察院、公安部《关于依法惩治袭警违法犯罪行为的指导意见》

案例要旨

参 第1327号 王福兵妨害公务案——疫情防控期间违反居家隔离规定并暴力袭击人民警察行为的定罪量刑

人民警察承担打击违法犯罪活动、维护社会治安秩序等职责,暴力袭击正在依法执行职务的人民警察,比以暴力方法阻碍其他国家机关工作人员依法执行职务的性质更为恶劣,影响更为严重,故《刑法》将暴力袭击正在依法执行职务的人民警察作为妨害公务罪的从重处罚情节,规定了更为严厉的刑罚。[《刑法修正案(十一)》实施后,暴力袭击民警的行为应当单独认定为袭警罪。——编者注]

参 第1589号 林某袭警案——袭警行为人主动给予受害民警民事赔偿并取得民警个人谅解的,能否予以从宽处罚

袭警案件不宜适用刑事和解,但行为人积极赔偿并取得被害人谅解的情节仍然是其主动认罪、悔罪态度的重要反映,是其人身危险性降低的表征。对于行为人犯袭警罪后真诚悔罪、取得被害人谅解的,可酌情从宽处理。

参 第1618号 王某某袭警、危险驾驶案——相对人被追截过程中袭警行为的罪责认定

对职务行为合法性的判断,需要综合考虑对执法相对人的侵害程

度、公务目的的正当性、公务手段的相当性和必要性程度等因素。民警在履职过程中，为避免更严重后果的发生，合理限度内的主动碰撞等制止行为属于依法履职。严重危及人民警察人身安全是袭警罪法定刑升格的必要条件和前提，对于危险的程度以及发生实害后果的可能性，应当结合案件的具体情况进行综合评判。

招摇撞骗罪

《刑法》规定

第二百七十九条 冒充国家机关工作人员招摇撞骗的，处三年以下有期徒刑、拘役、管制或者剥夺政治权利；情节严重的，处三年以上十年以下有期徒刑。

冒充人民警察招摇撞骗的，依照前款的规定从重处罚。

案例要旨

参 第162号 李志远招摇撞骗、诈骗案——冒充国家机关工作人员骗取财物的同时又骗取其他非法利益的如何定罪处罚

冒充国家机关工作人员以骗取他人信任，非法占有他人数额较大的财物的行为，既符合诈骗罪的犯罪构成，又符合招摇撞骗罪的犯罪构成，而其所骗取财物的数额仅仅达到较大的程度，那么依照交叉竞合情况下重法条优于轻法条的适用原则，应按招摇撞骗罪定罪。

参 第264号 梁其珍招摇撞骗案——法条竞合及其法律适用原则，招摇撞骗罪与诈骗罪的区分

(1)冒充国家机关工作人员骗取数额巨大的财物，宜认定为符合招摇撞骗罪的构成要件，进而依照《刑法》第 266 条后半段所确立的特别法优于普通法原则，以招摇撞骗罪追究行为人的刑事责任。(2)只有在冒充国家机关工作人员骗取数额特别巨大的财物的情况下，方宜认为此种行为已超出《刑法》第 279 条规定的招摇撞骗罪所能评价的犯罪，而只符合《刑法》第 266 条规定的诈骗罪的构成要件。

伪造、变造、买卖国家机关公文、证件、印章罪

《刑法》规定

第二百八十条第一款 伪造、变造、买卖或者盗窃、抢夺、毁灭国家机关的公文、证件、印章的，处三年以下有期徒刑、拘役、管制或者剥夺政治权利，并处罚金；情节严重的，处三年以上十年以下有期徒刑，并处罚金。

相关规定

《刑法修正案(九)》第 22 条

案例要旨

参 第 107 号 王一民、石香娥伪造国家机关证件案——对 1997 年刑法施行前伪造医院证明的行为应如何适用法律

伪造医院证件的行为即伪造事业单位证件的行为，根据 1979 年《刑法》构成伪造证件罪，因 1997 年《刑法》对伪造事业单位证件的行为未规定为犯罪，根据 1997 年《刑法》第 12 条第 1 款的规定，故本案应适用 1997 年《刑法》。

非法获取国家秘密罪

《刑法》规定

第二百八十二条第一款　以窃取、刺探、收买方法，非法获取国家秘密的，处三年以下有期徒刑、拘役、管制或者剥夺政治权利；情节严重的，处三年以上七年以下有期徒刑。

案例要旨

参 第1441号　王学军等非法获取国家秘密、非法出售、提供试题、答案——非法获取建造师考试试题、答案后又非法出售、提供的，如何定罪处罚

对于是否为“法律规定的国家考试”，不能简单机械地要求法律条文必须出现“考试”的明确表述，对相关法律条文应结合生活实践以及行政法规、部门规章进行系统解释。建造师考试在《建筑法》中并没有明确使用“考试”字样，但相关行政法规和部门规章则已对建造师考试制度进一步作出细化规定，因而属于“法律规定的国家考试”。只要行为人主观上认识到其非法出售、提供的试题、答案是或者极有可能是法律规定的国家考试的试题、答案，客观上实施了非法出售、提供行为，即便仅有部分内容一致，也不影响本罪的认定；如果内容完全不一致的，可按照犯罪未遂处理。对牵连关系适用从一重处罚并不是绝对的，非法获取属于国家秘密的试题、答案后又非法出售、提供的牵连关系并不紧密，应数罪并罚。

组织考试作弊罪

《刑法》规定

第二百八十四条之一第一款 在法律规定的国家考试中，组织作弊的，处三年以下有期徒刑或者拘役，并处或者单处罚金；情节严重的，处三年以上七年以下有期徒刑，并处罚金。

相关规定

《刑法修正案（九）》第25条

最高人民法院《关于〈中华人民共和国刑法修正案（九）〉时间效力问题的解释》第6条

最高人民法院、最高人民检察院《关于办理组织考试作弊等刑事案件适用法律若干问题的解释》

案例要旨

公 2018年第12期 张志杰、陈钟鸣、包周鑫组织考试作弊案

组织考试作弊罪中的考试是指法律规定的国家考试，这里的“法律”应当限缩解释为全国人大及其常委会制定的法律。若某部法律中未对国家考试作出直接规定，但明确规定由相关国家机关制定有关制度，相关国家机关据此制定了行政法规或部门规章对国家考试作出规定，则该考试仍应认定为法律规定的国家考试。在该考试中组织作弊的，应依法以组织考试作弊罪追究刑事责任。

非法获取计算机信息系统数据、非法控制计算机信息系统罪

《刑法》规定

第二百八十五条第二款 违反国家规定,侵入前款规定以外的计算机信息系统或者采用其他技术手段,获取该计算机信息系统中存储、处理或者传输的数据,或者对该计算机信息系统实施非法控制,情节严重的,处三年以下有期徒刑或者拘役,并处或者单处罚金;情节特别严重的,处三年以上七年以下有期徒刑,并处罚金。

第四款 单位犯前三款罪的,对单位判处罚金,并对其直接负责的主管人员和其他直接责任人员,依照各该款的规定处罚。

相关规定

《刑法修正案(七)》第9条

最高人民法院、最高人民检察院《关于办理危害计算机信息系统安全刑事案件应用法律若干问题的解释》

案例要旨

指 145号 张竣杰等非法控制计算机信息系统案

(1)通过植入木马程序的方式,非法获取网站服务器的控制权限,进而通过修改、增加计算机信息系统数据,向相关计算机信息系统上传网页链接代码的,应当认定为《刑法》第285条第2款“采用其他技术手

段"非法控制计算机信息系统的行为。(2)通过修改、增加计算机信息系统数据,对该计算机信息系统实施非法控制,但未造成系统功能实质性破坏或者不能正常运行的,不应当认定为破坏计算机信息系统罪,符合《刑法》第285条第2款规定的,应当认定为非法控制计算机信息系统罪。

参 第1459号 吴冰非法获取计算机信息系统数据案——利用游戏系统漏洞非法充值行为的定性

破坏计算机信息系统罪的本质在于损害了信息系统的功能,利用火狐浏览器及相关插件对该系统数据进行修改并非法充值的行为,虽然在一定程度上是对充值程序的破坏,使其暂时不能正常充值,但该行为并未妨害其他游戏用户的正常充值。非法获取计算机信息系统数据、非法控制计算机信息系统罪所指的数据,并不需要早已存储在信息系统之中,也可以是系统根据设定即时生成的,故行为人利用系统漏洞非法获取游戏币,可以认定为非法获取计算机信息系统数据的行为。

参 第1501号 朱东海非法获取计算机信息系统数据、非法控制计算机信息系统、内幕交易案——非法侵入计算机系统获取内幕信息后又实施内幕交易的,应如何定罪

行为人非法侵入计算机信息系统并实施非法控制的行为与内幕交易的行为均具有严重的社会危害性,且属侵犯不同的刑法保护法益,因此构成不同的犯罪。牵连犯并非《刑法》所明文规定的罪数处理方法,而是刑法理论中关于罪数理论的学说观念,司法实践中必须严格遵照刑法原则与具体规定对犯罪行为所涉的罪数进行妥当处理。实践中,实施内幕交易的行为人并不以非法侵入他人计算机信息系统并非法获取计算机信息系统内的数据信息为通常手段行为,而非法侵入他人计算机信息系统的行为人一般也并不是为了实施内幕交易行为,而往往是为了获

取公民个人信息或实现其他非法目的。因此,非法侵入计算机信息系统并实施非法控制以实现非法获取信息的行为,与其此后所实施的内幕交易行为之间不具有类型性特征,不宜按牵连犯处理原则处理,应数罪并罚。

参 第 1574 号　温某某非法控制计算机信息系统案——非法控制计算机信息系统罪与破坏计算机信息系统罪的认定与区分

非法控制计算机信息系统罪与破坏计算机信息系统罪的区分应从行为对象、行为方式、后果要求及主观目的等方面综合判断。如行为人对他人计算机信息系统实施非法控制后,对系统中存储的数据进行删除、增加,从而实现对增加的数据进行使用进而获利,但并未造成计算机系统功能实质性破坏或者不能正常运行,也未造成授权人不能操控计算机信息系统,主观上也无破坏系统的目的的,应以非法控制计算机信息系统罪定罪处罚。

提供侵入、非法控制计算机信息系统程序、工具罪

《刑法》规定

第二百八十五条第三款　提供专门用于侵入、非法控制计算机信息系统的程序、工具,或者明知他人实施侵入、非法控制计算机信息系统的违法犯罪行为而为其提供程序、工具,情节严重的,依照前款的规定处罚。

第四款　单位犯前三款罪的,对单位判处罚金,并对其直接负责的主管人员和其他直接责任人员,依照各该款的规定处罚。

相关规定

《刑法修正案(七)》第9条

《刑法修正案(九)》第26条

最高人民法院、最高人民检察院《关于办理危害计算机信息系统安全刑事案件应用法律若干问题的解释》第2、3、8～11条

案例要旨

参 第1553号　丁某提供侵入计算机信息系统程序案——"专门用于侵入、非法控制计算机信息系统的程序、工具"的司法认定

具有避开或者突破网络平台等计算机信息系统安全保护措施,使他人非法获取访问受限的数据的软件,属于《刑法》第285条第3款规定的专门用于侵入计算机信息系统的程序。行为人提供上述软件,情节严重的,依法以提供侵入计算机信息系统程序罪定罪处罚。

破坏计算机信息系统罪

《刑法》规定

第二百八十六条　违反国家规定,对计算机信息系统功能进行删除、修改、增加、干扰,造成计算机信息系统不能正常运行,后果严重的,处五年以下有期徒刑或者拘役;后果特别严重的,处五年以上有期徒刑。

违反国家规定,对计算机信息系统中存储、处理或者传输的数据和应用程序进行删除、修改、增加的操作,后果严重的,依照前款的规定处罚。

故意制作、传播计算机病毒等破坏性程序，影响计算机系统正常运行，后果严重的，依照第一款的规定处罚。

单位犯前三款罪的，对单位判处罚金，并对其直接负责的主管人员和其他直接责任人员，依照第一款的规定处罚。

相关规定

《刑法修正案(九)》第27条

全国人民代表大会常务委员会《关于维护互联网安全的决定》第1条第2、3项

公安部《关于对破坏未联网的微型计算机信息系统是否适用〈刑法〉第二百八十六条的请示的批复》

最高人民法院、最高人民检察院《关于办理危害计算机信息系统安全刑事案件应用法律若干问题的解释》第4～6、8～10条

案例要旨

指 102号　付宣豪、黄子超破坏计算机信息系统案

(1)通过修改路由器、浏览器设置、锁定主页或者弹出新窗口等技术手段，强制网络用户访问指定网站的“DNS劫持”行为，属于破坏计算机信息系统，后果严重的，构成破坏计算机信息系统罪。(2)对于“DNS劫持”，应当根据造成不能正常运行的计算机信息系统数量、相关计算机信息系统不能正常运行的时间，以及所造成的损失或者影响等，认定其是“后果严重”还是“后果特别严重”。

指 103号　徐强破坏计算机信息系统案

企业的机械远程监控系统属于计算机信息系统。违反国家规定，对

企业的机械远程监控系统功能进行破坏，造成计算机信息系统不能正常运行，后果严重的，构成破坏计算机信息系统罪。

指 104号　李森、何利民、张锋勃等人破坏计算机信息系统案

环境质量监测系统属于计算机信息系统。用棉纱等物品堵塞环境质量监测采样设备，干扰采样，致使监测数据严重失真的，构成破坏计算机信息系统罪。

公 2009年第2期　马志松等破坏计算机信息系统案

根据《刑法》第286条的规定，违反国家规定，对计算机信息系统功能进行删除、修改、增加、干扰，或者对计算机信息系统中存储、处理或者传输的数据和应用程序进行删除、修改、增加的操作，或者故意制作、传播计算机病毒等破坏性程序，造成计算机信息系统不能正常运行，后果严重的，构成破坏计算机信息系统罪。行为人违反国家规定，采用干扰的技术手段攻击劫持互联网运营商的公共域名服务器，在域名服务器中添加指令，在大量个人计算机信息系统中植入木马病毒，造成计算机信息系统不能正常运行，后果严重的，应以破坏计算机信息系统罪定罪处罚。

参 第68号　吕薛文破坏计算机信息系统案——如何认定破坏计算机信息系统罪

（1）破坏计算机信息系统的三种行为，在同时实施的情况下，每一种行为都必须具备严重后果这一条件，才能以实施了上述三种行为为由而认定构成破坏计算机信息系统罪。（2）明知自己的行为会导致计算机信息系统不能正常运转的危害后果而放任其发生的，构成破坏计算机信息系统罪，动机不影响本罪的成立。

参 第783号 童莉、蔡少英破坏计算机信息系统案——公安交通管理部门协管员非法侵入道路交通违法信息管理系统，清除车辆违章信息，收取违章人员钱财的行为如何定性

公安交通管理部门协管员非法侵入道路交通违法信息管理系统，清除车辆违章信息，收取违章人员“好处费”的，国家预期罚款收入的流失只是二被告人实施犯罪行为的结果，不能因为二被告人的行为致使国家预期罚款收入流失而认定二被告人收取违章人员的违章罚款是窃取国家财产。因此，应当认定其行为破坏计算机信息系统数据，构成破坏计算机信息系统罪。

参 第784号 孙小虎破坏计算机信息系统案——如何认定和适用破坏计算机信息系统罪中的“经济损失”和“违法所得”情节

（1）破坏计算机信息系统罪中的“经济损失”是犯罪行为造成的直接经济损失，间接经济损失或者实施犯罪行为时尚未实际发生的可能经济损失，不能认定为直接经济损失，从而不能计入犯罪行为所造成的经济损失。（2）在认定违法所得数额时，应贯彻有利于被告人的原则，就低不就高。

参 第1029号 乐姿等破坏计算机信息系统案——在无法准确认定经济损失、用户数量的情况下，如何认定破坏计算机信息系统的“后果严重”

为防止扩大解释，一般要求兜底条款的适用对象在行为性质、情节、社会危害程度等方面与《刑法》及相关司法解释规定的定罪量刑条件具有同质性或者相当性。基于对刑事证据的严格把握，虽然不能准确认定犯罪行为所造成的经济损失和受影响的计算机用户数量，但能够证实行为人破坏计算机信息系统导致众多计算用户受影响，且影响时间较长，应当认定为破坏计算信息系统“造成其他严重后果”。

扰乱无线电通讯管理秩序罪

《刑法》规定

第二百八十八条 违反国家规定，擅自设置、使用无线电台（站），或者擅自使用无线电频率，干扰无线电通讯秩序，情节严重的，处三年以下有期徒刑、拘役或者管制，并处或者单处罚金；情节特别严重的，处三年以上七年以下有期徒刑，并处罚金。

单位犯前款罪的，对单位判处罚金，并对其直接负责的主管人员和其他直接责任人员，依照前款的规定处罚。

相关规定

《刑法修正案（九）》第30条

最高人民法院、最高人民检察院《关于办理扰乱无线电通讯管理秩序等刑事案件适用法律若干问题的解释》

最高人民法院《关于审理扰乱电信市场管理秩序案件具体应用法律若干问题的解释》第5条

最高人民法院《关于审理危害军事通信刑事案件具体应用法律若干问题的解释》第6条第4款

案例要旨

参 第955号 郝林喜、黄国祥破坏公用电信设施案——对非法使用“伪基站”设备干扰公用电信网络信号的行为如何定罪量刑

非法使用“伪基站”设备干扰公用电信网络信号，危害公共安全的，以破坏公用电信设施罪追究刑事责任。同时构成扰乱无线电通讯管理秩序罪的，依照处罚较重的规定追究刑事责任。值得注意的是，破坏公用电信设施罪作为危害公共安全的犯罪，对危害结果有量的要求，如果受垃圾短信影响的人数、通话中断时间达不到司法解释规定的数量标准，则不构成破坏公用电信设施罪，符合扰乱无线电通讯管理秩序罪构成要件的，可以扰乱无线电通讯管理秩序罪追究刑事责任。对此类犯罪量刑时，应当结合被告人主观恶性大小、行为危害程度以及在案件中所起的作用等因素，切实做到区别对待。

参 第 1227 号　李雄剑等扰乱无线电通讯管理秩序案——利用“伪基站”群发短信的行为如何定罪处罚

使用“伪基站”的行为，本质上是对无线电通讯管理秩序的破坏，而不是对公共安全的危害。对利用“伪基站”群发短信的行为，在《刑法修正案（九）》实施前，以破坏公用电信设施罪定罪处罚，是符合法律规定的。但是，《刑法修正案（九）》实施后，对此类行为，应当适用《刑法》第 288 条第 1 款的规定，以扰乱无线电通讯管理秩序罪定罪处罚。

聚众扰乱公共场所秩序、交通秩序罪

《刑法》规定

第二百九十一条　聚众扰乱车站、码头、民用航空站、商场、公园、影剧院、展览会、运动场或者其他公共场所秩序，聚众堵塞交通或者破坏交通秩序，抗拒、阻碍国家治安管理工作人员依法执行职务，情节严重的，对首要分子，处五年以下有期徒刑、拘役或者管制。

相关规定

公安部《关于公安机关处置信访活动中违法犯罪行为适用法律的指导意见》

案例要旨

参 第932号　余胜利、尤庆波聚众扰乱交通秩序案——如何认定聚众扰乱交通秩序罪中的"首要分子"和"情节严重"

聚众扰乱活动的造意者、煽动者，应当认定为聚众扰乱交通秩序罪中的"首要分子"。聚众扰乱交通秩序罪要求"聚众堵塞交通或者破坏交通秩序"达到情节严重的同时，"抗拒、阻碍国家治安管理工作人员依法执行职务"也要达到情节严重。在聚众扰乱交通秩序案件中，可结合交通堵塞严重程度、持续时间长短、聚集人数多少、社会影响是否恶劣、公私财产损失大小、是否发生人员伤亡等进行综合判断。

编造、故意传播虚假恐怖信息罪

《刑法》规定

第二百九十一条之一第一款　投放虚假的爆炸性、毒害性、放射性、传染病病原体等物质，或者编造爆炸威胁、生化威胁、放射威胁等恐怖信息，或者明知是编造的恐怖信息而故意传播，严重扰乱社会秩序的，处五年以下有期徒刑、拘役或者管制；造成严重后果的，处五年以上有期徒刑。

相关规定

《刑法修正案(三)》第8条

最高人民法院《关于审理编造、故意传播虚假恐怖信息刑事案件适用法律若干问题的解释》

最高人民法院、最高人民检察院《关于办理妨害预防、控制突发传染病疫情等灾害的刑事案件具体应用法律若干问题的解释》第10条第1款

最高人民检察院《关于依法严厉打击编造、故意传播虚假恐怖信息威胁民航飞行安全犯罪活动的通知》

案例要旨

参 第207号 金建平编造虚假恐怖信息案——编造虚假恐怖信息罪的法律适用

对于编造虚假信息,且通过电话向公安机关散布,但是并未向公众传播,尚未造成大范围的社会公众恐慌的情形,应认定为编造虚假恐怖信息罪。如被告人针对不特定的单位或公众传播,则应以编造、故意传播虚假恐怖信息罪处罚。

参 第372号 袁才彦编造虚假恐怖信息案——以编造爆炸威胁等恐怖信息的方式向有关单位进行敲诈勒索的,如何定罪处罚

(1)对于编造虚假恐怖信息造成有关部门实施人员疏散,引起公众极度恐慌的,或者致使相关单位无法正常营业,造成重大经济损失的,应当认定为"造成严重后果"。(2)以编造虚假恐怖信息的方式,实施敲诈勒索等其他犯罪的,应当根据案件事实和证据情况,择一重罪处断。

参 第398号　黄旭、李雁编造虚假恐怖信息案——编造虚假恐怖信息罪的认定和处罚

(1)编造他人患有"非典型肺炎"症状的虚假事实,属于"编造虚假的恐怖信息"。(2)传播自己编造的虚假恐怖信息,严重扰乱社会秩序的,构成编造虚假恐怖信息罪;故意传播他人编造的虚假恐怖信息,严重扰乱社会秩序的,构成故意传播虚假恐怖信息罪。(3)是否"严重扰乱社会秩序"或"造成严重后果",可以从采取紧急措施的情况、社会活动中断情况、财产损失、社会恐慌程度等方面认定。

参 第559号　贾志攀编造、故意传播虚假恐怖信息案——虚假地震信息能否认定为虚假恐怖信息

编造、故意传播虚假恐怖信息罪中的"恐怖信息"不等于恐怖主义信息,而是指足以使一定范围内社会公众产生生命安全受到威胁的恐慌心理,致使生产、工作、经营活动无法进行,引起社会秩序混乱的信息。侵入国家事务领域的计算机信息系统编造虚假地震信息的,其非法侵入计算机信息系统的行为与编造、发布虚假恐怖信息的犯罪行为之间,属于目的和手段的牵连关系,一般采取"从一重罪"进行处罚的原则。因为编造虚假恐怖信息罪的法定刑比非法侵入计算机信息系统罪的法定刑重,故应以编造、故意传播虚假恐怖信息罪对被告人进行定罪量刑。

参 第881号　熊毅编造虚假恐怖信息案——如何把握编造虚假恐怖信息罪"造成严重后果"的认定

"严重扰乱社会秩序",主要是指编造虚假恐怖信息引起社会恐慌,致使工作、生产、经营、教学、科研等活动无法正常进行,这是编造虚假恐怖信息罪罪与非罪的界限。"造成严重后果",是指严重扰乱社会秩序且造成人员伤亡或者公司财产重大损失等情形。重大伤亡一般是指重伤以上的人体损害程度,重大损失一般把握在50万元以上财产损失。

编造、故意传播虚假信息罪

《刑法》规定

第二百九十一条之一第二款　编造虚假的险情、疫情、灾情、警情，在信息网络或者其他媒体上传播，或者明知是上述虚假信息，故意在信息网络或者其他媒体上传播，严重扰乱社会秩序的，处三年以下有期徒刑、拘役或者管制；造成严重后果的，处三年以上七年以下有期徒刑。

相关规定

《刑法修正案(九)》第32条

案例要旨

参 第1328号　刘星星编造、传播虚假信息案——如何把握编造、故意传播虚假信息罪的入罪标准

编造、故意传播虚假信息罪是情节犯，必须达到严重扰乱社会秩序的程度才构成犯罪，是否达到这一程度，应当从虚假信息内容是否严重影响社会公众的安全感、发布时间是否发生在疫情防控期间、直接受众范围是否较为广泛、传播手段是否受控以及虚假信息发布之后是否致使相关职能部门采取紧急应对措施等方面进行判断，此外还要看这些信息是否足以在当下引起社会公众心理的恐慌，造成社会秩序混乱。

聚众斗殴罪

《刑法》规定

第二百九十二条[①] 聚众斗殴的,对首要分子和其他积极参加的,处三年以下有期徒刑、拘役或者管制;有下列情形之一的,对首要分子和其他积极参加的,处三年以上十年以下有期徒刑:

(一)多次聚众斗殴的;

(二)聚众斗殴人数多,规模大,社会影响恶劣的;

(三)在公共场所或者交通要道聚众斗殴,造成社会秩序严重混乱的;

(四)持械聚众斗殴的。

聚众斗殴,致人重伤、死亡的,依照本法第二百三十四条、第二百三十二条的规定定罪处罚。

相关规定

最高人民检察院、公安部《关于公安机关管辖的刑事案件立案追诉标准的规定(一)》第36条

最高人民法院研究室《关于对参加聚众斗殴受重伤或者死亡的人及其家属提出的民事赔偿请求能否予以支持问题的答复》

最高人民法院、最高人民检察院《关于常见犯罪的量刑指导意见(试行)》“四、常见犯罪的量刑”(十七)

---

① 本条第2款构成故意伤害罪、故意杀人罪。

案例要旨

参 第 350 号 倪以刚等聚众斗殴案——如何把握聚众斗殴罪的犯罪构成及转化要件

单方有聚众斗殴故意的也可以构成聚众斗殴罪,只要双方或一方采用暴力方式进行斗殴,不论采用何种暴力方式都是结伙斗殴行为。聚众斗殴向故意伤害的转化,首要分子对全部犯罪事实负责,无论其是否实施故意伤害的实行行为,都应转化为故意伤害;数被告人相互配合,对被害人实施拖拽、砍、打的行为,其共同行为与被害人重伤的结果之间具有因果关系,且难以分清致被害人重伤的直接责任人,所以数被告人均应以故意伤害罪定罪处罚;未对被害人实施拖拽、砍、打的客观行为的被告人,作为聚众斗殴的积极参加人,应以聚众斗殴罪定罪处罚。在时间、地点、针对的对象均不同时,即使这些行为是同一故意支配的,但是在行为上不是持续的而是连续的,在两地可以独立构成聚众斗殴罪的,应认定为两次聚众斗殴。

参 第 882 号 李天龙、高政聚众斗殴案——聚众斗殴并驾车撞击对方的行为是否认定为持械聚众斗殴,以及如何认定相关帮助行为的性质

持械聚众斗殴中的"持械",是指参加聚众斗殴的人员使用器械或者为斗殴携带器械但实际未使用的情形。这里的"器械"指各种枪支、刀具、棍棒、砖块等足以致人伤亡的工具。该情形包括为斗殴而准备器械或者持器械参与斗殴,也包括在实施过程中临时获得器械并持器械进行斗殴。已经发动的车辆具有速度快、冲力大、破坏性强的特点,如果在聚众斗殴中操控车辆作为斗殴行凶的工具,其作用等同于传统的棍棒类器械,结合行为人的使用目的、后果和性质,车辆可以视为器械,所以聚众斗殴驾车撞击对方的行为应认定为持械聚众斗殴。参与预谋持械聚

众斗殴,或者明知行为人持械斗殴,而帮助指认对象的,即使本人未使用或者携带器械,亦应当认定为持械聚众斗殴。

参 第1361号 周方健等人聚众斗殴、寻衅滋事、开设赌场案——如何准确区分恶势力与一般共同犯罪

从犯罪形态由低向高的发展演变看,恶势力处在一般共同犯罪向黑社会性质组织发展的过渡阶段。恶势力犯罪比一般共同犯罪具有更大的社会危害性,其具有如下法律特征:(1)共同实施犯罪活动的人员具有一定的稳定性。(2)以暴力、威胁或者"软暴力"等手段实施违法犯罪活动。(3)在一定区域或者行业内多次实施违法犯罪活动,为非作恶、欺压百姓。(4)具备向黑社会性质组织发展的过渡性特征,即通过违法犯罪活动已经与正常的经济社会管理秩序形成对抗关系,并在一定区域或者行业内造成较为恶劣的社会影响。

寻衅滋事罪

《刑法》规定

第二百九十三条 有下列寻衅滋事行为之一,破坏社会秩序的,处五年以下有期徒刑、拘役或者管制:

(一)随意殴打他人,情节恶劣的;

(二)追逐、拦截、辱骂、恐吓他人,情节恶劣的;

(三)强拿硬要或者任意损毁、占用公私财物,情节严重的;

(四)在公共场所起哄闹事,造成公共场所秩序严重混乱的。

纠集他人多次实施前款行为,严重破坏社会秩序的,处五年以上十年以下有期徒刑,可以并处罚金。

相关规定

《刑法修正案(八)》第42条

最高人民检察院、公安部《关于公安机关管辖的刑事案件立案追诉标准的规定(一)的补充规定》第8条

最高人民法院、最高人民检察院《关于办理寻衅滋事刑事案件适用法律若干问题的解释》

最高人民法院、最高人民检察院、公安部、司法部《关于办理黑恶势力犯罪案件若干问题的指导意见》第17条第1款

最高人民法院、最高人民检察院《关于办理妨害预防、控制突发传染病疫情等灾害的刑事案件具体应用法律若干问题的解释》第11条

最高人民法院、最高人民检察院《关于办理利用信息网络实施诽谤等刑事案件适用法律若干问题的解释》第5条

最高人民检察院《关于全面履行检察职能为推进健康中国建设提供有力司法保障的意见》

最高人民法院、最高人民检察院、公安部《关于依法处理信访活动中违法犯罪行为的指导意见》第1～3条

最高人民法院、最高人民检察院《关于常见犯罪的量刑指导意见(试行)》“四、常见犯罪的量刑”(十八)

案例要旨

参 第206号　杨国栋投放虚假危险物质案——在公共场所用锥子扎人造成恐怖气氛的能否构成投放虚假危险物质罪

在公共场所用锥子扎人造成恐怖气氛的行为,不符合投放虚假危险物质罪有关“投放”行为的规定。同时,被告人在公交车这一人多拥挤的场所用锥子扎人,尽管其伤害后果并不严重,但由于被告人使用特定

的方法，并选择在特定的地点作案，容易被人误以为是有人“扎针”传播艾滋病，不仅给被害人造成了较大的心理压力，在案发时引起公共汽车秩序的混乱，且案发后客观上产生了恶劣的社会影响，属于情节恶劣，符合寻衅滋事罪的特征。

参 第 517 号　张彪等寻衅滋事案——以轻微暴力强索硬要他人财物的行为如何定性

寻衅滋事罪的行为人主观上具有逞强好胜和通过强拿硬要来填补其精神空虚等目的，客观上一般不以严重侵犯他人人身权利的方法强拿硬要财物；而抢劫罪的行为人一般只具有非法占有他人财物的目的，以暴力、胁迫等方式作为劫取他人财物的手段。被告人出于教训、报复他人的目的，使用轻微暴力强拿硬要财物的行为扰乱了正常的社会秩序，其暴力强度并未超出寻衅滋事罪所涵括的程度，以寻衅滋事罪定罪更为客观和准确。

参 第 1248 号　黄民喜等寻衅滋事案——使用轻微暴力帮他人抢回赌资的行为如何定性

寻衅滋事罪与抢劫罪的法定刑之所以如此轻重悬殊，其中一个非常重要的原因就在于抢劫罪的主观恶性、人身危险性和社会危害性都远远高于寻衅滋事罪。对于使用轻微暴力手段帮助他人抢回赌资的行为，根据暴力强度、是否具有非法占有的主观目的及罪责刑相适应的原则，应以寻衅滋事罪而非抢劫罪论处。

参 第 1305 号　林作明寻衅滋事案——吸毒致幻后持刀拦乘汽车、恐吓驾驶人员的行为定性

原因自由行为，是指具有责任能力的行为人，故意或者过失使自己一时陷入丧失或者尚未完全丧失责任能力的状态，并在该状态下实施了符合犯罪构成要件的行为。行为人使自己丧失或者尚未完全丧失责任

能力状态的行为,称为原因行为,而在该状态之下实施的符合犯罪构成要件的行为,是结果行为。被告人吸毒致幻后持刀拦乘汽车、恐吓驾驶人员,尚未达到与劫持汽车罪相当的社会危害性,是吸食毒品后的情绪发泄体现出的滋事特性,应认定为寻衅滋事罪。

参 第 1329 号　谢庆茂寻衅滋事案——疫情防控期间拒不配合疫情防控人员工作,为发泄个人不满,任意损毁公私财物,造成他人财物损失的行为如何定性

寻衅滋事罪的犯罪动机通常是满足耍威风、取乐等不正常的精神刺激或其他不健康的心理需要,而故意毁坏财物罪一般是出于个人报复或妒忌等心理。疫情防控期间拒不配合疫情防控人员工作,为发泄个人不满,任意毁损公私财物,造成他人财物损失的,应以寻衅滋事罪追究刑事责任。

参 第 1330 号　卢方锁、周凯寻衅滋事案——疫情防控期间,随意殴打从事疫情防控工作人员的行为应如何认定

实践中,行为人随意殴打他人的行为,大多有其所自认为合理的“理由”,但这种理由多为行为人为殴打他人所寻找的借口,或者是社会生活中微不足道的小事,其内容荒唐、逻辑混乱,并不为一般社会公众所承认,即一般道德观念中的“强盗逻辑”,这也就是所谓的“寻衅”。因此,在司法实务中应当从社会大众的角度认定其行为有无理由或有无正当理由,即当一般人站在行为人的立场,也不能理解、接受行为人的殴打行为时,该行为可以认定为“随意”。对于行为人辩解的不符合常理、常识、常情的“借口”和“理由”,不能认定“事出有因”。在公共场所随意殴打他人,直接影响周围不特定群众的安全感,直接侵害了正常的社会管理秩序和公共秩序,依法构成寻衅滋事罪。

参 第 1345 号　朱伦军寻衅滋事案——多次拦截儿童强行夺取较低经济价值物品的行为如何定性

强拿硬要公私财物，或者同时具有殴打他人、追逐、拦截、恐吓他人并强拿硬要他人财物情形的，与抢劫罪中使用暴力手段当场劫取他人财物的行为在表现方式上存在一定相似之处。首先，定罪时应当考察行为人的主观目的是非法占有他人财物，还是满足畸形的生理和心理需要；其次，应当判断该行为客观上主要侵害的是公民人身、财产权利，还是滋扰他人、破坏社会秩序。多次拦截他人强行夺取较低经济价值物品的行为，应当构成寻衅滋事罪。

参 第 1346 号　蔡恒寻衅滋事案——凌晨酒后驾车追撵他人机动车，导致车损人伤的行为如何定性

如果要将追逐竞驶行为定为以危险方法危害公共安全罪的话，则该行为要达到与放火、决水、爆炸、投放危险物质相当的危险程度，且作为以危险方法危害公共安全罪构成要件的行为本身具有相当的不可控性。凌晨酒后驾车追撵他人机动车，导致车损人伤的行为，在时空环境上并不具备以危险方法危害公共安全的条件，而构成危险驾驶罪与寻衅滋事罪、故意伤害罪、故意毁坏财物罪的竞合，应当依照《刑法》第 133 条之一第 1 款的规定，依照处罚较重的罪名定罪，即以寻衅滋事罪定罪处罚。

参 第 1374 号　戴颖、蒯军寻衅滋事案——实施轻微暴力并强行同吃、同住、同行跟随讨债的如何定性

实践中，要注意将非法剥夺人身自由与非法限制人身自由区分开来，只有非法剥夺人身自由的行为才构成非法拘禁罪。实施轻微暴力又同吃、同住、同行跟随讨债的行为，并未达到剥夺自由的程度，不构成非法拘禁罪。实施轻微暴力并强行同吃、同住、同行跟随讨债的，属于“恐吓行为”；长期实施恐吓他人行为，应当以寻衅滋事罪定罪处罚。

参 第1395号　梁锦辉寻衅滋事案——持刀驱离正在违法强拆的人员并造成一人轻微伤的，是否构成寻衅滋事罪

认定行为人殴打他人是否构成寻衅滋事罪，不仅要看行为人在客观上是否属于最高人民法院、最高人民检察院《关于办理寻衅滋事刑事案件适用法律若干问题的解释》所规定的七种情形，还要考察行为人在主观上是否具有寻求刺激、发泄情绪、逞强耍横等无事生非或者借故生非的故意。在矛盾由被害人故意引发或者被害人对矛盾激化负有主要责任的情况下，由于被告人的行为具有相当的正当性，不宜认定被告人主观上具有无事生非、借故生非的故意，也就不宜认定构成寻衅滋事罪。因此，被告人针对正在违法强拆其合法财产的人员，持刀进行驱离，并造成一人轻微伤，不构成寻衅滋事罪，而应当认定为正当防卫。

催收非法债务罪

《刑法》规定

第二百九十三条之一　有下列情形之一，催收高利放贷等产生的非法债务，情节严重的，处三年以下有期徒刑、拘役或者管制，并处或者单处罚金：

（一）使用暴力、胁迫方法的；

（二）限制他人人身自由或者侵入他人住宅的；

（三）恐吓、跟踪、骚扰他人的。

相关规定

《刑法修正案（十一）》第34条

《公安部刑事案件管辖分工补充规定》第4条第3款

案例要旨

参 第1620号 戴某隆催收非法债务案——"软暴力"催收入刑的规范适用

对于高利放贷,只有违反国家规定借贷利率的部分才能认定为非法债务,且非法债务的范围包括因非法债务产生的孳息和利息。由于"软暴力"的内涵和外延并不具有确定性,故对该要素应当结合社会管理秩序这一法益维度进行规范认定,只有达到足以扰乱社会管理秩序的程度才能评价为"软暴力"。对于《刑法修正案(十一)》施行前实施的"软暴力"催收行为,若判决尚未生效,应根据《刑法》第12条的规定,按照从旧兼从轻原则处理。如果催收非法债务罪的法定刑较轻,则适用该罪名。

组织、领导、参加黑社会性质组织罪

《刑法》规定

第二百九十四条第一款 组织、领导黑社会性质的组织的,处七年以上有期徒刑,并处没收财产;积极参加的,处三年以上七年以下有期徒刑,可以并处罚金或者没收财产;其他参加的,处三年以下有期徒刑、拘役、管制或者剥夺政治权利,可以并处罚金。

第四款 犯前三款罪又有其他犯罪行为的,依照数罪并罚的规定处罚。

第五款 黑社会性质的组织应当同时具备以下特征:

（一）形成较稳定的犯罪组织，人数较多，有明确的组织者、领导者，骨干成员基本固定；

（二）有组织地通过违法犯罪活动或者其他手段获取经济利益，具有一定的经济实力，以支持该组织的活动；

（三）以暴力、威胁或者其他手段，有组织地多次进行违法犯罪活动，为非作恶，欺压、残害群众；

（四）通过实施违法犯罪活动，或者利用国家工作人员的包庇或者纵容，称霸一方，在一定区域或者行业内，形成非法控制或者重大影响，严重破坏经济、社会生活秩序。

相关规定

《刑法修正案（八）》第43条

全国人民代表大会常务委员会《关于〈中华人民共和国刑法〉第二百九十四条第一款的解释》

最高人民检察院《关于认真贯彻执行全国人大常委会〈关于刑法第二百九十四条第一款的解释〉和〈关于刑法第三百八十四条第一款的解释〉》

最高人民法院《关于审理黑社会性质组织犯罪的案件具体应用法律若干问题的解释》

《办理黑社会性质组织犯罪案件座谈会纪要》

最高人民法院、最高人民检察院、公安部、司法部《关于办理黑社会性质组织犯罪案件若干问题的规定》

《全国部分法院审理黑社会性质组织犯罪案件工作座谈会纪要》

最高人民法院、最高人民检察院、公安部、司法部《关于办理黑恶势力犯罪案件若干问题的指导意见》

最高人民法院、最高人民检察院、公安部、司法部《关于依法严厉打击黑恶势力违法犯罪的通告》

最高人民法院、最高人民检察院、公安部、司法部《关于办理恶势力刑事案件若干问题的意见》

最高人民法院、最高人民检察院、公安部、司法部《关于办理实施“软暴力”的刑事案件若干问题的意见》

最高人民法院、最高人民检察院、公安部、司法部《关于办理黑恶势力刑事案件中财产处置若干问题的意见》

最高人民法院、最高人民检察院、公安部、司法部《关于办理“套路贷”刑事案件若干问题的意见》

最高人民法院、最高人民检察院、公安部、司法部《关于办理利用信息网络实施黑恶势力犯罪刑事案件若干问题的意见》

最高人民法院、最高人民检察院、公安部、司法部《关于办理非法放贷刑事案件若干问题的意见》第7条

国家监察委员会、最高人民法院、最高人民检察院、公安部、司法部《关于在扫黑除恶专项斗争中分工负责、互相配合、互相制约严惩公职人员涉黑涉恶违法犯罪问题的通知》

最高人民法院、最高人民检察院、公安部、司法部《关于跨省异地执行刑罚的黑恶势力罪犯坦白检举构成自首立功若干问题的意见》

案例要旨

指 186号 参 第1356号　龚品文等人组织、领导、参加黑社会性质组织案——如何准确把握黑社会性质组织行为特征中对“软暴力”的强度要求以及“占股分利”模式下的组织特征

犯罪组织以其势力、影响和暴力手段的现实可能性为依托，有组织

地长期采用多种“软暴力”手段实施大量违法犯罪行为，辅之以“硬暴力”，“软暴力”有向“硬暴力”转化的现实可能性，足以使群众产生恐惧、恐慌进而形成心理强制，并已造成严重危害后果，严重破坏经济、社会生活秩序的，应认定该犯罪组织具有黑社会性质组织的行为特征。

指 188 号　史广振等组织、领导、参加黑社会性质组织案

在涉黑社会性质组织犯罪案件审理中，应当对查封、扣押、冻结财物及其孳息的权属进行调查，案外人对查封、扣押、冻结财物及其孳息提出权属异议的，人民法院应当听取其意见，确有必要的，人民法院可以通知其出庭，以查明相关财物权属。

参 第 142 号　张畏组织、领导黑社会性质组织、故意伤害、贷款诈骗、虚开增值税专用发票、非法经营、故意毁坏财物、非法拘禁案——“黑社会性质的组织”的特征应如何把握

黑社会性质组织的内部组织结构较为严密，一般具有一定的层次性，组织者、领导者之间也有不同的等级。凡是为了增强实施违法犯罪活动的组织性、隐蔽性而制定或者自发形成，并用以明确组织内部人员管理、职责分工、行为规范、利益分配、行动准则等事项的成文或不成文的规定、约定，均可认定为黑社会性质组织的组织纪律、活动规约。

参 第 149 号　容乃胜等组织、领导、参加黑社会性质组织案——如何认定黑社会性质组织犯罪案件中的“保护伞”问题

黑社会性质组织成员直接混入国家机关，或者通过合法、非法手段取得某种政治身份，向国家机关进行渗透，以寻求非法保护，也是黑社会性质组织寻求“保护伞”的重要方式。被告人为了逃避法律制裁，维护和发展自己的势力，积极向国家机关渗透，通过破坏选举等手段，使自己当选为乡人大代表，以为自己的违法犯罪活动提供非法保护的行为，应当认定符合获取“非法保护”这一特征。

参 第618号 陈金豹等组织、领导、参加黑社会性质组织案——如何认定参加黑社会性质组织罪中的“参加”

参加黑社会性质组织罪中的“参加”，实践中可以从以下几个方面认定：(1)行为人只要知道或者应当知道所参加的是由多人组成，具有一定层级结构，主要从事违法犯罪活动的组织群体，或者该组织虽有形式合法的生产、经营活动，但仍是以有组织地实施违法犯罪活动为基本行为方式，欺压、残害群众的组织，就可以认定其具有主观明知。(2)对于那些主观上并无加入意图，客观上也不受犯罪组织领导和管理，因被纠集、雇用、收买、威逼或者受蒙蔽为黑社会性质组织实施违法犯罪活动提供帮助、支持、服务的人员，不应以参加黑社会性质组织定罪处罚。(3)“参加”行为是否完成，应以行为人与黑社会性质组织就加入该组织问题达成意思一致为判断标准比较合适，而不能以是否履行手续、是否取得组织会籍、是否举行专门仪式等为认定标准。

参 第619号 邓伟波等组织、领导、参加黑社会性质组织案——如何把握和认定黑社会性质组织的组织特征

黑社会性质组织应当具备组织特征、经济特征、行为特征和非法控制特征。黑社会性质组织的特征可以从以下几个方面进行理解和把握：(1)审查犯罪组织的目的性。(2)审查核心成员的稳定性。(3)审查犯罪组织内部的组织性、纪律性。

参 第620号 黄向华等组织、参加黑社会性质组织，陈国阳、张伟洲包庇黑社会性质组织案——如何理解和把握包庇、纵容黑社会性质组织罪的主观要件

由于黑社会性质组织在认定上的严格性、形式上的多样化，实施包庇、纵容行为的行为人很难明确认识到其包庇、纵容的对象是黑社会性质组织及其活动。如果将明知是黑社会性质组织及其活动作为本罪故

意成立不可或缺的认识因素，将给司法认定带来相当的困难，也会成为行为人逃避法律制裁的理由。只要行为人知道或者应当知道该组织是从事违法犯罪活动的组织，而仍对该组织及其成员予以包庇，或者纵容其实施违法犯罪活动，即可认定本罪。至于行为人是否明知该组织系黑社会性质组织，不影响本罪的成立。

参 第 621 号 李军等参加黑社会性质组织案——如何理解和把握参加黑社会性质组织罪的主观构成要件和积极参加行为

对于“积极参加”黑社会性质组织者，应当根据以下三个方面进行认定：(1)行为人是否多次积极参与黑社会性质组织的违法犯罪活动、积极参与较严重的黑社会性质组织的犯罪活动，且作用突出。(2)行为人的地位、作用、与领导者之间的关系。(3)行为人获取的犯罪所得的数额。

参 第 622 号 张志超等组织、领导、参加黑社会性质组织案——如何理解和把握黑社会性质组织罪的非法控制特征

黑社会性质组织的非法控制特征，是指通过实施违法犯罪活动，或者利用国家工作人员的包庇或者纵容，在一定区域或者行业内形成非法控制或者重大影响，严重破坏经济、社会生活秩序，具体而言：(1)实施途径一般包括“实施违法犯罪”(主要指犯罪活动，不包括仅有违法活动的情形)和“寻求非法保护”(非必要条件)。(2)“非法控制”中，控制的区域的大小和空间范围应当具有相对性，控制的行业不限于合法行业。(3)在理解和把握“重大影响”的时候，要结合违法犯罪活动的次数、性质、后果、侵害对象的个数、造成的社会影响及群众安全感是否下降等因素综合判断，而不能仅理解为具体的违法犯罪活动所造成的严重后果或者在社会上所造成的轰动效应。

参 第623号 刘烈勇等组织、领导、参加黑社会性质组织案——如何结合具体案情认定黑社会性质组织的非法控制特征

非法控制特征(危害性特征)是黑社会性质组织的本质特征。黑社会性质组织所控制和影响的行业,既包括合法行业,也包括黄、赌、毒等非法行业。实践中,各种批发、零售市场及娱乐、运输、建筑等行业,往往容易成为黑社会性质组织控制和争夺的目标。黑社会性质组织除了在经济上对相关行业进行非法控制外,还往往为了逞强争霸、确立强势地位而实施故意杀人、故意伤害、寻衅滋事等违法犯罪行为,以树立该组织的非法权威,严重影响了社会的稳定和人民群众的安全感。

参 第624号 区瑞狮等组织、领导、参加黑社会性质组织案——如何界分黑社会性质组织犯罪和成员个人犯罪

"有组织性"是黑社会性质组织行为方式的主要特征之一,是黑社会性质组织犯罪和组织成员个人犯罪的根本区别所在。界分组织犯罪和成员个人犯罪,主要根据是否由组织者、领导者直接组织、策划、指挥、参与实施,是否基于组织意志实施,是否为了组织利益实施。实践中,由于黑社会性质组织犯罪的表现形式多种多样,认定哪些行为是组织犯罪,哪些行为是个人犯罪,还需要结合具体案情进行综合分析判断。

参 第625号 王平等组织、领导、参加黑社会性质组织案——如何认定黑社会性质组织罪的经济特征

经济特征是黑社会性质组织的特征之一。(1)黑社会性质组织既可以通过有组织地实施违法犯罪活动敛财,也可以通过形式合法的经营来获取经济利益。(2)黑社会性质组织所获经济利益应足以支持黑社会性质组织生存、发展和实施违法犯罪活动。(3)黑社会性质组织所获经济利益应用于犯罪组织或组织犯罪活动所需。(4)黑社会性质组织攫取经济利益、扩充经济实力并不是其实施违法犯罪活动的终极目标,而只是其非法控制社会的一个必要步骤。

参 第626号　张宝义等组织、领导、参加黑社会性质组织案——如何认定黑社会性质组织成员的罪责

(1)对黑社会性质组织的组织者、领导者,应按照该组织所犯全部罪行承担刑事责任,但对非组织犯罪不应承担刑事责任。(2)对黑社会性质组织中的积极参加者和其他参加者,应按照其所参与的犯罪,根据其在具体犯罪中的地位和作用,依照罪责刑相适应的原则,确定应承担的刑事责任。(3)对黑社会性质组织犯罪中涉案的非黑社会组织成员的被告人,应当按照其在共同犯罪中的地位、作用,确定应当承担的刑事责任。

参 第627号　张更生等故意杀人、敲诈勒索、组织卖淫案——如何区分黑社会性质组织和有违法犯罪行为的单位

尽管有违法犯罪行为的单位在实施违法犯罪活动过程中也可能"转化"为黑社会性质的犯罪组织,但在未转化前,二者在成立目的、经济特征、行为特征、非法控制特征等方面有明显的区别。特别是黑社会性质组织犯罪在对组织内部进行严格控制的基础上,通过对一定行业或者区域的控制最终实现对社会的控制。而有违法犯罪行为的单位,并不具有非法控制社会的意图,亦无法形成对一定区域或行业内社会、经济秩序的严重破坏。

参 第628号　乔永生等组织、领导、参加黑社会性质组织案——如何把握黑社会性质组织犯罪的证据要求和证明标准

在实践中,除了根据立法解释和司法解释的规定,围绕黑社会性质组织四个方面的特征收集证据,确保四个特征均有证据予以证明之外,对该类犯罪证据的审查判断和分析还需把握:(1)分析各被告人尤其是骨干人员的供述、会计账目、借据、合同等书证以及证人证言、被害人陈述等证据。(2)审查证据的表层含义,挖掘证据的深层价值。(3)审查单个证据的可靠性及各个证据之间的融贯性。(4)重视单个证据独立

的证明价值及证据之间的关联分析。

参 第629号　王江等组织、领导、参加黑社会性质组织案——如何认定黑社会性质组织及组织者、领导者对具体犯罪的罪责

(1)黑社会性质组织的组织者、领导者应对其组织、领导的黑社会性质组织所犯的全部罪行承担责任。所谓"其组织、领导的黑社会性质组织所犯的全部罪行",既包括在其直接组织、策划、指挥下实施的犯罪,也包括其他成员为了该组织的利益策划实施的犯罪,或者其他成员实施犯罪得到其同意或者经其认可的。(2)立法解释的效力应及于法律的整个施行期间,不但适用于解释实施以后的行为,对解释实施前发生的行为而在解释施行后才审理的,也应按照解释办理。因此,行为人在《刑法》施行以后、立法解释公布之前实施的犯罪,凡在立法解释施行后才进行审理的,均应适用该立法解释。立法解释的效力高于司法解释,在二者产生冲突的情况下,应直接适用立法解释,不存在适用"从旧兼从轻"原则的问题。

参 第630号　范泽忠等组织、领导黑社会性质组织案——在黑社会性质组织犯罪案件中如何贯彻宽严相济的刑事司法政策

在审理黑社会性质组织犯罪案件时,把握宽严相济刑事政策,需着重体现"严中有宽,宽以济严"的政策精神。对严重刑事犯罪原则上要依法从严打击,但在具体处罚上,不仅要根据不同时期、不同地区的社会形势、治安状况等因素,有区别地把握"严"的尺度,而且对其中主观恶性和人身危险性较小,具有自首、立功、真诚悔罪、积极赔偿等法定、酌定从宽处罚情节的犯罪分子,应依法、依政策从宽处理、济之以宽。对于首要分子、骨干分子等主观恶性深、罪行严重的犯罪分子,应体现出"严"的一面,依法从严惩处,该判处重刑或死刑的要坚决依法判处。但对于一般参加者,特别是在犯罪中起次要、辅助作用的从犯,就应侧重于体现

“宽”的一面，依法从宽处理，宽以济严。

参 第 1152 号 陈垚东等人组织、领导、参加黑社会性质组织案——如何准确认定黑社会性质组织的成员

对于积极参加者、其他参加者的认定，2009 年最高人民法院、最高人民检察院、公安部《办理黑社会性质组织犯罪案件座谈会纪要》除了要求“明知而参加”之外，还要求行为人“接受黑社会性质组织的领导和管理”。因此，认定被告人是否为黑社会性质组织的成员，要看被告人是否参与实施了黑社会性质组织实施的违法犯罪活动，以及与涉案黑社会性质组织之间有无相对固定的从属关系。

参 第 1153 号 朱光辉等人组织、领导、参加黑社会性质组织案——如何准确把握和认定黑社会性质组织的骨干成员

黑社会性质组织中的骨干成员，应当是直接听命于组织者、领导者的积极参加者，在黑社会性质组织中所起作用应当大于一般的积极参加者。骨干成员与积极参加者之间是包含与被包含关系，不能混为一谈。在裁判文书认定的事实部分，对于谁是骨干成员应予明确表述，不属于骨干成员的积极参加者也要单独表述清楚。而在裁判文书的“本院认为”部分，由于需要准确叙述罪状和量刑依据，对确属“骨干成员”的被告人，只表述“被告人某某积极参加黑社会性质组织”即可。因为“骨干成员”并没有与之对应的法定刑，积极参加者的身份才是对被告人定罪量刑的适当依据。

参 第 1154 号 史锦钟等人组织、领导、参加黑社会性质组织案——如何认定黑社会性质组织的形成时间

有相当多的黑社会性质组织在发展过程中都存在对其树立非法权威、争夺势力范围、获取稳定经济来源具有重要意义的违法犯罪活动或其他重大事件。将这些违法犯罪活动或重大事件作为黑社会性质组织

的形成起点，不仅易于判断，而且也符合黑社会性质组织的成立宗旨和发展规律。

参 第1155号 汪振等人组织、领导、参加黑社会性质组织案——较长时期内暂停实施违法犯罪活动的，是否可以认定黑社会性质组织仍持续存在

黑社会性质组织在发展过程中，因某些具体的犯罪案件被公安司法机关查获，原有的组织成员或被抓或潜逃，被迫暂时停止实施违法犯罪活动，由此形成组织溃散的假象。在这种情况下，判断黑社会性质组织是否持续存在，应当着重审查组织者、领导者、骨干成员等组织的核心成员是否持续存在，以及组织的非法影响是否具有延续性、犯罪组织的基本构成是否稳定、犯罪组织的行为方式和犯罪宗旨是否发生根本变化。

参 第1156号 焦海涛等人寻衅滋事案——如何根据违法犯罪活动的多样性把握黑社会性质组织的认定标准

黑社会性质组织并不是单纯为实施犯罪而存在，违法犯罪只是服务于非法控制目的的手段，违法犯罪的性质、次数、严重程度也都是由实现非法控制的需要所决定的。因此，2015年《全国部分法院审理黑社会性质组织犯罪案件工作座谈会纪要》中关于犯罪"多样性"的要求反映了非法控制的内在要求。如果涉案犯罪组织触犯的具体罪名明显偏少，则要考虑其是否属于专门从事某一两种犯罪的犯罪集团，而非黑社会性质组织。

参 第1157号 符青友等人敲诈勒索，强迫交易，故意销毁会计账簿，对公司、企业人员行贿，行贿案——如何把握黑社会性质组织行为特征中的暴力性

暴力性、胁迫性和有组织性是黑社会性质组织行为方式的主要特征，对于暴力性特征的认定，要看行为人是否带领组织成员实施了"打打杀杀"的行为，是否通过暴力在当地对人民群众形成事实上的心理威慑，

还是通过与开发商、承建商进行“谈判”“协商”承揽工程。另外,还要看开发商、承建商之所以妥协退让,是基于对暴力或者以暴力相威胁的恐惧,还是为了避免因滋扰导致工程拖延。

参 第1158号 刘汉等人组织、领导、参加黑社会性质组织案——如何认定黑社会性质组织实施的违法犯罪活动;如何认定组织者、领导者对具体犯罪的罪责

黑社会性质组织的组织者、领导者应当对黑社会性质组织所犯的全部罪行承担刑事责任,即组织者、领导者与犯罪行为的组织者、策划者、指挥者、实施者构成共犯的人,应根据其在共同犯罪中的地位和作用对具体犯罪承担刑事责任。但组织者、领导者并非对所有组织成员实施的违法犯罪承担责任,纯粹由组织成员个人实施的犯罪,不能视为组织犯罪。在确定组织者、领导者对具体犯罪的罪责时,应当把握以下原则:组织者、领导者对于并非由自己直接组织、策划、指挥、参与的犯罪一般不承担最重的刑事责任;反之,一般应承担最重的刑事责任。

参 第1159号 王云娜等人故意伤害、寻衅滋事、非法拘禁、敲诈勒索案——如何根据“非法控制或重大影响”的内在要求准确认定黑社会性质组织的危害性特征

如果一个犯罪团伙存在时间明显过短,犯罪次数明显偏少,该团伙就不可能对一定区域或行业内的人员、单位、组织形成长期、持续的控制和影响,因而不符合黑社会性质组织在一定区域或行业内建立非法秩序的基本要求,不成立黑社会性质组织的犯罪。

参 第1160号 牛子贤等人绑架、敲诈勒索、开设赌场、重婚案——如何准确把握黑社会性质组织的认定标准,最高人民法院经复核认为涉黑罪名不成立的应如何依法处理

黑社会性质组织的成立必须同时满足四个法定特征。对于报送核准死刑的黑社会性质组织犯罪案件，经复核认为涉黑罪名不成立的，应以一审、二审认定的部分事实不清、证据不足为由，发回二审法院重新审判。这样的做法，使二审法院具有较大的选择空间，由于其他被认定犯有参加黑社会性质组织罪的同案被告人的判决已生效，二审法院重审期间，既可以解决对被发回案件所涉犯罪的实体处理问题，也可以通过启动审判监督程序一并解决相关同案被告人的定罪量刑问题，无疑更有利于节约司法资源。

参 第1161号　邓统文等人组织、领导、参加黑社会性质组织案——组织者、领导者通过赔偿经济损失取得被害人家属谅解的，量刑时应当如何把握

2015年《全国部分法院审理黑社会性质组织犯罪案件工作座谈会纪要》规定："审理黑社会性质组织犯罪案件，应当通过判处和执行民事赔偿以及积极开展司法救助来最大限度地弥补被害人及其亲属的损失。被害人及其亲属确有特殊困难，需要接受被认定为黑社会性质组织成员的被告人赔偿并因此表示谅解的，量刑时应当特别慎重。不仅应当查明谅解是否确属真实意思表示以及赔偿款项与黑社会性质组织违法所得有无关联，而且在决定是否从宽处罚、如何从宽处罚时，也应当从严掌握。可能导致全案量刑明显失衡的，不予从宽处罚。"对于被告人通过赔偿经济损失的方式取得被害方谅解的，在量刑时应当将这一因素与案件性质、后果、被告人的主观恶性、人身危险性以及其他量刑情节等因素放在一起综合考虑。

参 第1162号　吴亚贤等人组织、领导、参加黑社会性质组织案——组织者、领导者检举揭发构成立功，量刑时应如何把握

黑社会性质组织的组织者、领导者检举揭发与该黑社会性质组织及其违法犯罪活动有关联的其他犯罪线索，即使依法构成立功或重大立

功，在量刑时也应从严把握。如果该线索是利用组织者、领导者的特殊地位而取得，且与该黑社会性质组织及其违法犯罪活动有关联的，则一般不应从宽处罚。

参 第 1306 号　韩召海等人组织、领导、参加黑社会性质组织案——黑社会性质组织及“套路贷”的司法认定

“套路贷”既不是一个法律概念也不是一个政策概念，而是办案实践中对假借民间借贷之名非法占有他人财物的类型化违法犯罪的概括性称谓。行为人在主观上以非法占有为目的，在客观上有侵财之实，但因犯罪手段、行为表现各有不同，对其如何定性，须根据“套路贷”行为人非法取得他人财产的具体手段、方式，依照《刑法》规定的有关犯罪的构成要件，具体问题具体分析，确定具体罪名。对于未采用明显的暴力或者威胁手段，主要靠虚构事实、隐瞒真相实现非法占有目的，“骗”取被害人财物的“套路贷”，一般以诈骗罪论处。在认定套路贷犯罪数额时，除行为人实际给付被害人的本金数额之外，以其他名目非法占有的财物，均应计入犯罪数额。

参 第 1354 号　吴学占等人组织、领导、参加黑社会性质组织案——如何整体把握黑社会性质组织的四个特征

（1）黑社会性质组织有以下组织特征：①组织成员人数较多，虽然 2019 年最高人民法院、最高人民检察院、公安部、司法部《关于办理黑恶势力刑事案件中财产处置若干问题的意见》取消了“10 人”的标准，但对于人数较少（如 7 人以下）的，认定黑社会性质组织应特别慎重。②组织成员有明确的层级。一般分为三级，分别为组织者、领导者，骨干成员和一般参加者。③犯罪组织稳定，即犯罪组织存续时间较长、主要成员固定。（2）黑社会性质组织的行为特征主要是以暴力或者软暴力手段，有组织地多次实施违法犯罪活动，形成对人民群众的欺压和残害。其中，

软暴力是指暴力、威胁色彩不明显，但实际是以组织的势力、影响和犯罪能力为依托，以暴力、威胁的现实可能性为基础，足以使他人产生恐惧、恐慌，进而形成心理强制或者足以影响、限制人身自由、危及人身财产安全或者影响正常生产、工作、生活的手段。(3)黑社会性质组织的经济特征是指该组织的主要犯罪目的是追求经济利益。支持组织活动、豢养组织成员，也必须有一定的经济基础，这是进行违法犯罪活动、维系犯罪组织的必要条件。(4)黑社会性质组织的危害性特征是指黑社会性质组织犯罪除要求侵害对象及对侵害后果具体、直接、特定外，还要求具有间接的、不特定的、抽象的侵害对象和侵害后果，即“在一定区域或者行业内，形成非法控制或者重大影响，严重破坏经济、社会生活秩序”，上述间接的、不特定的侵害对象和后果是黑社会性质组织具有的独特的社会危害后果和本质特征。上述四个特征中，危害性特征是黑社会性质组织的本质特征，要以危害性特征为实质判断的核心，对于危害性特征非常典型、其他特征不十分典型的犯罪组织，如人数相对较少、存续时间相对较短、层级不十分鲜明、获取的经济利益数额不大等，也可以认定为黑社会性质组织。

参 第1355号 谢培忠等人组织、领导、参加黑社会性质组织案——如何准确界定涉黑组织形成的标志性事件

在黑社会性质组织犯罪的语境下，标志性事件不仅包含对涉案犯罪组织树立恶名、排除竞争等具有重要影响的违法犯罪活动，也包括反映涉案犯罪组织实力壮大、已初步形成较稳定的获利来源的重大事件，如为涉足某一行业或领域而成立公司、企业等经济实体，还包括能够反映涉案犯罪组织已经具备一定社会影响的重大事件，如捞取政治光环、把控基层政权、获取政治资本。在甄别、确定标志性事件时，至少应当从以下三个方面来分析判断：第一，该事件一般是组织、领导者亲自组织或直接参与实施的违法犯罪事实或者其他重大事件。第二，该事件对于涉案

犯罪组织进一步发展、做大或者在一定区域或行业内开始初步形成非法影响具有明显作用，客观上为该组织实施后续违法犯罪活动打下基础。第三，标志性事件一般发生在首次有组织犯罪之前或者其本身就是涉案犯罪组织实施的首次有组织犯罪。

参 第1357号　方悦等人组织、领导、参加黑社会性质组织案——“套路贷”黑社会性质组织的司法认定

对于“合法公司”外衣下涉“套路贷”黑社会性质组织的认定，应重点从对组织成员的控制来把握“组织特征”，从公司存续的目的来把握“经济特征”，从违法犯罪的主要手段来把握“行为特征”，从公司的规模和影响力来把握“危害性特征”。

参 第1358号　黄图望等人组织、领导、参加黑社会性质组织案——借助黑社会性质组织势力谋取经济利益，是否属于参加黑社会性质组织

（1）是否“接受黑社会性质组织领导和管理”，应结合主观上是否有将自己置于黑社会性质组织管控之下的意愿，客观上是否有接受黑社会性质组织领导和管理的事实来判断和认定。（2）参加黑社会性质组织并具有以下三种情形之一的，一般应当认定为“积极参加黑社会性质组织”：一是多次积极参加黑社会性质组织的违法犯罪活动。二是积极参加的是较为严重的黑社会性质组织犯罪，且作用突出。其中的“较为严重的黑社会性质组织犯罪”，既包括故意杀人、故意伤害等性质严重的暴力性犯罪，也包括造成重大财产损失或者恶劣社会影响的其他严重犯罪。而“作用突出”则应理解为在犯意形成、共同犯罪行为完成以及危害结果发生等方面具有的突出性、决定性作用。三是在黑社会性质组织中起重要作用，即对整个黑社会性质组织的人员、财物、事务等重要事项具有“主要管理权”，且对犯罪组织的维系、运行、活动确实起到重要作用。

参 第1425号 罗建升等人组织、领导、参加黑社会性质组织案——黑恶势力犯罪案件中如何依法处置涉案财物

在审理涉黑恶刑事案件时,应以“剥夺再犯能力、抑制犯罪动机、没收违法所得”为目标,并坚持以下原则:一是从严处置原则。确立以摧毁犯罪分子经济基础为目标的量刑原则,注重补偿性和惩罚性刑法手段的运用,突出违法所得的全面追缴及财产刑的判罚,不让犯罪分子通过犯罪获益,并剥夺其再犯的经济能力。二是依法处置原则。对财产刑的适用应结合被告人在黑恶势力组织中的地位、作用,所参与实施违法犯罪活动的次数、性质、地位、作用、违法所得额及造成损失数额等情节依法判处,对罚金的判处还应综合考虑被告人的缴纳能力。同时,严格区分财产来源、性质、权属,对有证据证明是被告人或其家庭成员的合法财产的,仅能将属于被告人的部分用于执行财产性判项,剩余部分应发还被告人或其家属。三是平衡处置原则。对被告人判罚的财产刑应尽量与其主刑相适应,兼顾各被告人之间的平衡,同时结合具体案情决定财产刑,避免财产刑数额的畸高畸低。

参 第1502号 黄耀宏等二十九人参加黑社会性质组织案——对脱离黑社会性质组织成员的追诉期限如何确定

对脱离黑社会性质组织的早期成员,如果其所参加的犯罪行为与该涉黑组织后续造成的社会危害性之间关联性比较小,至对其黑社会性质组织犯罪追诉时,其参与犯罪的负面影响已基本消失,可考虑不予追诉。如早期成员仅参与了早年组织雏形或组织的边缘性违法犯罪行为,对形成强势地位、非法控制作用较小,且在组织中不属于积极参加者,可考虑不予追诉。只要被害人在追诉期限内提出存在黑社会性质组织的控告,公安机关应立案而未立案侦查,对黑社会性质组织成员追诉就不受追诉期限限制。对已脱离涉黑组织的成员,至被害人控告时未过追诉期限

的，对其追诉亦不受追诉期限限制。

包庇、纵容黑社会性质组织罪

《刑法》规定

第二百九十四条第三款　国家机关工作人员包庇黑社会性质的组织，或者纵容黑社会性质的组织进行违法犯罪活动的，处五年以下有期徒刑；情节严重的，处五年以上有期徒刑。

第四款　犯前三款罪又有其他犯罪行为的，依照数罪并罚的规定处罚。

第五款　黑社会性质的组织应当同时具备以下特征：

（一）形成较稳定的犯罪组织，人数较多，有明确的组织者、领导者，骨干成员基本固定；

（二）有组织地通过违法犯罪活动或者其他手段获取经济利益，具有一定的经济实力，以支持该组织的活动；

（三）以暴力、威胁或者其他手段，有组织地多次进行违法犯罪活动，为非作恶，欺压、残害群众；

（四）通过实施违法犯罪活动，或者利用国家工作人员的包庇或者纵容，称霸一方，在一定区域或者行业内，形成非法控制或者重大影响，严重破坏经济、社会生活秩序。

相关规定

《刑法修正案（八）》第 43 条

《反有组织犯罪法》第 66 条

案例要旨

参 第1163号 刘学军、刘忠伟、吕斌包庇、纵容黑社会性质组织案——包庇、纵容黑社会性质组织犯罪案件中的相关具体应用法律问题

行为人包庇、纵容黑社会性质组织的犯罪行为跨越刑法修正案施行日期的，应当适用修正后的《刑法》，一并进行追诉。包庇黑社会性质组织，或者纵容黑社会性质组织进行违法犯罪活动的行为人归案后如实供述相关黑社会性质组织的犯罪活动的，不能认定为立功情节。公安机关的内勤人员对黑社会性质组织的犯罪行为知情不举的，属于不依法履行职责。

参 第1359号 张礼琦包庇、纵容黑社会性质组织案——如何准确把握包庇、纵容黑社会性质组织罪的主客观方面、罪数处断及追诉时效

(1)包庇、纵容黑社会性质组织罪要求行为人主观上具有犯罪故意，但本罪的犯罪故意不要求行为人明确认识到其包庇、纵容的对象是黑社会性质组织，只要行为人知道或者应当知道其包庇、纵容的是从事违法犯罪活动的组织即可。在认定行为人主观上是否明知时，要综合考虑行为人对包庇、纵容对象的形态、规模、成员、行为方式的了解程度，以及本人与组织成员交往的密切程度等因素。(2)连续犯的起止行为跨越《刑法》修订时间的，依照最高人民检察院《关于对跨越修订的刑法施行日期的继续犯罪、连续犯罪以及其他同种数罪应如何具体适用刑法问题的批复》的精神，应当按照修正后《刑法》的规定处罚，也按照修订后《刑法》规定的量刑标准计算追诉时效。

传授犯罪方法罪

《刑法》规定

第二百九十五条 传授犯罪方法的，处五年以下有期徒刑、拘役或者管制；情节严重的，处五年以上十年以下有期徒刑；情节特别严重的，处十年以上有期徒刑或者无期徒刑。

相关规定

《刑法修正案(八)》第44条

案例要旨

参 第688号 冯庆钊传授犯罪方法案——在互联网上散布关于特定犯罪方法的技术知识，能否构成传授犯罪方法罪

(1)传授犯罪方法罪中的“犯罪方法”，通常是指犯罪的技能与经验，包括犯罪手段、步骤、反侦查方法等，且只能是直接故意犯罪的方法，对于是否要将一些中性的方法认定为犯罪方法，应综合考虑下列因素：①行为人的个人情况。②传授方法的原因。③在何种场合或者利用何种途径传授该方法。④被传授人会基于何种原因去学习该方法。⑤行为人与被传授人言行的倾向性是否指明该方法是实行某种犯罪的方法等。(2)传授犯罪方法罪的犯罪对象不以特定主体为必要，其犯罪的主观故意包括间接故意(无论行为人的动机是什么，如无聊、欲出名)，不包括过失，同时就传授程度而言(犯罪方法是否被接受或使用)，虽然这是是否构成犯罪的考量因素，但不应过分夸大，还应结合传授犯罪方法

的内容、次数、传授意志的坚决程度、被传授人是否接受传授等因素综合判断。

侵害英雄烈士名誉、荣誉罪

《刑法》规定

第二百九十九条之一 侮辱、诽谤或者以其他方式侵害英雄烈士的名誉、荣誉,损害社会公共利益,情节严重的,处三年以下有期徒刑、拘役、管制或者剥夺政治权利。

相关规定

《刑法修正案(十一)》第35条

最高人民法院、最高人民检察院、公安部《关于依法惩治侵害英雄烈士名誉、荣誉违法犯罪的意见》

案例要旨

参 第1516号 许某怡侵害英雄烈士名誉、荣誉案——侵害英雄烈士名誉、荣誉刑民责任的准确认定与衔接

判断侵害英雄烈士名誉、荣誉罪是否达到“情节严重”,可以从传播内容、传播方式、传播效果三方面综合考量。侵害英雄烈士名誉、荣誉案件附带民事公益诉讼部分的常规判项包括被告人赔礼道歉、消除影响,致歉平台的选择应参照被告人的传播方式,视涉案言论的传播范围确定。如无明确证据证实侵害了名誉权与荣誉权的哪一种权利时,宜将二者合并诉判,不再选择适用罪名。在民事公益诉讼和刑事附带民事公益诉讼中，除可以联系到家属的外，检察院应诉前公告。同时，还应注意刑事量刑与侵权责任承担关联性的整体评价。

赌博罪

《刑法》规定

第三百零三条第一款　以营利为目的，聚众赌博或者以赌博为业的，处三年以下有期徒刑、拘役或者管制，并处罚金。

相关规定

《刑法修正案（六）》第 18 条

《刑法修正案（十一）》第 36 条

最高人民检察院、公安部《关于公安机关管辖的刑事案件立案追诉标准的规定（一）》第 43 条

最高人民法院、最高人民检察院《关于办理赌博刑事案件具体应用法律若干问题的解释》

案例要旨

参 第 752 号　周帮权等赌博案——在内地利用香港特别行政区“六合彩”开奖信息进行竞猜赌博的行为，如何定性

利用“六合彩”信息相互竞猜，以财物下注赌输赢的行为，不属于非法发售彩票的行为。擅自发行、销售香港特别行政区“六合彩”，构成犯罪的，以非法经营罪定罪处罚。但并非所有利用“六合彩”信息敛财的行为构成犯罪的，都以非法经营罪处理。我国内地法律严禁赌博，不存在合法的赌博经营服务，也不存在合法的赌博交易市场秩序，因此，被告

人聚集多人竞赌，以财物作注比输赢，不是扰乱市场秩序的非法经营活动，而是侵害了正常的社会管理秩序的活动，以赌博罪定性，符合《刑法》的相关规定和长期以来民众对赌博本质的理解。

参 第1331号　叶国新赌博案——疫情防控期间聚众赌博的，应从严惩处

疫情防控时期，无视疫情防控的禁令规定，继续聚众赌博，不仅破坏了社会管理秩序和社会主义文明风尚，而且增加了疫情传播风险，相比正常时期的赌博行为，社会危害性更大，应以赌博罪从严惩处且不适用缓刑。

开设赌场罪

《刑法》规定

第三百零三条第二款　开设赌场的，处五年以下有期徒刑、拘役或者管制，并处罚金；情节严重的，处五年以上十年以下有期徒刑，并处罚金。

相关规定

《刑法修正案(六)》第18条

《刑法修正案(十一)》第36条

最高人民检察院、公安部《关于公安机关管辖的刑事案件立案追诉标准的规定(一)》第44条

最高人民法院、最高人民检察院、公安部《关于开展集中打击赌博违法犯罪活动专项行动有关工作的通知》

最高人民法院、最高人民检察院《关于办理赌博刑事案件具体应用法律若干问题的解释》

最高人民法院、最高人民检察院、公安部《关于办理网络赌博犯罪案件适用法律若干问题的意见》

最高人民法院、最高人民检察院、公安部《关于办理利用赌博机开设赌场案件适用法律若干问题的意见》

最高人民法院、最高人民检察院《关于常见犯罪的量刑指导意见(二)(试行)》"一、七种常见犯罪的量刑"(五)

最高人民检察院法律政策研究室《〈关于《关于办理赌博机开设赌场案件适用法律若干问题的意见》第七条是否适用于其他开设赌场案件的请示〉的答复意见》

案例要旨

指 105 号　洪小强、洪礼沃、洪清泉、李志荣开设赌场案

以营利为目的,通过邀请人员加入微信群的方式招揽赌客,根据竞猜游戏网站的开奖结果等方式进行赌博,设定赌博规则,利用微信群进行控制管理,在一段时间内持续组织网络赌博活动的,属于《刑法》第303条第2款规定的"开设赌场"。

指 106 号　谢检军、高垒、高尔樵、杨泽彬开设赌场案

以营利为目的,通过邀请人员加入微信群,利用微信群进行控制管理,以抢红包方式进行赌博,在一段时间内持续组织赌博活动的行为,属于《刑法》第303条第2款规定的"开设赌场"。

指 146 号 公 2020 年第 12 期 参 第 1426 号　陈庆豪开设赌场案——借助网络招揽会员经营二元期权行为的司法认定

二元期权,也称数字期权、全有全无期权,其基本操作方式为,投资

者选择一种标的资产（如股票、股票指数、大宗商品），基于该标的资产在规定时间低于还是高于执行价来决定是否获得收益。二元期权的实质是创造风险供投资者进行投机，不具备规避价格风险、服务实体经济的功能，属于披着期权或短期外汇交易外衣的赌博行为，与“押大小，赌输赢”的赌博行为本质相同，实为网络平台与投资者之间的对赌。

参 第351号　陈宝林等赌博案——网络赌博中“开设赌场”的行为及相关共犯的认定

网络赌博犯罪中所谓“开设赌场”是指以营利为目的，在计算机网络上建立赌博网站，招引赌博客户，或者通过发展网络赌博代理人的方式招引赌博客户，接受投注的；或者为赌博网站充当地区代理人招引赌博客户或通过发展下级代理人招引赌博客户，接受投注的；或者充当赌博网站地区代理人的下级代理人，通过发展下级代理人招引赌博客户或同时招引赌博客户，接受投注的。“聚众赌博”行为与“开设赌场”行为的区别在于行为人是否发展了下级代理人，如果行为人只是充当赌博网站地区代理人的下级代理人，通过提供赌博网站的账户和密码招引赌博客户，而没有再发展下级代理人的，其行为就应当认定为“聚众赌博”行为。在开设赌场的犯罪中不参与“分红”，仅领取报酬而实施帮助行为的人应当构成赌博罪的共犯。

参 第804号　萧俊伟开设赌场案——对明知是赌博网站仍为其提供资金结算便利的行为如何定性，如果构成开设赌场罪的共犯，其在共犯中的地位如何认定

明知是赌博网站而提供资金支付结算便利的行为，构成开设赌场罪。在网络上开设赌场的流程分为两个环节：一是信息流环节，即赌博网站网址、赔率等招赌信息的发布，参赌人员的身份信息注册，银行账户等支付手段信息的确认，投注信息的上传与接收，赌博输赢结果的公布

等。二是资金流环节,即利用银行、第三方支付平台等金融机构或者准金融机构,进行赌资的收支结算活动。为赌博网站提供资金支付结算便利的行为,相当于在实体赌场中按照老板指令的数额向赌徒收取、返还赌资,领取报酬,是在互联网上开设赌场的一个中间环节(资金流环节)行为,根据其在共同犯罪中所体现的作用,应当认定其为从犯。

参 第1347号　夏永华等人开设赌场案——利用微信群抢红包等方式进行赌博的,能否以开设赌场罪定罪处罚

以营利为目的,通过邀请人员加入微信群,利用微信群进行控制管理,以抢红包的方式进行赌博,在一段时间内持续组织赌博活动的行为,属于《刑法》第303条第2款规定的"开设赌场"。由于组建微信群赌博,无论是人员规模、公开程度、获利途径和方式、专业化程度,都与网络赌博中的开设赌场具有高度的一致性,可以参照适用最高人民法院、最高人民检察院、公安部《关于办理网络赌博犯罪案件适用法律若干问题的意见》来认定开设赌场罪的"情节严重"。涉案赌资按交易次数累计计算,对于开设赌场犯罪中用于接收、流转赌资的银行账户内的资金,不能说明合法来源的,可以认定为赌资。

参 第1461号　陈枝滨等人开设赌场案——新型网络抽奖式销售经营行为性质的认定

在认定抽奖式销售行为性质时,应当着重从抽奖式销售行为的实质、网络平台运营管理的性质以及行为人的主观故意三个方面进行审查。首先看抽奖式销售是否真实,其次看抽奖式销售是否为主要经营内容及营利手段。对以营利为目的,在网络上提供较稳定场所(包括网站、微信群等)组织用户参与赌博,并对"场所"持续管理、运营、维护的行为,应认定为开设赌场。仅借助网络平台或者其他网络手段,在较小范围内召集人员参与较为隐秘的短期赌博的行为,可考虑定性为聚众赌博

型的赌博罪。构成赌博类犯罪,涉案行为人应以营利为目的,同时应明知其使用的经营模式涉嫌或者可能涉嫌违规甚至违法。在涉及多层级人员参与网站或企业运营的案件中,对参与网站或企业运营的人员是否构成共犯,应重点审查其主观故意,即对经营行为实质是否知情。对部分仅参与经营某些环节,且确有证据证实对经营行为的营利方式、违规性质等均不知情的人员,不应以犯罪处理。

辩护人、诉讼代理人毁灭证据、伪造证据、妨害作证罪

《刑法》规定

第三百零六条 在刑事诉讼中,辩护人、诉讼代理人毁灭、伪造证据,帮助当事人毁灭、伪造证据,威胁、引诱证人违背事实改变证言或者作伪证的,处三年以下有期徒刑或者拘役;情节严重的,处三年以上七年以下有期徒刑。

辩护人、诉讼代理人提供、出示、引用的证人证言或者其他证据失实,不是有意伪造的,不属于伪造证据。

案例要旨

参 第62号 刘某辩护人妨害作证案——辩护人妨害作证罪是否以发生危害后果为构成要件

辩护人妨害作证罪在客观上表现为辩护人在刑事诉讼中实施了威胁、引诱证人违背事实改变证言或者作伪证的行为。只要辩护人在刑事诉讼中实施了威胁、引诱证人违背事实改变证言或者作伪证的行为,即

可以构成犯罪。至于证人在威胁、引诱下改变了证言或者作了伪证,是否足以或者已经导致案件处理或者裁判错误,如是否已造成犯罪嫌疑人、被告人逃避刑事追究或者使无罪的人受到刑事追究,不影响犯罪的成立。而“情节严重”只是辩护人妨害作证行为已构成犯罪的量刑情节。

参 第 81 号 张某妨害作证案——辩护人妨害作证罪的主观故意应如何把握

《刑法》第 306 条第 2 款规定,辩护人提供、出示、引用的证人证言或者其他证据失实,不是有意伪造的,不属于伪造证据。其中,“有意”应理解为仅限于直接故意,即辩护人明知自己的妨害作证行为会妨碍刑事诉讼的正常进行,而积极追求这种结果的发生。认定辩护人是否具有妨害作证的主观故意,应注意以下两点:一是要结合个案的外部条件和辩护人的职责义务,判断辩护人是否存在“明知”的充分条件。二是要从辩护人的客观行为入手,分析其是否明知自己的所为会妨碍刑事诉讼的正常进行。

参 第 444 号 肖芳泉辩护人妨害作证案——辩护人妨害作证罪中的“证人”是否包括被害人

辩护人妨害作证罪中的“证人”应做广义理解,既包括证人也包括被害人和鉴定人,辩护人、诉讼代理人妨害作证罪与一般的妨害作证罪属于法条竞合关系。

妨害作证罪

《刑法》规定

第三百零七条第一款 以暴力、威胁、贿买等方法阻止证人作证或者指使他人作伪证的，处三年以下有期徒刑或者拘役；情节严重的，处三年以上七年以下有期徒刑。

第三款　司法工作人员犯前两款罪的，从重处罚。

案例要旨

公 2012 年第 12 期　万才华妨害作证案

行为人为逃避债务，伙同他人提起虚假民事诉讼并指使他人作伪证，妨害人民法院正常司法活动的，应当依照《刑法》第 307 条第 1 款的规定，以妨害作证罪定罪处罚。

参 第 98 号　金某伪证案——被害人在向司法机关报案时故意夸大犯罪事实并指使他人作伪证的行为如何定罪

（1）司法实践中常见的行为人借题发挥，扩大事实，将他人的不道德行为、错误行为或违法违纪行为等事实扩大或上升为犯罪事实，或把构成轻罪的事实夸大成为构成重罪的事实的行为，不宜包括在“捏造事实”之内。（2）被害人出于报复的动机，在自己向公安机关报案并作了虚假陈述的情况下，又指使他人作伪证，以证实其虚假陈述的行为，严重妨害了司法机关的正常诉讼活动。构成犯罪的，应当按照《刑法》第 307 条第 1 款的规定，以妨害作证罪定罪处罚。

参 第 1590 号　李某帮助毁灭、伪造证据案——为掩盖自己犯罪行为，通过一般的嘱托、请求等方式指使他人作伪证之行为性质的认定

为掩盖自己的犯罪行为，通过一般的嘱托、请求等方式指使他人作伪证的，属事后不可罚行为，不再单独构成妨害作证罪。此外，《刑法》第 307 条第 1 款列举了常见的三种妨害作证的方法，同时以“等方法”表示列举未尽，但未列举的行为方式应与“暴力、威胁、贿买”行为在程度

和危害性上具有相当性。对行为人采取一般的劝告、嘱托、请求等方式阻止他人作证或者指使他人作伪证的，一般不以妨害作证罪论处。

帮助毁灭、伪造证据罪

《刑法》规定

第三百零七条第二款 帮助当事人毁灭、伪造证据，情节严重的，处三年以下有期徒刑或者拘役。

第三款 司法工作人员犯前两款罪的，从重处罚。

案例要旨

参 第838号 吴荣平妨害作证、洪善祥帮助伪造证据案——诉讼双方当事人串通伪造证据实施虚假诉讼的行为

区分妨害作证罪与帮助伪造证据罪的关键在于，行为人能否从虚假证据所涉诉讼的裁判中直接获取利益。如果行为人不能从此诉讼中直接获取利益，而是在帮助对方当事人获取利益，则其符合帮助伪造证据罪的主体特征；如果其本人能从诉讼中直接获利，则不符合帮助伪造证据罪的主体特征。

参 第933号 徐云宝、郑献洋帮助伪造证据案——民事诉讼中当庭所作的虚假证言是否属于帮助伪造证据罪中的"证据"以及在庭审过程中对关键证据进行虚假陈述是否能够认定为帮助伪造证据罪中的"情节严重"

(1)民事诉讼中当庭所作的虚假证言属于帮助伪造证据罪中的"证据"。(2)对关键证据的虚假陈述，往往会严重扰乱人民法院的正常审判秩序，并严重侵害对方当事人的权益，具有较大的社会危害性，应当认定为“情节严重”，且对民事案件中提供虚假证据的行为纳入刑法调整范围是维护正常司法秩序的必然要求。

参 第1375号 胡群光妨害作证、王荣炎帮助伪造证据案——“部分篡改型”行为不构成虚假诉讼罪

将“部分篡改型”行为排除在虚假诉讼罪之外，既符合《刑法》增设虚假诉讼罪的立法原意，也具有司法实践上的合理性。行为人在提起民事诉讼之前或者民事诉讼过程中，有妨害作证、伪造证据等行为的，可以分别地构成妨害作证罪、帮助伪造证据罪。

虚假诉讼罪

《刑法》规定

第三百零七条之一 以捏造的事实提起民事诉讼，妨害司法秩序或者严重侵害他人合法权益的，处三年以下有期徒刑、拘役或者管制，并处或者单处罚金；情节严重的，处三年以上七年以下有期徒刑，并处罚金。

单位犯前款罪的，对单位判处罚金，并对其直接负责的主管人员和其他直接责任人员，依照前款的规定处罚。

有第一款行为，非法占有他人财产或者逃避合法债务，又构成其他犯罪的，依照处罚较重的规定定罪从重处罚。

司法工作人员利用职权，与他人共同实施前三款行为的，从重处罚；同时构成其他犯罪的，依照处罚较重的规定定罪从重处罚。

相关规定

《刑法修正案(九)》第35条

最高人民检察院、公安部《关于公安机关管辖的刑事案件立案追诉标准的规定(二)》第78条

最高人民法院《关于〈中华人民共和国刑法修正案(九)〉时间效力问题的解释》第7条

最高人民法院、最高人民检察院《关于办理虚假诉讼刑事案件适用法律若干问题的解释》

最高人民法院《关于防范和制裁虚假诉讼的指导意见》

最高人民法院、最高人民检察院、公安部、司法部《关于进一步加强虚假诉讼犯罪惩治工作的意见》第4条

最高人民法院《关于深入开展虚假诉讼整治工作的意见》第2、17～20条

案例要旨

参 第1376号　高云虚假诉讼案——民事共同诉讼案件中如何正确认定虚假诉讼罪

对于行为人实施的行为是否属于捏造民事法律关系、虚构民事纠纷，应当结合民事诉讼理论和案件的具体情况，进行实质性判断，不能做形式化、简单化处理。对于行为人与他人之间确实存在民事法律关系和民事纠纷，仅对民事法律关系的性质进行篡改的，不宜简单认定为捏造民事法律关系，进而以虚假诉讼罪论处。在民事普通共同诉讼案件中，对于某一行为是否构成虚假诉讼罪，应当区分不同原告的行为，分别进行评价，并充分考虑案件处理的实际效果。

参 第1377号 胡文新、黎维军虚假诉讼案——向人民法院申请执行仲裁调解书是否属于虚假诉讼罪中的“提起民事诉讼”

通常情况下,执行程序是民事一审、二审程序的自然延续,在大多数情况下不属于纠纷首次进入民事诉讼的初始程序。但是,执行程序同时还具有相对的独立性,并不是一审、二审程序的附庸。因此,民事执行程序中的申请执行仲裁裁决和公证债权文书、案外人对执行标的提出异议和申请参与执行财产分配,均可以认定为虚假诉讼罪中的“提起民事诉讼”。以捏造的事实获取仲裁调解书后,向人民法院申请执行该仲裁调解书的,属于虚假诉讼罪中的“提起民事诉讼”,可能构成虚假诉讼罪。

参 第1379号 万春禄虚假诉讼案——隐瞒真相行为能否构成虚假诉讼罪及如何确定虚假诉讼罪的既遂标准

虚假诉讼罪中的“捏造事实”,包括虚构事实和隐瞒真相两种行为方式,采用隐瞒真相的方式捏造事实并提起民事诉讼的行为,可以构成虚假诉讼罪。虚假诉讼罪是结果犯,以行为造成犯罪构成要件预定的后果为既遂标准。虚假诉讼罪所保护的法益为复合法益,行为造成“妨害司法秩序”或者“严重侵害他人合法权益”后果之一,即可构成本罪的既遂,此处的“司法秩序”是指人民法院受理民事案件后的正常司法活动,实践中主要表现为行为人提起虚假民事诉讼后导致司法机关作出错误裁判,或者大量占用司法资源、影响正常司法活动两个方面。

参 第1381号 张伟民虚假诉讼案——如何认定虚假诉讼罪中的“情节严重”

由于虚假诉讼罪的成立并不以人民法院作出的裁判得到实际执行为必备要件,诉讼标的额与虚假诉讼行为的客观危害后果不存在直接联系，不宜将诉讼标的额单独作为判断某行为是否属于“情节严重”的标准。从刑法的谦抑性角度考虑，宜将刑罚处罚关口推迟至人民法院立案受理后进行开庭审理、作出实体性裁判等重要程序节点，将“情节严重”的认定标准提高至裁判进入执行阶段并实际执行一定数额的财产权益，或者虽未进行执行程序但造成其他严重后果等情形。2018 年 10 月 1 日起施行的最高人民法院、最高人民检察院《关于办理虚假诉讼刑事案件适用法律若干问题的解释》对虚假诉讼罪的定罪量刑标准已作出明确规定。

参 第 1591 号 叶某某虚假诉讼案——如何正确认定跨多个民事案件的虚假诉讼行为

对于跨多个民事诉讼案件的涉虚假诉讼行为，应当结合虚构的具体事实、对司法秩序造成的影响及行为的延续性等因素，综合评判是否均属于虚假诉讼犯罪行为。对于行为人某阶段民事诉讼不属于“捏造事实”“提起诉讼”，或者不足以对人民法院裁判结果产生影响的，不认定为虚假诉讼行为。

窝藏、包庇罪

《刑法》规定

第三百一十条 明知是犯罪的人而为其提供隐藏处所、财物，帮助其逃匿或者作假证明包庇的，处三年以下有期徒刑、拘役或者管制；情节严重的，处三年以上十年以下有期徒刑。

犯前款罪，事前通谋的，以共同犯罪论处。

相关规定

最高人民法院、最高人民检察院《关于办理窝藏、包庇刑事案件适用法律若干问题的解释》

案例要旨

参 第1554号　王某元包庇案——为帮助犯罪的人获得从轻处罚故意作假证明的认定

(1)作假证明包庇,帮助犯罪分子逃避法律追究的行为,既包括帮助犯罪分子开脱罪责的行为,也包括帮助犯罪分子获得从轻、减轻或者免除处罚即减轻罪责的行为。这些行为可以是掩盖犯罪分子的犯罪事实,也可以是掩盖犯罪分子的行踪;可以是掩盖全部犯罪事实,也可以是掩盖部分犯罪事实;可以是掩盖定罪事实,也可以是掩盖量刑事实。在作假证明帮助犯罪分子减轻罪责的情形下,故意向司法机关提供用以证明犯罪分子具有法定从轻、减轻、免除处罚情节或者不具有法定从重处罚情节等虚假证明,可能会误导司法机关作出较轻的刑罚,从而使犯罪分子逃脱应当承担的较重刑罚。(2)明知是犯罪的人,为帮助其减轻罪责,故意提供虚假的从宽处罚情节证明,给司法机关查明案情设置障碍,可能误导法院作出错误的裁判,既严重干扰和妨害了司法机关的正常活动,也造成司法资源的浪费,危害性很大,亦应依法予以严惩。

掩饰、隐瞒犯罪所得、犯罪所得收益罪

《刑法》规定

第三百一十二条　明知是犯罪所得及其产生的收益而予以窝

藏、转移、收购、代为销售或者以其他方法掩饰、隐瞒的，处三年以下有期徒刑、拘役或者管制，并处或者单处罚金；情节严重的，处三年以上七年以下有期徒刑，并处罚金。

单位犯前款罪的，对单位判处罚金，并对其直接负责的主管人员和其他直接责任人员，依照前款的规定处罚。

相关规定

《刑法修正案（六）》第19条

《刑法修正案（七）》第10条

全国人民代表大会常务委员会《关于〈中华人民共和国刑法〉第三百四十一条、第三百一十二条的解释》

最高人民法院《关于审理掩饰、隐瞒犯罪所得、犯罪所得收益刑事案件适用法律若干问题的解释》

最高人民法院、最高人民检察院、公安部、原国家工商行政管理局《关于依法查处盗窃、抢劫机动车案件的规定》第2、3条

最高人民法院、最高人民检察院《关于办理与盗窃、抢劫、诈骗、抢夺机动车相关刑事案件具体应用法律若干问题的解释》第1、4～6条

最高人民法院研究室《关于〈最高人民法院、最高人民检察院关于办理与盗窃、抢劫、诈骗、抢夺机动车相关刑事案件具体应用法律若干问题的解释〉有关规定如何适用问题的答复》

最高人民法院、最高人民检察院《关于办理盗窃油气、破坏油气设备等刑事案件具体应用法律若干问题的解释》第5条

最高人民法院、最高人民检察院、公安部《关于办理盗窃油气、破坏油气设备等刑事案件适用法律若干问题的意见》第5条

最高人民法院、最高人民检察院《关于办理危害计算机信息系统安

全刑事案件应用法律若干问题的解释》第7条

最高人民法院、最高人民检察院《关于办理妨害文物管理等刑事案件适用法律若干问题的解释》第9条

最高人民法院、最高人民检察院、公安部《关于办理涉窨井盖相关刑事案件的指导意见》第7条

《依法惩治长江流域非法捕捞等违法犯罪的意见》“二、准确适用法律，依法严惩非法捕捞等危害水生生物资源的各类违法犯罪”（三）

最高人民法院、最高人民检察院《关于常见犯罪的量刑指导意见（试行）》“四、常见犯罪的量刑”（十九）

案例要旨

参 第1030号　韩亚泽掩饰、隐瞒犯罪所得案——上游犯罪尚未依法裁判，但查证属实的，是否影响对掩饰、隐瞒犯罪所得罪的认定

掩饰、隐瞒犯罪所得罪是一个独立的罪名，只要行为符合《刑法》规定的犯罪构成要件，就构成掩饰、隐瞒犯罪所得罪，无须依赖上游犯罪的裁判。同时，基于节约司法成本的考虑，掩饰、隐瞒犯罪所得罪的认定不应以上游犯罪被裁判为前提。

参 第1090号　钟超等盗窃，高卫掩饰、隐瞒犯罪所得案——如何适用掩饰、隐瞒犯罪所得罪的入罪数额标准

一般来说，掩饰、隐瞒犯罪所得、犯罪所得收益罪的入罪数额标准高于盗窃、诈骗等常见上游犯罪的入罪数额标准，但也不排除掩饰、隐瞒的是其他一些犯罪的所得，此时有可能出现上游行为不符合入罪的数额标准，而掩饰、隐瞒行为达到入罪标准的情况，这种情况下不能认定构成掩饰、隐瞒犯罪所得、犯罪所得收益罪。因为只有上游行为构成犯罪，才可能以掩饰、隐瞒犯罪所得、犯罪所得收益罪追究下游掩饰、隐瞒行为的刑

事责任；在上游行为不构成犯罪的情况下，“犯罪所得”就无从谈起，自然不能认定构成本罪。

参 第1091号　刘小会、于林掩饰、隐瞒犯罪所得案——犯罪对象的特殊性对掩饰、隐瞒犯罪所得罪定罪量刑的影响

从阻断犯罪链条、遏制上游犯罪发生的角度出发，对于掩饰、隐瞒特殊犯罪对象的行为要从严打击，不仅在入罪条件上低于一般的掩饰、隐瞒行为，入罪门槛较低，打击力度较强；而且，在加重处罚的适用条件上，此罪的“情节严重”标准也要低于普通的掩饰、隐瞒行为，刑事打击法网十分严密。掩饰、隐瞒犯罪所得的对象系地铁供电公司正在使用的电力设备，涉及不特定多数人的交通出行安全和生命财产安全，相较一般的偷盗行为，性质更为严重，危害性更大，应当成为打击的重点，在定罪量刑时应从重处罚。

参 第1092号　雷某仁、黄某生、黄某平破坏交通设施，田某祥掩饰、隐瞒犯罪所得、犯罪所得收益案——掩饰、隐瞒犯罪所得系交通设施的如何处理

掩饰、隐瞒犯罪所得、犯罪所得收益的上游犯罪多为盗窃、抢劫、抢夺、诈骗等侵财型犯罪，但并不限于侵财型犯罪。只要上游犯罪产生犯罪所得及收益，该犯罪所得和收益就可以成为掩饰、隐瞒犯罪所得、犯罪所得收益罪的犯罪对象。

参 第1093号　闻福生掩饰、隐瞒犯罪所得案——大量回收购物卡并出售获利的行为是否构成犯罪

掩饰、隐瞒犯罪所得、犯罪所得收益罪要求行为人明知是犯罪所得及其产生的收益，即对赃物性质有确定性认知。法律对行为人“明知”的推定有严格的规定，可从以下方面综合判断行为人的明知状况：

(1)行为或交易时间是否反常;(2)行为或交易地点是否反常;(3)财物交易价格是否反常;(4)财物是否具有特殊标志;(5)行为人对本犯或上游犯罪的知情程度;(6)交易的方式是否反常;(7)行为人是否因此获取了非法利益。

参 第1094号 沈鹏、朱鑫波掩饰、隐瞒犯罪所得案——掩饰、隐瞒犯罪所得罪罪行较轻又具有自首情节的可适用缓刑

因为上下游犯罪间具有事实状态上密切相关的联系,下游犯罪人通常不仅明知处理的对象系犯罪所得,而且还可能掌握上游犯罪人的犯罪过程,所以,从刑事政策角度来讲,对于主动自首、立功的下游犯罪人予以从轻处罚,有利于分化瓦解其与上游犯罪人形成的攻守联盟,从而获取重要证据,实现打击上游犯罪的目的,并能有效节约司法资源,降低诉讼成本,提高诉讼效率。

参 第1095号 袁某某信用卡诈骗,张某某掩饰、隐瞒犯罪所得案——"亲亲相隐"情形如何量刑及掩饰、隐瞒犯罪所得、犯罪所得收益罪罪名的适用

(1)被告人为丈夫掩饰、隐瞒犯罪所得,系基于亲情关系所为,法律作为维护基本道德的准则,不应强人所难。司法实践中对亲缘关系的特殊处理,使司法更人性化,有利于维护社会的基本伦理关系。需要说明的是,对亲属"相隐"行为适用免予刑事处罚,必须同时具备两个条件:一是行为人认罪、悔罪,二是退赃、退赔。(2)本罪属于单一式、选择性罪名,即犯罪对象之间具有选择性关系,而掩饰与隐瞒之间不存在选择关系,可根据案件事实认定掩饰、隐瞒犯罪所得、犯罪所得收益罪。

参 第1096号 张兴泉掩饰、隐瞒犯罪所得案——如何把握掩饰、隐瞒犯罪所得罪适用免予刑事处罚的条件

对掩饰、隐瞒犯罪所得、犯罪所得收益行为适用免予刑事处罚必须

同时具备三个条件:(1)只能是掩饰、隐瞒犯罪所得及其产生收益、犯罪情节一般的行为,情节严重的,依法应当在3年以上7年以下有期徒刑的幅度内量刑的,不适用免予刑事处罚。(2)行为人认罪、悔罪并且退赃、退赔,且这几个条件必须同时具备。(3)具有以下三种情形之一:①具有法定从宽处罚情节;②为近亲属掩饰、隐瞒犯罪所得及其产生的收益,且系初犯、偶犯;③其他情节轻微、危害不大的情形。

参 第1097号 汤某掩饰、隐瞒犯罪所得案——明知是盗窃所得手机而购买自用的定罪处罚

为自用而收购赃物不作为犯罪处理的,必须同时符合以下三个条件:(1)行为人购买赃物的目的是"自用",自用的范围应严格掌握在生活用品的范围内。(2)所购买赃物的价值刚达到最高人民法院《关于审理掩饰、隐瞒犯罪所得、犯罪所得收益刑事案件适用法律若干问题的解释》第1条第1款第1项规定的3000元至10000元的数额。"刚达到"不能机械理解为正好达到,而是超过不多。数额超过50%,一般不能认定为"刚达到"。(3)行为人认罪、悔罪并且退赃、退赔的。

参 第1098号 汤雨华、庄瑞军盗窃,朱端银掩饰、隐瞒犯罪所得案——掩饰、隐瞒犯罪所得罪与上游犯罪的量刑平衡

在掌握本罪与上游犯罪的量刑时,应当统筹把握,在量刑上与上游犯罪之间取得平衡。具体而言,在掩饰、隐瞒犯罪所得、犯罪所得收益罪和上游犯罪指向同一笔财物的情况下,对掩饰、隐瞒犯罪所得行为人的量刑必须比上游犯罪人量刑轻一些,而且要适当拉开档次。

参 第1099号 李林掩饰、隐瞒犯罪所得罪案——掩饰、隐瞒犯罪所得罪"情节严重"的认定标准

对掩饰、隐瞒犯罪所得罪"情节严重"的把握要根据犯罪情节和量刑情节等多种因素进行综合考量,结合有关司法解释的具体规定认定。

在量刑时，除了数额、次数等为主要标准，还应考虑其他犯罪情节，包括主观恶性、犯罪对象、上游犯罪的社会危害性、作案手段、作案次数、犯罪数额等，并依照量刑规范化的有关规定量刑。

参 第1102号　陈某、欧阳某等掩饰、隐瞒犯罪所得案——收购他人非法获取的计算机信息系统数据并出售的行为应如何认定

（1）明知是非法获取计算机信息系统数据犯罪所获取的数据而予以收购、代为销售的，应当以掩饰、隐瞒犯罪所得罪定罪处罚。上游犯罪经查证属实，即使未经司法裁判亦不影响本罪的处理。（2）认定掩饰、隐瞒犯罪所得及其收益的行为人是否"明知"，应当结合被告人的认知能力，接触他人犯罪所得及其收益的情况，犯罪所得及其收益的种类、数额，犯罪所得及其收益的转移方式以及被告人的供述等主客观因素进行认定。换言之，认定被告人是否明知是犯罪所得，不能仅凭被告人的口供。

参 第1103号　姜某掩饰、隐瞒犯罪所得案——如何区分掩饰、隐瞒犯罪所得罪与洗钱罪

（1）洗钱罪与掩饰、隐瞒犯罪所得罪的区分并不仅仅以上游犯罪的范围为准，还应当结合犯罪客体及行为方式、主观明知内容等因素综合判断。（2）明知系他人受贿犯罪所得的现金而提供场所藏匿，其行为性质在于掩饰、隐瞒犯罪所得的实物本身，而非掩饰、隐瞒犯罪所得的性质和来源，不涉及资金形式的转换或转移，应认定为掩饰、隐瞒犯罪所得罪。

参 第1104号　奥姆托绍等四人掩饰、隐瞒犯罪所得案——上游犯罪认定与掩饰、隐瞒犯罪所得罪认定的关系

掩饰、隐瞒犯罪所得、犯罪所得收益罪的成立，应当以上游犯罪事实成立为前提。其一，上游犯罪事实必须成立，既指上游犯罪事实有充分

证据证明，也指上游犯罪事实达到犯罪程度。其二，对掩饰、隐瞒犯罪所得、犯罪所得收益罪事实的认定，原则上应当在对上游犯罪依法裁判确定后进行。作为一种例外，在极少数情况下，由于上游犯罪人还有其他犯罪事实一时难以查清或者因为其他原因尚未依法裁判，为依法及时审判掩饰、隐瞒犯罪所得及其收益案件，才在上游犯罪尚未查证属实的情况下先行认定本罪。

参 第1105号　谭细松掩饰、隐瞒犯罪所得案——“上游犯罪事实经查证属实”的具体把握

相关司法解释所规定的“上游犯罪事实成立”是指上游犯罪行为确实存在，不要求必须是由刑事判决确认的犯罪。掩饰、隐瞒犯罪所得、犯罪所得收益罪是实践多发犯罪之一，如果要求认定该罪必须以上游行为被定罪为前提，会大大增加诉讼成本，浪费司法资源，还可能放纵犯罪。

参 第1106号　唐某中、唐某波掩饰、隐瞒犯罪所得案——上游犯罪行为人在逃是否影响掩饰、隐瞒犯罪所得罪的认定及掩饰、隐瞒犯罪所得数额认定

(1)掩饰、隐瞒犯罪所得、犯罪所得收益罪的成立是以上游犯罪事实成立为前提的，这里的上游犯罪是实质意义上的犯罪，而不要求必须是已经由刑事判决确认的形式意义上的犯罪。因此，上游犯罪行为人在逃不影响掩饰、隐瞒犯罪所得、犯罪所得收益罪的认定。(2)总体而言，物价水平处于上涨的趋势，案件被查处时赃物的价格通常会高于行为时的价格，故依照行为时的价格计算犯罪数额，有利于保护被告人的合法权益，但也不排除有的案件查处时赃物价格低于行为时的价格。此时，仍应以行为时的价格计算犯罪数额。但是，查处时的价格明显低于行为时的价格的，则应在量刑时予以酌情考虑。

参 第1107号　元某某掩饰、隐瞒犯罪所得罪案——上游犯罪查证属实但依法不追究刑事责任的，不影响掩饰、隐瞒犯罪所得罪的成立

掩饰、隐瞒犯罪所得、犯罪所得收益罪，应当以上游犯罪事实成立为前提。此处的“上游犯罪事实”是指客观上的上游犯罪行为，而不是应当负刑事责任的刑法一般意义上的犯罪。上游犯罪事实成立，但因主体不适格而不予追究刑事责任的，仍然以掩饰、隐瞒犯罪所得、犯罪所得收益罪对掩饰、隐瞒的行为人定罪处罚。

参 第1109号　牡丹江再生资源开发有限责任公司第十七收购站及朱富良掩饰、隐瞒犯罪所得案——单位犯掩饰、隐瞒犯罪所得罪的认定和处理

根据《刑法》第31条规定的双罚制原则，应当对被告单位判处罚金，对其直接负责的主管人员和其他直接责任人员判处相应刑罚。

参 第1110号　陈飞、刘波掩饰、隐瞒犯罪所得案——对犯罪所得的赃车修改发动机号后使用行为的定性

明知是犯罪所得的赃车，予以改装并介绍买卖的行为，应认定为掩饰、隐瞒犯罪所得的行为。关于掩饰、隐瞒犯罪所得的“其他方法”的认定，必须坚持以下几点：一是行为人的目的是出于掩饰、隐瞒上游犯罪所得及其收益；二是这些方法与窝藏、转移、代购和代为销售在罪质上具有相当性；三是这些方法在客观上扰乱了司法秩序，妨害了司法机关对上游犯罪行为的追究。

参 第1111号　李涛、曹某某掩饰、隐瞒犯罪所得案——如何认定“以其他方法”掩饰、隐瞒

明确掩饰、隐瞒犯罪所得、犯罪所得收益罪中的“其他方法”的界限，首先要坚持罪刑法定原则。只要能实际上起到对犯罪及其收益掩饰、隐瞒的效果，妨碍正常刑事追诉的行为，均可成立本罪。其次要重视犯罪行为罪质的相当性，“其他方法”应当是指与窝藏、转移、收购、代为销售四种行为方式相类似的方法。最后是从因果关系来说，以“其他方法”掩饰、隐瞒的行为与他人的上游犯罪行为难以被司法机关追诉具有因果关系，且这种难以被追诉的效果是行为人追求或者放任的结果。行为人以“其他方法”掩饰、隐瞒犯罪所得，如果“其他方法”也构成犯罪的，则应当依照处罚较重的规定定罪处罚。

参 第 1112 号　张晗、方建策、傅鹰掩饰、隐瞒犯罪所得案——帮助更换被盗电动车锁的行为能否认定为掩饰、隐瞒犯罪所得罪客观要件中的“其他方法”

掩饰、隐瞒的“其他方法”是指以窝藏、转移、收购、代为销售以外的其他方法掩盖犯罪所得及其收益的来源、性质、存在等的行为。认定一个行为属于以“其他方法”掩饰、隐瞒，必须同时具备下列要素：一是行为人主观上明知是犯罪所得及其收益；二是该行为与窝藏、转移、收购、代为销售在罪质上具有相当性；三是该行为在客观上扰乱了司法秩序，妨害了司法机关对赃物及其收益的正常追缴活动和对违法犯罪案件的追查活动。故帮助更换被盗电动车锁的行为属于掩饰、隐瞒犯罪所得、犯罪所得收益罪中的“其他方法”。

参 第 1113 号　吴某等掩饰、隐瞒犯罪所得案——明知是盗窃所得的农用车而拆解后出售的行为如何定性

认定为掩饰、隐瞒犯罪所得、犯罪所得收益的“其他方法”，应遵循以下两点：一是“其他方法”的样态虽然各种各样，但是必须与窝藏、转移、收购和代为销售在罪质上具有相当性，如居间介绍买卖、收受、持有、使用、加工等行为；二是这些方法在客观上扰乱了司法秩序，妨害了司法机关对上游犯罪行为的追究。故拆解农用车的行为、居间介绍买卖的行为均属于掩饰、隐瞒的“其他方法”。

参 第1114号　侯某某掩饰、隐瞒犯罪所得案——保安将巡逻时抓获的盗窃犯罪分子盗窃所得物据为己有的行为如何定性

保安将巡逻时抓获的盗窃犯罪分子盗窃所得物据为己有的，因其没有替上游犯罪行为人掩饰、隐瞒的主观意思，而仅仅是出于将财物占为己有的目的，依法不成立掩饰、隐瞒犯罪所得罪，而应依照贪污或者职务侵占处理，且结合在案数额是否达到法定标准的情况，可以情节显著轻微为由做无罪处理。

参 第1115号　谭某旗、谭某掩饰、隐瞒犯罪所得案——如何区分掩饰、隐瞒犯罪所得罪的罪与非罪、此罪与彼罪

行为人的行为是否构成非法经营罪或者生产、销售伪劣产品罪的认定需要建立在证据分析的基础上。如认定行为人可能知道所运货物是违禁品，但无法认定其知道所运具体为何物，如若知道未必会帮助运输，故而无论是非法经营罪还是生产、销售伪劣产品罪，认定行为人主观故意方面的证据都是不充分的。另外，认定行为人的行为构成掩饰、隐瞒犯罪所得罪，既缺乏充分证据，也缺乏必要的犯罪构成要件，因假冒“苏烟”并非犯罪所得，而是货主生产、销售伪劣产品犯罪的犯罪对象，只有假冒“苏烟”销售成功后所得货款，才是生产、销售伪劣产品罪的犯罪所得。

参 第1219号　杜国军、杜锡军非法捕捞水产品，刘训山、严荣富掩饰、隐瞒犯罪所得案——如何理解掩饰、隐瞒犯罪所得、犯罪所得收益罪“情节严重”的犯罪次数

在认定掩饰、隐瞒犯罪所得、犯罪所得收益罪“情节严重”的“次数要件”时，应当注意：(1)每一次掩饰、隐瞒的行为，必须是一个独立的行为，且不以都构成犯罪为前提。(2)即使认定为一次掩饰、隐瞒犯罪所

得及其产生收益行为的，仍然必须注意同时适用最高人民法院《关于审理掩饰、隐瞒犯罪所得、犯罪所得收益刑事案件适用法律若干问题的解释》第 4 条第 2 款的规定。(3)每一次掩饰、隐瞒行为都应有相应证据证明，而不是模糊认定次数，且每一次掩饰、隐瞒的上游行为都必须以构成犯罪为前提。[上游犯罪行为人对犯罪所得实施收购、销售等掩饰、隐瞒行为的，在《刑法修正案(十一)》颁布后可能构成洗钱罪。——编者注]

参 第 1488 号 林友谊掩饰、隐瞒犯罪所得案——虽帮助转移犯罪所得，但认定明知他人实施电信网络诈骗犯罪证据不足的，构成掩饰、隐瞒犯罪所得罪

认定掩饰、隐瞒犯罪所得、犯罪所得收益罪，以上游犯罪事实成立为前提。上游犯罪尚未依法裁判，但查证属实的，不影响掩饰、隐瞒犯罪所得、犯罪所得收益罪的认定。上游犯罪事实经查证属实，但因行为人未达到刑事责任年龄等原因依法不予追究刑事责任的，不影响掩饰、隐瞒犯罪所得、犯罪所得收益罪的认定。掩饰、隐瞒犯罪所得罪与上游犯罪密切相关，追缴退赔数额应当根据上游犯罪的侦查情况确定：上游犯罪已经形成有罪判决，上下游犯罪的获利情况均能查清，对掩饰、隐瞒犯罪所得行为人的追缴退赔应以其实际获利为限，超出实际获利的部分向上游犯罪行为人追缴退赔；上游犯罪仅处于事实成立的状态，上下游犯罪的获利情况无法查清，被告人非法占有、处置被害人财产的，应当依法予以追缴或者责令退赔。

参 第 1517 号 舒某掩饰、隐瞒犯罪所得案——掩饰、隐瞒非法获取的计算机信息系统数据的行为，应当如何准确定罪量刑

最高人民法院《关于审理掩饰、隐瞒犯罪所得、犯罪所得收益刑事案件适用法律若干问题的解释》采用的定罪量刑数额依据是“掩饰、隐瞒

的犯罪所得及其收益的价值”，与最高人民法院、最高人民检察院《关于办理危害计算机信息系统安全刑事案件应用法律若干问题的解释》中“违法所得”有明显区别。最高人民法院、最高人民检察院《关于办理危害计算机信息系统安全刑事案件应用法律若干问题的解释》第7条规定的“违法所得”，应理解为掩饰、隐瞒行为人的非法获利数额。对于行为人尚未实际获利或无法查清获利数额的，因不能明确违法所得数额而无法适用最高人民法院、最高人民检察院《关于办理危害计算机信息系统安全刑事案件应用法律若干问题的解释》，仍可以适用最高人民法院《关于审理掩饰、隐瞒犯罪所得、犯罪所得收益刑事案件适用法律若干问题的解释》对此类犯罪的规定，即以掩饰、隐瞒犯罪所得及其产生的收益的价值作为定罪量刑标准。

参 第1518号　王某碗、王某甲、王某兵掩饰、隐瞒犯罪所得案——掩饰、隐瞒犯罪所得罪中情节加重“次数”的认定及量刑平衡

从刑法体系上看，作为入罪条件的“次数”与作为情节加重的“次数”具有完全不同的认定标准，对情节加重的“次”应做严格认定，进行限制性理解。掩饰、隐瞒的“次数”应以相应上游行为达到犯罪程度为前提。基于同一主观故意连续实施多起掩饰、隐瞒行为的，或基于同一上游犯罪客体实施掩饰、隐瞒行为的，应认定为“一次”。无论上游犯罪行为人处置了多少次，相应实施掩饰、隐瞒的犯罪客体只有一个，多次收赃行为实质上属于多次的不能犯，不宜片面认定为“多次”。基于上游犯罪以情节入罪实施掩饰、隐瞒的，应认定为“一次”，无论收赃多少次，在评价是否属于情节严重的次数时亦应认定为“一次”。

参 第1575号　李某俊掩饰、隐瞒犯罪所得及刘某通帮助信息网络犯罪活动案——利用网络平台为他人“刷单跑分”行为的定性

行为人利用网络平台为他人“刷单跑分”的行为，同时符合帮助信息网络犯罪活动罪和掩饰、隐瞒犯罪所得罪的构成要件，按照《刑法》第287条之二第3款的规定，应择一重罪处罚，认定为掩饰、隐瞒犯罪所得罪。对于帮助信息网络犯罪活动罪和掩饰、隐瞒犯罪所得罪的"明知"，应将被告人的供述、辩解与案情结合，重点审查行为人与相关犯罪在链条上的关系，行为人本人的行为积极程度、获利情况等客观表征。

参 第1576号 陈某顺掩饰、隐瞒犯罪所得案——电信网络诈骗案件中掩饰、隐瞒犯罪所得罪的认定

电信网络诈骗案件中，判定行为人是否"明知"是犯罪所得或犯罪所得收益，应从被告人的认知能力、既往经历等方面综合判断：(1)是否经银行等金融机构明确提醒警示后仍然实施有关行为；(2)有无正当理由，是否采取非法途径协助转换或者转移财物；(3)交易价格、方式有无明显异常；(4)是否频繁采用隐蔽上网、加密通信、销毁数据等措施逃避监管。帮助信息网络犯罪活动罪与掩饰、隐瞒犯罪所得、犯罪所得收益罪存在一定行为类型交叉，主要体现在支付结算型帮助行为中，两罪区分重点在于，除了提供支付结算服务，是否还实施转账、支取等资金提现、转移行为。

拒不执行判决、裁定罪

《刑法》规定

第三百一十三条 对人民法院的判决、裁定有能力执行而拒不执行，情节严重的，处三年以下有期徒刑、拘役或者罚金；情节特别严重的，处三年以上七年以下有期徒刑，并处罚金。

单位犯前款罪的，对单位判处罚金，并对其直接负责的主管人员和其他直接责任人员，依照前款的规定处罚。

相关规定

《刑法修正案(九)》第39条

全国人民代表大会常务委员会《关于〈中华人民共和国刑法〉第三百一十三条的解释》

最高人民法院《关于实施〈关于审理拒不执行判决、裁定刑事案件适用法律若干问题的解释〉有关问题的通知》

最高人民法院研究室《关于拒不执行人民法院调解书的行为是否构成拒不执行判决、裁定罪的答复》

最高人民法院、最高人民检察院、公安部《关于依法严肃查处拒不执行判决裁定和暴力抗拒法院执行犯罪行为有关问题的通知》

最高人民法院《关于拒不执行判决、裁定罪自诉案件受理工作有关问题的通知》

最高人民法院、最高人民检察院《关于常见犯罪的量刑指导意见(二)(试行)》"一、七种常见犯罪的量刑"(六)

案例要旨

指 71号 毛建文拒不执行判决、裁定案

有能力执行而拒不执行判决、裁定的时间从判决、裁定发生法律效力时起算。具有执行内容的判决、裁定发生法律效力后,负有执行义务的人有隐藏、转移、故意毁损财产等拒不执行行为,致使判决、裁定无法执行,情节严重的,应当以拒不执行判决、裁定罪定罪处罚。

参 第478号 马素英、杨保全拒不执行判决、裁定案——如何理解拒不执行判决、裁定罪中的"致使判决、裁定无法执行"

行为人有能力执行而拒不执行,一旦出现"致使判决裁定无法执行"的状态便可认定为"情节严重",追究拒不执行判决、裁定罪的刑事

责任,而"致使判决裁定无法执行"一般是指债务人逃避或者抗拒执行的行为造成人民法院执行机构无法运用法律规定的执行措施或者虽然运用了各种执行措施,但依然无法执行的情形,而不以债务人是否实际具有偿还能力、债权人是否通过其他方法实现了债权为必要。

参 第966号 朱荣南拒不执行判决、裁定案——如何认定拒不执行判决、裁定"情节严重"

判断犯罪行为是否满足拒不执行判决、裁定罪"情节严重"的构成要件,一是看行为持续时间,即行为危害社会的持续度。二是看执行标的金额和类型,即行为危害社会的程度。三是看行为人是否不管不顾人民法院的积极敦促。四是看是否因拒不执行判决、裁定受过司法强制措施。五是看行为人的拒不执行判决、裁定的行为是否导致追索关系申请人生命健康的赡养费、抚养费、医疗费等费用的权利受到严重损害,或者导致生效裁判权利人精神失常、自杀等严重后果;行为人是否将财产转移并用于个人挥霍,造成裁判彻底不能执行等情形。

参 第1204号 龙某某拒不执行判决案——如何理解拒不执行判决、裁定罪中的"有能力执行"

认定"有能力执行"应当建立在全面的财产事实调查之上,而不能仅看行为人是否实施了司法解释所规定的拒执行为。"有能力执行"的评判标准应当从客观层面出发,以行为人所有的财物、财产性利益以及个人收入情况为准,既包括有可供全部执行的能力,也包括可供部分执行的能力。认定"有能力执行"的时间从判决、裁定生效时起算,不限于执行期间或刑事案件审理期间。

参 第1396号 杨建荣、颜爱英、姜雪富拒不执行判决、裁定案——为逃避执行,在民事裁判前转移财产并持续至执行阶段的行为如何定性

刑法规定的妨害作证罪,帮助毁灭、伪造证据罪以及伪证罪等以证

据为对象的犯罪都是发生在诉讼过程中。法院作出生效裁判进入执行阶段后，当事人提供的证据由于缺少开庭审理对证据的质证，不能成为上述罪名的犯罪对象。在民事裁判生效前，甚至在进入民事诉讼程序前，只要转移、隐匿财产等行为状态持续至民事裁判生效后，情节严重的，即可构成拒不执行判决、裁定罪。

参 第 1462 号　肖应文、李秋发拒不执行判决案——如何理解“致使判决、裁定无法执行”

“致使判决、裁定无法执行”不仅指生效的判决、裁定确定的执行内容终局性、永久性无法执行，也包括被执行人拒不执行，情节严重，导致执行措施无法有效地开展的情形，即从拒不执行人妨碍法院执行的角度，而非债权人的债权利益最终是否实现的角度出发，来辨别法益侵害性。拒不执行的标的不仅包括房屋转让价值，还包括该房产的占有使用利益。

参 第 1557 号　刘某海拒不执行判决案——具有部分执行能力，在被起诉前转移财产可构成拒不执行判决罪

（1）对于《刑法》第 313 条规定的“对人民法院的判决、裁定有能力执行而拒不执行”，通常应当从判决、裁定发生法律效力时起算。但是，负有执行义务的人在判决、裁定发生法律效力前，为逃避执行，通过“假离婚”等方式转移、隐匿财产并持续至执行阶段，致使判决、裁定无法执行，情节严重的，亦应以拒不执行判决、裁定罪论处。（2）《刑法》第 313 条规定的“对人民法院的判决、裁定有能力执行而拒不执行”，包括有部分执行能力而不拒不执行的情形。经综合考量执行能力的大小、拒不执行的金额、造成的后果等情节，符合“情节严重”认定标准的，构成拒不执行判决、裁定罪。

非法处置查封、扣押、冻结的财产罪

《刑法》规定

第三百一十四条 隐藏、转移、变卖、故意毁损已被司法机关查封、扣押、冻结的财产,情节严重的,处三年以下有期徒刑、拘役或者罚金。

案例要旨

参 第404号 陆惠忠、刘敏非法处置扣押的财产案——窃取本人被司法机关扣押财物的行为如何处理

对于行为人盗窃本人被他人合法占有的财物,是否构成盗窃罪,应当根据行为人是否具有非法占有目的进行分别处理。对于行为人以非法占有目的从财产占有人处窃财的,一般表现为行为人从财物占有人处秘密窃取了本人的财物后,还以索赔等手段要求保管人赔偿损失的情况。鉴于被告人主观上尚没有使法院扣押的财物遭受损失或者非法索赔的目的,其行为不构成盗窃罪,构成非法处置查封、扣押、冻结的财产罪。

参 第428号 罗扬非法处置查封的财产案——明知房产被依法查封而隐瞒事实将房产卖与他人并收取预付款的行为如何定性

明知房产被依法查封而隐瞒事实将房产卖与他人并收取预付款的行为,如不具有非法占有为目的,则不构成诈骗罪,应以非法处置查封的财产罪论处。非法处置查封、扣押、冻结的财产罪与拒不执行判决、裁定罪的界限,主要是行为人是否具有拒不执行法院生效裁判的主观故意。

参 第1177号 何弦、汪顺太非法处置扣押的财产案——盗取自己被公安机关扣押的车辆的行为应如何定性

本人所有的财物在他人合法占有、控制期间，能够成为自己盗窃的对象。被司法机关依法扣押的车辆，并没有改变所有权归属，仍属于原所有人所有，公安机关只是暂时保管涉案车辆，对涉案车辆不具有所有权，但依照法律规定具有合法占有权。如果行为人具有非法占有的目的，在司法机关合法占有、控制期间秘密取回车辆并索赔的，其行为构成盗窃罪，如果同时妨害了司法机关的正常诉讼活动情节严重的，又构成非法处置扣押的财产罪，属于一个自然行为触犯数个罪名的想象竞合犯，应从一重罪处断。如果行为人不具有非法占有的目的，则即便有秘密取回车辆的行为，也不构成盗窃罪，而是构成非法处置扣押的财产罪。

脱逃罪

《刑法》规定

第三百一十六条第一款 依法被关押的罪犯、被告人、犯罪嫌疑人脱逃的，处五年以下有期徒刑或者拘役。

相关规定

最高人民法院研究室《关于因错判在服刑期"脱逃"后确有犯罪其错判服刑期限可否与后判刑期折抵问题的电话答复》

最高人民法院、最高人民检察院、公安部、司法部《关于监狱办理刑事案件有关问题的规定》第4条

案例要旨

参 第76号　魏荣香、王招贵、郑建德故意杀人、抢劫、脱逃、窝藏案——单人劫狱的行为如何定罪

行为人帮助犯罪嫌疑人脱离监管的行为构成逃脱罪(共犯)。同时,帮助犯罪嫌疑人逃脱隐匿的行为符合窝藏罪的构成要件。如果行为人是以帮助逃匿为目的,帮助脱离监管的行为只是实现目的的手段,应以窝藏罪一罪处罚。

参 第93号　陈维仁等脱逃案——无罪被错捕羁押的人伙同他人共同脱逃是否构成脱逃罪

尚未经人民法院审判定罪而被司法机关依法关押的犯罪嫌疑人脱逃的,也构成脱逃罪。被告人是未经审判的犯罪嫌疑人,按照1997年《刑法》规定构成脱逃罪的真正身份犯。鉴于案件发生在《刑法》修订前,故只能认定为共同犯罪中的共犯。

参 第1278号　张丽荣脱逃案——死刑缓期执行期间犯脱逃罪的,追诉时效及死缓执行期间的计算问题

强制措施应理解为人民法院、人民检察院、公安机关采取的拘留、逮捕等法定刑事强制措施,不能扩大解释为一切被限制人身自由的状态。行为人在死刑缓期执行期间又犯脱逃罪的,如司法机关未对行为人所涉嫌的脱逃罪立案侦查、采取强制措施,对于已经过追诉期限的,不应再追究行为人脱逃罪的刑事责任。终止审理是对犯罪不予追诉,不能适用关于犯新罪的重新计算死缓执行期间的规定。行为人在死刑缓期执行期间脱逃的,死刑缓期执行期间应连续计算,但在逃期间应该扣除。

组织他人偷越国(边)境罪

《刑法》规定

第三百一十八条 组织他人偷越国(边)境的,处二年以上七年以下有期徒刑,并处罚金;有下列情形之一的,处七年以上有期徒刑或者无期徒刑,并处罚金或者没收财产:

(一)组织他人偷越国(边)境集团的首要分子;

(二)多次组织他人偷越国(边)境或者组织他人偷越国(边)境人数众多的;

(三)造成被组织人重伤、死亡的;

(四)剥夺或者限制被组织人人身自由的;

(五)以暴力、威胁方法抗拒检查的;

(六)违法所得数额巨大的;

(七)有其他特别严重情节的。

犯前款罪,对被组织人有杀害、伤害、强奸、拐卖等犯罪行为,或者对检查人员有杀害、伤害等犯罪行为的,依照数罪并罚的规定处罚。

相关规定

最高人民法院、最高人民检察院《关于办理妨害国(边)境管理刑事案件应用法律若干问题的解释》第1、6、7条

案例要旨

参 第 304 号 顾国均、王建忠组织他人偷越国境案——以旅游名义骗取出境证件,非法组织他人出境劳务的应如何定性

当骗取出境证件后,行为人又实际组织他人偷越国(边)境的,"骗证"与组织他人"偷越"的行为是手段行为与目的行为的关系。因此,虽然从犯罪的发展阶段看,骗取出境证件为组织他人偷越国(边)境的预备行为,但由于两者为手段与目的的关系,使之更符合牵连犯的特征,应根据牵连犯"从一重罪处罚"的原则,以组织他人偷越国(边)境罪论。

参 第 883 号 农海兴组织他人偷越国境案——被组织者在偷越国境线过程中被抓获的,能否认定组织者组织他人偷越国境犯罪未遂

被组织者在偷越国境线过程中被抓获的,按照 2002 年最高人民法院《关于审理组织、运送他人偷越国(边)境等刑事案件适用法律若干问题的解释》(已失效。——编者注),应认定为既遂。2012 年最高人民法院、最高人民检察院《关于办理妨害国(边)境管理刑事案件应用法律若干问题的解释》把该罪认定为结果犯,以所组织的他人偷越国境为既遂。如果被组织者在偷越国边境之前或者偷越国边境过程中被查获的,应当认定组织者未遂。

参 第 1031 号 凌文勇组织他人偷越边境、韦德其等运送他人偷越边境案——如何区分组织他人偷越边境罪与运送他人偷越边境罪以及如何认定运送他人偷越边境罪既未遂形态

(1)组织他人偷越边境罪,是指领导、策划、指挥他人偷越边境,或者在首要分子指挥下,实施拉拢、引诱、介绍他人偷越边境等行为。运送他人偷越边境罪,是指使用车、船等交通工具或者徒步带领,将他人非法

送出或者接入边境的行为。区分组织他人偷越边境罪与运送他人偷越边境罪的关键在于判断行为是否具有组织性。(2)只有发生了将被组织的偷渡者实际运出或运入边境的危害后果,才能构成组织他人偷越边境罪的既遂。而运送他人偷越边境是组织他人偷越边境的环节之一,从《刑法》规定的量刑幅度也可看出运送他人偷越边境罪的社会危害性低于组织他人偷越边境罪,根据举重以明轻的解释原理,亦应以运送的偷渡人员是否越过边境线作为区分运送他人偷越边境罪是否既遂的认定标准。

骗取出境证件罪

《刑法》规定

第三百一十九条 以劳务输出、经贸往来或者其他名义,弄虚作假,骗取护照、签证等出境证件,为组织他人偷越国(边)境使用的,处三年以下有期徒刑,并处罚金;情节严重的,处三年以上十年以下有期徒刑,并处罚金。

单位犯前款罪的,对单位判处罚金,并对其直接负责的主管人员和其他直接责任人员,依照前款的规定处罚。

相关规定

最高人民法院、最高人民检察院《关于办理妨害国(边)境管理刑事案件应用法律若干问题的解释》第2条

公安部法制局《对〈关于倒卖邀请函的行为如何处理的请示〉的答复》

案例要旨

参 第 69 号　袁闵钢、包华敏骗取出境证件案——具有中国国籍同时又持有外国护照的被告人的国籍如何认定

自动丧失中国国籍必须同时具备两个条件：一是中国公民定居外国；二是自愿加入或取得外国国籍。被告人不符合自动丧失中国国籍的法定条件，在其未根据我国《国籍法》的规定办理退出中国国籍的申请并获有关部门批准以前，其仍具有中国国籍。

出售出入境证件罪

《刑法》规定

第三百二十条　为他人提供伪造、变造的护照、签证等出入境证件，或者出售护照、签证等出入境证件的，处五年以下有期徒刑，并处罚金；情节严重的，处五年以上有期徒刑，并处罚金。

相关规定

最高人民法院、最高人民检察院《关于办理妨害国（边）境刑事案件应用法律若干问题的解释》第 3 条

案例要旨

参 第 1519 号　王某兰、刘某先、哈某德出售出入境证件案——“中介”人员、高校工作人员向合法入境的外籍人员出售外籍人员居留证件的行为该如何定性

从居留证的实际功能分析，居留证具有可多次出入我国国（边）境

的功能,属于出入境证件。居留证申请材料是取得居留证的必备要件,合法入境的外籍人员为了停留在我国境内,在无法通过正规合法途径取得居留证时,通过付费方式向高校工作人员购买居留证申请材料,再由高校工作人员出面办理居留证,以达到骗取居留证的目的,"中介"人员、高校工作人员等出售外籍人员居留证件的,应当以出售出入境证件罪追究刑事责任。

故意损毁名胜古迹罪

《刑法》规定

第三百二十四条第二款　故意损毁国家保护的名胜古迹,情节严重的,处五年以下有期徒刑或者拘役,并处或者单处罚金。

相关规定

最高人民检察院、公安部《关于公安机关管辖的刑事案件立案追诉标准的规定(一)》第 47 条

最高人民法院、最高人民检察院《关于办理妨害文物管理等刑事案件适用法律若干问题的解释》

案例要旨

指 147 号 参 第 1427 号　张永明、毛伟明、张鹭故意损毁名胜古迹案——在没有法定司法鉴定机构可以鉴定的情况下,专家意见可否作为定罪量刑的参考

(1)风景名胜区的核心景区属于《刑法》第 324 条第 2 款规定的"国家保护的名胜古迹"。对核心景区内的世界自然遗产实施打岩钉等破坏

活动，严重破坏自然遗产的自然性、原始性、完整性和稳定性的，综合考虑有关地质遗迹的特点、损坏程度等，可以认定为故意损毁国家保护的名胜古迹"情节严重"。(2)对刑事案件中的专门性问题需要鉴定，但没有鉴定机构的，可以指派、聘请有专门知识的人就案件的专门性问题出具报告，相关报告在刑事诉讼中可以作为证据使用。

盗掘古文化遗址、古墓葬罪

《刑法》规定

第三百二十八条第一款　盗掘具有历史、艺术、科学价值的古文化遗址、古墓葬的，处三年以上十年以下有期徒刑，并处罚金；情节较轻的，处三年以下有期徒刑、拘役或者管制，并处罚金；有下列情形之一的，处十年以上有期徒刑或者无期徒刑，并处罚金或者没收财产：

(一)盗掘确定为全国重点文物保护单位和省级文物保护单位的古文化遗址、古墓葬的；

(二)盗掘古文化遗址、古墓葬集团的首要分子；

(三)多次盗掘古文化遗址、古墓葬的；

(四)盗掘古文化遗址、古墓葬，并盗窃珍贵文物或者造成珍贵文物严重破坏的。

相关规定

《刑法修正案(八)》第45条

最高人民法院、最高人民检察院《关于办理妨害文物管理等刑事案件适用法律若干问题的解释》第8条

案例要旨

参 第 266 号　李生跃盗掘古文化遗址案——盗割石窟寺内壁刻头像的行为应如何定性

(1)对《刑法》第 328 条中的“古文化遗址”应做广义上的理解,应当包括石窟寺、石刻、古建筑、地下城等。(2)所谓“盗掘”既包括私自开挖、挖掘地下埋藏的文物的行为,也应包括将不可移动文物的一部分从其整体中挖掘、凿割下来的行为。

参 第 485 号　孙立平等盗掘古墓葬案——如何认定盗掘古墓葬罪中的既遂和多次盗掘

(1)盗掘古墓葬罪作为行为犯,其既遂是以一定行为的实施为标准,但不能认为一着手实施即可构成犯罪,应当结合承担刑事责任所要求行为的社会危害程度进行具体分析,严格把握盗掘行为是否达到符合《刑法》规定的界限,如果盗掘行为刚刚开始,并未触及墓室或未对该墓葬的历史、艺术、科学价值造成一定影响的,可以不以犯罪论处。(2)从一般意义上来理解,结合《刑法》其他罪名对认定“多次”这一构成要件的惯行标准,可以将 3 次以上盗掘古墓葬的认定为多次盗掘。对于针对同一古墓葬进行的分次挖掘,不能简单地以多次重复的机械动作和行为作为次数的标准,而应以盗掘不同的古墓葬为标准。

参 第 560 号　卞长军等盗掘古墓葬案——盗掘古墓葬罪中主观认知的内容和“盗窃珍贵文物”加重处罚情节的适用

(1)盗掘古墓葬罪要求行为人应当明知其所盗掘的是古墓葬,但不要求行为人确切认识到古墓葬的历史、艺术、科学价值。(2)“盗掘”古墓葬罪的行为既包括行为人窃取到文物,也包括行为人未窃走文物,但对古墓葬造成损害的情形。(3)认定“盗窃珍贵文物”的加重处罚情节,必须遵循主客观相一致的原则，即主观上必须具有盗窃珍贵文物的故意（包括直接故意，也包括概括性故意），而不是只要挖掘到了珍贵文物就一律适用加重处罚情节。

参 第 1129 号 谢志喜、曾和平盗掘古文化遗址案——盗掘确定为全国重点文物保护单位的古文化遗址，但犯罪情节较轻的，如何量刑

对于盗掘确定为全国重点文物保护单位的古文化遗址，在量刑时应当严格审查被告人是否系有预谋、有准备、携带专业挖掘工具流窜作案的专业盗掘文物人员，是否刻意去寻找挖掘对象，挖掘持续时间是否较长，是否对遗址造成实质性的严重破坏，是否盗得有价值的文物，是否采取捣毁、损坏、拆除、焚烧、爆炸等不计后果的破坏性手段盗掘古文化遗址，是否事后大肆倒卖、走私文物，到案后是否有悔罪表现等因素决定是否适用缓刑。

参 第 1130 号 韩涛、胡如俊盗掘古墓葬案——盗掘古墓葬石像生的如何定罪

（1）石像生是古墓葬的重要组成部分，具有重要的历史、艺术、科学价值，偷挖石像生的行为属于“盗掘”古墓葬行为，对偷挖石像生的行为不宜以盗窃罪处罚，而应以盗掘古墓葬罪定罪处罚。（2）不能狭义地理解“古墓葬”及“掘”的含义，盗掘古墓葬罪的犯罪对象不仅包括古墓葬的主体——墓室，也包括墓室外的一些重要附属物，如墓道、石像生、碑刻，对附属物的偷挖同样应当认定为刑法意义上的“盗掘”。

参 第 1442 号 王朋威、周楠盗掘古文化遗址案——如何确定行为犯的犯罪形态

并非所有行为犯的行为都是一着手就完成的，不同危害行为的过程长短不一、内容各异，行为犯的实行行为进行到犯罪进程的哪一个阶段才能达到犯罪既遂状态，既与行为是否实施终了有关，也与立法对犯罪

行为的社会危害性评价相关。盗掘古文化遗址、古墓葬罪虽然属于行为犯,但若盗掘行为并未损毁古文化遗址、古墓葬的历史、艺术、科学价值,就不应认定为犯罪既遂。

妨害传染病防治罪

《刑法》规定

第三百三十条 违反传染病防治法的规定,有下列情形之一,引起甲类传染病以及依法确定采取甲类传染病预防、控制措施的传染病传播或者有传播严重危险的,处三年以下有期徒刑或者拘役;后果特别严重的,处三年以上七年以下有期徒刑:

(一)供水单位供应的饮用水不符合国家规定的卫生标准的;

(二)拒绝按照疾病预防控制机构提出的卫生要求,对传染病病原体污染的污水、污物、场所和物品进行消毒处理的;

(三)准许或者纵容传染病病人、病原携带者和疑似传染病病人从事国务院卫生行政部门规定禁止从事的易使该传染病扩散的工作的;

(四)出售、运输疫区中被传染病病原体污染或者可能被传染病病原体污染的物品,未进行消毒处理的;

(五)拒绝执行县级以上人民政府、疾病预防控制机构依照传染病防治法提出的预防、控制措施的。

单位犯前款罪的,对单位判处罚金,并对其直接负责的主管人员和其他直接责任人员,依照前款的规定处罚。

甲类传染病的范围,依照《中华人民共和国传染病防治法》和国务院有关规定确定。

相关规定

《刑法修正案(十一)》第 37 条

《传染病防治法》第 3 条、第 4 条第 1 款

最高人民检察院、公安部《关于公安机关管辖的刑事案件立案追诉标准的规定(一)》第 49 条

案例要旨

参 第 1333 号 张勇智妨害传染病防治案——疫情防控中以危险方法危害公共安全罪与妨害传染病防治罪的区分适用

明知自身已经确诊为新冠肺炎病人或者疑似病人,拒绝执行防疫措施的行为人出于报复社会、发泄不满等动机,恶意向不特定多数人传播病毒,后果严重、情节恶劣的,应当认定为以危险方法危害公共安全罪。对于其他拒绝执行疫情防控措施,引起新冠肺炎病毒传播或者有传播严重危险的行为,应依照《刑法》第 330 条的规定,适用妨害传染病防治罪。

医疗事故罪

《刑法》规定

第三百三十五条 医务人员由于严重不负责任,造成就诊人死亡或者严重损害就诊人身体健康的,处三年以下有期徒刑或者拘役。

相关规定

最高人民检察院、公安部《关于公安机关管辖的刑事案件立案追诉

标准的规定(一)》第56条

案例要旨

参 第429号 孟广超医疗事故案——具有执业资格的医生根据民间验方、偏方制成药物诊疗,造成就诊人死亡的行为如何定性

具有执业资格的医生在诊疗过程中,出于医治病患的目的,根据民间验方、偏方制成药物用于诊疗小范围内的患者,不构成生产、销售假药罪。具有执业资格的医生在诊疗过程中,出于医治病患的目的,使用民间验方、偏方,但由于严重不负责任致人死亡或者严重损害身体健康的,应以医疗事故罪论处。

参 第1288号 梁娟医疗事故案——医务人员在医院安排下的违规医疗行为应当如何定性

医疗事故罪在造成致人死亡的结果时与过失致人死亡罪存在法条竞合关系。但二罪之间的区别也是明显的:医疗事故罪的主体是特殊主体,即医务人员;主观方面为特定的业务过失;客体上除了侵犯他人的生命健康权外,还侵犯了医疗机构的管理秩序;客观上也通常表现为诊疗中的违规行为。根据特殊罪名优于普通罪名原则,符合上述犯罪构成的行为应当以医疗事故罪定罪处罚。

参 第1382号 侯春英非法行医案——未取得医生执业资格的人在诊所负责人默许下长期独立从事医疗活动的行为定性

司法实践中,未取得医生执业资格的医护人员,在院方的安排下,并且在医师的授权和指导下,在诊疗活动的某个环节中,实施了执业医师才能实施的医疗行为,因行为人的行为系医院和医师授权下的职务行为,故一般不认定为非法行医罪。在此过程中,如果行为人具有明显过错,并造成了就诊人死亡或者严重损害就诊人身体健康的,则构成医疗事故罪。

非法行医罪

《刑法》规定

第三百三十六条第一款 未取得医生执业资格的人非法行医,情节严重的,处三年以下有期徒刑、拘役或者管制,并处或者单处罚金;严重损害就诊人身体健康的,处三年以上十年以下有期徒刑,并处罚金;造成就诊人死亡的,处十年以上有期徒刑,并处罚金。

相关规定

最高人民检察院、公安部《关于公安机关管辖的刑事案件立案追诉标准的规定(一)》第57条

最高人民法院《关于审理非法行医刑事案件具体应用法律若干问题的解释》

最高人民法院、最高人民检察院《关于办理妨害预防、控制突发传染病疫情等灾害的刑事案件具体应用法律若干问题的解释》第12条

案例要旨

参 第283号 周兆钧被控非法行医案——如何正确把握非法行医罪的主体要件

对非法行医要从法律规定的立法本意出发,做具体分析,不能望文生义、机械硬套。已经取得执业医师资格的人未向卫生行政部门注册,

未取得医师执业资格证书或者医疗机构执业许可证行医的，不构成非法行医罪。在办理非法行医罪案件时，应将非法行医与民间“土医生”偶尔利用验方为群众治病区别开来，并正确理解《刑法》非法行医罪的“情节严重”，具体包括：未取得“执业医师资格”的人非法行医经处理后仍不改正；在非法行医过程中，造成就诊人死亡或者对就诊人的身体健康造成严重损害；由于乱医乱治，贻误病情，致使患者病情加重；以野蛮方法医病治病；非法行医骗取钱财数额较大的；使用伪劣药品蒙骗患者的；非法行医过程中调戏、侮辱、猥亵妇女儿童等。

参 第316号 周某某非法行医案——患者自愿求医的，能否阻却非法行医罪的成立

只有在以违反被害人意志为前提的犯罪（如强奸罪、非法侵入住宅罪）中，被害人的承诺才可能排除犯罪性。未取得医生执业资格，无论患者是否知道这一事实，其同意诊疗或求医的，被害人的同意或者请求（承诺）仅是对医疗行为本身的抽象承诺，并不包括对非法医疗行为可能引致的伤亡结果的承诺，也不能构成可以排除行为人犯罪性的承诺，不影响非法行医罪的成立。

参 第421号 贺淑华非法行医案——产妇在分娩过程中因并发症死亡，非法行医人对其死亡应当承担刑事责任

如何判断加重结果与基本犯罪的因果关系：（1）客观上要求基本犯罪必须具有引起加重结果发生的内在危险性。（2）要求行为人对发生“结果加重”情况在主观上具有过失，只要行为人故意实施了某种基本犯罪，而该基本犯罪合乎逻辑地引起了法定的加重结果的发生，就可以认定行为人违反了客观注意义务，对加重结果的发生具有过失。（3）结果加重犯的过失有其特殊性。在人们的生活经验范围内，在发生加重结果的危险性较大的情况下，行为人违反注意义务的程度要比一般的过失

行为违反注意义务的程度更加严重。产妇在分娩过程中有并发症，行为人因害怕承担责任，不及时将产妇转送正规医院进行抢救，延误了产妇的抢救时机，产妇的死亡就成了一种内在性引发的必然结果，非法行医的行为与产妇的死亡结果当然具有刑法上的因果关系。

参 第1605号 李某、徐某非法行医案——非法医疗美容致过敏性休克死亡刑事责任的认定

医疗美容项目从业者无相关资质，在未能确认就诊人过敏体质等健康情况下径行操作，事发后未采取有效急救措施，造成他人死亡等严重后果，符合《刑法》第336条规定的，依法以非法行医罪定罪处罚。

非法进行节育手术罪

《刑法》规定

第三百三十六条第二款 未取得医生执业资格的人擅自为他人进行节育复通手术、假节育手术、终止妊娠手术或者摘取宫内节育器，情节严重的，处三年以下有期徒刑、拘役或者管制，并处或者单处罚金；严重损害就诊人身体健康的，处三年以上十年以下有期徒刑，并处罚金；造成就诊人死亡的，处十年以上有期徒刑，并处罚金。

相关规定

最高人民法院《关于审理非法行医刑事案件具体应用法律若干问题的解释》第3条

最高人民检察院、公安部《关于公安机关管辖的刑事案件立案追诉

标准的规定(一)》第58条

案例要旨

参 第732号 徐如涵非法进行节育手术案——如何认定非法进行节育手术罪中的“严重损害就诊人身体健康”

最高人民检察院、公安部《关于公安机关管辖的刑事案件立案追诉标准的规定(一)》是针对公安机关管辖的刑事案件立案追诉标准所作的规定,其中关于造成就诊人严重残疾、重伤,感染艾滋病、病毒性肝炎等难以治愈的疾病,或者其他严重损害就诊人身体健康的后果的规定,是对达到此标准的几种情节之列举,而不是法院审判的依据。最高人民法院《关于审理非法行医刑事案件具体应用法律若干问题的解释》虽是对非法行医罪的解释,但其中关于严重损害就诊人身体健康的认定标准,仍适用于非法进行节育手术罪。

污染环境罪

《刑法》规定

第三百三十八条 违反国家规定,排放、倾倒或者处置有放射性的废物、含传染病病原体的废物、有毒物质或者其他有害物质,严重污染环境的,处三年以下有期徒刑或者拘役,并处或者单处罚金;情节严重的,处三年以上七年以下有期徒刑,并处罚金;有下列情形之一的,处七年以上有期徒刑,并处罚金:

(一)在饮用水水源保护区、自然保护地核心保护区等依法确定的重点保护区域排放、倾倒、处置有放射性的废物、含传染病病原体的废物、有毒物质,情节特别严重的;

（二）向国家确定的重要江河、湖泊水域排放、倾倒、处置有放射性的废物、含传染病病原体的废物、有毒物质，情节特别严重的；

（三）致使大量永久基本农田基本功能丧失或者遭受永久性破坏的；

（四）致使多人重伤、严重疾病，或者致人严重残疾、死亡的。

有前款行为，同时构成其他犯罪的，依照处罚较重的规定定罪处罚。

相关规定

《刑法修正案（八）》第 46 条

《刑法修正案（十一）》第 40 条

最高人民检察院、公安部《关于公安机关管辖的刑事案件立案追诉标准的规定（一）的补充规定》第 10 条

最高人民法院、最高人民检察院《关于办理环境污染刑事案件适用法律若干问题的解释》

最高人民法院、最高人民检察院、公安部、司法部、生态环境部《关于办理环境污染刑事案件有关问题座谈会纪要》

最高人民法院、最高人民检察院《关于办理妨害预防、控制突发传染病疫情等灾害的刑事案件具体应用法律若干问题的解释》第 13 条

最高人民检察院《关于全面履行检察职能为推进健康中国建设提供有力司法保障的意见》

案例要旨

参 第 99 号 吴自柱、王启、姜翠兰重大环境污染事故案——重大环境污染事故罪的定罪量刑标准如何掌握

重大环境污染事故罪属于结果犯，即只有“造成重大环境污染事故，

致使公私财产遭受重大损失或者严重危害人体健康的”，才构成犯罪。对于具体犯罪的定罪量刑标准，需要司法解释而没有解释的，如果其他法律解释的内容有参考价值的，可以参考其他法律解释去处理案件；没有其他法律解释可参考的，如果行政法规或者部门规章的相关内容有参考价值的，可以参考行政法规或者部门规章去处理案件。[《刑法修正案(八)》对本罪作出修改，《关于执行〈中华人民共和国刑法〉确定罪名的补充规定(五)》将本罪改为污染环境罪，最高人民法院、最高人民检察院《关于办理环境污染刑事案件适用法律若干问题的解释》于2017年1月1日起施行(2022年修订)后，本罪已有较为明确的定罪量刑标准。——编者注]

参 第967号　梁连平污染环境案——焚烧工业垃圾，向空气排放大量苯并[a]芘、氯化氢、二噁英等气体污染物的行为如何定性

(1)污染环境不以造成重大环境事故为构成犯罪的必要条件，焚烧工业垃圾、向空中排放大量有毒气体的行为属于“其他严重污染环境的情形”，应以污染环境罪定罪论处。(2)不能虚化兜底条款的存在，使兜底条款成为法律、司法解释的摆设性规定。正确适用兜底条款是弥补法律、司法解释条文中的列举性规定周延性不足的重要途径。就被告人焚烧的工业垃圾数量、工业垃圾燃烧持续的时长、气体污染物排放的超量数值及当前惩治污染环境行为的形势而言，适用司法解释的兜底性条款是必要的。

参 第968号　王文峰、马正勇污染环境案——擅自向河中倾倒大量煤焦油分离废液的行为如何定性

煤焦油分离废液含有大量的挥发酚和油类物质，以及大量的氨氮、硫氰化物、氰化物、各种单环或者多环芳香族化合物和杂环有机化合物，属于较难处理的工业废水，系有毒物质。从情节来看，擅自向河中倾倒

大量煤焦油分离废液造成的后果属于"严重污染环境"的,应以污染环境罪定罪论处,处罚时应贯彻宽严相济的刑事政策。

参 第1463号 董传桥、张锁等十九人污染环境案——两个以上被告人分别实施污染环境行为发生化学反应造成危害后果的,如何准确认定因果关系和责任分担

重叠的因果关系属于刑法中因果关系的一种复杂形态,仍然遵循因果关系的一般判断规则。刑法因果关系进程中出现的介入因素具有异常性时,即先前行为通常不会引发介入因素的出现时,意味着介入因素带来的危险具有独立性,则该危险不能归因于先前行为。此时,最终结果与先前行为没有因果关系,也即发生了因果关系的中断。而当先前行为通常会遇到介入因素的出现,即介入因素的出现不具有异常性时,则意味着介入因素没有阻断先前行为与危害结果之间的因果关系,先前行为与最终的结果具有因果关系。数个侵权人的行为虽然是独立的、彼此没有共同的主观认知,但由于各个独立的行为之间发生了事实上的联系,而这种联系的结果导致了不可分的损害后果时,也应以共同侵权论,承担连带责任。

参 第1489号 邱良海等污染环境案——如何准确认定刑法第三百三十八条规定的"其他有害物质"

石头及水泥制"扭王块"本身不属于有毒有害物质,投入海中后是否会成为对海洋环境造成损害的有毒有害物质,应通过专业鉴定机构作出鉴定意见,不宜以"推理"的方式将石料等自然形成的物质评价为"其他有害物质"。考虑到实践中围海造陆、筑堤的行为较为常见,且多采取本案中投放石料或者水泥制"扭王块"的方式,实践中未见违法填海、筑堤被按照污染环境罪处理的先例,如对此按污染环境罪处理,既不利于

类似案件的处理,社会效果也不好。因此,应责令行为人恢复原状,加大罚款力度,尽快修复生态环境。

参 第1503号 浙江金马包装材料有限公司、沈炳奎等污染环境案——非法处置危险废物的定性及恢复性司法的刑法考量

对委托无危险废物经营许可证的他人非法处置危险废物的情形,应当结合无证经营危险废物人员对危险废物的实际处置情况,以及违法造成环境污染的实害后果或现实危害进而认定是否构成污染环境罪。实行审判阶段企业环境资源刑事恢复性司法制度是人民法院助力经济社会绿色低碳转型的有益探索,污染环境罪的量刑应当考虑环境的恢复情况、涉案企业的整改情况等因素。

非法捕捞水产品罪

《刑法》规定

第三百四十条 违反保护水产资源法规,在禁渔区、禁渔期或者使用禁用的工具、方法捕捞水产品,情节严重的,处三年以下有期徒刑、拘役、管制或者罚金。

相关规定

最高人民法院《关于审理发生在我国管辖海域相关案件若干问题的规定(二)》第4条

《依法惩治长江流域非法捕捞等违法犯罪的意见》

案例要旨

指 213 号　黄某辉、陈某等 8 人非法捕捞水产品刑事附带民事公益诉讼案

(1)破坏环境资源刑事案件中,附带民事公益诉讼被告具有认罪认罚、主动修复受损生态环境等情节的,可以依法从轻处罚。(2)人民法院判决生态环境侵权人采取增殖放流方式恢复水生生物资源、修复水域生态环境的,应当遵循自然规律,遵守水生生物增殖放流管理规定,根据专业修复意见合理确定放流水域、物种、规格、种群结构、时间、方式等,并可以由渔业行政主管部门协助监督执行。

参 第 951 号　耿志全非法捕捞水产品案——非法捕捞水产品"情节严重"的司法认定

非法捕捞水产品罪中的"情节严重",可从以下三个层面逐层分析,只要其中一个层面符合条件即可认定为"情节严重":一是从数量层面认定;二是从时间、地点、工具、方法层面认定;三是从兜底条款层面认定,包括非法捕捞次数、共同非法捕捞中的地位作用、对水产资源造成的影响等。

危害珍贵、濒危野生动物罪

《刑法》规定

第三百四十一条第一款　非法猎捕、杀害国家重点保护的珍贵、濒危野生动物的,或者非法收购、运输、出售国家重点保护的珍贵、濒危野生动物及其制品的,处五年以下有期徒刑或者拘役,并处罚金；情节严重的，处五年以上十年以下有期徒刑，并处罚金；情节特别严重的，处十年以上有期徒刑，并处罚金或者没收财产。

案例要旨

公 2018年第2期　张爱民、李楠等非法猎捕、收购、运输、出售珍贵、濒危野生动物案

对野生动物的乱捕滥猎、非法交易破坏生物链的完整性和生物多样性，进而破坏整个生态环境，需要加大对野生动物的刑事司法保护。行为人只要实施了非法猎捕或者非法收购、运输、出售国家重点保护的野生动物的行为，即构成犯罪。

参 第215号　严叶成、周建伟等非法收购、运输、出售珍贵、濒危野生动物、珍贵、濒危野生动物制品案——珍贵、濒危野生动物制品的核定价值高于实际交易价格的如何认定珍贵、濒危野生动物制品的价值

（1）珍贵、濒危野生动物制品，应是指通过对珍贵、濒危野生动物的活体或者死体进行加工后所形成的物品，包括毛皮、骨骼、肌体、脏器、体液、标本等成品或者半成品。非法收购、运输珍贵、濒危野生动物，在该动物病死后擅自出售动物肉体的，应以非法收购、运输、出售珍贵、濒危野生动物、珍贵、濒危野生动物制品罪论处。（2）一般情况下，应当按照国家野生动物保护主管部门核定的价值认定珍贵、濒危野生动物制品的价值，当核定价值低于实际交易价格的，以实际交易价格认定。［根据2021年《关于执行〈中华人民共和国刑法〉确定罪名的补充规定（七）》，取消非法猎捕、杀害珍贵、濒危野生动物罪和非法收购、运输、出售珍贵、濒危野生动物、珍贵、濒危野生动物制品罪罪名，改为危害珍贵、濒危野生动物罪。——编者注］

参 第518号 达瓦加甫非法出售珍贵、濒危野生动物制品案——出售野生动物保护法实施前已持有的雪豹皮如何定罪处罚

收购珍贵、濒危野生动物制品不属于犯罪行为,但在出售时依法应追究刑事责任的,应以非法出售珍贵、濒危野生动物制品罪论处。

参 第1067号 徐峰非法收购、出售珍贵、濒危野生动物案——非法收购、出售《濒危野生动植物种国际贸易公约》(《CITES》)保护动物的情节认定

(1)如果是列入国家重点保护野生动物名录的国家一、二级保护野生动物以及驯养繁殖的物种,应按照最高人民法院《关于审理破坏野生动物资源刑事案件具体应用法律若干问题的解释》(已失效。——编者注)附表所列相应数量标准来认定情节。(2)如果是列入该公约附录一、附录二的野生动物以及驯养繁殖的物种,根据最高人民法院《关于审理破坏野生动物资源刑事案件具体应用法律若干问题的解释》第10条的规定,非法猎捕、杀害、收购、运输、出售《濒危野生动植物种国际贸易公约》附录一、附录二所列的非原产于我国的野生动物,"情节严重""情节特别严重"的认定标准,参照该解释第3、4条以及附表所列与其同属的国家一、二级保护野生动物的认定标准执行;没有与其同属的国家一、二级保护野生动物的,参照与其同科的国家一、二级保护野生动物的认定标准执行。换言之,列入该公约附录一、附录二的野生动物必须与我国国家一、二级保护野生动物具有同属或同科的关系,才能根据最高人民法院《关于审理破坏野生动物资源刑事案件具体应用法律若干问题的解释》(已失效。——编者注)附表所列的相应数量标准来认定情节,否则没有参照依据,应当按照该罪的一般情节认定。

参 第 1178 号　郑锴非法运输、出售珍贵、濒危野生动物制品案——如何准确把握非法运输、出售珍贵、濒危野生动物制品罪的量刑标准

（1）对涉案动物制品进行鉴定的机构，无须在司法机关编制的鉴定机构名册内。对涉案野生动物制品的价值，不能依据并非通过合法途径购买的野生动物制品的价格认定，应当按照国家野生动物产品（制品）价值标准相关规定进行计算、认定。（2）为适应社会经济的发展变化，走私珍贵动物、珍贵动物制品罪的数额标准自 2014 年 9 月以来已经大幅度提高，而非法运输、出售珍贵、濒危野生动物制品罪的量刑标准却没有及时作出相应调整。由此，原则上非法运输、出售珍贵濒危野生动物制品罪仍须依照原数额标准量刑。但是，在走私珍贵动物、珍贵动物制品罪的数额标准已大幅度提高的情况下，如果仍然按照原数额标准对非法运输、出售珍贵、濒危野生动物制品罪予以量刑，势必与走私珍贵动物、珍贵动物制品罪的量刑存在明显差异，有违罪责刑相适应原则。因此，根据这一特殊情况，为实现罪责刑相均衡，对于此类案件，可以考虑在法定刑以下判处刑罚。

参 第 1383 号　解景芳非法出售珍贵、濒危野生动物案——如何准确把握涉人工繁育野生动物资源刑事案件的定罪量刑

对于涉案动物系人工繁育技术成熟且养殖规模较大的物种的，在定罪量刑时应与人工繁育技术不成熟、养殖规模较小物种的犯罪有所区别。如果属于濒危程度较高、人工繁育技术不成熟、养殖规模较小的物种，如大熊猫、东北虎、华南虎，量刑时原则上不宜从宽，确有特殊情况需要从宽处理的，亦应从严掌握；如果属于人工繁育技术成熟且养殖规模较大的物种，如球蟒、黄金蟒、缅甸陆龟、豹纹陆龟、红色吸蜜鹦鹉、珍达锥尾鹦鹉，考虑到行为人的主观恶性较小、行为的社会危害性较低，在决定是否追究刑事责任时应慎重，确有追究刑事责任必要的，量刑时亦应

从宽。具体还可以从以下方面做进一步区分:(1)判断涉案动物是否属于合法繁育的情形;(2)判断涉案动物是否被列入《人工繁育国家重点保护野生动物名录》;(3)涉案动物的用途;(4)行为方式、手段和对野生动物资源的损害程度。

参 第1397号　刘纯军非法收购珍贵、濒危野生动物案——非法收购珍贵、濒危野生动物死体行为的认定

珍贵野生动物与濒危野生动物是从不同侧面对同一物种作出的认定,故非法收购珍贵、濒危野生动物罪不属于选择性罪名。珍贵、濒危野生动物的死体区别于野生动物制品,如果能够保持完整性,没有经过加工,应认定为珍贵、濒危野生动物。在审理针对野生动物的犯罪案件中,关于违法性认识错误的认定应当坚持以"知法推定"为主、例外情况为辅,在认识范围方面应当宜宽不宜严,在证明责任方面应当由被告人举证为主。

参 第1428号　刘清江、朱文向非法收购、运输、出售珍贵、濒危野生动物案——法定刑以下判处刑罚案件核准过程中应如何处理事实认定和法律适用中的瑕疵

根据法不溯及既往的原则,2017年1月1日生效的《野生动物保护法》对其实施之前的行为不发生法律效力,即发生在2017年1月1日之前的非法捡拾珍贵、濒危野生动物卵、蛋的行为,不宜认定为非法猎捕珍贵、濒危野生动物罪。对于同时具有猎捕、杀害和收购、运输、出售行为,且对象为同一批野生动物的,被告人的猎捕和出售行为存在相互交织的关系,且属于同一法条内的罪名选择、排列问题,故在处理中可以在法定刑幅度内从一重处罚,不实行数罪并罚。最高人民法院在法定刑以下量刑案件的核准过程中,对量刑适当但个别事实认定和罪名适用方面存在瑕疵的,可以在核准案件的同时在裁定书中依法纠正相关瑕疵。

参 第1606号　魏某某被诉非法收购、运输、出售珍贵、濒危野生动物、珍贵、濒危野生动物制品案——如何准确理解和把握《最高人民法院、最高人民检察院关于办理破坏野生动物资源刑事案件适用法律若干问题的解释》第十三条第二款的规定

对于破坏野生动物资源犯罪，在认定是否构罪及裁量刑罚时，判断的重点应在于涉案动物是否系人工繁育特别是是否列入人工繁育国家重点保护野生动物名录的情况。对于被列入上述名录的人工繁育野生动物及其制品，原则上不宜再按照《刑法》第341条第1款规定的犯罪对象对待。

非法狩猎罪

《刑法》规定

第三百四十一条第二款　违反狩猎法规，在禁猎区、禁猎期或者使用禁用的工具、方法进行狩猎，破坏野生动物资源，情节严重的，处三年以下有期徒刑、拘役、管制或者罚金。

案例要旨

参 第603号　曾巩义、陈月容非法狩猎案——私拉电网非法狩猎并危及公共安全的，应当如何处理

以私设电网的方法捕获野生动物致人重伤、死亡或者使公私财产遭受重大损失的，同时触犯非法狩猎罪及过失以危险方法危害公共安全罪，应当以想象竞合犯的处理原则择一重罪以过失以危险方法危害公共安全罪处理，同时将非法狩猎行为作为量刑情节予以考虑。

非法占用农用地罪

《刑法》规定

第三百四十二条 违反土地管理法规，非法占用耕地、林地等农用地，改变被占用土地用途，数量较大，造成耕地、林地等农用地大量毁坏的，处五年以下有期徒刑或者拘役，并处或者单处罚金。

相关规定

《刑法修正案(二)》

《土地管理法》第 4 条第 3 款

全国人民代表大会常务委员会《关于〈中华人民共和国刑法〉第二百二十八条、第三百四十二条、第四百一十条的解释》

最高人民检察院、公安部《关于公安机关管辖的刑事案件立案追诉标准的规定(一)》第 67 条

最高人民法院《关于审理破坏土地资源刑事案件具体应用法律若干问题的解释》第 3、8、9 条

最高人民法院《关于个人违法建房出售行为如何适用法律问题的答复》

最高人民法院《关于审理破坏草原资源刑事案件应用法律若干问题的解释》

案例要旨

参 第 445 号 廖渭良等非法占用农用地、非法转让土地使用权案——非法占用园地、改变园地用途的能否以非法占用农用地罪定罪处罚

(1)作为非法占用农用地的犯罪对象，农用地并非仅指耕地和林地

两种，还应包括草地、农田水利地、养殖水面等其他用于农业生产的土地。非法占有园地，擅自改变土地用途，数量较大的，应以非占用农用地罪论处。（2）单位擅自转让土地使用权并改变用途，情节严重的，应追究单位的刑事责任。

参 第1398号　赵石山、王海杰、杨建波非法占用农用地案——擅自以村委会名义将村山坡林地承包给村民作为墓地使用的定性

村委会有自己的名称、组织机构和场所，有自己的经费，且能够以自己的名义承担相应的责任，符合《刑法》规定的单位的形式特征和实质特征，可以作为单位犯罪的主体。在具体个案中，对以村委会名义实施的犯罪行为，是否构成单位犯罪，应做实质意义上的判断：单位犯罪应当体现单位意志，以村委会名义实施，且违法所得归全体村民或村集体所有；否则，仍应当以自然人犯罪分别追究个人的刑事责任。同时，基于法令行为或执行上级的命令而引发的犯罪行为，只有按照法律的规定并履行法定的程序，才能够阻却违法，否则只能在量刑时予以酌情考虑。

非法采矿罪

《刑法》规定

第三百四十三条第一款　违反矿产资源法的规定，未取得采矿许可证擅自采矿，擅自进入国家规划矿区、对国民经济具有重要价值的矿区和他人矿区范围采矿，或者擅自开采国家规定实行保护性开采的特定矿种，情节严重的，处三年以下有期徒刑、拘役或者管制，并处或者单处罚金；情节特别严重的，处三年以上七年以下有期徒刑，并处罚金。

相关规定

《刑法修正案(八)》第47条

最高人民检察院、公安部《关于公安机关管辖的刑事案件立案追诉标准的规定(一)的补充规定》第11条

最高人民法院、最高人民检察院《关于办理非法采矿、破坏性采矿刑事案件适用法律若干问题的解释》

最高人民法院《关于充分发挥环境资源审判职能作用 依法惩处盗采矿产资源犯罪的意见》

案例要旨

公 2023年第6期 张少山等32人非法采矿、马朝玉掩饰、隐瞒犯罪所得刑事附带民事公益诉讼案

在非法采砂犯罪中，采砂者与购砂者事前通谋，通过采运一体的方式非法采砂，形成产销利益链条，应当认定购砂者与采砂者构成非法采砂的共同犯罪。在认定非法采砂犯罪造成的生态环境损害时应当根据采砂量、鱼类资源直接损失量、底栖生物损害数、生态系统服务价值量等量化指标，综合予以认定。对具有非法采砂犯罪前科、非法采砂犯罪取保候审期间再次实施非法采砂犯罪的被告人，应当认定其具有破坏生态环境的故意，公诉机关要求其承担惩罚性赔偿责任的，人民法院应予支持。

参 第1621号 青海JM产业(集团)有限公司等被诉非法采矿案——未取得采矿许可证采矿是否必然构成非法采矿罪

对于认定行为人是否具有非法采矿的主观故意，是否属于“擅自”采矿，需综合行为人是否因自身原因未取得采矿许可证，是否对矿区范围内的矿产资源实际享有权利，采矿行为是否脱离了政府监管，导致矿

产资源管理制度遭到严重破坏、无证采矿是否存在其他不可全部归责于行为人的原因等情况进行判断。如果行为人虽未取得采矿许可证，但其开采行为系在政府支持或默许下进行，且未超出划定的矿区范围，同时行为人积极申请办理相关证照、缴纳相关税费并接受政府监管，则不应认定其具有非法采矿的主观故意，不构成非法采矿罪。

危害国家重点保护植物罪

《刑法》规定

第三百四十四条 违反国家规定，非法采伐、毁坏珍贵树木或者国家重点保护的其他植物的，或者非法收购、运输、加工、出售珍贵树木或者国家重点保护的其他植物及其制品的，处三年以下有期徒刑、拘役或者管制，并处罚金；情节严重的，处三年以上七年以下有期徒刑，并处罚金。

相关规定

《刑法修正案(四)》第 6 条

最高人民法院《关于审理破坏森林资源刑事案件适用法律若干问题的解释》第 2、13 条

最高人民法院、最高人民检察院《关于适用〈中华人民共和国刑法〉第三百四十四条有关问题的批复》

案例要旨

公 2023 年第 4 期 · 胡仁国非法采伐国家重点保护植物案

未办理林木采伐许可证，非法移植国家重点保护植物的行为，属于

《刑法》第344条规定的非法采伐国家重点保护植物。认定被告人是否具有非法采伐国家重点保护植物的主观故意，可结合野生植物是否具有可普遍识别的外观特征、被告人是否具有林木行业工作经验、自然保护区是否设置特殊的林木保护设施等因素予以确定。

参 第1429号 钟文福等非法采伐国家重点保护植物案——人工种植列入《国家重点保护野生植物名录》的树种是否属于国家重点保护植物

人工种植的《国家重点保护野生植物名录》范围内的树种，并不能等同于原生地天然生长的国家重点保护植物。若将人工种植的列入《国家重点保护野生植物名录》的树种都纳入国家重点保护植物的范围并予以犯罪化处理，将不利于调动开发利用和经营管理野生植物资源的单位和个人积极性，反而不利于对国家重点保护植物更高层级保护目标的实现。根据《刑法》和相关司法解释的规定，香樟除了属于具有重大历史纪念意义、科学研究价值或者年代久远的古树名木外，只有野生的才属于国家重点保护植物。[根据2021年《关于执行〈中华人民共和国刑法〉确定罪名的补充规定（七）》，取消非法采伐、毁坏国家重点保护植物罪和非法收购、运输、加工、出售国家重点保护植物、国家重点保护植物制品罪罪名，改为危害国家重点保护植物罪。——编者注]

盗伐林木罪

《刑法》规定

第三百四十五条第一款 盗伐森林或者其他林木，数量较大的，处三年以下有期徒刑、拘役或者管制，并处或者单处罚金；数量巨大的，处三年以上七年以下有期徒刑，并处罚金；数量特别巨大的，处七年以上有期徒刑，并处罚金。

第四款 盗伐、滥伐国家级自然保护区内的森林或者其他林木的，从重处罚。

相关规定

《刑法修正案(四)》第7条

最高人民检察院、公安部《关于公安机关管辖的刑事案件立案追诉标准的规定(一)》第72条

最高人民法院研究室《关于对〈关于非法运输盗伐、滥伐林木罪定罪量刑标准的请示〉的答复》

案例要旨

参 第785号 李波盗伐林木案——以出售为目的，盗挖价值数额较大的行道树的行为如何定性

盗伐林木罪被列在《刑法》"妨害社会管理秩序罪"一章中的"破坏环境资源保护罪"一节，是鉴于活体树木对人类的特殊贡献，国家给予特别保护。盗伐行为造成的破坏不可逆转、无法恢复，所以其最终必然破坏生态环境。盗伐的是不是城市道路两旁的行道树不是区分盗伐林木罪和盗窃罪的关键，行道树属于"其他林木"的范畴，可以成为盗伐林木罪的犯罪对象，但行为人以出售为目的，盗挖(保持树木的活体性)价值数额较大的行道树的行为，虽然未经绿化行政主管部门审批，在一定程度上违反了有关城市绿化管理制度，但毕竟未终结树木生命，尚未对生态环境造成无法挽救的后果，其行为危害主要体现在侵害了树木所有人的财产所有权，应以盗窃罪定罪处罚。

滥伐林木罪

《刑法》规定

第三百四十五条第二款 违反森林法的规定，滥伐森林或者其他林木，数量较大的，处三年以下有期徒刑、拘役或者管制，并处或者单处罚金；数量巨大的，处三年以上七年以下有期徒刑，并处罚金。

第四款 盗伐、滥伐国家级自然保护区内的森林或者其他林木的，从重处罚。

案例要旨

指 172 号 秦家学滥伐林木刑事附带民事公益诉讼案

(1)人民法院确定被告人森林生态环境修复义务时，可以参考专家意见及林业规划设计单位、自然保护区主管部门等出具的专业意见，明确履行修复义务的树种、树龄、地点、数量、存活率及完成时间等具体要求。(2)被告人自愿缴纳保证金作为履行生态环境修复义务担保的，人民法院可以将该情形作为从轻量刑情节。

公 2022 年第 10 期 伊敏·萨衣木滥伐林木案

滥伐林木类案件中，被告人认罪认罚，积极缴纳补植复绿保证金，并承诺按受损林木倍数补种树木用于生态修复的，可对其从轻处罚。

走私、贩卖、运输、制造毒品罪

《刑法》规定

第三百四十七条 走私、贩卖、运输、制造毒品，无论数量多少，都应当追究刑事责任，予以刑事处罚。

走私、贩卖、运输、制造毒品，有下列情形之一的，处十五年有期徒刑、无期徒刑或者死刑，并处没收财产：

（一）走私、贩卖、运输、制造鸦片一千克以上、海洛因或者甲基苯丙胺五十克以上或者其他毒品数量大的；

（二）走私、贩卖、运输、制造毒品集团的首要分子；

（三）武装掩护走私、贩卖、运输、制造毒品的；

（四）以暴力抗拒检查、拘留、逮捕，情节严重的；

（五）参与有组织的国际贩毒活动的。

走私、贩卖、运输、制造鸦片二百克以上不满一千克、海洛因或者甲基苯丙胺十克以上不满五十克或者其他毒品数量较大的，处七年以上有期徒刑，并处罚金。

走私、贩卖、运输、制造鸦片不满二百克、海洛因或者甲基苯丙胺不满十克或者其他少量毒品的，处三年以下有期徒刑、拘役或者管制，并处罚金；情节严重的，处三年以上七年以下有期徒刑，并处罚金。

单位犯第二款、第三款、第四款罪的，对单位判处罚金，并对其直接负责的主管人员和其他直接责任人员，依照各该款的规定处罚。

利用、教唆未成年人走私、贩卖、运输、制造毒品，或者向未成年人出售毒品的，从重处罚。

对多次走私、贩卖、运输、制造毒品，未经处理的，毒品数量累计计算。

相关规定

最高人民检察院、公安部《关于公安机关管辖的刑事案件立案追诉标准的规定（三）》第1、13～17条

最高人民法院《关于审理毒品犯罪案件适用法律若干问题的解释》第1～4、6条

公安部《关于认定海洛因有关问题的批复》

《办理毒品犯罪案件适用法律若干问题的意见》

最高人民法院刑事审判第一庭《关于审理若干新型毒品案件定罪量刑的指导意见》

公安部《关于在成品药中非法添加阿普唑仑和曲马多进行销售能否认定为制造贩卖毒品有关问题的批复》

最高人民法院研究室《关于被告人对不同种毒品实施同一犯罪行为是否按比例折算成一种毒品予以累加后量刑的答复》

最高人民法院研究室《关于贩卖、运输经过取汁的罂粟壳废渣是否构成贩卖、运输毒品罪的答复》

最高人民法院、最高人民检察院、公安部《关于办理走私、非法买卖麻黄碱类复方制剂等刑事案件适用法律若干问题的意见》

最高人民法院、最高人民检察院、公安部、原农业部、原食品药品监管总局《关于进一步加强麻黄草管理严厉打击非法买卖麻黄草等违法犯

罪活动的通知》

最高人民法院、最高人民检察院《关于常见犯罪的量刑指导意见（试行）》“四、常见犯罪的量刑”（二十）

《全国法院毒品案件审判工作会议纪要》

案例要旨

参 第 11 号　黄赏等走私毒品案——对走私毒品大麻的犯罪如何适用刑罚

根据我国目前吸食毒品基本以吸食海洛因和鸦片为主的实际情况，参照毒品犯罪比较严重的有关国家对几类毒品的换算表，制定了国际上几种常见毒品与海洛因的换算值，供处理毒品案件时参考。其中，1 克海洛因 =1000 克大麻，即 1 克大麻 =0.001 克海洛因。

参 第 12 号　唐有珍运输毒品案——毒品犯罪数量不是决定判处死刑的唯一标准

毒品犯罪案件中，数量不是决定是否判处死刑的唯一标准。有酌定情节的，一般也可以作为处刑的依据。在不同的案件中，可以从犯罪动机、悔罪表现、社会危害程度、退赃、赔偿损失情况等方面综合考虑。被告人具有酌定情节，可以从轻处罚的，即应当对其从轻处刑。

参 第 27 号　金铁万、李光石贩卖毒品案——对于有立功表现的毒品犯罪分子应如何适用刑罚

对于有立功表现的毒品犯罪分子，在严厉打击的基础上，也要严格执行惩办与宽大相结合的刑事政策。对有立功表现的犯罪分子在没有其他特殊情况的条件下，一般应当从轻、减轻处罚或者免除处罚。

参 第28号 马俊海运输毒品案——被告人在受人雇佣运输毒品过程中才意识到运输的是毒品的案件应如何适用刑罚

毒品数量是确定毒品犯罪案件被告人刑罚的重要法定情节,但不是处刑的唯一标准。在审判实践中,不能只强调毒品数量,而忽视案件的其他情节,而应当结合案件的具体情况,根据被告人的主观恶性程度,判处的刑罚应当与犯罪分子所犯罪行相适应。被告人在受人雇用运输毒品过程中才意识到运输的是毒品,与事先就明知运输毒品而为之有一定区别,应作为酌定从轻情节予以考虑。

参 第108号 张敏贩卖毒品案——如何正确认定非法持有毒品罪

被告人贩卖毒品的事实清楚、证据充分,而被查获的部分毒品处于尚未交易状态的,应把被告人的犯罪事实作为一个整体看待。如果行为人主观上有贩卖毒品的故意,客观上有贩卖毒品的经历,并且行为人本人不吸毒,或者行为人虽然吸毒,但藏匿或储存的毒品数量明显超过个人吸食所需数量,行为人非法持有毒品的行为应视为为贩卖毒品做准备,是贩卖毒品行为的组成部分,应以贩卖毒品罪定罪。

参 第163号 郑大昌走私毒品案——吸毒者实施毒品犯罪的应如何定罪量刑

对于毒品数量虽已达到判处死刑的标准,但可能有部分毒品是用于自己吸食而非全部用于出售的情形,在决定是否判处死刑立即执行时,更要慎重对待。对危害后果不是特别严重,或者被告人的主观恶性不是特别大,或者具有可酌情从轻处罚情节的,可不判处死刑立即执行。

参 第164号 刘军等贩卖、运输毒品、非法买卖枪支、弹药案——有特情介入的毒品犯罪案件是否必然存在特情引诱

(1)特情介入不等于特情引诱。(2)即使有特情介入,毒品犯罪行

为也可能不在侦查机关控制之下，毒品也可能流向社会。(3)如果只有特情介入而没有特情引诱，毒品犯罪罪行也不在侦查机关控制之下，毒品流向社会的，在量刑时不应仅因有特情介入而从轻处罚；对已持有毒品待售或者有证据证明已准备实施大宗毒品犯罪者，采取特情贴靠、接洽而破获的案件，不存在犯罪引诱，应当依法处理。

参 第208号　苏永清贩卖毒品案——为贩卖毒品向公安特情人员购买毒品的应如何处理

(1)以贩卖为目的而非法收买毒品的行为属于贩卖毒品行为，对于这一类贩卖毒品罪，不以行为人买入毒品后是否来得及转手倒卖为既遂条件。(2)由于公安特情人员不可能将真正的毒品出售给贩毒者，行为人为贩卖毒品向公安特情人员购买毒品，其犯罪意图在一开始就是不可能实现的，属于不能犯未遂。(3)对于未遂犯可以比照既遂犯酌情从轻减轻处罚。

参 第248号　马盛坚等贩卖毒品案——贩卖毒品犯罪中的居间介绍行为应如何定罪处罚

(1)居间介绍人为吸毒者介绍卖毒者，帮助吸毒者购买毒品的，居间介绍人并没有帮助卖毒者贩卖毒品的故意，而仅是为了帮助吸毒者买到毒品，使其达到消费毒品的目的，原则上不能以贩卖毒品罪的共犯论处。(2)居间介绍人明知他人购买毒品的目的是贩卖，仍为之介绍卖毒者，帮助其购买毒品的，无论其是否从中获利，都应以贩卖毒品罪的共犯论处。(3)居间介绍人为卖毒者介绍买毒人，在二者之间牵线搭桥，促成毒品交易的，不论居间介绍人是否从中获利，均应以贩卖毒品罪的共犯论处。

参 第364号　李惠元贩卖毒品案——贩卖毒品数量较大，但毒品含量极低的，应当如何量刑

(1)被告人既运输毒品又贩卖毒品，构成贩卖、运输毒品罪。虽然

被告人贩卖海洛因数量较大,但海洛因含量较低,在处刑时应酌情考虑。(2)贩卖毒品大量掺假,毒品的含量较低的,在量刑时可以酌情从轻处罚;掺假后毒品数量达到判处死刑标准的,可不判处死刑立即执行。

参 第365号 宋国华贩卖毒品案——对购买数量巨大的毒品且被告人本人系吸毒成瘾者的应当如何定性

贩卖毒品罪与非法持有毒品罪的"非法持有毒品"的区别:贩卖毒品罪行为人非法持有毒品的目的是明确的,就是进行贩卖。而非法持有毒品罪的行为人持有毒品的故意,既可能是给自己或他人吸食,也可能是为了走私、贩卖、运输、窝藏毒品,但是现有证据尚不足以证实其非法持有毒品是出于走私、贩卖、运输、窝藏毒品的目的。此外,贩卖毒品罪中非法持有毒品的行为,是整个贩卖毒品犯罪中的一个重要组成部分,不能成立独立的犯罪。而非法持有毒品罪的行为人只要实施了非法持有毒品的行为即构成犯罪。

参 第366号 黄德全、韦武全、韦红坚贩卖毒品案——毒品犯罪中如何准确认定从犯和适用刑罚

虽然被告人在共同运输毒品的过程中起主要作用,且运输毒品数量大,应依法惩处。但考虑到被告人不是毒品货主,只是应购毒人的邀约为其检验毒品质量,在购毒人的指使下携带跨省购买的毒品与购毒人一起返回,归案后认罪态度较好,对其判处死刑,可不立即执行。[最高人民法院2023年印发的《全国法院毒品案件审判工作会议纪要》(《昆明会议纪要》)规定,对于受人指使、雇用运输毒品的被告人,应当充分考虑其在毒品犯罪链条中所处的地位和实际发挥的作用,体现区别对待,不能单纯根据涉案毒品数量大小或者所获报酬多少决定死刑适用。要综合考虑其运输毒品的次数和距离、犯罪的主动性和独立性、在共同犯罪中的地位和作用、社会危害大小、获利方式、主观恶性、人身危险性,结

合毒品数量等因素，慎重适用死刑。——编者注]

参 第367号 张玉梅、刘玉堂、李永生贩卖毒品案——在毒品犯罪死刑复核案件中，对于毒品大量掺假的情况，在量刑时是否应该考虑

虽然立法上有明确的规定，毒品犯罪不以纯度折算，但在司法实践中不能一概而论，尤其是对于判处死刑的案件。不管毒品含量是否属于极少，行为人在掺假之后毒品的数量才达到判处死刑的标准的，对被告人一般不判处死刑立即执行。在审理毒品犯罪案件中，对于毒品、毒资等已不存在，或者被告人翻供，审查证据和认定事实存在困难的情况下，只有当被告人的口供与同案其他被告人供述吻合，并且完全排除诱供、逼供、串供等情形，被告人的口供与同案被告人的供述才可以作为定案的根据。对仅有口供作为定案根据的，对其判处死刑立即执行要特别慎重。

参 第392号 李靖贩卖、运输毒品案——因毒品犯罪被判处的刑罚尚未执行完毕又犯贩卖、运输毒品罪的，是否适用刑法第三百五十六条的规定从重处罚

《刑法》关于毒品再犯的规定，除其自身的特别规定外，其他要件必须受《刑法》关于累犯的规定的制约。对于前罪与后罪的相隔期限，《刑法》中有毒品再犯的特别规定，不受累犯关于"五年以内"这一普遍规定的制约。虽然毒品再犯的"被判过刑"，法律没有明确的特别规定，但作为累犯的特殊情形，应当受"刑罚执行完毕或者赦免以后"规定的制约。如果被告人在原判刑罚尚未执行完毕以前重新犯罪的，因其不属于"刑罚执行完毕或者赦免以后"的情形，故而不能认定为毒品再犯，而只能依法实行数罪并罚。（最高人民法院2023年印发的《全国法院毒品案件审判工作会议纪要》对此进行了修正，即根据《刑法》的规定，因走私、贩卖、运输、制造、非法持有毒品罪被判过刑的被告人，无论是在刑罚执行

完毕或者赦免后，还是在缓刑、假释、暂予监外执行期间或者缓刑考验期满后，又犯《刑法》分则第六章第七节规定之罪的，均应认定为毒品再犯。对于上述在前罪缓刑、假释或者暂予监外执行期间又犯罪的被告人，应当对其所犯新的毒品犯罪依法从重处罚后，再与前罪依法并罚。——编者注）

参 第430号 王某贩卖毒品案——对以非常规形式存在的毒品应如何定性及对涉及多种类毒品的犯罪案件如何量刑

在量刑时，通常应当首先考虑危害性大（包括毒性和数量）并有明确量刑数量标准的毒品，其他种类毒品的数量可作为量刑的从重情节。需要注意的是，对于量刑标准不一样的不同种类毒品的数量，不能简单累加。对以非常规形式存在的毒品，其成分、含量发生变化，会对量刑产生影响，比如对于有大量的水和其他杂质存在的液体毒品应该做含量鉴定，对毒品含量过低的在量刑时应予适当考虑。

参 第500号 赵廷贵贩卖毒品案——贩卖含量极低的海洛因针剂，如何认定毒品数量并适用刑罚

无论被告人贩卖的毒品纯度有多低，只要经鉴定确认是毒品，就应当以查获的或者有证据证实的毒品数量来认定其毒品犯罪的数量，而不能以纯度折算后的毒品来认定其毒品犯罪的数量。毒品犯罪，属于法律规定和刑事政策上应予严厉打击的犯罪类型，一般不适用《刑法》第63条第2款的规定减轻处罚。如果本案除毒品含量极低外，还有其他酌定从轻处罚情节，如被告人贩卖的毒品数量更少，犯罪动机也具有一定的可宽宥性，则存在减轻处罚的余地。

参 第501号 高国亮、李永望等贩卖、制造毒品案——加工、生产混合型毒品“麻古”的行为能否认定为制造毒品罪

制造毒品行为的认定主要包括：（1）将毒品以外的物品作为原料，

提取或制作成毒品（从罂粟到鸦片）；（2）毒品精制（如海洛因提纯）；（3）使用化学方法将一种毒品制造成另一种毒品；（4）用化学方法以外的方法将一种毒品变为另一种毒品（如海洛因注射液）；（5）非法按照一定的配方针对特定人的特定情况调制毒品（如以物理方法配置混合型毒品“麻古”）。

参 第529号　吴杰、常佳平、信沅明等贩卖毒品案——如何区分贩毒网络中主要被告人的罪责

毒品犯罪数量已经达到实际掌握的适用死刑标准，但具有酌定从轻处罚情节的被告人，对其判处死刑立即执行应当慎重，不能仅因其毒品犯罪数量大而忽视从轻处罚情节包括酌定从轻情节在刑罚裁量中的意义。在同案犯均符合判处死刑条件的情况下，对于认罪、悔罪，归案后主动交代犯罪事实，对全案破获起到积极作用，主观恶性相对较小的被告人，对其判处死刑，可不立即执行。

参 第530号　侯占齐、李文书、侯金山等人走私、贩卖毒品案——对家族式毒品共同犯罪中作用相对较小地位相对较低的主犯，可酌情从轻判处刑罚

在司法实践中，一案有多个主犯的，在量刑时应当具体分析各主犯所起的作用大小、所居地位高低，做到区别对待，对于在共同犯罪中所居地位较低，作用较小的主犯，在量刑时应有所区别，应考虑被告人参与犯罪的毒品数量，共同犯罪中的地位、作用，犯意的提出，毒资的筹集，毒源的寻找，毒品的出售，毒品是否流入社会造成实际危害等酌定情节，也要审查被告人是否具备法定或其他酌定量刑情节。

参 第531号　赵扬运输毒品案——如何把握运输毒品罪适用死刑的一般标准

（1）对于运输毒品犯罪中的人员，在量刑上应当与走私、贩卖、制造

毒品和具有严重情节的运输毒品犯罪分子有所区别,不应单纯以涉案毒品数量多少决定量刑的轻重;对于有证据证明被告人确属受人指使、雇用参与运输毒品犯罪,又系初犯、偶犯的,可以从轻处罚,也可以不判处死刑立即执行;但对于毒品数量超过实际掌握的死刑数量标准,而又不能证明被告人系受人指使、雇用参与运输毒品犯罪的,可以依法判处重刑直至死刑。(2)对于为赚取少量运费而受雇运输毒品的贫民、边民或者无业人员,应当从宽处理,因为这是刑事政策上应当体现的从宽处理情节。

参 第 532 号 吉火木子扎运输毒品案——如何把握运输毒品案件中毒品数量与死刑适用的关系

毒品数量是毒品犯罪量刑的基本的、重要的情节,但不是唯一标准。在对被告人量刑时,特别是在考虑是否适用死刑时,还要综合考虑犯罪已造成的危害后果、犯罪人主观恶性等具体情节。若有证据证明被告人确属受人指使,为赚取少量运费而受雇运输毒品,归案后认罪态度较好,且系初犯,对这部分运输毒品犯罪分子的处刑,即使毒品数量超过实际掌握的死刑数量标准,也可以不判处死刑立即执行。

参 第 533 号 李补都运输毒品案——被告人运输毒品数量大,但不排除受人雇佣的,如何量刑

在对受雇运输毒品的犯罪分子判处刑罚时,一般应与走私、贩卖、制造毒品和有严重情节的运输毒品犯罪分子有所区别,因为运输毒品与走私、贩卖、制造毒品相比,作为毒品犯罪的中间环节,社会危害性相对较低;同时,运输毒品罪的涉案人员大多是一些受指使或受雇用的农民、边民或无业人员,犯罪动机往往只是因经济困难或受人利诱赚取少量运费,在犯罪中的地位较低、作用较轻,主观恶性也较小。对虽然已达到实际掌握的判处死刑的毒品数量标准,但是涉案毒品数量不是特别大,且

确属初次犯罪即被查获，未造成严重危害后果的，可以考虑不判处被告人死刑立即执行。

参 第534号　王丹俊贩卖、制造毒品案——如何把握新型毒品案件的法律适用标准

(1)制造的毒品被贩卖，没有查获的，应根据相关证据和案件的具体情况来认定毒品的数量，一般应当根据被告人的一致供述来认定，如果供述不一致的，则按照“就低不就高”、有利于被告人的原则来认定。但在制造毒品案件中特别是被告人多次制造毒品的案件中，如果被告人对某一起制造毒品的数量供述不一致，还要根据案件的具体情况确定制造毒品的数量，通常包括制毒原料和设备是否相同、制毒方法是否一致、制毒过程是否出现差错等，同时参照另外几起所制造毒品数量等因素综合判定。(2)处理新型毒品案件时，应根据毒品的数量、社会危害性(毒品的滥用程度、毒品依赖性、对人体的危害程度来确定)，犯罪情节，被告人主观恶性和人身危险性等因素，确定对被告人应适用的刑罚。

参 第535号　李昭均运输毒品案——如何把握运输氯胺酮犯罪的死刑适用标准

氯胺酮俗称K粉，属于我国《刑法》所规定的毒品。虽然《刑法》规定毒品数量不以纯度折算，但毒品纯度的高低所产生的社会危害性不同，纯度高的毒品流入社会后，其整体危害性要大于纯度低的毒品。毒品数量超过实际掌握的死刑数量标准，不能证明被告人系受人指使、雇用参与运输毒品犯罪的，可以依法判处重刑直至死刑。(最高人民法院2023年印发的《全国法院毒品案件审判工作会议纪要》对此进行了修正，即并未提到运输氯胺酮的死刑问题。而是提到应当综合考虑致瘾癖性、毒害性、滥用范围和犯罪形势等因素，氯胺酮的死刑适用数量标准可以按照海洛因的10倍以上掌握。走私、贩卖、制造氯胺酮，数量超过上

述标准，且犯罪情节严重、社会危害大，或者具有法定从重处罚情节的，可以判处死刑。——编者注）

参 第536号 赵敏波贩卖、运输毒品案——未进行毒品含量鉴定的新类型毒品案件应如何量刑

（1）毒品数量虽然直接反映了被告人实施的犯罪行为对社会的危害程度，《刑法》也规定以毒品的数量作为量刑的主要依据，但是如果不同毒品的定罪量刑数量标准差异过大，仍有损刑罚的公正。（2）鉴于大量掺假毒品和成分复杂的新类型毒品不断出现，为做到罪刑相当、罚当其罪，保证毒品案件的审判质量，并考虑目前毒品鉴定的条件和现状，对可能判处被告人死刑的毒品犯罪案件，应当作出毒品含量鉴定；对涉案毒品可能大量掺假或者系成分复杂的新类型毒品的，亦应当作出毒品含量鉴定。

参 第537号 王佳友、刘泽敏贩卖毒品案——对有特情介入因素的案件如何量刑

特情引诱包括数量引诱和犯意引诱，对于已经持有毒品待售或者有证据证明已经准备实施大宗毒品犯罪者，采取特情贴靠、接洽破获的案件，不存在犯意引诱，应当依法处理；对于因犯意引诱实施毒品犯罪的被告人，应当依法从轻处罚，且一般不判处死刑立即执行；行为人被双套引诱的，在处刑时可以予以更大幅度的从宽处罚或依法免予刑事处罚；对于因数量引诱而实施毒品犯罪的被告人，应当依法从轻处罚，一般也不判处死刑立即执行；对于不能排除犯意引诱和数量引诱的案件，在考虑是否判处死刑立即执行时，要留有余地。（最高人民法院2023年印发的《全国法院毒品案件审判工作会议纪要》规定，隐匿身份人员在侦查活动中违反《刑事诉讼法》等相关规定，诱使本无犯意的人实施毒品犯罪的，属于“犯意引诱”，隐匿身份人员向被引诱人提供毒品或者毒资、购

毒渠道的，其所提供的毒品、毒资、被引诱人从其提供的渠道购买的毒品及其证实被引诱人实施毒品犯罪的证据材料，不得作为认定被引诱人实施毒品犯罪的证据，排除上述证据后，在案证据达不到认定被引诱人有罪的证明标准的，应当依法作出证据不足、指控的犯罪不能成立的无罪判决。——编者注）

参 第 538 号　申时雄、汪宗智贩卖毒品案——如何认定毒品犯罪案件中的数量引诱

（1）所谓“数量引诱”，是指行为人本来只有实施数量较小的毒品犯罪的故意，在特情引诱下实施了数量较大甚至是达到实际掌握的死刑数量标准的毒品犯罪。（2）对上述“数量较小”，虽然形式上是相对特情人员提出的毒品犯罪数量而言的，但实质上主要是相对被告人可能受到的惩罚的严厉性而言的，也就是其打算实施的毒品犯罪数量所应适用的刑罚幅度或刑种轻于特情人员提出的数量所应适用的刑罚，否则就不能认定为“数量引诱”。（最高人民法院 2023 年印发的《全国法院毒品案件审判工作会议纪要》规定，隐匿身份人员诱使他人超出其原本意图实施的毒品犯罪数量，实施了更大数量的毒品犯罪的，属于“数量引诱”。对于因受“数量引诱”实施毒品犯罪的被告人，一般应当从轻处罚，特别是对于因受“数量引诱”而实施了对应更高量刑幅度或刑种的毒品犯罪的被告人，量刑时更应充分体现从宽。——编者注）

参 第 542 号　贺建军贩卖、运输毒品案——保外就医期间再犯毒品犯罪的应当认定为毒品再犯

毒品再犯中的“因毒品犯罪被判过刑”，应当理解为包括刑罚已经执行完毕或者赦免以及尚未开始执行、已经开始执行但尚未执行完毕等判刑后的所有阶段。在此情形下，不仅应适用再犯的规定予以从重处罚，还应数罪并罚。

参 第543号　龙从斌贩卖毒品案——对毒品犯罪数量接近实际掌握的死刑适用标准，又系毒品再犯的，如何体现从重处罚

对毒品数量接近实际掌握的判处死刑的数量标准，又具有法定或酌定的从重处罚情节的被告人，如再犯、累犯、惯犯，也可以判处死刑立即执行。（最高人民法院2023年印发的《全国法院毒品案件审判工作会议纪要》已明确，“第一，毒品数量是量刑的重要情节，但不是唯一情节。在对被告人决定死刑适用时，应当坚持‘毒品数量+其他情节’的标准，不能仅因涉案毒品数量远超过实际掌握的死刑适用数量标准，就不加区分地判处一案多名被告人死刑，还应充分考虑不同被告人的不同犯罪情节。第二，毒品数量接近实际掌握的死刑适用数量标准，具有累犯，毒品再犯，利用、教唆未成年人走私、贩卖、运输、制造毒品，或者向未成年人出售毒品等法定从重处罚情节的，可以判处被告人死刑。”——编者注）

参 第544号　呷布金莫贩卖毒品案——对贩卖毒品数量刚达到死刑适用标准，但系毒品惯犯的，如何量刑

毒品数量是对毒品犯罪量刑的重要情节，但不是唯一情节。对被告人量刑时，特别在考虑是否适用死刑时，既不能只考虑毒品数量，不考虑犯罪的其他情节，也不能只考虑其他情节，忽视毒品数量，而应当综合考虑毒品数量、犯罪情节、危害后果、被告人的主观恶性、人身危险性以及当地禁毒形势等各种因素，做到区别对待。按照宽严相济刑事政策的要求，在审理毒品犯罪案件时，应当突出打击重点，依法严惩毒枭、职业毒犯、再犯、累犯、惯犯、主犯等主观恶性深、人身危险性大、危害严重的毒品犯罪分子，对其中罪行极其严重，依法应当判处死刑的，必须坚决依法判处死刑。

参 第546号　王会陆、李明等人贩卖、运输毒品案——共同犯罪中罪责相对较小但系毒品再犯的，亦应从严惩处

对于共同犯罪中有多个主犯或者共同犯罪人的，处罚上也应做到区

别对待，应当全面考察各主犯或者共同犯罪人在共同犯罪中实际发挥的作用的差别，以及主观恶性和人身危险性方面的差异，对罪责或者人身危险性更大的主犯或者共同犯罪人依法判处更重的刑罚。

参 第 547 号　冯忠义、艾当生贩卖、运输毒品案——对同时为自己和他人运输毒品的被告人，应如何量刑

毒品共同犯罪是指两人以上共同故意实施的走私、贩卖、运输、制造毒品等犯罪行为，仅在客观上相互关联而缺少共同故意的毒品犯罪行为，不构成共犯。如受他人雇用、指使运输毒品，则具有共同运输同一毒品的故意，应当构成共同犯罪。

参 第 548 号　李良顺运输毒品案——被告人以高度隐蔽的方式运输毒品，但否认明知的，如何认定

携带的毒品藏匿于木箱的夹层之内，属于采用高度隐蔽的方式携带、运输毒品，且在边防检查站的常规检查中，行为人没有主动向执法人员申报此种情况，符合《全国部分法院审理毒品犯罪案件工作座谈会纪要》(《大连会议纪要》)中“采用高度隐蔽的方式携带、运输物品，从中查获毒品的”情形，行为人对上述情形未能作出合理解释，也不能提供自己被蒙骗的证据，可以认定其主观上明知自己携带的木箱中有毒品，其行为构成运输毒品罪。(最高人民法院 2023 年印发的《全国法院毒品案件审判工作会议纪要》规定，对于被告人否认明知是毒品的案件，首先应当综合运用在案证据加以证明。——编者注)

参 第 549 号　龙正明运输毒品案——被告人到案后否认明知是毒品而运输的，如何认定其主观明知

运输毒品罪属于直接故意犯罪，要求行为人主观上必须明知是毒品而运输，否则不构成本罪。判断被告人是否明知系毒品而运输，不能仅凭其事后辩解，而应当对案件的事实、证据进行全面分析，根据被告人实

施毒品犯罪行为的过程、方式、毒品被查获时的情形等证据，结合被告人的年龄、阅历、智力等情况，综合分析判断，才能得出客观结论。

参 第 550 号 周桂花运输毒品案——被告人以托运方式运输毒品的，如何认定其主观明知

行为人以虚假身份办理托运手续，在其托运的物品中查获毒品，虽然其归案后始终否认其明知所托运的鞋内藏有毒品，但依据其运输毒品的过程、方式、毒品被查获时的情形等证据，结合其年龄、阅历、智力等情况，可以认定其明知是毒品而运输。

参 第 552 号 胡元忠运输毒品案——人“货”分离且被告人拒不认罪的，如何运用间接证据定案

对于没有直接证据据以定案的毒品案件，可以通过对证人证言的审查、判断，并结合其他相关证据进行比较分析，如果各证据在细节上能够形成一致，且自然、合理，可以排除其他人作案的合理怀疑，形成完整的证据链，就可以根据上述间接证据定案。

参 第 592 号 许实义贩卖、运输毒品案——毒品犯罪被告人主观明知的认定

如果具有最高人民法院 2008 年 12 月印发的《全国部分法院审理毒品犯罪案件工作座谈会纪要》第 10 条列举的十种可以推定被告人主观明知的具体情形之一，而被告人又不能作出合理解释的，可以认定其“明知”是毒品，但有证据证明确属被蒙骗的除外。（最高人民法院 2023 年《全国法院毒品案件审判工作会议纪要》印发后，对《大连会议纪要》和《武汉会议纪要》的内容进行了系统整合和修改完善，上述两个会议纪要不再适用。——编者注）

参 第605号　谢怀清等贩卖、运输毒品案——毒品共同犯罪案件中被告人先后翻供的，如何认定案件事实

(1)对于“人赃俱获”的案件，犯罪分子也可能以不认罪或者翻供的方式逃避罪责。被告人翻供的，既不能无视其翻供内容，一律采信其以往所作有罪或者罪重供述，也不能遇翻供就生疑，认为前供一律被否定，从而得出案件没有有罪供述乃至事实不清的结论。对于翻供案件，应当结合全案证据进行综合分析，审查被告人的翻供理由是否成立，内容是否可信，进而确认有罪事实是否成立。(2)翻供内容及辩解有明显矛盾且在一些关键问题上不能作出合理解释，没有证据证实行为人以前所作有罪供述违背其自愿性，翻供内容的合理性不足，所以这种翻供便不足以推翻有罪前供。

参 第638号　傅伟光走私毒品案——在毒品犯罪案件中，如何认定行为人的主观明知？对走私美沙酮片剂的犯罪行为如何适用量刑情节

(1)行为人拒不承认其主观上明知走私的物品是毒品时，应当综合案件的客观实际，根据常识、常理和逻辑来分析判断其主观上是否明知。在行为人拒不如实供述主观明知和故意的情况下，应当综合考虑案件中的各种客观实际情况，依据实施毒品犯罪行为的过程、行为方式、毒品被查获时的情形和环境等证据，结合被告人的年龄、阅历、智力及掌握相关知识的情况，进行综合分析判断，只要能够推定行为人应当知道其携带、运输、走私的物品可能是毒品，即可认定行为人主观上明知。(2)行为人走私毒品虽然规格和含量明确，而且含量较低，但不能以含量折算毒品数量，在量刑时可以酌情从轻处罚。

参 第639号　包占龙贩卖毒品案——在毒品犯罪案件中，如何区别侦查机关的“犯意引诱”和“数量引诱”？对不能排除“数量引诱”的毒品犯罪案件能否适用死刑立即执行

(1)“数量引诱”与“犯意引诱”的根本区别在于：“数量引诱”系行

为人在特情介入之前就已经具有毒品犯罪的主观故意，而“犯意引诱”系行为人在特情介入之前没有实施毒品犯罪的主观意图。对于那些没有直接证据表明行为人具有毒品犯罪故意的，要综合行为人的具体情况与具体案情分析判断认定：①行为人在特情介入而实施犯罪前是否有毒品犯罪行为，以此初步判断其是否有实施毒品犯罪的意图和倾向；②侦查机关在特情介入前，是否有足够的线索或合理的理由确信行为人有正在实施或即将、可能实施毒品犯罪的迹象，从而对其采用特情介入手段；③行为人实施毒品犯罪的犯意系出自其本意，还是侦查机关刻意地诱惑、促成的。(2)对被告人是否判处死刑立即执行，应当充分考虑“数量引诱”的因素，特情介入是影响量刑的重要因素，对因“数量引诱”实施毒品犯罪的被告人，应当依法从轻处罚，即使毒品数量超过实际掌握的死刑数量标准，一般也不判处死刑立即执行。对不能排除“数量引诱”的案件，在考虑是否对被告人判处死刑立即执行时，要留有余地。(最高人民法院 2023 年印发的《全国法院毒品案件审判工作会议纪要》规定，存在或者不排除存在其他不规范使用隐匿身份人员实施侦查的情形，影响定罪量刑的，应当作出有利于被告人的处理。——编者注)

参 第 742 号　古丽波斯坦·巴吐尔汗贩卖毒品案——司法机关查获部分毒品后，被告人主动交代了实际贩毒数量，并达到死刑数量标准的，如何量刑

(1)司法机关查获部分毒品后，被告人主动交代了实际贩毒数量，并达到实际掌握的死刑数量标准的，可以不判处死刑立即执行。(2)对毒品数量达到实际掌握的死刑数量标准的毒品再犯，在量刑时需综合考虑是否具有自首、立功等法定从宽处罚情节或者酌定从宽处罚情节，需要从宽的，则不能判处死刑立即执行。

参 第743号 夏志军制造毒品、非法持有枪支案——如何认定制造毒品犯罪的“幕后老板”

(1)对于“幕后老板”拒不认罪或者翻供的,要结合案件的具体情况,从各证据与待证事实的关联程度、各证据之间的联系等方面进行综合审查判断,具体包括:①是否通过同案犯组织、指挥整个制毒活动。②是否传授制毒技术。③是否出资制毒并贩卖获利。(2)证据间的印证并不是少数几个证据间的相互印证,而是把所有证据都放到整个案件事实的大环境下去系统、综合地分析,以判断证据的关联性、真实性和证明力,衡量证据链的完整性和闭合性。

参 第767号 蒋泵源贩卖毒品案——明知他人从事贩卖毒品活动而代为保管甲基苯丙胺的行为如何定性

对于在贩卖毒品过程中的非法持有毒品行为,不能认定为非法持有毒品罪。因为贩卖毒品行为往往包含持有毒品的行为表现,持有行为被贩卖行为吸收,应当以吸收之罪(贩卖毒品罪)论处。如果非法持有毒品的目的是帮助他人贩卖毒品,则应当构成贩卖毒品罪的共犯;如果非法持有(藏匿)毒品的目的是帮助他人逃避司法机关的追查,则应构成窝藏毒品罪;依照《刑法》第349条第3款的规定,犯窝藏毒品罪,事先与贩毒分子通谋的,以贩卖毒品罪的共犯论处。

参 第782号 王平运输毒品案——拒不供认毒品来源,又不能证明系受人指使、雇佣运输毒品的,如何处理

拒不供认毒品来源,又不能证明系受人指使、雇用运输毒品的,可认定为运输毒品罪,并予严惩,既体现了刑法严厉打击毒品犯罪的精神,又体现了在运输毒品犯罪案件中应当区别不同情形适用宽严相济刑事政策的导向。

参 第800号 凌万春、刘光普贩卖、制造毒品案——如何认定毒品共犯的地位、作用以及“制造”毒品行为

(1)认定毒品共犯的地位、作用,应审查行为人是否系出资人,下线供认的资金往来或银行查询情况是否能印证出资人身份;是否积极联系毒品上、下线,通过“马仔”贩卖毒品。(2)制造毒品不仅包括非法用毒品原植物直接提炼和用化学方法加工、配置毒品的行为,也包括以改变毒品成分和效用为目的,用混合等物理方法加工、配制毒品的行为。但用物理方法制造毒品有明确的指向,即制造“麻古”“摇头丸”等成分相对固定、毒品性能有所变化的新型毒品。

参 第821号 李某贩卖毒品案——对被告人辩称受人雇用贩卖毒品的案件,如何把握死刑政策和证据标准

行为人是否受他人雇用贩卖毒品,涉及是否属于共同犯罪以及在共同犯罪中的地位、作用,影响对全案事实的准确认定以及能否对行为人适用死刑。行为人是否受雇贩卖毒品的事实不清,且有关情节存在疑点,无法排除合理怀疑,应慎用死刑。[最高人民法院2023年印发的《全国法院毒品案件审判工作会议纪要》规定,对于确属受人指使、雇用运输毒品的被告人,具有下列情形之一的,即使毒品数量超过实际掌握的死刑适用数量标准,也可以不判处死刑:(1)不排除系初次运输毒品;(2)被雇用者严密指挥或被同行人员监视,从属性、辅助性明显;(3)与雇用者同行运输毒品,处于被支配地位;(4)确因急迫生活困难而运输毒品。对于不能排除受人指使、雇用运输毒品的被告人,符合上述条件的,也可以考虑不判处死刑。——编者注]

参 第822号 易大元运输毒品案——走私、贩卖、运输、制造毒品过程中暴力抗拒检查、抓捕,造成执法人员重伤、死亡的行为,如何定性

对于走私、贩卖、运输、制造毒品过程中,暴力抗拒检查、拘留、逮捕,情节严重的情形,《刑法》明确规定不实行数罪并罚,而是作为走私、贩卖、运输、制造毒品犯罪的加重处罚情节。

参 第 839 号　李光耀等贩卖、运输毒品案——被告人未满 18 周岁时曾因毒品犯罪被判刑,在《刑法修正案(八)》实施后是否构成毒品再犯

立法机关对毒品犯罪再犯的有关规定未做修改,表明立法者基于对毒品犯罪再犯主观恶性和人身危险性的考虑,对毒品犯罪再犯从严惩处的态度没有改变,反映刑事立法对宽严相济的刑事政策把握的度在毒品犯罪再犯方面没有改变。根据《刑法修正案(八)》的规定,行为人虽然在未满 18 周岁时犯毒品犯罪,不能认定为累犯,但不能由此得出也不构成毒品犯罪再犯的论断。

参 第 852 号　邱绿清等走私、运输毒品案——走私、运输毒品数量大,罪行严重,且有累犯情节,但有证据表明被告人系受雇走私、运输毒品,且非单独实施走私、运输毒品行为的,是否适用死刑立即执行

毒品犯罪中,单纯的运输毒品行为具有从属性、辅助性的特点,且情况复杂多样。部分涉案人员系受指使、雇用的贫民、边民或者无业人员,只是为了赚取少量运费而为他人运输毒品,他们不是毒品的所有者、买家或者卖家,与幕后的组织、指使、雇佣者相比,在整个毒品犯罪环节中处于从属、辅助和被支配地位,所起作用和主观恶性相对较小,社会危害性也相对较小。因此,对于运输毒品犯罪中的这部分人员,在量刑标准的把握上,应当与走私、贩卖、制造毒品和前述具有严重情节的运输毒品犯罪分子有所区别,不应单纯以涉案毒品数量的大小决定刑罚适用的轻重。

参 第 853 号　高某贩卖毒品、宋某非法持有毒品案——如何认定以贩养吸的被告人贩卖毒品的数量以及为他人代购数量较大的毒品用于吸食并在同城间运送的行为如何定性

对于个人合理吸食量的把握,既要考虑被告人购买毒品的数量,也要考虑这些毒品用于吸食的周期,不宜将毒品吸食数量标准定得过高,否则极可能造成定罪不准确,不利于有效打击毒品犯罪。不以牟利为目的,为他人代购数量较大的用于吸食的毒品并在同城内运送的行为,构成非法持有毒品罪。(最高人民法院2023年印发的《全国法院毒品案件审判工作会议纪要》规定,明知他人实施毒品犯罪而为其代购毒品,未从中牟利的,以相关毒品犯罪的共犯论处。没有证据证明代购者明知他人实施毒品犯罪而为其代购毒品,代购者亦未从中牟利,代购毒品数量达到《刑法》第348条规定的最低数量标准,代购者因购买、存储毒品被查获的,以非法持有毒品罪定罪处罚;因运输毒品被查获的,一般以运输毒品罪定罪处罚。——编者注)

参 第952号 巴拉姆·马利克·阿吉达利、木尔塔扎·拉克走私毒品案——走私毒品案件中被告人主观明知的认定

判断行为人是否明知,应当以客观真实的在案证据为基础,尽管"明知"是被告人知道或者应当知道行为对象是毒品的心理状态,但判断被告人主观是否明知,不能仅凭被告人的供述,而应当综合案件中的其他证据,依据实施毒品犯罪行为的过程、行为方式、毒品被查获时的环境等证据,结合被告人的年龄、阅历、智力及掌握相关知识的情况,进行综合分析判断。同时,应当准许被告人提出反证,以对其行为作出合理解释或者证实其确系被蒙骗。并且,如被告人在审判阶段只能提出相关的证据线索,无法提出具体证据,法院可以进行调查取证。如经调查核实,发现被告人提出的证据线索确实存在,被告人的辩解有事实根据或者合乎情理,足以推定事实的,则不能认定其明知。

参 第953号 阿力日呷等贩卖、运输毒品案——对临时结伙贩卖、运输毒品起组织作用,但本人实际贩卖毒品数量相对较少的主犯如何量刑

对共同犯罪毒品数量刚达到实际掌握的死刑数量标准,但各共同犯

罪人作用相当,或者责任大小难以区分的,可不判处被告人死刑立即执行。对临时结伙贩卖、运输毒品起组织作用,但本人实际贩卖毒品数量相对较少的主犯,考虑到初犯、毒品未流入社会造成实际危害,根据宽严相济刑事政策精神,可判处死刑,不立即执行。

参 第1012号 刘继芳贩卖毒品案——为吸食者代购少量毒品的行为如何定性以及特情引诱情节对毒品犯罪案件的定罪量刑是否具有影响

(1)不以牟利为目的,为他人代购用于吸食的毒品,毒品数量未达到非法持有毒品罪的定罪标准的,不应认定为犯罪。(2)对于因犯意引诱而实施毒品犯罪的被告人,应当依法定罪,但在量刑时应当从宽处罚,受侦查机关安排的特情引诱而产生犯意,进而实施了贩卖毒品犯罪,属于典型的犯意引诱。对已持有毒品待售或者有证据证明已准备实施大宗毒品犯罪者,采取特情贴靠、接洽而破获的案件,不存在犯罪引诱,应当依法处理。对因犯意引诱实施毒品犯罪的被告人,根据罪刑相适应原则,应当依法从轻处罚,无论涉案毒品数量多大,都不应判处死刑立即执行。

参 第1013号 骆小林运输毒品案——对当场查获毒品的案件,被告人拒不认罪的,如何把握有关被告人主观明知的证据要求

对于运输毒品罪而言,即使被告人否认自己对毒品的明知,但如果根据其行为的过程、方式、毒品被查获时的情形能够推定其主观上是明知的,也不影响定罪。其实质就是要确定犯罪人与毒品之间的一种主客观统一的对应关系,也就是人与毒的对应关系,达到真正的“人毒俱获”。对于可能判处死刑的运输毒品犯罪而言,也要遵循一般的死刑案件证明标准,主要体现在所有的犯罪事实必须均有证据证实,证据之间不能出现无法排除的矛盾,最终得出唯一确定的结论。(最高人民法院2023年印发的《全国法院毒品案件审判工作会议纪要》规定,被

告人到案后否认明知是毒品的，应当综合运用在案证据加以证明，必要时可要求检察机关补充提供相关证据，综合被告人供述，相关证人证言，从涉毒场所、物品上提取的痕迹、生物检材，从被告人体内或者贴身隐秘处查获的毒品，从被告人体表、随身物品上提取的毒品残留物，以及调取的物流寄递单据、资金交易记录、通信记录、行程轨迹信息等证据，足以证明被告人明知是毒品的，可以依法认定。被告人到案后否认明知是毒品，又缺乏其他证据证明其明知的，可以根据其实施毒品犯罪的方式、过程及毒品被查获时的情形，结合其年龄、文化程度、生活状况、职业背景、是否有毒品违法犯罪经历及与共同犯罪人之间的关系等情况，综合分析判断。运用此方法认定明知的，应当认真审查被告人的辩解是否有事实依据、对异常行为的解释是否合理、是否存在被蒙骗的可能等，防止认定错误，在决定对被告人是否适用死刑时更要特别慎重。——编者注）

参 第1033号　叶布比初、跑次此尔走私、贩卖、运输毒品案——毒品犯罪中，有地位、作用突出的嫌疑人在逃的，是否影响对被告人死刑的适用

毒品犯罪中，部分共同犯罪人未到案，如现有证据能够认定已到案被告人为共同犯罪，或者能够认定为主犯或者从犯的，应当依法认定。对于确有证据证明部分共同犯罪人在共同犯罪中起次要或者辅助作用的，不能因为其他共同犯罪人未到案而不认定为从犯，甚至将其认定为主犯或者按主犯处罚。因此，即便确有证据证明是主犯，在对其按主犯所参与的或者组织、指挥的全部犯罪处罚时，特别是适用死刑时，从“慎刑”的角度出发，也有必要和其他未到案共同犯罪人进行地位、作用的比较，以确认其是否是地位、作用最为突出的主犯，是否需要对全部罪行按照最严厉的刑罚予以惩处，甚至判处死刑。

参 第1034号　姚某贩卖毒品案——不满18周岁的人因毒品犯罪被判处五年有期徒刑以下刑罚，其再次实施毒品犯罪的，是否能够认定为毒品再犯

不满18周岁的人因毒品犯罪被判处5年有期徒刑以下刑罚，再次实施毒品犯罪的，不予认定为毒品再犯而予以从重处罚的做法，符合未成年人轻罪犯罪记录封存制度的本质特征和设立目的，也符合我国宽严相济刑事政策中对未成年人的保护原则。

参 第1051号　刘依善等贩卖毒品案——对于认定毒品交易上家犯罪事实的证据要求如何把握以及对于毒品来源有证据欠缺的案件应当注意哪些问题

要注意对于认定毒品交易上家犯罪事实的证据要求。从证据来看，可以证明来自上家的可能性较大，但是，如果上家否认，下家也否认其犯有贩卖毒品罪，双方交易毒品的事实仅有一人的供述证实，证据没有达到"事实清楚，证据确实、充分"的有罪判决标准，则依法不能认定。

参 第1053号　傅勇、朱小勇贩卖、运输毒品，石远德运输毒品案——对接应毒品的行为，如何结合在案证据认定毒品运输方和接应方的犯罪事实并准确定性

结合案情和行为人实施毒品犯罪行为的过程、方式，毒品被查获时的情形等证据，对于毒品运输方和接应方，在没有证据证实其是毒品下家或者贩卖毒品共犯的情况下，其接应毒品的行为宜以运输毒品罪论处。

参 第1069号　张应宣运输毒品案——吸毒人员在运输毒品过程中被查获的，如何定性

只要行为人主观上明知是毒品，客观上实施了携带毒品，利用交通工具运载、邮寄毒品等行为的，就构成运输毒品罪，犯罪动机和目的并不

是构成运输毒品罪主观方面的必备条件。《刑法》在设置非法持有毒品罪的定罪标准时,其实考虑了吸毒者合理吸食量的因素,故可以把数量较大视为合理吸食量的界限,超过数量较大标准的应视为超出了合理吸食量。吸毒者在运输毒品过程中被当场抓获,毒品数量达到较大以上的,如没有证据证明其是为了实施贩卖毒品等其他犯罪,可以根据其客观行为状态认定为运输毒品罪。

参 第1132号　易卜拉欣·阿卜杜西默德·阿布多什走私毒品案——对走私恰特草的行为如何定罪量刑

原国家食品药品监督管理总局、公安部、原国家卫生和计划生育委员会在2013年11月公布的《精神药品品种目录(2013年版)》中,将恰特草作为第一类精神药品进行管制,该目录自2014年1月1日起施行。此后,对非法携带恰特草入境我国的行为,应以走私毒品罪论处。对于没有定罪量刑数量标准的毒品,应综合考虑其致瘾癖性、社会危害性、数量、纯度、非法交易价格等因素依法量刑。

参 第1179号　陈维有、庄凯思贩卖毒品案——如何准确认定居间介绍买卖毒品行为

应从以下几个方面准确区别居间介绍和居中倒卖毒品的行为:(1)交易地位与作用。居间介绍者在毒品交易中处于中间人地位,发挥介绍联络作用;居中倒卖者属于毒品交易主体,直接参与毒品交易。(2)共同犯罪形式。居间介绍者通常与交易一方构成共同犯罪,居中倒卖者与前后环节的交易对象是上下家关系。(3)是否牟利。居间介绍者不以牟利为要件,居中倒卖者则直接在毒品交易中获利。

参 第1194号　张成建等贩卖毒品案——贩卖毒品案件中上下家的罪责区分及死刑适用

对于贩卖毒品案件的上下家,要结合其贩毒数量、次数及对象范围,

犯罪的主动性，对促成交易所发挥的作用，犯罪行为的危害后果等因素，综合考虑其主观恶性和人身危险性，慎重、稳妥地决定是否适用死刑。对于买卖同宗毒品的上下家，涉案毒品数量刚超过实际掌握的死刑数量标准的，一般不能同时判处死刑；上家主动联络销售商品，积极促成毒品交易的，通常可以判处上家死刑；下家积极筹资，主动向上家约购毒品，对促成毒品交易起更大作用的，可以考虑判处下家死刑。涉案毒品数量达到巨大以上，也要综合上述因素决定是否适用死刑，同时判处上下家死刑符合罪刑相适应原则，并有利于全案量刑平衡的，可以依法判处。

参 第 1196 号　刘守红贩卖、制造毒品案——如何认定制造毒品行为以及制毒数量

(1)办理制造毒品犯罪案件时，有必要对犯罪嫌疑人、被告人制造毒品的方法、过程进行详细讯问，以查明其是否确实实施了制造毒品犯罪行为。如果根据在案查获的制毒原料、工具、技术配方及毒品半成品等情况，结合犯罪嫌疑人、被告人对基本制毒方法、原理的供述，足以认定其实施了制造毒品犯罪行为的话，则不需要通过侦查实验来进行核实验证。(2)制造毒品案件中，毒品成品、半成品的数量应当全部认定为制造毒品的数量，对于无法再加工出成品、半成品的废液、废料则不应计入制造毒品的数量。对于废液、废料的认定，可以根据其毒品成分的含量、外观形态，结合被告人对制毒过程的供述等证据进行分析判断，必要时可以听取鉴定机构的意见。

参 第 1228 号　林清泉制造毒品案——制造毒品案件中，缴获的毒品系液态毒品，判处死刑应当特别慎重

(1)对于以制造甲基苯丙胺为最终目的的犯罪，制成含有甲基苯丙胺成分的晶体的，才能视为制出成品；制出含甲基苯丙胺成分的液体、固液混合物等的，应视为制出半成品。(2)液态毒品虽然尚未实施加工行

为,也可一并认定为其制造毒品的数量,但在量刑时应酌情考虑。至于涉案半成品最终能制造出多少成品,受诸多因素影响,目前不能根据含量简单推算。(3)毒品半成品不能直接被吸食消费,销售环节中也只有那些需要继续加工的人会购买,否则销售不出去,因此社会危害性相对较小,对缴获的毒品均呈液态的制造毒品案件,判处死刑应当特别慎重。

参 第1229号 陈恒武、李祥光贩卖、运输毒品案——共同贩卖毒品的死刑政策把握

(1)毒品犯罪案件中,只抓获部分涉毒人员,甚至主犯在逃的案件,仍要根据在案证据比较在案被告人与在逃人员的罪责,若在案证据足以证明被告人地位、作用明显大于在逃同案犯或者地位、作用基本相当时,仍可依法核准在案被告人死刑。(2)办理毒品犯罪案件时,要注意对"居间介绍"或者"代购代卖"的责任认定。明知他人实施毒品犯罪而为其居间介绍、代购代卖的,无论是否牟利,都应以相关毒品犯罪的共犯论处。一般而言,居间者或者托购者的罪责相对较小。(最高人民法院2023年印发的《全国法院毒品案件审判工作会议纪要》将《大连会议纪要》规定的"无论是否牟利"改为"未从中牟利",即明知他人实施毒品犯罪而为其代购毒品,未从中牟利的,以相关毒品犯罪的共犯论处。同时,只要代购者通过加价或变相加价从代购毒品行为中牟利的,鉴于其已成为一个独立的转卖环节,一律按照贩卖毒品罪定罪处罚,至于代购者是否明知托购者委托其购买毒品的具体目的,在所不问。——编者注)

参 第1230号 孙奇志等贩卖毒品案——对毒品犯罪上下家如何区分罪责和适用死刑

(1)居间介绍者不是毒品交易的一方主体,在交易中处于中间人地位,对毒品交易起帮助、促成作用,通常与交易一方构成共同犯罪,但不以牟利为要件;居中倒卖者处于毒品交易链条的中间环节,与前后环节

的交易对象是上下家关系，直接参与毒品交易并从中获利，对交易的发起和达成起决定性作用。就量刑而言，对居中倒卖毒品者的处罚一般要重于居间介绍者。(2)对于贩卖毒品案件中的上下家，要结合其贩毒数量、次数及对象范围，犯罪的主动性，对促成交易所发挥的作用，犯罪行为的危害后果等因素，综合考虑其主观恶性和人身危险性，慎重、稳妥地决定死刑适用。上家主动联络销售毒品，积极促成毒品交易的，通常可以判处上家死刑；下家积极筹资，主动向上家约购毒品，对促成毒品交易起更大作用的，可以考虑判处下家死刑。

参 第1231号　姚明跃等贩卖毒品案——被告人具有吸毒情节的，如何认定贩卖毒品数量

对于有吸毒情节的贩毒人员，一般应当按照其购买的毒品数量认定其贩卖毒品的数量，量刑时酌情考虑其吸食毒品的情节。确有证据证明其购买的部分毒品并非用于贩卖的，不应计入其贩毒数量。

参 第1265号　张菊、王福贵、周道会贩卖、运输毒品案——重大毒品犯罪中，共同犯罪人及上下家之间如何适用刑罚

《全国法院毒品犯罪审判工作座谈会纪要》规定，毒品共同犯罪案件的死刑适用应当与该案的毒品数量、社会危害及被告人的犯罪情节、主观恶性、人身危险性相适应。涉案毒品数量达到巨大以上，二名以上主犯的罪责均很突出，或者罪责稍次的罪犯具有法定、重大酌定从重处罚情节，判处二人以上死刑符合罪刑相适应原则，并有利于全案量刑均衡的，可以依法判处。对于既是共同犯罪又是上下家的被告人，要在分清主次的基础上根据各自的地位和作用依法确定是否适用死刑。对于毒品犯罪中单纯的上下家，要综合考虑各自在促成毒品交易中的作用大小，慎重决定是否适用死刑。（最高人民法院2023年《全国法院毒品案件审判工作会议纪要》印发后，《全国法院毒品犯罪审判工作座谈会纪

要》不再适用。但上述案例要旨的精神仍具有指导意义。——编者注）

参 第1279号　高洪雷等贩卖、运输毒品，介绍卖淫案——共同犯罪中作用相对较大的主犯因具有法定从轻情节而未判处死刑的，对其他主犯能否适用死刑

准确区分各被告人在毒品共同犯罪中的地位、作用，要从预谋、出资、分配利润、购买和出售毒品等多个角度进行。对于贩卖、运输毒品共同犯罪中有两名以上主犯，涉案毒品数量刚超过实际掌握的死刑数量标准的，应当全面考察各主犯在共同犯罪中实际发挥作用的差别，一般只选择其中罪责最大的一名主犯依法判处死刑；即便两名以上主犯均具有法定从重处罚情节，也要充分比较主观恶性和人身危险性方面的差异，同时判处二人死刑应当特别慎重。在毒品共同犯罪中作用相对较大的主犯因具有法定从宽情节而未被判处死刑的，对其他罪责相对较小的主犯也不应该“升格”判处死刑。

参 第1290号　唐立新、蔡立兵贩卖毒品案——如何把握贩卖毒品罪的既遂未遂标准与毒品犯罪上下家的死刑适用标准

贩卖毒品罪的既、未遂标准，应以毒品是否进入交易环节为准，至于是否实际交付毒品，均不影响犯罪既遂的成立。行为人进入毒品交易现场，谈妥了交易价格，对带到现场的毒品进行了查验和称重，虽然还没交付毒资和毒品，但也可以认定为犯罪既遂。对于贩卖毒品的上下家，应当结合其贩毒数量、次数及对象范围，犯罪的主动性，对促成交易所发挥的作用，犯罪后果等因素，综合考虑其主观恶性和人身危险性，决定是否适用死刑。

参 第1307号　常茂、吴江运输毒品案——对毒品共同犯罪案件如何准确把握死刑政策

对毒品共同犯罪中各犯罪人刑事责任的评价及以此为基础的量刑

是一项复杂而细致的工作，对毒品共同犯罪准确把握死刑政策，有赖于对参与毒品犯罪各行为人行为性质的正确认定以及其在共同犯罪中罪责大小的准确判断。对于涉案毒品数量刚超过实际掌握的死刑数量标准，依法应当适用死刑的，一般只对其中罪责最大的一名主犯适用死刑。涉案毒品数量达到巨大以上，罪责稍次的主犯具有法定、重大的酌定从重处罚情节，判处二人以上死刑符合罪刑相适应原则，并有利于全案量刑平衡的，可以依法判处二人以上死刑。

参 第1384号　孙德柱贩卖毒品、容留他人吸毒案——容留他人吸毒且提供毒品并收取费用的行为如何定性

行为人容留他人在自己家中吸食毒品的行为构成容留他人吸毒罪，在容留他人吸毒的场所为吸毒者提供毒品并收取毒品费用的行为，构成贩卖毒品罪。在实践中，对于行为人在收取费用时，不提供毒品，仅提供场所的情形，应当认定为"以牟利为目的"的容留他人吸毒行为。但是，在行为人不仅提供吸毒场所，而且提供毒品、收取费用，但与吸毒者言明，此费用仅是场所费用及其他非毒品费用，如茶水费，且明确毒品系赠食的情况下，要透过现象看本质。在一般情况下，行为人所收取的费用当然包括购买毒品的费用。实际上，这是行为人销售毒品的一种方式，销售毒品的数量就是其提供的毒品数量。需要注意的是，一般情况下，只要行为人有向他人提供毒品、收取费用的行为即可认定贩卖毒品，而无须证明行为人从中获利。但同样需要注意，要避免对收取费用行为进行重复评价，尤其在"以牟利为目的"构成容留他人吸毒罪的情形中，除非有证据支持行为人收取的费用中既包括贩卖毒品的费用，也包括提供场地、吸毒便利的费用。

参 第1385号　齐先贺贩卖、运输毒品案——如何区分毒品代购与加价贩卖

行为人为吸毒者代购毒品，在运输过程中被查获，没有证据证明托

购者、代购者是为了实施贩卖毒品等其他犯罪，毒品数量达到较大以上的，对托购者、代购者以运输毒品罪的共犯论处。行为人为他人代购仅用于吸食的毒品，在交通、食宿等必要开销之外收取介绍费、劳务费，或者以贩卖为目的收取部分毒品作为酬劳的，应视为从中牟利，属于变相加价贩卖毒品，以贩卖毒品罪定罪处罚。毒品代购有广义和狭义之分，狭义的毒品代购，是指行为人受吸毒者委托无偿为吸毒者代为购买仅用于吸食的毒品。广义的毒品代购，既包括狭义的毒品代购，也包括明知他人实施毒品犯罪而为其代购毒品以及介绍毒品买卖等情形。在狭义的毒品代购中，如果代购毒品数量超过《刑法》第 348 条规定的最低数量标准的，对托购者、代购者均应以非法持有毒品罪定罪处罚；如果代购毒品在运输途中被查获，且没有证据证明托购者、代购者是为了实施贩卖毒品等其他犯罪，毒品数量达到较大标准以上的，对托购者、代购者应以运输毒品罪的共犯论处；如果代购者从中牟利，对代购者应以贩卖毒品罪定罪处罚。

参 第 1520 号　王某贩卖、制造毒品案——使用尚未列入《易制毒化学品名录》的化学原料生产含毒品成分的饮料并销售的，应认定为贩卖、制造毒品罪

关于贩卖、制造毒品罪主观明知的认定问题，应当结合被告人实施毒品犯罪的过程、方式以及毒品被查获时的情形等证据，结合被告人的年龄、阅历、智力等情况，进行综合分析判断。化学品及其衍生物门类品种众多、对其性质作用的认识存在阶段性局限，对于化学原料在个案中的作用和被告人的行为性质，应综合全案予以评判。新型毒品犯罪案件应在含量鉴定的基础上，综合考虑该毒品的成瘾性、戒断性及社会危害性等予以量刑。

参 第1521号 徐某贩卖毒品案——代购毒品、“代购蹭吸”行为的认定、处理和未查获毒品实物案件如何认定毒品犯罪事实

“代购蹭吸”行为是否构成贩卖毒品罪，需要回归到代购者与托购者的依附关系。吸毒不成立犯罪，托购者托购少量毒品尚且不构成犯罪，那么，代购者收取少量毒品用于吸食也不宜认定为犯罪，否则将导致处罚不均衡，变相认定吸毒行为构成犯罪。对没有起获毒品实物的案件，下述情形可以认定毒品事实：(1)毒品交易双方均供认交易标的系毒品，且有相关书证、证人证言、电子数据等其他证据印证的；(2)有同案被告人供述、证人证言、转账记录、制贩毒工具等证实；(3)有转账记录、制贩毒工具等印证的；(4)两名以上被告人中部分被告人供认，有罪供述与其他证据相互印证，且其他人否认犯罪的辩解不能成立的；(5)证据足以锁定吸毒人员购买毒品后吸食，且排除其吸食其他毒品，从其体内检出毒品成分的。（最高人民法院2023年印发的《全国法院毒品案件审判工作会议纪要》已明确，代购者从托购者事先联系的贩毒者处为托购者购买仅用于吸食的毒品，并收取、私自截留少量毒品供自己吸食的，一般不以贩卖毒品罪论处。——编者注）

参 第1522号 黎某昌等贩卖、运输毒品案——重大毒品犯罪案件中技术侦查证据的移送与查证

如果案件已经达到“事实清楚，证据确实、充分”，审判人员为了增强内心确信，或者出于对死刑等重大案件等审慎态度，可以采用单方核实的方式。但案件的定罪、量刑不应依赖于技术侦查证据材料，依照相关法律规定和以审判为中心的刑事诉讼制度构造的要求，法庭是审查、采信证据的唯一场所，技术侦查证据应当移送法庭接受审查，庭外核实是在证据已经移送法庭基础上对存疑证据的核实，而非审判人员单方赴收集证据部门对未移送的证据进行核实、认定。

非法持有毒品罪

《刑法》规定

第三百四十八条　非法持有鸦片一千克以上、海洛因或者甲基苯丙胺五十克以上或者其他毒品数量大的，处七年以上有期徒刑或者无期徒刑，并处罚金；非法持有鸦片二百克以上不满一千克、海洛因或者甲基苯丙胺十克以上不满五十克或者其他毒品数量较大的，处三年以下有期徒刑、拘役或者管制，并处罚金；情节严重的，处三年以上七年以下有期徒刑，并处罚金。

相关规定

最高人民检察院、公安部《关于公安机关管辖的刑事案件立案追诉标准的规定（三）》第 2 条

最高人民法院《关于审理毒品犯罪案件适用法律若干问题的解释》第 5 条

案例要旨

参 第 284 号　黄学东非法持有毒品案——非法持有毒品罪认定中应当注意的问题

非法持有毒品罪的立法目的在于，对那些被查获的行为人，因非法持有数量较大的毒品，但又没有足够证据证明其犯有其他毒品犯罪而设立罪名。相反，如果确有足够证据证明被查获的毒品持有人具有其他毒品犯罪的目的，则应认定构成其他相关毒品犯罪。

参 第375号　张玉英非法持有毒品案——对接受藏匿有毒品的邮包的行为如何定性

认定行为人持有毒品的行为,关键要看行为人的主观目的。吸毒者在购买、运输、存储过程中被抓获的,如没有证据证明被告人实施了其他毒品犯罪行为的,一般不应定罪处罚,但查获的毒品数量较大的,应当以非法持有毒品罪定罪。毒品数量未超过《刑法》第348条规定的最低数量标准的,不定罪处罚。

参 第1070号　欧阳永松非法持有毒品案——从吸毒人员住处查获数量较大的毒品,但认定其曾贩卖毒品的证据不足的,是认定为贩卖毒品罪还是非法持有毒品罪

对于因贩卖毒品而被抓获,后又在住处查获了数量较大的毒品的,实践中一般采取推定贩卖的方法予以认定。这种事实推定所遵循的认定逻辑是,当某种基础事实存在时,便可以推定另一种事实也存在。但是,这种推定需要注意两点:一是允许被告人提出反证。因为基础事实与推定事实之间只是常态联系,而不是必然联系,如果被告人的辩解成立,则推定不成立,所以需要细致审查被告人的辩解和理由。二是要准确查明据以推定的基础事实。如果认定被告人曾经贩卖毒品或者正在贩卖毒品的基础事实存在诸多疑点,证据没有达到确实、充分的程度,且现有证据不能排除被告人提出的“被查获的毒品是其准备用于自己吸食的辩解”的真实性和合理性的,就不能推定被告人对其被查获的毒品存在贩卖的故意。

参 第1084号　周某非法持有毒品案——非法持有毒品者主动向公安机关上交毒品的,如何量刑

行为人持有毒品已经成为事实,其行为已经构成犯罪既遂,不具备成立犯罪中止的条件,非法持有毒品者主动上交毒品的行为只能认定为自首;行为人虽系毒品再犯且持有毒品的数量属于《刑法》第348条规定

的“数量大”,但结合具体案情可认定其真诚悔罪,犯罪行为无实质危害的,属于自首条款中的“犯罪较轻”,可对其免除处罚。

参 第1348号 赛黎华、王翼龙贩卖毒品,赛黎华非法持有毒品案——如何认定毒品犯罪中的同种罪行及非法持有毒品罪中的“持有”

我国《刑法》中的持有型犯罪还包括非法持有枪支罪、非法持有国家机密文件罪等,这些罪均是通过行为人对物品的控制、占有程度来判断是否属于“持有”的状态,而不单纯以时间性和紧密性判断。因此,非法持有毒品罪中的“持有”是指对毒品实际占有、携有、藏有或者其他方式持有毒品的行为,不要求物理上的握有,不要求行为人时时刻刻将毒品握在手中、放在身上和装在口袋里,只要行为人认识到它的存在,能够对之进行管理或者支配,就是“持有”。在法律上密切关联的犯罪,一般应从犯罪构成要件考察数种罪行在犯罪主体、客体、客观方面的行为、结果对象要素上是否具有相近性或包容性;在事实上密切关联的犯罪,一般依托司法实践,结合日常经验,考察数种行为在发生概率、逻辑以及关系上是否具有关联性。

窝藏、转移、隐瞒毒品、毒赃罪

《刑法》规定

第三百四十九条第一款 包庇走私、贩卖、运输、制造毒品的犯罪分子的,为犯罪分子窝藏、转移、隐瞒毒品或者犯罪所得的财物的,处三年以下有期徒刑、拘役或者管制;情节严重的,处三年以上十年以下有期徒刑。

第三款 犯前两款罪,事先通谋的,以走私、贩卖、运输、制造毒品罪的共犯论处。

相关规定

最高人民检察院、公安部《关于公安机关管辖的刑事案件立案追诉标准的规定(三)》第4条

最高人民法院《关于审理毒品犯罪案件适用法律若干问题的解释》第6条

案例要旨

参 第617号 智李梅、蒋国峰贩卖、窝藏、转移毒品案——被告人曾参与贩卖毒品,后又单方面帮助他人窝藏、转移毒品的,如何定罪

行为人曾实施一定的犯罪行为,对于之后再次实施行为的定性有一定影响,但犯罪是主客观相统一的整体,对行为性质的认定应以有确切证据证明的事实为根据。不能因行为人曾经获取少量毒品进行贩卖,就推定其之后再次取走毒品的行为必然也用于贩卖,对此应结合行为人的辩解、在案证据进行综合判断,如无法证实,则不能认定为贩卖毒品罪,可认定为窝藏、转移毒品罪。

非法生产、买卖、运输制毒物品、走私制毒物品罪

《刑法》规定

第三百五十条 违反国家规定,非法生产、买卖、运输醋酸酐、乙醚、三氯甲烷或者其他用于制造毒品的原料、配剂,或者携带上述物品进出境,情节较重的,处三年以下有期徒刑、拘役或者管制,并处罚金;情节严重的,处三年以上七年以下有期徒刑,并处罚金;情节特别严重的,处七年以上有期徒刑,并处罚金或者没收财产。

明知他人制造毒品而为其生产、买卖、运输前款规定的物品的，以制造毒品罪的共犯论处。

单位犯前两款罪的，对单位判处罚金，并对其直接负责的主管人员和其他直接责任人员，依照前两款的规定处罚。

相关规定

《刑法修正案（九）》第 41 条

最高人民检察院、公安部《关于公安机关管辖的刑事案件立案追诉标准的规定（三）》第 5、6 条

最高人民法院、最高人民检察院、公安部《关于办理制毒物品犯罪案件适用法律若干问题的意见》

最高人民法院、最高人民检察院、公安部《关于办理走私、非法买卖麻黄碱类复方制剂等刑事案件适用法律若干问题的意见》

最高人民法院《关于审理毒品犯罪案件适用法律若干问题的解释》第 7、8 条

案例要旨

公 2007 年第 9 期　谢杰威、梁雁玲走私制毒物品案

（1）判断某种物品是否为制毒物品，应当依据国家相关法律、行政法规的规定。国家相关法律、行政法规未规定为制毒物品的，即使该物品可以用于制造毒品，亦不能将其认定为制毒物品。（2）根据《刑法》第 350 条的规定，构成走私制毒物品罪必须要求行为人具有明知是制毒物品而走私的犯罪故意。如果行为人确实不知道所走私的物品是制毒物品，且其走私目的系用于正当生产经营，则即使该物品可以用于制毒，亦不能认定行为人具有走私制毒物品的犯罪故意。

参 第606号 房立安、许世财非法买卖制毒物品案——如何认定非法买卖制毒物品罪

(1)行为人是否明知其买卖的物品是制毒物品,应当结合具体案情,综合审查各方面证据后予以认定。基于一定的客观事实,根据行为人的认知水平、文化程度、社会阅历能够认识到的,一般可以推定主观上“明知”。(2)非法买卖制毒物品交易中起居间介绍作用的人,应当认定为非法买卖制毒物品罪(根据最高人民法院、最高人民检察院《关于执行〈中华人民共和国刑法〉确定罪名的补充规定(六)》改为非法生产、买卖、运输制毒物品罪。——编者注)的共犯。因居间介绍人所实施的中介犯罪行为在整个犯罪中起重要作用,积极促成毒品交易的完成,处于“承上启下”的地位,并起着不可替代的作用,是毒品犯罪中不可缺少的环节,因此居间介绍人在毒品犯罪中一般应认定为主犯。

参 第802号 王小情、杨平先等非法买卖制毒物品案——利用麻黄碱类复方制剂加工、提炼制毒物品并非法贩卖的,如何定性

(1)以非法贩卖为目的,利用麻黄碱类复方制剂加工、提炼制毒物品的,应当认定为非法买卖制毒物品罪。(2)向他人贩卖制毒物品,没有证据证实行为人明知他人用于制造毒品的,不应认定为制造毒品罪的共犯。

容留他人吸毒罪

《刑法》规定

第三百五十四条 容留他人吸食、注射毒品的,处三年以下有期徒刑、拘役或者管制,并处罚金。

相关规定

最高人民法院《关于审理毒品犯罪案件适用法律若干问题的解释》第12条

案例要旨

参 第1032号 聂凯凯容留他人吸毒案——旅馆经营者发现客人在房间内吸毒不予制止，是否构成容留他人吸毒罪

旅馆经营者发现客人在房间内吸毒不予制止，其行为属于放任他人吸毒，旅馆经营者对客人在房间内吸毒有义务制止或者向公安机关报告，对旅馆经营者应以容留他人吸毒罪论处。需要说明的是，此种情形毕竟不同于事先明知他人吸食毒品而提供场所的行为，旅馆经营者也没有从吸毒人员处收取除应收房费以外的其他费用，故量刑时可以酌情从轻处罚。

组织卖淫罪，强迫卖淫罪，协助组织卖淫罪①

《刑法》规定

第三百五十八条 组织、强迫他人卖淫的，处五年以上十年以下有期徒刑，并处罚金；情节严重的，处十年以上有期徒刑或者无期徒刑，并处罚金或者没收财产。

组织、强迫未成年人卖淫的，依照前款的规定从重处罚。

① 组织卖淫罪、强迫卖淫罪的规定为第358条第1～3款，协助组织卖淫罪的规定为第358条第4款。

犯前两款罪，并有杀害、伤害、强奸、绑架等犯罪行为的，依照数罪并罚的规定处罚。

为组织卖淫的人招募、运送人员或者有其他协助组织他人卖淫行为的，处五年以下有期徒刑，并处罚金；情节严重的，处五年以上十年以下有期徒刑，并处罚金。

相关规定

《刑法修正案（八）》第48条

《刑法修正案（九）》第42条

最高人民法院、最高人民检察院《关于办理组织、强迫、引诱、容留、介绍卖淫刑事案件适用法律若干问题的解释》

公安部《关于以钱财为媒介尚未发生性行为或发生性行为尚未给付钱财如何定性问题的批复》

最高人民法院、最高人民检察院《关于常见犯罪的量刑指导意见（二）（试行）》“一、七种常见犯罪的量刑”（七）

案例要旨

参 第78号 高洪霞、郑海本等组织卖淫、协助组织卖淫案——组织卖淫罪定罪处罚的标准如何掌握

是否有组织性是区分组织卖淫罪和容留卖淫罪的关键。判定行为人是否有组织行为和居于组织地位应把握以下几个方面：(1)是否建立了卖淫组织。无论是否具有固定的卖淫场所，组织卖淫罪必然要建立相应的卖淫组织。(2)是否对卖淫者进行管理。(3)是否组织、安排卖淫活动。

参 第303号 李宁组织卖淫案——组织男性从事同性性交易,是否构成组织卖淫罪

所谓"卖淫",就其常态而言,虽是指女性以营利为目的,与不特定男性从事性交易的行为。但随着立法的变迁,对男性以营利为目的,与不特定女性从事性交易的行为,也应认定为"卖淫"。而随着时代的发展、社会生活状况的变化,"卖淫"的外延可以也应当进一步扩大,亦即还应当包括以营利为目的,与不特定同性从事性交易的行为,这种行为也符合组织卖淫罪的特征。

参 第722号 王剑平等组织卖淫、耿劲松等协助组织卖淫案——如何认定组织卖淫罪的"情节严重"、"情节特别严重"以及协助组织卖淫罪的"情节严重"

对于组织卖淫罪中的"情节严重"和"情节特别严重"的认定,应当综合考虑行为人组织卖淫的手段、后果,在共同犯罪中的地位、作用,有无强迫、强奸行为,有无对被组织卖淫者造成严重后果等情节,同时结合组织卖淫的规模、人次,对行为人作出罪责刑相适应的判决。在认定协助组织卖淫罪中的"情节严重"时,也不能仅强调协助组织卖淫的次数和人数,要综合考虑各种因素,包括协助组织卖淫的作用大小,有无协助组织未成年人尤其是未满14周岁的未成年人卖淫,有无协助组织患有严重性病的卖淫者卖淫,是否兼有多种协助组织行为,是否曾因协助组织卖淫受过行政处罚等。

参 第768号 蔡轶等组织卖淫、协助组织卖淫案——如何区分组织卖淫罪与协助组织卖淫罪

在认定"组织卖淫"与"协助组织卖淫"行为时,不能简单地以作用大小为标准,而应根据组织与协助组织行为的分工来认定。在组织卖淫活动中对卖淫者的卖淫活动直接进行安排、调度的,应当以组织卖淫罪

论处。其中,起主要作用的是主犯,起次要作用的是从犯,从犯当然应当以组织卖淫罪论处,并且从犯的行为也是组织行为,即对卖淫者的卖淫行为直接进行策划、管理、指派,这种组织行为相对于主要组织者的犯罪行为而言处于辅助地位。如果不是对卖淫活动直接进行安排、调度,而是在外围协助组织者实施其他行为,充当保镖、打手、管账人或为直接组织者招募、雇用、运送卖淫者,为卖淫安排住处,为组织者充当管账人、提供反调查信息等行为的,则都不构成组织卖淫罪,而仅构成协助组织卖淫罪。

参 第870号　郑小明等组织卖淫、协助组织卖淫案——协助组织卖淫罪中“情节严重”的认定

在对于协助组织卖淫罪中“情节严重”进行认定时,不能将人次作为量刑的唯一标准,应当结合案情,综合考虑各种因素进行认定。既要考虑协助组织卖淫的次数、人数以及对社会造成的客观危害程度,又要考虑作案手段、持续时间、发挥作用、犯罪后果、社会影响等情节,特别是要审查有无协助组织未成年人尤其是未满14周岁的未成年人卖淫、有无协助组织患有严重性病或者精神病的人员卖淫、有无多种协助组织行为等特殊情节以及是否曾因协助组织卖淫受过行政处罚等。

参 第1054号　张桂方、冯晓明组织卖淫案——如何区分与认定组织卖淫罪与引诱、容留、介绍卖淫罪以及如何认定组织卖淫罪的“情节严重”

组织卖淫罪中的“情节严重”,应当从人数、特殊保护角度、社会影响层面、获利情况、危害后果等方面进行认定。(因该案例裁判理由与司法解释规定不一致,故不宜直接适用该案例的裁判理由,但该案例中法律适用的原则、精神仍可参照。——编者注)

参 第1267号 席登松等组织卖淫、刘斌斌等协助组织卖淫案——组织卖淫罪的“组织”要件及情节严重如何认定

(1)组织卖淫罪最主要的行为特征是管理或者控制他人卖淫。投资者只要明知实际经营者、管理控制者所进行的是组织卖淫活动,即使没有实际直接参与经营,没有直接对卖淫活动进行管理控制,其投资行为也应认定为组织卖淫行为的组成部分。(2)被组织卖淫人员的人数是认定组织卖淫“情节严重”的依据,而卖淫人员卖淫的次数则不是认定组织卖淫“情节严重”的依据,仅作为在法定刑范围内量刑的参考。

参 第1268号 方斌等组织卖淫案——组织卖淫共同犯罪中的主犯认定及组织卖淫罪与协助组织卖淫罪的区分

(1)在组织卖淫共同犯罪中,主要投资者(所有人)一般应认定为主犯。(2)区分组织卖淫罪和协助组织卖淫罪的关键在于是否实施了管理、控制卖淫活动的组织行为。在组织卖淫活动中对卖淫者的卖淫活动直接实施安排、调度等行为的,也属于对卖淫者进行管理的组织行为,无论是主犯、从犯,还是实行犯、帮助犯,都应当按照组织卖淫罪定罪处罚,绝不能根据分工或者作用的不同而分别定罪。(3)在自动投案后公安机关掌握其主要犯罪事实前,未如实供述犯罪事实的,不能认定为自首。

参 第1269号 杨恩星等组织卖淫案——如何区分组织卖淫罪的从犯与协助组织卖淫罪

(1)协助组织卖淫罪是一种独立的犯罪,而不是共同组织卖淫罪的从犯。协助组织卖淫罪是将组织卖淫罪的帮助行为单独成罪,而非将组织卖淫罪的所有从犯单独成罪。共同组织卖淫罪的从犯,应当定性为组织卖淫罪,而不能定性为协助组织卖淫罪。(2)协助组织卖淫罪与组织卖淫罪从犯的本质区别在于行为不同,而非作用大小。组织卖淫罪中从犯实施的行为也应是组织行为,而协助组织卖淫罪中行为人所实施的行

为则不能是组织行为，不与卖淫行为发生直接联系，只能是在外围保障卖淫活动顺利进行的辅助行为。

参 第 1270 号　何鹏燕介绍卖淫案——如何理解组织卖淫罪中“卖淫人员在三人以上”的含义

(1)刑法中规定的“组织”行为的基本模式为行为人为了达到一定的犯罪目的，将分散的人或事物按照一定的形式相结合，形成相对固定的整体的行为。(2)对于“组织他人卖淫”，应当从以下三个方面理解：①在人数上达到多人；②在空间上具有稳定性；③在时间上具有重合性。

参 第 1291 号　胡宗友、李仲达组织卖淫案——卖淫女被嫖客杀害的，能否认定为组织卖淫罪的“情节严重”

最高人民法院、最高人民检察院《关于办理组织、强迫、引诱、容留、介绍卖淫刑事案件适用法律若干问题的解释》第 2 条规定了组织卖淫罪“情节严重”的六种情形。根据该条第 5 项的规定，造成被组织卖淫的人自残、自杀或者其他严重后果的，应当认定为组织卖淫罪情节严重。这里的“严重后果”并非因为组织者的故意行为而产生。如果是因为组织者的故意行为而产生，则应当依照《刑法》第 358 条第 3 款的规定，以故意杀人罪、故意伤害罪等对组织者实施数罪并罚。这里的“其他严重后果”是指与严重残疾、死亡基本同质的后果，如造成被害人患精神病使其不能自理生活的，造成多人重伤的，且必须是被害人及卖淫人员在卖淫期间发生的，且该严重后果与卖淫活动有紧密的因果或者条件关系。

参 第 1292 号　周兰英组织卖淫案——如何区分组织卖淫罪与容留卖淫罪

组织卖淫，尤其是以容留卖淫为手段的组织卖淫与单纯的容留卖淫的主要区别在于：首先，行为人对卖淫人员的卖淫活动是否实施了管理控制行为，即组织卖淫行为人最主要的行为特征是对卖淫活动进行了管理、控制；而容留卖淫行为人对卖淫人员的卖淫活动既不管理，更不控制，而仅仅提供固定或者临时租借的场所以及流动场所，对卖淫人员在何时卖淫、向谁卖淫、如何收费等均不过问，只收取一定的场所费用甚至不收取任何费用，至于卖淫人员的日常活动，均由卖淫人员自行安排。其次，两者在人数上也有一定的区别，即组织卖淫中的卖淫人员必须达到 3 人以上，而容留卖淫中的卖淫人员可以在 3 人以上，也可以在 3 人以下。

参 第 1293 号　于维、彭玉蓉组织卖淫案——组织卖淫中有引诱、介绍卖淫行为的如何适用法律

引诱卖淫中有一种特殊情形，就是引诱不满 14 周岁的幼女卖淫。根据《刑法》第 359 条第 2 款的规定，引诱不满 14 周岁的幼女卖淫的，处 5 年以上有期徒刑，并处罚金。因此，在某些情况下，引诱幼女卖淫罪的处罚可能重于组织卖淫罪，即组织卖淫犯罪未达到“情节严重”时，其法定刑幅度为 5 年以上 10 年以下有期徒刑，而引诱幼女卖淫罪的法定刑幅度为 5 年以上 15 年以下有期徒刑。此时应依照引诱幼女卖淫罪定罪处罚，组织卖淫行为作为犯罪情节考虑。如果组织卖淫犯罪达到“情节严重”时，因其法定最高刑为无期徒刑，一般应当以组织卖淫罪一罪定罪处罚。

参 第 1294 号　丁宝骏、何红等组织卖淫、协助组织卖淫案——在组织卖淫过程中采取非法限制卖淫人员人身自由等强迫行为的，应如何认定

非法限制卖淫人员人身自由是行为人在组织卖淫过程中使用的手段行为，是组织卖淫行为的表现形式之一，以组织卖淫罪一罪评价即可。《刑法》第 358 条第 3 款的规定是针对严重侵害他人人身权利的犯罪，不应做扩大解释。同理，以协助组织卖淫的目的非法限制卖淫人员人身自由的，也应构成协助组织卖淫罪一罪。行为人实施的非法限制卖淫人员

自由等强制性质的行为应包含在组织卖淫罪的“管理和控制”行为之中，不宜单独评价。作为组织卖淫罪的帮助犯，行为人为协助组织卖淫而实施非法限制卖淫人员自由等行为的，亦只定协助组织卖淫罪一罪。

参 第1295号 刘革辛、陈华林、孔新喜强迫卖淫等案——如何认定强迫卖淫罪的“强迫”要件

强迫卖淫的强迫性主要表现为以下情形：(1)在他人不愿意从事卖淫活动的情况下，使用强制手段迫使其从事卖淫活动；(2)他人虽然原本从事卖淫活动，但在他人不愿意继续从事卖淫活动的情况下，使用强制手段强迫其继续从事卖淫活动；(3)在卖淫者不愿意在某地从事卖淫活动或者为某人从事卖淫活动的情况下，使用强制手段在某地或为某人从事卖淫活动。因此，从事卖淫活动的卖淫者也可以成为强迫卖淫的对象，强迫行为包括暴力，也包括威胁，强迫中有胁迫，胁迫中透露暴力，都属于强迫卖淫中强迫性的范畴。

参 第1308号 王道军强迫卖淫案——多次强迫已满十四周岁的未成年人卖淫是否构成强迫卖淫罪的“情节严重”

最高人民法院、最高人民检察院《关于办理组织、强迫、引诱、容留、介绍卖淫刑事案件适用法律若干问题的解释》对于强迫卖淫罪的“情节严重”主要从强迫卖淫的人数，造成的伤亡后果，以及被强迫卖淫人员的特殊情况，如招募、运送的卖淫人员中有孕妇、智障人员、患有严重性病的人等方面考虑，而“多次”强迫卖淫则不作为强迫卖淫罪的加重处罚情节。强迫卖淫的次数虽不作为“情节严重”的情形，但也应作为酌定量刑情节予以考虑。

参 第1309号 胡杨等协助组织卖淫案——如何区分协助组织卖淫罪与组织卖淫罪

(1)区分组织卖淫罪和协助组织卖淫罪的关键是行为人是否实施

了“组织行为”，认定时需注意三个方面：①组织他人卖淫的行为贯穿于组织卖淫活动的整个过程，既包括将卖淫人员组织在一起的行为，也包括将卖淫人员组织起来后实施卖淫的行为。②组织他人卖淫的行为既是一种组织行为，也是一种实行行为，它不同于刑法关于共同犯罪中的组织犯的定义。共同犯罪中的组织犯是指组织、策划、指挥他人去实施犯罪，其组织行为本身不是具体实施犯罪的实行行为，而组织卖淫罪中的组织、策划、指挥行为本身就是实行行为。③认定组织他人卖淫的行为着眼点在于管理和控制，即是否以招募、雇用、纠集等手段对卖淫人员达到人身、财产、行为等方面的管理和控制，即卖淫人员服从于组织行为，受组织卖淫人员的管理和控制，而协助者则没有权力参与对卖淫人员的指挥、管理和控制。(2)组织卖淫罪和协助组织卖淫罪均可能存在主从犯的区分，不能简单地将组织卖淫罪的从犯认定为协助组织卖淫罪的正犯。

参 第1310号　张海峰组织卖淫、李志强协助组织卖淫、饶有才容留卖淫案——强奸幼女后，将幼女送至组织卖淫行为人处进行卖淫活动的如何定性

强奸幼女后，将幼女送至组织卖淫行为人处进行卖淫活动的，应当以强奸罪和协助组织卖淫罪数罪并罚。组织卖淫行为，尤其是以容留卖淫为手段的组织卖淫行为，与单纯的容留卖淫行为最主要的区别在于行为人对卖淫人员的卖淫活动是否实施了管理或者控制行为。组织卖淫行为最主要的特征是对卖淫活动实施了管理或者控制行为；而容留卖淫行为人对卖淫人员的卖淫活动既不管理，更不控制，仅仅提供固定或者临时租借的场所以及流动场所，但对卖淫人员在何时卖淫、向谁卖淫、如何收费等均不过问，只收取一定的场所费用甚至不收取任何费用，至于卖淫人员的日常行动，更是由卖淫人员自行安排。与容留卖淫罪的区别除了前述行为人是否实施了管理或者控制卖淫活动这一质的区别外，还

有一个量的区别，即组织卖淫罪必须具备一定规模要件。如果卖淫人员不到3人的，应当降格认定为容留或者介绍卖淫罪。

参 第1505号　周某等组织卖淫、胡某斌等协助组织卖淫案——组织卖淫罪和协助组织卖淫罪的区分及“情节严重”的认定

区分组织卖淫罪和协助组织卖淫罪的关键在于行为人是否控制、管理卖淫活动，再根据行为人作用大小在各罪内部区分主从犯。组织卖淫罪和协助组织卖淫罪“情节严重”的认定，应当严格区分把握，不能简单等同认定，协助组织卖淫者是否构成“情节严重”，应根据其协助、组织卖淫活动的具体情节来认定。协助组织卖淫罪被确立为独立罪名后，共犯理论只能分别适用于组织卖淫罪和协助组织卖淫罪内部，因此，对于加重量刑情节“情节严重”的认定也应区分适用。

参 第1523号　林某国等组织卖淫案——“组织境外人员在境内卖淫”能否理解为“在境外组织人员入境卖淫”，以及是否要求被组织的境外人员达到三人以上

认定“组织境外人员在境内卖淫”，不要求行为人对卖淫人员的入境行为实施相关组织、帮助行为。“组织境外人员在境内卖淫”既包括在境外组织人员“入境”卖淫，也包括组织已经在境内的境外人员卖淫。认定“组织境外人员在境内卖淫”，首先应满足被组织卖淫的境外人员达到3人以上。同时，如果同时被组织卖淫的境外人员已经达到3人以上，即便绝对人数少于被组织卖淫的境内人员，也应直接适用情节严重的量刑档次，被组织的卖淫人员总数可作为酌情考虑的情节。

参 第1577号　左某、潘某某等人组织卖淫案——卖淫人员参与组织卖淫的，其本人卖淫行为不作为其组织卖淫的事实予以刑事评价

组织卖淫罪与协助组织卖淫罪实施的是不同犯罪事实，区分关键在

于是否存在对卖淫人员管理或者控制的事实，即是否参与卖淫场所的经营或管理，是否为卖淫活动提供资金、场所，或者制订卖淫行为违法获利分成方式以及应对公安机关检查的方案，或是否对卖淫人员的直接管理、召集、调配、安排等。涉卖淫犯罪中的行为对象均应指“他人”，卖淫人员本人的卖淫行为不能作为其与他人共同组织卖淫犯罪行为予以刑事评价。

引诱、容留、介绍卖淫罪

《刑法》规定

第三百五十九条第一款　引诱、容留、介绍他人卖淫的，处五年以下有期徒刑、拘役或者管制，并处罚金；情节严重的，处五年以上有期徒刑，并处罚金。

相关规定

最高人民法院、最高人民检察院《关于办理组织、强迫、引诱、容留、介绍卖淫刑事案件适用法律若干问题的解释》第8～10、13条

案例要旨

参 第193号　林庆介绍卖淫案——通过互联网发布卖淫信息行为的定性

通过互联网向社会公众发布卖淫信息，多人通过该卖淫信息前往嫖娼的，起到了介绍卖淫的实际作用，其行为性质并无不同，并具有严重的社会危害性，应认定为介绍卖淫罪，且属于情节严重。

参 第376号　吴祥海介绍卖淫案——介绍卖淫罪与介绍嫖娼行为的区别

介绍嫖娼行为通常表现为以下特征：(1)行为人往往是因为临时起意为他人介绍嫖娼，自己与卖淫者并不相识；(2)行为人根据市场信息，自己介绍嫖客到某处进行嫖娼；(3)行为人根据自己曾经嫖娼的经历和对各嫖娼处所的了解，带领或者介绍嫖客到该处所进行嫖娼；(4)行为人基于与卖淫人员的约定，介绍嫖客与该卖淫人员进行卖淫嫖娼活动；(5)行为人基于与某介绍卖淫者的约定，介绍嫖客通过该介绍卖淫者与卖淫人员进行卖淫嫖娼活动。对于前三种情形，应认定行为人不构成犯罪，而后两种情形实际上是介绍嫖娼者与介绍卖淫者合二为一，行为人的行为可以构成介绍卖淫罪。

参 第689号　杨某、米某容留卖淫案——明知他人在出租房内从事卖淫活动仍出租房屋的行为如何定性

(1)认定出租房屋者是否构成容留卖淫罪，关键是看出租者是否明知他人在出租房内从事卖淫活动，如果明知特别是收取的房租偏高的，可以认定为容留卖淫罪。虽然出租人明知租房人从事卖淫活动但卖淫场所不在出租房内的，不能认定出租者构成容留卖淫罪。(2)对于承租者实施违法犯罪活动，出租者一般只承担行政违法责任，只有对于确实明知他人利用出租房从事违法犯罪活动，且出租者的行为符合《刑法》规定的具体犯罪的构成要件时，才能追究其刑事责任。

参 第854号　徐某引诱、容留、介绍卖淫案——容留卖淫三人次是否应当认定为容留卖淫罪的“情节严重”

对于容留卖淫罪中的“情节严重”，从刑法罪刑体系构建原理分析，主要针对的是娱乐会所、洗浴中心等公共场所中大规模、有组织的卖淫行为，立法原意在于重点打击那些长期性、职业性引诱、容留、介绍卖淫等严重破坏社会风尚的犯罪行为。因此，不能固守达到三人次就属于情

节严重的标准,否则对于刚达到三人次标准的行为人来说,既不能做到罪责刑相适应,又不会产生良好的社会效果。

参 第971号　聂姣莲介绍卖淫案——如何区分介绍卖淫的一般违法行为和介绍卖淫罪

1991年9月4日全国人民代表大会常务委员会通过《关于严禁卖淫嫖娼的决定》将介绍卖淫行为入罪。在上述决定发布以前,介绍卖淫行为只是一般违法行为,无论情节多么严重,都不存在构成介绍卖淫罪的问题。该决定发布之后,介绍卖淫行为才存在一般违法行为与刑事犯罪的界限问题。最高人民检察院、公安部2008年6月25日公布的《关于公安机关管辖的刑事案件立案追诉标准的规定(一)》虽然不属于司法解释,但从更容易操作的角度将罪与非罪明确区分开来,具体审判实践中一般也可参照适用。

参 第1311号　郭某某介绍卖淫案——介绍智障人员卖淫行为的定罪和处罚

介绍智障人员卖淫一般是按照介绍卖淫罪定罪处罚。但在下列情形下,应当以强奸罪定罪处罚:(1)介绍人在介绍卖淫过程中还对智障人员实施了奸淫,此时应以强奸罪对介绍人定罪处罚,其介绍卖淫行为亦构成犯罪的,则以强奸罪和介绍卖淫罪数罪并罚。(2)嫖客的行为构成强奸罪,且介绍人也明知所介绍的人员属于无性自我防卫能力的智障人员的。

参 第1312号　阳怀容留卖淫案——容留卖淫罪的司法认定

(1)组织卖淫者会采取各种手段纠集卖淫者成立卖淫组织,组织者既是发起者也是负责者,旨在控制卖淫组织以达到获利目的。在卖淫组织具体运作的过程中,组织者会通过制定、确立相关人、财、物的管理方法,与卖淫人员之间形成组织和被组织、管理和被管理的关系,并安排具体的卖淫活动。而容留卖淫者与卖淫者之间则不具备上述组织性,也没有相关的组织行为，仅是提供一定场所或便利条件。(2)卖淫嫖娼是一个过程，为卖淫嫖娼所做的谈价格、找地点的性交易前准备及性交易过程等均属于卖淫嫖娼的组成部分，卖淫者在行为人的容留下，已与嫖娼者达成合意并基于该合意着手实施卖淫嫖娼行为的，无论卖淫嫖娼行为本身是否完成，容留卖淫罪均应认定既遂。

参 第1349号　袁七虎容留、介绍卖淫案——容留、介绍卖淫罪“情节严重”的司法认定

对于容留、介绍他人卖淫的认定，应主要考虑卖淫人数、卖淫人员特殊性，并将非法获利情况也作为依据。认定容留、介绍他人卖淫“情节严重”，应当从卖淫人数、时间长度、社会影响等方面综合考虑，如果卖淫次数已经查实，在法定刑幅度范围内应当作为量刑的情节予以考虑。

参 第1350号　阎吉粤介绍卖淫案——利用“QQ”网络建群为群成员卖淫嫖娼活动提供方便的行为应如何定性

被告人只是利用QQ群实施了介绍卖淫行为，对卖淫嫖娼活动并未实施管理和控制。卖淫嫖娼者在何时、何地、如何卖淫嫖娼以及费用的支付等，均由卖淫嫖娼人员自主决定。被告人并未从卖淫嫖娼活动中牟取经济利益，其对卖淫嫖娼活动仅起到介绍作用，应当认定为介绍卖淫罪。行为人利用QQ群组实施介绍卖淫行为，在构成介绍卖淫罪的同时，还构成非法利用信息网络罪，依照处罚较重的规定定罪处罚。对非法利用信息网络罪中“情节严重”的认定，可结合行为人所发布信息的具体内容、数量、扩散范围，获取非法利益的数额，受害人的多少，造成的社会影响等因素进行综合考量。

参 第1386号　王怀珍容留卖淫案——容留卖淫罪的入罪标准

最高人民法院、最高人民检察院《关于办理组织、强迫、引诱、容留、介绍卖淫刑事案件适用法律若干问题的解释》规定，一年内曾因引诱、容留、介绍卖淫行为被行政处罚，又实施容留、介绍卖淫行为的，以引诱、容留、介绍卖淫罪定罪处罚。这是对具有同类行为被行政处罚过的人作出降低入罪门槛的规定，主要是考虑此类人员主观恶性较深，人身危害性更大。上述规定中的前半段“引诱、容留、介绍卖淫行为”中的“卖淫行为”，既包括《治安管理处罚法》上的卖淫行为，也包括《刑法》意义上的卖淫行为；而后半段“容留、介绍卖淫行为”中的“卖淫行为”，仅指《刑法》意义上的卖淫行为。对于一年内曾因引诱、容留、介绍卖淫行为被判处刑罚，又实施容留介绍卖淫行为的，因为前一行为已经被《刑法》所评价，如果将前一次的犯罪行为作为后一次行为是否构成犯罪的标准，则有重复评价之嫌，故不再适用上述规定。关于“一年内”的时间起止计算节点，应是行为发生时间，而非行政处罚时间。

参 第1556号　陈某箭介绍卖淫案——为他人提供寻求卖淫嫖娼合意场所的行为定性

实施容留卖淫罪的主行为是提供场所，而容留卖淫罪中提供其他便利条件应当与提供场所具有不可分割性。在由行为人支配场所或关联一定场所的案件中，该场所承载的具体功能是容留卖淫罪和介绍卖淫罪区分的关键。如果该场所仅起到为他人提供寻求卖淫嫖娼合意的作用，且卖淫嫖娼行为发生在其所支配场所之外，或该场所并不由其支配，则应认定为介绍卖淫罪。

传播性病罪

《刑法》规定

第三百六十条　明知自己患有梅毒、淋病等严重性病卖淫、嫖娼的，处五年以下有期徒刑、拘役或者管制，并处罚金。

相关规定

《刑法修正案(九)》第43条

最高人民法院、最高人民检察院《关于办理组织、强迫、引诱、容留、介绍卖淫刑事案件适用法律若干问题的解释》第11、12条

案例要旨

参 第1133号 王某传播性病案——明知自己携带艾滋病病毒而卖淫的如何定性

无论从医学角度还是法律角度分析,艾滋病均属于危害性与梅毒、淋病相当的严重性病。HIV-Ⅰ抗体呈阳性的行为人符合传播性病罪的主体要件。明知自己携带艾滋病病毒而卖淫的,可以构成传播性病罪。如行为人出于希望或放任他人感染艾滋病病毒的心理进行卖淫嫖娼活动,并使对方感染艾滋病病毒(或发病死亡),可以认定其构成故意伤害(致死)罪。如有充分证据证实其得知自己系艾滋病病毒携带者后仍长期卖淫,与其进行性交易的人员众多,甚至导致艾滋病的进一步扩散,可认定其构成以危险方法危害公共安全罪。

制作、复制、出版、贩卖、传播淫秽物品牟利罪

《刑法》规定

第三百六十三条第一款 以牟利为目的,制作、复制、出版、贩卖、传播淫秽物品的,处三年以下有期徒刑、拘役或者管制,并处罚金;情节严重的,处三年以上十年以下有期徒刑,并处罚金;情节特别严重的,处十年以上有期徒刑或者无期徒刑,并处罚金或者没收财产。

相关规定

全国人民代表大会常务委员会《关于维护互联网安全的决定》第3条第5项

最高人民检察院、公安部《关于公安机关管辖的刑事案件立案追诉标准的规定(一)》第82条

最高人民法院《关于审理非法出版物刑事案件具体应用法律若干问题的解释》第8、9、16条

最高人民法院、最高人民检察院《关于办理利用互联网、移动通讯终端、声讯台制作、复制、出版、贩卖、传播淫秽电子信息刑事案件具体应用法律若干问题的解释(一)》

最高人民法院、最高人民检察院《关于办理利用互联网、移动通讯终端、声讯台制作、复制、出版、贩卖、传播淫秽电子信息刑事案件具体应用法律若干问题的解释(二)》

最高人民检察院法律政策研究室《对〈关于利用移动存储介质复制、贩卖淫秽视频电子信息牟利如何适用法律问题的请示〉的答复意见》

最高人民法院、最高人民检察院《关于利用网络云盘制作、复制、贩卖、传播淫秽电子信息牟利行为定罪量刑问题的批复》

案例要旨

参 第5号　杨海波等贩卖淫秽物品牟利案——贩卖淫秽物品牟利如何适用法律

由于司法解释是对法律本来含义作出的具体适用的解释,其溯及力应当与法律的溯及力相同。案件起诉后,无论是在一审还是二审阶段新发布了有关司法解释,均应当适用该解释,与有关法律一并作为定罪处刑的依据。最高人民法院《关于审理非法出版物刑事案件具体应用法律

若干问题的解释》应成为本罪定罪量刑的依据。

参 第123号　何肃黄、杨柯传播淫秽物品牟利案——在互联网上刊载淫秽图片、小说、电影的行为如何定性

(1)在互联网上刊载淫秽图片、小说、电影的,应以传播淫秽物品罪论处。(2)以赚取广告收入为目的,在互联网上刊载淫秽物品的,应以传播淫秽物品牟利罪论处。

参 第641号　方惠茹传播淫秽物品牟利案——以牟利为目的与多人进行网络视频裸聊的行为如何定罪

合理扩张"淫秽物品"一词的外延,符合社会发展以及维护社会善良风俗的实际需要,也是刑法解释的要求所在,并不违背罪刑法定原则。通过网络视频聊天进行裸聊所传播的视频信息,属于具体描绘性行为或者露骨宣扬色情的淫秽电子信息,具有淫秽物品的本质属性即淫秽性,故以牟利为目的与多人进行网络视频裸聊的,应以传播淫秽物品牟利罪论处。

参 第664号　唐小明制作、贩卖淫秽物品牟利案——编写添加淫秽色情内容的手机网站建站程序并贩卖的行为应如何定罪

对制作、贩卖淫秽物品牟利罪客观行为及行为对象理解时,既不能超出刑法用语语意的最大范围,也应当立足于司法实践,根据立法目的予以解释,并在必要时进行扩大解释。行为人以牟利为目的,制作带有淫秽内容的手机网站程序,出售给他人用于开设色情淫秽网站,依法应以制作、贩卖淫秽物品牟利罪定罪处罚。

参 第665号　陈乔华复制、贩卖淫秽物品牟利案——以手机存储卡为载体复制淫秽物品牟利的行为应如何定罪处罚

行为人以牟利为目的,将手机存储卡作为载体复制淫秽物品,应以

复制、贩卖淫秽物品牟利罪定罪处罚。对于在被告人经营场所电脑硬盘内查获的淫秽物品,也应当计入复制淫秽物品的犯罪数量。

参 第666号 李志雷贩卖淫秽物品牟利案——贩卖指向淫秽视频链接的行为定性和数量认定

指向淫秽电子信息的链接与淫秽电子信息并无本质的区别,亦属于淫秽物品,以牟利为目的通过互联网贩卖淫秽视频链接的,应以贩卖淫秽物品牟利罪论处。贩卖淫秽物品的数量,应以其贩卖的压缩文件数计算。

参 第667号 魏大巍、戚本厚传播淫秽物品牟利案——以牟利为目的向淫秽网站投放广告的行为如何定罪

以牟利为目的的向淫秽网站投放广告的行为,应当依法认定为传播淫秽物品牟利罪,但必须满足以下条件:(1)行为人投放广告的网站必须是淫秽网站(需要经专门鉴定机构依法鉴定);(2)行为人明知自己投放广告的网站为淫秽网站;(3)行为人必须有以牟利为目的向淫秽网站投放广告的行为;(4)行为人向淫秽网站进行资金结算的行为,尤其是与淫秽网站进行资金结算的行为必须有相应的证据予以核实。

参 第668号 张方耀传播淫秽物品牟利案——利用互联网、移动通信终端实施的淫秽电子信息犯罪的行为方式与罪名认定及该类犯罪的数量认定

出于牟利目的,既制作又贩卖、传播的,则只定制作、贩卖、传播淫秽物品牟利罪,不实行数罪并罚;如果既复制又传播,但复制并非单独实现牟利,而是为了传播,是实现传播牟利的途径或方式,则宜单独定传播淫秽物品牟利罪。通过增加广告点击量及扩大淫秽电子信息的影响范围,来实现其传播淫秽电子信息牟利的目的。其并未直接向会员收取费用,而是靠增加广告点击量赚取广告商的费用,故本质上还属于“传播”的

行为方式,构成制作、复制、出版、贩卖、传播淫秽物品牟利罪。

参 第669号　罗刚等传播淫秽物品牟利案——如何正确把握淫秽电子信息的实际被点击数

淫秽电子信息相关犯罪应当以点击数作为定罪量刑标准,是因为点击数类似于传统介质淫秽物品的传播人次,能客观反映淫秽物品的传播范围,体现该犯罪行为对社会的危害程度,同时考虑到电子信息和传统介质在传播上的差异及网络传播中常见的无效点击、重复点击等情况,对电子信息点击数的规定应考虑电子信息传播时的实际情况而设置高于传统介质淫秽物品传播人次的标准。

参 第690号　陈锦鹏等传播淫秽物品牟利案——对设立淫秽网站以及为其提供接入服务、租用网站广告位的行为,如何定罪量刑

行为人以牟利为目的,利用互联网传播淫秽图片,以及其他行为人为淫秽网站提供互联网接入、服务器托管、网络存储空间、通信传输通道等服务,收取服务费的行为,依法构成传播淫秽物品牟利罪。

参 第691号　北京掌中时尚科技有限公司等传播淫秽物品牟利案——利用手机WAP网传播淫秽信息的牟利行为,如何认定

(1)利用手机WAP网传播淫秽电子图片牟利的,构成传播淫秽物品牟利罪。(2)行为人发布淫秽电子信息,自行点击以增加点击量,这种自行点击行为并非向他人传播,不符合传播淫秽物品的特征,一旦查实,应从点击数量中扣除。

参 第723号　杨勇传播淫秽物品牟利案——淫秽电子信息实际被点击数和注册会员数如何认定

(1)被告人为获取广告收入传播淫秽电子信息的行为,应当认定为传播淫秽物品牟利罪。(2)网站淫秽电子信息实际被点击数和注册会员数不能笼统认定，应结合案件情况综合评估其对案件定罪量刑的作用。具体如下：①区分包含淫秽信息的普通网站与淫秽网站。如果认定某个网站为淫秽网站，且该网站内的电子信息均为淫秽信息，则淫秽电子信息的实际被点击数就等同于截至案发当日该网站的实际被点击数。如果淫秽网站内的电子信息主要是淫秽信息，同时存在少量普通信息，则淫秽电子信息的实际被点击数就可能略低于截至案发当日该网站的实际被点击数。在认定淫秽电子信息的实际被点击数时，应当就普通电子信息与淫秽电子信息加以区分。②区分“点击数”与“实际被点击数”。在计算淫秽电子信息的实际被点击数时，如查明确实存在虚增点击数的情况，就应当扣除上述虚增的点击数。

参 第769号 陈继明等传播淫秽物品牟利案——仅为提高浏览权限而担任淫秽网站版主的行为，如何定罪处罚

行为人虽无牟利目的，客观上也未获得报酬，但在明知他人建立淫秽网站收取广告费牟利的前提下，仍申请成为网站的版主，对网站进行管理、编辑和维护，从而吸引更多的网民进行点击和浏览，其行为对他人的行为起到了帮助作用，应当构成传播淫秽物品牟利罪的共犯。

参 第1086号 张正亮贩卖淫秽物品牟利案——如何把握贩卖淫秽物品牟利罪既遂、未遂的认定标准

贩卖淫秽物品牟利罪不属于结果犯，而属于行为犯。行为犯通常以法律规定的犯罪行为的完成作为既遂认定标准，但行为犯中的犯罪行为并不是一着手实行即告完成。有的行为犯，犯罪行为有一个实行过程，通常要达到一定阶段（或者程度），才能视为行为的完成。对于不同类型的贩卖行为，是否认定既遂，应当考察行为所处的阶段（或者程度），不能一概以行为着手作为认定既遂的标准。

参 第1192号 深圳市快播科技有限公司、王欣等人传播淫秽物品牟利案——网络视频缓存加速服务提供者构成传播淫秽物品牟利罪的认定

网络视频信息服务提供者没有履行其应履行的网络安全管理义务，放任其网络服务系统大量传播淫秽视频属于间接故意，因而既不适用“技术中立”的责任豁免，也不属于“中立的帮助行为”。因此，网络视频信息服务提供者以牟利为目的，放任淫秽视频大量传播的行为，构成传播淫秽物品牟利罪的单位犯罪。

参 第1351号 梁世勋贩卖淫秽物品牟利案——网络云盘中淫秽物品的数量认定及量刑

认定贩卖淫秽物品的数量标准是淫秽视频文件的个数，而非淫秽视频载体的个数。网络云盘本身并非文件，而是文件的存储中介和载体，应当以网络云盘中实际存储的淫秽视频文件数量来认定贩卖淫秽物品的数量。贩卖含有淫秽电子信息的网络云盘类案件，量刑不应单纯考虑制作、复制、贩卖、传播淫秽电子信息的数量，还应充分考虑传播范围、违法所得、行为人一贯表现以及淫秽电子信息、传播对象是否涉及未成年人等情节，综合评估社会危害性，恰当裁量刑罚，确保罪责刑相适应。

传播淫秽物品罪

《刑法》规定

第三百六十四条第一款 传播淫秽的书刊、影片、音像、图片或者其他淫秽物品，情节严重的，处二年以下有期徒刑、拘役或者管制。

第四款 向不满十八周岁的未成年人传播淫秽物品的，从重处罚。

相关规定

最高人民法院、最高人民检察院《关于办理利用互联网、移动通讯终端、声讯台制作、复制、出版、贩卖、传播淫秽电子信息刑事案件具体应用法律若干问题的解释(一)》第3条

最高人民法院、最高人民检察院《关于办理利用互联网、移动通讯终端、声讯台制作、复制、出版、贩卖、传播淫秽电子信息刑事案件具体应用法律若干问题的解释(二)》第2、3、5条

最高人民法院《关于审理非法出版物刑事案件具体应用法律若干问题的解释》第10条

最高人民检察院、公安部《关于公安机关管辖的刑事案件立案追诉标准的规定(一)》第84条

案例要旨

参 第670号 胡鹏等传播淫秽物品案——如何把握利用网络群组传播淫秽物品的犯罪

主要用于传播淫秽电子信息的群组，是指群组中有传播淫秽电子信息这一主题，且这一主题具备长期性和居于主导地位的网络群组；作为定罪量刑标准的群组成员数，应当以网络显示的成员数为准；群组的创建者、管理者应当对整个群的讨论内容和刊载信息负责，主要传播者只要上传了淫秽电子信息，无论案发时是否仍是群组成员，均应依法予以定罪处罚。

参 第671号 冷继超传播淫秽物品案——如何认定网站版主传播淫秽物品的刑事责任

版主构成传播淫秽物品罪必须符合以下条件：(1)主观上明知是淫

秽信息，客观上存在允许或放任的行为；(2)涉及的淫秽电子信息数量达到司法解释所规定的数量标准。

参 第672号　宋文传播淫秽物品、敲诈勒索案——将与他人性交的视频片段上传至个人博客的行为如何定性

若将淫秽视频片段置于网络，任何访问该网址的人皆可看到，则违背社会公序良俗，法律必然要对该视频的性质作出评定，无疑系淫秽物品。将视频片段上传至个人博客上的行为构成传播行为，这种传播行为是一种持续行为，当点击量达到法律规定的标准时，就符合传播淫秽物品罪的构成要件且系既遂，不论行为人主观上是否有报复或其他目的，不影响对故意的认定。

参 第1444号　周菊清传播淫秽物品案——为推销合法产品而利用淫秽物品招揽顾客的行为，能否认定为传播淫秽物品牟利罪

利用淫秽电子信息促销合法产品获利，既没有向被传播者收取淫秽视频链接的信息服务费，也没有通过其创建的微信群做广告赚取广告费，不属于司法解释规定的利用网络传播淫秽物品牟利情形，这种牟利方式与传播淫秽物品行为之间并不存在直接的、必然的因果关系，且传播淫秽物品牟利罪仅仅因为在构成要件上需要“以牟利为目的”，在法定刑的设置上要远远重于传播淫秽物品罪。为此，对“牟利”情节应当进行严格解释，以将那些轻微的传播淫秽物品间接牟利的行为排除在该罪的犯罪构成之外，故对上述行为不应认定为传播淫秽物品牟利罪。

组织淫秽表演罪

《刑法》规定

第三百六十五条　组织进行淫秽表演的，处三年以下有期徒刑、拘役或者管制，并处罚金；情节严重的，处三年以上十年以下有期徒刑，并处罚金。

相关规定

最高人民检察院、公安部《关于公安机关管辖的刑事案件立案追诉标准的规定(一)》第86条

案例要旨

参 第673号　重庆访问科技有限公司等单位及郑立等人组织淫秽表演案——单位利用网络视频组织淫秽表演的行为如何定罪量刑

被告单位和被告人以牟利为目的，利用网络视频多次组织淫秽表演的行为，构成组织淫秽表演罪。各被告单位和被告人按照协议和分工组织淫秽表演，依法应认定为共同犯罪；各被告人作为单位主管人员或直接责任人员，应当对单位犯罪承担相应的责任。

参 第770号　董志尧组织淫秽表演案——招募模特和摄影者，要求模特摆出淫秽姿势供摄影者拍摄的，如何定性

招募模特和摄影者，要求模特裸露生殖器、摆出淫秽姿势供摄影者拍摄的，模特在摄影者镜头前的行为是以体态性的动作向摄影者传递感官可以接收的信息，完全可以认定为表演行为，且属于表演行为和观看行为同步的狭义表演，构成组织淫秽表演罪。一个模特和一个摄影者组成“一对一”私拍活动，由于受众具有不特定性，且表演次数多，受众人数达到多数，应认定为组织淫秽表演罪。

第七章

贪污贿赂罪

贪 污 罪

《刑法》规定

第三百八十二条 国家工作人员利用职务上的便利，侵吞、窃取、骗取或者以其他手段非法占有公共财物的，是贪污罪。

受国家机关、国有公司、企业、事业单位、人民团体委托管理、经营国有财产的人员，利用职务上的便利，侵吞、窃取、骗取或者以其他手段非法占有国有财物的，以贪污论。

与前两款所列人员勾结，伙同贪污的，以共犯论处。

相关规定

全国人民代表大会常务委员会《关于〈中华人民共和国刑法〉第九十三条第二款的解释》

最高人民检察院《关于人民检察院直接受理立案侦查案件立案标准的规定(试行)》"一、贪污贿赂犯罪案件"(一)

《全国法院审理经济犯罪案件工作座谈会纪要》"一、关于贪污贿赂犯罪和渎职犯罪的主体""二、关于贪污罪"

最高人民法院、最高人民检察院《关于办理国家出资企业中职务犯

罪案件具体应用法律若干问题的意见》

最高人民法院《关于审理贪污、职务侵占案件如何认定共同犯罪几个问题的解释》

最高人民法院、最高人民检察院《关于办理妨害预防、控制突发传染病疫情等灾害的刑事案件具体应用法律若干问题的解释》第 14 条第 1 款

最高人民法院研究室《关于对行为人通过伪造国家机关公文、证件担任国家工作人员职务并利用职务上的便利侵占本单位财物、收受贿赂、挪用本单位资金等行为如何适用法律问题的答复》

案例要旨

指 11 号　杨延虎等贪污案

(1)贪污罪中的“利用职务上的便利”,是指利用职务上主管、管理、经手公共财物的权力及方便条件,既包括利用本人职务上主管、管理公共财物的职务便利,也包括利用职务上有隶属关系的其他国家工作人员的职务便利。(2)土地使用权具有财产性利益,属于《刑法》第 382 条第 1 款规定中的“公共财物”,可以成为贪污的对象。

公 2004 年第 5 期　王一兵贪污案

在企业改制过程中,国有企业工作人员利用受委派在国有、集体联营企业中从事公务的职务便利,将国有、集体联营企业的公共财产转移至自己及亲属控股的个人股份制企业并非法占有,应认定构成贪污罪。

公 2004 年第 12 期 参 第 312 号　尚荣多等贪污案——学校违规收取的“点招费”能否视为公共财产

国有事业单位工作人员利用职务便利,截留并侵吞本单位违法收取的不合理费用,应根据《刑法》第 382 条的规定,以贪污罪论处。

公 2005年第7期　束兆龙贪污案

根据《刑法》第382条第1款的规定，被告人在国有事业单位改制中，利用职务便利隐瞒国有资产，并将其转移到改制后自己占有投资份额的公司中，构成了贪污罪，但贪污数额应按照被告人在改制后的公司中所占投资份额的比例认定。

参 第29号　陈贵杰等贪污案——银行临时工与外部人员勾结监守自盗应如何定罪

根据全国人民代表大会常务委员会《关于惩治贪污罪贿赂罪的补充规定》(已失效。——编者注)有关规定的精神，内外勾结伙同贪污的，应以贪污罪的共犯认定。本案被告人均是计划内临时工，不具备国家工作人员的身份，不构成贪污罪的主体。若被告人在国有公司、企业中承担管理、经营国有财产的职务，系从事公务的国家工作人员，可以构成贪污罪的主体。本案案发时为1995年，以侵占罪定罪量刑是正确的。(1997年《刑法》施行以后，贪污罪的主体有所扩大，即不再以"干部身份"确定国家工作人员，而以其是否从事管理职责即是否在国有企业中从事公务来判断。——编者注)

参 第63号　肖元华贪污、挪用公款案——定额承包者占有或者支配本人上缴定额利润后的营利部分是否构成贪污罪

承办人兴办的经济实体，虽有集体所有制企业的营业执照，因挂靠单位没有投资、贷款和集资，也没有按集体所有制企业管理机制进行管理，完全由承办人自筹资金、自聘人员、自主经营，对剩余的所创利润，按承包协议应由承办人自主分配，不构成贪污罪。

参 第79号　李平贪污、挪用公款案——对贪污、挪用犯罪行为直接造成的财产损失能否提起附带民事诉讼

附带民事诉讼的受案范围，应只限于被害人因人身权利受到犯罪行

为侵犯和财物被犯罪行为损毁而遭受的物质损失，不包括因犯罪分子非法占有、处置被害人财产而使其遭受的物质损失。对因犯罪分子贪污、挪用公款而使被害单位遭受财产损失的，不能通过附带民事诉讼途径解决。

参 第83号　陆建中被控贪污案——律师事务所主任将名为国有实为个体的律师事务所的财产据为己有不构成贪污罪

认定单位经济性质，应在工商行政管理机关核定的基础上，综合考虑注册资金来源、人员管理、利润分配等情况，实事求是地确定所有制形式。在性质上名为“国办”实为“个体”的财产不属于全国人民代表大会常务委员会《关于惩治贪污罪贿赂罪的补充规定》中规定的“公共财物”。

参 第124号　徐华、罗永德贪污案——在国有企业改制中隐瞒资产真实情况造成巨额国有资产损失的行为如何处理

徇私舞弊行为不排除以非法占有为表现形式，但当非法占有的数额已达到有关贪利型犯罪（如贪污罪）的处罚标准时，应以贪利型犯罪定罪处罚。行为人非法占有国有资产的行为虽然表面上也经过职工大会的讨论，但结果恰恰是与原先在职工大会上定下来的处理该笔资产的方案相违背的，不能反映单位的意志，纯属于个人行为，不符合私分国有资产罪的构成特征。

参 第136号　宾四春、郭利、戴自立贪污案——如何认定村民委员会等村基层组织成员为依照法律从事公务的人员

村民委员会等村基层组织成员在协助人民政府从事行政管理工作时，属于《刑法》第93条第2款规定的“其他依照法律从事公务的人员”。村党支部成员在协助人民政府履行全国人民代表大会常务委员会《关于〈中华人民共和国刑法〉第九十三条第二款的解释》规定的七类行

政管理工作时,也属于“其他依照法律从事公务的人员”。村民委员会等村基层组织成员利用职务上的便利非法占有的财物既包括国有财产也包括村集体所有财产的,应当分别定罪处罚。

参 第 216 号　于继红贪污案——不动产能否成为贪污罪的犯罪对象

贪污罪的对象不应仅仅限于动产,国家工作人员利用职务上的便利,采用欺骗手段非法占有公有房屋的行为,应以贪污罪定罪处罚。对于非法侵占公有房产的贪污行为,即使客观上尚未办理产权变更登记,也可以通过其所采取的欺骗手段等行为事实,认定其具有非法占有的目的。同时,利用职务上的便利,截留公有房屋并实际占有使用,虽未办理私有产权证,但也应认定为贪污既遂。

参 第 236 号　彭国军贪污、挪用公款案——如何认定以挪用公款手段实施的贪污犯罪

贪污罪与挪用公款罪区别的关键在于,行为人主观上是否以非法占有为目的,客观上是否实施了侵吞公款的行为。司法实践中,应当根据行为人是否采取弄虚作假的手段,使自己占有公款的事实在账目上难以发现,是否销毁有关账目,是否截取收入不入账,来认定是否具有非法占有的目的。携带挪用的公款潜逃的,对其携带的部分公款以贪污罪定罪;但已挪用却未携带的部分公款,行为人主观上不一定转化为不打算归还该公款,应具体分析行为人是否具有非法占有的目的。

参 第 275 号　胡启能贪污案——截留并非法占有本单位利润款的贪污行为与收受回扣的受贿行为的区分

截留并非法占有本单位利润款的行为,不能一概认定为受贿。当回扣或者手续费实质上属于本单位的额外支出或者应得利益时,实际上侵犯的是本单位的财产权利,就应当特别注意是否是一种变相的贪污行为。

参 第292号　胡滋玮贪污案——贪污罪中非法占有目的的推定

贪污罪中的非法占有目的，需结合公款的具体去向及行为人的处置意思来加以综合认定，实践中应注意区分形式上的“侵占”行为与贪污罪中以非法占有为目的的侵吞行为，以免客观归罪。

参 第311号　江仲生等贪污案——贪污罪犯罪对象的理解与认定

委派的内涵及外延可以从两个方面的特征加以理解和把握：一是形式特征，委派在形式上可以不拘一格；二是实质特征，具有国有单位的直接代表性，而不是只看有无委派手续。在一些特殊行业的非公有制经济单位中，其高层的管理决策层（如董事会）往往由党政主管部门委派、批准并进行统一管理，但具体的执行人员（如经理人员）则由该管理决策层自行任命。此种情形，只有前者属于委派，而对后者即“二次委派”则不能认为是委派。因此，被告人（国家工作人员）出售公司股票属履职行为而非个人行为，所售股票收益应认定为公司财产，被告人利用职务便利将其中的差价款予以侵吞构成贪污罪。（1997年《刑法》摒弃了过去长期沿用的身份论的观点，在国家工作人员包括受委派等准国家工作人员的认定上，规定从事公务是指代表国有单位行使组织、领导、监督、管理等职务活动，而不再按照国家工作人员的身份来定罪。——编者注）

参 第334号　阎怀民、钱玉芳贪污、受贿案——国家工作人员利用职务上的便利以单位的名义向有关单位索要“赞助款”并占为己有的行为是索贿还是贪污

国家工作人员与行贿主体之间，应当具有主观认知上的对应性和客观行为上的互动性。本案行为人既无对个人索贿的主观认知，亦无向个人行贿的主观故意和客观行为，不具有行为的违法性。在此情形下，如果认定索贿性质，势必相应地形成向个人行贿性质的法律评价，其结论显然与事实和法律不符。从出款人的主观认知程度和行为人的权限以及该款项最终成为公款的事实来看，行为人占有本单位财产的行为符合贪污罪的构成要件，应当以贪污罪定罪处罚。

参 第 355 号　朱洪岩贪污案——租赁国有企业的人员盗卖国有资产的行为如何处理

受委托管理、经营国有财产是指因承包、租赁、临时聘用等管理、经营国有财产。长期受聘用的人员可视为国家工作人员，对于其利用职务上便利侵吞国有财产的，可以直接适用《刑法》第 382 条第 1 款的规定处罚，而临时聘用人员由于尚未与国有单位形成固定的劳动关系，难以认定其为国家工作人员。因此，将临时聘用的人员纳入《刑法》第 382 条第 2 款规定的受委托人员范畴，符合《刑法》的立法精神和保护国有资产的价值取向。

参 第 383 号　郭如鳌、张俊琴、赵茹贪污、挪用公款案——证券营业部工作人员利用职务便利私分单位违规自营炒股盈利款的行为如何定性

从盈利款的来源看，虽然国有公司自营炒股违反了国家规定，但并不因此改变盈利款为国有公司所有的事实。从炒股所用的资金看，国有公司自营炒股所用的资金属于公共财产，其孳息即炒股盈利款显然属于公共财产。从最终归属看，该盈利款亦应认定为公共财产。在全民所有制企业中担任管理职位，从事对国有资产的管理和处分工作的，视为国家工作人员，行为人以非法占有为目的，通过私下秘密商议，将公共财产予以私分的行为，构成贪污罪。

参 第 462 号　高建华等贪污案——使用公款购买房屋构成贪污的，犯罪对象是公款还是房屋

（1）贪污罪的既遂与未遂关键在于行为人是否实际控制财物，具体到贪污不动产的情形，不能将民事上的产权变更手续与贪污是否既遂画

等号。(2)如果行为人实际控制该不动产,单位已经失去实际控制,该贪污行为就应当被认定为既遂,至于行为人是否办理产权证明不影响贪污既遂的认定。

参 第594号 廖常伦贪污、受贿案——村民小组组长在特定情形下属于"其他依照法律从事公务的人员"

村民小组组长等工作人员属于"村基层组织人员",如果其协助人民政府从事行政管理工作,就应当属于"其他依照法律从事公务的人员"。

参 第692号 黄明惠贪污案——利用受国家税务机关委托行使代收税款的便利侵吞税款的行为,如何定罪处罚

在与税务机关签订委托代征税款协议、接受税务机关依法作出的代征税款的委托之后,以税务机关的名义进行的代征行为,属于在特定条件下行使国家税收征管权,符合《刑法》第93条第2款规定的"依照法律从事公务"。在代征税款时,应以国家工作人员论。在受委托代征税款期间,以非法占有为目的,利用代征税款的职务便利,私自截留、侵吞代征的税款,不但侵犯了国有财产所有权,而且侵犯了代征税款职务的廉洁性,应构成贪污罪。

参 第734号 王妙兴贪污、受贿、职务侵占案——对国有公司改制中利用职务便利隐匿并实际控制国有资产的行为,如何认定

国家工作人员或者受国家机关、国有公司、企业、事业单位、人民团体委托管理、经营国有财产的人员利用职务上的便利,在国家出资企业改制过程中故意通过低估资产、隐瞒债权、虚设债务、虚构产权交易等方式隐匿公司、企业财产,转为本人持有股份的改制后公司、企业所有,应当依法追究刑事责任的,依照《刑法》第382、383条的规定,以贪污罪定罪处罚。

参 第771号 李成兴贪污案——社保工作人员骗取企业为非企业人员参保并私自收取养老保险费的行为，如何定性

行为人作为国家工作人员，骗取企业为非企业人员缴纳养老保险费，同时收取参保人员缴纳的养老保险费，或利用企业“空名户”名额收取参保人员已被抵缴的养老保险费，并占为己有的，属于利用职务上的便利非法占有公共财物，构成贪污罪。

参 第1014号 李培光贪污、挪用公款案——如何审查认定国家出资企业中国家工作人员的身份

（1）从形式要件分析，认定国家出资企业中的国家工作人员，一般要求行为人的职务系经党政联席会等形式批准、任命。（2）从实质要件分析，在国有控股、参股公司中国家工作人员身份的认定中，除了需要审查行为人的任命程序，还需要审查其是否“代表负有管理、监督国有资产职责的组织”，从事“组织、领导、监督、经营、管理工作”，这一审查主要围绕代表性、公务性以及国有资产的紧密关联性三个特征进行。

参 第1071号 陈强等贪污、受贿案——国家工作人员套取的公款中用于支付原单位业务回扣费用的部分，是否应当计入贪污数额

（1）一般来说，国家工作人员套取公款后，再将部分钱款用于原单位公务支出，不论出于何种原因，均应全额计入贪污数额，理由是该行为属于犯罪既遂后的赃款处置行为。（2）考虑到支付回扣费用的做法在相关被告人原单位由来已久，各被告人也确是出于单位利益的考虑而决定继续沿用惯例。这种支付业务回扣费用的做法固然应予取缔，但从行业惯例和现实的角度来看，则不能将全部责任归于相关被告人。如将该部分费用计入各被告人的贪污数额，将会导致罪刑不相适应。

参 第1087号 祝贵财等贪污案——如何区分非法经营同类营业罪和贪污罪

非法经营同类营业罪与贪污罪的主体有重合之处，国有公司、企业的董事、经理都可以成为两罪的主体，客观方面都要求利用职务上的便利并获取一定数额的非法利益，主观方面均为直接故意。获取购销差价的非法经营同类营业行为与增设中间环节截留国有财产的贪污行为在增设中间环节、获取购销差价上具有相似性，但同时存在以下区别：(1)对增设的中间环节是否客观存在要求不同。(2)对增设的中间环节是否具有经营能力要求不同。(3)对增设的中间环节是否进行了实际经营活动并承担一定的经营责任风险要求不同。(4)对所获取的购销差价是否合理要求不同。区分二者的关键在于行为人是采取何种方式取得非法利益的。如果行为人直接通过非法手段将国有公司、企业的财产转移到兼营公司、企业中，属于截留国有财产的贪污行为，构成贪污罪。如果行为人没有直接转移财产，而是利用职务便利将任职国有公司、企业的盈利性商业机会交由兼营公司、企业经营，获取数额巨大的非法利益的，则构成非法经营同类营业罪。

参 第1139号 周爱武、周晓贪污案——贪污特定款物的司法认定以及新旧法选择适用时罚金刑的判处

(1)司法解释蕴含了对贪污特定款物的情形从重处罚的原则，在办案过程中确认犯罪对象是否属于特定款物直接影响对被告人的定罪量刑。司法实践中认定犯罪对象是否属于特定款物，不仅要看具体款物的表现形式，还要通过贪污方式看其本质特征，只有在公款已经类型化为特定款物且妨害了特定事项办理或者特殊群体权利的情况下，才能认定为特定款物。(2)在服务券流转的过程中，政府是按照票面金额向服务商支付钱款的，被告人的贪污行为造成的公款损失数额与票面金额相

等，至于服务商和被告人之间如何分配，不影响贪污数额的认定。因此，贪污养老（助残）服务券的，应以其贪污的票面金额确定犯罪金额。（3）比较法定刑的轻重，首要的标准在于主刑的轻重，如果两个条文对应的主刑相同，则有附加刑的重于没有附加刑的。此外，在同时规定有主刑和附加刑的情况下，二者是一个有机整体。适用某一法律条文，必须做到完整适用，而不能割裂开来。

参 第 1142 号　王雪龙挪用公款、贪污案——如何认定“小金库”性质公司及公务性支出能否从贪污数额中扣除

（1）从公司设立知情面的情况来看，虽然表面上知情面较窄，具有一定隐蔽性，但由于“小金库”性质公司的设立体现的是单位意志，单位的决策管理层应当对该公司的设立知情，而绝非仅个别领导知情。（2）从公司设置目的来看，单位设立“小金库”一般用于安置单位违规收费、罚款、摊派的资金，以会议费等名义套取的资金，以及虚列支出转出的资金等，以便单位逃避监管违规发放工资、福利、接待等，也不排除部分资金用于弥补正常公务支出的差额。（3）从本质来讲，单位“小金库”中的资金仍属于单位财产，即使成立了独立的“小金库”性质的公司，该公司的财产也属于设立该公司的单位所有，公司事务也应由设立其的单位管理。（4）从经费的使用及受益方来看，“小金库”或者“小金库”性质的公司中的资金由设立此公司的单位支配、使用，受益方也是设立该“小金库”的单位。同时，行为人将赃款用于公务支出的，不影响对其贪污行为的认定，用于公务支出的部分不能从贪污数额中扣除，只能在量刑时酌情考虑。

参 第 1281 号　刘宝春贪污案——自收自支事业单位中非法套取公款发放“奖金”的行为如何定性

（1）贪污罪的犯罪主体是国家工作人员，而私分国有资产罪的犯罪

主体是单位。(2)贪污罪的行为方式表现为侵吞、窃取、骗取或者其他手段。而在私分国有资产罪中,行为人往往不会采取制作假账或者平账的方式隐瞒支出,至多没有规范记账。(3)贪污罪要求行为是基于个人或者某几个人的意志作出的,而私分国有资产罪则要求行为是基于单位意志作出的。换言之,私分行为表现为本单位领导集体研究决定,并由单位统一组织实施,通常会有相应的会议纪要或者单位决议等证据。(4)贪污罪具有个别性,即行为人利用职务便利非法占有公共财物之后,仅有少数人(如领导层人员)牟利。而私分国有资产罪则具有广泛性,即套取公款为单位的多数人牟利。

参 第1430号　吴常文贪污案——高校科研经费贪污案件的司法认定

无论纵向科研经费还是横向科研经费均属于公共财产,并非课题组的私有财产,科研人员仅拥有使用权而非所有权,课题组对项目承担单位管理的科研经费不具有随意处置的权利。国家为激励科研创新、调动科研人员积极性,适度放宽对科研经费管理,增加科研经费使用的灵活性,并不意味着科研人员可以将科研经费随意挪作他用,甚至非法占为己有。行为人通过虚列支出、虚开发票等手段套取科研经费转入个人实际控制的公司或关联公司,公司确有参与科研合作的,应从公司参与科研项目实施和完成情况、公司实际为科研项目的支出情况、科研经费真实去向等方面,综合认定行为人对套取的科研经费是否具有非法占有目的。

参 第1558号　丁某圣、王某受贿、贪污案——国家工作人员与请托人互送大额财物以及套取银行营销费用的性质认定

判断交往双方互送财物的行为系礼尚往来还是权钱交易,应当严格按照受贿罪的构成要件,从交往双方的关系、是否具有人情交往的感情基础、互送财物的目的是否具有一致性、互送财物的事由和时间是否具

有对应性、互送财物的价值是否具有相当性、是否存在一方利用职权便利为请托人谋取利益等方面综合判断。在区分违纪违规使用营销费用与贪污犯罪时，应当审查营销费用的支出和报销在形式上是否合规、营销费用的真实用途及去向综合判断。当行为人同时利用职务便利侵吞公共财物时，应认定为贪污罪，并数罪并罚。在认定互送财物的性质时，需区分人情往来与受贿行为，关键在于是否存在利用职务便利为对方谋取利益的主观故意。此外，行为人套取单位营销费用的行为若违反财务规定并用于个人利益，则构成贪污罪。

参 第1592号　王某某贪污案——非法截留捐赠的财物应如何定性及处置

行为人私自截留非法捐赠财物的行为应定性为贪污罪。违反《公益事业捐赠法》规定的捐赠财物可以成为贪污罪的对象。对所涉捐赠财物私自截留，符合《刑法》第382条规定的，以贪污罪论处。

参 第1623号　史某某贪污案——村干部在协助政府部门腾退拆迁中骗取补偿款的行为定性

村干部在协助政府相关部门进行腾退拆迁工作中，伙同他人，通过隐瞒搬迁地上物系违法建筑等手段骗取拆迁补偿款，对该行为性质的认定，要从其是否具有国家工作人员的身份、是否具有利用职务上的便利骗取公共财物的行为，以及行为人的国家工作人员的身份是否对公共财物形成“处分权限”等方面综合认定。实践中，当村干部协助政府部门从事特定行政管理工作，并利用了该管理工作形成的便利条件实施骗取行为，且其身份条件对公共财物达到部分“处分权限”时，依法构成贪污罪。

挪用公款罪

《刑法》规定

第三百八十四条 国家工作人员利用职务上的便利,挪用公款归个人使用,进行非法活动的,或者挪用公款数额较大、进行营利活动的,或者挪用公款数额较大、超过三个月未还的,是挪用公款罪,处五年以下有期徒刑或者拘役;情节严重的,处五年以上有期徒刑。挪用公款数额巨大不退还的,处十年以上有期徒刑或者无期徒刑。

挪用用于救灾、抢险、防汛、优抚、扶贫、移民、救济款物归个人使用的,从重处罚。

相关规定

全国人民代表大会常务委员会《关于〈中华人民共和国刑法〉第三百八十四条第一款的解释》

最高人民法院《关于审理挪用公款案件具体应用法律若干问题的解释》

最高人民检察院《关于挪用国库券如何定性问题的批复》

最高人民检察院《关于人民检察院直接受理立案侦查案件立案标准的规定(试行)》"一、贪污贿赂犯罪案件"(二)

最高人民检察院《关于国家工作人员挪用非特定公物能否定罪的请示的批复》

最高人民检察院《关于认真贯彻执行全国人大常委会〈关于刑法第二百九十四条第一款的解释〉和〈关于刑法第三百八十四条第一款的解

释〉的通知》

最高人民检察院《关于挪用失业保险基金和下岗职工基本生活保障资金的行为适用法律问题的批复》

最高人民法院《关于挪用公款犯罪如何计算追诉期限问题的批复》

《全国法院审理经济犯罪案件工作座谈会纪要》“四、关于挪用公款罪”

最高人民法院、最高人民检察院《关于办理国家出资企业中职务犯罪案件具体应用法律若干问题的意见》第3条

最高人民法院、最高人民检察院《关于办理贪污贿赂刑事案件适用法律若干问题的解释》第5、6条

案例要旨

公 2005年第5期 参 第326号　歹进学挪用公款案——营业执照上标明的企业性质与企业的实际性质不一致时如何确定企业性质

(1)国有企业工作人员因单位经营的需要,根据集体决定的意见,将公款划拨至名为个体实为集体的其他企业使用,没有从中谋取私人利益的,其行为不构成挪用公款罪。(2)工商行政管理机关核发的营业执照标明的企业性质,与企业的实际情况不一致时,应当根据企业的成立过程、资金来源、利润分配、管理经营方式等情况,如实认定企业性质。

参 第55号　陈超龙挪用公款案——以假贷款合同掩盖挪用公款的行为如何定罪

区别贪污罪和挪用公款罪的关键在于主观故意内容的不同。贪污罪的主观故意是非法占有该公共财物,不准备归还;而挪用公款罪的主观故意是暂时占有并使用该公款,以后要予以归还。行为人签订假贷款合同的目的是在年终财务检查时掩盖挪用公款的事实,最终无法使账面

平衡,不能实现侵吞的目的,构成了挪用公款罪。

参 第 75 号 王正言挪用公款案——以使用变价款为目的挪用公物的行为是否构成挪用公款罪

区分行为人的行为是挪用公物还是挪用公款,必须结合商品的属性进行综合判断。挪用公物追求的是使用价值;反之,如果追求的是公物的价值,那么其行为就构成挪用公款罪。国家工作人员挪用公物后予以变卖,使用所得款项,挪用的公物进入流通领域后已不是具有使用价值意义的物,而是公物价值的载体即公款。这种行为本质上与一般的挪用公款行为一致,应以挪用公款罪论处。

参 第 194 号 梁某挪用公款、张某挪用公款、盗窃案——如何通过客观行为判断行为人主观上的非法占有目的

区分贪污罪与挪用公款罪的关键是通过分析行为人动用公款的手段、对账目的处理、公款的用途和归还情况等客观行为来判断行为人主观目的。具体如下:(1)是否平账只是判断构成贪污罪还是挪用公款罪的一般标准,而不是唯一标准。对行为人行为定性的关键还在于其主观上对于公共财物是具有非法占有还是非法使用的故意。(2)判断行为人的主观故意,除了要看行为人自己的供述外,更重要的是通过客观的行为表现来分析,其中包括行为人动用公款的手段、对账目的处理、公款的用途和归还情况等。

参 第 217 号 万国英受贿、挪用公款案——利用职务上的便利借用下级单位公款进行营利活动能否构成挪用公款罪

挪用公款罪定罪条件中的“利用职务上的便利”,是指国家工作人员职务活动的一切便利,包括利用本人对下属单位领导、管理关系中的各种便利。担任领导职务的国家工作人员,通过属于自己主管的本单位或者下级单位的国家工作人员的职务便利挪用公款的,也应当认定为

“利用职务上的便利”。

参 第356号 冯安华、张高祥挪用公款案——多次挪用公款的如何计算犯罪数额

（1）判断与银行等金融机构中的国家工作人员相勾结，利用国家工作人员的职务之便，违规进行信用卡透支的行为性质，主要是看行为人对银行资金的主观心态是“非法占有”还是“非法占用”。（2）多次挪用公款，并以后次挪用的公款归还前次挪用的公款，挪用的公款数额以案发时未还的实际数额认定。

参 第406号 刘某挪用公款案——国有公司长期聘用的管理人员是国有公司中从事公务的人员还是受国有公司委托管理、经营国有财产的人员

（1）在考察国有公司工作人员是否符合挪用公款罪主体要件的时候，应当看其是否同时具备这两个特征：一是行为人系国有公司的工作人员，二是从事公务。（2）“受国有公司委托管理、经营国有财产的人员”是贪污罪的主体，却不符合挪用公款罪的主体要求。承包、租赁、聘用是“受委托”的主要方式，“聘用”需要限制为“临时聘用”。（3）国家机关工作人员依法履行职责，国有公司的董事、经理、监事、会计、出纳人员等管理、监督国有财产等活动，属于“从事公务”。

参 第422号 王铮贪污、挪用公款案——已办理退休手续依然从事公务的国家工作人员仍构成挪用公款罪主体

（1）对处于离退休阶段的人员是否属于国家工作人员的认定，应从实际出发，从单纯以身份本身来判断主体性质的标准转变为以职权和职责为主、兼顾身份来判断主体性质的标准，强调职权和职责对于判断主体性质的关键性。（2）行为人预领票据或预支款项的预支事由与实际支出事由不完全一致时，一般应以财务核销、平账凭证为准来认定款项

的最终用途和行为的真实性质。

参 第446号　顾荣忠挪用公款、贪污案——由国有公司负责人口头提名、非国有公司聘任的管理人员能否以国家工作人员论

在认定受国有公司委派到非国有公司从事公务的人员时，关键要把握好“受委派”和“从事公务”两个特征。对于“受委派”在形式上可以不拘一格，如任命、指派、提名、推荐、认可、同意、批准等均可，无论是书面委任文件还是口头提名，只要是有证据证明属上述委派形式之一即可。“从事公务”是以国家工作人员论的实质特征，即必须代表国家机关、国有公司、企业、事业单位在非国有公司、企业、事业单位、社会团体中从事组织、领导、监督、管理等公务活动，亦即具有国有单位的直接代表性和从事工作内容的公务性，只要真正地代表国有单位行使了相关职务活动，就应以国家工作人员论。

参 第502号　张威同挪用公款案——个人决定以单位名义将公款借给其他单位使用，没有谋取个人利益的不构成挪用公款罪

挪用公款从本质上是公款私用，牟取私利。挪用公款给私立学校使用的，鉴于私立学校具有公益性和营利性的双重性质，应具体分析公款的用途，具体分析是否属于将公款用于营利活动或明知他人用于营利活动。个人决定出借公款和以个人名义将公款借出的根本区别在于，公款的所有权单位对公款的真实去向是否知情，借款人是否隐瞒了款项的真实用途，借出的款项是由单位直接控制还是借款人背着单位私下控制，借款人是否用公款谋取了个人私利。

参 第510号　马平华挪用公款案——国有企业改制过程中，原国企中国家工作人员的主体身份如何认定

在国有企业改制过程中，原国企中国家工作人员的主体身份不变，仍然具有国家工作人员身份。行为人擅自决定以国有资产为其个人贷款提供担保，谋取个人利益，其行为构成挪用公款罪。

参 第574号　杨培珍挪用公款案——利用职务便利将关系单位未到期的银行承兑汇票背书转让用于清偿本单位的债务，同时将本单位等额的银行转账支票出票给关系单位的行为，不构成挪用公款罪

认定挪用公款罪时要重点把握此罪的本质特征，即本质上是使单位公款失控、处于风险之中，构成本罪的必备条件是侵犯本单位公款的使用权，本罪成立的前提是被挪用的公款具有归还可能性。

参 第1088号　赵明贪污、挪用公款案——对采取虚列支出手段实施平账行为的认定及上诉不加刑原则在数罪并罚中的理解与适用

（1）对采取虚列支出手段进行平账的犯罪事实，不宜直接推定被告人犯罪故意在犯罪过程中转化为非法占有目的。在缺乏直接证据印证时，需要结合被告人实施犯罪过程中的具体行为来进行推定，以对被告人的内心想法和真实目的作出综合性判断。合理评价实施虚开票据的平账行为，应当遵循三大审查标准：第一，平账行为是否导致挪用的公款在单位账目上难以反映出来。第二，对财务账目的处理能否达到掩盖涉案款项去向的效果。第三，从有无归还行为上判断被告人是否有非法占有目的。（2）对数罪并罚的案件，在不超过一审判决决定执行刑罚，且执行刑罚也无不利影响的情况下，将多个罪名改判为一罪并加重该罪判处刑罚，不违背上诉不加刑原则。

受贿罪

《刑法》规定

第三百八十五条　国家工作人员利用职务上的便利，索取他人财物的，或者非法收受他人财物，为他人谋取利益的，是受贿罪。

国家工作人员在经济往来中，违反国家规定，收受各种名义的回扣、手续费，归个人所有的，以受贿论处。

相关规定

最高人民法院、最高人民检察院《关于办理贪污贿赂刑事案件适用法律若干问题的解释》第12、13、15～17条

最高人民检察院《关于人民检察院直接受理立案侦查案件立案标准的规定（试行）》"一、贪污贿赂犯罪案件"（三）

最高人民法院《关于国家工作人员利用职务上的便利为他人谋取利益离退休后收受财物行为如何处理问题的批复》

最高人民检察院法律政策研究室《关于佛教协会工作人员能否构成受贿罪或者公司、企业人员受贿罪主体问题的答复》

最高人民检察院法律政策研究室《关于集体性质的乡镇卫生院院长利用职务之便收受他人财物的行为如何适用法律问题的答复》

《全国法院审理经济犯罪案件工作座谈会纪要》"三、关于受贿罪"

最高人民法院、最高人民检察院《关于办理受贿刑事案件适用法律若干问题的意见》

《宽严相济在经济犯罪和职务犯罪案件审判中的具体贯彻》

案例要旨

指 3号　潘玉梅、陈宁受贿案

（1）国家工作人员利用职务上的便利为请托人谋取利益，并与请托人以"合办"公司的名义获取"利润"，没有实际出资和参与经营管理的，以受贿论处。（2）国家工作人员明知他人有请托事项而收受其财物，视

为承诺“为他人谋取利益”，是否已实际为他人谋取利益或谋取到利益，不影响受贿的认定。(3)国家工作人员利用职务上的便利为请托人谋取利益，以明显低于市场的价格向请托人购买房屋等物品的，以受贿论处，受贿数额按照交易时当地市场价格与实际支付价格的差额计算。(4)国家工作人员收受财物后，因与其受贿有关联的人、事被查处，为掩饰犯罪而退还的，不影响认定受贿罪。

公 2004 年第 1 期　程绍志受贿案

国家工作人员，利用职务上的便利，为他人谋取利益。收受他人的银行卡并改动密码，至案发时虽未实际支取卡中存款，但主观上明显具有非法占有的故意，应视为收受钱款的行为已经实施终了，构成了受贿罪。

公 2004 年第 9 期　刘爱东贪污、受贿案

根据《刑法》第 385 条第 1 款的规定，国家工作人员明知他人有具体请托事项，仍利用职务之便收受其财物的，虽尚未为他人谋取实际利益，其行为亦构成受贿罪。

公 2014 年第 9 期 参 第 1148 号　丁利康受贿案——社区卫生服务中心办公室信息管理员“拉统方”非法收受财物行为之定性

国有医疗机构中，从事医疗数据统计、传输、维护等信息管理工作的事业编制人员，统计、传输、维护的信息和数据系国有医疗机构对医疗业务进行管理、监督、决策的重要依据，属于医保信息，工作内容具有公务性质，该人员系国有事业单位中从事公务的人员，应以国家工作人员论。该类人员利用从事信息管理的职务便利，非法收受医药营销人员财物，向其提供本医疗机构药品使用情况统计数据等信息，为相关药品生产、销售企业以不正当手段销售药品提供便利的行为，应当依照《刑法》第

385 条第 1 款的规定，以受贿罪定罪处罚。

参 第 15 号 刘群祥被控受贿案——索要正当合伙承包经营的分成不构成受贿罪

业务指导是宏观行为，参与业务活动是微观行为，是具体的活动。行为人从联系业务、确定价格、签订合同、供货直到货款回收全过程参加，就大大超出了行政管理、业务协调和对业务员进行业务指导的范畴。国家工作人员参与合伙业务，确立共同经营关系、共担风险，共享收益，参与或实施具体业务活动、提供服务，确有证据证明的，索要正当合伙承包经营的分成，为正常经营活动的收益分成问题，不构成受贿罪。

参 第 30 号 苟兴良等贪污、受贿案——具有两种不同特定身份的人共同实施侵吞企业财产、收受他人财物的行为应如何定罪处罚

对于共同犯罪中同案犯具有不同的特定身份的情形，不应当一律依其不同身份分别定罪，关键是看各被告人是否分别利用了本人的职务便利实施犯罪。具有两种不同特定身份的人共同实施侵吞企业财产、收受他人财物行为的，应当按照他们各自的职务便利和身份构成的不同犯罪定罪量刑。

参 第 32 号 余永恒受贿案——被告人被采取强制措施后交代司法机关尚未掌握的同种犯罪如何掌握具体处刑

被告人在被采取强制措施后，主动交代司法机关尚未掌握的同种犯罪事实，只能认定为坦白；在对其处刑时，应当考虑其主动坦白交代的罪行和司法机关已掌握同种罪行的轻重问题。如主动坦白交代的罪行重于司法机关已掌握的其同种罪行，按照“应当从轻”即“当轻”原则处理；对于被告人主动交代的罪行轻于司法机关已经掌握的其同种罪行的，按照“酌情从轻”即“酌轻”原则处理。

参 第38号 张德元受贿案——对受贿犯罪分子应如何适用刑罚

对受贿犯罪分子适用刑罚时应当注意以下问题:(1)受贿数额客观反映了案件事实,同时也反映被告人主观恶性的大小,它是犯罪情节的一个重要方面。(2)受贿数额并不是全部情节,被告人在受贿中的具体表现,有无索贿以及其他一些相关的情节,也是受贿罪的情节。(3)给国家造成的损失大小,是受贿情节的一个重要方面,因此也是决定刑罚的一个重要因素。(4)是否具有法定的从轻、从重处罚的情节,也是量刑要掌握的重要方面。

参 第64号 陈晓受贿案——事后收受财物能否构成受贿罪

行为人利用职务便利为请托人谋取利益,并在事后收取请托人财物的,虽然无充分证据证实行为人在实施职务行为时具有收受财物的故意,但在后来收受财物时,即行为人已明知收受财物是因为此前自己为行贿人谋取了好处,应当认定其具备受贿犯罪的故意,同样构成受贿罪。

参 第113号 王海峰受贿、帮助伪造证据案——受国有公司委派担任非国有公司诉讼代理人过程中收受他人财物能否构成受贿罪

受国有公司委派担任非国有公司诉讼代理人的人,在诉讼过程中实际上具有双重身份、负有双重职责:一方面,作为非国有公司的诉讼代理人,要维护非国有公司的合法权益;另一方面,作为受国有公司委派从事公务的人员,其职务活动同时是在维护国有公司自身的利益,即其不仅是一种诉讼代理行为,也是一种执行国有公司职务的行为,即公务活动行为,故可以成为受贿罪的主体。非法收受他人财物,为他人谋取非法利益,在构成受贿罪的同时,又构成其他犯罪的,除法律另有规定的外,应当按照《刑法》第69条的规定数罪并罚。

参 第 195 号　左佳等受贿、贪污、挪用公款案——单位领导研究决定收受回扣款并为少数领导私分行为的定性

确定犯罪行为是否属于单位行为、构成单位犯罪，应从两方面把握：一是是否以单位名义实施犯罪，即由单位集体研究决定，或者由单位负责人或者被授权的其他人员决定、同意；二是是否为单位谋取利益或者违法所得大部分归单位所有。行为人收取回扣款，系经单位领导研究决定，但行为人在根据单位决定收取回扣款后，未如实向单位汇报，而是进行私分的，该贿赂款并未归单位所有。可见，收受回扣款虽经单位领导集体研究决定，但主观方面不是为了单位利益，而是名为单位、实为单位领导谋取私利的行为不应该认定为单位受贿，而应对单位具体参与的人员以个人受贿罪处罚。

参 第 218 号　姜杰受贿案——逢年过节收受下级单位“慰问金”的行为如何定性

仅出于人情往来，不具有为他人谋利的意图及行为，属不正之风，不具有权钱交易性质，应按一般违纪处理，不应认定为受贿；但借过节之机，明知他人有具体请托事项，或根据他人提出的具体请托事项、承诺为他人谋利而收受他人财物的，均应认定为受贿。（上述裁判观点脱胎于《全国法院审理经济犯罪案件工作座谈会纪要》第 3 条第 2 项规定；但是，2016 年 4 月 18 日生效的最高人民法院、最高人民检察院《关于办理贪污贿赂刑事案件适用法律若干问题的解释》第 13 条第 2 款已对这一规则进行修订。——编者注）

参 第 257 号　蒙某受贿案——税务机关工作人员利用职务之便索取他人“赞助费”不征应征税款的行为如何定性

税务机关工作人员利用职务之便索取他人“赞助费”，部分归单位，部分归个人，不征应征税款的行为，应当评价为受贿罪、单位受贿罪和徇私舞弊不征税款罪的牵连犯,适用“择一重罪处罚”的原则,按照受贿罪、单位受贿罪两罪并罚。

参 第327号　包智安受贿、滥用职权案——滥用职权行为与损失后果之间没有必然因果关系的是否构成滥用职权罪

被告人的行为与造成重大经济损失之间不具有刑法上的因果关系,其行为不符合滥用职权罪的构成要件,其对超越职权行为最终发生的结果,只能承担行政领导责任,而不是刑事责任,不构成滥用职权罪。

参 第335号　曹军受贿案——对于依照公司法规定产生的公司负责人能否认定为受国有单位委派从事公务的人员

在国有公司、企业转制过程中,国有公司、企业委派人员到其控股或者参股的公司中行使监督、管理国有资产的情况比较复杂,既有事前、事中的提名、推荐、指派、任命,也有事后的认可、同意、批准、聘任等,委派形式多样,依照何种程序、形式取得非国家公司的管理职位,对于是否属于受国有单位委派的认定有决定性意义。对于国有单位委派到非国有单位的管理人员也不因该非国有单位内部程序未履行而否定被委派人系国有单位委派从事公务的性质。

参 第340号　李葳受贿案——利用与其他单位共同开发房地产的职务便利要求合作单位为其亲属提供低价住房的行为是否构成受贿罪

(1)经国家机关党委决定任命的集体所有制企业经营管理人员,应当认定为国家机关委派到非国有企业中从事公务的人员。(2)利用职务便利,要求有关单位为其或其亲属提供低价住房的,属于索贿,应以受贿罪论处。(3)利用职务便利索购低价房构成受贿的,如果行为人以支付少量购房款的方式掩盖受贿犯罪行为,受贿金额为房屋当时的实际价值与实际支付价款的差额。

参 第384号 胡发群受贿、巨额财产来源不明案——国家工作人员利用职务便利索要高额投资回报的行为是否构成受贿罪

无论收受贿赂的方式如何变化,贿赂的本质,即国家工作人员利用职权索取或非法收受他人财物,为他人谋取利益的性质没有变。行为人未参与共同经营,也不承担合伙经营的风险,合伙经营既无事实依据,也无法律依据。因此,行为人利用职权索取他人财物的,构成受贿罪。

参 第399号 钱政德受贿案——在国家机关设立的非常设性工作机构中从事公务的非正式在编人员是否属于国家工作人员

地方人民政府设立的行使特定管理职能的非常设性机构,是地方人民政府的组成部分,亦属于国家行政机关。只要是在国家机关中从事公务,即使是非正式在编人员,亦属于《刑法》第93条第1款规定的"国家工作人员"。亲友物品馈赠是一种单方民事法律行为,是行为人自愿将自己的财物无偿地给予他人的合法行为;而受贿则是一种以权谋私、权钱交易的犯罪行为。在司法实践中,区分受贿与正当馈赠,通常可以从双方关系、财物价值、请托事项等方面把握。

参 第407号 方俊受贿案——国家工作人员以"劳务报酬"为名收受请托人财物的应认定为受贿

只要在国有事业单位中从事公务,无论是否属于正式在编人员,均应认定为国家工作人员。在区分国家工作人员受贿与收取合理劳务报酬的界限的时候,应从以下方面进行综合把握:(1)国家工作人员是利用职务便利为他人谋取利益收受财物还是利用个人技术换取报酬。(2)是否提供了有关服务。(3)接受的财物是否与提供的服务等值。

参 第470号 马平、沈建萍受贿案——以房产交易形式收受贿赂的犯罪数额认定问题

以"感情投资"方式多次收受数额巨大的财物,后被告人接受具体

请托为请托人牟利的，应当将多次收受的财物数额予以累计，以受贿犯罪论处。以房地产交易形式收受贿赂的，受贿数额应当按照交易时该房产的市场价格与实际支付价格的差额计算。

参 第562号　梁晓琦受贿案——收受无具体金额的会员卡、未出资而委托他人购买股票获利是否认定为受贿

（1）行贿、受贿犯罪中的财物，既包括金钱和实物，也包括可以用金钱计算数额的财产性利益，具体数额以实际支付的资费为准。（2）如果收受的是无具体金额的会员卡，但此会员卡能实现消费功能，产生的全部资费由请托人承担，那么就应将请托人实际支付资费的金额认定为受贿的数额。（3）以委托理财为名行贿受贿的，国家工作人员未实际出资，由请托人出资以国家工作人员名义购买记名股票等证券，其受贿数额应当为请托人为购买该记名股票等证券的出资额，对于收益应当按照受贿孳息处理。国家工作人员未实际出资，由请托人购买无记名股票等证券，获利后，请托人收回出资额的，应以实际收益作为受贿数额；没有收回出资额的，受贿数额为出资额加上实际收益，案发时股票等证券尚未转让出售的，应按照案发时股票等证券的市场行情计算受贿数额。国家工作人员未实际出资，委托请托人购买股票等证券，请托人未予以交付，而是直接将收益交付给国家工作人员，无论请托人是否真正购买股票等证券，其交付的资金即为受贿数额。

参 第584号　周小华受贿案——特定关系人在受贿案件中的认定问题

特定关系人是指“与国家工作人员有近亲属、情妇（夫）以及其他共同利益关系的人”。对此应注意把握两点：一是共同利益关系主要是指经济利益关系，纯粹的同学、同事、朋友关系不属于共同利益关系，因为

受贿罪的本质是权钱交易,没有经济利益往来的不符合受贿本质特征。二是共同利益关系不限于共同财产关系,除共同财产关系外,情夫、情妇亦属于特定关系。国家工作人员利用职务便利要求给特定关系人安排工作,但特定关系人实际付出相应劳动的,不属于挂名领取薪酬的情形,不能认定被告人受贿。

参 第585号 蒋勇、唐薇受贿案——如何认定国家工作人员与特定关系人的共同受贿行为

国家工作人员与特定关系人共谋实施有关收受财物行为的,构成共同受贿犯罪。国家工作人员与特定关系人共谋利用职务上的便利为请托人谋取利益,以合作开办公司或者其他合作投资的名义获取“利润”,没有实际出资和参与管理、经营的,以共同受贿犯罪论处。

参 第595号 张留群受贿案——村民小组组长依法从事公务的认定

村民小组组长代表村民小组对外出租属村民小组集体所有的房屋及收取租金的行为,属于村民小组的自治管理活动,并不是对国有土地的经营管理,因此上述行为不属于受委托协助人民政府从事行政管理工作,不构成受贿罪。

参 第608号 李万、唐自成受贿案——国有媒体的记者能否构成受贿罪的主体

(1)记者从事的新闻报道等业务活动属于职务行为,利用采访等实现舆论监督的手段索要财物的,属于“利用职务上的便利”。利用从事公务的职务便利强索财物,构成受贿罪;利用非从事公务的职务便利强索财物,则构成非国家工作人员受贿罪。(2)国有媒体记者对公共事务行使舆论监督权,属于从事公务活动,其利用舆论监督权索取他人财物的,符合受贿罪权钱交易的本质特征。

参 **第693号　黄长斌受贿案——国有企业改制期间，国家工作人员与企业解除劳动关系后，还能否被认定为国家工作人员，从而构成受贿罪**

国有企业改制期间仍然是国有企业，其资产仍然是国有资产，其中从事监督、管理国有资产等公务的人员依然应认定为国家工作人员。行为人国家工作人员的身份不因其与单位签订了解除劳动关系的协议、办理了失业登记而改变。

参 **第724号　朱永林受贿案——如何认定以"合作投资房产"名义收受贿赂**

在合作投资中并未出资，未参与管理和经营，更未承担投资风险，行为人行为不属于真正意义上的合作投资行为。名义上是共同投资，实质上是利用职务便利为他人牟取利益、非法收受他人财物的权钱交易，应以受贿论处。以"合作投资"为名实际由他人出资的，受贿数额应为他人给国家工作人员的出资额。

参 **第754号　陆某受贿案——国家工作人员通过其情人职务上的行为收取贿赂，为他人谋取不正当利益的行为，如何定性**

（1）"利用本人职权或者地位形成的便利条件"，应理解为行为人与被其利用的国家工作人员之间在职务上没有制约关系，但是行为人利用了本人职权或者地位产生的影响。行为人通过上级的职务行为，为请托人谋取不正当利益，索取或收受财物，属于利用本人职权或者地位形成的便利条件受贿。（2）只要国家工作人员同时利用本人的职权或者地位形成的便利条件和其与其他国家工作人员的密切关系，原则上应当依照《刑法》第388条的规定，以受贿罪论处；但确有证据证实国家工作人员仅利用了其与被其利用的其他国家工作人员的密切关系的，应当依照《刑法》第388条之一的规定，以利用影响力受贿罪论处。

参 第805号 姚太文贪污、受贿案——个人决定以单位名义将公款借给其他单位使用,虽然在事后收受对方财物,但难以证实借款当时具有谋取个人利益目的的,如何定罪处罚

因挪用公款索取、收受贿赂构成犯罪的,依照数罪并罚的规定处罚。如果行为人挪用公款的行为属于个人决定以单位名义将公款供其他单位使用,谋取个人利益的,则挪用公款罪的构成必须以行为人谋取个人利益为要件,在该情形下收受贿赂的行为,就可能同时被认定为谋取个人利益,即一行为同时构成挪用公款罪和受贿罪,应当按照想象竞合犯从一重罪处断原则,以受贿罪定罪处罚。

参 第806号 吕辉受贿案——社区卫生服务中心网管员为医药销售代表"拉单"收受财物的行为,如何定性

(1)为了社会公益目的,由国家机关举办或者其他组织利用国有资产举办的,从事教育、科技、文化、卫生等活动的社会服务组织为事业单位。(2)国家工作人员的本质是从事公务,认定一个人是否系国家工作人员也应当以是否从事公务及其职责为根据,而不取决于其身份(是临时工还是正式工)。因此,社区卫生服务中心系国有事业单位,中心网管员从事的活动具有公务性质,应当认定为国家工作人员。对其基于职务行为为销售方牟利并收受财物的行为,应以受贿罪定罪处罚。

参 第855号 杨孝理受贿、非国家工作人员受贿案——分别在国有独资公司委派到国有参股公司、国有参股公司改制为非国家出资企业任职期间收受贿赂的行为如何定性

被告人的身份是否属于国家工作人员,主要从三个方面予以认定:一是被告人所在公司本身的性质;二是被告人职务任命的形式;三是被告人从事的工作性质。国家工作人员在国家出资企业改制前后利用职务上的便利实施犯罪,在其不具有国家工作人员身份后又实施同种行为,依法构成不同犯罪的,应分别定罪,数罪并罚。

参 第884号 周龙苗等受贿案——非特定关系人凭借国家工作人员的关系"挂名"取酬并将财物分与国家工作人员的是否构成共同受贿

认定行为人是否属于国家工作人员的特定关系人,要看二人是否有共同利益关系。特定关系人以外的其他人与国家工作人员通谋,由国家工作人员利用职务上的便利为请托人谋取利益,收受请托人财物后双方共同占有的,以受贿罪的共犯论处。

参 第885号 雷政富受贿案——以不雅视频相要挟,使他人陷入心理恐惧,向他人提出借款要求且还款期满后有能力归还而不归还的,是否属于敲诈勒索以及利用职务便利为他人谋取利益,授意他人向第三人出借款项,还款义务最终被免除的,是否属于受贿

以不雅视频相要挟,使他人陷入心理恐惧,向他人提出借款要求且还款期满后有能力归还而不归还的,属于敲诈勒索。认定关键在于名义为借款,实质为敲诈。利用职务便利为他人谋取利益,授意他人向第三人出借款项,还款义务最终被免除的,属于受贿。认定关键在于受贿人是否明知他人基于其国家工作人员的职权而请托,以及他人向第三人出借款项后,是否基于受贿人的意思,免除债务,处分财物。

参 第935号 陈凯旋受贿案——省农村信用合作社联合社委派到市、县、乡、镇农村信用合作社联合社、农村信用合作联社的人员是否属于"以国家工作人员论"的范围

根据《公司法》及相关法理精神,企业的性质应当以公司章程、企业登记的情况进行认定,国家对企业的支持和扶持,不能改变企业的性质。认定国家工作人员身份,不仅要审查"受委派"这一形式要件,还要审查行为人所从事的工作性质是否属于"从事公务"这一实质要件。职位不具有国家意志性、不存在监督管理国有资产的职能、没有社会公共事务管理职能，不属于从事公务。

参 第957号　宋涛非国家工作人员受贿案——如何认定国有控股企业中一般中层管理干部的国家工作人员身份

认定国有控股企业中一般中层管理干部的国家工作人员身份可参考以下标准：(1)形式要件：经国家出资企业中负有管理、监督国有资产职责的组织批准或者研究决定。(2)实质要件：代表负有管理、监督国有资产职责的组织在国有控股、参股公司及其分支机构中从事组织、领导、监督、经营、管理工作。应区分是公司性公务还是国家性公务，前者是代表公司整体利益的行为，而后者仅是代表国有资产的监督、管理组织进行管理的行为。行为人身份如符合形式要件，即使从事的是公司性的公务，也应以国家工作人员从事公务论（因为在国家出资企业中，国家性的公务必然包含在公司性的公务中）；行为人身份如不符合形式要件，但从事本质上属于国家性的公务，原则上也应以国家工作人员从事公务论。

参 第972号　章国钧受贿案——如何认定国家出资企业中的国家工作人员

国家出资企业中国家工作人员的认定规则中的“负有管理、监督国有资产职责的组织”，除国家资产监督管理机构、国有公司、企业、事业单位外，主要是指上级或者本级国家出资企业内部的党委、党政联席会。关于“代表其从事组织、领导、监督、经营、管理工作”的审查，一方面，行为人必须对任命自己的组织具有一定的“代表性”，行为人虽经有关组织研究决定任命，但是如果该任职与委派组织没有必然的联系，行为人对委派组织亦无职责义务关系的，则不应认定为国家工作人员。另一方面，行为人必须在国家出资企业中“从事公务”。

参 第973号　胡伟富受贿案——如何区分国家工作人员以优惠价格购买商品房与以交易形式收受贿赂

在交易型受贿中，形式上行受贿双方存在一般市场交易行为，通常包含打折、让利等优惠,但是上述优惠并不是正常促销手段,而是为了使国家工作人员以明显低于市场价格购买物品,通过这种优惠换取国家工作人员手中的公权力。前述市场价格包括商品经营者事先设定的不针对特定人的最低优惠价格。“事先设定”是指交易价格通常是由经营者预先设定的,事先确定折扣幅度,而交易型受贿犯罪中的房产优惠价格往往具有较大的随机性、任意性和临时性。“不针对特定人”是指能够以优惠条件购买房产的人是不特定的多数人,而在交易型受贿犯罪中,优惠房价仅针对特定的国家工作人员等个别对象,社会上不特定多数人是不可能享受到同等优惠的。

参 第1015号 周标受贿案——案发前主动退还贿赂款的行为如何处理以及上一级人民法院同意在法定刑以下判处刑罚的应当制作何种文书

行为人在案发前主动退还贿赂款的,应区分三种情形:(1)及时退还或者上交的,不按照受贿处理;(2)因自身或者与其受贿有关联的人、事被查处,为掩饰犯罪而退还或者上交的,不影响认定受贿罪;(3)行为人虽未及时退还或者上交,但在收受财物后至案发前期间内主动退还或者上交的,构成受贿罪既遂,但具有“退赃”情节,可以作为处罚时的量刑情节。上一级人民法院同意在法定刑以下判处刑罚的,可以不制作裁定文书,但应当制作书面报告层报最高人民法院核准。

参 第1016号 卫建峰受贿案——如何认定公司改制后国家工作人员的身份

经国家出资企业中负有管理、监督国有资产职责的组织研究决定,代表其在国有控股公司及其分支机构中从事组织、领导、监督、经营、管理工作的人员,应当认定为国家工作人员,其认定依据主要为是否经国家机关、国有公司提名、推荐、任命以及是否从事公务。

参 第1017号 凌吉敏受贿案——以明显高于市场的价格向请托人出租房屋,所收取的租金与市场价格的差额是否应当认定为受贿数额

(1)明知他人有与自己职务相关的请托事项,仍然将自己房屋以明显高于市场价的价格租给请托人的,视为承诺为他人谋取利益。(2)以明显高于市场价的价格让请托人租赁其房屋,实质上是一种变相收受请托人财物的行为,属于采取交易形式变相收受贿赂。

参 第1089号 杨德林滥用职权、受贿案——滥用职权造成恶劣社会影响的及供犯罪所用的本人财物如何认定,受贿既、未遂并存的如何处罚

(1)国家机关工作人员滥用职权造成的损失可以分为有形损失和无形损失。"造成恶劣社会影响"就属于无形损失,应当根据被告人滥用职权行为造成的危害后果、社会影响等客观实际,结合滥用职权行为的性质、手段等因素进行综合分析之后再进行认定。(2)对于被告人既有受贿既遂,也有受贿未遂的情况,首先要分别根据被告人受贿的既遂金额和未遂金额判定其各自对应的法定刑幅度;之后,如果既遂部分所对应的量刑幅度较重或者既遂、未遂两部分所对应的量刑幅度相同的,则以既遂部分对应的量刑幅度为基础,酌情从重处罚;如果未遂部分对应的量刑幅度较重,则以该量刑幅度为基础,酌情从重处罚。在交易型受贿、投资型受贿、委托理财型受贿犯罪中,对受贿数额的认定应将受贿人支付的对价扣除,认定的受贿数额应依照《刑法》第64条的规定予以没收;但受贿人支付的对价,应按照"供犯罪所用的本人财物"的认定标准,结合具体的个案实际审慎判断,属于"供犯罪所用的本人财物"的,亦应依法没收。

参 第1143号 罗菲受贿案——如何认定特定关系人是否成立受贿罪共犯

特定关系人在明知行贿人系为感谢和讨好国家工作人员而给予其

财物，明知国家工作人员利用职务便利为行贿人谋取利益的情况下，仍收受行贿人给予的财物并事先征得国家工作人员的同意或者事后告知国家工作人员的，则可认定特定关系人与国家工作人员构成共同受贿。（虽然根据2003年《全国法院审理经济犯罪案件工作座谈会纪要》的有关规定，国家工作人员的近亲属收受请托人财物构成受贿罪共犯的前提条件是其向国家工作人员代为转达请托事项，但司法实践中不能将此规定作为认定特定关系人成立受贿罪共犯的排他性标准。因为这一规定主要针对的是当时司法实践中较为突出的一类情形，为了统一认识，才写入该纪要，属于注意性规定而非创设新的共犯认定标准。——编者注）

参 第1144号　孙昆明受贿案——如何区分合法的债权债务关系与非法收受他人财物的情形

准确界定贿赂犯罪的界限，认定行为是受贿还是正常的债权债务关系，关键还是要把握“权钱交易”这个本质特征。首先要判断行为人是否利用了职务上的便利为对方谋取了利益，其次要判断债权债务关系是否符合正常的市场交易规则。对于明显有违公平原则、加重一方义务的合同要注意审查双方订立合同的本意，依法打击以“合同”之名行贿赂之实的行为。

参 第1145号　朱渭平受贿案——国家工作人员对特定关系人收受他人财物事后知情且未退还，如何判定其是否具有受贿故意；国家工作人员收受请托人所送房产，后请托人又将该房产用于抵押贷款的，是受贿既遂还是未遂

（1）国家工作人员和特定关系人在事先未通谋的情况下，利用职务上的便利为请托人谋取利益，在知道特定关系人索取、收受请托人财物后，虽有退还的意思表示，但发现特定关系人未退还且予以默认的，应当

认定国家工作人员具有受贿故意，构成受贿罪。（2）国家工作人员收受请托人所送房产，后请托人又将该房产用于抵押贷款的，应当认定构成受贿的既遂。

参 第1147号　吴六徕受贿案——以欺骗方式让行贿人主动交付财物的，应认定为索贿

认定行为人是否构成索贿关键看其是否主动要求对方交付财物作为对价。对索贿行为必须结合行为人利用职务上的便利实施犯罪的背景准确定性。对于以虚构事实、隐瞒真相的方式向行贿人施加压力进而索要财物，并利用职务上的便利为行贿人谋取利益的行为，考虑到行贿人对送出财物以满足行为人的要求，进而借助其权力谋取利益有清晰的认识，故而应当将这种情形认定为索贿。

参 第1149号　毋保良受贿案——赃款、赃物用于公务支出，是否影响受贿罪的认定；为请托人谋取利益前多次收受请托人财物，数额较大的，如何认定受贿数额；索取、收受下属或者被管理人员的财物价值较大的，能否视为承诺谋取利益

（1）对于行为人出于受贿故意，非法收受他人财物后，部分赃款赃物交存于国有单位，后大部分用于公务支出的情形，仍以受贿论处。请托人无请托事项时，数次给予行为人数额较少的财物，而又在有明确请托事项时另行给予数额较大甚至巨大的财物，受请托前收受的财物应计入受贿数额。（2）索取、收受具有上下级关系的下属或者具有行政管理关系的被管理人员价值较大的财物，可能影响职权行使的，视为承诺为他人谋取利益。

参 第1151号　沈海平受贿案——出于受贿的故意非法收受他人财物后又退还部分钱款的，如何认定受贿数额

对于国家工作人员是否具有受贿故意，不能仅凭退还或者上交的时

间作出判断，国家工作人员在什么状态下客观收受了请托人的财物，是重要的判断依据。而且，在不同的案件中，收受请托人财物的具体情况与退还或者上交的时间，对判断国家工作人员是否具有受贿故意所起的作用可能并不完全相同。只要行为人客观上利用职务上的便利收受了他人财物，主观上具有受贿故意，即使不符合“国家工作人员受贿后，因自身或者与其受贿有关联的人、事被查处，为掩饰犯罪而退还或者上交的，不影响认定受贿罪”的规定，也要直接根据《刑法》第 385 条的规定认定为受贿既遂。属于最高人民法院、最高人民检察院《关于办理受贿刑事案件适用法律若干问题的意见》第 9 条第 2 款规定的情形的，当然应认定为受贿罪。然而，虽然不属于该意见第 9 条第 2 款规定的情形，但行为人基于非法占有的目的收受贿赂既遂后又退还的，也应认定为受贿罪。辩方提供的用来证明自己的主张或者反驳控方的证据不需要达到与控方一样的证据证明标准，只要使裁判者相信辩方的主张及相应的证据存在的可能性明显大于不可能性即可。在辩方提供的证据存有很大疑点，未达到证据占优势的情况下，不宜采纳辩方证据。

参 第 1250 号　张帆受贿案——利用职务便利为自己与他人合作的项目谋取利益，后明显超出出资比例获取分红的行为定性

行为人未足额投资，但其他股东考虑到需要其职务帮助，同意其仍按约定比例分红，后行为人按约定比例而非实际投资比例获得分红，其多获得的分红款正是本属于其他股东而由其他股东让渡的利润，故应认定超出出资比例所获分红款系其非法收受的他人的财物，构成受贿罪。

参 第 1282 号　被告单位成都主导科技有限责任公司、被告人王黎单位行贿案——“在被追诉前主动交待行贿行为”以及揭发他人犯罪行为构成立功的认定

《刑法》规定被告人在被追诉前主动交代行贿事实可以减轻或者免

除处罚，旨在通过行贿人的交代，获取更多证据，帮助破获相关受贿犯罪案件并推动案件进入司法审判程序。对于先破获受贿案件，再根据线索侦破行贿案件的情形，在此种情况下若将其认定为“在被追诉前主动交代行贿行为”，实则是对行贿人从宽处罚，有违立法本意。构成立功必须具备两个条件：一是与自己的行贿行为无关，二是揭发与本人行贿行为无关的他人其他犯罪。

参 第 1352 号 李群受贿案——接受他人装修房屋长期未付款，也未有付款表示的行为能否认定为受贿行为

根据最高人民法院、最高人民检察院《关于办理贪污贿赂刑事案件适用法律若干问题的解释》第 12 条之规定：“贿赂犯罪中的‘财物’，包括货币、物品和财产性利益。财产性利益包括可以折算为货币的物质利益如房屋装修、债务免除等，以及需要支付货币的其他利益如会员服务、旅游等。后者的犯罪数额，以实际支付或者应当支付的数额计算。”行为人接受请托单位房屋装修，请托单位虽未明确免除其装修款，但从行为人的偿还能力、拖欠装修款的时间、请托单位将该笔装修款予以核销以及行为人为请托单位谋取利益等事实来看，可以综合推定行为人与请托单位之间存在权钱交易关系的，可以受贿罪追究行为人的刑事责任。

参 第 1399 号 赵强受贿案——新类型受贿形式及数额的认定

司法实践中，对国家工作人员与请托人之间具有真实借贷关系并归还借款数额的，一般不能认定为受贿犯罪，但若有充分证据证明国家工作人员利用职务便利为请托人谋利旨在获取巨额无息借款，请托人同意提供也是借此获取国家工作人员职务上的支持，此时免息借款的对价就是国家工作人员实施具有倾向性的职务行为，权钱交易关系非常明显，应将相关期限内的借款利息认定为受贿。

参 第1431号 吴仕宝受贿案——交易型受贿犯罪数额及索贿的认定

交易型受贿案件中，涉案金额应按照交易时当地市场价格与实际支付价格的差额计算。市场价格则包括商品经营者事先设定的不针对特定人的最低优惠价格。实践中，在认定索贿情节时，可以从以下角度进行把握：(1)并非国家工作人员先提出的均构成索贿，但是索贿应当是国家工作人员率先通过明示或者暗示的方式向请托人表达了收取财物的意图。(2)索贿的本质是违背了行贿人的意愿，虽然不要求达到被胁迫、勒索的程度，但是应当能够反映出行贿人是出于压力、无奈、不情愿才交付财物的。(3)实践中可以根据受贿人为请托人谋取利益的大小、受贿人提出的财物要求是否在请托人心理预期之内、请托人请托事项是否违法等进行综合判断。

参 第1432号 寿永年受贿案——如何认定以明显低于市场价购买房屋的受贿形式

在“二手房”买卖收受差价贿赂的犯罪中，对房屋市场价的认定首先应当参考房屋的买入价，如果买入时的市场行情与行贿人和国家工作人员发生转让时的市场行情变化较大，应按照转让行为发生时的市场价认定。在判断购房价是否明显低于市场价时，以差价绝对值多少或者以折扣率的高低为判断的唯一标准均失之偏颇，应当以差价绝对值为基础，兼顾折扣率的高低，综合判断购房价是否明显低于市场价，避免造成打击面过宽和放纵犯罪两个方面的弊端。

参 第1447号 沈财根受贿案——利用职务便利，以民间借贷形式收受请托人高额利息的行为应如何认定

对于国家工作人员利用职务便利以民间借贷形式收受请托人高额“利息”的行为，应当从双方是否存在正常的经济往来，借款人是否有借款需求，借款后出借人是否过问资金用途、还款保障、借款利息，出借资

金是否来自出借人自有资金，出借人获取的利息与资金正常产生的收益是否对等进行判断。对以民间借贷形式受贿金额的计算，以借款人同期从他人处借款的最高利率的差额来认定为宜。

参 第 1464 号　王甲受贿案——收受情人款项的性质认定

对收受情人款项的行为应当综合案件进行判断，如果仅是在权钱交易的同时进行权色交易，那么情人关系不影响对受贿行为性质的判断，但如果双方有共同生活的基础且有共同组成家庭的计划，则应当进一步研判，排除其他可能性。对于主管、负责、隶属、制约等关系的理解，不能仅限于直接的下属，而是应当结合国家工作人员任职单位的性质、职能、所任职务以及法律的规定、政策的影响、实践中的惯例、国情形成的制度安排等具体认定。

参 第 1466 号　姚锦旗受贿案——国际追逃追赃案件中宽严相济刑事政策的准确运用

从鼓励被告人主动回国、节约司法资源、顺利开展追逃追赃的角度出发，对于在引渡程序中主动要求回国的，可以认定其属于“自动投案”。但在“如实供述自己的罪行”这一情节的认定上，国际追逃追赃案件与普通刑事案件并无区别，甚至比国内普通刑事案件更为严格。根据引渡特定原则及我国与第三国签署的引渡条约，即使司法机关指控、认定的犯罪数额超出引渡请求所依据的犯罪数额，对被告人的量刑也不应超出引渡请求书所载明的犯罪事实所对应的刑期。

参 第 1467 号　巴连孝受贿案——回国受审案件罪名变更问题和量刑的特殊考量因素

对于通过境外追逃回国受审人员的指控、判决罪名能否变更，需根据不同情况作出判断。如被告人是以引渡方式回国受审的，根据引渡罪名特定原则，通常不能对罪名进行变更，特别是不能将轻罪名变更为重罪名。劝返是追逃国办案人员在嫌疑人发现地国家主管部门的配合下，通过对外逃人员开展说服教育，使其主动回到追逃国接受处理的一种措施，经劝返自愿回国受审的案件，依照法律规定变更原通缉罪名起诉、判决的，并不违反国际法的基本原则。对于被告人具有自首等从轻、减轻处罚情节，但对违法所得或其孳息没有退出的，不能认定其主动、积极、彻底退赃，应当在量刑时贯彻宽严相济刑事政策，实现对回国受审案件三个效果的统一。

参 第1490号　被告人张杰受贿案——有实际出资的合作经营型受贿行为的认定

国家工作人员实际出资又参与经营、管理，所获取的利润不应认定为受贿，而属于违规经商办企业。国家工作人员未实际出资但参与管理经营从而获取利润的，属于受贿行为，其中应将出资额认定为受贿数额，经营利润认定为受贿行为产生的孳息，但国家工作人员确实参与了经营管理，可在孳息的认定上适当扣减其应当获取的劳动报酬。国家工作人员有实际出资但未参与管理经营从而获取利润的，一般不宜认定为受贿罪，但对于其中只享受收益、不承担风险的"旱涝保收"型合作投资，且所获"利润"明显高于出资应得利润，或者所获"利润"与企业经营情况无关，实质上是公司其他股东为感谢国家工作人员利用职务之便为公司谋利所让渡的部分红利的，可参照交易型受贿的数额认定方式，受贿数额＝实际收益－出资额－出资应得收益。

参 第1491号　陶苏根受贿、滥用职权、徇私枉法、内幕交易案——以房屋交易形式收受贿赂犯罪中房屋价格认定报告的审查与判断

价格认定依据不仅包括法律、法规依据，还包括据以进行价格认定的资料、数据。参照刑事诉讼法关于鉴定意见、专门性报告的有关规定，价格认定报告应包括价格认定依据、过程、方法。在办理以房屋交易形式收受贿赂的案件中，司法机关应当对价格认定报告所附价格认定依

据、过程及方法进行实质审查判断，包括选取的可比实例房屋情况、影响交易价格的其他因素如付款交易方式，并进一步审查是否存在反证实例，即明显低于可比实例房屋价格的其他真实成交实例，以确定可比实例房屋的选取是否合理，是否能够代表同类房屋的一般市场交易价格。

参 第1524号　于某岩受贿案——国家工作人员收受未还清银行抵押贷款房产的既未遂认定

行贿人使用按揭方式贷款买房，国家工作人员收受房产后，行贿人按期偿还贷款，案发时该贷款尚未还清的，应当以该房产总体价值作为受贿数额，首付与已归还的贷款本金应认定为既遂，已偿还利息为行贿犯罪成本，不计入受贿数额。

参 第1559号　韩某受贿案——放贷收息型受贿的特征和数额认定

（1）放贷收息型受贿的可以从如下方面加以认定：一是借贷双方存在权钱交易关系；二是借贷双方并不存在真实借贷关系，主要表现为借款人无真实资金需求、资金用途与借款人事先承诺不符、借贷协议不规范或只有口头约定、借款利息畸高等。（2）就放贷收息型受贿而言，所收取的利息均应认定为受贿数额。

参 第1560号　张某受贿案——受贿犯罪中用他人股票账户及资金炒股导致亏损行为的认定

炒股行为是一种有风险的行为，被告人借助自身的公权力通过约定免除了本应承担的风险，其炒股导致的亏损是一种财产性利益，应当认定为受贿数额。受贿数额应按照权钱交易终了时的盈亏金额计算。

参 第1578号　卢某某受贿案——通过非国家工作人员为他人谋利并收受财物行为的定性

对于新类型贿赂，应当借助是否具有权钱交易的本质对行为性质进行分析。凡是符合权钱交易特征的，不管采取什么名义，都是变相的受贿，可以纳入受贿罪的评价范围。国家工作人员利用职务制约关系，通过非国家工作人员为请托人谋利的，符合受贿罪的本质特征，应当认定为受贿罪。

参 第1579号 唐某甲受贿、利用影响力受贿案——以投资生息、借贷分红为名收受财物行为的认定

被告人向无实际用款需求的请托人借贷而收取利息行为构成受贿罪。在计算利用影响力受贿金额时，不能简单将获得的分红均计入受贿金额，需要结合行为人是否实质入股进行评价。如果确已入股，需要扣除应得分红。相反，假借入股之名获得回报的，则应全部视为受贿金额。

参 第1580号 缪某某利用影响力受贿、受贿案——离职前后约定收受他人财物的认定以及同一单位具有上下级关系的国家工作人员共同犯罪的认定

国家工作人员与请托人在离职前约定，并于离职前后连续收受请托人财物的，被告人构成受贿罪一罪。离职后因有别于在职时的具体谋利事项而受托的，不符合连续犯的基本定义。连续犯，是指基于同一或者概括的犯罪故意，连续实施数个独立的但性质相同的犯罪行为，触犯同一罪名的情形，故而按一罪定罪处罚，属于处断的一罪。其本质是基于同一或者概括的犯罪故意。国家工作人员利用职务上的便利为请托人谋取利益，授意请托人将有关财物给予其下属的，以受贿论处。具有上下级关系的二人通谋，共同实施上述行为的，对该下属以受贿罪的共犯论处。

参 第1593号 褚某某受贿案——通过市场交易收受财产性利益行为的性质认定

商业机会是指商业活动中可能为经营者创造价值和利润的机会，但转化为经济收益还依赖经营者投入成本进行挖掘和开发。商业机会具有经营风险难以预料、是否能够获取经济利益难以确定的特征。而财产性利益是指已经存在的经济利益或具有高度盖然性的预期经济利益。如果行为人通过市场交易获得的差价是基于政策限制或开发商的特殊优惠而形成的确定性利益，则应认定为财产性利益。同时，如果请托方明知行为人利用职务便利获取利益，并通过市场交易形式输送利益，则该行为属于变相权钱交易，应认定为受贿罪。

参 第 1594 号　黄某受贿案——原始股交易型受贿及数额的认定

股票的价值包含股票即时的市场价值和股票附随的分红、上市增值等价值，原始股上市增值是一种客观存在的可期待利益。国家工作人员利用职务之便为请托人谋取利益并向请托人购买原始股获取上市增值利益的行为是受贿行为。国家工作人员购买原始股后，公司不定期按比例无偿配股，配股获利部分应计入受贿犯罪数额。

参 第 1595 号　于某荣受贿、徇私舞弊假释案——行贿人代为保管贿赂款情形下受贿人受贿罪既遂与未遂之认定

受贿罪中收受他人财物既未遂的认定，应当注意把握财物的实际权属情况：财物已经脱离行贿人的控制，并已经实际置于受贿人控制之下，即为受贿罪的既遂，否则为未遂。对于虽有约定，但由行贿人代为保管、没有实际交付的贿赂，根据案件情况，可以认定为未遂。

参 第 1608 号　李某受贿案——参与国家医保药品目录调整工作的医学专家身份性质的认定

专业人员接受国家机关邀请依法参与公共事务，在特定条件下行使国家管理职能的，属于《刑法》第 93 条第 2 款规定的“其他依照法律从事公务的人员”，以国家工作人员论。

行贿罪

《刑法》规定

第三百八十九条 为谋取不正当利益,给予国家工作人员以财物的,是行贿罪。

在经济往来中,违反国家规定,给予国家工作人员以财物,数额较大的,或者违反国家规定,给予国家工作人员以各种名义的回扣、手续费的,以行贿论处。

因被勒索给予国家工作人员以财物,没有获得不正当利益的,不是行贿。

相关规定

最高人民法院、最高人民检察院《关于在办理受贿犯罪大要案的同时要严肃查处严重行贿犯罪分子的通知》

最高人民法院、最高人民检察院《关于办理行贿刑事案件具体应用法律若干问题的解释》

案例要旨

参 第787号 袁珏行贿案——配合检察机关调查他人受贿案件时,交代向他人行贿的事实,能否认定为被追诉前主动交代

(1)行为人通过给予国家工作人员财物以达到规避竞争而取得特殊利益的目的,属于谋取不正当利益,依法构成行贿罪。(2)行贿人向纪检监察部门、司法机关举报受贿人的受贿行为,显然属于在被追诉前

主动交代行贿行为的情形，行贿人在纪检监察部门查处他人受贿案件时，交代（承认）向他人行贿的事实，亦应属于被追诉前主动交代行贿行为。

介绍贿赂罪

《刑法》规定

第三百九十二条 向国家工作人员介绍贿赂，情节严重的，处三年以下有期徒刑或者拘役，并处罚金。

介绍贿赂人在被追诉前主动交待介绍贿赂行为的，可以减轻处罚或者免除处罚。

相关规定

《刑法修正案（九）》第48条

最高人民检察院《关于人民检察院直接受理立案侦查案件立案标准的规定（试行）》“一、贪污贿赂犯罪案件”（七）

案例要旨

参 第1446号 刚然、吴静竹受贿、伪造国家机关证件案——介绍贿赂罪与行受贿共同犯罪的区分

介绍贿赂行为的目的不是行贿也不是受贿，而是帮助行受贿双方建立贿赂联系，即起到牵线搭桥、沟通联络、撮合作用，主观上必须有向国家工作人员介绍贿赂的故意，认识到自己处于“中间人”的地位，介绍贿赂的行为人主观上具有独立的故意；而行受贿共犯是行为人与行贿人或者受贿人形成了共同故意，认识到自己是在帮助行贿或者受贿人受贿。

就客观行为方面而言，介绍贿赂行为是在行受贿双方之间起到提供信息、引荐、沟通、撮合的作用；行贿共同犯罪是为谋取不正当利益共同向国家工作人员行贿；受贿共同犯罪是以各自的行为共同促成行贿人谋取利益，并收受财物。

私分国有资产罪

《刑法》规定

第三百九十六条第一款 国家机关、国有公司、企业、事业单位、人民团体，违反国家规定，以单位名义将国有资产集体私分给个人，数额较大的，对其直接负责的主管人员和其他直接责任人员，处三年以下有期徒刑或者拘役，并处或者单处罚金；数额巨大的，处三年以上七年以下有期徒刑，并处罚金。

相关规定

最高人民检察院《关于人民检察院直接受理立案侦查案件立案标准的规定(试行)》“一、贪污贿赂犯罪案件”(十一)

最高人民法院、最高人民检察院《关于办理国家出资企业中职务犯罪案件具体应用法律若干问题的意见》第2条

案例要旨

参 第125号 刘忠伟私分国有资产案——集体私分国有资产行为与共同贪污行为如何区分

“以单位名义集体私分”是私分国有资产罪区别于贪污罪最本质的

特征。不能机械地将此处的“单位”理解为本单位的全体或者大多数职工，其也可以指一个单位内部某一层面的所有人或者大多数人。违反国家规定，以单位名义，在一定规模、一定层面上的多人（如中层干部或者某一管理层的层面上）范围内集体私分国有资产的，应以私分国有资产罪定罪处罚。

参 第293号　张金康、夏琴私分国有资产案——如何区分变相集体私分国有资产犯罪与违反财经纪律超标准、超范围发放奖金、福利等行为的界限

在对私分国有资产罪中的违反国家规定进行具体理解和掌握的时候，不宜将违反规定超标准、超范围乱发、滥发奖金、福利的财经违纪行为，一概认定为集体私分行为，以避免刑事打击面过大。具体判断方面，可参照单位经营利润情况，单位对所分资产是否具有自主支配、分配权等情况进行综合分析。对于在单位财力状况允许的范围内以及将单位具有一定自主支配权的钱款违反规定分配给单位成员，未造成严重社会危害后果的行为，一般不宜认定为私分行为。

参 第313号　杨代芳贪污、受贿案——私分国有资产与共同贪污的区分

伙同他人，将所管理的国家专项资金用于少数人的行为，应认定为贪污罪。私分国有资产罪和贪污罪存在以下差别：第一，实施主体方面，私分国有资产罪是单位犯罪，贪污罪则是自然人犯罪。第二，行为方式方面，私分国有资产罪一般表现为本单位领导集体研究决定并由单位统一组织实施，就本单位内部而言是相对公开的，具有较大程度和较大范围的公开性；贪污罪表现为行为人以侵吞、窃取、骗取等不为人所知或者他人不知实情的方式实施，具有较强的秘密性和隐蔽性。第三，受益人员的数量、构成方面，私分国有资产属于集体私分行为，在受益人员的数

量上具有多数性特征，在受益人员的构成上具有广泛性特征。贪污罪属于个人侵占行为，分取赃物人与贪污行为人是直接对应的，具有一致性。在共同贪污犯罪中，分取赃物人仅限于共同犯罪人。

参 第 377 号　李祖清等被控贪污案——国家机关内部科室集体私分违法收入的行为构成私分国有资产罪

行政机关、事业单位违反行政法规，滥用职权而乱收费、乱摊派、乱罚款所得的款项，应认定为国有资产。违反国家有关国有资产管理方面的法律法规，擅自决定将单位违反规定收取的部分资金以补助、年终福利等名义私分给个人的行为构成私分国有资产罪。

参 第 1313 号　佟茂华、牛玉杰私分国有资产，佟茂华挪用公款、受贿案——如何认定国企改制期间和国家出资企业中的职务犯罪

（1）对于由少数人共同实施，企业其他人员不知情或不知实情，分取利益范围以参与决策、具体实施贪污行为以及为贪污行为提供帮助等少数某一层面的人（如企业管理层）为限的情形，以贪污罪定罪处罚；而对由单位决定并统一组织实施，在企业内部一定程度公开，企业不同层面的多数人员获得利益的情形，一般应当认定为私分国有资产罪。因此，在企业改制期间隐匿国有资产，转为国家参股、众多经营管理者和职工持股的改制后企业的行为，应以私分国有资产罪论处。（2）对于特定历史条件下，为了顺利完成企业改制而实施的违反国家政策法律规定的行为，行为人无主观恶意或者主观恶意不明显，情节较轻，危害不大的，可以不作为犯罪处理。经单位集体研究决定，使用单位定期银行存单质押，贷款供他人使用的行为，不构成挪用公款罪。（3）国家工作人员利用职务上的便利以借为名向他人索取财物，或者非法收受财物为他人谋取利益的，必须进行实质审查，不能仅看是否具有书面借款手续，还应根据借款事由、款项去向、双方关系以及是否有经济往来、出借方是否要求

借款方利用职务便利为己谋利、借款后有无归还的意思表示及行为、有无归还能力、未归还的原因等因素进行综合判定，对符合权钱交易本质的，应当认定为受贿。

参 第1401号　林财私分国有资产案——国有企业改制过程中隐匿公司财产，转为改制后其个人和部分职工持股的公司所有的行为应如何定性

国有企业改制过程中隐匿公司财产，转为其个人和部分职工持股的改制后公司所有的行为，应根据改制后公司的股权情况进行区分定性，并综合考虑国企改制的特殊背景及个别企业的特殊性，对职工集体持股的认定不宜把握太严。同时，行政划拨的出租车营运牌照等无形资产，作为一项特许经营权，具有经济利益，亦属于国有资产范围。

第八章

渎　职　罪

滥用职权罪，玩忽职守罪

《刑法》规定

第三百九十七条　国家机关工作人员滥用职权或者玩忽职守，致使公共财产、国家和人民利益遭受重大损失的，处三年以下有期徒刑或者拘役；情节特别严重的，处三年以上七年以下有期徒刑。本法另有规定的，依照规定。

国家机关工作人员徇私舞弊，犯前款罪的，处五年以下有期徒刑或者拘役；情节特别严重的，处五年以上十年以下有期徒刑。本法另有规定的，依照规定。

相关规定

全国人民代表大会常务委员会《关于惩治骗购外汇、逃汇和非法买卖外汇犯罪的决定》第6条

《行政区域界线管理条例》第16条

最高人民法院、最高人民检察院《关于办理渎职刑事案件适用法律若干问题的解释（一）》第1条

最高人民法院、最高人民检察院、公安部、原国家工商行政管理局

《关于依法查处盗窃、抢劫机动车案件的规定》第9条

最高人民检察院《关于镇财政所所长是否适用国家机关工作人员的批复》

最高人民检察院《关于合同制民警能否成为玩忽职守罪主体问题的批复》

最高人民检察院《关于属工人编制的乡(镇)工商所所长能否依照刑法第397条的规定追究刑事责任问题的批复》

最高人民检察院《关于企业事业单位的公安机构在机构改革过程中其工作人员能否构成渎职侵权犯罪主体问题的批复》

最高人民检察院研究室《关于买卖尚未加盖印章的空白〈边境证〉行为如何适用法律问题的答复》

最高人民法院、最高人民检察院《关于办理妨害预防、控制突发传染病疫情等灾害的刑事案件具体应用法律若干问题的解释》第15条

最高人民法院、最高人民检察院、公安部《关于严格执行刑事诉讼法，切实纠防超期羁押的通知》

最高人民检察院《关于对林业主管部门工作人员在发放林木采伐许可证之外滥用职权、玩忽职守致使森林遭受严重破坏的行为适用法律问题的批复》

最高人民法院、最高人民检察院《关于办理危害生产安全刑事案件适用法律若干问题的解释》第15条

案例要旨

参 第16号 王文强玩忽职守案——行政机关的行政罚没款能否认定为玩忽职守造成的直接经济损失

玩忽职守行为致使公共财产、国家和人民利益遭受重大损失，是认定玩忽职守罪的必要构成要件。玩忽职守罪的经济损失，是指玩忽职守

行为造成的公共财产的减少或毁损。具有主体资格的人,擅自决定本单位经营、购买国家不允许经营、购买的物资,受到没收、罚款处理的数额,属于行为人玩忽职守致使公共财产遭受损失的数额。如果这一数额达到一定限度,行为人就构成玩忽职守罪。

参 第31号 韩义昌徇私舞弊、挪用公款案——滥用职权释放犯罪嫌疑人并将公款出借搞“资产解冻”活动造成重大损失的行为应如何定罪

行为人作为公安厅的处长,在处理诸如“资产解冻”这类问题时,理应认真查证,但其却严重违背职责,轻信他人谎言,释放犯罪嫌疑人、将公款借与他人使用,致使国家遭受重大损失。由于上述行为发生在1997年《刑法》施行前,所以应适用1979年《刑法》,1979年《刑法》规定的玩忽职守罪已包含滥用职权行为,并没有将该行为单独规定为滥用职权罪,且对于玩忽职守罪的处刑,1979年《刑法》轻于1997年《刑法》,故应适用1979年《刑法》,以玩忽职守罪处罚。

参 第196号 陆飞荣玩忽职守案——新刑法生效之前实施的滥用职权行为的法律适用

在对新旧《刑法》规定的具体量刑幅度之间进行纵向比较的时候,首先应当确定案件适用的具体量刑幅度。从修订后的《刑法》做横向比较,主要是考虑到修订后的《刑法》将玩忽职守行为拆解为滥用职权与玩忽职守两个罪名,反映了对滥用职权行为作出了较玩忽职守行为程度更高的否定性评价。凡是《刑法》修订之前的滥用职权行为,通常情况下均应适用旧法,以玩忽职守罪定罪处罚。

参 第294号 龚晓玩忽职守案——渎职犯罪的因果关系判断

在判断行为与结果之间是否存在《刑法》上的因果关系时,应以行为时客观存在的一切事实为基础,依据一般人的经验进行判断。在存在介入因素的场合下,判断介入因素是否对因果关系的成立产生阻却影响

时,一般是通过是否具有“相当性”的判断来加以确定的。对“相当性”的具体判断,一般可从以下三个方面来进行:(1)最早出现的实行行为导致最后结果发生的概率的高低。概率高者,因果关系存在;反之,不存在。(2)介入因素异常性的大小。介入因素过于异常的,实行行为和最后结果之间的因果关系不存在;反之,因果关系存在。(3)介入因素对结果发生的影响力。影响力大者,因果关系不存在;反之,因果关系存在。当然,如果介入因素与此前行为对于结果的发生作用相当或者互为条件,均应视为原因行为,同时成立因果关系。

参 第 563 号 张群生滥用职权案——国家机关工作人员以单位名义擅自出借公款给其他单位使用造成巨大损失的行为如何定罪

行为人作为国家机关财会人员,违反国家和军队财务管理规定,未请示单位领导,超越职权范围行使权力,多次擅自出借公款,并造成无法挽回的结果,客观上已使公共财产遭受重大损失,但考虑到行为人是以单位名义借款,且用款单位也是单位出具借条,借款单位也支付了一定利息款并进入单位账户,不符合挪用公款罪要求的“挪用公款归个人使用”的本质特征,因此,应认定为滥用职权罪的构成要件。

参 第 1134 号 沈某某滥用职权案——滥用职权罪追诉时效期限的起算点应如何认定

继续犯是犯罪行为与不法状态在一定时间内同时处于不间断的持续状态的犯罪;状态犯,是指犯罪行为已经实施完毕,但犯罪行为所造成的不法状态仍在继续,即犯罪行为先行结束、不法状态单独继续。滥用职权罪属于状态犯,而非继续犯。滥用职权罪的犯罪行为实行终了后产生不法状态,即侵害结果。此后,侵害结果虽然一直存在,但滥用职权行为本身已经实行终了,没有持续。因此,追诉期限仍应从滥用职权行为造成的侵害结果发生之日起算,而不能以侵害结果终了之日起算。

参 第1433号 卢高春滥用职权案——放弃履行职责致其他行政机关不能行使行政处罚权行为的定性

被告人作为受委托行使行政管理职权的国有企业负责人,其所在单位虽无行政处罚权,但被告人安排工作人员放弃履行职责,使本应受到行政处罚的行为不能被发现,导致相关行政机关无法行使行政处罚权,进而造成行政违法行为人逃避行政处罚及行政处罚款流失的损害后果,其行为与行政处罚款流失之间有直接因果关系,应以滥用职权罪追究其刑事责任。

故意泄露国家秘密罪

《刑法》规定

第三百九十八条 国家机关工作人员违反保守国家秘密法的规定,故意或者过失泄露国家秘密,情节严重的,处三年以下有期徒刑或者拘役;情节特别严重的,处三年以上七年以下有期徒刑。

非国家机关工作人员犯前款罪的,依照前款的规定酌情处罚。

相关规定

《保守国家秘密法》第2、5、13、51、62条

最高人民检察院《关于渎职侵权犯罪案件立案标准的规定》“一、渎职犯罪案件”(三)

最高人民法院《关于审理为境外窃取、刺探、收买、非法提供国家秘密、情报案件具体应用法律若干问题的解释》第6条

案例要旨

公 2004 年第 2 期 参 第 210 号　于萍故意泄露国家秘密案——辩护律师将在法院复制的案件证据材料让被告人亲属查阅的行为是否构成犯罪

刑事被告人的辩护人没有将法院同意其复印的案件证据材料当作国家秘密加以保守的义务。律师在担任刑事被告人的辩护人期间，将通过合法程序获得的案件证据材料交给当事人的亲属查阅，不构成故意泄露国家秘密罪。

参 第 258 号　李宝安、昝旺木、李兴安故意泄露国家秘密案——利用中考命题工作的便利将考前辅导内容作为中考试题的行为能否构成故意泄露国家秘密罪

(1)故意使中等教育统一考试试题、参考答案、评分标准以及命题工作及其人员的有关情况被不应知悉者知悉的，属于故意泄露国家秘密。(2)先行透露"命题"内容，使该内容广为传播，后又利用命题人的身份将该内容作为正式试题，与先命题后透露的典型泄密行为并无实质的差异，其行为构成故意泄露国家秘密罪。

徇私枉法罪

《刑法》规定

第三百九十九条第一款　司法工作人员徇私枉法、徇情枉法，对明知是无罪的人而使他受追诉、对明知是有罪的人而故意包庇不使他受追诉，或者在刑事审判活动中故意违背事实和法律作枉法裁判的，处五年以下有期徒刑或者拘役；情节严重的，处五年以上十年以下有期徒刑；情节特别严重的，处十年以上有期徒刑。

第四款　司法工作人员收受贿赂，有前三款行为的，同时又构成本法第三百八十五条规定之罪的，依照处罚较重的规定定罪处罚。

相关规定

《刑法修正案（四）》第8条

最高人民检察院《关于渎职侵权犯罪案件立案标准的规定》"一、渎职犯罪案件"（五）

最高人民检察院法律政策研究室《关于非司法工作人员是否可以构成徇私枉法罪共犯问题的答复》

案例要旨

参 第237号　李永宾徇私枉法、接送不合格兵员案——如何认定徇私枉法"情节严重"

对于行为人的徇私枉法或者徇情枉法行为，致使无辜的人被追究刑事责任，或者使已经构成犯罪的人逃脱了刑事追究，或者重罪轻判、轻罪重判，严重损害社会主义法制尊严的，应当根据具体犯罪事实、性质、情节和对于社会的危害程度认定为徇私枉法"情节严重"或者"情节特别严重"。

枉法仲裁罪

《刑法》规定

第三百九十九条之一　依法承担仲裁职责的人员，在仲裁活动中故意违背事实和法律作枉法裁决，情节严重的，处三年以下有期徒刑或者拘役；情节特别严重的，处三年以上七年以下有期徒刑。

相关规定

《刑法修正案(六)》第20条

案例要旨

参 第1402号 曾德明枉法仲裁案——劳动仲裁中的枉法调解行为能否构成枉法仲裁罪

劳动仲裁具体操作与民商事仲裁无异，考虑到仲裁调解书与裁决书具有同等法律效力，劳动仲裁中的枉法调解行为应纳入枉法仲裁罪规制范围。在判断枉法仲裁是否达到“情节严重”时，其标准可以根据当地实际情况略高于民事、行政枉法裁判罪。原仲裁案件的裁决结果是否被撤销或执行，并不影响枉法仲裁罪的成立，可作为“情节严重”的辅助判断。

徇私舞弊不移交刑事案件罪

《刑法》规定

第四百零二条 行政执法人员徇私舞弊，对依法应当移交司法机关追究刑事责任的不移交，情节严重的，处三年以下有期徒刑或者拘役；造成严重后果的，处三年以上七年以下有期徒刑。

相关规定

最高人民检察院《关于渎职侵权犯罪案件立案标准的规定》"一、渎职犯罪案件"(五)

最高人民检察院法律政策研究室《关于非司法工作人员是否可以构成徇私枉法罪共犯问题的答复》

案例要旨

参 第209号 丁锡方徇私舞弊不移交刑事案件案——认定徇私舞弊不移交刑事案件罪是否应以未移交的犯罪嫌疑人已被生效判决确定有罪为前提

司法机关在办理徇私舞弊不移交刑事案件犯罪案件过程中,只要根据已经掌握的事实,依据相应的刑事实体规范,足以判定徇私舞弊"未予移交的案件"已经涉嫌构成犯罪,且其犯罪嫌疑人有可能被判处3年以上有期徒刑的,即可对徇私舞弊不移交刑事案件行为人进行刑事追究,而不需要等待该"未移交的案件"的审结。

徇私舞弊不征、少征税款罪

《刑法》规定

第四百零四条 税务机关的工作人员徇私舞弊,不征或者少征应征税款,致使国家税收遭受重大损失的,处五年以下有期徒刑或者拘役;造成特别重大损失的,处五年以上有期徒刑。

相关规定

最高人民法院《关于渎职侵权犯罪案件立案标准的规定》“一、渎职犯罪案件”(十四)

案例要旨

参 第809号 杜战军徇私舞弊不征税款、受贿案——徇私舞弊不征税款罪的认定及损失数额的计算

徇私舞弊不征税款罪的对象,即所涉财产属于应征税款;其行为系利用职务之便徇私舞弊,即税务工作人员必须利用职权或者与职权有关的便利条件;其税款损失数额的认定,应以行为人实际取得数额为计算基础。

国家机关工作人员签订、履行合同失职被骗罪

《刑法》规定

第四百零六条 国家机关工作人员在签订、履行合同过程中,因严重不负责任被诈骗,致使国家利益遭受重大损失的,处三年以下有期徒刑或者拘役;致使国家利益遭受特别重大损失的,处三年以上七年以下有期徒刑。

相关规定

最高人民法院《关于渎职侵权犯罪案件立案标准的规定》“一、渎职犯罪案件”(十七)

案例要旨

参 第1353号 王琦筠等国家机关工作人员签订、履行合同失职被骗案——国家机关工作人员虽未在合同上签字署名，但在负责签订、履行合同的调查、核实、商谈等工作过程中，严重不负责任被骗的，如何定性

玩忽职守类犯罪罪名竞合时，应遵循特别法优于普通法的原则。主要原因如下：(1)区分国家机关工作人员签订、履行合同失职被骗罪与玩忽职守罪的关键点在于：①前者的失职行为必须发生在合同的签订、履行过程中；后者的失职行为可以发生在国家机关工作人员履行工作职责的任何过程中，并无具体行为时空范围的限制。②前者损害后果的发生系行为人的失职行为和合同对方的诈骗行为共同导致的。失职行为与诈骗行为的关系既可能是行为人的失职行为使合同对方有机可乘、起意诈骗；也可能是行为人审查不严，未恪尽职守，轻信对方谎言而被骗，或者在被骗后未积极采取补救措施导致利益受损。且该罪名所要求的诈骗行为必须以构成犯罪为充足条件，而非一般的民事欺诈行为。而玩忽职守罪仅要求行为人的失职行为与损害后果存在刑法上的因果关系，即行为人的失职行为直接导致危害后果，不需要结合第三人的行为加以认定。(2)国家机关工作人员虽未在合同上签字署名，但接受委派，在负责签订、履行合同的调查、核实、商谈等工作过程中，严重不负责任被骗的，依法构成国家机关工作人员签订、履行合同失职被骗罪。

参 第270号 高原、梁汉钊信用证诈骗，签订、履行合同失职被骗案——如何理解签订、履行合同失职被骗罪的客观条件

国有公司、企业、事业单位中具有管理人员身份，行使管理职权，并对合同的签订、履行负有直接责任的人员，应当认定为签订、履行合同失职被骗罪中的直接负责的主管人员。诈骗行为需以构成犯罪为充足，不

能将一般的民事欺诈行为理解为这里的诈骗行为，但无须以合同对方已经被人民法院判决构成诈骗犯罪作为认定本案当事人构成签订、履行合同失职被骗罪的前提，在程序上仅需认定对方当事人的行为已经涉嫌构成诈骗犯罪即可。

违法发放林木采伐许可证罪

《刑法》规定

第四百零七条 林业主管部门的工作人员违反森林法的规定，超过批准的年采伐限额发放林木采伐许可证或者违反规定滥发林木采伐许可证，情节严重，致使森林遭受严重破坏的，处三年以下有期徒刑或者拘役。

相关规定

最高人民检察院《关于渎职侵权犯罪案件立案标准的规定》"一、渎职犯罪案件"(十八)

案例要旨

参 第694号 李明违法发放林木采伐许可证案——如何判断核发林木采伐许可证的行为与森林遭受严重破坏的后果之间的因果关系

(1)构成违法发放林木采伐许可证罪在客观上必须同时具备两个要件：第一，行为人实施了违反《森林法》，超过批准的年采伐限额发放林木采伐许可证或者违反规定滥发林木采伐许可证的危害行为；第二，情节严重，致使森林遭受严重破坏，包括造成一定数量的林木被采伐或滥伐,或者珍贵树木被滥伐,或者批准采伐国家禁止采伐的林木等。“致使”,是指行为人的危害行为导致了森林遭受严重破坏的危害结果的发生,即二者之间应当具有刑法上的因果关系。(2)认定因果关系,应当以行为时客观存在的一切事实为基础,依据一般人的经验进行判断,特别是在“一果多因”的情况下,危害后果是在行为人实施行为后多个因素的介入下发生的,对此应当通过考察行为人的行为导致结果发生的可能性大小、介入因素对结果发生的作用大小、介入因素的异常程度等来判断行为人的行为与结果之间是否存在因果关系。行为人的行为导致最后结果发生的可能性越高,则认定因果关系存在的理由越足;反之则不然。介入因素对结果发生的作用越大,认定因果关系存在的理由越不足;反之则不然。介入因素的异常程度越高,认定因果关系存在的理由越足;反之则不然。

食品、药品监管渎职罪

《刑法》规定

第四百零八条之一　负有食品药品安全监督管理职责的国家机关工作人员,滥用职权或者玩忽职守,有下列情形之一,造成严重后果或者有其他严重情节的,处五年以下有期徒刑或者拘役;造成特别严重后果或者有其他特别严重情节的,处五年以上十年以下有期徒刑:

(一)瞒报、谎报食品安全事故、药品安全事件的;

(二)对发现的严重食品药品安全违法行为未按规定查处的;

(三)在药品和特殊食品审批审评过程中,对不符合条件的申请准予许可的;

（四）依法应当移交司法机关追究刑事责任不移交的；

（五）有其他滥用职权或者玩忽职守行为的。

徇私舞弊犯前款罪的，从重处罚。

相关规定

《刑法修正案（八）》第49条

《刑法修正案（十一）》第45条

最高人民法院《关于进一步加大力度，依法严惩危害食品安全及相关职务犯罪的通知》

案例要旨

参 第1135号 任尚太等三人食品监管渎职案——食品监管渎职罪的司法认定

从食品、药品监管渎职罪［根据最高人民法院、最高人民检察院《关于执行〈中华人民共和国刑法〉确定罪名的补充规定（六）》，改为食品、药品监管渎职罪。——编者注］与一般滥用职权罪和玩忽职守罪的关系来看，前者是从后者分离出来而单设的新罪名，两者是特殊罪名与一般罪名的关系。相较于食品生产者或者经营者而言，国家机关工作人员的渎职行为对于食品安全事故的发生具有某种“间接性”的特点，但仍然属于有刑法上的因果关系。如果负有食品监管职责的国家机关工作人员尽职尽责，正确、合法地履行了监督管理职责，食品安全事故就能最大限度地避免，使人民群众免受其害。因此，只要重大食品安全事故或者其他严重后果是行为人的渎职行为引起的，无论是直接造成的还是间接造成的、其对该结果的发生是起决定作用还是起非决定作用，行为人的行为与结果之间都具有刑法上的因果关系。

传染病防治失职罪

《刑法》规定

第四百零九条 从事传染病防治的政府卫生行政部门的工作人员严重不负责任，导致传染病传播或者流行，情节严重的，处三年以下有期徒刑或者拘役。

相关规定

最高人民检察院《关于渎职侵权犯罪案件立案标准的规定》“一、渎职犯罪案件”(二十)

最高人民法院、最高人民检察院《关于办理妨害预防、控制突发传染病疫情等灾害的刑事案件具体应用法律若干问题的解释》第16条

案例要旨

参 第1332号 黎善文传染病防治失职案——多种因素造成传染病传播或者流行时，对从事传染病防治的政府卫生行政部门工作人员失职行为，如何定罪量刑

传染病防治失职罪与一般工作失误客观上都会造成传染范围扩大或者疫情、灾情加重的危害后果，实践中易被混淆。应从以下方面判断是否构成传染病防治失职罪：(1)行为人是否认真履职，在恪尽职守时是否能预见或者已经预见其行为可能导致传染病传播或者流行的严重后果。(2)行为人违反职责的行为与传染病传播、流行的后果是否有刑法上的因果关系以及因果作用力大小。(3)在国家对突发传染病疫情

等灾害尚未采取预防、控制措施时，行为人履职中行为有差错，或者是在采取预防、控制措施之后，具有司法解释所规定“情节严重”的情形之一，才以传染病防治失职罪论处。对于导致传染病传播或者流行存在其他原因，且行为人有自首情节的情形的，量刑时应体现宽严相济的刑事政策。

放行偷越国（边）境人员罪

《刑法》规定

第四百一十五条 负责办理护照、签证以及其他出入境证件的国家机关工作人员，对明知是企图偷越国（边）境的人员，予以办理出入境证件的，或者边防、海关等国家机关工作人员，对明知是偷越国（边）境的人员，予以放行的，处三年以下有期徒刑或者拘役；情节严重的，处三年以上七年以下有期徒刑。

案例要旨

参 第100号 张东升放行偷越国（边）境人员案——边防检查人员伪造入境记录的行为如何定性

负责入境检查的工作人员利用职务上的便利，为他人伪造入境记录而使其得以顺利出境的，应以放行偷越国（边）境人员罪论处。如实施了为他人伪造入境记录的行为后，他人未实际出境，应以放行偷越国（边）境人员罪未遂论。

帮助犯罪分子逃避处罚罪

《刑法》规定

第四百一十七条 有查禁犯罪活动职责的国家机关工作人员,向犯罪分子通风报信、提供便利,帮助犯罪分子逃避处罚的,处三年以下有期徒刑或者拘役;情节严重的,处三年以上十年以下有期徒刑。

相关规定

最高人民检察院《关于渎职侵权犯罪案件立案标准的规定》"一、渎职犯罪案件"(三十三)

最高人民法院、最高人民检察院、公安部、原国家工商行政管理局《关于依法查处盗窃、抢劫机动车案件的规定》第10条

最高人民法院、最高人民检察院《关于办理扰乱无线电通讯管理秩序等刑事案件适用法律若干问题的解释》第7条第2款

案例要旨

公 2009年第6期 黄春海帮助犯罪分子逃避处罚、销售假冒注册商标的商品案

(1)根据全国人大常委会《关于〈中华人民共和国刑法〉第九章渎职罪主体适用问题的解释》的规定,在依照法律、法规规定行使国家行政管理职权的组织中从事公务的人员,或者在受国家机关委托代表国家机关行使职权的组织中从事公务的人员,或者虽未列入国家机关人员编制但

在国家机关中从事公务的人员，在代表国家机关行使职权时，有渎职行为，构成犯罪的，依照《刑法》关于渎职罪的规定追究刑事责任。烟草专卖局系接受有关国家行政机关的委托，代表有关国家机关依法行使烟草专卖市场稽查和查处违反烟草专卖行为等行政执法权的组织。因此，烟草专卖局的工作人员在代表国家机关行使职权时，有渎职行为，构成犯罪的，应当依照《刑法》关于渎职罪的规定追究刑事责任。（2）根据《刑法》第 417 条的规定，帮助犯罪分子逃避处罚罪是指有查禁犯罪活动职责的国家机关工作人员，向犯罪分子通风报信、提供便利，帮助犯罪分子逃避处罚的行为。该条规定的“查禁犯罪活动职责”，不仅是指司法机关依法负有的刑事侦查、检察、审判、刑罚执行等职责，也包括法律赋予相关行政机关的查禁犯罪活动的职责。烟草专卖局接受有关国家行政机关的委托，代表有关国家行政机关依法行使烟草专卖市场稽查和查处违反烟草专卖行为等行政执法权。根据国家烟草专卖局《烟草专卖行政处罚程序规定》第 29 条（对应 2023 年版第 51 条。——编者注）的规定，发现违反烟草专卖规定的违法行为构成犯罪时，相关工作人员应当依法将案件移送司法机关处理。据此，烟草专卖局及其工作人员具有查禁违反烟草专卖的犯罪活动的职责。烟草专卖局稽查队的工作人员在履职过程中，采用通风报信的手法，多次将突击检查假烟销售行动的部署安排透露给销售假烟的犯罪分子，致使犯罪分子逃避刑事处罚的，构成帮助犯罪分子逃避处罚罪。

参 第 129 号 杨有才帮助犯罪分子逃避处罚案——参与案件侦查工作的公安机关借用人员是否属于司法工作人员

渎职罪的本质只要求有“职”可“渎”。没有国家干部身份，但却在国家机关中实际行使特定的国家公权力的人，与在国家机关中从事公务的有国家干部身份的人，在从事国家公务、行使国家权力方面并没有实质区别。只要是国家机关依法通过录用、聘用、委派甚至借用的途径给予一定的工作岗位并赋予一定的公务职责，就应该视为国家机关工作人员，都可以成为渎职罪的主体。

参 第186号　李刚等帮助犯罪分子逃避处罚案——执行法官能否成为帮助犯罪分子逃避处罚罪的主体

帮助犯罪分子逃避处罚罪，属于渎职罪范畴，渎职罪的前提是必须有“职”可渎。只有那些直接负有查禁犯罪活动职责（包括领导职责）或因工作需要临时参与查禁某项犯罪活动的司法机关工作人员，才有为帮助犯罪分子逃避处罚而向他们或亲属通风报信、提供便利的可能，也才有构成本罪的余地。执行法官日常所从事的职务只是承办执行案件，不具有查禁犯罪活动的职责，也没有因工作需要而实际参与查禁某项犯罪活动，不能单独成为帮助犯罪分子逃避处罚罪的主体。

参 第357号　潘楠博帮助犯罪分子逃避处罚、受贿案——帮助逃避行政处罚的行为构成帮助犯罪分子逃避处罚罪

认定帮助犯罪分子逃避处罚罪中的“犯罪分子”，不需要以法院已经作出生效刑事判决为必要条件。只要行为对象已被司法机关立案查处，进入实质性刑事追究程序，就可以称之为“犯罪分子”。

第三部分

刑事诉讼法

不追究刑事责任的情形

《刑事诉讼法》规定

第十六条 有下列情形之一的，不追究刑事责任，已经追究的，应当撤销案件，或者不起诉，或者终止审理，或者宣告无罪：

（一）情节显著轻微、危害不大，不认为是犯罪的；

（二）犯罪已过追诉时效期限的；

（三）经特赦令免除刑罚的；

（四）依照刑法告诉才处理的犯罪，没有告诉或者撤回告诉的；

（五）犯罪嫌疑人、被告人死亡的；

（六）其他法律规定免予追究刑事责任的。

相关规定

最高人民法院《关于适用〈中华人民共和国刑事诉讼法〉的解释》第218、219条

案例要旨

参 第44号 秦学荣抢劫、流氓、诈骗、侵占案——被告人在审理期间死亡的，刑事责任、违法所得、民事责任应如何处理

（1）被告人在审理期间死亡的，依法终止审理后，不能再对其判处刑罚，包括主刑和附加刑，但其实施犯罪过程中的违法所得应予追缴。（2）在刑事附带民事诉讼过程中，被告人死亡的，其刑事诉讼部分终止审理，附带民事诉讼部分仍应当由原审判组织继续审理。原刑事附带民

事诉讼被告人应当承担的民事责任应由其财产继承人在其所继承的遗产范围内承担，如被告人没有遗产，民事责任亦归于消灭。

地域管辖

《刑事诉讼法》规定

第二十五条 刑事案件由犯罪地的人民法院管辖。如果由被告人居住地的人民法院审判更为适宜的，可以由被告人居住地的人民法院管辖。

相关规定

最高人民法院、最高人民检察院、公安部等《关于实施刑事诉讼法若干问题的规定》第2条

最高人民法院《关于适用〈中华人民共和国刑事诉讼法〉的解释》第2~13条

最高人民法院、最高人民检察院、中国海警局《关于海上刑事案件管辖等有关问题的通知》

案例要旨

指 212号 刘某桂非法采矿刑事附带民事公益诉讼案

（1）跨行政区划的非法采砂刑事案件，可以由非法开采行为实施地、矿产品运输始发地、途经地、目的地等与犯罪行为相关的人民法院管辖。（2）对于采售一体的非法采砂共同犯罪，应当按照有利于查明犯罪事实、便于生态环境修复的原则，确定管辖法院。该共同犯罪中一人犯

罪或一环节犯罪属于管辖法院审理的，则该采售一体非法采砂刑事案件均可由该法院审理。(3)非法采砂造成流域生态环境损害，检察机关在刑事案件中提起附带民事公益诉讼，请求被告人承担生态环境修复责任、赔偿损失和有关费用的，人民法院依法予以支持。

参 第551号 闵光辉、马占霖、帕丽旦木·买森木贩卖毒品案——如何确定毒品犯罪案件的地域管辖

(1)确定刑事案件的管辖权应当以《刑事诉讼法》和最高人民法院的司法解释为依据，而不是以公安部门侦查或并案侦查地及移送起诉地为依据。《刑事诉讼法》规定："刑事案件由犯罪地的人民法院管辖。如果由被告人居住地的人民法院审判更为适宜的，可以由被告人居住地的人民法院管辖。"毒品犯罪的地域管辖，也应当依照《刑事诉讼法》的有关规定，实行以犯罪地管辖为主、被告人居住地管辖为辅的原则。考虑到毒品犯罪的特殊性和毒品犯罪侦查体制，"犯罪地"不仅可以包括犯罪预谋地、毒资筹集地、交易进行地、运输途经地以及毒品生产地，还包括毒资、毒赃和毒品藏匿地、转移地、走私或者贩运毒品目的地等。"被告人居住地"，不仅包括被告人常住地和户籍所在地，也包括其临时居住地。(2)对于已进入审判程序而没有管辖权的毒品犯罪案件如何处理。对此，《全国部分法院审理毒品犯罪案件工作座谈会纪要》(已失效。——编者注)第11条第2款提出明确意见："对于已进入审判程序的案件，被告人及其辩护人提出管辖异议，经审查异议成立的，或者受案法院发现没有管辖权，而案件由本院管辖更适宜的，受案法院应当报请与有管辖权的法院共同的上级法院依法指定本院管辖。"

参 第748号 自诉人桥本郁子诉被告人桥本浩重婚案——涉外重婚犯罪的管辖及域外证据在刑事审判中的审核采信

(1)重婚罪从犯罪形态上看属于继续犯，重婚犯罪行为在一定时间

内处于继续状态，但期间内可能会发生犯罪地的移动和变化，外籍被告人在中国经常居住地的人民法院具有刑事管辖权。（2）关于域外证据在刑事审判中的审核与采信，判断域外证据是否需要适用公证认证程序，既要考虑维护我国的国家主权，也要根据不同的证据类型，从刑事诉讼的基本原则、证据合法性及真实性的判断标准等上位原则及制度出发来进行判断，不应一概而论。域外证据通常通过涉外公证、领事认证的方式被我国司法机关采用，其针对的仅是涉外书证，特别是公文书。书证以外的其他证据，有的因为无法公证认证，有的因为公证认证没有实际意义，而未被要求必须公证认证。（3）在涉外司法实践中，出于本国审判的需要，对于并非承认身份关系、无给付内容或者不需要执行的外国法院民商事判决，我国法院会适用公证认证程序证明其真实性。在审判过程中，可视正在审理的案件具体情况，作为证据中的书证，其所查明的事实应在我国刑事判决中予以确认。

指定管辖

《刑事诉讼法》规定

第二十七条 上级人民法院可以指定下级人民法院审判管辖不明的案件，也可以指定下级人民法院将案件移送其他人民法院审判。

相关规定

最高人民法院《关于适用〈中华人民共和国刑事诉讼法〉的解释》第552条

案例要旨

参 第6号　蓝海诈骗案——以传真方式进行经济合同诈骗案件如何确定审判管辖

根据《刑事诉讼法》的规定,指定管辖只适用于两种案件:第一种是管辖不明的案件,即由于存在特殊情形,难以确认应由何地人民法院管辖的案件。对这种案件,需要上级人民法院指定下级人民法院管辖。第二种是根据案件的具体情由,需要指定移送管辖的案件。所谓"具体情由",主要是指可能影响案件公正审判的特殊情况。

回避的对象、方式与事由

《刑事诉讼法》规定

第二十九条　审判人员、检察人员、侦查人员有下列情形之一的,应当自行回避,当事人及其法定代理人也有权要求他们回避:

(一)是本案的当事人或者是当事人的近亲属的;

(二)本人或者他的近亲属和本案有利害关系的;

(三)担任过本案的证人、鉴定人、辩护人、诉讼代理人的;

(四)与本案当事人有其他关系,可能影响公正处理案件的。

相关规定

最高人民法院《关于适用〈中华人民共和国刑事诉讼法〉的解释》第27~31条

《人民检察院刑事诉讼规则》第24~28条

《公安机关办理刑事案件程序规定》第 32 条

案例要旨

参 第 662 号　章来荀等聚众扰乱社会秩序案——检察官离任后在原任职检察院办理的案件中担任辩护人是否违反了回避制度，若违反了回避制度，应如何处理

《法官法》和《检察官法》对离任法官和检察官担任原任职法院、检察院办理案件辩护人、诉讼代理人的禁止性规定，表面看是对律师执业的限制，实际上并非对不特定多数人从事律师职业予以限制，其仅规范了法官、检察官离职后的行为，实质上属于法官、检察官的离职回避问题。如果离任的法官、检察官利用过去的职务关系、人际关系担任原任职法院、检察院办理案件的辩护人，则有可能对案件的公正审理带来影响。即使案件得到公正处理，也易引发案件当事人和社会公众的疑虑。因此，离任 2 年后的检察官在原任职检察院办理的案件中担任辩护人属于依法应当回避的情形。

委托辩护

《刑事诉讼法》规定

第三十四条　犯罪嫌疑人自被侦查机关第一次讯问或者采取强制措施之日起，有权委托辩护人；在侦查期间，只能委托律师作为辩护人。被告人有权随时委托辩护人。

侦查机关在第一次讯问犯罪嫌疑人或者对犯罪嫌疑人采取强制措施的时候，应当告知犯罪嫌疑人有权委托辩护人。人民检察院自收到移送审查起诉的案件材料之日起三日以内，应当告知犯罪嫌疑人有权委托辩护人。人民法院自受理案件之日起三日以内，应当告知被告人有权委托辩护人。犯罪嫌疑人、被告人在押期间要求委托辩护人的，人民法院、人民检察院和公安机关应当及时转达其要求。

犯罪嫌疑人、被告人在押的，也可以由其监护人、近亲属代为委托辩护人。

辩护人接受犯罪嫌疑人、被告人委托后，应当及时告知办理案件的机关。

相关规定

最高人民法院《关于适用〈中华人民共和国刑事诉讼法〉的解释》第43～45条

《人民检察院刑事诉讼规则》第39～41、45、46条

《公安机关办理刑事案件程序规定》第42～45条

案例要旨

参 第733号　陈某贩卖、运输毒品案——律师在侦查阶段先后接受有利害关系的两名同案犯委托，在审判阶段又为其中一人辩护的，如何处理

同一律师在侦查和审判阶段先后接受同一案件中有利害关系的两名犯罪嫌疑人、被告人的委托，参与刑事诉讼活动，对公正审判的影响非常明显，侵犯犯罪嫌疑人、被告人的合法权益，可能干扰司法机关查明事实真相的正常活动，且影响司法的公信力，对于这种情形，应予撤销原判，发回重审。

参 第954号　刘洪高、刘开贵贩卖、运输毒品案——如何理解同一辩护人不得为两名以上犯罪事实存在关联的被告人辩护的限制性规定

在共同犯罪中，一名辩护人不得为两名以上的同案被告人辩护，包括在同一案件的同一诉讼程序中同时为两名以上同案被告人辩护，以及在同一案件的不同审级中为两名以上的同案被告人辩护。

证据及其种类

《刑事诉讼法》规定

第五十条　可以用于证明案件事实的材料，都是证据。

证据包括：

（一）物证；

（二）书证；

（三）证人证言；

（四）被害人陈述；

（五）犯罪嫌疑人、被告人供述和辩解；

（六）鉴定意见；

（七）勘验、检查、辨认、侦查实验等笔录；

（八）视听资料、电子数据。

证据必须经过查证属实，才能作为定案的根据。

相关规定

最高人民法院《关于适用〈中华人民共和国刑事诉讼法〉的解释》第69～122条

最高人民法院、最高人民检察院、公安部、国家安全部、司法部《关于办理死刑案件审查判断证据若干问题的规定》第 6～31 条

《人民检察院刑事诉讼规则》第 64、65 条

案例要旨

参 第 497 号　何永国抢劫案——审理共同犯罪案件后到案被告人时，对先到案共犯人的生效裁判文书所采信的证据如何质证

在审理后到案共同犯罪被告人时，对先到案共犯的裁判文书所采信的证据，应当重新逐项质证，否则不能作为认定在审案件被告人犯罪事实的证据使用。共犯的生效裁判文书本身是一种证据，确切地说是一种书证，它所证明的是共同犯罪人因共同犯罪被定罪量刑的情况，而不能直接证明后到案被告人的犯罪事实。虽然该文书所采信的证据多将成为指控后到案被告人的证据，但对该文书本身的质证代替不了对其中具体证据的质证。因为对具体证据的质证，目的在于判断该证据能否成为后案中指控被告人犯罪的证据，它与质证该裁判文书本身的效用明显不同。同时，如果不对具体证据进行质证，被告人及其辩护人就没有机会针对该具体证据发表意见，实际上剥夺了被告人的辩护权，也不利于全面查明被告人的犯罪事实。因此，采纳未经质证的证据，是对法律和司法解释规定的审判程序的一种实质性的违反，可能影响案件的公正审判。

参 第 578 号　沈容焕合同诈骗案——涉外刑事案件中境外证据的审查与认定

对于当事人、辩护人、诉讼代理人向人民法院提供的在我国领域外形成的证据如何审查与认定的问题，可以借鉴民事诉讼程序中的相关规定。如果控辩双方对译文的用词产生争议，而在关键词语的翻译对案件

处理结果又有影响的情况下，就应当慎重审查外文书证原件，并作出正确认定。

参 第873号　广州顺亨汽车配件贸易有限公司等走私普通货物案——在刑事案件中如何审查电子数据的证据资格

关于刑事案件中电子数据证据资格的认定，需要注意以下几点：(1)审查电子数据内容的真实性，包括电子数据的来源，即电子数据形成的时间、地点、对象、制作人、制作过程及设备情况，以及电子数据的收集、传送和保存方法。必要时，还可通过鉴定的方式确认电子数据的真实性。(2)电子数据的合法性审查应当包括审查电子证据的收集主体和程序是否合法。(3)电子数据的关联性审查，即审查电子数据与待证案件事实是否有关，具有证明案件待证事实的属性。

参 第928号　付代林故意伤害案——如何审查人身伤害鉴定意见

对于一般轻伤、重伤人身伤害鉴定的审查，主要包括以下几个方面：一是鉴定机构和鉴定人是否合法；二是送交的鉴定材料是否齐全正确；三是鉴定方法是否科学准确；四是鉴定结论与在案证据是否一致；五是鉴定意见是否符合法定标准。在仅根据看片判断伤情的鉴定中，被鉴定人是否到场对鉴定结果并无实质意义，故不到场也不影响对证据的采信。

参 第970号　王志余、秦群英容留卖淫案——行政执法过程中收集的言词证据，是否可以直接作为刑事证据使用以及重新收集的言词证据是否在程序上具有特殊要求

行政执法中收集的言词证据，只有经过侦查机关依法重新取证的才具有刑事证据资格。重新收集的言词证据，不能依照《治安管理处罚法》的规定程序提取，且需经庭审质证、查证属实方可作为刑事定案证据使用。

参 第1215号 张国群等盗窃案——盗窃案中书法作品价格鉴定意见的审查

在确定被窃书法作品的价值时,应当先进行真伪、质量、技术检测,再由价格鉴定机关作出鉴定意见。同时,不能简单以市场法对被窃书法作品进行估价。在窃取书法作品的案件中,司法机关应依法对价格鉴定意见进行审查,在查明书法作品来源、购买价格等基础事实的前提下,委托专业部门作出作品真伪的认定后,再由价格认证中心出具价格鉴定意见。

参 第1272号 康文良故意杀人案——如何审查判断DNA鉴定意见的关联性及被告人的翻供

DNA鉴定意见相对于言词证据而言,虽然客观性、合法性可以得到较高程度的保障,但其关联性及关联程度则需要审判人员认真深入地审查认证,尤其不能将DNA鉴定意见与案件事实存在的一般关联性当作排他性,从而作为定案的依据。DNA鉴定意见只表明被告人曾经接触过作案工具马扎,而不能从科学层面否定被告人有关案发前一两个月曾接触过马扎的辩解,故该鉴定意见与案件事实的关联性很弱。对于被告人曾做过有罪供述,后又翻供的,要高度重视审查翻供理由和有罪供述的证明力。

参 第1391号 李放故意伤害案——医疗过错鉴定意见在刑事诉讼中的运用

对于医疗过错介入因果关系的刑事案件,在审判实践中客观存在,且医疗过错与损害结果之间是否有因果关系及其参与度的大小,客观上影响到被告人的定罪量刑,因而可以由公安机关依法委托鉴定机构对医院的诊疗行为是否存在过错进行鉴定。同时,审查鉴定意见既要注重实体审查,也要注重程序审查。对于作为介入因素的医疗过错的鉴定意见,只宜在量刑时酌情考虑,而不能作为判断被告人有无刑事责任的依据。

重证据、重调查研究、不轻信口供原则

《刑事诉讼法》规定

第五十五条 对一切案件的判处都要重证据，重调查研究，不轻信口供。只有被告人供述，没有其他证据的，不能认定被告人有罪和处以刑罚；没有被告人供述，证据确实、充分的，可以认定被告人有罪和处以刑罚。

证据确实、充分，应当符合以下条件：

（一）定罪量刑的事实都有证据证明；

（二）据以定案的证据均经法定程序查证属实；

（三）综合全案证据，对所认定事实已排除合理怀疑。

相关规定

最高人民法院《关于适用〈中华人民共和国刑事诉讼法〉的解释》第139～146条

《人民检察院刑事诉讼规则》第61～63条

《公安机关办理刑事案件程序规定》第8条

最高人民法院、最高人民检察院、公安部、国家安全部、司法部《关于办理死刑案件审查判断证据若干问题的规定》第32～40条

案例要旨

参 第54号 李伊斯麻贩卖毒品案——被告人拒不认罪的如何运用证据定罪处刑

（1）在被告人拒不供认的情况下，不能主观臆测，但也不能简单地

因为行为人拒不供认,便以指控的罪名认定,放纵可能严重的犯罪。必须依据客观行为来综合分析判断。(2)指控的罪名与人民法院审理认定的罪名不一致的,应当作出有罪判决,故审判认定的罪名可以重于指控的罪名。

参 第 177 号　王逸故意伤害案——多份鉴定结论互相矛盾的应如何审查采信

在多份鉴定意见互相矛盾的情况下,不能直接将不利于被告人的鉴定意见作为定案依据,而应优先采信送检材料来源全面、能与其他在案证据相互印证,而且形成不存在合理怀疑、具有排他性和唯一性定案结论的鉴定意见。(2005 年 10 月 1 日全国人民代表大会常务委员会《关于司法鉴定管理问题的决定》实施,后司法实务将“鉴定结论”的称谓调整为“鉴定意见”。《刑事诉讼法》2012 年修订时,将“鉴定结论”修订为“鉴定意见”。——编者注)

参 第 265 号　严静收购赃物案——推定规则在刑事诉讼中的运用,“两罪存疑”案件的处理

(1)在运用推定规则认定案件事实时,应当注意推定规则运用的辅助性、推定事实的可反驳性、基础事实的真实性和确定性、基础事实与推定事实之间因果联系的高度盖然性。(2)所谓“两罪存疑取其轻”,是指行为人的行为有可能符合两个犯罪的构成,而现有证据不能充分、确实地证明其行为已符合其中重罪的构成,但可以充分、确实地证明其行为已符合其中轻罪的构成时,司法机关应当按照其中的轻罪,而不能按照其中的重罪追究行为人的刑事责任。

参 第 324 号　王胜平抢劫、强奸、盗窃案——如何审查判断被告人的翻供理由

被告人翻供的,涉及言词证据的证据资格和证明能力的判断,应当综合被告人翻供所提出的理由向刑事诉讼程序进行回溯核实，确认其翻供理由是否有可能因存在诱供、刑讯逼供等非法取证的情形而成立，公诉方对此负有高度的举证责任。在具体操作方法层面，应结合供述材料是否与其他证据存在无法解释的实质性冲突、在案证据材料的主客观证据能否相互印证、是否可能因证据材料形成时间的先后而产生诱供可能、被告人在羁押场所的身体状况、与供述一致的证据是否只有不能形成闭合证据链条的间接证据等因素作出判断。如存在相应疑点，尤其是与翻供事实相对应的证据材料的证据资格和证明能力有问题的，一般应认定被告人的翻供理由成立。

参 第 371 号　高泳故意伤害案——法人或其他组织的工作人员在执行职务中致人伤害的，应由该法人或组织承担民事责任

在刑事附带民事诉讼案件中，只要行为人实施犯罪行为的目的或起因是出于执行职务或实施业务活动，其引起的损失就应当由其单位承担。但如果行为人在实施业务活动和执行职务的过程中，并非出于实施业务活动和执行职务的目的或并非实施业务活动和执行职务而实施的犯罪行为，则其造成的损失就应由行为人自己承担。如果造成损害的行为人在致人损害中存在过错的，法人或其他组织在承担了赔偿责任以后，有权向有过错的行为人进行追偿。

参 第 453 号　张建国贩卖毒品案——如何理解和把握刑事诉讼法第四十六条关于“没有被告人供述，证据充分确实的，可以认定被告人有罪和处以刑罚”的规定

《刑事诉讼法》第 46 条（根据 2018 年新修订《刑事诉讼法》的规定，该条已调整为第 55 条。——编者注）规定的“没有被告人供述，证据确实、充分的，可以认定被告人有罪和处以刑罚”条文，不是宣言式规定，而是一条如何对待被告人供述这一言词证据的重要证据规则。在没有被

告人供述的情况下,问题不在于能不能定案,而在于在案的其他证据是否达到确实、充分程度,即证据间矛盾必须得到合理排除,形成完整、缜密的证据锁链,得出具有排他性的唯一证明结论。

参 第 498 号　卞修柱抢劫案——对推卸责任型翻供如何进行审查判断

对于被告人翻供的,既不能无视其翻供内容,一律采信其以往所作有罪或者罪重供述,也不能遇到翻供就生疑,而一律否定前供,从而简单得出案件没有有罪供述乃至事实不清的意见。对于翻供案件,应当结合全案证据进行综合分析,判断被告人的翻供理由是否成立、内容是否可信,进而确认有罪事实是否成立。从被告人翻供的目的和内容看,可将翻供分为承揽责任和推卸责任两种类型。实践中,承揽责任型翻供较为少见,多数翻供属于推卸责任型翻供,即将犯罪或罪重的责任推卸到他人身上。根据被告人推卸责任的对象不同,推卸责任型翻供有多种情形:单纯否认犯罪是自己所为;将责任推卸到难以查证的他人身上;将责任推卸到在逃的共同犯罪人身上;将责任推卸到与案件有关联的人(如被害人、证人)身上等。大体上,被告人翻供的内容越具体,细节越多,且能够自圆其说,越能得到其他证据的印证,就越能引起司法人员对原来认定事实的合理怀疑,建立起对被告人有利的内心确信。

参 第 512 号　杨飞故意杀人案——对于被告人拒不认罪且无目击证人的案件,如何运用间接证据定案

在没有直接证据的情况下,单纯运用间接证据定案需要特别慎重,应当从以下几个方面对间接证据进行把握:第一,没有任何一个间接证据能直接证明案件的主要事实,每个证据须同其他证据相结合才具有证明作用。第二,任何一个间接证据的证明意义,都是由间接证据与案件事实之间的客观联系及与其他证据相互结合的情况所决定的。第三,所

有间接证据形成证据链条后可得出唯一的、排他的结论。第四，在完全依靠间接证据定案时，其中任何一个间接证据被推翻了，就必须重新审视整个证据链条，如果在同一案件中存在两种以上的可能性，并且各有一些证据支持，就要重新调查，认真研究，直到排除其他可能性，才能得出正确的结论。

参 第 572 号　寸跃先抢劫案——死刑案件如何切实贯彻证据裁判原则

证据是认定事实的基础和依据，取证工作越扎实，对证据的审查把关越严格，事实认定的准确性就越有保证。死刑案件，关乎人命，对证据审查、事实认定的要求也更高，必须确保定案证据的确实、充分，对证据裁判原则的严格贯彻尤为必要和突出。具体而言，在侦查阶段，要及时、全面地收集、固定案件证据，特别是客观性证据，防止取证工作上的疏漏导致对事实认定留下事后难以弥补的缺憾；在审判阶段，要严格依法对每一项证据进行庭审质证，准确认定每一份证据的效力和证明力，避免因质证工作不到位而在事实认定上"带病"采信证据，从而作出有"瑕疵"的裁判结论。

参 第 579 号　吴金义故意杀人案——物证提取不全或来源不清案件的证据审查

要通过审查该鉴定结论所使用的检材来源是否清楚、提取是否合法，判断该物证与案件之间是否存在关联性，而不能以鉴定结论作为痕迹物证审查判断的依据。对经查证物证来源不清，经补充调查核实仍然存疑的，该物证不能作为定案证据，依此作出的鉴定结论也不能采信。

参 第 590 号　张世明抢劫案——非同案共犯供述的证明力认定

共犯与同案犯是两个不同的概念，前者是实体法上的概念，后者是程序法上的概念，二者所涵盖的范围并非完全重合。非同案共犯的供述与普通的证人证言有本质不同，特别是对于先受审的被告人来说，由于其供述无须像证人证言那样与后审理的非同案共犯进行当庭对质，在缺乏足够的质证程序予以制约的条件下，不排除有推卸责任的可能。因此，对于先审理的共犯口供，在后审理的案件中，仍以认定为“被告人供述”证据为宜，但在适用《刑事诉讼法》第 46 条（对应 2018 年版第 55 条。——编者注）的规定时，要灵活运用。

参 第 599 号 杨淑敏故意杀人案——在被告人翻供的情况下如何根据供证关系定案

对于没有目击证人，也缺乏足以确定被告人是否作案的强有力的客观证据，而被告人自审查起诉阶段起翻供，在此情况下，需要综合全案证据特别是被告人的有罪供述、无罪辩解与其他证据之间的关系进行分析，才能准确认定案件事实。

参 第 654 号 陈乃东故意杀人案——对“零口供”案件如何运用间接证据定案

对于“零口供”案件，需要结合被告人的辩解认真审查在案其他证据是否可以形成完整的证据体系确定系被告人作案。应当认真审查破案经过是否客观、自然，物证、书证、DNA 鉴定等客观性证据是否指向性明确，是否有相关证人证言等辅助性证据，无罪辩解是否符合常理或与其他已查明的客观事实和证据相矛盾。

参 第 655 号 朱某故意杀人、盗窃案——如何把握死刑案件的证明标准

死刑案件要求认定被告人犯罪事实存在的证据达到排除其他可能性的程度。对以下事实的证明必须达到证据确实、充分：（1）被指控的犯罪事实的发生；（2）被告人实施了犯罪行为与被告人实施犯罪行为的时间、地点、手段、后果以及其他情节；（3）影响被告人定罪的身份情况；

(4)被告人有刑事责任能力;(5)被告人的罪过;(6)是否为共同犯罪及被告人在共同犯罪中的地位作用;(7)对被告人从重处罚的事实。

参 第656号　陈亚军故意伤害案——直接言词证据为孤证,其他间接证据不能形成完整证据链的,应依法作出无罪判决

(1)任何案件事实都必须有相关的证据予以证明,这是证据裁判原则的基本要求。对于被告人不认罪的案件,审查判断证据时,要特别注重审查其他证据能否形成完整的证据链。既注重审查该证人证言的证明力,也要注意审查其他间接证据的充足度。(2)直接证据有利于定案是不言而喻的。在缺乏直接证据或者直接证据证明力较弱的情况下,如果间接证据能够形成完整的证据链并得出唯一结论,也可以根据间接证据定案。但运用间接证据定案,应更加慎重,遵循真实性、协调性、完整性、排他性、合理性的规则。

参 第682号　罗某故意杀人、放火案——办理死刑案件如何把握"证据确实、充分"的证明标准

死刑案件是否达到证据确实、充分的证明标准,最根本、最重要的评判尺度是:全案证据对于待证事实要达到充分的程度,证据之间相互印证,构成完整的证明体系,得出的结论是唯一的。当然,由于刑事案件证据的复杂性和具体案件之间的明显差异,在具体办案过程中应当按照最高人民法院、最高人民检察院、公安部、国家安全部、司法部《关于办理死刑案件审查判断证据若干问题的规定》,对特定案件的证据体系进行综合评判。

参 第729号　徐科故意杀人、强奸案——如何审查判断被告人的翻供和辩解及如何结合被告人的庭前认罪供述认定案件事实

(1)应当坚持证实与证伪并重的理念,对被告人认罪供述和翻供理由或辩解的审查判断给予同等重视。对于被告人在庭前认罪后又翻供或者提出辩解的情形，需要认真审查被告人的翻供理由或辩解，并结合其他证据审查判断其翻供理由或辩解是否成立。对于被告人称其因遭到刑讯逼供而作出庭前认罪供述的情况，还要审查其供述是否属于非法证据。在被告人的翻供理由或者辩解不成立的情况下，要审查被告人的庭前认罪供述与其他证据能否相互印证并形成完整的证据体系。(2)在刑事审判环节，判断特定的证据材料能否作为定案的根据使用，需要分别审查该证据材料是否具备证据能力和证明力。首先，证据材料需要具备证据能力(证据资格)。证据能力主要包括两方面的要求:一是不被法律规范所禁止。二是应当经过法定的调查程序。其次，在具备证据能力的基础上，证据材料还需要具有证明力(证据价值)。对证据材料证明力的审查判断既要分析该证据材料自身的真实性，还要审查该证据材料能否与案件事实有关联。如果无法确认特定证据材料的真实性及其与案件待证事实的关联性，则该证据材料也不能作为定案的根据。

参 第762号　苏光虎故意杀人案——对死刑案件如何把握“证据确实、充分”的定案标准

(1)对于死刑案件证据是否确实、充分，应结合最高人民法院、最高人民检察院、公安部、国家安全部、司法部《关于办理死刑案件审查判断证据若干问题的规定》和非法证据排除的相关规定予以认定，必须达到排除合理怀疑的程度，得出确定无疑的唯一结论。(2)判断行为人是否属于“形迹可疑”，关键要看司法机关能否依据现有证据特别是客观性证据在行为人与具体案件之间建立起直接、明确、紧密的联系。若能，则应当认定行为人为犯罪嫌疑人；若不能，主要是凭经验、直觉认为行为人有作案可能，应当认定行为人属于“形迹可疑”。行为人因“形迹可疑”受到盘问、教育时主动交代自己所犯罪行的，应当认定为自首。

参 第778号　胡建明抢劫案——在被告人翻供的情况下，如何排除合理怀疑

对于没有目击证人且客观性证据较为单薄的案件，被告人供述对于证明案件事实尤为重要。对于翻供案件，既不能简单采信其以往所作供述，也不能轻易否定其翻供理由或无罪辩解，而应当兼顾正向的证实和反向的证伪。对于基于法律常识、生活经验或职业直觉产生的合理怀疑，要从有罪供述的真实性、翻供后无罪辩解的可信性、有利证据的可采性等方面入手，逐一排除疑点，最终形成对案件事实的准确认定。

参 第779号　郑福田、傅兵抢劫案——对共同犯罪案件，如何把握“证据确实、充分”的证明标准

由于被告人供述的自愿性难以准确判定，在没有其他证据支撑的情况下不能仅凭口供定罪。在主要依靠被告人供述等言词证据定案的情况下，应重点审查被告人的有罪供述是否稳定，其供述的作案细节与同案被告人的供述能否印证（特别是必须亲临现场才能感知的细节），是否根据被告人的有罪供述延伸收集到其他可印证的证据。

参 第789号　屠桂军等故意杀人案——对共同犯罪中“零口供”的被告人如何认定其犯罪事实

认定多人共同犯罪案件中“零口供”被告人的犯罪事实，关键是对在案言词证据进行综合判断、运用。首先，要对各证人证言和被告人供述进行纵向分析。其次，要对各证人证言和被告人供述进行横向分析，查找各言词证据之间是否有一致的内容，是否足以否定“零口供”被告人的辩解，从微观上判断哪些言词证据可采信。再次，要对各证人证言和被告人供述进行反向分析，合理排除证言、供述之间的矛盾，分析证言、供述之间在细节上的不一致。最后，要对各证人证言和被告人供述进行立体分析，将证人证言和被告人供述指向一致的部分，结合案件其他事实证据，如各被告人与被害人的关系、平时有无矛盾，各被告人平时表现、相互间有无“隶属”关系等，判断能否形成完整的证据链条，最终确定“零口供”被告人的犯罪事实。

参 第817号　汪久胜抢劫案——被告人不如实供述的，如何根据在案证据认定其犯罪动机

一般而言，被告人供述的犯罪动机若与在案其他证据相印证并符合常理，其供述可以采信；若与在案其他证据存在矛盾或者明显与常理不符，则其供述不可采信。在被告人不如实供述的情况下，可以依据在案其他证据，认定被告人的犯罪动机。

参 第871号　黄友强贪污案——在不同证据所证内容存在矛盾的情况下，如何判断案件全案证据是否确实、充分

审查、判断证据材料是否能作为定案依据，主要从以下两个方面入手：一是审查证据材料的证据能力，二是审查证据材料的证明力。实践中在应用排除合理怀疑这一刑事诉讼证明标准时，需要从以下三个方面来把握：其一，强调怀疑的合理性。所谓合理怀疑，是指一个正常人凭借理性、生活经验、常识对被告人的犯罪事实产生的怀疑。这种怀疑不是毫无根据的推测或者幻想。其二，排除合理怀疑要求内心确信所指控的犯罪事实成立。其三，排除合理怀疑并非要求达到绝对确定的程度。案件审判过程中根据证据认定案件事实的过程应符合经验法则。

参 第877号　杜某故意杀人案——如何把握“综合全案证据，对所认定事实已排除合理怀疑”

综合全案证据，对所认定事实排除合理怀疑，要求由证据得出的结论为唯一结论，否则就未能达到“证据确实、充分”的证明标准，“综合全案证据，对所认定事实已排除合理怀疑”是“证据确实、充分”的必要条件。对于犯罪事实，“合理怀疑”是指以证据、逻辑和经验法则为根据的

怀疑，即案件存在被告人无罪的现实可能性。没有根据的怀疑，以及对与犯罪无关事实的合理怀疑，不影响对犯罪事实的认定。“合理怀疑”的存在，意味着由证据得出的结论不具有唯一性。审查刑事案件证据，需要在审查证据客观性、关联性、合法性的基础上，对全案证据进行综合分析。

参 第878号 黄某故意杀人案——在故意杀人案件中如何认定证据是否达到“证据确定、充分”的证明标准以及对可能判处死刑的案件依法作出无罪判决对刑事审判工作具有哪些示范意义

办案中对鉴定意见不能盲目相信和过分依赖，必须对其客观性进行审查。对鉴定意见的审查，主要有以下几个环节：(1)审查鉴定人是否具备从事司法鉴定的资格；(2)审查被检验客体的合法性、真实性、关联性和可检性；(3)审查检验方法是否科学、操作是否规范、检验是否客观；(4)审查鉴定结论依据的客观性、全面性、特定性和合理性。运用鉴定意见时，首先，要分清不同类型鉴定意见的证据价值，如血型检验鉴定意见只能作同类认定而不是同一认定；其次，要明确鉴定意见解决问题的范围，如死因鉴定、DNA鉴定应该作出明确的结论，骨龄鉴定、死亡时间鉴定则只能判断出一个范围；最后，要正确处理鉴定意见与侦查调查结果的矛盾，不能轻易推翻一方，要通过复查、复验确定哪一方正确。另外，要高度重视低概率事件。低概率事件在生活中较少发生，强调低概率事件与办案中常凭经验、常理排除某些疑点的做法有些矛盾。对于证据扎实的案件，低概率事件基本不会出现，但对于证据不扎实，被告人又始终作无罪辩解或者翻供的案件，如果涉及低概率事件，就需要引起高度重视。

参 第901号 王树宝危险驾驶案——对未当场查获被告人醉酒驾驶机动车且系“零口供”的案件，如何通过证据审查定案

对于“零口供”案件，可以从以下三个方面进行审查：(1)审查有无

证明犯罪事实的直接证据。醉酒驾驶机动车刑事案件常见的直接证据有：目睹被告人醉酒驾车经过的证人证言，因被告人醉酒驾车而遭受损害的被害人陈述，证实被告人醉酒驾车经过或者当场查获有关被告人醉酒驾车经过的录音、录像资料等。(2)审查有无证明案件主要事实、情节的间接证据。(3)审查判断被告人供述的真实性。

参 第912号　张文明故意杀人案——如何运用间接证据认定交通肇事者将被害人带离事故现场后遗弃并致使被害人死亡的事实以及如何结合在案证据审查被告人提出的新辩解是否成立

(1)对于没有直接证据证明犯罪行为系被告人实施，但间接证据同时符合下列条件的，可以认定被告人有罪：①间接证据已查证属实。②间接证据之间相互印证，不存在无法排除的矛盾和无法解释的疑问。③全案证据已形成完整的证明体系。④根据证据认定的案件事实足以排除合理怀疑，结论具有唯一性。⑤运用间接证据进行的推理符合逻辑和经验判断。运用间接证据证明案件事实，应当重视证据分析和推理；在证据分析和推理过程中，需要遵循逻辑规律和经验法则的要求。(2)对被告人供述和辩解的审查，应当结合控辩双方提供的所有证据以及被告人本人的全部供述和辩解进行。被告人庭前供述一致，庭审中翻供，但不能合理说明翻供理由或者其辩解与全案证据相矛盾，而其庭前供述与其他证据能够相互印证的，可以采信被告人的庭前供述。

参 第921号　曲振武、胡英辉故意杀人案——雇凶者没有直接实施杀人行为，并翻供否认犯罪的，如何认定雇凶杀人犯罪事实

应当从证实受雇者与犯罪事实之间的关联、雇凶者与受雇者之间的关联、雇凶者及受雇者与被害人之间的关联等方面的证据入手，探寻雇凶者与犯罪事实之间的关联。对于雇凶者翻供否认参与犯罪的，应当注重对雇凶者的有罪供述与其他证据在取证时间、逻辑关系、内容一致性

上的审查，并认真分析雇凶者的翻供理由及翻供内容是否符合情理、能否成立。

参 第982号　王某某强奸案——对既无被害人陈述也未提取到直接指向被告人强奸的物证，且被告人翻供的性侵智障幼女案件，如何审查判断证据

强奸、猥亵等性侵犯罪案件，因犯罪过程隐蔽、发案不及时，物证不能及时提取，导致证据类型较为单一，多为被害人陈述和被告人供述等“一对一”言词证据。对既无被害人陈述也未提取到直接指向被告人强奸的物证，且被告人翻供的性侵智障幼女案件，要兼顾证据正向的证实和反向的证伪，一般需要结合被害人自身特点，以及发案、破案过程，重点审查被害人陈述与被告人供述之间的印证和矛盾处，并从间接证据寻找突破口，去伪存真，得出结论。

参 第1005号　孙连义故意杀人案——如何把握投毒案件中的证据确实、充分标准以及投毒后造成目标之外他人死亡发生的如何定性

对于没有直接证据，仅有间接证据的案件，要通过分解验证、审查判断全案证据材料、前后事实，进行符合逻辑的推理和经验判断，将各项证据有机结合为一个证据体系，从而达到对案件事实完整、准确的认定，对能够得出唯一结论、排除合理怀疑的，应当认定被告人犯罪。对于此类案件，还应着重审查供述与查获的犯罪物品之间的关系，先供后证所取得的证据相较于先证后供所取得的证据更具有证明力，更能说明有罪供述的真实性。投毒后放任目标之外他人死亡的，应当认定为间接故意杀人。

参 第1008号　袁某抢劫、破坏电力设备案——如何把握刑事诉讼证明标准的主客观相统一性

刑事诉讼证明标准的核心是运用证据证明案件事实需要达到何种

程度才可以确认犯罪并据以定罪量刑。对于诉讼证明是否达到“犯罪事实清楚,证据确实、充分”的标准,需要根据控方的举证活动,结合自身的专业知识和经验、常识,形成主观认知和内心确信,通过主观上达到“排除合理怀疑”的内心确信程度,从而作出有罪裁判。因此,刑事诉讼证明标准实际上包含主观、客观这两个相辅相成、不可分割的方面。在两者的关系上,客观标准是衡量主观标准的依据,并对主观标准起根本性制约作用,有利于避免主观标准的不确定性;主观标准是客观标准实现的途径,有利于防止客观标准的机械性。审判工作中,应当坚持主客观相统一的原则,既不能机械地执行客观标准,也不能过分强调主观标准,尤其在当前配套制度尚不完备的情况下,为防范冤假错案的发生,主观标准更应受到客观标准的制约。

参 第1052号 刘吉良制造毒品,周永春制造毒品、非法持有枪支案——“零口供”案件中如何贯彻证据裁判原则,准确认定犯罪事实

根据我国《刑事诉讼法》确立的证据裁判原则,对被告人定罪必须有充分的证据支持,可采证据必须查证属实,且单个证据与待证事实具有关联性,通过审查判断证据和综合运用证据的证明过程,形成完整的刑事证明体系,排除一切合理怀疑,得出唯一结论,从而达到“犯罪事实清楚,证据确实、充分”的刑事证明标准。

参 第1058号 任海玲故意杀人案——如何把握“疑罪”的认定标准

疑罪是指定罪的事实不清、证据不足。不能将疑罪等同于事实证据有瑕疵的案件。疑罪是公诉机关未能实现法定证明责任的结果,疑罪不同于有证据证明无罪的案件,疑罪也不以被告人翻供或者提出辩解为前提,即使被告人笼统认罪,如其认罪供述的真实性缺乏保障,在案证据不能达到法定证明标准,也不能认定被告人有罪。认定疑罪时应当注重审查证据,特别是被告人口供的真实性,以及现有证据能否证明被告人与

犯罪事实之间的关联性。

参 第1193号　圣德·阿美·强走私毒品案——如何运用间接证据认定“零口供”走私毒品案

在运用间接证据认定毒品案件事实时，除了证明犯罪客观要素和主观要素之外，还要对行为人的辩解给予足够重视，即还应当能够排除行为人的无辜辩解。运用推定方法认定行为人主观故意需要严格遵循无罪推定原则。行为人犯罪时的主观心态隐藏于行为人的内心，通过客观行为推定行为人的主观心态时必然受到司法人员的认识能力、经验、社会阅历等条件的限制，如果结论不是唯一的，就要依照疑罪从无和有利于被告人的原则作出认定。并且，行为人“不能作出合理解释，不能举出反证”在证明力上仅仅起到增强审判者内心确信、排除行为人遭受蒙骗被他人利用实施毒品犯罪这一合理怀疑的作用。真正能够证明行为人实施毒品犯罪的证据在于行为人自己实施的一系列客观行为；真正推定行为人主观故意的基础事实是行为人实施的客观行为，而非不合理的解释或者没有举出反证。

参 第1195号　张传勇贩卖毒品案——对以非接触方式交易毒品且被告人拒不供认的案件，如何综合运用间接证据定案

在以非接触式交易方式实施的毒品犯罪中，贩毒分子利用移动通信终端与购毒者商定交易细节、确认付款、通知对方取货，交易双方在时空上有一定的距离，在互相不知道身份、体貌特征的情况下即可完成毒品交易，俗称“打卡埋雷”。作出判决之前应当通过审查、认定在案的间接证据，使间接证据能形成完整的证据锁链，然后再深入分析被告人的辩解并从逻辑和情理上分析被告人提出的新辩解，从而准确地认定案件事实。

参 第1221号 阿卜杜苏布尔·图尔迪巴柯等故意杀人、抢劫、故意伤害、故意毁坏财物案——办理严重暴力恐怖犯罪案件如何把握证据标准

根据最高人民法院《关于充分发挥审判职能作用切实维护公共安全的若干意见》和最高人民法院、最高人民检察院和公安部联合下发的《关于办理暴力恐怖和宗教极端刑事案件适用法律若干问题的意见》(已失效。——编者注)的规定，对暴力恐怖犯罪活动，既要坚持严打方针不动摇，对首要分子、骨干成员、罪行重大者，该判处重刑乃至死刑的应当依法判处；同时，又要坚持以事实为依据、以法律为准绳，全面审查犯罪嫌疑人的犯罪动机、主观目的、客观行为和危害后果，正确把握罪与非罪、此罪与彼罪、一罪与数罪的界限。

参 第1245号 卢荣新故意杀人、强奸案——在刑事二审程序中如何审查和认定证据

在刑事二审程序中审查与认定证据时，应注意以下几点：(1)被告人有罪供述能否与证人证言、现场勘查笔录、鉴定意见等证据相印证。(2)被告人作出有罪供述的讯问地点、时间和讯问录像是否存在重大瑕疵，公安机关是否作出合理解释。(3)被告人现场指认是否顺畅、自然，指认现场时描述的作案过程与指认笔录及其有罪供述是否存在明显矛盾。(4)二审期间是否出现了新的证据，是否能排除他人作案的可能。

参 第1261号 高佑铭抢劫案——根据被告人的供述、指认提取到了隐蔽性很强的物证，且与其他证据相互印证并排除串供、逼供、诱供等可能性的，可以认定有罪

根据被告人供述、指认提取到了隐蔽性很强的物证，在案其他证据能够证明犯罪事实的发生，且能与被告人供述及前述提取的物证相互印证并排除串供、逼供、诱供等可能性的，可以认定有罪。（最高人民法院、最高人民检察院、公安部、国家安全部、司法部《关于办理死刑案件审查

判断证据若干问题的规定》对此有明确规定。——编者注）

参 第1334号 余坤锋交通肇事案——“自首认罪”案件如何理解和把握“证据确实、充分”的证明标准

对于被告人的口供，决不能盲目地、轻易地认定；在运用被告人口供时，应当注重调查研究，将主要精力放在收集口供以外的其他证据上，用其他证据审查、核实被告人的口供。即使被告人“自首认罪”，也不能放松对证据的审查判断，而是要恪守法定证明标准，运用多种方法，对全案证据进行多层次、多角度、全方位的立体化审查判断，在审查判断的基础上进行综合分析，然后得出证据是否确实、充分的结论。

参 第1366号 李二胜故意杀人案——死刑案件被告人翻供且缺乏客观证据的审查判断

对于缺乏客观性证据的案件，在审查、分析时不能简单地罗列证据，而是要抓住关键证据深入分析，抓住主要矛盾点，从整体上把握证据。对此应当注意以下几点：(1)审查判断被告人的有罪供述是否真实、可信，翻供理由是否合理，是否适用非法证据排除规则。(2)审查其他间接证据是否能与被告人的有罪供述相互印证，形成完整的证据锁链，并排除合理怀疑。对此应当注意以下几点：①对被告人的有罪供述与物证、书证等实物证据进行对比审查。一般而言，在排除非法取证的前提下，如果根据被告人的供述提取到隐蔽性很强的实物证据，则被告人的供述具有较强的可信性、真实性。②将被告人的有罪供述同尸体检验意见、尸体照片等证据进行比对审查。③将被告人的有罪供述与现场勘验检查笔录、指认笔录等证据进行比对审查。(3)综合全案证据，依照法律程序，排除一切合理怀疑。

参 第1367号 朱晓东故意杀人案——对有证据指向是预谋杀人但被告人否认的，如何审查判断证据

判断是预谋杀人还是激情杀人，应当综合审查案发前后被告人的一

系列行为表现,包括是否有预谋杀人的动机,是否曾查询、购买关于杀人藏尸等内容的知识或图书,是否故意创造作案条件、准备作案工具,作案后是否有惊愕、恐慌、懊悔、愧疚和积极补救等表现,案发后是否实施转移财产等行为,如被告人对此均无法作出合理解释,则可以认定其系预谋杀人。

参 第1390号 刘德铭故意杀人案——客观证据缺失的案件如何认定犯罪事实

对于案发现场无关键物证、抛物地点无关联物证、没有将被告人及被害人联系起来的痕迹证据、没有目击证人的“四无”案件,人民法院在审理中以被告人供述为主线,应重视口供但不轻信。应深入挖掘细节证据,并根据生活常理与经验规则逐一排除合理怀疑,强化证据裁判。同时,通过对被告人多份供述纵向比对、口供与其他证据横向比较、在案证据综合判断等,逐步夯实事实认定根基,在“四无”案件中建立以客观性证据为主要依托的内心确信形成模式,从而最终得出被告人是否构成犯罪的唯一结论。

非法证据排除规则

《刑事诉讼法》规定

第五十六条 采用刑讯逼供等非法方法收集的犯罪嫌疑人、被告人供述和采用暴力、威胁等非法方法收集的证人证言、被害人陈述,应当予以排除。收集物证、书证不符合法定程序,可能严重影响司法公正的,应当予以补正或者作出合理解释;不能补正或者作出合理解释的,对该证据应当予以排除。

在侦查、审查起诉、审判时发现有应当排除的证据的，应当依法予以排除，不得作为起诉意见、起诉决定和判决的依据。

相关规定

最高人民法院《关于适用〈中华人民共和国刑事诉讼法〉的解释》第123～138条

《人民检察院刑事诉讼规则》第66～70条

《公安机关办理刑事案件程序规定》第71条

最高人民法院、最高人民检察院、公安部、国家安全部、司法部《关于办理刑事案件排除非法证据若干问题的规定》

最高人民法院、最高人民检察院、公安部、国家安全部、司法部《关于办理刑事案件严格排除非法证据若干问题的规定》

《人民法院办理刑事案件排除非法证据规程(试行)》

最高人民检察院、公安部《关于公安机关办理经济犯罪案件的若干规定》第43条

案例要旨

参 第763号　王维喜强奸案——关于瑕疵证据的采信与排除

如果物证的收集、复制、保管工作均不符合相关法律规定，导致来源存疑，且有关办案人员无法补正或作出合理解释，则有关物证不能作为定案证据。如果物证是生物物证鉴定意见和DNA鉴定意见的基础，而物证又不能作为定案的根据，则鉴定意见也不能作为定案的根据。

参 第869号　刘晓鹏、罗永全贩卖毒品案——如何把握非法言词证据的认定标准与排除程序

实践中，对于“不能排除以非法方法收集证据情形”的具体认定，一

般可以从以下两个方面着手:(1)从取证人员、时间、地点、方式、内容入手进行判断;(2)对重大案件,应当结合同步录音录像进行判断。需要说明的是,证据收集合法性的证明标准与刑事案件的定罪标准本质上是一致的,需要达到“证据确实、充分”的证明标准,否则即属于不能排除以非法方式收集证据的情形。法庭审理过程中,当事人及其辩护人、诉讼代理人申请排除非法证据的,法庭应当进行审查。经审查,对证据收集合法性有疑问的,应当启动证据收集合法性的调查程序。法庭决定对证据收集合法性进行调查的,可以由公诉人通过出示、宣读讯问笔录或者其他证据,有针对性地播放讯问过程的录音录像,提请法庭通知有关侦查人员或者其他人员出庭说明情况等方式,证明证据收集的合法性。

参 第956号 孙林海危险驾驶案——瑕疵证据应当如何采信

一方面,应当区分证据问题的存在系因被告人本人的原因还是侦查人员的原因,若系被告人本人的原因导致的,则相应的后果应当由其本人承担。另一方面,应当判断证据存在的问题是否实质上侵犯被告人的重大权益或者违反相关重要程序性规定,是否会影响证据的真实性,以此判定该证据是非法证据还是瑕疵证据。实践中,瑕疵证据主要是指侦查人员在制作相关证据的过程中,因存在轻微技术性缺陷或者程序性违规而产生的证据。较之非法证据,瑕疵证据的违法程度通常是轻微的,并未从实质上侵犯被告人的重大权益,也未违反相关重要程序性规定,且通常不会影响证据的真实性。2012年修改后的《刑事诉讼法》在明确了“非法证据排除规则”的同时,对此类瑕疵证据则明确了“可补正的不予排除规则”,即法院对于瑕疵证据的处理原则主要是责令有关办案人员进行补正或者作出合理解释。通常而言,办案人员进行补正或者作出合理解释后,法院可以忽略此类证据的瑕疵,将其视为合法证据。

参 第1039号　李志周运输毒品案——如何把握证据收集合法性的证明标准，以及排除非法证据后案件的处理方式

对于犯罪嫌疑人身体出现非正常伤情，公诉机关仅提供办案机关和办案人员取证合法性的情况说明、询问笔录，但未能提供同步录音录像等关键证据的情形，由于办案单位和办案人员出具的说明材料依法不能单独作为证明取证合法的根据，公诉机关提供的取证合法的证据未达到确实、充分的证明标准，相关证据应当予以排除。排除非法证据后，其他在案证据足以证实公诉机关指控的犯罪事实的，应当作出有罪判决；其他在案证据不足以证实公诉机关指控，不能认定被告人有罪的，应当作出无罪判决；其他在案证据仅能证实案件部分事实的，应当依法认定该部分事实并作出相应处理。

参 第1040号　尹某受贿案——如何审查被告人在侦查阶段不同期间所作供述的合法性

侦查机关在初查阶段收集的被告人言词证据可以作为证据使用；侦查机关在初查阶段采取疲劳审讯、威胁、辱骂等方式非法取得的证据应当予以排除；重复供述不因之前供述取证非法而当然排除，而是要结合被告人供述时意志是否相对自由，同步录音录像资料是否完备，犯罪细节供述是否具有个性特征等因素进行综合审查判断。

参 第1140号　郑祖文贪污、受贿、滥用职权案——如何处理以威胁方法收集的被告人供述及司法实践中对“重复供述”如何采信

（1）对被告人在侦查阶段的“重复供述”，应当区别对待，结合违法取证手段的严重性、取证主体的改变情况、特定的讯问要求等因素综合考虑是否排除。（2）对威胁是否达到严重程度，应当综合个案案情加以判断。一般而言，仅言语上的威胁，抑制或者剥夺犯罪嫌疑人、被告人意志自由的程度是有限的，犯罪嫌疑人、被告人经过利益权衡后觉得供述

比抵抗对自己更有利而交代犯罪事实,则其虚假性比刑讯逼供得到的被告人供述要小。但是,如果威胁的方法超出一定限度,如严重损害本人及其近亲属合法权益,或者以法律禁止的方法、以社会道德难以容忍的方式进行威胁,则应当认定威胁达到严重程度,属于最高人民法院《关于适用〈中华人民共和国刑事诉讼法〉的解释》第95条(对应2021年版第123条。——编者注)关于"其他使被告人在精神上遭受痛苦的方法"的情形。按照该条的规定,应当认定为《刑事诉讼法》第54条(对应2018年版第56条。——编者注)规定的"刑讯逼供等非法方法",以此方法所收集的被告人的供述,应当予以排除。

参 第1141号 吴毅、朱蓓娅贪污案——侦查机关通过疲劳审讯获得的被告人供述是否属于非法证据以及非法证据排除后是否对量刑事实形成影响

疲劳审讯属于一种变相肉刑,其对公民基本权利的侵犯程度与刑讯逼供基本相当。通过疲劳审讯获得的有罪供述属于非法证据,应当予以排除。已经排除的非法证据既然不得作为证据使用,当然也不应当对定罪量刑产生影响,否则非法证据排除就形同虚设。如果被排除的被告人有罪供述既包含定罪事实又包含量刑事实,而具有证据资格的有罪供述仅包含定罪事实而缺乏量刑事实,那么在没有相关证据补证量刑事实的情况下,仅能依据供述认定定罪事实。

参 第1165号 黄金东受贿、陈玉军行贿案——非法限制被告人人身自由期间取得的供述能否作为诉讼证据使用

《刑事诉讼法》规定,传唤持续的时间不得超过12个小时;案情特别重大、复杂,需要采取拘留、逮捕措施的,传唤持续的时间不得超过24小时。同时,不得以连续传唤的方式变相拘禁犯罪嫌疑人。办案单位传唤被告人到案后持续羁押超过法定期限的行为不符合法律规定,属于非法限制人身自由。采用非法限制人身自由的方式取得供述，属于《刑事诉讼法》规定的“其他非法方法”，由此取得的供述应当予以排除，不得作为诉讼证据使用。

参 第 1166 号 王平受贿案——对仅存部分讯问录音录像的案件，如何结合讯问录音录像审查判断讯问笔录的证据能力，以及如何把握疲劳讯问的认定标准

侦查机关在立案前对被告人所做的调查笔录，如果不属于法律规定的证据种类，则不得作为诉讼证据使用。侦查机关在立案后对被告人的讯问笔录中，依法应当制作同步录音录像而没有同步录音录像，且被告人质疑，无法确保讯问笔录的合法性，亦无法确保讯问笔录内容真实性的，不得作为定案的根据。讯问笔录内容与讯问同步录音录像的内容有重大实质性差异的，不得作为定案根据。长时间连续讯问超出合理限度，没有为被告人提供必要的休息时间，使被告人遭受难以忍受的痛苦而违背意愿作出供述，应当认定为疲劳审讯，并依法排除有关供述。

参 第 1168 号 杨增龙故意杀人案——被告方申请排除非法证据的情形，如何把握证据收集合法性的证明责任，以及二审法院如何贯彻疑罪从无原则

被告方申请排除非法证据，应当由人民检察院承担证据收集合法性的证明责任，不能让被告人变相承担证明责任。如果被告人与侦查人员对取证合法性问题各执一词，在缺乏其他证据特别是讯问录音录像等客观证据佐证的情况下，简单地采信侦查人员的供述并不妥当。如果有关证据被认定为非法证据，就应当予以排除，即使其可能是客观真实的，也不能作为定案的根据。对于曾发回重审的案件，二审法院依法排除非法证据后，其他证据不足以认定上诉人有罪的，或者检察机关补充证据材料后仍不足以认定上诉人有罪的，应当依法宣告上诉人无罪。

证据收集合法性的调查

《刑事诉讼法》规定

第五十八条 法庭审理过程中，审判人员认为可能存在本法第五十六条规定的以非法方法收集证据情形的，应当对证据收集的合法性进行法庭调查。

当事人及其辩护人、诉讼代理人有权申请人民法院对以非法方法收集的证据依法予以排除。申请排除以非法方法收集的证据的，应当提供相关线索或者材料。

相关规定

最高人民法院、最高人民检察院、公安部、国家安全部、司法部、全国人民代表大会常务委员会法制工作委员会《关于实施刑事诉讼法若干问题的规定》第 11 条

最高人民法院《关于适用〈中华人民共和国刑事诉讼法〉的解释》第 132 ~ 138 条

《人民检察院刑事诉讼规则》第 75 ~ 78 条

《公安机关办理刑事案件程序规定》第 72 条

最高人民法院、最高人民检察院、公安部、国家安全部、司法部《关于办理刑事案件排除非法证据若干问题的规定》第 5、6、8 条

最高人民法院、最高人民检察院、公安部、国家安全部、司法部《关于办理刑事案件严格排除非法证据若干问题的规定》第 23、24、29、30、32、33 条

案例要旨

参 第823号 褚明剑受贿案——法院如何审查受贿案件辩方提出的非法证据排除申请

对非法证据排除调查程序的启动应当把握:(1)被告人提出非法证据排除申请的,必须提供相关线索或材料,并且要达到使法庭对取证行为合法性存在疑问的程度,才可启动调查程序。(2)在对证据收集的合法性进行法庭调查的过程中,由人民检察院对证据收集的合法性加以证明。(3)法庭决定在法庭调查结束后对证据合法性进行一并调查的,在法庭调查期间,对被告人及辩护人提出异议的证据暂停调查。对证据合法性的调查程序结束后,如果法庭决定对该证据予以排除,可不再质证。(4)对于能够排除非法取证可能性的证据,法庭仍应当继续对该证据进行质证,并结合被告人的当庭供述以及其他证据决定该证据是否能够作为定案的根据。

参 第969号 李刚、李飞贩卖毒品案——如何审查未查获毒品实物的指控事实,以及在毒品案件中如何运用非法证据排除规则

对于公诉机关指控的未查获毒品实物的犯罪事实,只有依法取得的被告人供述与其他证据能够相互印证,且不存在合理怀疑时,才能依法认定。当事人及其辩护人、诉讼代理人申请排除非法证据,人民法院对证据收集的合法性有疑问的,应当召开庭前会议,就收集证据合法性等问题了解情况,听取意见。控辩双方存在较大争议,无法在庭前会议协商解决的,人民法院应当归纳争议焦点,通过法庭调查程序,对证据是否采取非法手段收集的问题进行审查,并决定是否排除有关证据。人民法院决定对证据收集的合法性进行法庭调查的,应当根据申请人提供的线索或者材料,结合侦查机关的讯问笔录、讯问过程的录音录像、看守所管教

人员的谈话笔录、驻所检察员的记录、同监室人员的证言、被告人出入看守所的身体检查记录、医院检查病历、侦查机关出具的说明等材料，综合审查判断被申请排除的证据是不是以合法手段收集的。现有证据材料不能证明收集合法性的，人民法院可以通知有关侦查人员出庭说明情况。经人民法院通知，侦查人员没有正当理由拒绝出庭说明有关情况，不能排除存在以非法方法收集证据情形的，人民法院对有关证据应当予以排除。

参 第1164号　郑建昌故意杀人案——对于被告方提出的排除非法证据申请，法庭应当如何审查并依法作出处理

(1)被告方提出排除非法证据申请后，其所提供的线索或者材料应当有具体的指向性。所谓“相关线索”，主要是指被告方提供的涉嫌刑讯逼供等非法取证情形的人员、时间、地点、方式等细节信息。所谓“相关材料”，主要是指被告方提供的反映被告人因刑讯逼供致伤的病历、看守所体检证明、被告人体表损伤及衣物损坏情况，反映被告人遭受刑讯逼供的看守所看管人员及被告人同监羁押人员的书面证言，反映讯问程序违反法律规定的讯问笔录和录音录像等。(2)被告方不承担证明侦查人员刑讯逼供的证明责任，其所提交的线索或者材料只需要使法庭对有关证据的合法性产生怀疑即可，不要求达到“犯罪事实清楚，证据确实、充分”的证明标准。被告方提出排除非法证据申请，并提供相关线索或者材料，促使法庭对有关指控证据收集的合法性产生疑问并依法启动专门调查程序的，检察机关需要承担证据收集合法性的证明责任。

参 第1249号　李继轩等贩卖、运输毒品案——被告人在一审庭审中认罪并对其庭前有罪供述不持异议，二审期间提出受到非法取证的，如何审查与处理

二审期间，证据合法性审查的对象应当是一审作为定案根据的证据和拟作为二审定案根据的证据。证据的合法性审查并非仅为依申请进行的司法行为，而是人民法院的职权或者职责行为。被告人当庭自愿确认侦查期间的供述，即使属于庭前供述的重复性供述，所转化形成的当庭供述也不存在合法性问题。如果一审判决采信由被告人侦查阶段供述转化形成的当庭供述，那么二审法院针对证据的合法性进行审查时，应当重点审查当庭供述的合法性，而不再是侦查阶段供述的合法性，即人民法院既无必要也无职权对侦查阶段获取供述的合法性进行独立审查。当然，人民法院对于侦查人员可能存在的刑讯逼供行为，可以依法移送主管机关处理。

参 第 1392 号　朱纪国盗窃案——无直接证据的“零口供”案件审查要点和证据运用

“零口供”下以间接证据定案，应严格坚持法定证明标准，遵循证据审查规则和疑罪从无原则。以单个证据品质为前提、以证据多（双）向印证为主导，合理运用推定认定案件事实。同时，应当确保间接证据之间的协调性、间接证据形成的证明体系的完整性、间接证据推理出的结论的唯一性。审查发（破）案经过是否客观、自然，客观性证据指向是否明确、单一，被告人供述或无罪辩解是否合理，间接证据能否相互印证，是否存在无法排除的矛盾或者疑问。在相关间接证据查证属实、相互印证并形成完整证据链条之后，要以事实推定为媒介并运用逻辑推理和经验法则，将在案间接证据串联起来回溯再现案件事实，从而得出唯一肯定的结论。

证据收集合法性的证明

《刑事诉讼法》规定

第五十九条　在对证据收集的合法性进行法庭调查的过程

中，人民检察院应当对证据收集的合法性加以证明。

现有证据材料不能证明证据收集的合法性的，人民检察院可以提请人民法院通知有关侦查人员或者其他人员出庭说明情况；人民法院可以通知有关侦查人员或者其他人员出庭说明情况。有关侦查人员或者其他人员也可以要求出庭说明情况。经人民法院通知，有关人员应当出庭。

相关规定

最高人民法院办公厅转发最高人民检察院《关于适用〈关于办理死刑案件审查判断证据若干问题的规定〉和〈关于办理刑事案件排除非法证据若干问题的规定〉的指导意见》

案例要旨

参 第721号 王文勇、陈清运输毒品案——侦查人员出庭作证的范围和程序

侦查人员出庭作证应当考虑两方面的因素：一是该侦查人员出庭有利于查清案件事实；二是该侦查人员出庭为保障被告人诉讼权利所必需。总体来说，侦查人员出庭，应当是就其在执行职务过程中感知和了解的案件情况进行说明，一般包括以下三方面的内容：一是侦查人员在对犯罪嫌疑人进行抓捕的过程中经历和了解的案件事实情况；二是侦查人员在实施搜查、扣押、辨认、讯问、询问等侦查活动中了解的案件事实情况和与实施侦查活动本身的合法性相关的情况；三是侦查人员在接受犯罪嫌疑人投案或者对犯罪嫌疑人提供的立功线索进行查证等活动中了解的案件事实情况。

非法证据的处理

《刑事诉讼法》规定

第六十条 对于经过法庭审理，确认或者不能排除存在本法第五十六条规定的以非法方法收集证据情形的，对有关证据应当予以排除。

案例要旨

参 第 604 号 吴晴兰非法出售珍贵、濒危野生动物案——“犯意诱发型”案件如何处理

侦查机关使用“犯意诱发型”诱惑侦查方式，使原本无犯罪意图者产生犯意并实施犯罪行为，属于“制造犯罪”，侦查方式不具有合法性，所获取的言词证据，违反《刑事诉讼法》关于禁止以引诱、欺骗方法收集证据的规定，属于非法证据，应当予以排除。

参 第 738 号 晏朋荣故意杀人、抢劫案——关键证据存在疑点，无法排除合理怀疑的案件，应当宣告无罪

(1)审查证据存疑的案件时，对定案证据进行综合审查是基础。首先，对所有案件，都应当审查各个证据与案件事实是否有客观联系，是否能够形成证据链条，该链条是否完整、合理、有逻辑性，从整体上判断全案证据是否确实、充分。其次，审查案件侦破经过反映的取证情况、证据之间的关系，是排除或确定证据之间疑点的重要手段。最后，对犯罪动机合理性、他人参与作案可能性等“干扰性”情节进行审查，是排除或确定证据之间疑点的辅助手段。(2)刑事案件的证明责任由指控人(公诉机关、自诉人)承担,被告人无须“自证无罪”,因此无罪判决的证明标准与有罪判决并不相同,只要指控证据未达到有罪判决的证明标准即可。简言之,只要存在被告人无罪的可能性,就表明关于有罪的证明至少未达到排除合理怀疑的要求,即应考虑认定被告人无罪。换言之,对于无罪事实的证明并不需要达到确实、充分,排除合理怀疑的程度,只要无罪事实存在,全案证据不足,就不能认定被告人有罪。

参 第816号 范永红、韩亚飞等抢劫、盗窃枪支案——庭审后或者复核审阶段发现庭审质证的证据存在问题的,应如何处理

对于庭审后或者复核审阶段发现经庭审质证的证据存在问题,经补查补正后对问题予以纠正的,需要根据该证据证明的对象以及问题的性质作出相应的处理:(1)如果该证据并非关键的定罪量刑证据,仅仅为其他证据提供佐证,且缺乏该证据不影响相关事实的认定,则可以基于其他证据直接认定相关事实。(2)如果该证据系关键定罪量刑证据,但证据存在的问题并非实质性的,仅为技术性的问题,经补正后可以征求双方当事人的意见,无须恢复法庭调查或者发回重审。(3)如果该证据系关键定罪证据或者系不利于被告人的量刑证据,且证据存在的问题是实质性的,足以影响该证据的证明价值,证据存在的错误无法进行补正或者作出合理解释的,应当恢复法庭调查或者发回重审。在案其他证据能够证实该证据存在的错误,但该错误可以进行补正或者作出合理解释的,如果双方对此表示认可,就无须恢复法庭调查或者发回重审;如果有一方对此有异议,要求开庭进行调查,人民法院应当开庭或者发回重审。(4)如果该证据系有利于被告人的量刑证据,且证据存在的问题是实质性的,经补正或者作出合理解释后,因案件处理结果对被告人有利,可以告知对方当事人补正结果,直接采信相关证据。

参 第924号　邢某、吴某故意杀人案——故意杀人案件中非法证据的审查判断及处理

对于所要排除的证据，只要公诉机关未能提供确实、充分的证据证明其合法性，就应当予以排除，即只需怀疑其合法性，且该怀疑没有得到公诉机关的证据排除即可，而无须证明其“确系非法”。侦查机关对犯罪嫌疑人的羁押、提讯、提解行为违反法律规定，而犯罪嫌疑人提出在羁押场所外，公安机关存在先逼供后制作笔录和录像的问题，公诉机关提供的证据未能排除上述辩解真实性的，应当认为公诉机关据以证明取证合法性的证据未达到确实、充分的程度。

参 第927号　胡某故意杀人、强奸案——除供述外没有指向明确的证据，且供述不稳定、与其他证据相矛盾的案件，能否作出有罪判决

对于除供述外没有指向明确的证据，且供述不稳定、与其他证据相矛盾的案件，不能作出有罪判决。审判案件时，要自觉以科学的刑事司法理念指导审判实践，坚持证据裁判规则不打任何折扣，重视和强化合议庭、审判委员会的把关作用，勇于坚持法律原则，敢于面对各方面压力。

参 第1038号　文某非法持有毒品案——如何审查判断是否存在刑讯逼供等非法方法收集证据的情形以及审查起诉阶段未审查排除侦查阶段刑讯逼供取得的有罪供述，继续获取的不稳定有罪供述是否应当排除

辩方能够提供涉嫌非法取证的线索或者材料的，可以依法申请启动非法证据排除程序；申请排除非法证据的，应当提供相关线索或者材料。其中所谓“材料”，是指被告人出示的血衣、伤痕、伤痕照片、医疗证明、伤残证明、同监人员证言等；所谓“线索”，是指可以显示刑讯逼供等非法取证事实存在的比较具体的事实，如关于非法取证的时间、地点、方式、人员等信息。经审查，不能排除存在以刑讯逼供等非法方法收集证据的情形的，应当将该证据依法予以排除。对于被告人在侦查、审查批捕、审查起诉各阶段所作的多次有罪供述，前一阶段的有罪供述被作为非法证据排除后，后一阶段的有罪供述是否一并排除，应以刑讯逼供等非法方法对被告人所造成的心理影响是否得到一定程度的消除为标准。

参 第1167号 黄志坚等贩卖、运输毒品案——二审法院经审查认为原判据以定案的证据系非法证据，依法排除有关证据后应当如何处理

被告人不服原判决对排除非法证据申请的处理结果，在上诉中再次申请排除非法证据的，二审法院应当对证据收集的合法性进行审查。对于被告人提出的非法证据排除申请，检察机关未能提供有效证据证明取证合法性，不足以排除刑讯逼供可能性的，对相关证据应予以排除。此外，对于未成年被告人，办案单位对其讯问时未通知其法定代理人或者其他成年亲属到场，虽然不属于法定的非法证据排除情形，但上述违反法定程序取得的供述因客观真实性无法保障，亦不能作为定案的根据。对于被告人在一审程序中提出非法证据排除申请，但一审法院未予审查，径行驳回被告人申请，且被申请排除的证据被作为一审法院关键定案证据的，二审法院可以将其作为违反法定诉讼程序的情形裁定撤销原判，发回重审。对于被告人在一审程序中提出非法证据排除申请，一审法院经审查后认为不存在非法取证情形，进而驳回被告人申请，二审法院经审查认为相关证据应当作为非法证据排除的，则应当区分情况处理：排除有关证据后其他证据仍然能够证明被告人有罪的，二审法院可以依法排除有关证据，并在认定被告人有罪的基础上维持原判；排除有关证据后，案件事实不清，证据不足的，二审法院可以裁定撤销原判，发回重审。

参 第1458号 李瑞华盗窃案——如何审查被告方提出的非法证据排除申请及被害人对涉案物品的指认

被告方申请排除非法证据并提供相关线索或者材料，包括涉嫌非法取证的人员、时间、地点、方式等细节信息，并对非法取证行为进行详细描述，且该种非法取证行为存在发生的可能性，亦有查实的现实性，使法庭对证据收集合法性产生疑问，应当启动合法性调查程序。如果被告人方仅是泛泛辩称自己受到刑讯逼供而不能提供有具体指向性的线索或者材料，不能使法庭对证据合法性产生疑问，应当依法驳回申请。公诉机关未提供证据，或者提供的证据不能证明证据收集的合法性，依法对被告人因非法取证而作出的供述及受该非法取证行为影响而作出的重复性供述予以排除。被害人在指认前的询问笔录中清晰描述出物品的特征，且与实物照片相一致的，可采纳作为定案证据。

逮捕的条件

《刑事诉讼法》规定

第八十一条 对有证据证明有犯罪事实，可能判处徒刑以上刑罚的犯罪嫌疑人、被告人，采取取保候审尚不足以防止发生下列社会危险性的，应当予以逮捕：

（一）可能实施新的犯罪的；

（二）有危害国家安全、公共安全或者社会秩序的现实危险的；

（三）可能毁灭、伪造证据，干扰证人作证或者串供的；

（四）可能对被害人、举报人、控告人实施打击报复的；

（五）企图自杀或者逃跑的。

批准或者决定逮捕，应当将犯罪嫌疑人、被告人涉嫌犯罪的性质、情节，认罪认罚等情况，作为是否可能发生社会危险性的考虑因素。

对有证据证明有犯罪事实，可能判处十年有期徒刑以上刑罚的，或者有证据证明有犯罪事实，可能判处徒刑以上刑罚，曾经故意犯罪或者身份不明的，应当予以逮捕。

被取保候审、监视居住的犯罪嫌疑人、被告人违反取保候审、监视居住规定，情节严重的，可以予以逮捕。

相关规定

全国人民代表大会常务委员会《关于〈中华人民共和国刑事诉讼法〉第七十九条第三款的解释》（为现行《刑事诉讼法》第 81 条第 4 款。——编者注）

最高人民法院《关于适用〈中华人民共和国刑事诉讼法〉的解释》第 163 ~ 166 条

《人民检察院刑事诉讼规则》第 128 ~ 141、270 条

《公安机关办理刑事案件程序规定》第 133 ~ 147 条

案例要旨

参 第 903 号　孟令悟危险驾驶案——对涉嫌犯危险驾驶罪的犯罪嫌疑人、被告人能否直接采取逮捕强制措施以及判决文书如何表述刑期起止日期

依照《刑事诉讼法》的规定，只有对可能判处徒刑以上刑罚的犯罪嫌疑人、被告人才能适用逮捕；危险驾驶罪的最高刑期为拘役，故不能决定采取逮捕这一强制措施。判决前未被羁押，判决执行之日不能确定，判决书中刑期起止日期只能略去，待判决发生法律效力，其交付执行之日为刑期起始日期，以此计算刑期终止日期，然后填写在执行通知书中。

附带民事诉讼的提起

《刑事诉讼法》规定

第一百零一条 被害人由于被告人的犯罪行为而遭受物质损失的，在刑事诉讼过程中，有权提起附带民事诉讼。被害人死亡或者丧失行为能力的，被害人的法定代理人、近亲属有权提起附带民事诉讼。

如果是国家财产、集体财产遭受损失的，人民检察院在提起公诉的时候，可以提起附带民事诉讼。

相关规定

最高人民法院《关于适用〈中华人民共和国刑事诉讼法〉的解释》第175～186条

最高人民法院、最高人民检察院《关于人民检察院提起刑事附带民事公益诉讼应否履行诉前公告程序问题的批复》

最高人民法院《关于对参加聚众斗殴受重伤或者死亡的人及其家属提出的民事赔偿请求能否予以支持问题的答复》

案例要旨

参 第26号 于景森故意伤害案——附带民事诉讼案件的范围、当事人以及民事赔偿的范围、数额应如何确定

在确定附带民事诉讼的赔偿范围时应把握三点：其一，对被害人因犯罪行为而遭受的物质损失的范围，应理解为：凡属被害人由于被告人的犯罪行为遭受的物质损失,原则上都应在赔偿之列。其二,赔偿的范围只能是物质损失,非物质损失不属于附带民事赔偿的范围。其三,赔偿范围应只限于犯罪行为直接造成的物质损失。对于具体赔偿额,在有法律依据的前提下,应以被害人的实际损失为限,即被害人有多大损失就应判决赔偿多少损失,而不应仅以被告人赔偿能力作为确定依据。

参 第 141 号 陈越、邵某重婚案——自行调查重婚犯罪而遭受的物质损失应否获得附带民事赔偿

被害人为调查两被告人犯罪事实而支付的律师费、业务费、翻译费、交通费、餐费以及为此减少的家庭收入与重婚行为无必然联系,也就是说,重婚行为并不必然使被害人遭受这些损失,故被害人因自行调查重婚犯罪而遭受的物质损失不在附带民事诉讼赔偿范围之内。

参 第 341 号 李洪前故意杀人案——人民法院判处附带民事诉讼案件的赔偿,应当实行全额赔偿的原则

在解决附带民事诉讼赔偿问题时,应实行全部赔偿原则。实行人承担赔偿责任的范围,应当与侵权行为造成物质损失的范围对等。也就是说,侵权行为所造成的损失应当全部赔偿,不能因被告人赔偿能力有限或没有赔偿能力而少赔或不赔。(请注意现行刑事诉讼法已更改赔偿范围。——编者注)

参 第 348 号 耿万红故意伤害案——限制民事行为能力人、无民事行为能力人能否独立参加附带民事诉讼;限制民事行为能力人、无民事行为能力人的监护人应否被列为附带民事诉讼的共同被告人

(1)限制民事行为能力人、无民事行为能力人不能独立参加附带民事诉讼的,应由其监护人作为法定代理人代为参加诉讼。(2)限制民事行为能力人、无民事行为能力人作刑事附带民事诉讼中的被告人时,其监护人也应被列为刑事附带民事诉讼的被告人。

参 第513号　程文岗等故意伤害案——共同犯罪案件中附带民事诉讼原告人与部分被告人达成调解协议的如何处理

共同犯罪案件中附带民事诉讼原告人与部分被告人达成调解协议的，应当允许刑事附带民事诉讼原告人与部分被告人自愿达成调解协议，采取部分撤诉的方式结案。对调解不成的其他被告人应当按照其应承担的赔偿份额依法作出判决。

参 第1023号　李某故意杀人、故意伤害案——一审判处被告人死缓的刑事附带民事诉讼案件，仅有附带民事诉讼原告人提出上诉的情形，对刑事部分应当适用何种程序审理

对于一审判处被告人死缓的刑事附带民事诉讼案件，仅有附带民事诉讼原告人提出上诉的情形下，对刑事部分应当适用复核程序审理。同时，高级人民法院复核不得违反上诉不加刑原则。高级人民法院经复核不同意判处被告人死刑的，应当提审或者发回重新审判。

参 第1060号　周凯章等人组织出卖人体器官案——在获得被害人承诺的犯罪案件中，如何确定被告人的附带民事赔偿责任

（1）在获得被害人承诺的犯罪案件中，被害人仍可提起附带民事诉讼；（2）附带民事诉讼赔偿范围的确定，在现行法律框架内可适当体现原则性与灵活性的统一；（3）在获得被害人承诺的犯罪案件中，可以适当减轻被告人的附带民事赔偿责任。

参 第1123号　马某某故意杀人案——限制民事行为能力人、无民事行为能力人参加刑事附带民事诉讼的若干问题

（1）限制民事行为能力人、无民事行为能力人不能独立地以附带民事诉讼被告身份参加附带民事诉讼，应由其监护人作为法定代理人代为参加诉讼；（2）限制民事行为能力人、无民事行为能力人在刑事附带

民事诉讼中属于无民事责任能力人，应由其监护人承担民事责任。人民法院对附带民事诉讼原告申请追加被告的监护人为共同被告的请求，应当予以支持，并应当将限制民事行为能力被告的监护人列为共同被告。

参 第 1171 号　庞易浑等故意伤害案——附带民事诉讼原告人因部分被告人赔偿而对其撤诉后，其余被告人尚应承担赔偿责任的，应如何处理

由于各被告人与附带民事诉讼原告达成调解协议的实际赔偿数额各不相同，对同案其他被告人赔偿额所适用的计算方法亦相应不同，不能一概而论。如附带民事诉讼原告放弃对部分被告人的诉讼请求，则其所实际获得的赔偿数额，应小于应当获得的赔偿数额。如附带民事诉讼原告虽然放弃了对部分被告人的诉讼请求，但因该部分被告人承担的份额已经超过了其应当承担的份额，则其所实际获得赔偿的总数额，仍然等于其应当获得的赔偿总数额。

参 第 1289 号　张正伟污染环境案——环境污染犯罪案件刑事附带民事公益诉讼有关问题

《刑事诉讼法》确定刑事附带民事诉讼制度，主要是考虑诉讼的效率问题。人民法院在审理刑事案件时，由同一审判组织审理附带民事诉讼，既方便了刑事被害人维护自身合法权益，又节约了司法资源。而《人民陪审员法》相关规定的主要目的在于保障公民参加审判活动，促进司法公正，提升司法公信力。《人民陪审员法》第 16 条规定，人民法院审理公益诉讼等重大第一审案件应由人民陪审员和法官组成七人合议庭审理，对司法公正提出了形式要求。办理刑事附带民事公益诉讼案件，确定由原审判组织一人独任审判还是由三人或者七人组成合议庭审理，实际上体现了对效率与公正两种司法价值的选择。

参 第 1416 号 廖俊昭故意伤害案——无偿提供劳务的帮工人在帮工过程中故意伤害致人死亡的，被帮工人应当承担赔偿责任

在帮工人致人伤亡的犯罪案件中，对被害人因案件遭受的物质损失，帮工人存在故意或者重大过失的，被帮工人应当承担连带赔偿责任；被帮工人明确拒绝帮工，可以作为其免责事由，不承担赔偿责任；若帮工人的犯罪行为不是在帮工过程中实施的，亦不能苛求被帮工人承担赔偿责任。

参 第 1587 号 徐某某重婚案——审理重婚犯罪时不应宣告婚姻无效

刑事判决作出民事判项均应当具有法律依据，刑事判决与民事判决涉及的法律关系不同，宣告婚姻无效不属于刑事诉讼及刑事附带民事诉讼的处理范围，不宜在刑事判决中一并宣告婚姻无效。

鉴定的范围、鉴定人的种类

《刑事诉讼法》规定

第一百四十六条 为了查明案情，需要解决案件中某些专门性问题的时候，应当指派、聘请有专门知识的人进行鉴定。

相关规定

《公安机关办理刑事案件程序规定》第 248 ~ 250 条

案例要旨

参 第 1400 号 杨玉成受贿案——职务犯罪涉案书画真伪如何认定

价格认定机构仅有价格认定权，而不具有书画真伪鉴定资质，即使

聘请的专家具有书画鉴定资质，该书画真伪认定结论也不宜视为鉴定意见，而应委托有书画真伪鉴定资质的专业鉴定机构对涉案书画进行重新鉴定，并可以参照文物犯罪刑事案件的鉴定流程。

庭前审查

《刑事诉讼法》规定

第一百八十六条　人民法院对提起公诉的案件进行审查后，对于起诉书中有明确的指控犯罪事实的，应当决定开庭审判。

相关规定

最高人民法院、最高人民检察院、公安部、国家安全部、司法部、全国人大常委会法制工作委员会《关于实施刑事诉讼法若干问题的规定》第25条

最高人民法院《关于适用〈中华人民共和国刑事诉讼法〉的解释》第218～220条

案例要旨

参 第1064号　户猛抢劫案——如何正确理解和适用按被告人自报身份审判的条件

查明一切案件事实是司法机关应尽的职责。但是，法律在将查实被告人身份规定为原则的同时，也将符合一定条件的案件按行为人自报身份认定犯罪主体作为例外。一是有利于节约司法资源。二是便于司法机关在法律规定的审理期限内，及时惩罚犯罪，防止诉讼的过分迟延。三是被告人在依法进行调查的国家权力机关面前，有义务对个人的基本

情况作出清楚、准确的说明；无故隐瞒或虚报的，自己不实的言行带来的不利法律后果，应当由其本人承担。在刑事审判中，按行为人自报身份审判，必须符合以下两个条件：(1)犯罪事实清楚，证据确实、充分；(2)确实无法查明身份。

公开审理、不公开审理

《刑事诉讼法》规定

第一百八十八条 人民法院审判第一审案件应当公开进行。但是有关国家秘密或者个人隐私的案件，不公开审理；涉及商业秘密的案件，当事人申请不公开审理的，可以不公开审理。

不公开审理的案件，应当当庭宣布不公开审理的理由。

相关规定

最高人民法院《关于适用〈中华人民共和国刑事诉讼法〉的解释》第222～225条

《人民法院办理刑事案件第一审普通程序法庭调查规程(试行)》第40条

最高人民法院《关于加强人民法院审判公开工作的若干意见》第15、16、24条

案例要旨

参 第1323号 张正诈骗案——疫情防控期间适用速裁程序实行远程视频"无接触"式开庭应当注意的问题

法院按照疫情防控减少聚集、降低风险的需要，充分运用智慧法院

建设和网络通信技术发展成果，探索远程视频“无接触”式开庭全新模式，各诉讼参与人之间实现了“无接触”，并佩戴口罩等必要防护装备，科学稳妥地做好防护措施。被告人能够通过庭审亲自向法官以言词的方式陈述，与在现场并没有本质的区别，远程视频“无接触”开庭并未违背直接言词原则精神。法官在庭审中通过远程视频仍然能当面听取各诉讼参与人的口头陈述，并以此开展法庭调查、辩论，进而依据查明的事实和证据作出裁判，实现了法律效果和社会效果的统一，具有借鉴价值。

法庭调查

《刑事诉讼法》规定

第一百九十一条　公诉人在法庭上宣读起诉书后，被告人、被害人可以就起诉书指控的犯罪进行陈述，公诉人可以讯问被告人。

被害人、附带民事诉讼的原告人和辩护人、诉讼代理人，经审判长许可，可以向被告人发问。

审判人员可以讯问被告人。

相关规定

最高人民法院《关于适用〈中华人民共和国刑事诉讼法〉的解释》第240～245条

《人民法院办理刑事案件第一审普通程序法庭调查规程（试行）》第1、6～11条

《人民检察院刑事诉讼规则》第402、403条

案例要旨

参 第1452号　王皓集资诈骗案——公诉人当庭发表与起诉书不一致意见的处理规则

人民检察院对起诉书基本内容变更、追加、补充或者撤回起诉的，应当以书面形式提出，并加盖人民检察院印章。人民法院应当要求人民检察院提交变更、追加、补充或者撤回起诉决定书；人民检察院不提交的，人民法院应当以起诉书为准，不得以公诉人当庭变更、追加、补充或者撤回起诉意见为准。对起诉书笔误的补正，人民法院可以要求公诉机关以书面形式提出；适用简易程序、速裁程序的，也可以由公诉人当庭补正，但应在庭审笔录中予以记录。对量刑建议的调整，应当坚持必要和简便原则，可以由公诉机关以书面形式提出或者由公诉人当庭提出。

物证、证据文书的调查

《刑事诉讼法》规定

第一百九十五条　公诉人、辩护人应当向法庭出示物证，让当事人辨认，对未到庭的证人的证言笔录、鉴定人的鉴定意见、勘验笔录和其他作为证据的文书，应当当庭宣读。审判人员应当听取公诉人、当事人和辩护人、诉讼代理人的意见。

相关规定

最高人民法院《关于适用〈中华人民共和国刑事诉讼法〉的解释》第267～270条

《人民法院办理刑事案件第一审普通程序法庭调查规程(试行)》第28~35条

《人民检察院公诉人出庭举证质证工作指引》第30条

案例要旨

参 第1422号　王伟男诈骗案——庭前会议的示证不能代替庭审的举证、质证和认证

人民法院在庭前会议中可以依法处理可能导致庭审中断的程序性事项,组织展示证据,归纳控辩双方争议的焦点,但不得以此替代正式的庭审。对于经庭前会议展示双方没有异议的证据,仍需进行庭审举证、质证等法庭调查程序。

调取新证据

《刑事诉讼法》规定

第一百九十七条　法庭审理过程中,当事人和辩护人、诉讼代理人有权申请通知新的证人到庭,调取新的物证,申请重新鉴定或者勘验。

公诉人、当事人和辩护人、诉讼代理人可以申请法庭通知有专门知识的人出庭,就鉴定人作出的鉴定意见提出意见。

法庭对于上述申请,应当作出是否同意的决定。

第二款规定的有专门知识的人出庭,适用鉴定人的有关规定。

相关规定

最高人民法院、最高人民检察院、公安部、国家安全部、司法部、全国

人民代表大会常务委员会法制工作委员会《关于实施刑事诉讼法若干问题的规定》第 27 条

最高人民法院《关于适用〈中华人民共和国刑事诉讼法〉的解释》第 273 条

《人民法院办理刑事案件第一审普通程序法庭调查规程(试行)》第 38 条

案例要旨

参 第 145 号　姚建林票据诈骗案——票据诈骗罪是否属于以非法占有为目的的犯罪

对于当事人、辩护人和诉讼代理人重新鉴定的申请是否采纳，予以重新鉴定，取决于当事人、辩护人和诉讼代理人申请重新鉴定的事项、理由是否影响对案件事实的认定。如果可能影响对案件事实的认定，就应当作出同意其申请，准予重新鉴定的决定，并宣布延期审理；如果其所提申请无论采纳与否，根本不会影响对案件事实认定，则应当不同意重新鉴定的申请。

参 第 260 号　王雪玲故意伤害案——法庭获取的新证据未经庭审质证不得作为定案的根据

对作为审判中认定案件事实根据的一切证据，均需质证，包括对言词证据的质证和对物证、书证、视听资料等非言词证据的质证。未经庭审质证，将法医鉴定直接作为证据，违反了证据裁判原则，也严重违反法律规定的诉讼程序，限制了当事人的法定诉讼权利，应当裁定撤销原判，发回原审人民法院重新审判。同时，法官在不得不亲自进行庭外调查时，应尽量通知控辩双方同时到场参与进行，法官在庭外调查中收集得到的任何新证据都必须提交法庭，并允许控辩双方对证人、鉴定人提问，否则这些新证据就不能作为定案的根据。

评议、判决

《刑事诉讼法》规定

第二百条 在被告人最后陈述后，审判长宣布休庭，合议庭进行评议，根据已经查明的事实、证据和有关的法律规定，分别作出以下判决：

（一）案件事实清楚，证据确实、充分，依据法律认定被告人有罪的，应当作出有罪判决；

（二）依据法律认定被告人无罪的，应当作出无罪判决；

（三）证据不足，不能认定被告人有罪的，应当作出证据不足、指控的犯罪不能成立的无罪判决。

相关规定

最高人民法院《关于适用〈中华人民共和国刑事诉讼法〉的解释》第291～304条

案例要旨

参 第343号 王某故意杀人案——刑事诉讼法第一百六十二条第（三）项中的"证据不足"应当如何理解

（1）只有证明犯罪构成要件的证据缺失，才属于《刑事诉讼法》第162条（对应2018年版第200条。——编者注）第3项规定的"证据不足"。（2）证明主要案件事实的直接证据未查证属实，间接证据难以形成证据锁链的,属于证明犯罪构成要件的证据不足。(3)直接证据查证属实的,犯罪构成要件证据即属充分,可以认定被告人有罪。

参 第545号 依火挖吉、曲莫木加、俄木阿巫贩卖、运输毒品案——审理先归案被告人过程中,在逃的共同犯罪嫌疑人归案的,应如何处理

共同犯罪案件有一定特殊性,对于在审判先归案被告人过程中,在逃的犯罪嫌疑人也归案的,原则上应并案审理。主要原因是,每个共同犯罪人都是犯罪的亲历者,对其他共犯的犯罪事实最知情,其供述对证明其他共犯人的犯罪事实十分重要。同时,共同犯罪人在责任分担上存在直接利害冲突,每个人均可能为减轻罪责而在供述时避重就轻,推卸责任。在审判中,只有尽可能全面地听取每个被告人的供述和辩解,并结合在案的其他证据,才能排除矛盾,澄清疑点,查明案件事实,准确区分各被告人在共同犯罪中的地位和作用,确保案件质量。因此,除了个别案情较为简单,事实、证据及各被告人的地位、作用较为清楚,分案审理不会影响公正审判的案件以外,对其他共同犯罪案件,尤其是可能适用死刑的案件,无论处于一审还是二审阶段,原则上都应将后归案的共同犯罪人纳入全案当中一并审理。如案件尚处于一审阶段,应由公诉机关撤回起诉,并案后再行起诉;如案件已进入二审程序,则应以部分事实不清为由发回重新审判。

参 第798号 李冉寻衅滋事案——法院变更公诉机关指控罪名的,在程序上如何处理

法院依法审理后认为公诉机关指控的事实清楚但罪名不当的,可以变更罪名,但应遵循一定的原则和程序。其中,拟认定的新罪名所依据的事实与公诉机关指控的事实必须具有同一性,即必须是同一被告人和同一犯罪行为。在审判实践中,对于需要变更公诉机关指控罪名的,法院都必须履行告知义务,听取控辩双方的意见,给予被告方充分的提前

准备辩护的时间；在被告人明确提出请求的情况下，法院可以暂时中断法庭审判，以便被告人、辩护人为辩护做好充分准备；已经结束庭审，在宣判前出现上述情形的，必要时应当重新开庭审理。

参 第1338号　王秀敏故意杀人案——共同犯罪人先后归案后被分案起诉，法院能否并案审理

不管是普通程序第一审案件，还是再审程序第一审案件，归根结底，都是第一审案件，存在并案审理的程序基础，且并案审理更有利于查明案件事实。如果再审确认的事实和生效裁判确认的事实相同，从再审程序设置的目的出发，再审判决不得加重原审被告人的刑罚，这是再审不加刑的应有之义。

认罪认罚案件的罪名和量刑

《刑事诉讼法》规定

第二百零一条　对于认罪认罚案件，人民法院依法作出判决时，一般应当采纳人民检察院指控的罪名和量刑建议，但有下列情形的除外：

（一）被告人的行为不构成犯罪或者不应当追究其刑事责任的；

（二）被告人违背意愿认罪认罚的；

（三）被告人否认指控的犯罪事实的；

（四）起诉指控的罪名与审理认定的罪名不一致的；

（五）其他可能影响公正审判的情形。

人民法院经审理认为量刑建议明显不当，或者被告人、辩护人对量刑建议提出异议的，人民检察院可以调整量刑建议。人民检察院不调整量刑建议或者调整量刑建议后仍然明显不当的，人民法院应当依法作出判决。

相关规定

最高人民法院、最高人民检察院、公安部、国家安全部等《关于适用认罪认罚从宽制度的指导意见》

案例要旨

参 第 1403 号　黄来珠交通肇事案——对于涉及因素复杂、社会影响大的案件，如何把握认罪认罚从宽制度的适用

对于涉及社会敏感因素、复杂背景、隐藏着风险的案件，即便是被告人认罪认罚，也应慎重适用认罪认罚从宽制度，切忌一味图快，简单化处理。如案件涉及复杂因素，社会影响大，部分被告人不认罪认罚等，犯罪嫌疑人、被告人虽有认罪认罚表现，但程序上未按认罪认罚模式从简处理的，并不影响实体上对被告人从宽处罚。

参 第 1405 号　雒法池、雒法高等故意伤害案——民间矛盾引发的案件如何适用认罪认罚从宽制度

对于因民间矛盾引发尚未严重影响人民群众安全感的刑事案件，犯罪嫌疑人、被告人自愿认罪、真诚悔罪的，在认真听取被害人意见且被告人通过赔礼道歉、积极赔偿与被害方达成和解、调解协议获得被害方谅解的基础上，应适用认罪认罚从宽制度，程序可以从简，实体一般应当从宽，以全面落实宽严相济刑事政策。

参 第 1406 号 马贺飞盗窃案——轻罪案件如何适用认罪认罚从宽制度

实践中，要把轻罪案件作为适用认罪认罚从宽制度的重点，程序上根据案件性质、刑罚轻重、案件难易以及被告人的选择，采取与之相适应的诉讼程序，符合速裁程序和简易程序适用条件的，依法适用速裁和简易程序，避免程序空转。强制措施的适用上，要把犯罪嫌疑人、被告人认罪认罚作为其是否具有社会危险性的重要考虑因素，能不捕的，不捕，减少羁押；犯罪情节轻微，依法可不判处刑罚的，可不诉的，不诉；符合缓刑适用条件的，依法判处缓刑，扩大非监禁刑的适用。

参 第 1407 号 刘正民、马武凯故意毁坏财物案——人民法院建议调整量刑建议，公诉机关不予调整的人民法院应及时依法作出判决

人民法院认为量刑建议明显不当的，检察机关可以调整量刑建议，也可以不调整。检察机关不予调整的，人民法院应当依法及时作出判决，确保案件及时审结。检察机关调整量刑建议的，形式要灵活简便，避免调整量刑建议造成速裁不速、简易不简，进而影响认罪认罚从宽制度功能的发挥，影响庭审实质化。

参 第 1408 号 段红安妨害公务案——如何准确理解和适用《最高人民法院、最高人民检察院、国家安全部、司法部关于适用认罪认罚从宽制度的指导意见》第 45 条的规定

只有速裁案件被告人反悔上诉的，二审法院应当发回重审。发回重审后案件只能依普通程序审理。发回重审后不再按认罪认罚案件从宽处罚，并不排除重审后宣告无罪。原审法院应当根据庭审查明的事实，依法作出判决。该宣告无罪的，宣告无罪；指控成立构成犯罪的，依法裁量刑罚，不再享有原有的认罪认罚从宽优惠。重新判罚的结果如果比原审重，是由案件事实、性质、情节以及被告人因认罪认罚获得从宽处罚的

待遇被取消等因素所致，而不是“加重”被告人的刑罚。

参 第1409号 苏桂花开设赌场案——如何审查认罪认罚案件量刑建议以及二审法院如何处理检察机关因一审法院未建议调整量刑建议而提出的抗诉

对于人民法院在庭审中已就量刑充分听取控辩双方意见，并在此基础上依法径行作出判决的，不属于程序违法，符合确保裁判形成在法庭的庭审实质化要求，同时避免了量刑建议调整造成审判周期的延长和司法资源的浪费。检察机关以此提起抗诉的，二审法院应全面审查，审理后认为一审判决事实认定、定罪量刑没有错误的，不应以程序违法为由发回重审。

参 第1410号 于国民拒不执行判决案——如何把握认罪认罚从宽制度的适用条件

人民法院对于检察机关提起公诉的认罪认罚案件，要对认罪认罚的真实性进行实质审查，避免一味追求诉讼效率，错误适用认罪认罚从宽制度，更不能使认罪认罚从宽制度成为犯罪嫌疑人、被告人逃避处罚、减轻处罚的“挡箭牌”“避风港”。同时，适用认罪认罚从宽制度，还要注重听取被害人意见，注重对被害人合法权益的保护。

参 第1411号 张永利出售出入境证件案——案件的证明标准不因被告人认罪认罚而降低

人民法院对认罪认罚案件的审查，应从证据采信、事实认定、定罪量刑、程序操作等方面进行全面的、实质的审查；不仅要把好认罪认罚自愿性的审查关，而且要严格落实庭审实质化的要求；发现事实不清、证据不足依法应当转程序的要及时转程序重新审理；要严格审查证据，严把事实证据关，不因控辩协商一致就降低裁判标准，切实防范发生冤假错案。

参 第1413号　吴春兰、鲁长学容留卖淫案——如何正确把握“早认罪优于晚认罪”的刑罚评价精神

“认罪越早,从宽越多”原则对于鼓励真正的犯罪嫌疑人尽早认罪,与国家和被害人和解,减少控辩对抗,缩短诉讼周期,节约国家追诉犯罪成本和实现被追诉人自我救赎均具有重要意义,但具体是否从宽以及从宽幅度,仍要根据案件性质、情节后果等因素,结合认罪的价值和意义综合考量,确保罪、责、刑相适应。

参 第1414号　王建受贿案——如何把握认罪认罚从宽制度中的“认罚”情节

“认罚”考察的重点,是犯罪嫌疑人、被告人的悔罪态度和悔罪表现。犯罪嫌疑人、被告人主动退赃、积极赔偿损失、取得谅解等也是悔罪认罚的表现。犯罪嫌疑人、被告人认罪认罚,但确无能力退赃、赔偿损失的,不能以此否定“认罚”情节的认定,但应严格把握从宽幅度。如被告人有能力退赃、赔偿损失而不退赃、赔偿损失,甚至有隐匿转移财产行为的,不应认定具有“认罚”情节。

参 第1584号　蒋某某过失致人重伤案——人民法院能否主动适用认罪认罚从宽制度

(1)认罪认罚从宽制度适用于刑事案件侦查、起诉、审判各个阶段,人民法院在审判阶段可以主动适用认罪认罚从宽制度。被告人在检察机关提起公诉前未认罪认罚,在审判阶段认罪认罚的,人民法院可以不再通知人民检察院提出或者调整量刑建议,但应当就定罪量刑听取控辩双方意见,依法适用认罪认罚从宽制度作出判决。(2)对被告人不认可检察机关对案件的定性而未认罪认罚,人民法院经审理认为检察机关指控罪名不当而拟变更罪名,被告人认可审理认定的罪名,并自愿接

受相应刑罚处罚，符合认罪认罚条件的，人民法院可以依职权启动认罪认罚程序。

中止审理

《刑事诉讼法》规定

第二百零六条 在审判过程中，有下列情形之一，致使案件在较长时间内无法继续审理的，可以中止审理：

（一）被告人患有严重疾病，无法出庭的；

（二）被告人脱逃的；

（三）自诉人患有严重疾病，无法出庭，未委托诉讼代理人出庭的；

（四）由于不能抗拒的原因。

中止审理的原因消失后，应当恢复审理。中止审理的期间不计入审理期限。

相关规定

最高人民法院《关于适用〈中华人民共和国刑事诉讼法〉的解释》第314条

案例要旨

参 第1004号 扎西杰参等故意杀人、非法持有枪支、包庇案——上诉人在二审期间脱逃，仅有原审被告人在案的，应当如何处理

上诉人在二审期间脱逃，仅有原审被告人在案的，二审法院需裁定对在逃的上诉人中止审理，同时还必须继续审理涉及原审被告人的部分，对原审被告人继续进行审理。如果在逃上诉人所涉事实证据与在案原审被告人所涉事实证据密切相关，上诉人不在案将影响对在案原审被告人所犯罪行的正确认定，二审法院应当裁定对全案中止审理，待在逃上诉人归案后一并处理，同时，为防止对在案原审被告人长期羁押，可将强制措施变更为取保候审或者监视居住。但如果在逃上诉人踪迹全无、未来一段时间内根本无归案希望，为防止案件久拖不决和对在案原审被告人人身自由的长期限制，也可以根据已有证据，对在案原审被告人先行作出生效判决或者裁定。

自诉案件的类型

《刑事诉讼法》规定

第二百一十条 自诉案件包括下列案件：

（一）告诉才处理的案件；

（二）被害人有证据证明的轻微刑事案件；

（三）被害人有证据证明对被告人侵犯自己人身、财产权利的行为应当依法追究刑事责任，而公安机关或者人民检察院不予追究被告人刑事责任的案件。

相关规定

最高人民法院《关于适用〈中华人民共和国刑事诉讼法〉的解释》第1、316、323、328条

案例要旨

参 第146号 舒亚眉、陈宝华侵犯著作权案——侵犯著作权罪如何认定

侵犯著作权等知识产权犯罪的“被害人有证据证明的轻微刑事案件”作为自诉案件,必须同时具备人民检察院没有提起公诉、被害人有证据证明、对被告人可能判处3年有期徒刑以下刑罚且不属于严重危害社会秩序和国家利益的条件。除此之外的侵犯著作权案件,应当由检察机关提出公诉。

参 第317号 潘儒岭故意伤害案——人民法院应如何处理公诉转自诉案件

对于公诉转自诉案件,不仅要对证据形式上的充分性进行审查,还要对证据对指控犯罪事实的证明作用进行审查;不仅要对证据进行实质审查,还要对被告人的行为是否构成犯罪、是否应当追究刑事责任进行实质审查。

参 第523号 陈金权故意杀人案——故意杀人案件能否由人民法院作为自诉案件直接受理

“公诉转自诉”制度的设立目的在于增加公诉案件的救济渠道,以自诉制约公诉,充分保护被害人的合法权益,同时该制度也使司法机关在追诉犯罪的过程中能够适当利用民间司法资源,促进司法效率的提高。现行法律并未对“公诉转自诉”案件的严重程度作出限制性规定,未明确要求是重大刑事案件还是轻微刑事案件。故只要符合法定条件,即便属于故意杀人等重大刑事案件,也可以作为自诉案件由人民法院直接受理。同时,现行法律并无关于自诉案件中的证据必须由自诉人自行依法收集的限制性规定,收集证据的主体既可以是自诉人本人也可以是侦查机关、公诉机关,只要符合“合法性、客观性、关联性”标准即可作为

证据使用。

参 第 573 号　刘珍水侵占案——涉众型刑事自诉案件可以进行合并审理

对于存在多名共同侵害人的自诉案件，自诉人对部分侵害人提起自诉的，人民法院应该受理，并视为放弃对其他共同侵害人的起诉。判决宣告后自诉人又对其他共同侵害人就同一事实提起诉讼的，人民法院不再受理。对于存在多名共同被害人的自诉案件，部分被害人提起自诉的，人民法院应当通知其他被害人参加诉讼。其他被害人接到通知后表示不参加诉讼或者不出庭的，即视为放弃诉讼。法院宣判后，被通知人就同一事实又提起自诉的，人民法院不再受理，但被通知人可另行提起民事诉讼。

参 第 1190 号　李征琴故意伤害案——轻微家庭暴力犯罪案件中未成年被害人的法定代理人的程序选择权如何适用

轻微家庭暴力犯罪案件中的被害人依法享有程序选择权，有选择公诉或者自诉的权利。该项权利是当事人对自己诉讼程序利益的处分权，但并不是绝对的，应以当事人的行为能力为前提。被害人程序选择权与其他任何权利一样，存在权利边界。当被害人为未成年人时，被害人程序选择权的适用应受到未成年人利益最大化原则的限制，充分保障未成年人合法权益。

参 第 1378 号　嘉善双赢轴承厂诉单国强虚假诉讼案——如何正确认定虚假诉讼犯罪案件的自诉条件

虚假诉讼犯罪案件中被害人提起刑事自诉，应当同时满足以下三个方面的条件：第一，自己的人身、财产权利遭到虚假诉讼犯罪行为侵害；这是提起刑事自诉的主体条件。第二，有证据证明对被告人通过虚假诉讼侵犯自己人身、财产权利的行为应当依法追究刑事责任；这是提起刑事自诉的证据条件。第三，有证据证明被害人曾向公安机关或者人民检察院控告被告人实施虚假诉讼犯罪行为，而公安机关或者人民检察院不予追究被告人刑事责任；这是提起刑事自诉的程序条件。

自诉案件审查后的处理

《刑事诉讼法》规定

第二百一十一条 人民法院对于自诉案件进行审查后，按照下列情形分别处理：

（一）犯罪事实清楚，有足够证据的案件，应当开庭审判；

（二）缺乏罪证的自诉案件，如果自诉人提不出补充证据，应当说服自诉人撤回自诉，或者裁定驳回。

自诉人经两次依法传唤，无正当理由拒不到庭的，或者未经法庭许可中途退庭的，按撤诉处理。

法庭审理过程中，审判人员对证据有疑问，需要调查核实的，适用本法第一百九十六条的规定。

相关规定

最高人民法院《关于适用〈中华人民共和国刑事诉讼法〉的解释》第320～327、331条

案例要旨

参 第561号 姚乃君等非法行医案——对罪证不足的刑事附带民事自诉案件可不经开庭审理直接驳回起诉

刑事自诉案件的庭前审查程序不同于公诉案件，法院经过审查认定

自诉人指控被告人犯罪的证据不足，且自诉人提不出补充证据的，即可不经开庭审理直接驳回起诉。在直接驳回刑事自诉部分的情况下，对附带民事诉讼宜一并驳回。

速裁程序适用的条件

《刑事诉讼法》规定

第二百二十二条 基层人民法院管辖的可能判处三年有期徒刑以下刑罚的案件，案件事实清楚，证据确实、充分，被告人认罪认罚并同意适用速裁程序的，可以适用速裁程序，由审判员一人独任审判。

人民检察院在提起公诉的时候，可以建议人民法院适用速裁程序。

相关规定

最高人民法院《关于适用〈中华人民共和国刑事诉讼法〉的解释》第369～377条

《人民检察院刑事诉讼规则》第437～444条

案例要旨

参 第1404号 程千发危险驾驶案——办理醉驾案件如何依法用足用好速裁程序

实践中醉驾案件，事实清楚，犯罪嫌疑人、被告人认罪认罚，符合速裁程序适用条件的，要用足用好速裁程序，通过繁简分流，全流程提速，节约出司法资源向重大、疑难、复杂案件倾斜。

上诉、抗诉的期限

《刑事诉讼法》规定

第二百三十条 不服判决的上诉和抗诉的期限为十日,不服裁定的上诉和抗诉的期限为五日,从接到判决书、裁定书的第二日起算。

相关规定

最高人民法院《关于适用〈中华人民共和国刑事诉讼法〉的解释》第380条

案例要旨

参 第154号 杨庆龙强奸、抢劫案——检察机关在法定期限内口头抗诉、在法定期限后提出书面抗诉的是否有效

检察机关在法定抗诉期限内提出的口头抗诉无效。人民法院对人民检察院超过法定抗诉期限提出的无效抗诉应当不予受理。

参 第765号 孙超等抢劫,盗窃,掩饰、隐瞒犯罪所得案——抗诉期限届满后,上一级人民检察院在支持抗诉时增加抗诉对象的,如何处理

上下级检察机关在抗诉程序中的权力、职能不同,不能因两者系垂直领导关系而将两者混同,抗诉期限届满后,上一级人民检察院在支持抗诉时增加抗诉对象,既违反了《刑事诉讼法》关于抗诉期限的规定,也会对被告人的权利造成实质损害。

抗 诉

《刑事诉讼法》规定

第二百三十二条 地方各级人民检察院对同级人民法院第一审判决、裁定的抗诉，应当通过原审人民法院提出抗诉书，并且将抗诉书抄送上一级人民检察院。原审人民法院应当将抗诉书连同案卷、证据移送上一级人民法院，并且将抗诉书副本送交当事人。

上级人民检察院如果认为抗诉不当，可以向同级人民法院撤回抗诉，并且通知下级人民检察院。

相关规定

最高人民法院《关于适用〈中华人民共和国刑事诉讼法〉的解释》第384～386条

案例要旨

参 第222号 李林故意杀人案——二审法院能否采纳出庭支持抗诉的检察人员超出抗诉书范围提出的抗诉意见

检察人员应当严格依据抗诉书阐述抗诉意见与理由，不能擅自改变或超越抗诉书的范围。如果上级检察院对于下级检察院的抗诉理由有争议，可以在协商后形成抗诉书。尽管我国《刑事诉讼法》规定二审应当坚持全案审理的原则，二审审理不受上诉和抗诉范围的限制，但从实际来看，抗诉意见与上诉及其辩护理由仍然是二审审理的重点。

二审全面审查原则

《刑事诉讼法》规定

第二百三十三条 第二审人民法院应当就第一审判决认定的事实和适用法律进行全面审查，不受上诉或者抗诉范围的限制。

共同犯罪的案件只有部分被告人上诉的，应当对全案进行审查，一并处理。

相关规定

最高人民法院《关于适用〈中华人民共和国刑事诉讼法〉的解释》第387、388条

参 第1131号 曾某平等贩卖、运输毒品案——在上诉案件中，对于公诉机关指控但一审没有认定的犯罪事实，二审能否审理并予以认定

对于被告人一方上诉的案件，二审法院追加认定一审未予认定的部分不利于被告人的犯罪事实，即使最终并未加重被告人的刑罚，这种做法也有违上诉不加刑原则的基本精神。此外，对于一审法院未予认定的部分犯罪事实，检察机关并未提出抗诉，就表明检察机关对此并无异议。此种情况下，对于原本不属于二审审查范围的事项，二审法院基于不告不理原则的基本精神，不应当主动审查并追加认定。

二审对一审判决的处理

《刑事诉讼法》规定

第二百三十六条 第二审人民法院对不服第一审判决的上

诉、抗诉案件，经过审理后，应当按照下列情形分别处理：

（一）原判决认定事实和适用法律正确、量刑适当的，应当裁定驳回上诉或者抗诉，维持原判；

（二）原判决认定事实没有错误，但适用法律有错误，或者量刑不当的，应当改判；

（三）原判决事实不清楚或者证据不足的，可以在查清事实后改判；也可以裁定撤销原判，发回原审人民法院重新审判。

原审人民法院对于依照前款第三项规定发回重新审判的案件作出判决后，被告人提出上诉或者人民检察院提出抗诉的，第二审人民法院应当依法作出判决或者裁定，不得再发回原审人民法院重新审判。

相关规定

最高人民法院《关于适用〈中华人民共和国刑事诉讼法〉的解释》第404～413条

最高人民法院《关于规范上下级人民法院审判业务关系的若干意见》第6、7条

最高人民法院《关于适用刑事诉讼法第二百二十五条第二款有关问题的批复》①

案例要旨

参 第13号 苏豫鲁挪用公款案——二审宣告无罪的案件如何适用法律

根据《刑事诉讼法》第189条第1款第3项“原判决事实不清楚或者

① 此处“第二百二十五条第二款”为现行《刑事诉讼法》第236条第2款。——编者注

证据不足的，可以在查清事实后改判；也可以裁定撤销原判，发回原审人民法院重新审判”的规定，可以在查清事实的基础上改判；也可以撤销原判，发回原审人民法院重新审判。此案自 1996 年 5 月 6 日立案，经过 1997 年 8 月 19 日一审，至 1998 年年底，检察机关和一审法院做了大量工作，经过反复补查，仍未查明能够排除苏豫鲁挪用根据已查清的事实，不能认定构成挪用公款罪。如果要认定构成挪用公款罪，必须有能够认定个人进行期货交易活动的证据，而控方没有提供这方面的证据，故属于证据不足，指控的犯罪不能成立。在这种情况下，发回原审法院或由检察机关撤回起诉及补充侦查已无可能，故没有必要撤销原判，发回重审。所以，法院判决宣告苏豫鲁无罪是正确的。如果将来检察机关能够提出新的证据，可重新起诉，法院仍可依法审理。（《刑事诉讼法》经修订，目前《刑事诉讼法》第 189 条第 1 款第 3 项已调整为《刑事诉讼法》第 236 条第 1 款第 3 项。——编者注）

参 第 833 号　邱垂江强奸案——一审宣告无罪后，检察机关提出抗诉并提供对定罪有重大影响新证据的，二审不得直接改判有罪

二审程序中新证据的特征应当与再审程序中新证据的特征一致，即不但能证明原判决、裁定认定的事实确有错误，而且可能影响定罪量刑。二审期间出现新证据时，应区分情况作出处理：（1）新证据有利于被告人，且被告人及辩护人没有异议并经查证属实的，原则上应当直接改判。（2）检察机关在二审期间提供新证据，涉及无罪改有罪、轻罪改重罪的，则应当发回重审，以保障被告人的辩护权、上诉权等合法权益。

参 第 902 号　孔某危险驾驶案——醉驾逃逸后找人“顶包”，并指使他人提供虚假证言，导致无法及时检验血液酒精含量的案件，如何处理

法院判决认定的罪名可以不受起诉指控罪名的限制，法院有权改变

起诉指控的罪名。但前提在于公诉机关已经起诉指控了相关事实,只是公诉机关和法院对该事实的定性问题存在不同认识。而对未指控的事实,即使与已指控的事实有关联,法院也不能超出指控范围对被告人进行定罪处罚,否则便违背了刑事诉讼中诉审同一的原则,不利于维护被告人的合法权益。故虽然被告人找人“顶包”的行为构成妨害作证罪,但公诉机关仅指控其危险驾驶的犯罪事实及罪名,并未指控其实施的妨害作证犯罪事实,只是在相关证据中体现了其实施的妨害作证行为。在此情况下,二审法院应发回重审,由原审法院向公诉机关建议追加起诉被告人妨害作证的犯罪事实,再由法院对被告人妨害作证的犯罪事实作出判决,与危险驾驶罪实行并罚。

参 第922号 尹斌故意杀人、强制猥亵妇女案——判处死刑的被告人在上诉期满后申请撤回上诉的,如何处理

(1)对于判处死刑的被告人在上诉期满后二审开庭前申请撤诉的,应按照下列程序办理:①如果二审法院经阅卷审查后发现需要对一些证据进行调查核实,则不应准许上诉人撤回上诉。②对于准许撤诉的,高级人民法院还应在裁判文书中明确表示同意原判,才能将该裁定报送最高人民法院核准。③对于高级人民法院裁定准许撤回上诉的,其审判程序属于复核。(2)判处死刑的被告人上诉后在二审开庭后申请撤回上诉的,高级人民法院应当不予准许,继续按照上诉案件审理。

参 第1613号 任某某集资诈骗案——被告人于表示上诉的次日死亡,案件应如何处理

被告人于表示上诉的次日死亡的,其上诉的意思表示在法定期限内,以符合法律规定的形式提起,且死亡前未撤销,应启动二审程序。被告人因病死亡的事实不能成为否定其上诉意思表示的依据。无证据证明上诉人无罪的,二审法院应对上诉人裁定终止审理。同时,若一审判决对涉案财物的处置经庭审举证、质证且无不当，且二审期间未出现新的异议或证据，应维持一审判决中对涉案财物的处置部分。

上诉不加刑及其限制

《刑事诉讼法》规定

第二百三十七条 第二审人民法院审理被告人或者他的法定代理人、辩护人、近亲属上诉的案件，不得加重被告人的刑罚。第二审人民法院发回原审人民法院重新审判的案件，除有新的犯罪事实，人民检察院补充起诉的以外，原审人民法院也不得加重被告人的刑罚。

人民检察院提出抗诉或者自诉人提出上诉的，不受前款规定的限制。

相关规定

最高人民法院《关于适用〈中华人民共和国刑事诉讼法〉的解释》第401~403条

案例要旨

参 第774号 卜毅冰虚报注册资本案——委托中介公司代办公司登记，约定由中介公司代为垫资，资金由中介公司实际控制，并于公司登记前取出的，如何定性

对于附加刑能否加重的问题，最高人民法院《关于刑事第二审判决改变第一审判决认定的罪名后能否加重附加刑的批复》（已失效。——

编者注)明确,"第一审人民法院原判附加刑较轻的,第二审人民法院不得改判较重的附加刑"。一审量刑仅为主刑或者独立适用附加刑的,则刑种和刑罚量都不能增加,即二审改判时不仅不能加重主刑的刑种和刑罚量,也不得加重附加刑的刑种和刑罚量。

参 第1025号　钟兆桂、伍斯云等故意伤害案——原判因错误认定被告人具有自首或者立功情节而减轻处罚的,重审纠正后能否据此加重被告人的刑罚

第二审法院发回原审法院重新审判的案件,除有新的犯罪事实,检察院补充起诉外,原审法院也不得加重被告人的刑罚。其中,新的犯罪事实应当是指原起诉书中没有指控的犯罪事实,既包括定罪事实,也包括有关量刑情节的事实,且必须是检察院补充起诉的新的事实。如果检察院没有补充起诉,即使有新的犯罪事实,也不得加重被告人的刑罚。根据刑事公诉案件不诉不理的诉讼原则,法院不能审理检察院没有指控的犯罪事实。只有同时具备上述两个条件,原审法院根据重审时查明的新的犯罪事实,才能对被告人加重刑罚;如果新的犯罪事实不成立,亦不能加重被告人的刑罚。对于原判决中认定数额有误,自首、立功、主从犯、既未遂等量刑情节判断不当的情况,均不属于发现了"新的犯罪事实",一律不得加重刑罚。

参 第1146号　李明辉受贿案——刑法修正案(九)施行后,二审在减轻犯受贿罪被告人主刑的同时,能否加重财产刑

《刑法修正案(九)》和最高人民法院、最高人民检察院《关于办理贪污贿赂刑事案件适用法律若干问题的解释》施行后,二审法院在审理贪污贿赂上诉案件时,应当整体适用《刑法修正案(九)》和最高人民法院、最高人民检察院《关于办理贪污贿赂刑事案件适用法律若干问题的解释》进行量刑,在减轻被告人主刑的同时,加重财产刑的,不违反上诉不加刑原则。

参 第1263号　费明强、何刚抢劫案——二审将原判数罪改为一罪并加重该罪的量刑，但未改变原判数罪决定执行的刑罚，是否违背上诉不加刑原则

案件发回重审后不能加重对被告人的量刑，是以事实没有变化为前提的。刑罚的适用是建立在犯罪事实基础上的，这就要求在比较一审、二审裁判对被告人的量刑轻重时，应当将这种比较建立在相同的事实基础上，而不能脱离案件事实进行简单的比较。在数罪案件中，当其中某一罪名被纳入另一罪名当中作为加重情节时，后一罪名的犯罪事实就已经发生了重大改变。在这种情况下，一审、二审判决在针对该罪名进行量刑比较时，应当将这种比较建立在相同的事实基础上，即将二审一个罪名的量刑与一审两个罪名并罚后的量刑进行比较。在相同的整体事实基础上，只要二审统一评价的罪名的量刑没有超出一审数罪并罚后决定执行的刑罚，就没有加重被告人的刑罚，不能认定违背了“上诉不加刑”的原则。

参 第1412号　杨然贩卖毒品案——认罪认罚案件被告人以量刑过重为由提起上诉是否影响对原认罪认罚情节的认定

认罪认罚案件被告人以量刑过重为由提起上诉的，不能仅因被告人就量刑提出上诉就简单否定认罪认罚情节，也不能仅因检察机关抗诉就一律加重被告人刑罚。要注意到审查起诉阶段控辩协商不充分、有效法律帮助难以保障甚至一审法院对自愿性及量刑建议审查不严的现象不同程度地存在。二审法院应当坚持全面审查和依法裁判原则，发现原判量刑过重的，应当依法改判。原判量刑适当的，应当依法驳回上诉、抗诉，维持原判。

参 第1443号 索南欧珠非法猎捕、杀害珍贵、濒危野生动物案——法定刑以下判处刑罚案件的若干程序问题

被告人上诉的法定刑以下判处刑罚案件,第二审法院经审理不同意第一审判决量刑,发回重审后,第一审法院经重审加重被告人刑罚的,并不违反《刑事诉讼法》第226条(对应2018年版第237条。——编者注)的规定。被告人上诉或者人民检察院抗诉的法定刑以下判处刑罚案件,最高人民法院不予核准的,既可以发回一审法院,也可以发回二审法院。不予核准并发回重审的法定刑以下判处刑罚案件,原审法院并非必须另行组成合议庭审理。对于报送最高人民法院核准的法定刑以下判处刑罚案件,高级人民法院可以不出具裁定书。

一审违反法定程序案件的处理

《刑事诉讼法》规定

第二百三十八条 第二审人民法院发现第一审人民法院的审理有下列违反法律规定的诉讼程序的情形之一的,应当裁定撤销原判,发回原审人民法院重新审判:

(一)违反本法有关公开审判的规定的;

(二)违反回避制度的;

(三)剥夺或者限制了当事人的法定诉讼权利,可能影响公正审判的;

(四)审判组织的组成不合法的;

(五)其他违反法律规定的诉讼程序,可能影响公正审判的。

案例要旨

参 第845号　谢某抢劫案——一审庭审结束后、审结前才委托辩护人参与一审诉讼的，人民法院是否准许以及如何确定程序问题案件发回重审的标准

对于程序问题是否影响公正审判，需要以是否影响案件的实体公正审判来判断，即该程序问题是否会影响被告人的定罪和量刑。如果一审审理中存在的程序问题，既不影响对被告人的定罪，也不影响对被告人的量刑，则可以向一审法院指出，并提出纠正意见，没有必要将其发回重审。如限制被告人的辩护权情节轻微、辩护人申请传唤的非关键证人出庭作证被法院拒绝的、法律手续不完善或者法庭审理的最后陈述阶段被省略等，这些问题一般不足以影响对被告人的定罪和量刑，可以不必发回重审。

参 第1232号　高朝能贩卖、运输毒品案——审理死刑案件应当经审判委员会讨论决定

最高人民法院《关于适用〈中华人民共和国刑事诉讼法〉的解释》已明确规定，对于拟判处死刑的案件，合议庭应当提请院长决定提交审判委员会讨论决定。因此，一审法院未经审判委员会讨论的死刑判决，属于“可能影响公正审判”的情形，二审法院应当裁定撤销原判，发回重审。

参 第1262号　王春红、徐满等抢劫案——死刑复核程序中发现二审法院剥夺被告人上诉权的，如何处理

被告人在法定期限内口头提出上诉的，应视为有效上诉。死刑上诉案件未开庭审理的，不但剥夺了被告人申请回避的权利、当庭举证质证及辩护的权利，而且导致同级检察机关不能参与案件的二审程序，指控犯罪、监督审判的职能缺失，属于严重违反法定诉讼程序，可能影响公正审判，应依法发回重审。

重 审

《刑事诉讼法》规定

第二百三十九条 原审人民法院对于发回重新审判的案件，应当另行组成合议庭，依照第一审程序进行审判。对于重新审判后的判决，依照本法第二百二十七条、第二百二十八条、第二百二十九条的规定可以上诉、抗诉。

相关规定

最高人民法院研究室《关于上诉发回重审案件重审判决后确需改判的应当通过何种程序进行的答复》

案例要旨

参 第686号 何邓平抢劫案——已经原审庭审质证，但在重审阶段未重新举证、质证的证据，能否作为定案证据

重审阶段包含一审应有的所有环节，包括法庭举证、质证环节。重新审判的内容亦应包括公诉机关指控的所有事实和证据，无论该事实或证据是否曾经被举证、质证。一审法院重审开庭时，仅就补充起诉的事实进行举证、质证，未就原审曾经认定的事实进行举证、质证，该做法不属于对全案重新审判，而是对补充起诉的一起事实进行“补充审理”，违背了重审制度设置的初衷。

死刑复核

《刑事诉讼法》规定

第二百五十条 最高人民法院复核死刑案件,应当作出核准或者不核准死刑的裁定。对于不核准死刑的,最高人民法院可以发回重新审判或者予以改判。

相关规定

最高人民法院《关于适用〈中华人民共和国刑事诉讼法〉的解释》第428~433条

案例要旨

参 第458号 吕升艺故意杀人案——最高人民法院复核认为原判认定事实清楚,量刑适当,但定罪不准的,可以直接改判罪名并核准死刑

认定行为人的故意内容是杀人还是伤害,可以从以下几个方面综合考虑:(1)犯罪工具的杀伤力。(2)打击部位的要害性。(3)犯罪行为的次数。(4)侵害行为的实施力度。(5)侵害行为实施时的态度。(6)案发起因及背景情况。

参 第1024号 李万华故意杀人、盗窃案——对无法排除其他人作案可能的案件能否核准死刑

在死刑复核过程中发现新的证据,无法排除第三人作案可能,且全案主要依靠言词证据定案,没有有力的客观性证据的,应当认定证据无法达到死刑案件的标准,不予核准死刑。

参 第1340号 张某文抢劫、抢夺案——死刑复核程序中发现一审、二审对被告人身份、是否构成累犯等事实认定错误的，应如何处理

根据法律规定，办理死刑案件认定被告人身份、是否构成累犯等事实必须达到证据确实、充分的程度。对于被告人假冒他人姓名，身份不清，且可能因假冒他人姓名被判过刑，认定其构成累犯的事实亦存疑的情形，应当不核准死刑，撤销一审、二审判决，发回一审法院重新审判。

提起再审的主体、方式和理由

《刑事诉讼法》规定

第二百五十四条 各级人民法院院长对本院已经发生法律效力的判决和裁定，如果发现在认定事实上或者在适用法律上确有错误，必须提交审判委员会处理。

最高人民法院对各级人民法院已经发生法律效力的判决和裁定，上级人民法院对下级人民法院已经发生法律效力的判决和裁定，如果发现确有错误，有权提审或者指令下级人民法院再审。

最高人民检察院对各级人民法院已经发生法律效力的判决和裁定，上级人民检察院对下级人民法院已经发生法律效力的判决和裁定，如果发现确有错误，有权按照审判监督程序向同级人民法院提出抗诉。

人民检察院抗诉的案件，接受抗诉的人民法院应当组成合议庭重新审理，对于原判决事实不清楚或者证据不足的，可以指令下级人民法院再审。

相关规定

最高人民法院《关于适用〈中华人民共和国刑事诉讼法〉的解释》第460～463条

《人民检察院刑事诉讼规则》第591～601条

最高人民法院《关于审理人民检察院按照审判监督程序提出的刑事抗诉案件若干问题的规定》第1～3条

最高人民法院研究室《关于对刑罚已执行完毕，由于发现新的证据，又因同一事实被以新的罪名重新起诉的案件，应适用何种程序进行审理等问题的答复》

《人民检察院刑事抗诉工作指引》第30、33条

最高人民法院《关于规范人民法院再审立案的若干意见（试行）》

案例要旨

参 第65号 朱某、卢某假冒注册商标案——对符合法定条件的被告人适用缓刑不能成为再审的理由

判决或者裁定在认定事实或者适用法律上确有错误是提起再审的实质条件。在符合缓刑适用条件的情况下，适用缓刑不属于适用法律确有错误，只要原审合议庭组成人员在案件审理过程中没有徇私舞弊、枉法裁判，认定的事实没有实质性改变，刑罚是在法定刑许可范围内确定的，即使通过再审改判，也不能认定原审判决适用法律错误。

暂予监外执行

《刑事诉讼法》规定

第二百六十八条 对暂予监外执行的罪犯，有下列情形之一

的，应当及时收监：

（一）发现不符合暂予监外执行条件的；

（二）严重违反有关暂予监外执行监督管理规定的；

（三）暂予监外执行的情形消失后，罪犯刑期未满的。

对于人民法院决定暂予监外执行的罪犯应当予以收监的，由人民法院作出决定，将有关的法律文书送达公安机关、监狱或者其他执行机关。

不符合暂予监外执行条件的罪犯通过贿赂等非法手段被暂予监外执行的，在监外执行的期间不计入执行刑期。罪犯在暂予监外执行期间脱逃的，脱逃的期间不计入执行刑期。

罪犯在暂予监外执行期间死亡的，执行机关应当及时通知监狱或者看守所。

相关规定

最高人民法院《关于适用〈中华人民共和国刑事诉讼法〉的解释》第514～516条

《暂予监外执行规定》

案例要旨

参 第799号 吴秀龙等贩卖毒品案——对身患重病但因不符合暂予监外执行的罪犯，看守所或者监狱拒绝收监的，法院如何处理

对于不符合《刑事诉讼法》及相关司法解释规定的关于暂予监外执行条件的罪犯，法院不得决定暂予监外执行。看守所或者监狱拒绝执行而法院依法作出收监决定的，法院应当采取积极措施确保收监决定得到有效执行。

参 第 1085 号　沙学民容留他人吸毒案——在暂予监外执行期间犯新罪被抓获，应如何计算前罪余刑

（1）被告人在暂予监外执行期间犯新罪并在暂予监外执行期满前被发现的，自有权机关依法定程序作出收监决定之日起，前罪的暂予监外执行期间中止。（2）考虑到新罪的处理比旧罪的服刑更加紧迫，优先处理新罪亦符合立法的原意，应以被告人被抓获之日作为计算前罪剩余刑期的界点，中断前罪刑期的计算。

参 第 1127 号　潘光荣、赖铭有抢劫案——保外就医期限届满后未归监又重新犯罪的应如何计算余刑

行为人保外就医的时间应计入已执行刑期；保外就医期满后的时间不应计入已执行刑期，如果将罪犯保外就医期满后未办理延期手续、未归监的时间都计入刑罚执行期间，无异于引导和鼓励保外就医的罪犯违反规定和脱管，这显然与保外就医制度设立的初衷相背离，对行为人的余刑应从保外就医期满后第二日起算。

办理未成年人刑事案件的方针与原则

《刑事诉讼法》规定

第二百七十七条　对犯罪的未成年人实行教育、感化、挽救的方针，坚持教育为主、惩罚为辅的原则。

人民法院、人民检察院和公安机关办理未成年人刑事案件，应当保障未成年人行使其诉讼权利，保障未成年人得到法律帮助，并由熟悉未成年人身心特点的审判人员、检察人员、侦查人员承办。

相关规定

最高人民法院《关于适用〈中华人民共和国刑事诉讼法〉的解释》第546～562条

《人民检察院刑事诉讼规则》第457～459、489、490条

《公安机关办理刑事案件程序规定》第317～319、321条

《人民检察院办理未成年人刑事案件的规定》

案例要旨

公 2016年第8期 李某某盗窃案

未成年人犯罪案件的审理方式与成年人犯罪案件不同，应根据实际情况适用《刑事诉讼法》“未成年人刑事案件诉讼程序”专章中的相关规定，结合心理疏导、法律援助等方式，对犯罪的未成年人进行教育、感化和挽救，做到教育为主、惩罚为辅。同时，通过加强社会调查，了解其个人成长经历、案外犯罪原因、羁押表现情况以及监护落实情况和社区矫治意见等，作为认定是否适用缓刑的量刑参考依据。

当事人和解的公诉案件诉讼程序

《刑事诉讼法》规定

第二百八十八条 下列公诉案件，犯罪嫌疑人、被告人真诚悔罪，通过向被害人赔偿损失、赔礼道歉等方式获得被害人谅解，被害人自愿和解的，双方当事人可以和解：

（一）因民间纠纷引起，涉嫌刑法分则第四章、第五章规定的犯罪案件，可能判处三年有期徒刑以下刑罚的；

（二）除渎职犯罪以外的可能判处七年有期徒刑以下刑罚的过失犯罪案件。

犯罪嫌疑人、被告人在五年以内曾经故意犯罪的，不适用本章规定的程序。

第二百八十九条 双方当事人和解的，公安机关、人民检察院、人民法院应当听取当事人和其他有关人员的意见，对和解的自愿性、合法性进行审查，并主持制作和解协议书。

第二百九十条 对于达成和解协议的案件，公安机关可以向人民检察院提出从宽处理的建议。人民检察院可以向人民法院提出从宽处罚的建议；对于犯罪情节轻微，不需要判处刑罚的，可以作出不起诉的决定。人民法院可以依法对被告人从宽处罚。

相关规定

最高人民法院《关于适用〈中华人民共和国刑事诉讼法〉的解释》第587～597条

案例要旨

参 第1176号 黄静诈骗案——司法实务中如何把握刑事和解制度的适用

（1）适用刑事和解需要遵循自愿原则、即时全面履行原则、禁止反悔原则。（2）《刑事诉讼法》虽然是程序法，但对刑事和解制度的规定，特别是第277条（对应2018年版第288条。——编者注）对刑事和解案件范围的规定、第279条（对应2018年版第289条。——编者注）对刑事和解案件公检法处理原则的规定，均具有实体上的意义。《刑事诉讼法》第279条（对应2018年版第290条。——编者注）明确规定，对于达成和解协议的案件，人民法院可以依法对被告人从宽处罚。从宽处罚的意思，可体现为从轻、减轻、免除处罚。因此，对于符合第 279 条（对应 2018 年版第 290 条。——编者注）规定的刑事和解案件，人民法院可以直接判决减轻处罚乃至免刑，无须再按照法定刑以下量刑程序报最高人民法院核准。

被告人患有严重疾病的缺席审判

《刑事诉讼法》规定

第二百九十六条　因被告人患有严重疾病无法出庭，中止审理超过六个月，被告人仍无法出庭，被告人及其法定代理人、近亲属申请或者同意恢复审理的，人民法院可以在被告人不出庭的情况下缺席审理，依法作出判决。

相关规定

最高人民法院《关于适用〈中华人民共和国刑事诉讼法〉的解释》第 605 条

案例要旨

参 第 1601 号　王某生抢劫案——被告人在二审期间病危时的强制措施变更审查及被告人死亡的上诉案件处理

二审期间被告人突发严重疾病，法院应全面审查案件情况，审慎决定变更强制措施。二审期间被告人死亡的，应坚持全面实质评议，对案件实体、程序问题依法稳妥处理，二审法院在全面审查案件并确认被告人不属于无罪的情况下，应裁定终止审理。被告人患有严重疾病，无受审能力无法出庭，又不能变更强制措施取保候审，致使案件在较长时间内无法继续审理的，根据《刑事诉讼法》第 206 条第 1 款第 1 项的规定，可以裁定中止审理。中止审理超过 6 个月，被告人仍无法出庭，被告人及其法定代理人、近亲属申请或者同意恢复审理的，根据《刑事诉讼法》第 296 条的规定，人民法院可以在被告人不出庭的情况下缺席审理，依法作出裁判。

没收违法所得程序的启动

《刑事诉讼法》规定

第二百九十八条 对于贪污贿赂犯罪、恐怖活动犯罪等重大犯罪案件，犯罪嫌疑人、被告人逃匿，在通缉一年后不能到案，或者犯罪嫌疑人、被告人死亡，依照刑法规定应当追缴其违法所得及其他涉案财产的，人民检察院可以向人民法院提出没收违法所得的申请。

公安机关认为有前款规定情形的，应当写出没收违法所得意见书，移送人民检察院。

没收违法所得的申请应当提供与犯罪事实、违法所得相关的证据材料，并列明财产的种类、数量、所在地及查封、扣押、冻结的情况。

人民法院在必要的时候，可以查封、扣押、冻结申请没收的财产。

相关规定

最高人民法院《关于适用〈中华人民共和国刑事诉讼法〉的解释》第609～613条

《人民检察院刑事诉讼规则》第512～528条

《公安机关办理刑事案件程序规定》第339～341条

最高人民法院、最高人民检察院《关于适用犯罪嫌疑人、被告人逃匿、死亡案件违法所得没收程序若干问题的规定》

案例要旨

参 第1468号 张正欣贪污违法所得没收案——对外逃后死亡的犯罪嫌疑人适用违法所得没收程序的相关法律问题

在没收违法所得案件中，想要实现对境外财产的查封、冻结以顺利启动没收申请，除良好的国际协助合作关系，更需要法治化的事实和证据支撑，在法律层面明确查封、冻结的对象，即请求查封、冻结的是什么财产，并提供足以说服被请求国的证据。在违法所得没收案件中，根据启动程序的不同情形，可以将其分为外逃型和死亡型两类，而这两类案件的办理，至少在所依据的法律条款、相应的证据审查内容、相关当事人的诉讼权利等方面存在不同。因此，对于"逃匿"或者"死亡"的启动事由应予准确界分。公告是违法所得没收案件审理的必经程序，虽然现行规定没有明确公告能否一并公布开庭时间，但在公告中一并公布开庭时间不会影响相关人员的诉讼权利，符合立法本意精神和司法规律，提高诉讼效率，是可行的。

参 第1469号 于立群违法所得没收案——审理犯罪嫌疑人、被告人死亡型违法所得没收申请案件应当注意的问题

嫌疑人、被告人逃匿案件违法所得没收程序只适用于贪污贿赂犯

罪、恐怖活动犯罪等重大犯罪，犯罪嫌疑人、被告人死亡案件适用违法所得没收程序并无罪名限制。在违法所得没收程序的庭审中，即使利害关系人在法庭调查中对犯罪事实提出异议，也不应开展法庭调查及辩论。证明相关财产属于违法所得及其他涉案财产，只需达到“具有高度可能”的标准。对已死亡被告人的亲友代为退缴退赔的财产，仅能没收其中的违法所得部分。无论涉案财产是特定物还是种类物，配偶以外的其他亲友在先前的普通刑事诉讼程序中以自己财产代为退缴退赔的，该钱款明显不属于违法所得，不应予以没收。对于配偶代为退缴退赔的情况，如果涉案财产是钱款等种类物，而且与家庭财产发生了混同，可以推定该部分财产属于违法所得或者涉案财产，依法可予没收；如果违法所得是特定物，该特定物已毁损灭失，被告人配偶退了等额钱款，则该钱款不应予以没收。

参 第1470号　刘某某受贿违法所得没收案——违法所得没收案件的立案审查规则

违法所得没收申请案件的立案审查属于实质审查，重点审查是否属于可以适用违法所得没收程序的案件范围；是否属于本院管辖；是否写明犯罪嫌疑人、被告人的基本情况；是否写明犯罪嫌疑人、被告人逃匿、被通缉、脱逃、下落不明、死亡等情况，并附证据材料；是否列明违法所得及其他涉案财产的种类、数量、价值、所在地等，并附相关证据材料；是否附有查封、扣押、冻结违法所得及其他涉案财产的清单和法律手续；是否写明犯罪嫌疑人、被告人有无利害关系人，利害关系人的姓名、住址、联系方式及其要求等情况；是否写明申请没收的理由及法律依据；以及其他依法需要审查的内容和材料。对于没收违法所得的申请，人民法院应当在审查后，根据最高人民法院《关于适用〈中华人民共和国刑事诉讼法〉的解释》及最高人民法院、最高人民检察院《关于适用犯罪嫌疑人、被告人逃匿、死亡案件违法所得没收程序若干问题的规定》中有关条款分别予以处理。

没收违法所得的审理程序

《刑事诉讼法》规定

第二百九十九条 没收违法所得的申请，由犯罪地或者犯罪嫌疑人、被告人居住地的中级人民法院组成合议庭进行审理。

人民法院受理没收违法所得的申请后，应当发出公告。公告期间为六个月。犯罪嫌疑人、被告人的近亲属和其他利害关系人有权申请参加诉讼，也可以委托诉讼代理人参加诉讼。

人民法院在公告期满后对没收违法所得的申请进行审理。利害关系人参加诉讼的，人民法院应当开庭审理。

相关规定

最高人民法院《关于适用〈中华人民共和国刑事诉讼法〉的解释》第614～620、626～629条

《人民检察院刑事诉讼规则》第529、530条

最高人民法院、最高人民检察院《关于适用犯罪嫌疑人、被告人逃匿、死亡案件违法所得没收程序若干问题的规定》

案例要旨

参 第975号 没收姚升违法所得案——犯罪嫌疑人、被告人死亡情形下，没收违法所得案件的审判程序、相关法律文书的制作方式及文书中的称谓

（1）没收违法所得案件的审判程序包括立案审查程序、送达和公告

程序、是否开庭审理的程序、刑事裁定书是否必须送达未参加诉讼的被告人近亲属的程序。(2)没收违法所得案件是新类型案件,在制作公告及刑事裁定书时,应当结合审判实践,力求涵盖《刑事诉讼法》及最高人民法院《关于适用〈中华人民共和国刑事诉讼法〉的解释》规定的相关内容。(3)在犯罪嫌疑人、被告人死亡的情况下,不能参加法庭审判,对其称为"罪犯"或者"犯罪嫌疑人"有违相关法律规定,最后在法律文书中应采用"被告人"的称谓。

参 第 1235 号　任润厚受贿、贪污、巨额财产来源不明违法所得没收申请案——关于违法所得没收程序具体操作规范和裁判要点解析

对于认定申请没收财产是否属于违法所得的问题,从程序设计层面来看,由于有关刑事部分的事实和证据已在立案阶段审查,没收违法所得申请案件审理过程中应当仅就申请没收财产是否属于违法所得及其他涉案财产进行审理;从证明标准层面,在申请没收的财产属于违法所得及其他涉案财产时,应当适用具有高度可能的盖然性证明标准。人民法院只要在立案阶段查明有证据证明犯罪嫌疑人、被告人实施了巨额财产来源不明犯罪,审理阶段如没有利害关系人对申请没收的相应财产主张权利,或者虽然主张权利但未提供相关证据,或者提供的证据没有达到优势证据证明标准,即可认定相应财产属于巨额财产来源不明违法所得及其他涉案财产,应裁定予以没收。

参 第 1471 号　徐进贪污、受贿违法所得没收申请案——违法所得没收程序利害关系人参加诉讼相关问题的处理

对违法所得没收程序中的利害关系人,应从形式和实质上双重判断认定,在公告期间向人民法院提出参加诉讼的申请,人民法院将进行资格审查,除犯罪嫌疑人、被告人的近亲属外,对于其他利害关系人,人民法院审查的标准是申请人与检察机关申请没收的财产有无利害关系。

利害关系人提出撤回申请的，人民法院可以选择继续开庭审理，利害关系人撤回申请及财产权属相关情况应在裁判文书中予以确认。善意取得制度应当适用于违法所得没收程序，如检察机关申请没收的财产属于利害关系人善意取得的财物，该财物虽可能来自犯罪嫌疑人、被告人的违法行为，也不应当予以追缴。

参 第1472号　黄艳兰贪污违法所得没收案——违法所得没收程序中利害关系人的认定及其合法权益的界定

在违法所得没收案件中，近亲属是天然的利害关系人，其他利害关系人不仅包括对申请没收财产主张所有权的人，还包括对申请没收财产主张担保物权等财产权利的主体。在违法所得没收申请案件中，如发现相关财物确属第三人善意取得，则虽然其源于犯罪嫌疑人、被告人，也不应当予以追缴。贪污贿赂等犯罪行为直接或者间接获得财产，部分或者全部转变、转化的财产及其收益，以及来自与违法所得相混合财产中违法所得相应部分的收益，均应视为“违法所得及其他涉案财产”。银行作为利害关系人基于按揭贷款抵押权主张权利的，对其按揭贷款欠款、延迟履行期间的一般债务利息应予支持，对其支付迟延履行期间的逾期利息和加倍债务利息（罚息）的主张不予支持。

参 第1473号　吴为兵受贿违法所得没收案——违法所得的认定和没收原则

违法所得没收程序的本质是财产权确认之诉，应采用民事诉讼的证据规则，确立“谁主张，谁举证”的原则。申请没收的财产具有高度可能属于违法所得及其他涉案财产的，应认定为属于违法所得及其他涉案财产。在违法所得没收程序中，严格禁止替代没收，实践中，常有被告人及其亲友在案发后用家庭财产退赔，对此应当有所甄别：如果违法所得是现金等种类物，且已与被告人家庭其他财产混同，对于被告人及其亲友案发后退赔的财产可以依法没收；如果违法所得是特定物，即使亲友在之前普通刑事程序中以现金或者其他特定物已代为退赔，亦无法在违法所得没收程序中替代没收。混同、添附行为不能否定违法所得的性质，违法所得转化、转变的部分依然应当认定为违法所得，不能认定为与案件相关的涉案财产。

参 第 1474 号　白静贪污违法所得没收案——如何把握违法所得没收案件的证明标准

违法所得没收程序的相关规定已经明确，对于相关犯罪事实，只需要有“证据证明发生了犯罪事实”“有证据证明该犯罪事实是犯罪嫌疑人、被告人实施的”“证明犯罪嫌疑人、被告人实施犯罪行为的证据真实、合法”三个条件齐备，达到“有证据证明有犯罪事实”的标准即可。违法所得没收程序中对违法所得认定适用“高度可能”标准，“高度可能”是违法所得没收程序证明标准本身，亦是最高标准。

强制医疗

《刑事诉讼法》规定

第三百零二条　实施暴力行为，危害公共安全或者严重危害公民人身安全，经法定程序鉴定依法不负刑事责任的精神病人，有继续危害社会可能的，可以予以强制医疗。

相关规定

最高人民法院《关于适用〈中华人民共和国刑事诉讼法〉的解释》第630、631 条

《人民检察院刑事诉讼规则》第534条

案例要旨

指 63号 徐加富强制医疗案

审理强制医疗案件，对被申请人或者被告人是否“有继续危害社会可能”，应当综合被申请人或者被告人所患精神病的种类、症状，案件审理时其病情是否已经好转，以及其家属或者监护人有无严加看管和自行送医治疗的意愿和能力等情况予以判定。必要时，可以委托相关机构或者专家进行评估。

参 第886号 朱某被强制医疗案——如何理解和适用强制医疗的条件

适用强制医疗需综合考虑被申请人的暴力行为客观上是否与犯罪程度相当；行为的具体性质并非适用强制医疗程序的主要参考指标。对于被申请人是否“有继续危害社会的可能”需要综合案件实际情况分析判断。对于被申请人是否有必要进行强制医疗，要综合分析被申请人本人、家属以及监管、治疗的能力和条件。

参 第887号 宋某被强制医疗案——如何认定被申请人具有“继续危害社会的可能”以及如何处理被申请人亲属提出的自行治疗、看管的申请

对被申请人是否决定强制医疗，人民法院应当结合其所患精神病严重程度、攻击性大小、案发前后行为表现，以及被申请人家属或者监护人的看管力度与效果等，对其是否有继续危害社会可能进行实质审查。被申请人家属或者监护人虽然有一定的经济条件，愿意对被申请人进行看管和医疗，但力度明显不够，无法做到有效防止其继续危害社会的，依法决定强制医疗。

参 第888号 荣某被强制医疗案——如何理解和掌握强制医疗的实质性条件

(1)在认定被申请人的行为是否达到犯罪的程度时,既不能简单以是否造成重伤、死亡后果进行判断,也不能简单认为凡是仅造成轻微伤后果的都属于没有达到犯罪程度,而应当从一个正常具备刑事责任能力的人实施相应的行为是否应当承担刑事责任的层面进行分析、判断。(2)法院是最终裁决者,拥有对鉴定意见的证明价值进行审查判断的最终权力。法官应当重视审查鉴定意见本身的科学性和真实性,并结合全案证据综合评估鉴定意见的证明价值。(3)如果精神病人虽然实施了暴力行为,但不再具有继续危害社会可能,如已经严重残疾,丧失了继续危害社会的能力,就不必对其强制医疗。如果精神病人实施暴力行为后,由其监护人或者单位将其送医治疗,精神病人的病情得到有效控制,从而不具有继续危害社会可能,也没有必要对其进行强制医疗。

参 第889号 高康球被强制医疗案——强制医疗决定程序、机制的改进与完善

在强制医疗决定程序和机制的改进与完善方面,应当根据具体案情决定是否要求具有专业知识的人员组成合议庭。法院会见被申请人的过程应当进一步规范,对强制医疗执行的起始时间、监督主体等事项应当予以明确。

参 第974号 马艳雷强制医疗案——如何把握精神病人强制医疗的具体条件

实施强制医疗的三个条件之间是递进式的位阶关系,只有满足前一条件,才能继续判断是否满足后一条件;三个条件均齐备,方可实施强制医疗:(1)“犯罪”行为的暴力性和后果的严重性。除故意杀人、故意伤害致人重伤或者死亡、强奸、抢劫、贩卖毒品、放火、爆炸、投毒等罪名涉

及的行为,《刑法》分则第二章危害公共安全罪、第四章侵犯公民人身权利、民主权利罪和第五章侵犯财产罪中的抢劫等罪名涉及的行为,只要属于暴力危害公共安全和公民人身安全的都可认定为暴力行为。(2)对无刑事责任能力的精神病人鉴定的必经性。应当分两部分审查判断:一是被申请人是否有精神病,二是被申请人是否因精神病而失去辨认能力或者控制能力。(3)有继续危害社会可能的人身危险性。可以从精神病人的人身危险和其家属的管控能力两个角度进行审查。